普通高等教育“十五”国家级规划教材

惯性导航

（第三版）

秦永元　编著

科学出版社
北　京

内 容 简 介

本书分三篇，全面介绍惯性导航基本理论。(1) 惯性仪表：包括转子陀螺力学基础；液浮积分陀螺、动力调谐陀螺、激光陀螺、摆式加速度计动力学分析及其误差补偿原理。(2) 陀螺稳定平台：包括单轴、三轴、双轴陀螺稳定平台动力学分析、回路设计及误差分析。(3) 惯性导航系统：包括休拉调谐原理；平台式惯导系统的力学编排、误差分析及自主式初始对准；在惯性仪表增量输出条件下，捷联式惯导系统姿态更新四元数算法，多子样旋转矢量算法及补偿圆锥效应的优化算法，速度解算中补偿划桨效应及位置解算中补偿涡卷效应的优化算法；捷联惯导的自主式初始对准及动基座传递对准；捷联惯性器件的余度技术；极区惯性导航。

本书为普通高等教育"十五"国家级规划教材，可作为惯性导航相关学科的本科生、研究生及专业厂、所、部队工程技术人员的教科书和参考书。

图书在版编目(CIP)数据

惯性导航 / 秦永元编著．—3 版．—北京：科学出版社，2020.11
普通高等教育"十五"国家级规划教材
ISBN 978-7-03-066408-2

Ⅰ．惯…　Ⅱ．秦…　Ⅲ．惯性导航-高等学校-教材　Ⅳ．TN96

中国版本图书馆 CIP 数据核字(2020)第 198998 号

责任编辑：朱晓颖 / 责任校对：王　瑞
责任印制：吴兆东 / 封面设计：迷底书装

科学出版社 出版
北京东黄城根北街 16 号
邮政编码：100717
http://www.sciencep.com
天津市新科印刷有限公司印刷
科学出版社发行　各地新华书店经销
*
2006 年 5 月第　一　版　开本：787×1092　1/16
2020 年 11 月第　三　版　印张：24 1/4
2025 年 12 月第二十三次印刷　字数：602 000

定价：98.00 元

(如有印装质量问题，我社负责调换)

第三版前言

本书自2014年出版第二版以来已使用七年，本次修订再版是在吸取了广大读者对本书的改进意见和建议、适应教学和工程应用需要的基础上进行的，具体内容如下。

(1) 改写了9.2.3节四元数微分方程和9.3.2节旋转矢量微分方程。采用极限概念推导微分方程，使推演过程更加严密和自然，便于读者对抽象概念的理解和掌握。

(2) 增加了8.5节惯导定位等概率误差椭圆与散布圆。分析了飞机要求的定位精度与惯导精度下限间的定量关系，阐明了飞机相对惯导定位值的散布圆与惯导定位误差间的定量关系，为飞机空域管理提供理论依据和具体算法。

(3) 增加了9.11.5节余度配置陀螺软故障检测。详细介绍了用奇偶向量构造χ^2分布统计量和定位软故障陀螺的方法，分析了软故障漏检和虚警间的关系。

(4) 增加了式(10.3.19)的详细推导过程。

(5) 增加了习题3-33。旨在使读者深刻理解比力方程和加速度计输出。

(6) 对7.2.3节中的椭圆参数方程近似形式作了详细说明。

出版第三版旨在使本书更加严密和完整，为读者提供阅读和使用上的便利，使本书在教学和科研中发挥些许作用。

作　者

2020年8月

第二版前言

本书自2006年出版以来已使用七年。在经过了几年的教学实践，听取了教师和读者的意见之后，为适应工程应用需要，更好地为国民经济和国防建设服务，作者对本书进行修订，使之进一步完善。在保持教材主要内容、体系和叙述风格的基础上，在以下几方面进行了修订。

（1）对传递对准中的姿态阵匹配作了改写。

（2）增写了下述内容：与惯性器件、陀螺稳定平台、惯性导航原理相对应的习题；罗德利格参数；抗摇摆粗对准；传递对准中的姿态四元数匹配；极区惯性导航。

（3）对书中措辞不够严谨或表述不恰当的地方进行了修改。

（4）更正了原书文字、插图及计算中的疏漏。

由于作者水平和时间有限，再版后还会存在不尽如人意之处，敬请读者批评指正。

作　者

2013年9月

第一版前言

惯性导航是综合了机电、光学、数学、力学、控制及计算机等学科的尖端技术，广泛应用于航空、航天、航海及重要车辆陆地导航中。由于惯性是所有质量体的基本属性，所以建立在惯性原理基础上的惯性导航系统无须任何外来信息，也不向外辐射任何信息，仅靠系统本身就能在全天候条件下、全球范围内和所有介质环境里自主地、隐蔽地进行三维定位和三维定向。这种同时具备自主性、隐蔽性和能获取运载体完备运动信息的独特优点是诸如卫星导航、无线电导航和天文导航等其他导航系统无法比拟的。尽管这些导航系统的某些导航性能远优于惯导系统，但惯导系统仍然是重要运载体不可缺少的核心导航设备。

本书为国家级“十五”重点立项教材，面向的读者是与惯性导航有关的导航、制导与控制，精密仪器及机械，检测技术与自动化装置等学科的本科生、研究生及相关专业厂、所、部队的工程技术人员。本书全面介绍了惯性仪表、惯性平台及惯性导航系统的设计理论，内容丰富，涉及面宽。全书注意了内容安排上的铺垫和连贯，阐述中采用物理概念直观解释和数学力学严格推导相结合的方法，引导读者顺利理解概念，掌握内容实质，力求提高可读性。同时，本书融入了作者的部分科研成果，对工程应用具有一定的参考价值。

全书共分三篇。第一篇(第 2、3 章)阐述了惯性仪表基本理论，包括陀螺力学基础、液浮陀螺、动力调谐陀螺、激光陀螺及摆式加速度计工作原理等。第二篇(第 4～6 章)系统介绍了陀螺稳定平台设计和分析理论，包括单轴稳定平台工作原理分析及系统回路设计理论、三轴陀螺稳定平台隔离干扰及跟踪指令工作原理分析、传递函数矩阵及动力学分析、平台误差分析、双轴平台设计分析。第三篇(第 7～9 章)介绍惯性导航系统，包括：地球上的定位，休拉调谐原理，平台式惯导的力学编排、误差分析及自主式初始对准，捷联式惯导姿态更新四元数算法和多子样旋转矢量算法及考虑圆锥效应补偿的优化算法，捷联惯导速度解算中考虑划桨效应补偿的优化算法及位置解算中考虑涡卷效应补偿的优化算法，捷联惯导的自主式初始对准和动基座传递对准，捷联惯性器件的余度技术。

本书各篇间既有一定的连贯性，又相对独立，读者可根据需要自行选用所需内容。

本书承蒙空军工程大学张宗麟教授审阅。张教授提出了许多宝贵意见，在此谨致深切谢意。

书中存在的缺点和错误，敬请读者批评指正。

作　者

2005 年 8 月

目　　录

第 1 章　绪论 ……………………………………………… 1
1.1　惯性技术的发展及现状 ……………………………… 1
1.2　常用关系式 ……………………………………… 4

第一篇　惯性器件

第 2 章　陀螺仪 ……………………………………………… 9
2.1　转子陀螺的力学原理 ……………………………… 9
2.2　双自由度陀螺仪 ………………………………… 12
2.3　单自由度陀螺仪 ………………………………… 18
2.4　动力调谐陀螺仪 ………………………………… 28
2.5　激光陀螺 ……………………………………… 49
2.6　光纤陀螺简介 …………………………………… 62
第 3 章　摆式加速度计 ……………………………………… 64
3.1　加速度计简介 …………………………………… 64
3.2　挠性摆式加速度计 ……………………………… 66
习题一 ……………………………………………………… 76

第二篇　陀螺稳定平台

第 4 章　陀螺稳定平台工作原理 ……………………………… 78
4.1　各类稳定平台简介 ……………………………… 78
4.2　力矩装置和平台台体的传递函数 ………………… 88
4.3　单轴陀螺稳定平台 ……………………………… 93
第 5 章　三轴陀螺稳定平台 ………………………………… 111
5.1　三轴平台简介 ………………………………… 111
5.2　环架驱动信号的合理分配——方位坐标分解器和俯仰正割分解器 …… 112
5.3　三轴平台工作原理分析 ………………………… 118
5.4　三轴平台的方位锁定原理 ……………………… 123
5.5　三轴平台的动力学方程和系统的传递函数阵 …… 124
5.6　采用积分陀螺时三轴平台系统的输出轴耦合分析 …… 135
5.7　三轴平台的误差分析 …………………………… 137
第 6 章　双轴陀螺稳定平台 ………………………………… 154
6.1　稳定瞄准线的双轴稳定平台 …………………… 154
6.2　水平式双轴稳定平台 …………………………… 156
习题二 ……………………………………………………… 167

第三篇 惯性导航系统原理

第 7 章 惯导系统中的基本关系 …… 170
7.1 惯导系统的分类 …… 170
7.2 地球的描述 …… 171
7.3 休拉调谐 …… 181
7.4 惯导系统的基本方程——比力方程 …… 188
7.5 惯性高度通道的稳定性分析 …… 190
第 8 章 平台式惯导系统 …… 194
8.1 平台式惯导系统的力学编排 …… 194
8.2 平台式惯导系统的误差分析 …… 207
8.3 平台式惯导系统的初始对准 …… 222
8.4 扩展导航参数解算和飞机转弯方式 …… 237
8.5 惯导定位等概率误差椭圆与散布圆 …… 242
第 9 章 捷联式惯导系统 …… 251
9.1 概述 …… 251
9.2 姿态更新计算的四元数算法 …… 252
9.3 姿态更新计算的等效旋转矢量算法 …… 267
9.4 锥运动环境下旋转矢量算法的优化 …… 276
9.5 姿态更新的其他算法及各种算法的比较 …… 284
9.6 捷联惯导系统的速度算法 …… 296
9.7 捷联惯导系统的位置算法 …… 304
9.8 捷联惯导系统的误差模型 …… 317
9.9 捷联惯导系统抗干扰自对准 …… 322
9.10 捷联惯导系统的动基座传递对准 …… 338
9.11 捷联惯性器件的余度技术 …… 346
第 10 章 极区惯性导航 …… 358
10.1 极区平面惯性导航 …… 358
10.2 极区横向经纬度惯性导航 …… 362
10.3 极区格网惯性导航 …… 366
习题三 …… 372

参考文献 …… 376

第1章　绪　　论

1.1　惯性技术的发展及现状

导航是指将运动体从甲地导引到目的地乙地的技术，这门技术既古老又年轻。古罗马人利用北极星和太阳作为方位基准，横渡地中海，来往于南欧和北非之间。郑和利用指南针率领庞大的船队七下西洋，开创了茫茫大海上的远航。在古代先民的导航过程中，利用的信息资源非常直观，采用的方法和原理十分简单，所以导航精度非常低。随着人类对自然现象本质的深入认识和科学技术的发展，导航信息新资源和新理论不断被发现。麦哲伦使用六分仪的天文导航完成了环球航行。牛顿力学的创建使人们能正确认识惯性，根据惯性原理制造出在运动体内建立人工参考基准的惯性仪器，并逐步完善和发展成惯性导航系统，使人们能探索更深更远的空间。

惯性导航是一门综合了机电、光学、数学、力学、控制及计算机等学科的尖端技术，是现代科学技术发展到一定阶段的产物。由于惯性是所有质量体的基本属性，所以建立在惯性原理基础上的惯性导航系统不需要任何外来信息，也不会向外辐射任何信息，仅靠惯性导航系统本身就能在全天候条件下，在全球范围内和任何介质环境里自主地、隐蔽地进行连续的三维定位和三维定向，这种同时具备自主性、隐蔽性和能获取运载体完备运动信息的独特优点是诸如无线电导航、卫星导航和天文导航等其他导航系统无法比拟的，尽管这些导航系统的某些导航性能可能远远优于惯性导航系统，但惯性导航仍然是重要运载体不可缺少的核心导航设备。

作为一门高科技尖端技术，惯性技术是在先进科学理论和制造工艺支持条件下发展起来的。早在1687年，牛顿提出了力学三大定律，从本质上揭示了宏观力学的定量关系，为惯性导航奠定了理论基础。1765年俄国科学院院士欧拉出版了著作《刚体绕定点运动的理论》，首次利用解析分析的方法对定点转动刚体作了本质解释，创立了转子陀螺仪的力学基本理论。1778年法国科学家拉格朗日在《分析力学》一书中建立了在重力力矩作用下定点转动刚体的运动微分方程组。1852年法国科学家傅科根据欧拉和拉格朗日的刚体定点转动理论制造出了用于验证地球自转运动的测量装置，并在巴黎科学院做了实验演示，傅科把这一测量装置命名为Gyroscope，在希腊文中为转动和观察的意思。虽然傅科只是定性地观察到了地球的自转而未能精确测出地球的自转角速度，但傅科的研究开创了人们对工程实用陀螺仪的研究和开发。转子陀螺仪的工程应用主要利用了陀螺的定轴性和进动性，而要陀螺仪达到一定的精度，必须确保转子以恒定的角速度旋转，傅科采用人工拉动绳索驱动转子旋转是无法达到这一要求的。19世纪80年代陀螺技术有了重大突破，发明家特鲁和霍普金斯用电动机驱动陀螺转子，大大提高了陀螺转子的旋转速度和转速的稳定性，并制造出了陀螺罗经试验装置。1908年德国科学家安修茨设计了一种单转子摆式陀螺罗经，在该系统中，陀螺转子采用了三相交流电机驱动，陀螺组件用水银悬浮，支承中心偏离陀螺组件质心，使陀螺形成一个重力摆，从而制造出了世界上第一台摆式陀螺罗经，该系统依靠重力力矩自动找北。后人称颂这是陀螺技术中最巧妙的设计。陀螺罗经解决了当时舰船的远航和潜艇较长时间的潜航问题。1910年德国科学家休拉发现了陀螺罗经的无干扰条件，即当陀螺罗经的无阻尼振荡周期为84.4分钟时，陀螺罗经的指北精度不受外界加速度冲击的影响，这就是著名的休拉调谐原理。1912年安修茨对陀螺罗经原设计作了重大改进，用三个陀螺代替原设计中单个陀螺的结构，解决了原设计中舰船摇摆产生的摇摆误差。1927年安修茨将三陀螺罗经改进设计成双陀螺罗经，此即为安修茨MK-1型罗经，该罗经采用双转子液浮摆式结构，设计非常巧妙，成为两种典型的航海罗经之一，流传使用了半个多世纪，直至20世纪50年代出现了更先进的电磁控制罗经，才逐步被取代。另一类航海罗经是美国的斯派利罗经，该型罗经采用单转子钢丝悬挂式结构，其性能与安修茨罗经并驾齐驱，并列为舰船航海仪器的两大支柱，为航海事业做出了重大贡献。

休拉对惯性技术的发展起到了关键的理论指导作用。休拉在发现陀螺罗经无干扰条件的研究基础上，进一步发现无干扰条件具有普遍性，即休拉调谐原理不光适用于陀螺罗经，也同样适用于地垂线指示系统。任何陀螺装置、任何摆和机械仪器，只要系统具有84.4分钟的无阻尼振荡周期，运载体的加速度就不会影响系统的指示精度。1923年休拉发表论文《运载工具的加速度对于摆和陀螺仪的干扰》(Pitman G R，1962；Schuler M，1923)，以垂线指示系统为例系统阐明了休拉摆原理，为惯性导航系统的设计奠定了理论基础。

第二次世界大战期间，德国的V-2火箭采用两个双自由度陀螺和一个陀螺积分加速度计构成惯性制导系统，这是惯性技术在导弹制导上的首次应用，但由于陀螺和加速度计精度很低，惯性系统设计又十分粗糙，根本实现不了休拉调谐要求，加上控制系统十分原始，制导精度极低，在轰炸伦敦的过程中，有1/4的V-2火箭提前掉入大海。

在确保陀螺仪转子自转角速度恒定的技术问题解决后，提高陀螺仪精度的主要途径是减小沿陀螺仪支承轴的干扰力矩，特别是摩擦力矩。20世纪50年代美国麻省理工学院德雷帕实验室采用液浮支承，成功研制了单自由度液浮陀螺，有效降低了支承引起的摩擦力矩，使陀螺漂移达到了惯性级要求(Draper C S，1960；Draper C S et al.，1956)，并在1949年成功研制出了命名为“菲佰”的惯性装置，这套装置安装在B29飞机上完成了从马萨诸塞州至新墨西哥州的10个小时长途全自动飞行。该系统虽然还不具备惯导系统的功能，但为惯导系统的研制打下了基础。1950年5月美国北美航空公司奥托奈蒂克斯分公司为美国空军研制成功了第一套纯惯性导航系统XN-1，并安装在C47飞机上成功进行了试飞。为了适应航海应用，XN-1经过适当改型，成为N6惯性导航系统。1958年7月美国海军鹦鹉螺号核潜艇进行了一次穿越北极冰盖的探险航行。鹦鹉螺号装备有一套N6-A惯性导航系统和一套MK-19平台罗经，从珍珠港出发，穿越北极冰盖，最终到达美国波特兰港，历时21天。其中穿越北极时以20海里①的时速在水下潜航8146海里，在即将到达目的地时潜艇浮出水面，经过测量，定位误差仅为20海里。这一震惊世界的成功，充分显示了惯性导航系统有别于其他导航系统的独特优点：自主性、隐蔽性、信息的完备性。这些特点在军事应用中尤为重要。

惯性导航系统发展依靠三方面科学技术发展的支撑：新概念测量原理和新型惯性器件、先进制造工艺、计算机技术。

20世纪60年代，在液浮陀螺臻至完善的同时，挠性陀螺的研究逐渐起步。关于挠性支承的概念首先是由英国皇家航空研究院(RAE)于1946年提出的，1965年RAE研制了三套挠性陀螺原理样机，证明了原理的可行性(许国祯，1995；Craig R J G，1972)。1969年英国费伦蒂公司根据国防合同研制了6个陀螺，进行了长达十年的长时间测试。挠性陀螺有两种支承形式：细颈支承和平衡环挠性接头支承。采用后一种支承的陀螺称为动力调谐陀螺，原因是陀螺达到设计转速时，平衡环扭摆产生的惯性力矩正好抵消挠性接头产生的弹性力矩，即陀螺正常工作时处于动

① 1海里(n mile)＝1.852km。

力调谐状态。相对液浮陀螺，动力调谐陀螺结构简单，易于制造，成本低廉，因而得到了广泛应用。经过不断改进和完善，用于平台式惯导的动力调谐陀螺的漂移已达到了 0.01°/h，精度最高的可达到0.001°/h。在20世纪的最后20多年时间内，用动力调谐陀螺构造的中等精度（航空标准惯导的定位精度为 1n mile/h）平台式惯性导航系统大量出现，最具代表性的是美国利登公司的 LTN-72 系列惯导系统，在当时几乎占据了世界民航飞机标准惯导的全部订单。

另一类新概念支承陀螺是静电陀螺，静电支承原理是由美国伊利诺伊大学诺特西克教授在1952年率先提出的（Nordsieck A，1962），20世纪70年代，美国霍尼韦尔公司和罗克韦尔公司研制出了静电陀螺监控器和导航仪。该型陀螺经过不断的改进和完善，漂移误差一般都小于 10^{-4} °/h，更高精度可达到 $10^{-6}\sim10^{-7}$ °/h，在人造卫星的失重和真空环境条件下，最高精度甚至达到了 $10^{-9}\sim10^{-11}$ °/h，该类陀螺据称曾在人造卫星上做过对爱因斯坦相对论的验证试验。正由于静电陀螺具有如此高的精度，所以被重点用作战略武器机动投掷平台的高精度基准，诸如战略核潜艇的静电陀螺监控器和静电陀螺惯性导航系统，远程战略轰炸机的静电陀螺惯性导航系统等。

与静电支承相似的支承还有磁悬浮支承和气浮支承。由于这些支承存在易受环境条件干扰、制造工艺复杂等缺陷，精度远不如静电陀螺，所以应用范围都很有限，并未形成主流。激光陀螺和光纤陀螺的出现是惯性技术的一场大革命，这类光学陀螺与传统的机械转子陀螺的工作原理有本质的区别，后者服从解释宏观世界的牛顿力学，而前者服从解释微观世界的量子力学，因此是一种全新概念的惯性器件（Chow W W et al.，1980）。利用光的干涉原理测量旋转运动早在20世纪初就有人提出过。1913年法国物理学家萨格奈克研制了一种光学干涉仪（Sagnac G，1913a；Sagnac G，1913b），1925年迈克尔孙根据干涉仪研制出了一种光学陀螺测量装置，用于测量地球的自转角速度（Michelson A H et al.，1925）。该装置由300m×600m的矩形光学回路构成，但所采用的光源是普通光，相干性极差，干涉条纹的移动量仅为干涉条纹间距的1/4，测量精度极低。1960年物理学家发明了激光，1962年世界上第一台氦氖激光器问世，以美国为首的技术先进国家开始研制激光陀螺，1963年，斯派利陀螺公司首次成功演示了环形激光陀螺（Macek W M et al.，1963）。经过不懈努力，美国霍尼韦尔公司于1982年批量生产GG1342激光陀螺，该型陀螺 MTBF 高达 90000h，是机械转子陀螺无法比拟的（许国祯，1995）。抖动型激光陀螺的精度等级在 $10^{-2}\sim10^{-3}$ °/h 量级范围内，是构造航空标准惯导的理想惯性器件，美国利登公司生产的 LTN-92 系列激光捷联惯导被认定为美国民航飞机、政府运输和行政飞机的必备导航系统，取代了 LTN-72 而成为标准机载惯导系统。

光纤陀螺是比激光陀螺稍晚出现的另一类光学陀螺。与激光陀螺相比，光纤陀螺的体积更小，功耗更低，并且价格低廉，更便于批量生产（许国祯，1995）。尽管光纤陀螺的精度还赶不上激光陀螺，目前还只能满足战术武器的精度要求，但随着光纤制造技术和集成光学器件性能的不断完善，其潜在的优势将逐渐显露出来。

随着制作集成电路的硅半导体工艺的成熟和完善，20世纪80年代开始出现了微型机械、微型传感器和微型执行器的微机械制造技术，这种采用微型机械机构和控制电路工艺制造微机电系统的技术常称为 MEMS 技术。MEMS 技术在惯性技术领域中的成果体现是硅微陀螺及硅微加速度计。1991年麻省理工学院德雷帕实验室成功研制出微型惯性测量组合，包括三个陀螺仪、三个加速度计以及相应的控制电路，陀螺精度已达到漂移小于10°/h，而整个惯性测量组合的体积仅为2cm×2cm×0.5cm，质量仅为5g，并已在增程制导炮弹上作了试验（Ohlmeyer E J et al.，1998）。MEMS 惯性器件不仅具有因为体积小、重量轻、易于安装、高可靠、耐冲击而应用广泛的特点，而且可以实现大批量的生产，在成本上具有优势，因此距离在民用领域及战术武器领域内普及应用的时间不会太久。

惯性技术水平的标志一方面反映在惯性器件的性能及制造工艺水平上，另一方面反映在系统设计理论及工程实现水平上。平台式惯性导航系统中，用机电控制方法建立起物理实体平台，用于模拟所要求的导航坐标系。由于有惯性平台隔离了运载体的角运动，导航坐标系的旋转又十分缓慢，所以平台式惯导系统中陀螺的动态范围可以很小，导航计算机的解算负担也比较轻，针对 20 世纪 60～70 年代计算机水平还不高，陀螺的施矩电流还不能太大的实际情况，采用物理平台构造惯性导航系统是十分合适的。平台式惯导的最大缺点是结构复杂、体积大、重量重、可靠性差，所以随着激光陀螺批量制造技术的成熟，捷联式惯性导航系统正在各个领域逐步取代平台式惯性导航系统，特别是诸如飞机、导弹等中低精度应用领域几乎都采用捷联式惯导系统。利登公司在十年前就推出 LTN-92 激光捷联式惯导系统，作为替换挠性陀螺平台式惯导 LTN-72 的换代产品，波音和空中客车民航机几乎都装备 LTN-92 激光捷联式惯导系统。

捷联式惯导系统的最大特点是依靠算法建立起导航坐标系，即平台坐标系以数学平台形式存在，这样省略了复杂的物理实体平台，结构简单、体积小、重量轻、成本低、维护简便、可靠性高，还可通过余度技术提高系统的容错能力。但这些好处是用复杂的算法设计和繁重的计算负荷换取的。姿态更新解算是捷联式惯导的关键算法。传统的姿态更新算法有欧拉角法、方向余弦法和四元数法，其中四元数毕卡算法简单、计算量小，因而在工程实际中常采用。但四元数毕卡算法仅为单子样算法，不可交换误差补偿不彻底，特别是运载体姿态变化剧烈时，这种误差更加严重。1971 年 Bortz 和 Jordan 提出了等效旋转矢量概念(Bortz J E，1971)，将运载体的姿态四元数更新转化为姿态变化四元数的更新，为姿态更新的多子样算法提供了理论依据。1980 年 Gilmore 提出了在快速计算回路内迭代解算旋转矢量，在慢速计算回路内解算姿态四元数(Gilmore J P，1980)。1983 年 Miller 探讨了锥运动条件下等效旋转矢量的三子样优化算法，优化指标是圆锥误差影响达到最小(Miller R B，1983)。在此基础上，Lee 和 Yoon 研究了四子样算法(Lee J G et al.，1990)，Jiang 研究了利用本更新周期内的三子样及前更新周期内的角增量计算旋转矢量的优化算法(Jian Y E et al.，1992)。1995 年 Musoff 提出了圆锥补偿算法的优化指标，分析了算法误差与补偿周期的关系(Musoff H et al.，1995)。对于运动状态变化剧烈和导航定位精度要求特别高的应用场合，除对圆锥运动效应作补偿计算外，还要对划桨运动效应和涡卷运动效应作补偿计算，对此，Savage 作了系统研究(Savage P G，1998a，1998b)。

1.2 常用关系式

在本书的分析和推导中经常用到一些运算关系式，此处列出一部分。

1.2.1 坐标变换

设坐标系 $O\text{-}X_1Y_1Z_1$ 绕 OZ_1 轴旋转 α 角后得到坐标系 $O\text{-}X_2Y_2Z_2$，空间矢量 $\boldsymbol{r}$ 在 $O\text{-}X_1Y_1Z_1$(简称坐标系 1) 内的投影为$[r_{X_1} \quad r_{Y_1} \quad r_{Z_1}]^{\mathrm{T}}$，在 $O\text{-}X_2Y_2Z_2$(简称坐标系 2) 内的投影为$[r_{X_2} \quad r_{Y_2} \quad r_{Z_2}]^{\mathrm{T}}$，要求推导出两组坐标值间的关系。由于旋转轴绕 OZ_1 轴进行，所以 Z 坐标未变，即有 $r_{Z_1}=r_{Z_2}$，由图 1.2.1 得

$$r_{X_2}=OA+AB+BC=OD\cos\alpha+BD\sin\alpha+BF\sin\alpha=r_{X_1}\cos\alpha+r_{Y_1}\sin\alpha$$

$$r_{Y_2} = DE - AD = DF\cos\alpha - OD\sin\alpha = r_{Y_1}\cos\alpha - r_{X_1}\sin\alpha$$

$$r_{Z_2} = r_{Z_1}$$

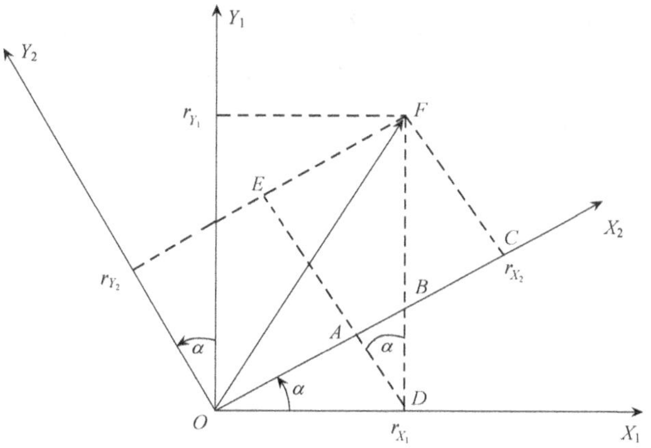

图 1.2.1　坐标系间的变换关系

将上述三式写成矩阵形式：

$$\begin{bmatrix} r_{X_2} \\ r_{Y_2} \\ r_{Z_2} \end{bmatrix} = \begin{bmatrix} \cos\alpha & \sin\alpha & 0 \\ -\sin\alpha & \cos\alpha & 0 \\ 0 & 0 & 1 \end{bmatrix} \begin{bmatrix} r_{X_1} \\ r_{Y_1} \\ r_{Z_1} \end{bmatrix} \tag{1.2.1}$$

记

$$\boldsymbol{r}^1 = \begin{bmatrix} r_{X_1} \\ r_{Y_1} \\ r_{Z_1} \end{bmatrix}, \quad \boldsymbol{r}^2 = \begin{bmatrix} r_{X_2} \\ r_{Y_2} \\ r_{Z_2} \end{bmatrix}, \quad \boldsymbol{C}_1^2 = \begin{bmatrix} \cos\alpha & \sin\alpha & 0 \\ -\sin\alpha & \cos\alpha & 0 \\ 0 & 0 & 1 \end{bmatrix}$$

则式(1.2.1)可写成

$$\boldsymbol{r}^2 = \boldsymbol{C}_1^2 \boldsymbol{r}^1$$

该式描述了同一矢量在不同坐标系内投影间的变换关系，$\boldsymbol{C}_1^2$ 称为从坐标系 1 至坐标系 2 的变换矩阵。经观察后可发现 $\boldsymbol{C}_1^2$ 的诸元是坐标系 1 各轴上的单位 1 在坐标系 2 各轴上的投影，其中投影关系可用图 1.2.2 来表示。

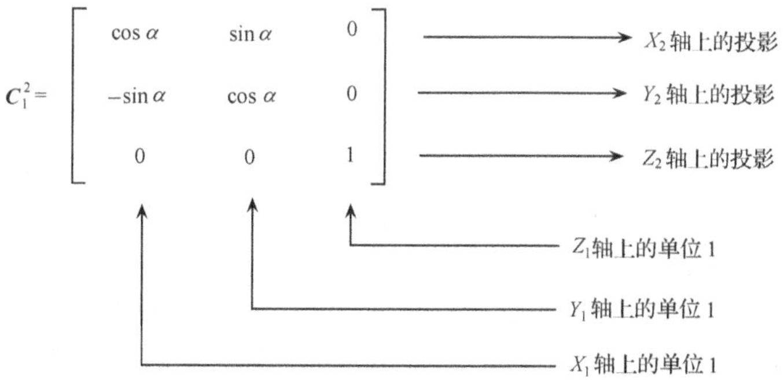

图 1.2.2　坐标系 1 和坐标系 2 之间的投影关系

上述变换关系分析中，坐标系 2 是经坐标系 1 仅绕 Z_1 轴旋转 α 角后获得的，为便于叙述，称仅绕一根轴的旋转为基本旋转。两坐标系间任何复杂的角位置关系都可以看作有限次基本旋转的复合，变换矩阵等于基本旋转确定的变换矩阵的连乘，连乘顺序依基本旋转的先后次序由右向左排列。例如运载体的空间姿态可看做依次绕航向轴、俯仰轴、横滚轴做基本旋转后的复合结果，如图 1.2.3 所示。图中，n 坐标系为地理坐标系，X_n 指东、Y_n 指北、Z_n 指天，b 坐标系为机体坐标系，X_b 指右、Y_b 指前、Z_b 指上。飞机的空间角位置由下述依次基本旋转确定：

$$O\text{-}X_nY_nZ_n \xrightarrow[\text{旋转}\ \Psi]{\text{绕}\ -Z_n\ \text{轴}} O\text{-}X_1Y_1Z_1 \xrightarrow[\text{旋转}\ \theta]{\text{绕}\ X_1\ \text{轴}} O\text{-}X_2Y_2Z_2 \xrightarrow[\text{旋转}\ \gamma]{\text{绕}\ Y_2\ \text{轴}} O\text{-}X_bY_bZ_b$$

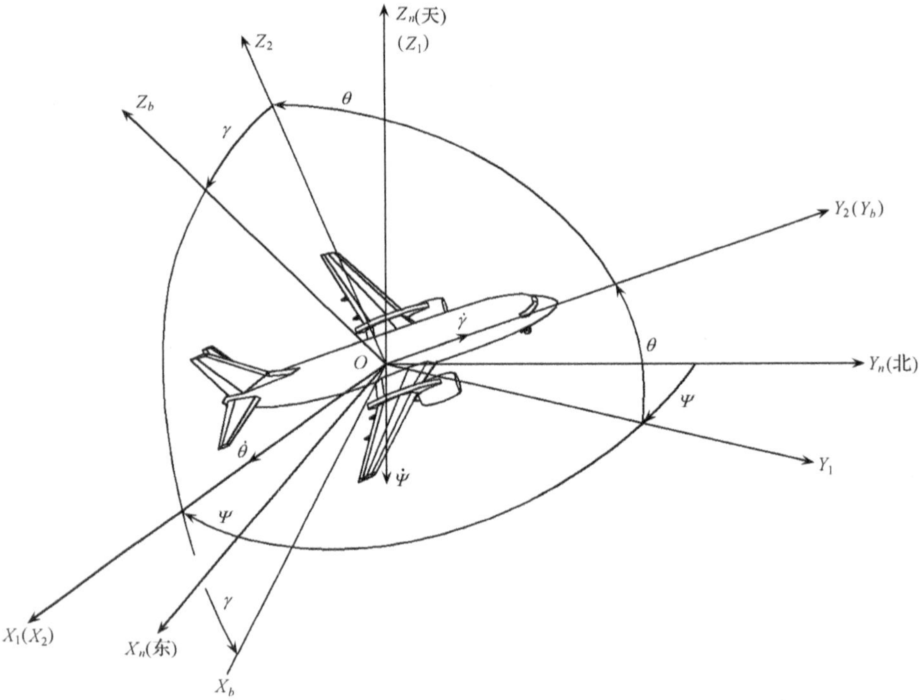

图 1.2.3　飞机空间角位置的确定

各次基本旋转对应的变换矩阵为

$$\boldsymbol{C}_n^1=\begin{bmatrix}\cos\Psi & -\sin\Psi & 0\\ \sin\Psi & \cos\Psi & 0\\ 0 & 0 & 1\end{bmatrix},\quad \boldsymbol{C}_1^2=\begin{bmatrix}1 & 0 & 0\\ 0 & \cos\theta & \sin\theta\\ 0 & -\sin\theta & \cos\theta\end{bmatrix},\quad \boldsymbol{C}_2^b=\begin{bmatrix}\cos\gamma & 0 & -\sin\gamma\\ 0 & 1 & 0\\ \sin\gamma & 0 & \cos\gamma\end{bmatrix}$$

所以姿态矩阵为

$$\boldsymbol{C}_n^b=\boldsymbol{C}_2^b\boldsymbol{C}_1^2\boldsymbol{C}_n^1=\begin{bmatrix}\cos\gamma & 0 & -\sin\gamma\\ 0 & 1 & 0\\ \sin\gamma & 0 & \cos\gamma\end{bmatrix}\begin{bmatrix}1 & 0 & 0\\ 0 & \cos\theta & \sin\theta\\ 0 & -\sin\theta & \cos\theta\end{bmatrix}\begin{bmatrix}\cos\Psi & -\sin\Psi & 0\\ \sin\Psi & \cos\Psi & 0\\ 0 & 0 & 1\end{bmatrix}$$

$$=\begin{bmatrix}\cos\gamma\cos\Psi+\sin\gamma\sin\Psi\sin\theta & -\cos\gamma\sin\Psi+\sin\gamma\cos\Psi\sin\theta & -\sin\gamma\cos\theta\\ \sin\Psi\cos\theta & \cos\Psi\cos\theta & \sin\theta\\ \sin\gamma\cos\Psi-\cos\gamma\sin\Psi\sin\theta & -\sin\gamma\sin\Psi-\cos\gamma\cos\Psi\sin\theta & \cos\gamma\cos\theta\end{bmatrix}\tag{1.2.2}$$

式中，$\boldsymbol{C}_n^b$ 与旋转次序有关，即当旋转角 Ψ、θ、γ 不都为小角时，对应于不同的旋转次序，坐标系 b 的最终空间位置是不同的，这就是常说的有限转动的不可交换性。但当 Ψ、θ、γ 都为小角时，忽略小角间的高阶小量

$$C_n^b=\begin{bmatrix}1 & -\Psi & -\gamma\\ \Psi & 1 & \theta\\ \gamma & -\theta & 1\end{bmatrix}$$

式中，Ψ、θ、γ 的单位为弧度。此时由 Ψ、θ、γ 构成的列向量$[\Psi\quad\theta\quad\gamma]^{\mathrm T}$ 可视为三维空间矢量，各分量正负号的规定为：当产生小角的旋转方向与坐标轴指向相同时该小角取正，否则取负。此时旋转后坐标系的最终角位置与旋转次序无关，这就是常说的无限转动与旋转次序无关。

根据上述分析，可得出如下一般关系：设坐标系 P 偏离坐标系 T 的偏离角 ϕ_x、ϕ_y、ϕ_z 均为小角，则

$$C_T^P=\begin{bmatrix}1 & \phi_z & -\phi_y\\ -\phi_z & 1 & \phi_x\\ \phi_y & -\phi_x & 1\end{bmatrix}\tag{1.2.3}$$

由于直角坐标系间的变换矩阵为单位正交矩阵，所以如果在坐标系 n 至坐标系 b 的等效旋转中各坐标系都保持为直角坐标系，则根据单位正交矩阵的性质有

$$C_b^n=(C_n^b)^{-1}=(C_n^b)^{\mathrm T}$$

1.2.2　矢量的叉乘

矢量是既有大小又有方向的量，常用两种方式来描述矢量。设有矢量 $\boldsymbol r$，可用 $\boldsymbol r$ 的模 $r=|\boldsymbol r|$ 和 $\boldsymbol r$ 的单位矢量 $\boldsymbol u=\dfrac{\boldsymbol r}{r}$ 来描述：$\boldsymbol r=r\boldsymbol u$，如此描述的矢量常称为物理矢量。也可以用 $\boldsymbol r$ 在坐标系 n 的各轴上的投影来描述：$\boldsymbol r^n=[r_x^n\quad r_y^n\quad r_z^n]^{\mathrm T}$，如此描述的矢量称为数学矢量。矢量的叉乘可用物理矢量和数学矢量来表示。

设有物理矢量 $\boldsymbol r$ 和 $\boldsymbol s$，则 $\boldsymbol t=\boldsymbol r\times\boldsymbol s$ 的方向由右手定则确定，大小为 $t=|\boldsymbol t|=|\boldsymbol r|\cdot|\boldsymbol s|\sin(\widehat{\boldsymbol r,\boldsymbol s})$。

设有数学矢量 $\boldsymbol r^n=[r_x^n\quad r_y^n\quad r_z^n]^{\mathrm T}$，$\boldsymbol s^n=[s_x^n\quad s_y^n\quad s_z^n]^{\mathrm T}$，$\boldsymbol t^n=\boldsymbol r^n\times\boldsymbol s^n$，则

$$\begin{bmatrix}t_x^n\\ t_y^n\\ t_z^n\end{bmatrix}=\begin{bmatrix}0 & -r_z^n & r_y^n\\ r_z^n & 0 & -r_x^n\\ -r_y^n & r_x^n & 0\end{bmatrix}\begin{bmatrix}s_x^n\\ s_y^n\\ s_z^n\end{bmatrix}\tag{1.2.4}$$

式中，$\boldsymbol t^n=[t_x^n\quad t_y^n\quad t_z^n]^{\mathrm T}$。

1.2.3　哥氏定理

哥氏定理用于描述绝对变化率与相对变化率间的关系。设有矢量 $\boldsymbol r$，m 和 n 是两个做相对旋转的坐标系，则哥氏定理可描述为

$$\left.\frac{\mathrm d\boldsymbol r}{\mathrm dt}\right|_m=\left.\frac{\mathrm d\boldsymbol r}{\mathrm dt}\right|_n+\boldsymbol\omega_{mn}\times\boldsymbol r\tag{1.2.5}$$

式中，$\left.\dfrac{\mathrm d\boldsymbol r}{\mathrm dt}\right|_m$ 和$\left.\dfrac{\mathrm d\boldsymbol r}{\mathrm dt}\right|_n$ 是分别在m 坐标系和n 坐标系内观察到的$\boldsymbol r$ 的时间变化率，$\boldsymbol\omega_{mn}$ 是坐标系 n 相对坐标系 m 的旋转角速度。如果将式(1.2.5)两边的矢量都向 m 坐标系投影，则有

$$\dot{\boldsymbol r}^m=C_n^m\dot{\boldsymbol r}^n+\boldsymbol\omega_{mn}^m\times\boldsymbol r^m\tag{1.2.6}$$

式中

$$\dot{\boldsymbol r}^m=[\dot r_x^m\quad \dot r_y^m\quad \dot r_z^m]^{\mathrm T},\quad \dot{\boldsymbol r}^n=[\dot r_x^n\quad \dot r_y^n\quad \dot r_z^n]^{\mathrm T}$$

第一篇 惯性器件

惯性器件或称惯性仪表,即陀螺仪和加速度计。陀螺仪用来测量运载体的角运动,或在控制角运动的伺服回路中用作控制环节,加速度计用来测量运载体的加速度。其中,“惯性”具有两重含义:陀螺和加速度计服从牛顿力学,基本工作原理是动量矩定理和牛顿第二定理,即基本惯性原理;作为测量元件时输出量都是相对惯性空间的测量值,如角速度输出是相对惯性空间的角速度,加速度输出是绝对加速度,陀螺作为控制元件时,产生的角速度是相对惯性空间的角速度。

本篇主要对陀螺仪和加速度计作系统介绍。

第 2 章　陀　螺　仪

传统意义上的陀螺仪是指转子陀螺仪，转子陀螺仪的运动特性区别于一般刚体的根本原因在于转子旋转产生的角动量，这种陀螺仪服从牛顿力学。随着激光技术的发展，建立在全新测量原理上的另一类陀螺已经蓬勃发展起来，这就是光学陀螺，这类陀螺服从量子力学。所以目前所指的陀螺已突破了经典含义而具有广义含义。

2.1　转子陀螺的力学原理

2.1.1　惯性坐标系 i

以地心为球心，半径无穷大的球体称为天球。地球赤道平面无限延伸后截天球所得的圆称为天球赤道，地球公转平面无限延伸后截天球所得的圆称天球黄道，天球赤道和天球黄道在天球上相交得春分点和秋分点，见图 2.1.1。由于天球赤道平面垂直于地球自转轴，天球黄道平面垂直于地球绕太阳的公转轴，而地球的自转轴和公转轴在惯性空间内保持指向不变，所以春分点和秋分点在惯性空间内保持位置不变，且位于无穷远处。其中春分点的位置确定如下：若自地心向春分点引矢量$\overrightarrow{OS}$，则$\overrightarrow{OS}$的单位矢量为

$$\boldsymbol{u}=\frac{\boldsymbol{\Omega}_{公}\times\boldsymbol{\Omega}_{自}}{|\boldsymbol{\Omega}_{公}\times\boldsymbol{\Omega}_{自}|} \tag{2.1.1}$$

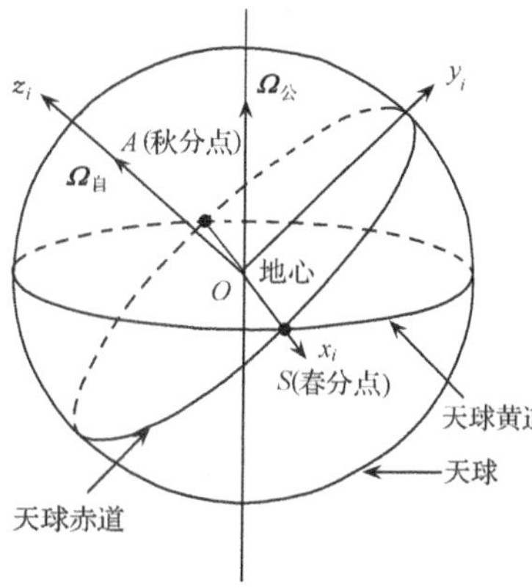

图 2.1.1　春分点和秋分点

根据春分点可定义出惯性坐标系 $O\text{-}x_iy_iz_i$：原点位于地心 O，x_i 轴指向春分点，z_i 轴沿地球自转轴，y_i 轴与 x_i、z_i 轴构成右手系。

由于春分点在无穷远处，所以在地球的公转轨道上，无论地球运行到何处，地心与春分点的连线始终保持平行，因此 $O\text{-}x_iy_iz_i$ 的各轴相对惯性空间的指向保持不变，该坐标系为惯性坐标系。

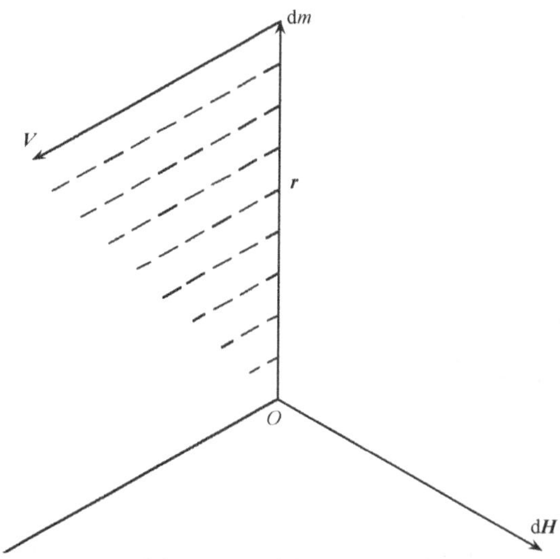

图 2.1.2　质点的动量矩

2.1.2　角动量和动量矩定理

设质点的质量为 dm，质点的速度为 $\boldsymbol{V}$，则质点的动量 $\boldsymbol{V}\mathrm{d}m$ 对某空间点的矩称为该质点对该点的动量矩，如图 2.1.2 所示。即

$$\mathrm{d}\boldsymbol{H}=\boldsymbol{r}\times\boldsymbol{V}\mathrm{d}m$$

式中，$\boldsymbol{r}$ 是空间点 O 至质点的距离矢量。

如果点 O 是曲线运动的瞬时中心，则

$$\boldsymbol{V} = \boldsymbol{\omega} \times \boldsymbol{r}$$

式中，$\boldsymbol{\omega}$ 是质点做曲线运动引起的距离矢量 $\boldsymbol{r}$ 的旋转角速度。

质点系的动量矩是所有质点动量矩的总和，对分布质量的质点系来说，动量矩为

$$\boldsymbol{H} = \iiint_V \boldsymbol{r} \times (\boldsymbol{\omega} \times \boldsymbol{r}) \mathrm{d}m$$

对做定点转动的刚体来说，各质点的旋转角速度都相同，所以

$$\boldsymbol{H} = \iiint_V \boldsymbol{r} \times (-\boldsymbol{r} \times \boldsymbol{\omega}) \mathrm{d}m = -\iiint_V \boldsymbol{r} \times (\boldsymbol{r} \times \boldsymbol{\omega}) \mathrm{d}m \tag{2.1.2}$$

设刚体绕点 O 做定点转动，$O\text{-}xyz$ 为某一参考坐标系，记作 g，并设

$$\boldsymbol{r}^g = \begin{bmatrix} x \\ y \\ z \end{bmatrix}, \quad \boldsymbol{\omega}^g = \begin{bmatrix} \omega_x \\ \omega_y \\ \omega_z \end{bmatrix}, \quad \boldsymbol{H}^g = \begin{bmatrix} H_x \\ H_y \\ H_z \end{bmatrix}$$

则式(2.1.2)成

$$\begin{aligned}
\begin{bmatrix} H_x \\ H_y \\ H_z \end{bmatrix} &= -\iiint_V \begin{bmatrix} 0 & -z & y \\ z & 0 & -x \\ -y & x & 0 \end{bmatrix} \left(\begin{bmatrix} 0 & -z & y \\ z & 0 & -x \\ -y & x & 0 \end{bmatrix} \begin{bmatrix} \omega_x \\ \omega_y \\ \omega_z \end{bmatrix} \right) \mathrm{d}m \\
&= -\iiint_V \begin{bmatrix} 0 & z & -y \\ -z & 0 & x \\ y & -x & 0 \end{bmatrix} \begin{bmatrix} 0 & z & -y \\ -z & 0 & x \\ y & -x & 0 \end{bmatrix} \mathrm{d}m \begin{bmatrix} \omega_x \\ \omega_y \\ \omega_z \end{bmatrix} \\
&= \iiint_V \begin{bmatrix} y^2 + z^2 & -xy & -xz \\ -xy & x^2 + z^2 & -yz \\ -xz & -yz & x^2 + y^2 \end{bmatrix} \mathrm{d}m \begin{bmatrix} \omega_x \\ \omega_y \\ \omega_z \end{bmatrix} = [I] \begin{bmatrix} \omega_x \\ \omega_y \\ \omega_z \end{bmatrix}
\end{aligned} \tag{2.1.3}$$

式中，$[I] = \begin{bmatrix} I_x & -I_{xy} & -I_{xz} \\ -I_{xy} & I_y & -I_{yz} \\ -I_{xz} & -I_{yz} & I_z \end{bmatrix}$ 称为刚体对 g 坐标系的惯性张量，各元定义为

$$I_x = \iiint_V (y^2 + z^2) \mathrm{d}m \tag{2.1.4a}$$

$$I_y = \iiint_V (x^2 + z^2) \mathrm{d}m \tag{2.1.4b}$$

$$I_z = \iiint_V (x^2 + y^2) \mathrm{d}m \tag{2.1.4c}$$

$$I_{xy} = \iiint_V xy \, \mathrm{d}m \tag{2.1.4d}$$

$$I_{xz} = \iiint_V xz \, \mathrm{d}m \tag{2.1.4e}$$

$$I_{yz} = \iiint_V yz \, \mathrm{d}m \tag{2.1.4f}$$

式中，I_x、I_y、I_z 分别称为刚体对 x 轴、y 轴、z 轴的转动惯量，I_{xy}、I_{xz}、I_{yz} 称为刚体的惯性积。若刚体为匀质体，密度为 ρ，则

$$I_x = \rho \iiint_V (y^2 + z^2) \mathrm{d}x \mathrm{d}y \mathrm{d}z \tag{2.1.5a}$$

$$I_y = \rho \iiint_V (x^2 + z^2) \mathrm{d}x \mathrm{d}y \mathrm{d}z \tag{2.1.5b}$$

$$I_z = \rho \iiint_V (x^2 + y^2) \mathrm{d}x\mathrm{d}y\mathrm{d}z \tag{2.1.5c}$$

$$I_{xy} = \rho \iiint_V xy \mathrm{d}x\mathrm{d}y\mathrm{d}z \tag{2.1.5d}$$

$$I_{xz} = \rho \iiint_V xz \mathrm{d}x\mathrm{d}y\mathrm{d}z \tag{2.1.5e}$$

$$I_{yz} = \rho \iiint_V yz \mathrm{d}x\mathrm{d}y\mathrm{d}z \tag{2.1.5f}$$

如果适当选择坐标系 $O\text{-}xyz$ 后能使惯性积为零,则该坐标系的各轴称为刚体的惯性主轴。对于圆柱体转子,转子的自转轴和赤道平面内与自转轴相交的所有轴都是惯性主轴。沿自转轴的转动惯量称为极转动惯量,沿赤道轴的转动惯量称为赤道转动惯量。

在转子陀螺的讨论中,常将转子具有的动量矩称为角动量。从式(2.1.2)可看出角动量的量纲为

$$[\text{角动量}] = \frac{[\text{质量}]\cdot[\text{长度}]^2}{[\text{时间}]} \tag{2.1.6}$$

对于小型陀螺而言,常用单位是克·厘米^2/秒或达因①·厘米·秒和克力·厘米·秒。

1 克力·厘米·秒=980 达因·厘米·秒=980 克·厘米^2/秒

例 2.1 设转子的极转动惯量 I_z=398 克·厘米^2,转子的转速为 n=24000 转/分钟,求转子的角动量。

解 转子的自转角速度为 $\omega = 2\pi \dfrac{n}{60} = \dfrac{2\pi \times 24000}{60} = 2513.27$(弧度/秒)

角动量的大小为

$H = I_z\omega = 398 \times 2513.27 = 10^6$(克·厘米^2/秒)=1020(克力·厘米·秒)

方向沿转子自转角速度方向。

例 2.2 如图 2.1.3,求实心圆柱转子及空心圆柱转子的极转动惯量,其中实心转子的外径为 $2R$,空心转子的外径为 $2R$,内径为 $2r$,高度都为 h,密度都为 ρ。

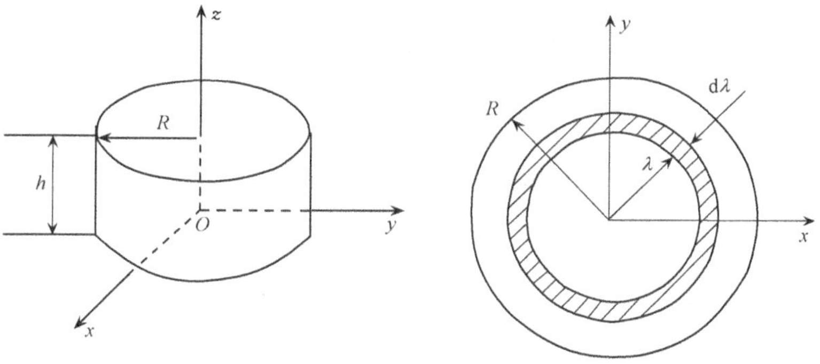

图 2.1.3 实心圆柱转子的积分微元

解 在实心转子中取高度为 h 的微环为积分微元,该微环的内半径为 λ,环壁厚为 $\mathrm{d}\lambda$,则由式(2.1.4c),

① 1 达因(dyn)=10^{-5}N。

$$dm = 2\pi\lambda d\lambda h\rho = 2\pi h\rho\lambda\, d\lambda$$

$$I_z = \int_0^R \lambda^2 2\pi\lambda h\rho d\lambda = \frac{\pi}{2}\rho h R^4$$

对于空心转子

$$I_z = \int_r^R \lambda^2 2\pi\lambda h\rho d\lambda = \frac{\pi}{2}\rho h(R^4 - r^4)$$

定点转动质点系的动量矩定理描述为

$$\left.\frac{d\boldsymbol{H}}{dt}\right|_i = \boldsymbol{M} \tag{2.1.7}$$

式中，$\boldsymbol{H}$ 为定点转动质点系对该定点的角动量总和，$\boldsymbol{M}$ 为作用在该质点系上对该定点的合外力矩，$\left.\frac{d\boldsymbol{H}}{dt}\right|_i$ 表示在惯性坐标系内观察到的时间变化率。此处应注意质点系可理解成多个刚体联结在一起的联结组合体。

2.2 双自由度陀螺仪

2.2.1 定轴性、进动性和陀螺力矩

工程上，为了使陀螺转子获得三个所需要的角转动自由度，典型的办法是将陀螺转子支承在由内、外平衡环构成的卡登万向环架中，设计中确保转子质心与支承点重合，所以转子可看做定点转动刚体，如图 2.2.1 所示。图中，S 为信号器，用于拾取陀螺输出角，T 为力矩器，用于控制转子绕 x 轴和 y 轴的旋转。由于转子、内平衡环、外平衡环与安装座各轴之间都是互相垂直的，所以转子可以处于任意空间位置。工作过程中，转子高速自转产生必要的角动量，内、外平衡环轴是其测量轴。

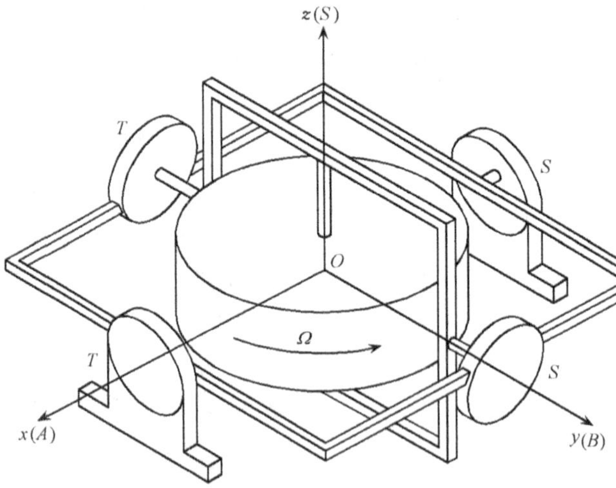

图 2.2.1 双自由度陀螺结构示意图

为便于分析陀螺运动的基本特性和影响陀螺特性的主要因素，假设陀螺仪制造得十分理想和完美，是一种理想化的陀螺模型，即陀螺符合下列条件：

(1) 陀螺转子为一理想的轴对称旋转体，在自转过程中，转子的对称轴和自转轴完全重合。

(2) 转子的自转角速度很高，且保持常值，所形成的自转角动量远大于非自转角动量。

(3) 陀螺转子及万向支架结构刚度很大，变形微小得足以忽略不计，并且内、外平衡环的转动惯量与转子相比可忽略不计。

(4) 陀螺的自转轴，内、外平衡环轴依次严格保持相互垂直，三轴汇交于一点，陀螺内、外环组件的质心与支点重合，所以不会产生重力力矩和惯性力矩。

(5) 万向支架系统的支撑为理想支撑，不存在摩擦力矩和其他干扰力矩。

此时陀螺转子为绕支点做定点转动的刚体，根据动量矩定理

$$\left.\frac{\mathrm{d}\boldsymbol{H}}{\mathrm{d}t}\right|_i = \boldsymbol{M}$$

1. 定轴性和表观运动

当 $\boldsymbol{M}=\boldsymbol{0}$ 时，$\boldsymbol{H}$ 相对惯性空间保持恒定不变，即转子自转轴指向相对惯性空间恒定不变，这就是陀螺的定轴性。

根据哥氏定理

$$\left.\frac{\mathrm{d}\boldsymbol{H}}{\mathrm{d}t}\right|_i = \left.\frac{\mathrm{d}\boldsymbol{H}}{\mathrm{d}t}\right|_e + \boldsymbol{\omega}_{ie} \times \boldsymbol{H}$$

式中，e 为与地球固连的地球坐标系。

当 $\boldsymbol{M}=\boldsymbol{0}$ 时，

$$\left.\frac{\mathrm{d}\boldsymbol{H}}{\mathrm{d}t}\right|_e = \boldsymbol{H} \times \boldsymbol{\omega}_{ie}$$

式中，$\left.\frac{\mathrm{d}\boldsymbol{H}}{\mathrm{d}t}\right|_e$ 是角动量 $\boldsymbol{H}$ 的矢端 E 在地球上观察到的速度 $\mathbf{V}$，速度 $\mathbf{V}$ 的方向如图 2.2.2 所示，大小为

$$V = H\omega_{ie}\sin\theta, \qquad H = |\boldsymbol{H}|, \qquad \omega_{ie} = |\boldsymbol{\omega}_{ie}|$$

所以矢端 E 绕 $O'O$ 轴的旋转角速度大小为

$$\omega_{e4G} = \frac{V}{O'E} = \frac{H\omega_{ie}\sin\theta}{H\sin\theta} = \omega_{ie}$$

方向自 O' 指向 O，即有

$$\boldsymbol{\omega}_{eG} = -\boldsymbol{\omega}_{ie}$$

上述分析说明，当自由陀螺的角动量与地球自转角速度间的夹角 $\theta \neq 0$ 时，地球上的观察者所看到的陀螺自转轴以 $-\boldsymbol{\omega}_{ie}$ 为角速度做旋转，旋转所形成的曲面为一圆锥面，对称轴平行于地轴，半锥角为 θ，陀螺的这种运动称为表观运动。

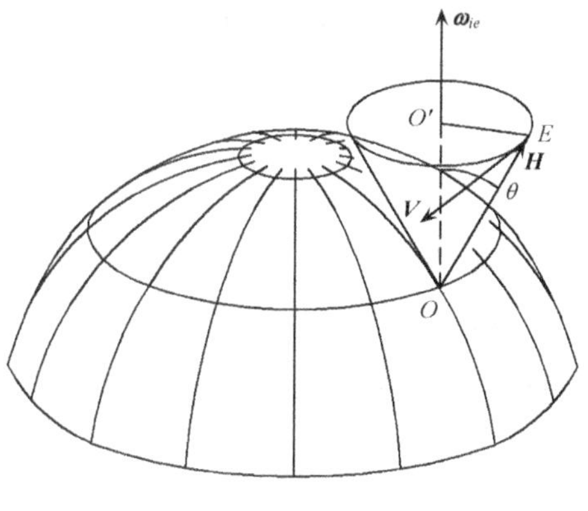

图 2.2.2　陀螺的表观运动

2. 进动性

当 $\boldsymbol{M} \neq \boldsymbol{0}$ 时，根据动量矩定理

$$\left.\frac{\mathrm{d}\boldsymbol{H}}{\mathrm{d}t}\right|_i = \boldsymbol{M}$$

式中，$\left.\frac{\mathrm{d}\boldsymbol{H}}{\mathrm{d}t}\right|_i$ 是角动量 $\boldsymbol{H}$ 的矢端 E 的速度，即

$$\mathbf{V} = \boldsymbol{M}$$

上式说明角动量的矢端速度大小等于 $M=|\boldsymbol{M}|$，方向平行于 $\boldsymbol{M}$。由于有矢端速度存在，所以 $\boldsymbol{H}$

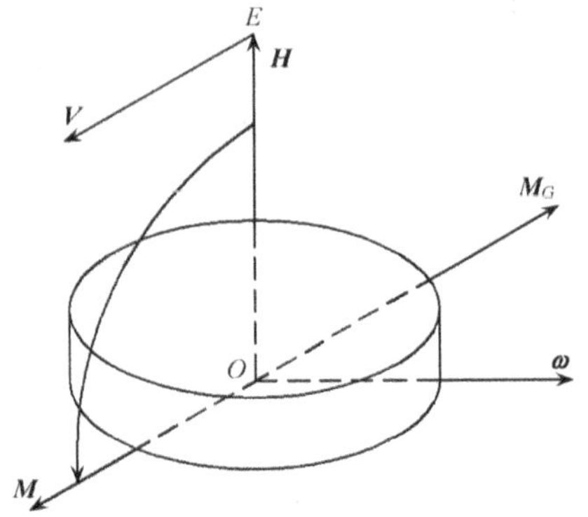

图 2.2.3　陀螺的进动和陀螺力矩

绕支点 O 旋转,转子绕 O 点做旋转运动,即陀螺发生进动。

设陀螺的进动角速度为 $\boldsymbol{\omega}$,由图 2.2.3 得

$$|\boldsymbol{\omega}|=\frac{|\boldsymbol{V}|}{|\boldsymbol{H}|}=\frac{M}{H}$$

由于 $\boldsymbol{\omega}$ 是由矢端以速度 $\boldsymbol{V}$ 运动引起的,$\boldsymbol{\omega}$ 垂直 $\boldsymbol{H}$ 和 $\boldsymbol{V}$ 所在的平面,所以 $\boldsymbol{\omega}$ 位于 $\boldsymbol{H}\times\boldsymbol{M}$ 的方向上,该方向上的单位矢量为

$$\boldsymbol{u}=\frac{\boldsymbol{H}\times\boldsymbol{M}}{|\boldsymbol{H}\times\boldsymbol{M}|}$$

因此

$$\boldsymbol{\omega}=|\boldsymbol{\omega}|\boldsymbol{u}=\frac{M}{H}\frac{\boldsymbol{H}\times\boldsymbol{M}}{HM\sin 90^\circ}=\frac{\boldsymbol{H}\times\boldsymbol{M}}{H^2}$$

上式两边叉乘 $\boldsymbol{H}$,得

$$\boldsymbol{\omega}\times\boldsymbol{H}=\frac{(\boldsymbol{H}\times\boldsymbol{M})\times\boldsymbol{H}}{H^2}$$

根据三重矢积公式 $(\boldsymbol{a}\times\boldsymbol{b})\times\boldsymbol{c}=(\boldsymbol{a}\cdot\boldsymbol{c})\boldsymbol{b}-(\boldsymbol{b}\cdot\boldsymbol{c})\boldsymbol{a}$,有

$$\begin{aligned}\boldsymbol{\omega}\times\boldsymbol{H}&=\frac{1}{H^2}[(\boldsymbol{H}\cdot\boldsymbol{H})\boldsymbol{M}-(\boldsymbol{M}\cdot\boldsymbol{H})\boldsymbol{H}]\\&=\frac{1}{H^2}(H^2\cos 0^\circ\boldsymbol{M}-MH\cos 90^\circ\boldsymbol{H})=\boldsymbol{M}\end{aligned}\tag{2.2.1}$$

式(2.2.1)即为陀螺的进动方程。该式说明,当双自由度陀螺在某一环架轴上有作用力矩 $\boldsymbol{M}$ 时,陀螺绕另一环架轴以 $\boldsymbol{\omega}$ 做进动运动:角动量 $\boldsymbol{H}$ 以最短路径倒向外力矩 $\boldsymbol{M}$,由此确定进动角速度的方向;进动角速度的大小由下式确定:

$$|\boldsymbol{\omega}|=\frac{M}{H}\tag{2.2.2}$$

式(2.2.1)还说明,一旦存在外力矩,就马上出现进动角速度,所以陀螺进动是一种无惯性运动。

3. 陀螺力矩

在陀螺的进动方程式(2.2.1)中,$\boldsymbol{M}$ 是外部施力者(内环)加到陀螺转子上去的,根据牛顿第三定律描述的作用和反作用关系,转子一定会对该施力者作用有反作用力矩 $\boldsymbol{M}_G$,该反作用力矩与 $\boldsymbol{M}$ 大小相等方向相反,即

$$\boldsymbol{M}_G=-\boldsymbol{M}$$

$\boldsymbol{M}_G$ 即为陀螺力矩。由于转子支承在内环中,所以陀螺力矩 $\boldsymbol{M}_G$ 由转子作用在内环上,$\boldsymbol{M}$ 和 $\boldsymbol{M}_G$ 作用在两个不同的对象上,不能互相抵消。由式(2.2.1),陀螺力矩的计算公式为

$$\boldsymbol{M}_G=\boldsymbol{H}\times\boldsymbol{\omega}\tag{2.2.3}$$

式中,$\boldsymbol{H}$ 和 $\boldsymbol{\omega}$ 分别是转子的角动量和角速度。

2.2.2　双自由度陀螺仪的动力学分析

取 $O\text{-}xyz$ 为测量坐标系,该坐标系与陀螺壳体固连,当陀螺无输出角时,陀螺的外环轴 A、内环轴 B 及转子自转轴 S 分别与 x 轴、y 轴及 z 轴重合。为便于讨论,定义转子坐标系(莱查坐

标系）$O\text{-}x_1y_1z_1$ 为：Oz_1 轴沿转子的自转轴，Ox_1 和 Oy_1 轴位于转子的赤道平面内，当输出角 $\alpha=0,\beta=0$ 时，Ox_1 轴与 Ox 轴重合，Oy_1 轴与 Oy 轴重合，Ox_1 轴和 Oy_1 轴均不参与转子的自转。当陀螺输出角 $\alpha\neq0,\beta\neq0$ 时，$O\text{-}xyz$ 经两次基本旋转得 $O\text{-}x_1y_1z_1$（参阅图 2.2.4）：

$$O\text{-}xyz \xrightarrow[\text{旋转 }\alpha]{\text{绕 }Ox\text{ 轴}} O\text{-}xy_1z' \xrightarrow[\text{旋转 }\beta]{\text{绕 }Oy_1\text{ 轴}} O\text{-}x_1y_1z_1$$

下面用动静法列写出陀螺的进动方程。

设转子的角动量为 $\boldsymbol{H}$，陀螺内环组件（包括转子和内环框架）绕内环轴的转动惯量为 I_y，陀螺外环组件（包括内环组件和外环框架）绕外环轴的转动惯量为 I_x，在内外环轴上分别作用有外力矩 M_x 和 M_y，基座具有的角速度 $\boldsymbol{\omega}$ 在 $O\text{-}xyz$ 坐标系内的分量为 ω_x、ω_y、ω_z，如图 2.2.4 所示。根据动静法，各环架轴上的力矩相平衡，得方程：

$$M_x - I_x(\ddot{\alpha}+\dot{\omega}_x) - H\dot{\beta} - H\omega_y - H\cos\beta\,\omega_z\sin\alpha = 0$$

$$M_y + H\dot{\alpha} + H\omega_x - I_y(\ddot{\beta}+\dot{\omega}_y) - H\omega_z\cos\alpha\sin\beta = 0$$

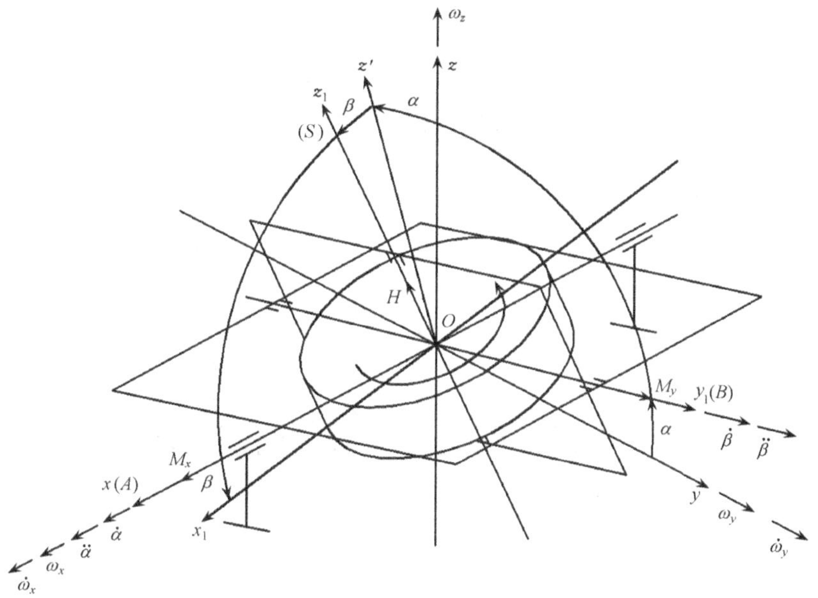

图 2.2.4　双自由度陀螺仪的技术方程模型

由于工程应用中陀螺正常工作时的输出角 α 和 β 都很小，所以上述方程可近似为

$$I_x\ddot{\alpha} + H\dot{\beta} + H\omega_z\alpha = M_x - I_x\dot{\omega}_x - H\omega_y \tag{2.2.4a}$$

$$I_y\ddot{\beta} - H\dot{\alpha} + H\omega_z\beta = M_y - I_y\dot{\omega}_y + H\omega_x \tag{2.2.4b}$$

式(2.2.4)是在近似条件下推得的，习惯上称之为陀螺的技术方程。该式说明，影响陀螺输出角 α 和 β 的因素有外力矩和基座角运动。由于技术方程是一组线性方程，具有线性系统的可加性，所以可以分别单独考虑基座角速度和外力矩的影响，此处仅考虑外力矩的影响：

$$I_x\ddot{\alpha} + H\dot{\beta} = M_x \tag{2.2.5a}$$

$$I_y\ddot{\beta} - H\dot{\alpha} = M_y \tag{2.2.5b}$$

对式(2.2.5)作拉氏变换，并假设在外力矩作用之前，陀螺输出角的初始条件为 0，即 $\alpha(0)=$

$\beta(0)=\dot{\alpha}(0)=\dot{\beta}(0)=0$，则

$$I_x s^2\alpha(s)+Hs\beta(s)=M_x(s) \tag{2.2.6a}$$

$$I_y s^2\beta(s)-Hs\alpha(s)=M_y(s) \tag{2.2.6b}$$

根据式(2.2.6)可得陀螺的方块图，如图2.2.5所示。

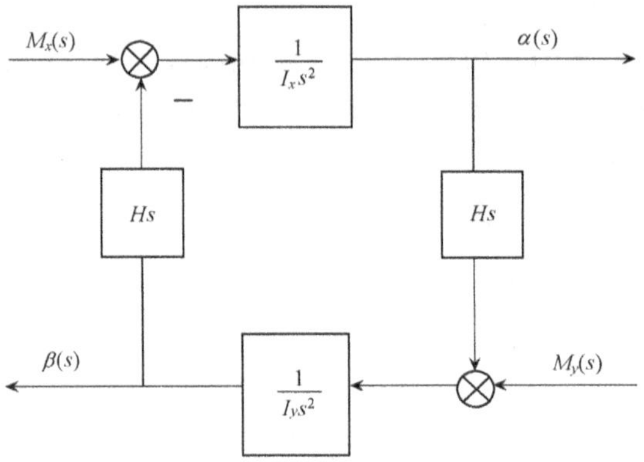

图2.2.5　双自由度陀螺仪的等效方块图

根据图2.2.5，可得出各变量间的传递函数：

$$\frac{\alpha(s)}{M_x(s)}=\frac{I_y}{I_xI_ys^2+H^2} \tag{2.2.7a}$$

$$\frac{\alpha(s)}{M_y(s)}=-\frac{H}{s(I_xI_ys^2+H^2)}=-\frac{1}{sH}+\frac{\frac{I_xI_y}{H}s}{I_xI_ys^2+H^2} \tag{2.2.7b}$$

$$\frac{\beta(s)}{M_x(s)}=\frac{H}{s(I_xI_ys^2+H^2)}=\frac{1}{sH}-\frac{\frac{I_xI_y}{H}s}{I_xI_ys^2+H^2} \tag{2.2.7c}$$

$$\frac{\beta(s)}{M_y(s)}=\frac{I_x}{I_xI_ys^2+H^2} \tag{2.2.7d}$$

系统的特征方程为

$$I_xI_ys^2+H^2=0$$

可见双自由度陀螺仪是一个二阶系统，系统的阻尼系数和自振频率为

$$\xi=0,\quad \omega_n=\frac{H}{\sqrt{I_xI_y}}$$

在具体设计中，陀螺的内、外环框架都设计得比较轻巧，所以 I_x 和 I_y 近似等于转子的赤道转动惯量 I_e，且转子的极转动惯量 I_p 设计得约为 I_e 的2倍，所以陀螺自振频率的估算值为

$$\omega_n\approx\frac{2I_e\Omega}{\sqrt{I_eI_e}}=2\Omega$$

式中，Ω 为转子的自转角速度。

从式(2.2.7a)和式(2.2.7d)可看出，作用在某一轴上的外力矩只引起陀螺绕该轴的无阻尼振荡，振荡频率为自转角速度的2倍。从式(2.2.7b)和式(2.2.7c)可看出，作用在某一轴上的外力矩引起陀螺绕另一轴的运动有两种，具体如下所述。

第一种运动：无阻尼振荡，振荡角频率也是转子自转角速度的2倍。

第二种运动：

$$\frac{\alpha(s)}{M_y(s)}=-\frac{1}{sH},\qquad \frac{\beta(s)}{M_x(s)}=\frac{1}{sH}$$

即

$$s\alpha(s)=-\frac{M_y(s)}{H},\qquad s\beta(s)=\frac{M_x(s)}{H}$$

若外力矩 M_x 和 M_y 为常值，则输出角速度为

$$\dot{\alpha}(t)=-\frac{M_y}{H} \tag{2.2.8a}$$

$$\dot{\beta}(t)=\frac{M_x}{H} \tag{2.2.8b}$$

式中，$\dot{\alpha}(t)$和 $\dot{\beta}(t)$是陀螺绕外环轴和内环轴的进动角速度，式(2.2.8)是式(2.2.1)的分量表达式。

频率为 2 倍自转角速度的无阻尼振荡是双自由度陀螺仪的章动。章动对陀螺仪的测量精度是不利的，但它是固有的。由于章动是一种高频微幅振荡，所以只要陀螺的角动量足够大，其对测量精度的影响是可以忽略不计的。但在设计中应注意避免共振，环境振动角频率不能是转子自转角速度的偶数倍。

2.2.3 双自由度角位置陀螺的传递函数

当双自由度陀螺仪用于控制被稳定对象时，陀螺的信号器输出用来控制被稳定对象的相应轴，陀螺是伺服回路中的一个环节，而陀螺本身处在开环状态。若要使被控制对象以要求的角速度旋转，则指令量需加入陀螺相应轴的力矩器中。所以伺服回路中，陀螺被当作角位置陀螺使用。

1. 对基座角位移的传递函数

当基座沿 x 轴和 y 轴有角位移 Φ_x 和 Φ_y 时，由于陀螺的定轴性，陀螺沿外环轴和内环轴的输出角为

$$\alpha=-\Phi_x,\quad \beta=-\Phi_y$$

所以陀螺对基座角位移的传递函数为

$$\frac{\alpha(s)}{\Phi_x(s)}=-1 \tag{2.2.9a}$$

$$\frac{\beta(s)}{\Phi_y(s)}=-1 \tag{2.2.9b}$$

从式(2.2.9)可得陀螺对基座角速度的传递函数：

$$\frac{\alpha(s)}{\omega_x(s)}=-\frac{1}{s} \tag{2.2.10a}$$

$$\frac{\beta(s)}{\omega_y(s)}=-\frac{1}{s} \tag{2.2.10b}$$

2. 对指令角速度的传递函数

若要求被控对象以角速度 ω_{cmdx} 和 ω_{cmdy} 分别绕 x 轴和 y 轴旋转，则应根据下式计算出相应的指令力矩：

$$\omega_{\mathrm{cmd}x}=-\frac{M_{\mathrm{cmd}y}}{H},\quad \omega_{\mathrm{cmd}y}=\frac{M_{\mathrm{cmd}x}}{H}$$

并根据计算得的指令力矩和力矩器的电压/力矩系数确定出相应的控制电压加至力矩器电枢回路中，使陀螺进动，所产生的输出角的变化率与指令角速度相等，即

$$\dot{\alpha}=\omega_{\mathrm{cmd}x},\quad \dot{\beta}=\omega_{\mathrm{cmd}y}$$

所以陀螺对指令角速度的传递函数为

$$\frac{\alpha(s)}{\omega_{\mathrm{cmd}x}(s)}=\frac{1}{s} \tag{2.2.11a}$$

$$\frac{\beta(s)}{\omega_{\mathrm{cmd}y}(s)}=\frac{1}{s} \tag{2.2.11b}$$

2.3 单自由度陀螺仪

2.3.1 单自由度陀螺仪的技术方程

图 2.3.1 为单自由度陀螺仪的模型简图，单自由度陀螺仪比双自由度陀螺仪少一个旋转自由度，陀螺的力矩器和信号器都安装在输出轴上，所以动力学特性与双自由度陀螺相比有很大的差别。

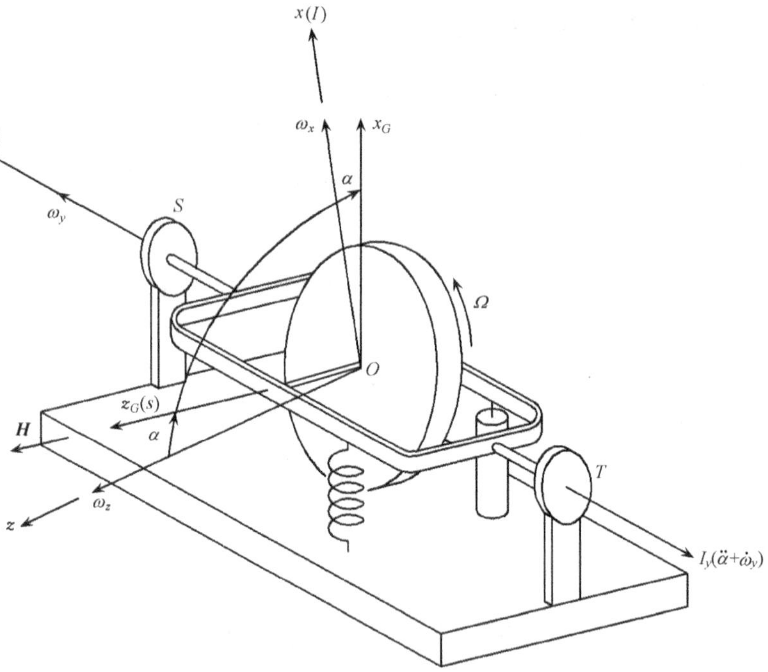

图 2.3.1　单自由度陀螺仪的模型简图

取 $O\text{-}xyz$ 为测量坐标系，该坐标系与基座固连，记为 B，$O\text{-}x_Gy_Gz_G$ 为陀螺组件坐标系，记为 G，其中 Ox 轴对应于陀螺的输入轴 I，Oy 轴对应于陀螺的输出轴 O，Oz_G 轴对应于转子的自转轴 S。

以环架和转子组成的陀螺组件为研究对象，陀螺组件总角动量为

$$\boldsymbol{H}_{\Sigma}=[\boldsymbol{I}]\boldsymbol{\omega}_{iG}+\boldsymbol{H} \tag{2.3.1}$$

式中，$\boldsymbol{H}$ 为转子产生的角动量，$[\boldsymbol{I}]$为陀螺组件的惯性张量，$\boldsymbol{\omega}_{iG}=\boldsymbol{\omega}_{iB}+\boldsymbol{\omega}_{BG}$。

根据动量矩定理

$$\left.\frac{\mathrm{d}\boldsymbol{H}_{\Sigma}}{\mathrm{d}t}\right|_{i}=\boldsymbol{M}$$

即

$$\left.\frac{\mathrm{d}\boldsymbol{H}}{\mathrm{d}t}\right|_{i}+[\boldsymbol{I}]\left(\left.\frac{\mathrm{d}\boldsymbol{\omega}_{iB}}{\mathrm{d}t}\right|_{i}+\left.\frac{\mathrm{d}\boldsymbol{\omega}_{BG}}{\mathrm{d}t}\right|_{i}\right)=\boldsymbol{M}$$

应用哥氏定理,上式可写成

$$\left.\frac{\mathrm{d}\boldsymbol{H}}{\mathrm{d}t}\right|_{G}+\boldsymbol{\omega}_{iG}\times\boldsymbol{H}+[\boldsymbol{I}]\left(\left.\frac{\mathrm{d}\boldsymbol{\omega}_{iB}}{\mathrm{d}t}\right|_{B}+\boldsymbol{\omega}_{iB}\times\boldsymbol{\omega}_{iB}+\left.\frac{\mathrm{d}\boldsymbol{\omega}_{BG}}{\mathrm{d}t}\right|_{B}+\boldsymbol{\omega}_{iB}\times\boldsymbol{\omega}_{BG}\right)=\boldsymbol{M}$$

上式向 G 坐标系投影:

$$\left.\frac{\mathrm{d}\boldsymbol{H}}{\mathrm{d}t}\right|_{G}^{G}+\boldsymbol{\omega}_{iG}^{G}\times\boldsymbol{H}^{G}+[\boldsymbol{I}]\boldsymbol{C}_{B}^{G}\left(\left.\frac{\mathrm{d}\boldsymbol{\omega}_{iB}}{\mathrm{d}t}\right|_{B}^{B}+\left.\frac{\mathrm{d}\boldsymbol{\omega}_{BG}}{\mathrm{d}t}\right|_{B}^{B}+\boldsymbol{\omega}_{iB}^{B}\times\boldsymbol{\omega}_{BG}^{B}\right)=\boldsymbol{M}^{G}$$

即

$$\dot{\boldsymbol{H}}^{G}+\boldsymbol{\omega}_{iG}^{G}\times\boldsymbol{H}^{G}+[\boldsymbol{I}]\boldsymbol{C}_{B}^{G}(\dot{\boldsymbol{\omega}}_{iB}^{B}+\dot{\boldsymbol{\omega}}_{BG}^{B}+\boldsymbol{\omega}_{iB}^{B}\times\boldsymbol{\omega}_{BG}^{B})=\boldsymbol{M}^{G}\tag{2.3.2}$$

设基座角速度、陀螺组件的惯性张量及作用在陀螺组件上的外力矩分别为

$$\boldsymbol{\omega}_{iB}^{B}=[\omega_x\quad\omega_y\quad\omega_z]^{\mathrm{T}},\quad[\boldsymbol{I}]=\mathrm{diag}[I_I\quad I_O\quad I_S],\quad\boldsymbol{M}^{G}=[M_I^G\quad M_O^G\quad M_S^G]^{\mathrm{T}}$$

由图 2.3.1,有

$$\boldsymbol{H}^{G}=[0\quad0\quad H]^{\mathrm{T}},\qquad\boldsymbol{\omega}_{BG}^{G}=[0\quad\dot{\alpha}\quad0]^{\mathrm{T}}$$

并且单自由度陀螺正常工作时,输出角 α 控制得很小,转子角动量应为常值,所以有

$$\boldsymbol{C}_{B}^{G}=\begin{bmatrix}1&0&-\alpha\\0&1&0\\\alpha&0&1\end{bmatrix},\qquad\dot{\boldsymbol{H}}^{G}=[0\quad0\quad\dot{H}]^{\mathrm{T}}=[0\quad0\quad0]^{\mathrm{T}}$$

上述诸关系式代入式(2.3.2),得

$$-\begin{bmatrix}0&-H&0\\H&0&0\\0&0&0\end{bmatrix}\begin{bmatrix}\omega_x-\alpha\omega_z\\\omega_y+\dot{\alpha}\\\alpha\omega_x+\omega_z\end{bmatrix}+\begin{bmatrix}I_I&0&0\\0&I_O&0\\0&0&I_S\end{bmatrix}\begin{bmatrix}1&0&-\alpha\\0&1&0\\\alpha&0&1\end{bmatrix}$$

$$\times\left(\begin{bmatrix}\dot{\omega}_x\\\dot{\omega}_y\\\dot{\omega}_z\end{bmatrix}+\begin{bmatrix}0\\\ddot{\alpha}\\0\end{bmatrix}-\begin{bmatrix}0&0&\dot{\alpha}\\0&0&0\\-\dot{\alpha}&0&0\end{bmatrix}\begin{bmatrix}\omega_x\\\omega_y\\\omega_z\end{bmatrix}\right)=\begin{bmatrix}M_I^G\\M_O^G\\M_S^G\end{bmatrix}$$

由上式可得沿输出轴 O 的动力学方程

$$-H(\omega_x-\alpha\omega_z)+I_O(\dot{\omega}_y+\ddot{\alpha})=M_O^G\tag{2.3.3}$$

式中,M_O^G 为沿陀螺输出轴的外作用力矩,在图 2.3.1 存在弹性约束和阻尼的情况下

$$M_O^G=-k\alpha-D\dot{\alpha}$$

式中,k 为弹性力矩系数,D 为阻尼力矩系数。

为简化分析,忽略非敏感轴方向上的角速度的影响,并记 $\omega_x=\omega_I$,则式(2.3.3)可以近似为

$$I_O\ddot{\alpha}+D\dot{\alpha}+k\alpha=H\omega_I\tag{2.3.4}$$

上式即为单自由度陀螺仪的技术方程。由该式可看出单自由度陀螺仪敏感沿 I 轴方向的角速度,所以 I 轴为其输入轴。

2.3.2 单自由度陀螺仪的分类

1) 若 $k=0, D\neq 0$

式(2.3.4)为

$$I_O\ddot{\alpha}+D\dot{\alpha}=H\omega_I$$

陀螺达到稳态时 $\ddot{\alpha}=0$,所以

$$\dot{\alpha}=\frac{H}{D}\omega_I,\quad \alpha=\frac{H}{D}\int\omega_I\mathrm{d}t$$

即输出角与输入角速度的积分成正比,所以,$k=0, D\neq 0$ 的单自由度陀螺称之为积分陀螺。无弹性约束的液浮陀螺就属于此类陀螺。

2) 若 $D=0, k\neq 0$

式(2.3.4)为

$$I_O\ddot{\alpha}+k\alpha=H\omega_I$$

陀螺达到稳态时

$$\alpha=\frac{H}{k}\omega_I$$

即输出角与输入角速度成正比,所以 $D=0, k\neq 0$ 的单自由度陀螺称之为速率陀螺。

3) 若 $D=0, k=0$

式(2.3.4)为

$$I_O\ddot{\alpha}=H\omega_I$$

$$\alpha=\frac{H}{I_O}\iint\omega_I\mathrm{d}\tau\mathrm{d}t$$

即输出角与输入角速度的二次积分成正比,所以 $D=0, k=0$ 的单自由度陀螺称之为双重积分陀螺。

2.3.3 单自由度陀螺的传递函数

液浮陀螺采用浮桶液浮支承,浮桶产生的浮力与陀螺组件的重力对消,使陀螺组件沿输出轴的摩擦力矩接近为零,所以精密制造的液浮陀螺的漂移十分微小,达到惯性级水平,即漂移优于0.01°/h,这种精度等级的液浮陀螺常用来构建高精度平台式惯导的惯性平台。因此积分陀螺常用于稳定平台和惯性平台的设计。

忽略交叉耦合 $\alpha H\omega_z$,并假设输出轴上作用有指令力矩 M_{cmd} 和干扰力矩 M_{int},则由式(2.3.3)

$$I_O\ddot{\alpha}+D\dot{\alpha}=H\omega_I+M_{\mathrm{cmd}}+M_{\mathrm{int}}-I_O\dot{\omega}_O$$

式中,$\dot{\omega}_O$ 是基座沿陀螺输出轴的角加速度。上式两边作拉氏变换,得

$$(I_Os^2+Ds)\alpha(s)=H\omega_I(s)+M_{\mathrm{cmd}}(s)+M_{\mathrm{int}}(s)-I_O\dot{\omega}_O(s)\tag{2.3.5}$$

1) 陀螺对输入角速度的传递函数

由式(2.3.5)

$$\frac{\alpha(s)}{\omega_I(s)}=\frac{H}{s(I_Os+D)}=\frac{k_g}{s(\tau_gs+1)}\tag{2.3.6}$$

式中,$k_g=\dfrac{H}{D}$ 为陀螺的传递系数,$\tau_g=\dfrac{I_O}{D}$ 为陀螺的时间常数。

2）陀螺对指令角速度的传递函数

积分陀螺工作在伺服状态时，陀螺与稳定平台的连接方式如图 2.3.2 所示。

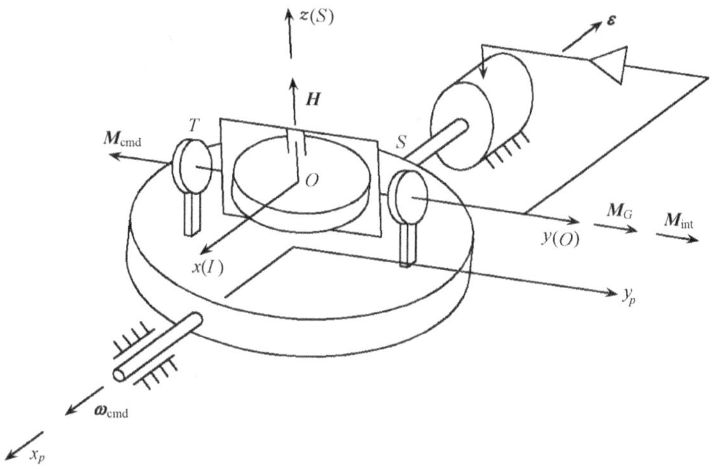

图 2.3.2　陀螺与稳定平台的连接

陀螺控制平台的过程为：若要求平台以指令角速度 $\boldsymbol{\omega}_{cmd}$ 绕 x_p 的正方向旋转，则需向陀螺力矩器 T 加入施矩电流，产生沿陀螺输出轴 O 负方向的指令力矩 $\boldsymbol{M}_{cmd}$，使陀螺产生负的输出角，信号器 S 拾取该输出角，经反相和放大后加至力矩马达，产生沿 x_p 正向的拖动力矩拖动平台以 $\boldsymbol{\omega}_{cmd}$ 的角速度旋转。此时陀螺感测到该旋转角速度，转子产生陀螺力矩

$$\boldsymbol{M}_G = \boldsymbol{H} \times \boldsymbol{\omega}_{cmd}$$

$\boldsymbol{M}_G$ 由转子施加陀螺环架，当陀螺达到稳态时

$$\boldsymbol{M}_{cmd} = -\boldsymbol{M}_G$$

上式在 O 轴的投影形式为

$$M_{cmd} = -M_G = -H\omega_{cmd} \tag{2.3.7}$$

由式(2.3.5)

$$(I_O s^2 + Ds)\alpha(s) = M_{cmd}(s)$$

将式(2.3.7)代入上式，得

$$(I_O s^2 + Ds)\alpha(s) = -H\omega_{cmd}(s)$$

所以

$$\frac{\alpha(s)}{\omega_{cmd}(s)} = -\frac{H}{I_O s^2 + Ds} = -\frac{k_g}{s(\tau_g s + 1)} \tag{2.3.8}$$

3）对陀螺漂移的传递函数

陀螺漂移由沿输出轴 O 的干扰力矩 $\boldsymbol{M}_{int}$ 引起。假设 $\boldsymbol{\omega}_{cmd}=0$，$\boldsymbol{M}_{int}\neq 0$。由于陀螺不能区分作用在输出轴上的力矩是指令力矩还是干扰力矩，此时伺服回路误将干扰力矩当作指令力矩而控制平台旋转，所产生的平台旋转角速度即为平台漂移，所以对漂移的传递函数与对指令角速度的传递函数是相同的，即

$$\frac{\alpha(s)}{\varepsilon(s)} = -\frac{k_g}{s(\tau_g s + 1)} \tag{2.3.9}$$

4）对沿输出轴的基座角加速度 $\dot{\omega}_O$ 的传递函数

由式(2.3.5)

$$(I_O s^2 + Ds)\alpha(s) = -I_O \dot{\omega}_O(s)$$

$$\frac{\alpha(s)}{\dot{\omega}_O(s)} = -\frac{I_O}{I_O s^2 + Ds} = -\frac{I_O/D}{s(\tau_g s + 1)} \tag{2.3.10}$$

综合式(2.3.6)～式(2.3.10)，可画出积分陀螺的方块图，如图 2.3.3 所示。

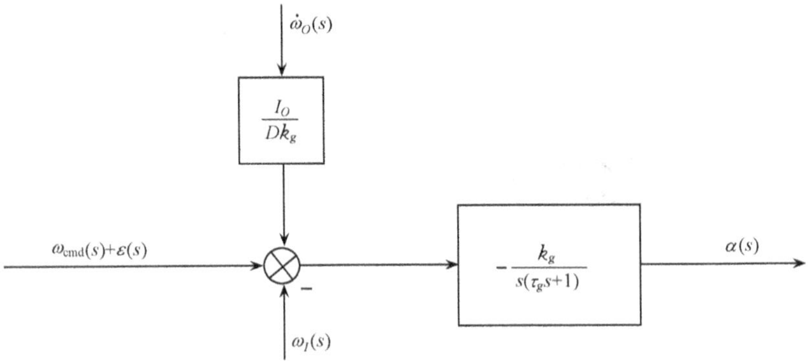

图 2.3.3　积分陀螺方块图

2.3.4　单自由度陀螺仪的静态漂移误差数学模型

如果将单自由度陀螺仪的信号器输出经过放大后加至力矩器，则陀螺工作在力反馈状态，即闭环状态，图 2.3.4 为其工作原理图。加至力矩器的电信号正比于基座的旋转角速度，所以此时陀螺实际上是基座角运动的测量环节，在捷联惯导系统中，用此类陀螺测量运载体的角速度。作用在陀螺上的干扰力矩会引起陀螺对角速度的测量误差。

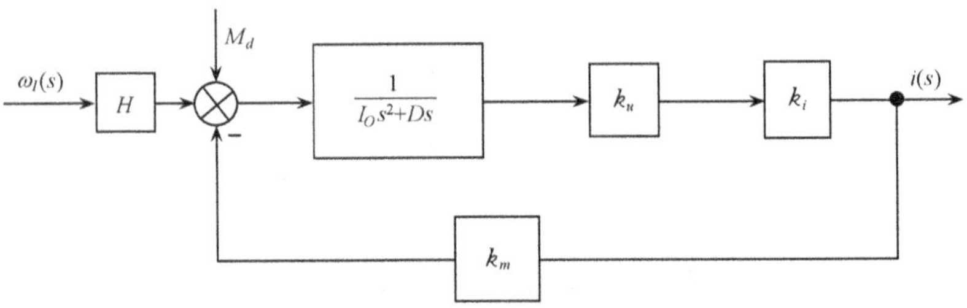

图 2.3.4　具有力反馈再平衡回路的单自由度陀螺仪方块图

由图 2.3.4 得

$$i(s) = \frac{H\omega_I(s) + M_d(s)}{I_O s^2 + Ds + k} \cdot k_u k_i$$

式中，$k = k_u k_i k_m$，k_u 为信号器的传递系数，k_i 为功率放大器的放大倍数，k_m 为力矩器的力矩/电流系数，M_d 为沿输出轴的干扰力矩。由上式，被测角速度的精确解应为

$$\omega_I(s) = \frac{I_O s^2 + Ds + k}{H} \cdot \frac{i(s)}{k_u k_i} - \frac{M_d(s)}{H}$$

但实际测量中，角速度只能根据反馈电流 $i(s)$ 确定：

$$\hat{\omega}_I(s) = \frac{I_O s^2 + Ds + k}{H} \cdot \frac{i(s)}{k_u k_i}$$

引起的测量误差即陀螺漂移：

$$\omega_{\rm d}(s) = \hat{\omega}_I(s) - \omega_I(s) = \frac{M_{\rm d}(s)}{H} \tag{2.3.11}$$

1. 由固定偏心引起的干扰力矩

设 O_r 为陀螺组件的回转中心，I、O、S 为陀螺的输入轴、输出轴和自转轴，陀螺组件质量为 m，质心沿 I、O、S 方向的偏心量为 l_I、l_O、l_S，基座具有的加速度为 a_I、a_O、a_S，由基座运动引起的单位质量惯性力为 F_I、F_O、F_S，如图 2.3.5 所示。由惯性力引起的绕轴 O 的干扰力矩为

$$M_{\rm d1} = mF_I l_S - mF_S l_I \tag{2.3.12}$$

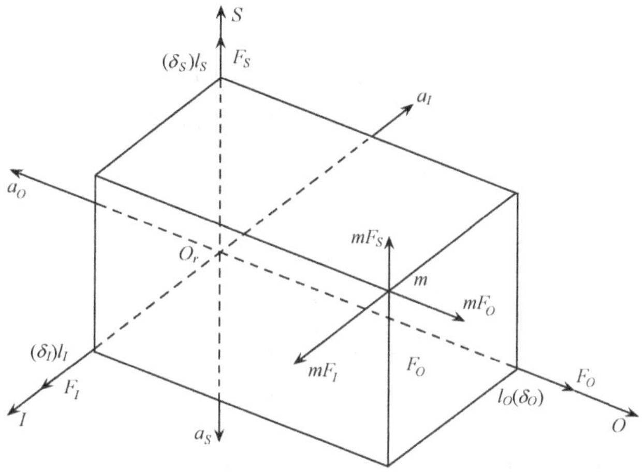

图 2.3.5 静态和动态偏心引起的干扰力矩

2. 由动态偏心引起的干扰力矩

设基座静止时陀螺组件质心与 O_r 重合，则在惯性力作用下弹性变形引起的质心位移为

$$\begin{bmatrix} \delta_I \\ \delta_O \\ \delta_S \end{bmatrix} = m \begin{bmatrix} C_{II} & C_{IO} & C_{IS} \\ C_{OI} & C_{OO} & C_{OS} \\ C_{SI} & C_{SO} & C_{SS} \end{bmatrix} \begin{bmatrix} F_I \\ F_O \\ F_S \end{bmatrix} = \begin{bmatrix} m(C_{II}F_I + C_{IO}F_O + C_{IS}F_S) \\ m(C_{OI}F_I + C_{OO}F_O + C_{OS}F_S) \\ m(C_{SI}F_I + C_{SO}F_O + C_{SS}F_S) \end{bmatrix}$$

式中，C_{ij} 为 j 方向的载荷引起 i 方向变形的柔度系数。

动态偏心引起的干扰力矩为

$$\begin{aligned} M_{\rm d2} &= mF_I\delta_S - mF_S\delta_I \\ &= m^2 C_{SO}F_OF_I - m^2 C_{IO}F_OF_S + m^2(C_{SS} - C_{II})F_SF_I + m^2 C_{SI}F_I^2 - m^2 C_{IS}F_S^2 \end{aligned}$$

3. 静态漂移数学模型

除动、静态偏心引起的干扰力矩外，还有由导电游丝等引起的固定干扰力矩 $M_{\rm d0}$，根据式(2.3.11)，由 $M_{\rm d0}$、$M_{\rm d1}$ 和 $M_{\rm d2}$ 引起的漂移为

$$
\begin{aligned}
\omega_{\mathrm{d}} &= \frac{1}{H}(M_{\mathrm{d0}} + M_{\mathrm{d1}} + M_{\mathrm{d2}}) \\
&= [M_{\mathrm{d0}} + mF_I l_S - mF_S l_I + m^2 C_{SO} F_I F_O - m^2 C_{IO} F_O F_S \\
&\quad + m^2 (C_{SS} \quad C_{II}) F_S F_I + m^2 C_{SI} F_I^2 - m^2 C_{IS} F_S^2] \frac{1}{H} \\
&= \frac{M_{\mathrm{d0}}}{H} + \frac{ml_S}{H} F_I - \frac{ml_I}{H} F_S + \frac{m^2 C_{SO}}{H} F_I F_O - \frac{m^2 C_{IO}}{H} F_O F_S \\
&\quad + \frac{m^2 (C_{SS} - C_{II})}{H} F_S F_I + \frac{m^2 C_{SI}}{H} F_I^2 - \frac{m^2 C_{IS}}{H} F_S^2
\end{aligned}
\tag{2.3.13}
$$

记

$$
D_F = \frac{M_{\mathrm{d0}}}{H}, \quad D_I = \frac{ml_S}{H}, \quad D_S = -\frac{ml_I}{H}, \quad D_{IO} = \frac{m^2 C_{SO}}{H},
$$

$$
D_{OS} = -\frac{m^2 C_{IO}}{H}, \quad D_{SI} = \frac{m^2 (C_{SS} - C_{II})}{H}, \quad D_{II} = \frac{m^2 C_{SI}}{H}, \quad D_{SS} = -\frac{m^2 C_{IS}}{H}
$$

上述 D_F、D_I 等诸系数称为静态误差系数，具有明确的物理含义，如 D_{SI} 反映了陀螺组件不等弹性的影响，与物理参数有一一对应的关系。根据上述定义，式(2.3.13)可写成

$$
\omega_{\mathrm{d}} = D_F + D_I F_I + D_S F_S + D_{IO} F_I F_O + D_{OS} F_O F_S + D_{SI} F_S F_I + D_{II} F_I^2 + D_{SS} F_S^2
$$

上式是根据理论分析获得的，实际应用中还需增补沿输出轴的一次和二次项：

$$
\begin{aligned}
\omega_{\mathrm{d}} &= D_F + D_I F_I + D_O F_O + D_S F_S + D_{IO} F_I F_O + D_{OS} F_O F_S \\
&\quad + D_{SI} F_S F_I + D_{II} F_I^2 + D_{OO} F_O^2 + D_{SS} F_S^2
\end{aligned}
\tag{2.3.14}
$$

式(2.3.14)即为单自由度陀螺的静态漂移数学模型。若已测试出静态误差系数，则根据捷联加速度计的输出可得 F_I、F_O、F_S，按该式计算出 ω_{d}，再从陀螺输出中扣除，即消除了陀螺的静态漂移。

诸静态误差系数在实验室条件下利用重力加速度基准信息即可确定出，此时 $\boldsymbol{F}=\boldsymbol{g}$（说明见第 7.4 节），所以测试中所用模型为

$$
\begin{aligned}
\omega_{\mathrm{d}} &= D_F + D_I g_I + D_O g_O + D_S g_S + D_{IO} g_I g_O + D_{OS} g_O g_S \\
&\quad + D_{SI} g_S g_I + D_{II} g_I^2 + D_{OO} g_O^2 + D_{SS} g_S^2
\end{aligned}
\tag{2.3.15}
$$

式中，g_I、g_O 和 g_S 分别为重力加速度沿陀螺的输入轴、输出轴及自转轴方向的分量。

2.3.5 单自由度陀螺仪的动态漂移误差数学模型

1. 动态漂移误差形成机理分析

设单自由度陀螺工作在力反馈状态，基座角速度及陀螺组件在 G 坐标系内的惯性张量分别为

$$
\boldsymbol{\omega}_{iB}^{B} = \begin{bmatrix} \omega_I \\ \omega_O \\ \omega_S \end{bmatrix}, \qquad [\boldsymbol{I}] = \begin{bmatrix} I_I & -I_{IO} & -I_{IS} \\ -I_{IO} & I_O & -I_{OS} \\ -I_{IS} & -I_{OS} & I_S \end{bmatrix}
$$

为分析方便，将陀螺的测量坐标系（基座坐标系）记作 IOS。根据式(2.3.1)，陀螺组件的总角动量为

$$
\boldsymbol{H}_{\Sigma} = [\boldsymbol{I}]\boldsymbol{\omega}_{iG} + \boldsymbol{H}
$$

式中

$$\boldsymbol{\omega}_{iG}^{G}=\boldsymbol{C}_{B}^{G}\boldsymbol{\omega}_{iB}^{B}+\boldsymbol{\omega}_{BG}^{G}=\begin{bmatrix}1&0&-\alpha\\0&1&0\\\alpha&0&1\end{bmatrix}\begin{bmatrix}\omega_I\\\omega_O\\\omega_S\end{bmatrix}+\begin{bmatrix}0\\\dot{\alpha}\\0\end{bmatrix}=\begin{bmatrix}\omega_I-\alpha\omega_S\\\omega_O+\dot{\alpha}\\\omega_S+\alpha\omega_I\end{bmatrix}$$

$$\boldsymbol{H}_{\Sigma}^{G}=\begin{bmatrix}I_I&-I_{IO}&-I_{IS}\\-I_{IO}&I_O&-I_{OS}\\-I_{IS}&-I_{OS}&I_S\end{bmatrix}\begin{bmatrix}\omega_I-\alpha\omega_S\\\omega_O+\dot{\alpha}\\\omega_S+\alpha\omega_I\end{bmatrix}+\begin{bmatrix}0\\0\\H\end{bmatrix}$$

$$\begin{bmatrix}H_{\Sigma I}\\H_{\Sigma O}\\H_{\Sigma S}\end{bmatrix}=\begin{bmatrix}I_I\omega_I-I_I\alpha\omega_S-I_{IO}\omega_O-I_{IO}\dot{\alpha}-I_{IS}\omega_S\\I_O\omega_O+I_O\dot{\alpha}-I_{IO}\omega_I-I_{OS}\omega_S\\I_S\omega_S+I_S\alpha\omega_I-I_{IS}\omega_I-I_{OS}\omega_O-I_{OS}\dot{\alpha}+H\end{bmatrix}\tag{2.3.16}$$

上式中，略去了关于惯性积与 α 的二阶小量。

根据动量矩定理

$$\left.\frac{\mathrm{d}\boldsymbol{H}_{\Sigma}}{\mathrm{d}t}\right|_i=\boldsymbol{M}$$

应用哥氏定理，选取 G 坐标系为参考坐标系，并向 G 坐标系内投影：

$$\left.\frac{\mathrm{d}\boldsymbol{H}_{\Sigma}}{\mathrm{d}t}\right|_G^G+\boldsymbol{\omega}_{iG}^{G}\times\boldsymbol{H}_{\Sigma}^{G}=\boldsymbol{M}^G$$

即

$$\begin{bmatrix}\dot{H}_{\Sigma I}\\\dot{H}_{\Sigma O}\\\dot{H}_{\Sigma S}\end{bmatrix}+\begin{bmatrix}0&-(\omega_S+\alpha\omega_I)&\omega_O+\dot{\alpha}\\\omega_S+\alpha\omega_I&0&-(\omega_I-\alpha\omega_S)\\-(\omega_O+\dot{\alpha})&\omega_I-\alpha\omega_S&0\end{bmatrix}\begin{bmatrix}H_{\Sigma I}\\H_{\Sigma O}\\H_{\Sigma S}\end{bmatrix}=\begin{bmatrix}M_I\\M_O\\M_S\end{bmatrix}$$

由上式和式(2.3.16)，可得沿输出轴 O 的动力学方程：

$$\begin{aligned}&I_O\ddot{\alpha}+I_O\dot{\omega}_O-I_{IO}\dot{\omega}_I-I_{OS}\dot{\omega}_S+(\omega_S+\alpha\omega_I)(I_I\omega_I-I_I\alpha\omega_S-I_{IO}\omega_O-I_{IO}\dot{\alpha}-I_{IS}\omega_S)\\&-(\omega_I-\alpha\omega_S)(I_S\omega_S+I_S\alpha\omega_I-I_{IS}\omega_I-I_{OS}\omega_O-I_{OS}\dot{\alpha}+H)=-D\dot{\alpha}-k\alpha+M_{\mathrm{d}}\end{aligned}$$

式中，D 为液浮陀螺的阻尼系数，k 为力反馈系数，M_{d} 为干扰力矩。略去关于惯性积与 α 的二阶小量，并忽略 M_{d} 的影响，则上式可写成：

$$I_O\ddot{\alpha}+D\dot{\alpha}+k\alpha=H\omega_I+M_c\tag{2.3.17}$$

式中，$M_k=-k\alpha$ 为陀螺的反馈力矩；

$$\begin{aligned}M_c=&-I_O\dot{\omega}_O+(I_S-I_I)\omega_S\omega_I+I_{IO}(\dot{\omega}_I+\omega_O\omega_S)+I_{OS}(\dot{\omega}_S-\omega_I\omega_O)\\&+I_{IS}(\omega_S^2-\omega_I^2)+[(I_S-I_I)(\omega_I^2-\omega_S^2)+H\omega_S]\alpha\end{aligned}\tag{2.3.18}$$

当陀螺达到稳态时，$\dot{\alpha}=0$，$\ddot{\alpha}=0$，由式(2.3.17)可得输入角速度 ω_I 的正确值

$$\omega_I=-\frac{M_k}{H}-\frac{M_c}{H}$$

但实际系统中，仅 M_k 可通过测量再平衡回路中的电压或电流获得，而 M_c 是未知的，所以实际获得的测量角速度为

$$\hat{\omega}_I=-\frac{M_k}{H}$$

引起的测量误差即动态漂移误差为

$$\delta\omega_I = \dot{\omega}_I - \omega_I = \frac{M_c}{H}$$
$$= -\frac{I_O}{H}\dot{\omega}_O + \frac{I_S - I_I}{H}\omega_S\omega_I + \frac{I_{IO}}{H}(\dot{\omega}_I + \omega_O\omega_S) + \frac{I_{OS}}{H}(\dot{\omega}_S - \omega_I\omega_O)$$
$$+ \frac{I_{IS}}{H}(\omega_S^2 - \omega_I^2) + \frac{I_S - I_I}{H}(\omega_I^2 - \omega_S^2)\alpha + \omega_S\alpha \qquad (2.3.19)$$

上式右侧第一项称角加速度误差，由沿输出轴的角加速度引起；第二项称不等惯性误差，由陀螺组件绕 S 轴和 I 轴的转动惯量不相等($I_S \neq I_I$)引起；第三至五项称惯性积误差，由陀螺框架的惯性积引起；第六项称不等惯性耦合误差，由 $I_S \neq I_I$ 和$\alpha \neq 0$引起；第七项称交叉耦合误差，由 $\alpha \neq 0$ 使陀螺错误感测 ω_S 引起。

2. 对动态漂移误差中各项误差的讨论

1) 角加速度误差

角加速度误差表达式为

$$\delta\omega_{I1} = -\frac{I_O}{H}\dot{\omega}_O$$

式中，$\frac{I_O}{H}$称为角加速度误差系数。该项误差是由壳体相对惯性空间的旋转角加速度 $\dot{\omega}_O$ 所形成的牵连惯性力矩作用在陀螺上引起的。

对于单自由度液浮陀螺，角动量的典型数值范围为 $5\times10^4 \sim 3\times10^6 \mathrm{g\cdot cm^2/s}$，$I_O$ 的典型数值范围为 $100\sim2000\mathrm{g\cdot cm^2}$，因而角加速度误差系数的典型数值范围为 $140\sim410°/\mathrm{h(rad/s^2)}$。这表明，当壳体 $\dot{\omega}_O = 1\mathrm{rad/s^2}$ 时，所造成的角速度测量误差超过 $100°/\mathrm{h}$，可见角加速度误差是一项相当大的动态误差，在捷联式惯导系统中必须对此项误差作补偿。

2) 不等惯性误差

不等惯性误差的表达式为

$$\delta\omega_{I2} = \frac{I_S - I_I}{H}\omega_S\omega_I$$

式中，$\frac{I_S - I_I}{H}$称为不等惯性误差系数。该项误差是由于陀螺组件绕输入轴的转动惯量与绕自转轴的转动惯量不相等，在角运动条件下，由 ω_S 和 ω_I 形成的陀螺力矩不能互相抵消引起的。

单自由度液浮陀螺的不等惯性误差系数的典型数值范围为 $4\sim30°/\mathrm{h/(rad/s)^2}$。这表明，当 $\omega_S \cdot \omega_I = 1(\mathrm{rad/s})^2$ 时，所造成的角速度测量误差将达到每小时几度以上。可见此项误差也是不可忽视的，在捷联惯导系统中也应对此项误差作补偿。

为了减小不等惯性误差，应尽量减小 I_S 与 I_I 的差异。由于

$$I_S - I_I = (I_{GS} + I_{RS}) - (I_{GI} + I_{RI}) = (I_{GS} - I_{GI}) + (I_{RS} - I_{RI})$$
$$= (I_{GS} - I_{RI}) + (I_{RS} - I_{GI})$$

式中，R 和 G 分别表示转子和框架。由此可知有两种途径达到此目的：一是转子和框架对 I 轴和 S 轴的转动惯量分别各自相等，如采用球形对称结构；二是使框架对 S 轴的转动惯量与转子对 I 轴的转动惯量相等，框架对 I 轴的转动惯量与转子对 S 轴的转动惯量相等，有些陀螺仪的框架上还设置有不等惯性补偿机构，用来改变框架的转动惯量。

3）框架惯性积误差

框架惯性积误差的表达式为

$$\delta\omega_{I3}=\frac{I_{IO}}{H}(\dot{\omega}_I+\omega_O\omega_S)+\frac{I_{OS}}{H}(\dot{\omega}_S-\omega_I\omega_O)+\frac{I_{IS}}{H}(\omega_S^2-\omega_I^2)$$

式中，$\frac{I_{IO}}{H}$、$\frac{I_{OS}}{H}$、$\frac{I_{IS}}{H}$称为框架惯性积误差系数。为了减少此项误差，在结构设计中应尽量使框架对这些轴的惯性积减小到最低限度。框架惯性积一般较小，如对于角动量为 2×10^5g · cm²/s 的液浮陀螺，转子的赤道转动惯量和极转动惯量分别为 50g · cm² 和 80g · cm²，陀螺组件对输出轴的转动惯量为 250g · cm²，而框架惯性积 $I_{IO}=I_{OS}=1.5$g · cm²，$I_{IS}=0.3$g · cm²，所以框架惯性积误差一般都较小。

4）不等惯性耦合误差

不等惯性耦合误差的表达式为

$$\delta\omega_{I4}=\frac{I_S-I_I}{H}(\omega_I^2-\omega_S^2)\alpha$$

由式(2.3.17)，当陀螺达到稳态时，略去 M_c 的影响

$$\alpha\approx\frac{H}{k}\omega_I \tag{2.3.20}$$

式中，k 为工作在力反馈状态下陀螺再平衡回路的增益。所以

$$\delta\omega_{I4}=\frac{I_S-I_I}{k}\omega_I(\omega_I^2-\omega_S^2)$$

式中，$\frac{I_S-I_I}{k}$称为不等惯性耦合误差系数。为了减小此项误差，一方面应尽量减小 I_S 与 I_I 的差值，另一方面应尽量提高再平衡回路的增益 k，在 k 足够高的情况下不等惯性耦合误差是比较小的。

5）交叉耦合误差

交叉耦合误差表达式为

$$\delta\omega_{I5}=\omega_S\alpha$$

该项误差产生的原因是：当输出角 $\alpha\neq0$ 时，陀螺壳体绕自转轴的旋转角速度 ω_S 的正弦分量 $\omega_S\sin\alpha\approx\omega_S\alpha$ 被陀螺感测到，引起陀螺错误输出。

将式(2.3.20)代入上式，得

$$\delta\omega_{I5}=\frac{H}{k}\omega_S\omega_I$$

式中，$\frac{H}{k}$称为交叉耦合误差系数。该项误差与陀螺的角动量 H 成正比，与再平衡回路的增益 k 成反比，所以提高 k 对减小此项误差显得特别重要。例如，若 $H=2.5\times10^5$g · cm²/s，当 $k=2.5\times10^2$N · m²/rad时，交叉耦合系数约为 20°/h/(rad/s)²，若 k 增大 10 倍，则此项误差减小为 1/10。因此应尽量提高 k 以减小交叉耦合误差。

3. 单自由度陀螺动态漂移误差的数学模型

将式(2.3.20)代入式(2.3.19)，经整理后得

$$\delta\omega_I=\frac{I_{IO}}{H}\dot{\omega}_I-\frac{I_O}{H}\dot{\omega}_O+\frac{I_{OS}}{H}\dot{\omega}_S-\frac{I_{OS}}{H}\omega_I\omega_O+\frac{I_{IO}}{H}\omega_O\omega_S+\left(\frac{I_S-I_I}{H}+\frac{H}{k}\right)\omega_S\omega_I$$

$$-\frac{I_{IS}}{H}\omega_I^2+\frac{I_{IS}}{H}\omega_S^2+\frac{I_S-I_I}{k}\omega_I^3-\frac{I_S-I_I}{k}\omega_I\omega_S^2$$

记

$$K_I=\frac{I_{IO}}{H},\quad K_O=-\frac{I_O}{H},\quad K_S=\frac{I_{OS}}{H},\quad K_{IO}=-\frac{I_{OS}}{H},\quad K_{OS}=\frac{I_{IO}}{H},$$

$$K_{SI}=\frac{I_S-I_I}{H}+\frac{H}{k},\quad K_{II}=-\frac{I_{IS}}{H},\quad K_{SS}=\frac{I_{IS}}{H},\quad K_{III}=\frac{I_S-I_I}{k},\quad K_{ISS}=-\frac{I_S-I_I}{k}$$

则得单自由度陀螺的动态漂移数学模型

$$\begin{aligned}\delta\omega_I=&K_I\dot{\omega}_I+K_O\dot{\omega}_O+K_S\dot{\omega}_S+K_{IO}\omega_I\omega_O+K_{OS}\omega_O\omega_S+K_{SI}\omega_S\omega_I\\&+K_{II}\omega_I^2+K_{SS}\omega_S^2+K_{III}\omega_I^3+K_{ISS}\omega_I\omega_S^2\end{aligned}\tag{2.3.21}$$

如果忽略误差模型中的次要误差项，仅考虑角加速度误差、不等惯性误差和交叉耦合误差，则动态漂移数学模型可简化为

$$\delta\omega_I=-\frac{I_O}{H}\dot{\omega}_O+\left(\frac{I_S-I_I}{H}+\frac{H}{k}\right)\omega_S\omega_I$$

该模型仍具有很好的精度。

2.4 动力调谐陀螺仪

2.4.1 动力调谐陀螺仪的原理结构

第 2.2 节介绍的双自由度陀螺仪采用了内装式结构，即支承转子的万向环架处于转子的外部，所以这种支承方式也称为外支承，陀螺常称为框架式陀螺。这种陀螺精度不高，影响其精度的主要因素有：①环架轴承存在干摩擦力矩，引起陀螺漂移；②自转轴做高速旋转引起轴承磨损，使转子的质量中心位置改变，产生不平衡力矩引起陀螺漂移。1946 年英国皇家研究院提出挠性支承概念，用挠性支承的弹性变形为陀螺转子提供转动自由度，避免了没有规律的干摩擦，而弹性变形产生的弹性恢复力矩在弹性范围内服从胡克定律，是可以精确补偿的。最早挠性支承采用细颈式结构，但这种陀螺还未被广泛推广开，就被性能更优越的动力调谐陀螺取代了。

动力调谐陀螺的原理结构如图 2.4.1 所示。转子通过一对外扭杆与平衡环连接，平衡环通过一对内扭杆与电机轴连接。内外扭杆具有很大的抗弯刚度和很小的抗扭刚度，所以电机的驱动力矩可通过内、外扭杆传给陀螺，而转子可绕内、外扭杆轴线转动，在赤道平面内具有两个旋转自由度，所以动力调谐陀螺是一种双自由度陀螺仪。

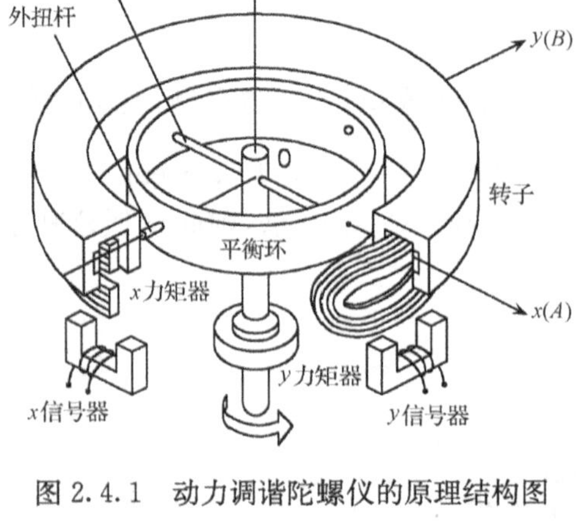

图 2.4.1　动力调谐陀螺仪的原理结构图

在陀螺壳体上安装了位置中心对称的两对信号器和两对力矩器，一轴上的电气对称轴与另一轴上的电气对称轴相互正交，是陀螺的测量基准轴，同轴上的力矩器和信号器的电气对称轴相重合。转子镶有径向充磁的磁钢，力矩器是绕制在陶瓷片骨架上圆柱面内的线圈，线圈有效工作段镶在转子的环形槽内，且与环形槽留有一定的活动间隙。当线圈通入施矩电流时，在径向磁场的作用下，转子受到沿转子自转轴方向的电磁作用力，同轴上的力

矩器工作在推挽状态，产生的电磁作用力对另一轴形成力偶，从而实现对陀螺施矩。

信号器用来测量转子赤道平面相对壳体基准面（由电气对称轴确定的平面）的偏转角，同轴上的信号器输出接成差动形式。

由于转子与电机驱动轴通过内、外扭杆连接，转子相对支承体的运动仅引起扭转角变形，而不存在干摩擦，电机高速旋转只影响电机轴承的磨损，而这种磨损不会影响转子质心的偏移，所以这种陀螺完全避免了外支承双自由度陀螺的固有缺陷，精度因此大幅提高。动力调谐陀螺的另一个优点是能实现动力调谐，在动力调谐工作状态下，平衡环扭摆产生的惯性力矩正好平衡掉扭杆的扭转弹性变形产生的弹性恢复力矩，使转子成为自由陀螺。

2.4.2 动力调谐原理

1. 平衡环的扭摆运动分析

为分析方便，引入如下坐标系。

(1) 基座坐标系 $O\text{-}x_C y_C z_C$ 即陀螺壳体坐标系，简记 C：与陀螺壳体固联，x_C 轴（A 轴）和 y_C 轴（B 轴）由信号器和力矩器的电气对称轴确定，是陀螺的测量轴，该两轴形成的平面是陀螺的测量基准面。

(2) 电机轴坐标系 $O\text{-}x_S y_S z_S$，简记 S：与电机轴固联，x_S 轴与内扭杆轴重合，该坐标系相对壳体坐标系绕 z_C 轴（电机驱动轴）旋转过 θ，其中 $\dot{\theta}=\Omega$，Ω 为电机的驱动角速度。

(3) 平衡环坐标系 $O\text{-}x_r y_r z_r$，简记 r：与平衡环固联，x_r 和 y_r 轴在平衡环赤道平面内，x_r 轴沿内扭杆轴，y_r 轴沿外扭杆轴，z_r 轴沿平衡环中心线。

(4) 转子坐标系 $O\text{-}x_R y_R z_R$，简记 R：与转子固联，x_R 和 y_R 轴在转子赤道平面内，z_R 沿转子中心线，该坐标系参与转子自转。

(5) 转子参考坐标系 $O\text{-}xyz$，简记 G：z 轴始终与 z_R 轴重合，x 和 y 轴位于赤道平面内，当 z_R 轴与 z_S 轴重合时，x 轴与 x_C 轴重合，y 轴与 y_C 轴重合。该坐标系不参与转子自转。G 系相对 C 系的偏转角即为陀螺的输出角。

(6) 惯性坐标系 $O\text{-}x_i y_i z_i$，简记 i：定义同第 2.1.1 节的规定。

平衡环和转子相对壳体的角位置关系如图 2.4.2 所示，各坐标系间的关系如下：

$$O\text{-}x_C y_C z_C \xrightarrow[\text{旋转}\,\theta]{\text{绕}\,z_C\,\text{轴}} O\text{-}x_S y_S z_S \xrightarrow[\text{旋转}\,\gamma]{\text{绕}\,x_S\,\text{轴}} O\text{-}x_r y_r z_r \xrightarrow[\text{旋转}\,\phi]{\text{绕}\,y_r\,\text{轴}} O\text{-}x_R y_R z_R$$

其中，$\theta=\Omega t$，Ω 为电机的驱动角速度，γ 为内扭杆的扭转角，ϕ 为外扭杆的扭转角，动力调谐陀螺正常工作时，γ 和 ϕ 都控制在小角范围内，所以 γ 和 ϕ 都可看作角矢量：

$$\boldsymbol{\varphi}^r=\begin{bmatrix}0\\ \varphi\\ 0\end{bmatrix},\qquad \boldsymbol{\gamma}^S=\begin{bmatrix}\gamma\\ 0\\ 0\end{bmatrix},\qquad \boldsymbol{C}_S^r=\begin{bmatrix}1&0&0\\ 0&1&\gamma\\ 0&-\gamma&1\end{bmatrix}$$

$$\boldsymbol{\varphi}^S=\boldsymbol{C}_r^S\boldsymbol{\varphi}^r=\begin{bmatrix}1&0&0\\ 0&1&-\gamma\\ 0&\gamma&1\end{bmatrix}\begin{bmatrix}0\\ \varphi\\ 0\end{bmatrix}=\begin{bmatrix}0\\ \varphi\\ \gamma\varphi\end{bmatrix}\approx\begin{bmatrix}0\\ \varphi\\ 0\end{bmatrix}$$

$$(\boldsymbol{\varphi}+\boldsymbol{\gamma})^S=\begin{bmatrix}\gamma\\ \phi\\ 0\end{bmatrix}\tag{2.4.1}$$

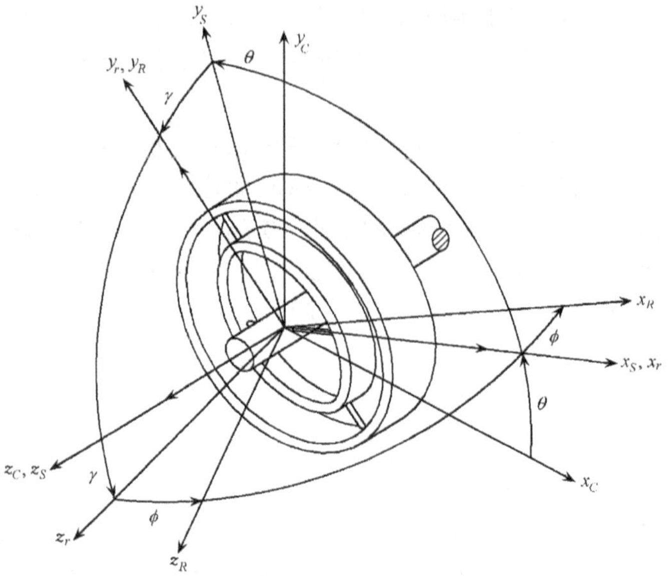

图 2.4.2 平衡环和转子相对壳体的角位置

由图 2.4.2 可看出，γ 实质上是平衡环绕内扭杆相对电机轴坐标系的偏转角，该角变形使外扭杆受弯，变形可忽略，γ 可视为转子绕内扭杆相对电机轴坐标系的偏转角。ϕ 是转子绕外扭杆相对平衡环的偏转角，该角变形使内扭杆受弯，变形可忽略，ϕ 可视为转子绕外扭杆相对电机轴坐标系的偏转角。因此式(2.4.1)中，γ 和 ϕ 分别是转子赤道平面绕电机轴坐标系的 x_s 轴和 y_s 轴的偏转角。

将该角矢量投影到陀螺壳体坐标系 $O\text{-}x_c y_c z_c$ 中：

$$(\boldsymbol{\varphi}+\boldsymbol{\gamma})^C = \boldsymbol{C}_S^C(\boldsymbol{\varphi}+\boldsymbol{\gamma})^S = \begin{bmatrix} \cos\theta & -\sin\theta & 0 \\ \sin\theta & \cos\theta & 0 \\ 0 & 0 & 1 \end{bmatrix} \begin{bmatrix} \gamma \\ \phi \\ 0 \end{bmatrix} = \begin{bmatrix} \gamma\cos\theta - \phi\sin\theta \\ \gamma\sin\theta + \phi\cos\theta \\ 0 \end{bmatrix} \tag{2.4.2}$$

式中，$\gamma\cos\theta-\phi\sin\theta$ 和 $\gamma\sin\theta+\phi\cos\theta$ 分别是转子赤道平面绕壳体坐标系的 x_c 轴和 y_c 轴的偏转角，即为陀螺的输出角 α 和 β。

2. 作用在转子上的弹性恢复力矩

由式(2.4.2)知 $\alpha=\gamma\cos\theta-\phi\sin\theta$，$\beta=\gamma\sin\theta+\phi\cos\theta$；由此得扭杆变形角与输出角的关系：

$$\gamma = \alpha\cos\theta + \beta\sin\theta \tag{2.4.3a}$$

$$\phi = -\alpha\sin\theta + \beta\cos\theta \tag{2.4.3b}$$

为使分析简便，假设基座仅绕 x_c 轴相对惯性空间转过一个恒定角 Φ_{xO}，$\boldsymbol{\omega}_{iC}=\boldsymbol{0}$，并假设陀螺处于动力调谐状态，陀螺转子轴相对惯性空间稳定，所以 Φ_{xO} 实际上是基座相对转子轴转过的角度，而 α 是转子轴相对基座转过的角度，所以

$$\alpha = -\Phi_{xO}, \qquad \beta = -\Phi_{yO} = 0$$

$$\gamma = -\Phi_{xO}\cos\theta \tag{2.4.4a}$$

$$\varphi = \Phi_{xO}\sin\theta \tag{2.4.4b}$$

式中，γ 是平衡环赤道平面相对测量基准面绕内扭杆轴的偏转角：

$$\boldsymbol{\gamma}^S = \begin{bmatrix} -\Phi_{xO}\cos\theta \\ 0 \\ 0 \end{bmatrix}$$

在基座坐标系 C 观察到的此偏转角为

$$\boldsymbol{\gamma}^C = \boldsymbol{C}_S^C\boldsymbol{\gamma}^S = \begin{bmatrix} \cos\theta & -\sin\theta & 0 \\ \sin\theta & \cos\theta & 0 \\ 0 & 0 & 1 \end{bmatrix}\begin{bmatrix} -\Phi_{xO}\cos\theta \\ 0 \\ 0 \end{bmatrix} = \begin{bmatrix} -\dfrac{\Phi_{xO}}{2} - \dfrac{\Phi_{xO}}{2}\cos(2\Omega t + 2\varphi_0) \\ -\dfrac{\Phi_{xO}}{2}\sin(2\Omega t + 2\varphi_0) \\ 0 \end{bmatrix} \tag{2.4.5}$$

式中，φ_0 为内扭杆轴线与 x_c 在初始时刻的夹角，即 $\theta = \Omega t + \varphi_0$。上式说明在基座上观察到平衡环绕测量轴做扭摆振动，扭摆的角频率是陀螺自转角速度的 2 倍。

如图 2.4.3，由 γ 产生的作用在平衡环上的弹性恢复力矩为

$$\boldsymbol{M}_\gamma^S = \begin{bmatrix} -K\gamma \\ 0 \\ 0 \end{bmatrix}$$

该力矩通过外扭杆的抗弯功能传递作用在转子上。

由 ϕ 产生的作用在转子上的弹性恢复力矩为

$$\boldsymbol{M}_\phi^r = \begin{bmatrix} 0 \\ -K\phi \\ 0 \end{bmatrix}$$

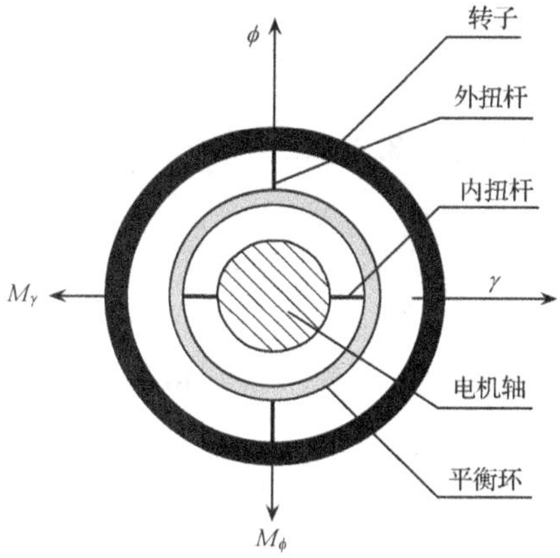

图 2.4.3 内外扭杆的角变形和弹性恢复力矩

所以作用在转子上的弹性恢复力矩为

$$\boldsymbol{M}_{弹}^S = \boldsymbol{M}_\gamma^S + \boldsymbol{C}_r^S\boldsymbol{M}_\phi^r$$

略去二阶小量，并考虑式(2.4.4)，得

$$\boldsymbol{M}_{弹}^S = \begin{bmatrix} -K\gamma \\ 0 \\ 0 \end{bmatrix} + \begin{bmatrix} 1 & 0 & 0 \\ 0 & 1 & -\gamma \\ 0 & \gamma & 1 \end{bmatrix}\begin{bmatrix} 0 \\ -K\phi \\ 0 \end{bmatrix} = \begin{bmatrix} K\Phi_{xO}\cos\theta \\ -K\Phi_{xO}\sin\theta \\ 0 \end{bmatrix}$$

$$\boldsymbol{M}_{弹}^C = \boldsymbol{C}_S^C\boldsymbol{M}_{弹}^S = \begin{bmatrix} \cos\theta & -\sin\theta & 0 \\ \sin\theta & \cos\theta & 0 \\ 0 & 0 & 1 \end{bmatrix}\begin{bmatrix} K\Phi_{xO}\cos\theta \\ -K\Phi_{xO}\sin\theta \\ 0 \end{bmatrix} = \begin{bmatrix} K\Phi_{xO} \\ 0 \\ 0 \end{bmatrix} \tag{2.4.6}$$

3. 平衡环的惯性力矩和陀螺力矩对转子的干扰

由于外扭杆抗弯刚度很大，而抗扭刚度接近零，所以平衡环只有沿 x_r 轴的惯性力矩和陀螺力矩可通过外扭杆传递至转子，这些力矩对转子起干扰作用

$$\boldsymbol{M}_{惯、陀}^r = \begin{bmatrix} -a\dot{\omega}_{irx}^r + (a-c)\omega_{iry}^r\omega_{irz}^r \\ 0 \\ 0 \end{bmatrix}$$

式中，a 和 c 分别是平衡环的赤道转动惯量和极转动惯量。

$$\boldsymbol{M}_{\text{惯、陀}}^{C}=\boldsymbol{C}_{S}^{C}\boldsymbol{C}_{r}^{S}\boldsymbol{M}_{\text{惯、陀}}^{r}=\begin{bmatrix}\cos\theta & -\sin\theta & 0\\ \sin\theta & \cos\theta & 0\\ 0 & 0 & 1\end{bmatrix}\begin{bmatrix}1 & 0 & 0\\ 0 & 1 & -\gamma\\ 0 & \gamma & 1\end{bmatrix}\begin{bmatrix}-a\dot{\omega}_{irx}^{r}+(a-c)\omega_{iry}^{r}\omega_{irz}^{r}\\ 0\\ 0\end{bmatrix}$$

$$=\begin{bmatrix}-a\dot{\omega}_{irx}^{r}\cos\theta+(a-c)\omega_{iry}^{r}\omega_{irz}^{r}\cos\theta\\ -a\dot{\omega}_{irx}^{r}\sin\theta+(a-c)\omega_{iry}^{r}\omega_{irz}^{r}\sin\theta\\ 0\end{bmatrix} \tag{2.4.7}$$

$$\boldsymbol{\omega}_{ir}=\boldsymbol{\omega}_{iC}+\boldsymbol{\omega}_{CS}+\boldsymbol{\omega}_{Sr}$$

忽略基座角运动的影响

$$\boldsymbol{\omega}_{ir}^{r}=\boldsymbol{C}_{S}^{r}\boldsymbol{\omega}_{CS}^{S}+\boldsymbol{\omega}_{Sr}^{r}$$

$$\begin{bmatrix}\omega_{irx}^{r}\\ \omega_{iry}^{r}\\ \omega_{irz}^{r}\end{bmatrix}=\begin{bmatrix}1 & 0 & 0\\ 0 & 1 & \gamma\\ 0 & -\gamma & 1\end{bmatrix}\begin{bmatrix}0\\ 0\\ \Omega\end{bmatrix}+\begin{bmatrix}\dot{\gamma}\\ 0\\ 0\end{bmatrix}=\begin{bmatrix}\dot{\gamma}\\ \gamma\Omega\\ \Omega\end{bmatrix}$$

式中，$\theta=\Omega t+\varphi_0$。

根据式(2.4.4a)

$$\dot{\gamma}=\Phi_{xO}\Omega\sin\theta$$

$$\omega_{irx}^{r}=\Phi_{xO}\Omega\sin\theta,\quad \omega_{iry}^{r}=-\Phi_{xO}\Omega\cos\theta,\quad \omega_{irz}^{r}=\Omega$$

$$\dot{\omega}_{irx}^{r}=\Phi_{xO}\Omega^{2}\cos\theta$$

上述诸式代入式(2.4.7)，得

$$\boldsymbol{M}_{\text{惯,陀}}^{C}=\begin{bmatrix}-a\Phi_{xO}\Omega^{2}\cos^{2}\theta-(a-c)\Phi_{xO}\Omega^{2}\cos^{2}\theta\\ -a\Phi_{xO}\Omega^{2}\sin\theta\cos\theta-(a-c)\Phi_{xO}\Omega^{2}\sin\theta\cos\theta\\ 0\end{bmatrix}$$

$$=\begin{bmatrix}-\left(a-\dfrac{c}{2}\right)\Phi_{xO}\Omega^{2}-\left(a-\dfrac{c}{2}\right)\Phi_{xO}\Omega^{2}\cos2\theta\\ -\left(a-\dfrac{c}{2}\right)\Phi_{xO}\Omega^{2}\sin2\theta\\ 0\end{bmatrix} \tag{2.4.8}$$

根据式(2.4.6)和式(2.4.8)得，作用在转子的干扰力矩为

$$\boldsymbol{M}_{\mathrm{d}}^{C}=\begin{bmatrix}K\Phi_{xO}-\left(a-\dfrac{c}{2}\right)\Phi_{xO}\Omega^{2}-\left(a-\dfrac{c}{2}\right)\Phi_{xO}\Omega^{2}\cos2\theta\\ -\left(a-\dfrac{c}{2}\right)\Phi_{xO}\Omega^{2}\sin2\theta\\ 0\end{bmatrix}$$

式中，$\theta=\Omega t+\varphi_0$。上式说明，作用在转子上的干扰力矩有两类：一类是交变干扰力矩，角频率是陀螺自转角速度的 2 倍，只引起转子的高频振荡；另一类是常值干扰力矩，作用在 x_C 轴上，具体为

$$\overline{M}_{\mathrm{d}x}^{C}=\left[K-\left(a-\frac{c}{2}\right)\Omega^{2}\right]\Phi_{xO}$$

常值干扰力矩将引起严重的陀螺漂移，影响远比交变干扰力矩严重。但从上式可看出，若满足

$$K-\left(a-\frac{c}{2}\right)\Omega^{2}=0 \tag{2.4.9}$$

则常值干扰力矩为零，此时称陀螺工作在动力调谐状态。式(2.4.9)即为动力调谐条件，Ω 为陀螺的调谐角速度。

从上述分析可看出，动力调谐实质上是平衡环的惯性力矩和陀螺力矩与弹性恢复力矩达到了平衡。动力调谐的实现可通过调整平衡环的赤道转动惯量和极转动惯量来实现，常用办法是在平衡环上安装一个质量杆，修磨质量杆达到精确满足动力调谐的条件，但在设计中必须保证 $a>\frac{c}{2}$。

2.4.3　动力调谐陀螺的动力学方程

1. 动力调谐陀螺的欧拉方程

设基座(陀螺壳体)相对惯性空间的角速度和转子的自转角速度分别为

$$\boldsymbol{\omega}_{iC}^{C}=[\omega_x\quad \omega_y\quad \omega_z]^{\mathrm{T}}$$

$$\boldsymbol{\omega}_{GR}^{G}=[0\quad 0\quad \Omega]^{\mathrm{T}}$$

转子的惯性张量为 $[J_R]=\mathrm{diag}[A\quad A\quad C]$，其中 A、C 分别为转子的赤道转动惯量和极转动惯量。陀螺绕 x_C 轴的输出角为 α，绕 y_C 轴的输出角为 β。α 和 β 均为小量，则：

$$\boldsymbol{\omega}_{iG}^{G}=\boldsymbol{C}_{C}^{G}\boldsymbol{\omega}_{iC}^{C}+\boldsymbol{\omega}_{CG}^{G}=\begin{bmatrix}1 & 0 & -\beta\\ 0 & 1 & \alpha\\ \beta & -\alpha & 1\end{bmatrix}\begin{bmatrix}\omega_x\\ \omega_y\\ \omega_z\end{bmatrix}+\begin{bmatrix}\dot{\alpha}\\ \dot{\beta}\\ 0\end{bmatrix}=\begin{bmatrix}\omega_x+\dot{\alpha}-\beta\omega_z\\ \omega_y+\dot{\beta}+\alpha\omega_z\\ \omega_z+\beta\omega_x-\alpha\omega_y\end{bmatrix}\tag{2.4.10}$$

$$\boldsymbol{\omega}_{iR}^{G}=\boldsymbol{\omega}_{iG}^{G}+\boldsymbol{\omega}_{GR}^{G}=\begin{bmatrix}\omega_x+\dot{\alpha}-\beta\omega_z\\ \omega_y+\dot{\beta}+\alpha\omega_z\\ \omega_z+\beta\omega_x-\alpha\omega_y+\Omega\end{bmatrix}$$

转子的角动量为

$$\boldsymbol{H}_{R}^{G}=[J_R]\boldsymbol{\omega}_{iR}^{G}=\begin{bmatrix}A & 0 & 0\\ 0 & A & 0\\ 0 & 0 & C\end{bmatrix}\begin{bmatrix}\omega_x+\dot{\alpha}-\beta\omega_z\\ \omega_y+\dot{\beta}+\alpha\omega_z\\ \omega_z+\beta\omega_x-\alpha\omega_y+\Omega\end{bmatrix}$$

$$=\begin{bmatrix}A(\omega_x+\dot{\alpha}-\beta\omega_z)\\ A(\omega_y+\dot{\beta}+\alpha\omega_z)\\ C(\omega_z+\beta\omega_x-\alpha\omega_y+\Omega)\end{bmatrix}\approx\begin{bmatrix}A(\omega_x+\dot{\alpha}-\beta\omega_z)\\ A(\omega_y+\dot{\beta}+\alpha\omega_z)\\ H\end{bmatrix}\tag{2.4.11}$$

$$\boldsymbol{H}_{R}^{C}=\boldsymbol{C}_{G}^{C}\boldsymbol{H}_{R}^{G}=\begin{bmatrix}1 & 0 & \beta\\ 0 & 1 & -\alpha\\ -\beta & \alpha & 1\end{bmatrix}\begin{bmatrix}A(\omega_x+\dot{\alpha}-\beta\omega_z)\\ A(\omega_y+\dot{\beta}+\alpha\omega_z)\\ H\end{bmatrix}$$

$$=\begin{bmatrix}A(\omega_x+\dot{\alpha})+\beta(H-A\omega_z)\\ A(\omega_y+\dot{\beta})-\alpha(H-A\omega_z)\\ -\beta A(\omega_x+\dot{\alpha}-\beta\omega_z)+\alpha A(\omega_y+\dot{\beta}+\alpha\omega_z)+H\end{bmatrix}$$

式中，$H=C\Omega$ 是转子的角动量。

由于 $H\gg A\omega_z$，$H\gg-\beta A(\omega_x+\dot{\alpha}-\beta\omega_z)+\alpha A(\omega_y+\dot{\beta}+\alpha\omega_z)$，所以

$$\boldsymbol{H}_R^C \approx \begin{bmatrix} A(\omega_x + \dot{\alpha}) + \beta H \\ A(\omega_y + \dot{\beta}) - \alpha H \\ H \end{bmatrix}$$

根据动量矩定理和哥氏定理

$$\left.\frac{\mathrm{d}\boldsymbol{H}_R}{\mathrm{d}t}\right|_i = \boldsymbol{M} + \boldsymbol{M}_\mathrm{d}, \quad \left.\frac{\mathrm{d}\boldsymbol{H}_R}{\mathrm{d}t}\right|_C + \boldsymbol{\omega}_{iC} \times \boldsymbol{H}_R = \boldsymbol{M} + \boldsymbol{M}_d$$

式中，$\boldsymbol{M}$ 和 $\boldsymbol{M}_\mathrm{d}$ 分别为作用在转子上的控制力矩和干扰力矩。

上式向基座坐标系 C 投影，并写成数学矢量形式：

$$\frac{\mathrm{d}}{\mathrm{d}t}\begin{bmatrix} A(\omega_x + \dot{\alpha}) + \beta H \\ A(\omega_y + \dot{\beta}) - \alpha H \\ H \end{bmatrix} + \begin{bmatrix} 0 & -\omega_z & \omega_y \\ \omega_z & 0 & -\omega_x \\ -\omega_y & \omega_x & 0 \end{bmatrix} \times \begin{bmatrix} A(\omega_x + \dot{\alpha}) + \beta H \\ A(\omega_y + \dot{\beta}) - \alpha H \\ H \end{bmatrix} = \begin{bmatrix} M_x^C + M_{\mathrm{d}x}^C \\ M_y^C + M_{\mathrm{d}y}^C \\ M_z^C + M_{\mathrm{d}z}^C \end{bmatrix}$$

由上式得

$$A(\dot{\omega}_x + \ddot{\alpha}) + \dot{\beta} H - A\omega_z(\omega_y + \dot{\beta}) + \alpha\omega_z H + \omega_y H = M_x^C + M_{\mathrm{d}x}^C$$

$$A(\dot{\omega}_y + \ddot{\beta}) - \dot{\alpha} H + A\omega_z(\omega_x + \dot{\alpha}) + \beta\omega_z H - \omega_x H = M_y^C + M_{\mathrm{d}y}^C$$

由于 α 和 β 都是小量，所以有

$$-\alpha\omega_z H + \omega_y H = (\omega_y - \alpha\omega_z) H \approx \omega_y H$$

$$\beta\omega_z H - \omega_x H = -(\omega_x - \beta\omega_z) H \approx -\omega_x H$$

略去陀螺力矩 $A\omega_z(\omega_y + \dot{\beta})$ 及 $A\omega_z(\omega_x + \dot{\alpha})$ 的影响，上述两式变成：

$$A(\dot{\omega}_x + \ddot{\alpha}) + \dot{\beta} H + \omega_y H = M_x^C + M_{\mathrm{d}x}^C \tag{2.4.12a}$$

$$A(\dot{\omega}_y + \ddot{\beta}) - \dot{\alpha} H - \omega_x H = M_y^C + M_{\mathrm{d}y}^C \tag{2.4.12b}$$

2. 转子上的外作用力矩分析

转子上的外作用力矩有两类：平衡环传递给转子的力矩，转子在气体介质中旋转引起的风阻力矩及扭杆弹性变形引起的内阻尼力矩。

1) 平衡环传递给转子的惯性力矩和陀螺力矩

平衡环角速度由如下矢量和确定：

$$\boldsymbol{\omega}_{ir}^r = \boldsymbol{C}_S^r \boldsymbol{C}_C^S \boldsymbol{\omega}_{iC}^C + \boldsymbol{C}_S^r \boldsymbol{\omega}_{CS}^S + \boldsymbol{\omega}_{Sr}^r$$

$$= \begin{bmatrix} 1 & 0 & 0 \\ 0 & 1 & \gamma \\ 0 & -\gamma & 1 \end{bmatrix} \begin{bmatrix} \cos\theta & \sin\theta & 0 \\ -\sin\theta & \cos\theta & 0 \\ 0 & 0 & 1 \end{bmatrix} \begin{bmatrix} \omega_x \\ \omega_y \\ \omega_z \end{bmatrix} + \begin{bmatrix} 1 & 0 & 0 \\ 0 & 1 & \gamma \\ 0 & -\gamma & 1 \end{bmatrix} \begin{bmatrix} 0 \\ 0 \\ \Omega \end{bmatrix} + \begin{bmatrix} \dot{\gamma} \\ 0 \\ 0 \end{bmatrix}$$

$$= \begin{bmatrix} \dot{\gamma} + \omega_x \cos\theta + \omega_y \sin\theta \\ \gamma\Omega - \omega_x \sin\theta + \omega_y \cos\theta + \gamma\omega_z \\ \Omega + \gamma\omega_x \sin\theta - \gamma\omega_y \cos\theta + \omega_z \end{bmatrix}$$

式(2.4.3)代入上式得

$$\omega_{irx}^r = \dot{\alpha}\cos\theta - \alpha\Omega\sin\theta + \dot{\beta}\sin\theta + \beta\Omega\cos\theta + \omega_x\cos\theta + \omega_y\sin\theta \tag{2.4.13a}$$

$$\omega_{iry}^r = (\alpha\cos\theta + \beta\sin\theta)(\Omega + \omega_z) - \omega_x\sin\theta + \omega_y\cos\theta$$

$$\omega_{irz}^r = \Omega + (\alpha\cos\theta + \beta\sin\theta)(\omega_x\sin\theta - \omega_y\cos\theta) + \omega_z$$

由于陀螺的自转角速度 Ω 远大于基座角速度 ω_x、ω_y 和 ω_z，所以

$$\omega_{iry}^r \approx \alpha\Omega\cos\theta + \beta\Omega\sin\theta \tag{2.4.13b}$$

$$\omega_{irz}^r \approx \Omega \tag{2.4.13c}$$

又由式(2.4.13a)，得

$$\dot{\omega}_{irx}^r = \ddot{\alpha}\cos\theta - 2\dot{\alpha}\Omega\sin\theta - \alpha\Omega^2\cos\theta + \ddot{\beta}\sin\theta + 2\dot{\beta}\Omega\cos\theta - \beta\Omega^2\sin\theta + \dot{\omega}_x\cos\theta - \omega_x\Omega\sin\theta + \dot{\omega}_y\sin\theta + \omega_y\Omega\cos\theta \tag{2.4.14}$$

根据图 2.4.4，只有沿 x_r 轴的平衡环惯性力矩和陀螺力矩可通过外扭杆的抗弯功能传递给转子，所以

$$\begin{aligned} M_{IGx}^r &= -a\dot{\omega}_{irx}^r - c\omega_{irz}^r\omega_{iry}^r + a\omega_{iry}^r\omega_{irz}^r \\ &= -a[(\ddot{\alpha} - \alpha\Omega^2 + 2\dot{\beta}\Omega + \dot{\omega}_x + \omega_y\Omega)\cos\theta + (\ddot{\beta} - \beta\Omega^2 - 2\dot{\alpha}\Omega \\ &\quad + \dot{\omega}_y - \omega_x\Omega)\sin\theta] + (a-c)\alpha\Omega^2\cos\theta + (a-c)\beta\Omega^2\sin\theta \end{aligned}$$

$$M_{IGy}^r = 0$$

$$M_{IGz}^r = 0$$

$$\boldsymbol{M}_{iG}^C = \boldsymbol{C}_S^C\boldsymbol{C}_r^S\boldsymbol{M}_{iG}^r = \begin{bmatrix} \cos\theta & -\sin\theta & 0 \\ \sin\theta & \cos\theta & 0 \\ 0 & 0 & 1 \end{bmatrix}\begin{bmatrix} 1 & 0 & 0 \\ 0 & 1 & -\gamma \\ 0 & \gamma & 1 \end{bmatrix}\begin{bmatrix} M_{IGx}^r \\ 0 \\ 0 \end{bmatrix} = \begin{bmatrix} M_{IGx}^r\cos\theta \\ M_{IGx}^r\sin\theta \\ 0 \end{bmatrix}$$

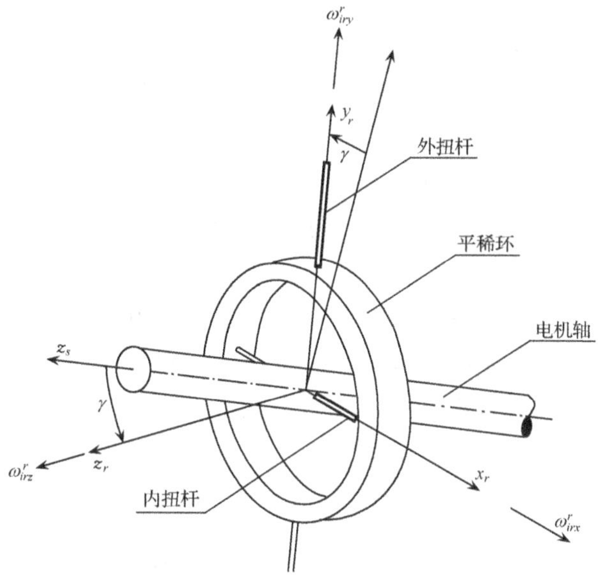

图 2.4.4 平衡环的惯性力矩和陀螺力矩

$$\begin{aligned} M_{IGx}^C &= M_{IGx}^r\cos\theta \\ &= -a\left[\frac{1+\cos2\theta}{2}(\ddot{\alpha} - \alpha\Omega^2 + 2\dot{\beta}\Omega + \dot{\omega}_x + \omega_y\Omega) + \frac{1}{2}\sin2\theta(\ddot{\beta} - \beta\Omega^2 \right. \\ &\quad \left. - 2\dot{\alpha}\Omega + \dot{\omega}_y - \omega_x\Omega)\right] + \frac{1+\cos2\theta}{2}(a-c)\alpha\Omega^2 + \frac{1}{2}(a-c)\beta\Omega^2\sin2\theta \\ &= -\frac{a}{2}(\ddot{\alpha} + 2\dot{\beta}\Omega + \dot{\omega}_x + \omega_y\Omega) + \left(a - \frac{c}{2}\right)\alpha\Omega^2 \end{aligned}$$

$$+\left[-\frac{a}{2}(\ddot{\alpha}+2\dot{\beta}\Omega+\dot{\omega}_x+\omega_y\Omega)+\left(a-\frac{c}{2}\right)\alpha\Omega^2\right]\cos2\theta$$

$$+\left[-\frac{a}{2}(\ddot{\beta}-2\dot{\alpha}\Omega+\dot{\omega}_y-\omega_x\Omega)+\left(a-\frac{c}{2}\right)\beta\Omega^2\right]\sin2\theta$$

$$M_{IGy}^{C}=M_{IGx}^{r}\sin\theta$$

$$=-\frac{a}{2}(\ddot{\alpha}-\alpha\Omega^2+2\dot{\beta}\Omega+\dot{\omega}_x+\omega_y\Omega)\sin2\theta-\frac{a(1-\cos2\theta)}{2}(\ddot{\beta}-\beta\Omega^2-2\dot{\alpha}\Omega+\dot{\omega}_y-\omega_x\Omega)$$

$$+\frac{a-c}{2}\alpha\Omega^2\sin2\theta+\frac{1-\cos2\theta}{2}(a-c)\beta\Omega^2$$

$$=-\frac{a}{2}(\ddot{\beta}-2\dot{\alpha}\Omega+\dot{\omega}_y-\omega_x\Omega)+\left(a-\frac{c}{2}\right)\beta\Omega^2$$

$$+\left[-\frac{a}{2}(\ddot{\alpha}+2\dot{\beta}\Omega+\dot{\omega}_x+\omega_y\Omega)+\left(a-\frac{c}{2}\right)\alpha\Omega^2\right]\sin2\theta$$

$$+\left[\frac{a}{2}(\ddot{\beta}-2\dot{\alpha}\Omega+\dot{\omega}_y-\omega_x\Omega)-\left(a-\frac{c}{2}\right)\beta\Omega^2\right]\cos2\theta$$

$$M_{IGz}^{C}=0$$

M_{IGx}^{C}、M_{IGy}^{C}的直流干扰力矩为

$$\overline{M}_{IGx}^{C}=-\frac{a}{2}(\ddot{\alpha}+2\dot{\beta}\Omega+\dot{\omega}_x+\omega_y\Omega)+\left(a-\frac{c}{2}\right)\alpha\Omega^2 \tag{2.4.15a}$$

$$\overline{M}_{IGy}^{C}=-\frac{a}{2}(\ddot{\beta}-2\dot{\alpha}\Omega+\dot{\omega}_y-\omega_x\Omega)+\left(a-\frac{c}{2}\right)\beta\Omega^2 \tag{2.4.15b}$$

$$\overline{M}_{IGz}^{C}=0 \tag{2.4.15c}$$

除直流干扰力矩外，还有关于 Ω 的倍频交变干扰力矩，这些交变干扰力矩使陀螺输出在零附近做微幅振荡，对陀螺输出影响并不严重，必要时可对陀螺输出作低通滤波以消除之。

2) 作用在转子上的弹性恢复力矩

设陀螺的输出角为 α 和 β，则根据式(2.4.3)，内外扭杆的扭转变形角为

$$\gamma=\alpha\cos\theta+\beta\sin\theta,\quad \phi=-\alpha\sin\theta+\beta\cos\theta$$

所产生的弹性恢复力矩为(参阅图 2.4.3)

$$\boldsymbol{M}_E^S=\begin{bmatrix}-K\gamma\\-K\phi\\0\end{bmatrix}$$

式中，$-K\gamma$ 通过外扭杆的抗弯功能传递给转子，$-K\phi$ 直接作用在转子上。

$$\boldsymbol{M}_E^C=\boldsymbol{C}_S^C\boldsymbol{M}_E^S=\begin{bmatrix}\cos\theta & -\sin\theta & 0\\ \sin\theta & \cos\theta & 0\\ 0 & 0 & 1\end{bmatrix}\begin{bmatrix}-K\gamma\\-K\phi\\0\end{bmatrix}=-K\begin{bmatrix}\gamma\cos\theta-\phi\sin\theta\\ \gamma\sin\theta+\phi\cos\theta\\0\end{bmatrix}$$

$$=-K\begin{bmatrix}\alpha\cos^2\theta+\beta\sin\theta\cos\theta+\alpha\sin^2\theta-\beta\sin\theta\cos\theta\\ \beta\cos^2\theta+\alpha\sin\theta\cos\theta+\beta\sin^2\theta-\alpha\sin\theta\cos\theta\\0\end{bmatrix}=\begin{bmatrix}-K\alpha\\-K\beta\\0\end{bmatrix} \tag{2.4.16}$$

3) 作用在转子上的阻尼力矩

陀螺转子工作在气体介质中，旋转引起的风阻力矩沿转子自转轴的反向，在转子参考坐标系

中的数学矢量为

$$\boldsymbol{M}_{DW}^{G}=\begin{bmatrix}0\\0\\-D\Omega\end{bmatrix}$$

式中，D 为风阻系数。

由于转子赤道平面与测量基准面的夹角即为陀螺输出角 α 和 β，且 α 和 β 都是小角，所以

$$\boldsymbol{C}_{C}^{G}=\begin{bmatrix}1&0&-\beta\\0&1&\alpha\\\beta&-\alpha&1\end{bmatrix}$$

$$\boldsymbol{M}_{DW}^{C}=\boldsymbol{C}_{G}^{C}\boldsymbol{M}_{DW}^{G}=\begin{bmatrix}1&0&\beta\\0&1&-\alpha\\-\beta&\alpha&1\end{bmatrix}\begin{bmatrix}0\\0\\-D\Omega\end{bmatrix}=\begin{bmatrix}-\beta D\Omega\\\alpha D\Omega\\-D\Omega\end{bmatrix}\qquad(2.4.17)$$

内外扭杆的扭转角变形会引起弹性材料的内阻尼力矩 $\boldsymbol{M}_{DV}$，设材料的内阻尼系数为 δ，则

$$\boldsymbol{M}_{DV}^{R}=\boldsymbol{C}_{r}^{R}\begin{bmatrix}-\dot{\gamma}\delta\\0\\0\end{bmatrix}+\begin{bmatrix}0\\-\dot{\phi}\delta\\0\end{bmatrix}=\begin{bmatrix}1&0&-\phi\\0&1&0\\\phi&0&1\end{bmatrix}\begin{bmatrix}-\dot{\gamma}\delta\\0\\0\end{bmatrix}+\begin{bmatrix}0\\-\dot{\phi}\delta\\0\end{bmatrix}=\begin{bmatrix}-\dot{\gamma}\delta\\-\dot{\phi}\delta\\0\end{bmatrix}\qquad(2.4.18)$$

上式中略去了 ϕ 和 δ 形成的二阶小量。

$$\begin{aligned}\boldsymbol{M}_{DV}^{C}&=\boldsymbol{C}_{R}^{C}\boldsymbol{M}_{DV}^{R}=\boldsymbol{C}_{G}^{C}\boldsymbol{C}_{R}^{G}\boldsymbol{M}_{DV}^{R}\\&=-\delta\begin{bmatrix}1&0&\beta\\0&1&-\alpha\\-\beta&\alpha&1\end{bmatrix}\begin{bmatrix}\cos\theta&-\sin\theta&0\\\sin\theta&\cos\theta&0\\0&0&1\end{bmatrix}\begin{bmatrix}\dot{\gamma}\\\dot{\phi}\\0\end{bmatrix}\\&=-\delta\begin{bmatrix}\cos\theta&-\sin\theta&\beta\\\sin\theta&\cos\theta&-\alpha\\\alpha\sin\theta-\beta\cos\theta&\alpha\cos\theta+\beta\sin\theta&1\end{bmatrix}\begin{bmatrix}\dot{\gamma}\\\dot{\phi}\\0\end{bmatrix}\\&=-\delta\begin{bmatrix}\dot{\gamma}\cos\theta-\dot{\phi}\sin\theta\\\dot{\gamma}\sin\theta+\dot{\phi}\cos\theta\\\dot{\gamma}(\alpha\sin\theta-\beta\cos\theta)+\dot{\phi}(\alpha\cos\theta+\beta\sin\theta)\end{bmatrix}\end{aligned}$$

由式(2.4.3)

$$\dot{\gamma}=\dot{\alpha}\cos\theta-\alpha\Omega\sin\theta+\dot{\beta}\sin\theta+\beta\Omega\cos\theta$$

$$\dot{\phi}=-\dot{\alpha}\sin\theta-\alpha\Omega\cos\theta+\dot{\beta}\cos\theta-\beta\Omega\sin\theta$$

$$\begin{aligned}M_{DVx}^{C}&=-\delta(\dot{\alpha}\cos^2\theta-\alpha\Omega\sin\theta\cos\theta+\dot{\beta}\sin\theta\cos\theta+\beta\Omega\cos^2\theta\\&\quad+\dot{\alpha}\sin^2\theta+\alpha\Omega\sin\theta\cos\theta-\dot{\beta}\sin\theta\cos\theta+\beta\Omega\sin^2\theta)\\&=-\delta(\dot{\alpha}+\beta\Omega)\end{aligned}\qquad(2.4.19\text{a})$$

$$\begin{aligned}M_{DVy}^{C}&=-\delta(\dot{\alpha}\cos\theta\sin\theta-\alpha\Omega\sin^2\theta+\dot{\beta}\sin^2\theta+\beta\Omega\cos\theta\sin\theta\\&\quad-\dot{\alpha}\sin\theta\cos\theta-\alpha\Omega\cos^2\theta+\dot{\beta}\cos^2\theta-\beta\Omega\sin\theta\cos\theta)\\&=-\delta(\dot{\beta}-\alpha\Omega)\end{aligned}\qquad(2.4.19\text{b})$$

由于 α、β 和 δ 都是小量，略去二阶小量后可得

$$M_{DVz}^{C}=0 \qquad (2.4.19c)$$

3. 动力调谐陀螺的动力学方程

由式(2.4.15)、式(2.4.16)、式(2.4.17)和式(2.4.19)得，作用在转子上沿 x_c 和 y_c 轴的非交变干扰力矩为

$$M_{dx}^{C}=-\frac{a}{2}(\ddot{\alpha}+2\dot{\beta}\Omega+\dot{\omega}_x+\omega_y\Omega)+\left(a-\frac{c}{2}\right)\alpha\Omega^2-K\alpha-\delta(\dot{\alpha}+\beta\Omega)-\beta D\Omega \qquad (2.4.20a)$$

$$M_{dy}^{C}=-\frac{a}{2}(\ddot{\beta}-2\dot{\alpha}\Omega+\dot{\omega}_y-\omega_x\Omega)+\left(a-\frac{c}{2}\right)\beta\Omega^2-K\beta-\delta(\dot{\beta}-\alpha\Omega)+\alpha D\Omega \qquad (2.4.20b)$$

式(2.4.20)代入式(2.4.12)，经整理得动力调谐陀螺的动力学方程：

$$\begin{aligned}&\left(A+\frac{a}{2}\right)\ddot{\alpha}+\delta\dot{\alpha}+\left[K-\left(a-\frac{c}{2}\right)\Omega^2\right]\alpha+(H+a\Omega)\dot{\beta}+\Omega(\delta+D)\beta\\&=M_x^C-\left(A+\frac{a}{2}\right)\dot{\omega}_x-\left(H+\frac{a}{2}\Omega\right)\omega_y\end{aligned} \qquad (2.4.21a)$$

$$\begin{aligned}&\left(A+\frac{a}{2}\right)\ddot{\beta}+\delta\dot{\beta}+\left[K-\left(a-\frac{c}{2}\right)\Omega^2\right]\beta-(H+a\Omega)\dot{\alpha}+\Omega(\delta+D)\alpha\\&=M_y^C-\left(A+\frac{a}{2}\right)\dot{\omega}_y+\left(H+\frac{a}{2}\Omega\right)\omega_x\end{aligned} \qquad (2.4.21b)$$

对式(2.4.21)作进一步简化：

$$A+\frac{a}{2}\approx A,\qquad H+a\Omega\approx H,\qquad H+\frac{a}{2}\Omega\approx H$$

假设陀螺并未完全达到动力调谐状态，存在残余刚度

$$\Delta K=K-\left(a-\frac{c}{2}\right)\Omega^2$$

记

$$\lambda=\Omega(\delta+D) \qquad (2.4.22)$$

则式(2.4.21)可写成：

$$A\ddot{\alpha}+\delta\dot{\alpha}+\Delta K\alpha+H\dot{\beta}+\lambda\beta=M_x^C-A\dot{\omega}_x-H\omega_y \qquad (2.4.23a)$$

$$A\ddot{\beta}+\delta\dot{\beta}+\Delta K\beta-H\dot{\alpha}+\lambda\alpha=M_y^C-A\dot{\omega}_y+H\omega_x \qquad (2.4.23b)$$

假设陀螺具有零初始条件：

$$\alpha(0)=\beta(0)=\Phi_x(0)=\Phi_y(0)=0$$

$$\dot{\alpha}(0)=\dot{\beta}(0)=\dot{\Phi}_x(0)=\dot{\Phi}_y(0)=0$$

则对式(2.4.23)作拉氏变换，得

$$(As^2+\delta s+\Delta K)\alpha(s)+(Hs+\lambda)\beta(s)=M_x^C(s)-As^2\Phi_x(s)-Hs\Phi_y(s) \qquad (2.4.24a)$$

$$(As^2+\delta s+\Delta K)\beta(s)-(Hs+\lambda)\alpha(s)=M_y^C(s)-As^2\Phi_y(s)+Hs\Phi_x(s) \qquad (2.4.24b)$$

由此可得动力调谐陀螺的方块图，如图 2.4.5 所示。

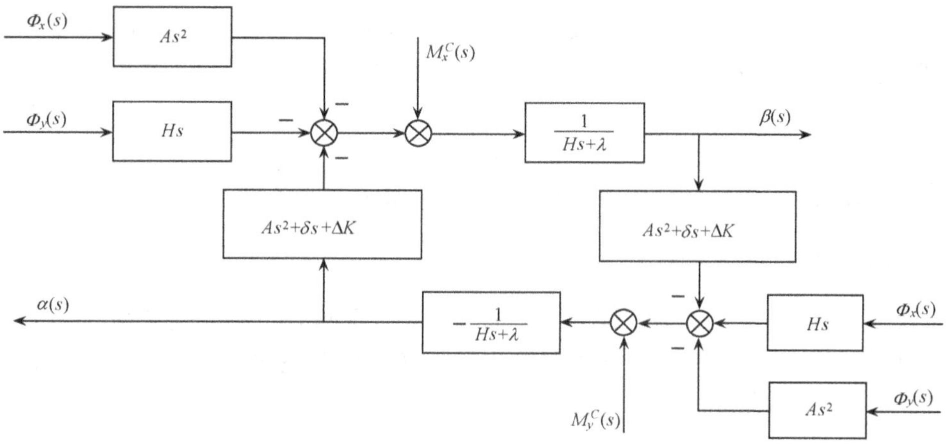

图 2.4.5 动力调谐陀螺方块图

联立求解式(2.4.24),得

$$\alpha(s)=\frac{1}{\Delta(s)}\{(As^2+\delta s+\Delta K)[M_x^C(s)-As^2\Phi_x(s)-Hs\Phi_y(s)] -(Hs+\lambda)[M_y^C(s)-As^2\Phi_y(s)+Hs\Phi_x(s)]\} \tag{2.4.25a}$$

$$\beta(s)=\frac{1}{\Delta(s)}\{(As^2+\delta s+\Delta K)[M_y^C(s)-As^2\Phi_y(s)+Hs\Phi_x(s)] +(Hs+\lambda)[M_x^C(s)-As^2\Phi_x(s)-Hs\Phi_y(s)]\} \tag{2.4.25b}$$

式中,陀螺的特征多项式为

$$\Delta(s)=(Hs+\lambda)^2+(As^2+\delta s+\Delta K)^2 \tag{2.4.26}$$

4. 动力调谐陀螺的运动特性分析

由式(2.4.26),陀螺的特征方程为

$$(Hs+\lambda)^2+(As^2+\delta s+\Delta K)^2=0$$

即

$$[(As^2+\delta s+\Delta K)+\mathrm{j}(Hs+\lambda)]\cdot[(As^2+\delta s+\Delta K)-\mathrm{j}(Hs+\lambda)]=0$$

$$As^2+\delta s+\Delta K+\mathrm{j}(Hs+\lambda)=0$$

$$As^2+\delta s+\Delta K-\mathrm{j}(Hs+\lambda)=0$$

解上述二次方程,经简化处理后,得特征根

$$s_{1,2}=-\frac{\lambda}{H}\pm\mathrm{j}\frac{\Delta K}{H} \tag{2.4.27}$$

$$s_{3,4}=-\left(\frac{\delta}{A}-\frac{\lambda}{H}\right)\pm\mathrm{j}\left(\frac{H}{A}+\frac{\Delta K}{H}\right) \tag{2.4.28}$$

s_1 和 s_2 的实部始终为负,s_1 和 s_2 始终位于左半[s]平面内。s_3 和 s_4 的实部分析如下:

考虑到式(2.4.22)和 $C=2A$ 的关系

$$R_e s_{3,4}=\frac{\lambda}{H}-\frac{\delta}{A}=\frac{\Omega(\delta+D)}{2A\Omega}-\frac{\delta}{A}=\frac{D-\delta}{2A}$$

在设计中一般都能满足 $D<\delta$,即材料内阻尼大于外阻尼,所以 s_3 和 s_4 也位于左半[s]平面内。所以动力调谐陀螺是一种稳定系统。

上述分析说明动力调谐陀螺的输出是一种衰减振荡，s_1 和 s_2 对应的振荡频率为$\frac{\Delta K}{H}$，而 ΔK 是调谐残余刚度，数值非常小，所以对应着低频振荡。这种低频振荡是衰减的，是进动过程中的伴随振荡，当陀螺完全达到动力调谐时，$\Delta K=0$，此时进动无振荡。s_3 和 s_4 对应的振荡频率为

$$\frac{H}{A}+\frac{\Delta K}{H}\approx 2\Omega$$

所以对应着高频振荡，这就是章动，章动角频率是自转角速度的 2 倍。

5. 动力调谐陀螺的传递函数

由图 2.4.5 可看出，动力调谐陀螺的两个通道存在交叉耦合。引起交叉耦合的因素有：调谐残余刚度，弹性扭杆的内阻尼系数及转子绕输出轴旋转所引起的惯性力矩。若忽略这些交叉耦合影响，则图 2.4.5 可简化成图 2.4.6。

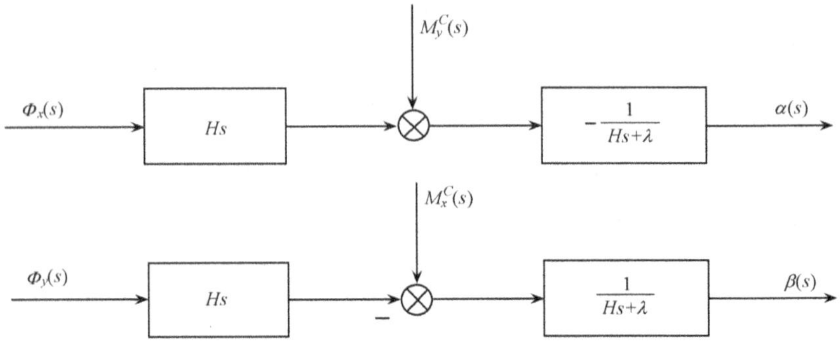

图 2.4.6　动力调谐陀螺解耦简化后的方块图

由图 2.4.6 可得陀螺的传递函数：

$$\frac{\alpha(s)}{\Phi_x(s)}=-\frac{Hs}{Hs+\lambda}=-\frac{\tau_g s}{\tau_g s+1} \tag{2.4.29a}$$

$$\frac{\beta(s)}{\Phi_y(s)}=-\frac{Hs}{Hs+\lambda}=-\frac{\tau_g s}{\tau_g s+1} \tag{2.4.29b}$$

$$\frac{\alpha(s)}{M_y^C(s)}=-\frac{1}{Hs+\lambda}=-\frac{\frac{1}{\lambda}}{\tau_g s+1} \tag{2.4.30a}$$

$$\frac{\beta(s)}{M_x^C(s)}=\frac{1}{Hs+\lambda}=\frac{\frac{1}{\lambda}}{\tau_g s+1} \tag{2.4.30b}$$

上述诸式中

$$\tau_g=\frac{H}{\lambda}$$

为陀螺的时间常数。若 $\lambda=0$，即陀螺无风阻阻尼（外阻尼）和材料的内阻尼，则 $\tau_g\to\infty$，此时有

$$\frac{\alpha(s)}{\Phi_x(s)}=-1,\qquad \frac{\beta(s)}{\Phi_y(s)}=-1$$

$$\frac{s\alpha(s)}{M_y^C(s)}=-\frac{1}{H},\qquad \frac{s\beta(s)}{M_x^C(s)}=\frac{1}{H}$$

即

$$\frac{\dot{\alpha}(s)}{M_y^C(s)}=-\frac{1}{H} \tag{2.4.31a}$$

$$\frac{\dot{\beta}(s)}{M_x^C(s)}=\frac{1}{H} \tag{2.4.31b}$$

上述诸式说明，只有当陀螺的时间常数为无穷大时，动力调谐陀螺才成为理想的角位置陀螺，陀螺才呈现理想的无章动进动特性。

2.4.4　动力调谐陀螺的静态漂移误差数学模型

为分析问题方便，将陀螺壳体坐标系的 x_C 轴记为 A 轴，y_C 轴记为 B 轴，z_C 轴记为 S 轴。假设陀螺工作在动力调谐状态，输出角 $\alpha=0,\beta=0$，作用在 A 轴和 B 轴上的干扰力矩分别为 $M_{\mathrm{d}A}$ 和 $M_{\mathrm{d}B}$，则根据式(2.4.31)，引起的陀螺漂移为

$$\omega_{\mathrm{d}A}=-\frac{M_{\mathrm{d}B}}{H} \tag{2.4.32a}$$

$$\omega_{\mathrm{d}B}=\frac{M_{\mathrm{d}A}}{H} \tag{2.4.32b}$$

由于陀螺处于动力调谐状态，转子成为自由陀螺，可视为不受外界机械约束。设转子质量为 m，质心相对支撑中心(内外扭杆轴交点)沿 A 轴 B 轴的偏差为 l_A 和 l_B，由运载体运动引起的单位质量惯性力为：$\boldsymbol{F}^C=[F_A\quad F_B\quad F_S]^{\mathrm{T}}$，如图 2.4.7 所示。则由静态偏心引起的沿 A 轴 B 轴的干扰力矩为

$$M_{\mathrm{d}A1}=mF_Sl_B-mF_Bl_S \tag{2.4.33a}$$

$$M_{\mathrm{d}B1}=mF_Al_S-mF_Sl_A \tag{2.4.33b}$$

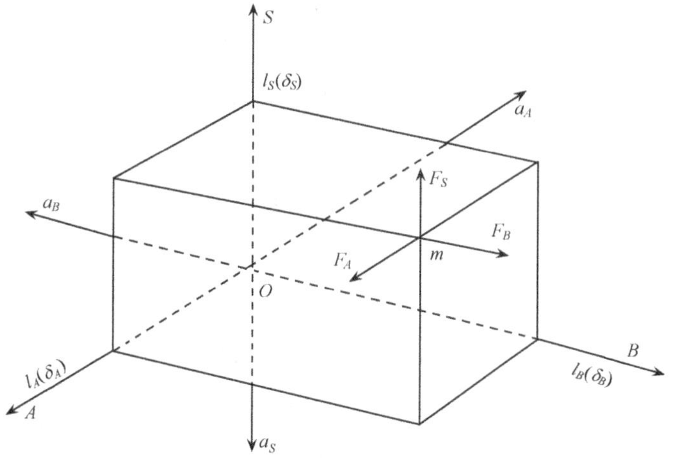

图 2.4.7　静态偏心和动态偏心引起的干扰力矩

设陀螺支撑系统(由内外扭杆及平衡环构成)的柔度张量为

$$\begin{bmatrix} C_{AA} & C_{AB} & C_{AS} \\ C_{BA} & C_{BB} & C_{BS} \\ C_{SA} & C_{SB} & C_{SS} \end{bmatrix}$$

则转子的动态偏心为

$$\begin{bmatrix}\delta_A\\ \delta_B\\ \delta_S\end{bmatrix}=m\begin{bmatrix}C_{AA} & C_{AB} & C_{AS}\\ C_{BA} & C_{BB} & C_{BS}\\ C_{SA} & C_{SB} & C_{SS}\end{bmatrix}\begin{bmatrix}F_A\\ F_B\\ F_S\end{bmatrix}=\begin{bmatrix}m(C_{AA}F_A+C_{AB}F_B+C_{AS}F_S)\\ m(C_{BA}F_A+C_{BB}F_B+C_{BS}F_S)\\ m(C_{SA}F_A+C_{SB}F_B+C_{SS}F_S)\end{bmatrix}$$

在惯性力作用下所产生的干扰力矩为

$$\begin{aligned}M_{dA2}&=mF_S\delta_B-mF_B\delta_S\\&=m^2(C_{BA}F_AF_S+C_{BB}F_BF_S+C_{BS}F_S^2)-m^2(C_{SA}F_AF_B+C_{SB}F_B^2+C_{SS}F_SF_B)\end{aligned} \tag{2.4.34a}$$

$$\begin{aligned}M_{dB2}&=mF_A\delta_S-mF_S\delta_A\\&=m^2(C_{SA}F_A^2+C_{SB}F_BF_A+C_{SS}F_SF_A)-m^2(C_{AA}F_AF_S+C_{AB}F_BF_S+C_{AS}F_S^2)\end{aligned} \tag{2.4.34b}$$

根据式(2.4.32)，干扰力矩引起的漂移为

$$\omega_{dA}=-\frac{M_{dB0}}{H}-\frac{M_{dB1}}{H}-\frac{M_{dB2}}{H},\quad \omega_{dB}=\frac{M_{dA0}}{H}+\frac{M_{dA1}}{H}+\frac{M_{dA2}}{H}$$

式中，M_{dA0} 和 M_{dB0} 是与运动无关的干扰力矩，如力矩器的零位误差等。式(2.4.33)和式(2.4.34)代入上式，整理后得

$$\begin{aligned}\omega_{dA}=&-\frac{M_{dB0}}{H}-\frac{ml_S}{H}F_A+\frac{ml_A}{H}F_S-\frac{m^2C_{SB}}{H}F_AF_B+\frac{m^2C_{AB}}{H}F_SF_B\\&-\frac{m^2(C_{SS}-C_{AA})}{H}F_AF_S-\frac{m^2C_{SA}}{H}F_A^2+\frac{m^2C_{AS}}{H}F_S^2\end{aligned}$$

$$\begin{aligned}\omega_{dB}=&\frac{M_{dA0}}{H}-\frac{ml_S}{H}F_B+\frac{ml_B}{H}F_S-\frac{m^2C_{SA}}{H}F_AF_B+\frac{m^2C_{BA}}{H}F_AF_S\\&+\frac{m^2(C_{BB}-C_{SS})}{H}F_BF_S-\frac{m^2C_{SB}}{H}F_B^2+\frac{m^2C_{BS}}{H}F_S^2\end{aligned}$$

记

$$D_F(A)=-\frac{M_{dB0}}{H},\quad D_A(A)=-\frac{ml_S}{H},\quad D_S(A)=\frac{ml_A}{H},$$

$$D_{AB}(A)=-\frac{m^2C_{SB}}{H},\quad D_{BS}(A)=\frac{m^2C_{AB}}{H},\quad D_{AS}(A)=-\frac{m^2(C_{SS}-C_{AA})}{H},$$

$$D_{AA}(A)=-\frac{m^2C_{SA}}{H},\quad D_{SS}(A)=\frac{m^2C_{AS}}{H},$$

$$D_F(B)=\frac{M_{dA0}}{H},\quad D_B(B)=-\frac{ml_S}{H},\quad D_S(B)=\frac{ml_B}{H},$$

$$D_{AB}(B)=-\frac{m^2C_{SA}}{H},\quad D_{AS}(B)=\frac{m^2C_{BA}}{H},\quad D_{BS}(B)=\frac{m^2(C_{BB}-C_{SS})}{H},$$

$$D_{BB}(B)=-\frac{m^2C_{SB}}{H},\quad D_{SS}(B)=\frac{m^2C_{BS}}{H}$$

则陀螺的静态漂移误差数学模型为

$$\begin{aligned}\omega_{dA}=&D_F(A)+D_A(A)F_A+D_B(A)F_B+D_S(A)F_S+D_{AB}(A)F_AF_B+D_{AS}(A)F_AF_S\\&+D_{BS}(A)F_BF_S+D_{AA}(A)F_A^2+D_{BB}(A)F_B^2+D_{SS}(A)F_S^2\end{aligned} \tag{2.4.35a}$$

$$\begin{aligned}\omega_{dB}=&D_F(B)+D_A(B)F_A+D_B(B)F_B+D_S(B)F_S+D_{AB}(B)F_AF_B+D_{AS}(B)F_AF_S\\&+D_{BS}(B)F_BF_S+D_{AA}(B)F_A^2+D_{BB}(B)F_B^2+D_{SS}(B)F_S^2\end{aligned} \tag{2.4.35b}$$

式中，$D_B(A)F_B$、$D_{BB}(A)F_B^2$、$D_A(B)F_A$、$D_{AA}(B)F_A^2$ 是根据对称关系增补的误差项，由于误差系数是通过测试确定的，增补项是否存在由确定出的误差系数是否为零来确定，所以增补后并不影响模型的真实性。

在实验室条件下，$\boldsymbol{F}=\boldsymbol{g}$，所以在实验室条件下用于测试的静态模型为

$$\begin{aligned}\omega_{dA}=&D_F(A)+D_A(A)g_A+D_B(A)g_B+D_S(A)g_S+D_{AB}(A)g_Ag_B+D_{AS}(A)g_Ag_S\\&+D_{BS}(A)g_Bg_S+D_{AA}(A)g_A^2+D_{BB}(A)g_B^2+D_{SS}(A)g_S^2\end{aligned}\tag{2.4.36a}$$

$$\begin{aligned}\omega_{dB}=&D_F(B)+D_A(B)g_A+D_B(B)g_B+D_S(B)g_S+D_{AB}(B)g_Ag_B+D_{AS}(B)g_Ag_S\\&+D_{BS}(B)g_Bg_S+D_{AA}(B)g_A^2+D_{BB}(B)g_B^2+D_{SS}(B)g_S^2\end{aligned}\tag{2.4.36b}$$

式中，g_A、g_B 和 g_S 为重力加速度沿 A 轴、B 轴和 S 轴的分量。

2.4.5 动力调谐陀螺的动态漂移误差数学模型

1. 动态漂移误差形成机理分析

以陀螺转子为研究对象，根据动量矩定理

$$\left.\frac{\mathrm{d}\boldsymbol{H}_R}{\mathrm{d}t}\right|_i=\boldsymbol{M}$$

应用哥氏定理，并向转子参考坐标系 G 投影：

$$\left.\frac{\mathrm{d}\boldsymbol{H}_R}{\mathrm{d}t}\right|_G^G+\boldsymbol{\omega}_{iG}^G\times\boldsymbol{H}_R^G=\boldsymbol{M}^G$$

式(2.4.10)和式(2.4.11)代入上式

$$\begin{aligned}&\frac{\mathrm{d}}{\mathrm{d}t}\begin{bmatrix}A(\omega_A+\dot{\alpha}-\beta\omega_S)\\A(\omega_B+\dot{\beta}+\alpha\omega_S)\\C(\omega_S+\beta\omega_A-\alpha\omega_B+\Omega)\end{bmatrix}\\&+\begin{bmatrix}0&-(\omega_S+\beta\omega_A-\alpha\omega_B)&\omega_B+\dot{\beta}+\alpha\omega_S\\\omega_S+\beta\omega_A-\alpha\omega_B&0&-(\omega_A+\dot{\alpha}-\beta\omega_S)\\-(\omega_B+\dot{\beta}+\alpha\omega_S)&\omega_A+\dot{\alpha}-\beta\omega_S&0\end{bmatrix}\\&\times\begin{bmatrix}A(\omega_A+\dot{\alpha}-\beta\omega_S)\\A(\omega_B+\dot{\beta}+\alpha\omega_S)\\C(\omega_S+\beta\omega_A-\alpha\omega_B+\Omega)\end{bmatrix}=\begin{bmatrix}M_{AG}\\M_{BG}\\M_{SG}\end{bmatrix}\end{aligned}$$

展开上式，略去关于 α、β、$\dot{\alpha}$、$\dot{\beta}$ 的二阶小量，并记 $H=C\Omega$，得

$$\begin{aligned}&A(\dot{\omega}_A+\ddot{\alpha})+H(\dot{\beta}+\omega_B)+(C-A)\omega_B\omega_S-[(C-A)(\omega_B^2-\omega_S^2)-H\omega_S]\alpha\\&+[(C-A)\omega_A\omega_B-A\dot{\omega}_S]\beta=M_{AG}\end{aligned}\tag{2.4.37a}$$

$$\begin{aligned}&A(\dot{\omega}_B+\ddot{\beta})-H(\dot{\alpha}+\omega_A)-(C-A)\omega_A\omega_S-[(C-A)(\omega_A^2-\omega_S^2)-H\omega_S]\beta\\&+[(C-A)\omega_A\omega_B+A\dot{\omega}_S]\alpha=M_{BG}\end{aligned}\tag{2.4.37b}$$

$$C(\dot{\omega}_S+\beta\dot{\omega}_A+\dot{\beta}\omega_A-\alpha\dot{\omega}_B-\dot{\alpha}\omega_B)=M_{SG}$$

设外作用力矩在基座坐标系内的分量为 M_A、M_B、M_S，则

$$\begin{bmatrix} M_{AG} \\ M_{BG} \\ M_{SG} \end{bmatrix} = \boldsymbol{C}_C^G \begin{bmatrix} M_A \\ M_B \\ M_S \end{bmatrix} = \begin{bmatrix} 1 & 0 & -\beta \\ 0 & 1 & \alpha \\ \beta & -\alpha & 1 \end{bmatrix} \begin{bmatrix} M_A \\ M_B \\ M_S \end{bmatrix} = \begin{bmatrix} M_A - \beta M_S \\ M_B + \alpha M_S \\ M_S + \beta M_A - \alpha M_B \end{bmatrix}$$

式中，M_S 为电机的驱动力矩，对于恒速驱动

$$M_S = C(\dot{\omega}_S + \dot{\Omega}) = C\dot{\omega}_S$$

所以

$$M_{AG} = M_A - \beta C\dot{\omega}_S = M_{kA} + M_{dA} - \beta C\dot{\omega}_S$$

$$M_{BG} = M_B + \alpha C\dot{\omega}_S = M_{kB} + M_{dB} + \alpha C\dot{\omega}_S$$

式中，M_{kA} 和 M_{kB} 是作用在 A、B 轴上的反馈力矩，由再平衡回路提供，M_{dA} 和 M_{dB} 是作用在 A、B 轴上的干扰力矩。上述两式分别代入式(2.4.37)，得

$$A\ddot{\alpha} + H\dot{\beta} = -H\omega_B + M_{kA} + M_{CA} + M_{dA} \tag{2.4.38a}$$

$$A\ddot{\beta} - H\dot{\alpha} = H\omega_A + M_{kB} + M_{CB} + M_{dB} \tag{2.4.38b}$$

式中

$$M_{CA} = -A\dot{\omega}_A - (C-A)\omega_B\omega_S + [(C-A)(\omega_B^2 - \omega_S^2) - H\omega_S]\alpha - [(C-A)\omega_A\omega_B + (C-A)\dot{\omega}_S]\beta \tag{2.4.39a}$$

$$M_{CB} = -A\dot{\omega}_B + (C-A)\omega_A\omega_S + [(C-A)(\omega_A^2 - \omega_S^2) - H\omega_S]\beta - [(C-A)\omega_A\omega_B - (C-A)\dot{\omega}_S]\alpha \tag{2.4.39b}$$

当动力调谐陀螺工作在力反馈状态时，陀螺的作用是要测量出沿 A 和 B 测量轴的运载体角速度，用于捷联惯导解算，由式(2.4.38)，角速度的精确值应为

$$\omega_A = \frac{1}{H}(A\ddot{\beta} - H\dot{\alpha}) - \frac{M_{kB}}{H} - \frac{M_{CB}}{H} - \frac{M_{dB}}{H}$$

$$\omega_B = -\frac{1}{H}(A\ddot{\alpha} + H\dot{\beta}) + \frac{M_{kA}}{H} + \frac{M_{CA}}{H} + \frac{M_{dA}}{H}$$

但在实际测量过程中，只能根据再平衡回路的电流(或电压)确定出 $\hat{\omega}_A$ 和 $\hat{\omega}_B$，即反馈力矩 M_{kA} 和 M_{kB} 是可测量得的，所以

$$\hat{\omega}_A = -\frac{M_{kB}}{H}, \quad \hat{\omega}_B = \frac{M_{kA}}{H}$$

引起的测量误差为

$$\Delta\omega_A = \hat{\omega}_A - \omega_A = -\frac{1}{H}(A\ddot{\beta} - H\dot{\alpha}) + \frac{M_{CB}}{H} + \frac{M_{dB}}{H}, \quad \Delta\omega_B = \hat{\omega}_B - \omega_B = \frac{1}{H}(A\ddot{\alpha} + H\dot{\beta}) - \frac{M_{CA}}{H} - \frac{M_{dA}}{H}$$

式中

$$\Delta\omega_{A1} = -\frac{1}{H}(A\ddot{\beta} - H\dot{\alpha}), \quad \Delta\omega_{B1} = \frac{1}{H}(A\ddot{\alpha} + H\dot{\beta})$$

是由惯性力矩 $A\ddot{\beta}$ 和 $A\ddot{\alpha}$ 以及陀螺力矩 $H\dot{\alpha}$ 和 $H\dot{\beta}$ 引起的，而 $\dot{\alpha}$、$\dot{\beta}$、$\ddot{\alpha}$、$\ddot{\beta}$ 是无法测量的，所以 $\Delta\omega_{A1}$ 和 $\Delta\omega_{B1}$ 无法补偿。

$\Delta\omega_{A2} = \dfrac{M_{dB}}{H}$ 和 $\Delta\omega_{B2} = -\dfrac{M_{dA}}{H}$ 由干扰力矩确定，对于随机干扰力矩，此两项误差也无法补偿。

$$\delta\omega_A = \frac{M_{CB}}{H}, \quad \delta\omega_B = -\frac{M_{CA}}{H}$$

是由基座角运动引起的，而基座角速度可由捷联陀螺测量，所以是可以补偿的。将式(2.4.39)代入上述两式，得

$$\delta\omega_A = -\frac{A}{H}\dot{\omega}_B + \frac{C-A}{H}\omega_A\omega_S + \frac{1}{H}[(C-A)(\omega_A^2-\omega_S^2)-H\omega_S]\beta - \frac{1}{H}[(C-A)\omega_A\omega_B-(C-A)\dot{\omega}_S]\alpha \tag{2.4.40a}$$

$$\delta\omega_B = \frac{A}{H}\dot{\omega}_A + \frac{C-A}{H}\omega_B\omega_S - \frac{1}{H}[(C-A)(\omega_B^2-\omega_S^2)-H\omega_S]\alpha + \frac{1}{H}[(C-A)\omega_A\omega_B+(C-A)\dot{\omega}_S]\beta \tag{2.4.40b}$$

2. 对动态漂移误差中各项误差的讨论

将式(2.4.40)写成矩阵形式：

$$\begin{bmatrix}\delta\omega_A\\ \delta\omega_B\end{bmatrix} = \frac{A}{H}\begin{bmatrix}-\dot{\omega}_B\\ \dot{\omega}_A\end{bmatrix} + \frac{C-A}{H}\begin{bmatrix}\omega_A\omega_S\\ \omega_B\omega_S\end{bmatrix} + \frac{C-A}{H}\begin{bmatrix}\dot{\omega}_S-\omega_A\omega_B & \omega_A^2-\omega_S^2\\ {\omega_S}^2-{\omega_B}^2 & \dot{\omega}_S+\omega_A\omega_B\end{bmatrix}\begin{bmatrix}\alpha\\ \beta\end{bmatrix} + \begin{bmatrix}0 & -\omega_S\\ \omega_S & 0\end{bmatrix}\begin{bmatrix}\alpha\\ \beta\end{bmatrix} \tag{2.4.41}$$

对上式各项讨论如下：

1）角加速度误差

$$\begin{bmatrix}\delta\omega_{A1}\\ \delta\omega_{B1}\end{bmatrix} = \frac{A}{H}\begin{bmatrix}-\dot{\omega}_B\\ \dot{\omega}_A\end{bmatrix}$$

由测量轴方向的基座角加速度引起。由于在设计中采取 $C=2A$，所以 $\frac{A}{H}=\frac{1}{2\Omega}$

$$\begin{bmatrix}\delta\omega_{A1}\\ \delta\omega_{B1}\end{bmatrix} = \frac{1}{2\Omega}\begin{bmatrix}-\dot{\omega}_B\\ \dot{\omega}_A\end{bmatrix}$$

式中，$\frac{A}{H}$ 或 $\frac{1}{2\Omega}$ 称为角加速度误差系数。

动力调谐陀螺转子转速的典型数值范围为 6000～20000r/min，即 $\Omega=628\sim2093$rad/s，因而角加速度误差系数的典型数值范围为 50～165°/h/(rad/s^2)。这表明，当基座绕测量轴的角加速度为 1rad/s^2 时，所引起的角速度测量误差达到每小时数十度，因此角加速度误差是一项相当大的动态误差，捷联惯导中应对此项误差作补偿。

2）不等惯性误差

$$\begin{bmatrix}\delta\omega_{A2}\\ \delta\omega_{B2}\end{bmatrix} = \frac{C-A}{H}\begin{bmatrix}\omega_A\omega_S\\ \omega_B\omega_S\end{bmatrix} = \frac{1}{2\Omega}\begin{bmatrix}\omega_A\omega_S\\ \omega_B\omega_S\end{bmatrix}$$

式中，$\frac{C-A}{H}$ 或 $\frac{1}{2\Omega}$ 称为不等惯性误差系数。

不等惯性误差系数与角加速度误差系数相同，其典型数值范围也是50～165°/h/(rad/s)^2。这表明当 $\omega_A\omega_S=1(\text{rad/s})^2$ 或 $\omega_B\omega_S=1(\text{rad/s})^2$ 时，所引起的角速度测量误差也达到每小时数十度，因此也是一项不可忽视的动态误差，在捷联惯导中是应该补偿的。

3）不等惯性耦合误差

$$\begin{bmatrix}\delta\omega_{A3}\\ \delta\omega_{B3}\end{bmatrix}=\frac{C-A}{H}\begin{bmatrix}\dot{\omega}_S-\omega_A\omega_B & \omega_A^2-\omega_S^2\\ \omega_S^2-\omega_B^2 & \dot{\omega}_S+\omega_A\omega_B\end{bmatrix}\begin{bmatrix}\alpha\\ \beta\end{bmatrix}$$

该项误差是由转子的极转动惯量与赤道转动惯量不相等，并通过陀螺输出角 α 和 β 的耦合作用引起的。由于测量输出角 α 和 β 并用于动态误差补偿有诸多不便，所以应该用输入角速度来表达 α 和 β。

假设陀螺的力矩再平衡回路具有解耦作用，即两测量通道是无耦合的，如图 2.4.6 所示。在力矩反馈状态下

$$M_y^C(s)=k\alpha(s) \tag{2.4.42a}$$

$$M_x^C(s)=-k\beta(s) \tag{2.4.42b}$$

则两测量通道的方块图如图 2.4.8 所示。

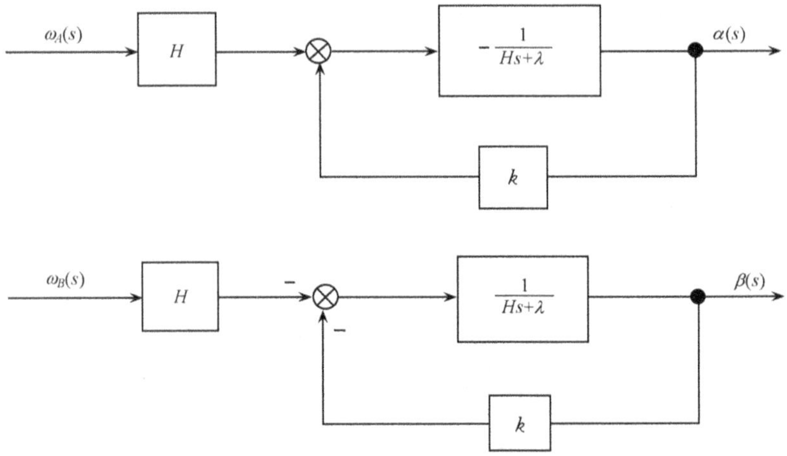

图 2.4.8　测量通道解耦条件下的方块图

考虑到 $k\gg\lambda$，由图得

$$\frac{\alpha(s)}{\omega_A(s)}=-\frac{H}{Hs+\lambda+k}\approx-\frac{H}{Hs+k}$$

$$\frac{\beta(s)}{\omega_B(s)}=-\frac{H}{Hs+\lambda+k}\approx-\frac{H}{Hs+k}$$

对于常值输入角速度，即 $\omega_A(s)=\frac{\omega_A}{s}$，$\omega_B(s)=\frac{\omega_B}{s}$，输出角的稳态值为

$$\alpha=\lim_{s\to0}s\cdot\frac{-H}{Hs+k}\cdot\frac{\omega_A}{s}=-\frac{H}{k}\omega_A \tag{2.4.43a}$$

$$\beta=\lim_{s\to0}s\cdot\frac{-H}{Hs+k}\cdot\frac{\omega_B}{s}=-\frac{H}{k}\omega_B \tag{2.4.43b}$$

因此

$$\begin{bmatrix}\delta\omega_{A3}\\ \delta\omega_{B3}\end{bmatrix}=\frac{C-A}{H}\left(-\frac{H}{k}\right)\begin{bmatrix}\dot{\omega}_S\omega_A-\omega_A^2\omega_B+\omega_A^2\omega_B-\omega_B\omega_S^2\\ \omega_A\omega_S^2-\omega_A\omega_B^2+\dot{\omega}_S\omega_B+\omega_A\omega_B^2\end{bmatrix}$$

$$= \frac{C-A}{k}\begin{bmatrix} \omega_B\omega_S^2 - \dot{\omega}_S\omega_A \\ -\omega_A\omega_S^2 - \dot{\omega}_S\omega_B \end{bmatrix} \tag{2.4.44}$$

对于 $C=2A$ 的陀螺

$$\begin{bmatrix} \delta\omega_{A3} \\ \delta\omega_{B3} \end{bmatrix} = \frac{C}{2k}\begin{bmatrix} \omega_B\omega_S^2 - \dot{\omega}_S\omega_A \\ -\omega_A\omega_S^2 - \dot{\omega}_S\omega_B \end{bmatrix} \tag{2.4.45}$$

$\dfrac{C-A}{k}$或$\dfrac{C}{2k}$称为不等惯性耦合误差系数。

为了减小不等惯性耦合误差，一方面应尽量减小转子的极转动惯量与赤道转动惯量的差值，另一方面还应尽量提高再平衡回路的增益 k，在 k 足够高的情况下，不等惯性耦合误差是比较小的。

4）交叉耦合误差

$$\begin{bmatrix} \delta\omega_{A4} \\ \delta\omega_{B4} \end{bmatrix} = \begin{bmatrix} -\beta\omega_S \\ \alpha\omega_S \end{bmatrix}$$

该项误差是由于输出角 $\alpha\neq 0,\beta\neq 0$ 时 ω_S 在陀螺敏感轴上出现分量引起的。式(2.4.43)代入上式，得

$$\begin{bmatrix} \delta\omega_{A4} \\ \delta\omega_{B4} \end{bmatrix} = \frac{H}{k}\begin{bmatrix} \omega_B\omega_S \\ -\omega_A\omega_S \end{bmatrix}$$

式中，$\dfrac{H}{k}$称为交叉耦合误差系数。由于该系数的分子是数值很大的角动量，所以提高再平衡回路的增益对减小该误差系数显得特别重要。例如，设陀螺角动量 $H=10^6\,\mathrm{g\cdot cm^2/s}$，当再平衡回路增益$k=10^3\,\mathrm{N\cdot m/rad}$时，交叉耦合误差系数为$20°/\mathrm{h}/(\mathrm{rad/s})^2$，若增益增大十倍，则误差系数减小到1/10。因此，再平衡回路应具有足够高的增益，以减小交叉耦合误差。

以上四种动态误差是原理性误差，与陀螺的制造精度和供电电源无关。下面讨论陀螺未达到动力调谐工作状态所引起的两种误差：失调转速误差和失调转速耦合误差。

5）失调转速误差

由式(2.4.9)，动力调谐陀螺的调谐角速度为

$$\Omega_0 = \sqrt{\frac{K}{a-\dfrac{c}{2}}} \tag{2.4.46}$$

设陀螺的实际自转角速度为

$$\Omega' = \Omega_0 + \delta\Omega$$

式中，$\delta\Omega$ 为调谐转速误差。则陀螺角动量为

$$H' = C(\Omega_0 + \delta\Omega) = H\left(1+\frac{\delta\Omega}{\Omega_0}\right)$$

式中，$H=C\Omega_0$。

根据式(2.4.43)，陀螺输出角为

$$\begin{bmatrix} \alpha' \\ \beta' \end{bmatrix} = -\frac{H'}{k}\begin{bmatrix} \omega_A \\ \omega_B \end{bmatrix} = -\frac{H}{k}\begin{bmatrix} \omega_A + \dfrac{\delta\Omega}{\Omega_0}\omega_A \\ \omega_B + \dfrac{\delta\Omega}{\Omega_0}\omega_B \end{bmatrix}$$

由上式并考虑式(2.4.42)所列关系，得

$$\omega_A = -\frac{k\alpha'}{H} - \frac{\delta\Omega}{\Omega_0}\omega_A = -\frac{M'_{kB}}{H} - \frac{\delta\Omega}{\Omega_0}\omega_A = \hat{\omega}_A - \frac{\delta\Omega}{\Omega_0}\omega_A$$

$$\omega_B = -\frac{k\beta'}{H} - \frac{\delta\Omega}{\Omega_0}\omega_B = \frac{M'_{kA}}{H} - \frac{\delta\Omega}{\Omega_0}\omega_B = \hat{\omega}_B - \frac{\delta\Omega}{\Omega_0}\omega_B$$

所以由 $\delta\Omega$ 引起的角速度测量误差为

$$\delta\omega_{A5} = \hat{\omega}_A - \omega_A = \frac{\delta\Omega}{\Omega_0}\omega_A \tag{2.4.47a}$$

$$\delta\omega_{B5} = \hat{\omega}_B - \omega_B = \frac{\delta\Omega}{\Omega_0}\omega_B \tag{2.4.47b}$$

式中，$\frac{\delta\Omega}{\Omega_0}$称为失调转速误差系数。失调转速误差系数的大小取决于陀螺驱动电机供电频率的稳定度。例如，若供电频率稳定度为 10^{-4}，则失调转速误差系数为20°/h/(rad/s)，当基座角速度 ω_A=1rad/s 或 ω_B=1rad/s 时，引起的角速度测量误差达到 20°/h。若稳定度提高一个数量级，则角速度测量误差降低一个数量级。

6）失调转速耦合误差

若陀螺的自转角速度为调谐角速度，即 $\Omega=\Omega_0$，则作用在陀螺上的等效弹性恢复系数为零，即

$$K - \left(a - \frac{c}{2}\right)\Omega_0^2 = 0 \tag{2.4.48}$$

但当陀螺的实际自转角速度为 $\Omega'=\Omega_0+\delta\Omega$ 时，等效弹性恢复系数（残余弹性系数）为

$$\Delta K = K - \left(a - \frac{c}{2}\right)\Omega'^2 = K - \left(a - \frac{c}{2}\right)(\Omega_0 + \delta\Omega)^2 \neq 0$$

略去二阶小量并考虑到式(2.4.46)

$$\Delta K = K - \left(a - \frac{c}{2}\right)\Omega_0^2 - 2\Omega_0\left(a - \frac{c}{2}\right)\delta\Omega = -2\Omega_0\left(a - \frac{c}{2}\right)\delta\Omega$$

由输出角 α 和 β 产生的弹性恢复力矩为

$$M_{\Delta KA} = \Delta K(-\alpha) = 2\Omega_0\left(a - \frac{c}{2}\right)\delta\Omega\alpha$$

$$M_{\Delta KB} = \Delta K(-\beta) = 2\Omega_0\left(a - \frac{c}{2}\right)\delta\Omega\beta$$

式(2.4.43)代入上式，得

$$M_{\Delta KA} = -2\Omega_0\left(a - \frac{c}{2}\right)\delta\Omega\frac{H}{k}\omega_A, \quad M_{\Delta KB} = -2\Omega_0\left(a - \frac{c}{2}\right)\delta\Omega\frac{H}{k}\omega_B$$

根据式(2.4.32)，由 $M_{\Delta KA}$ 和 $M_{\Delta KB}$ 引起的陀螺漂移为

$$\delta\omega_{A6} = -\frac{M_{\Delta KB}}{H} = \frac{2\Omega_0\left(a - \frac{c}{2}\right)\delta\Omega}{k}\omega_B$$

$$\delta\omega_{B6} = \frac{M_{\Delta KA}}{H} = -\frac{2\Omega_0\left(a - \frac{c}{2}\right)\delta\Omega}{k}\omega_A$$

若将式(2.4.46)代入上式，则上述漂移还可以写成：

$$\delta\omega_{A6}=\frac{2\delta\Omega\sqrt{K\left(a-\frac{c}{2}\right)}}{k}\omega_B \tag{2.4.49a}$$

$$\delta\omega_{B6}=-\frac{2\delta\Omega\sqrt{K\left(a-\frac{c}{2}\right)}}{k}\omega_A \tag{2.4.49b}$$

式中，$\frac{2\delta\Omega\sqrt{K\left(a-\frac{c}{2}\right)}}{k}$称为失调转速耦合误差系数。

3. 动力调谐陀螺的动态漂移误差数学模型

计入式(2.4.47)和式(2.4.49)所列误差后，式(2.4.41)应改写为

$$\begin{bmatrix}\delta\omega_A\\ \delta\omega_B\end{bmatrix}=\frac{A}{H}\begin{bmatrix}-\dot{\omega}_B\\ \dot{\omega}_A\end{bmatrix}+\frac{C-A}{H}\begin{bmatrix}\omega_A\omega_S\\ \omega_B\omega_S\end{bmatrix}+\frac{C-A}{k}\begin{bmatrix}\omega_B\omega_S^2-\dot{\omega}_S\omega_A\\ -\omega_A\omega_S^2-\dot{\omega}_S\omega_B\end{bmatrix}$$
$$+\frac{H}{k}\begin{bmatrix}\omega_B\omega_S\\ -\omega_A\omega_S\end{bmatrix}+\frac{\delta\Omega}{\Omega_0}\begin{bmatrix}\omega_A\\ \omega_B\end{bmatrix}+\frac{2\delta\Omega\sqrt{K\left(a-\frac{c}{2}\right)}}{k}\begin{bmatrix}\omega_B\\ -\omega_A\end{bmatrix} \tag{2.4.50}$$

上式右侧第一项为角加速度误差，第二项为不等惯性误差，第三项为不等惯性耦合误差，第四项为交叉耦合误差，第五项为失调转速误差，第六项为失调转速耦合误差，每项都有明确的物理意义。从表面上看式(2.4.50)可直接应用于工程，其中角速度由捷联陀螺提供，各系数可根据物理参数确定之，但由于制造偏差和 $\delta\Omega$ 无法准确确定出，所以直接应用于工程还存在诸多不便。工程上常在实验室条件下采用测试的方法确定出综合系数，而不必确定出每个物理参数，因此动态漂移误差模型采用如下形式：

$$\delta\omega_A=K_{Bd}(A)\dot{\omega}_B+K_A(A)\omega_A+K_B(A)\omega_B+K_{AS}(A)\omega_A\omega_S+K_{BS}(A)\omega_B\omega_S$$
$$+K_{BSS}(A)\omega_B\omega_S^2+K_{ASd}(A)\omega_A\dot{\omega}_S \tag{2.4.51a}$$

$$\delta\omega_B=K_{Ad}(B)\dot{\omega}_A+K_A(B)\omega_A+K_B(B)\omega_B+K_{AS}(B)\omega_A\omega_S+K_{BS}(B)\omega_B\omega_S$$
$$+K_{ASS}(B)\omega_A\omega_S^2+K_{BSd}(B)\omega_B\dot{\omega}_S \tag{2.4.51b}$$

其中主要误差有三项：角加速度误差、不等惯性误差和交叉耦合误差，工程上常取这三项作为简化模型：

$$\delta\omega_A=K_{Bd}(A)\dot{\omega}_B+K_{AS}(A)\omega_A\omega_S+K_{BS}(A)\omega_B\omega_S \tag{2.4.52a}$$

$$\delta\omega_B=K_{Ad}(B)\dot{\omega}_A+K_{AS}(B)\omega_A\omega_S+K_{BS}(B)\omega_B\omega_S \tag{2.4.52b}$$

该模型虽然是简化模型，但因忽略的是相对微小的误差项，所以仍具有很好的精确性。

2.5 激光陀螺

机械式转子陀螺的工作原理是建立在牛顿力学基础上的，动量矩定理是分析陀螺动力学特性的基本方程，具有角动量是陀螺与一般刚体的根本区别。而角动量由机械旋转产生，机械旋转必须依靠支承，所以支承技术是机械式转子陀螺的关键技术，陀螺的性能指标越高，支承技术就越复杂，成本也就越高，这就是机械式转子陀螺的局限性。激光陀螺(RLG)的工作原理是建立

在量子力学基础上的，与转子陀螺的工作原理有本质区别。原理上，这种陀螺是固体型的，不需要活动部件，不存在支承问题；用做捷联惯导的角速度测量时，不存在动态误差和静态误差；启动快，能瞬时启动，而转子陀螺达到稳态时需要数分钟；耐冲击高达 $500g$ 甚至更高，而转子陀螺仅耐 $40g$ 左右的冲击；动态测量范围高达 0.001°/h～10^6°/h；天然的数字输出，无须模数转换；工作可靠，寿命长，MTBF 最高达到 90000h；受温度影响小，一般情况下仅需用温度模型作温补而不必温控即可有效解决温度对漂移的影响。因此激光陀螺特别适用于构建捷联惯导系统，同时也可用于构建惯性稳定装置，用于隔离基座角运动对被稳定对象的影响并控制被稳定对象按要求的角速度旋转。

此处仅从系统设计的角度出发，对激光陀螺的工作原理和误差特性作简单介绍。

2.5.1　萨格奈克干涉仪

1913 年，法国科学家萨格奈克(G. Saganac)研制出了一种光学干涉仪，用于验证用无运动部件的光学系统同样可以检测出相对惯性空间的旋转运动(Herve C L，2002；Sagnac G，1913a；Sagnac G，1913b)。1925 年美国科学家迈克尔孙(A. H. Michelson)和盖尔(G. H. Gale)根据干涉仪研制出了一个巨型光学陀螺装置(Michelson A H et al.，1925)，用于测量地球的自转角速度，该陀螺装置由 300m×600m 的矩形光学回路构成，光源采用普通光，如图 2.5.1 所示。下面对该装置的工作原理做简要分析，并从直观的物理概念上对萨格奈克效应作说明。

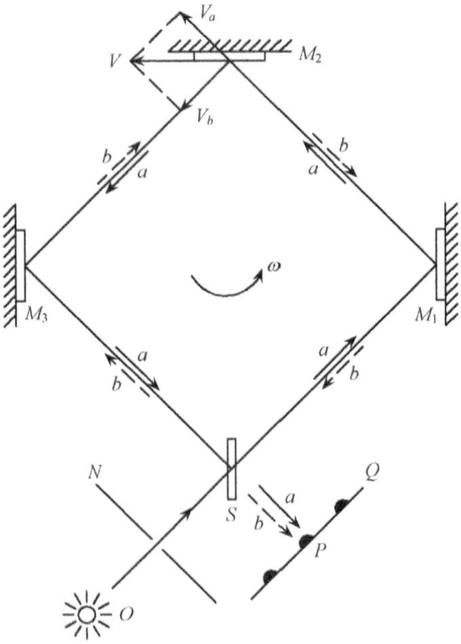

图 2.5.1　迈克尔孙光学陀螺装置

从点 O 出发的光经过狭缝 N 后形成一束光，此光束到达半透半反分光镜 S 后产生两束光，一束为透射光 a 光束，另一束为反射光 b 光束。透射光 a 经反射镜 M_1、M_2、M_3 到达分光镜 S 后又形成反射光和透射光，其中透射光到达屏幕 Q；反射光 b 经反射镜 M_3、M_2、M_1 到达分光镜 S 后，其中的反射光到达屏幕 Q。

设闭合光路的长度为

$$L(=SM_1+M_1M_2+M_2M_3+M_3S)$$

当 $\omega=0$ 时，透射光 a 和反射光 b 所走的光路长度相等，走完光路所用时间相等，即

$$t_a=t_b=\frac{L}{c}$$

式中，c 为光速。由于两路光同时到达 Q，且光束来自同一光源，频率相同，所以相位差为零，在屏幕上产生的干涉条纹相对点 P 作对称分布。

当 $\omega\neq0$ 时，S、M_1、M_2、M_3 具有切向速度

$$v=\frac{L}{4}\cos45°\cdot\omega=\frac{L}{4\sqrt{2}}\omega$$

沿光路的速度为

$$v\cos45°=\frac{L}{8}\omega$$

在光束 a 离开 S 后的行进过程中，由于 M_1 沿 SM_1 的方向有速度 $v_a=\frac{L}{8}\omega$，所以光束 a 比 SM_1 长度多走了一段距离 ΔL_{a1}，光束 a 自离开 S 至到达 M_1 所用的时间为

$$t_{a1}=\frac{\frac{L}{4}+\Delta L_{a1}}{c}$$

而 ΔL_{a1}也可以解释为 M_1 在 t_{a1}时间内沿 SM_1 移动的距离

$$\Delta L_{a1}=t_{a1}\cdot v_a=\frac{\frac{L}{4}+\Delta L_{a1}}{c}\cdot\frac{L}{8}\omega$$

即

$$8c\Delta L_{a1}=\frac{L^2}{4}\omega+L\omega\Delta L_{a1},\quad \Delta L_{a1}=\frac{\frac{L^2}{4}\omega}{8c-L\omega}$$

同理，光束 a 自 M_1 至 M_2，自 M_2 至 M_3，自 M_3 至 S 都多走了 ΔL_{a1}的光程，所以光束 a 走完一个闭合光路总共多走的光程为

$$\Delta L_a=4\Delta L_{a1}=\frac{L^2\omega}{8c-L\omega}$$

光束 a 所走的总光程为

$$L_a=L+\Delta L_a=L+\frac{L^2\omega}{8c-L\omega}=\frac{8cL-L^2\omega+L^2\omega}{8c-L\omega}=\frac{L}{1-\frac{L\omega}{8c}}$$

同理可以推得光束 b 所走的总光程为

$$L_b=\frac{L}{1+\frac{L\omega}{8c}}$$

这样，光束 a 和光束 b 行进一周后到达 S 的光程差为

$$L_a-L_b=\frac{L}{1-\frac{L\omega}{8c}}-\frac{L}{1+\frac{L\omega}{8c}}=\frac{\frac{L^2\omega}{4c}}{1-\left(\frac{L\omega}{8c}\right)^2}$$

由于 c 是光速，$\left(\frac{L\omega}{8c}\right)^2$ 与 1 相比可以忽略不计，所以上式可以表示成

$$L_a-L_b=\frac{L^2\omega}{4c}$$

当光路为正方形时，光路所包围的面积为 $A=\left(\frac{L}{4}\right)^2=\frac{L^2}{16}$，即 $L^2=16A$，所以

$$L_a-L_b=\frac{4A}{c}\omega$$

迈克尔孙矩形光学陀螺所围的面积为 300m×600m，测量的地球旋转角速度为 15°/h，若不计纬度的影响，可计算得光程差仅为 0.174μm，相当于光源波长 λ=0.7μm 的 1/4，即干涉条纹仅移动了 1/4 的条纹间距，所以测量灵敏度和精度都非常低。但是这种根据光学原理测量角运动信息无疑是一种新概念，它为惯性技术的发展开辟了一个全新的领域。

2.5.2　激光陀螺工作原理简介

1962 年氦-氖激光器问世，为光学陀螺这一新概念的实现奠定了技术基础。1962 年起美国开始研制环形激光陀螺，其中霍尼韦尔(Honeywell)公司起步最早，成果最为显著。1975 年该公司研制的激光陀螺惯导系统在 A7C 飞机上试飞成功，精度为 2.2n mile/h，1978 年在波音 727 飞机上试飞成功，精度为 1n mile/h，1982 年，在波音 747 飞机上试飞成功，精度高达 0.26n mile/h(许国祯，1995)。

自 1982 年起，霍尼韦尔公司的 GG1342 激光陀螺投入批量生产，目前月产量为 220 个，该陀螺的零偏稳定性达到 $0.01°/h(1\sigma)$，随机游走系数 $0.005°/\sqrt{h}$，刻度系数稳定性和线性度分别达到 5×10^{-6} 和 6×10^{-6}，成为研制标准航空惯导的典型陀螺之一(许国祯，1995)。相对萨格奈克干涉仪，激光陀螺做了如下两点关键改进：

(1) 采用激光作为光源，激光优良的相干性，使正反方向运行的两束光在陀螺腔体内形成谐振，即光束沿腔体环路反复运行时一直能保持相干，而萨格奈克干涉仪只能走一圈。

(2) 改测量光程差(即相位差)为测量两束光的频率差，即拍频，这显著提高了陀螺的测量灵敏度。

图 2.5.2 为激光陀螺的工作原理简图。图中，激光陀螺采用三个反射镜组成环形谐振腔，即闭合光路。激光管沿光轴传播的光子向两侧经过透镜 M_4 和 M_5 射出，再分别由 $M_1\rightarrow M_2\rightarrow M_3$ 和 $M_3\rightarrow M_2\rightarrow M_1$ 从另一端反射回来，于是回路中有传播方向相反的两路光束。对每一光束来说，只有经过一圈返回原处时相位差为 2π 整数倍的光子才能诱发出与之相应的第二代光子，并以此规律逐渐增强，对于相位差不满足 2π 整数倍的光子，则逐渐衰减直至消失，若增强的光子多于衰减的光子，则闭合光路工作在谐振状态。谐振腔形成谐振的条件是

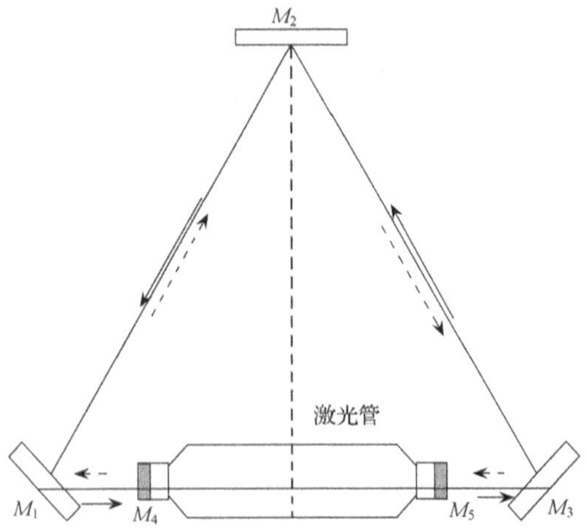

图 2.5.2　激光陀螺工作原理简图

$$\frac{2\pi L}{\lambda}=2\pi q$$

即

$$L=q\lambda \tag{2.5.1}$$

式中，L 为谐振腔长度，即一圈光程，λ 为波长，q 为正整数。当满足以上条件时，若谐振腔角速度为零，则正、反方向运行的两束光在腔体中形成驻波，干涉条纹静止不动。q 每取一个值，便得到可能在谐振腔内存在的频率或波长，即谐振腔的一个振模。同时，根据反射镜对不同偏振光的响应不同，采用奇数个反射镜的光学系统中，只出现一种单一的偏振光。

为分析方便，只画出激光陀螺的环形光路，如图 2.5.3 所示。

设环形光路长度为 L，基座角速度为 ω，则点 A 的速度为

$$v=\frac{\frac{L}{6}}{\cos30°}\omega=\frac{L}{3\sqrt{3}}\omega$$

此速度沿光路方向的投影为

$$v_a=v_b=v\cos60°=\frac{L}{6\sqrt{3}}\omega$$

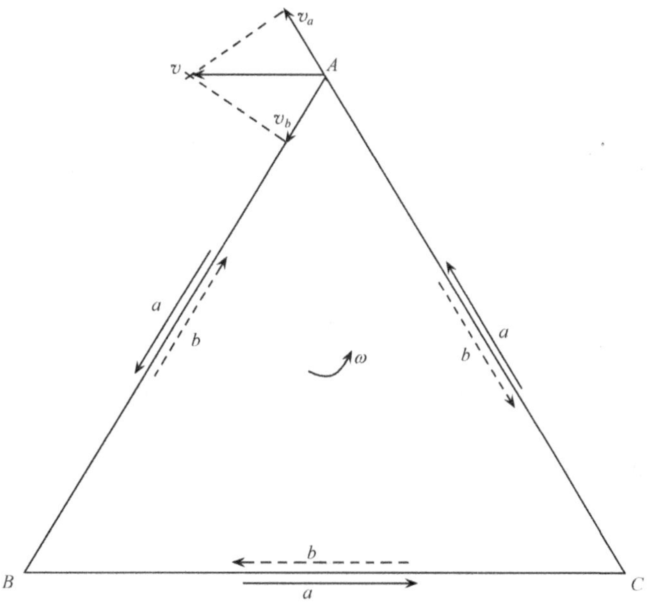

图 2.5.3 激光陀螺的环形光路

速度 v_a 使光束 a 的光程增加，速度 v_b 使光束 b 的光程减少。设光束 a 增加的光程为 ΔL_a，光束 a 走完一个闭合光路所用时间为 t_a，则

$$\Delta L_a = v_a \cdot t_a = \frac{L}{6\sqrt{3}}\omega \frac{L+\Delta L_a}{c}$$

从上式可解得

$$\Delta L_a = \frac{L^2\omega}{6\sqrt{3}c - L\omega}$$

所以，光束 a 的一周光程为

$$L_a = L + \Delta L_a = L + \frac{L^2\omega}{6\sqrt{3}c - L\omega} = \frac{L}{1-\dfrac{L\omega}{6\sqrt{3}c}}$$

同理可得光束 b 的一周光程为

$$L_b = \frac{L}{1+\dfrac{L\omega}{6\sqrt{3}c}}$$

根据光束 a 和光束 b 的谐振条件及波长、频率与光速间的关系：

$$L_a = q\lambda_a, \quad L_b = q\lambda_b, \quad \lambda f = c$$

可得两束光的频率为

$$f_a = \frac{cq}{L_a}, \quad f_b = \frac{cq}{L_b}$$

频率差(拍频)为

$$\Delta f = f_b - f_a = \frac{L_a - L_b}{L_a \cdot L_b} cq$$

式中

$$L_a \cdot L_b = \frac{L^2}{1 - \left(\frac{L\omega}{6\sqrt{3}c}\right)^2}$$

$$L_a - L_b = \frac{L}{1 - \frac{L\omega}{6\sqrt{3}c}} - \frac{L}{1 + \frac{L\omega}{6\sqrt{3}c}} = \frac{\frac{L^2\omega}{3\sqrt{3}c}}{1 - \left(\frac{L\omega}{6\sqrt{3}c}\right)^2}$$

由于$\left(\frac{L\omega}{6\sqrt{3}c}\right)^2$与1相比小到足以忽略不计，所以

$$L_a \cdot L_b = L^2, \quad L_a - L_b = \frac{L^2\omega}{3\sqrt{3}c}$$

而周长为L的等边三角形的面积

$$A = \frac{1}{2} \cdot \frac{L}{3} \cdot \frac{L}{3}\sin 60° = \frac{\sqrt{3}}{36}L^2$$

即

$$L^2 = \frac{36}{\sqrt{3}}A$$

所以

$$L_a - L_b = \frac{4A}{c}\omega$$

$$\Delta f = \frac{\frac{4A}{c}\omega}{L \cdot \frac{L}{q}} \cdot c = \frac{4A}{L\lambda}\omega = K\omega \tag{2.5.2a}$$

或

$$\omega = \frac{L\lambda}{4A}\Delta f = \frac{\Delta f}{K} \tag{2.5.2b}$$

$$K = \frac{4A}{L\lambda} \tag{2.5.3}$$

式中，L为谐振腔光程，λ为激光源波长，A为谐振腔光路所围的面积，Δf为正反方向行进的两束光的频率差，即拍频，单位为Hz，K为陀螺刻度系数，单位为1/rad。

由物理学知，具有频率差的两束光的干涉条纹以一定的速度向某一个方向不断地移动，只要对单位时间内移过的条纹数作计数，就能求得拍频Δf，从而按式(2.5.2b)计算出基座的角速度ω。

若用氦-氖激光器作为光源，光波的波长$\lambda=0.6328\mu m$，陀螺谐振腔光程$L=40cm$，用来测量地球的自转角速度$\omega_{ie}=15°/h$，则根据式(2.5.2a)可计算得拍频为8.87Hz，而目前的光电读出电路可分辨出0.005Hz甚至更低的拍频，所以与萨格奈克干涉仪相比，激光陀螺具有很高的灵敏度和精度。

2.5.3 激光陀螺的基本误差

1. 闭锁效应

由式(2.5.2)知激光陀螺的拍频输出与输入角速度呈线性关系，但工程实际中并非如此，事实上，当输入角速度小到一定程度时，陀螺的拍频输出为零。这种在小角速度输入下陀螺无输出的现象称为激光陀螺的闭锁效应，如图 2.5.4 所示，闭锁效应使陀螺在测量中出现死区。

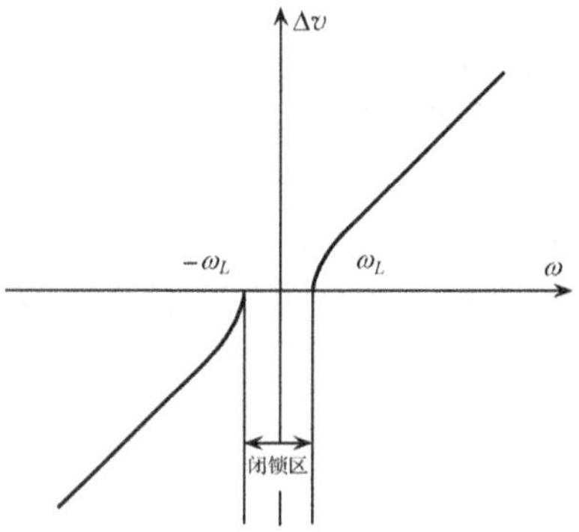

图 2.5.4 激光陀螺的闭锁效应

产生闭锁效应的主要原因是：光路的各种非均匀因素，如反射镜及透镜各点的非均匀损耗与散射，谐振腔内的尘埃微粒，散射使正反方向传播的两束光互相耦合，发生频率牵引，使两束光趋向同步，频率差消失。解决闭锁效应的方法主要有三种。

1) 抖振偏频法

陀螺安装在抖动轮外壳上，轮轴固定在基座上，抖动轮辐沿径向贴有压电陶瓷，压电陶瓷的伸缩推挽作用使轮毂相对轮轴做微辐往复角运动，带动陀螺绕输入轴做角抖动，抖动频率约 400Hz，幅度数角分。

设陀螺的闭锁阈值为 ω_L，需要测量的角速度 $\omega_i<\omega_L$，所加抖振角速度为 $\omega_A\sin\dfrac{2\pi}{T_d}t$，如图 2.5.5 所示。则沿陀螺敏感轴的角速度为

$$\omega=\omega_i+\omega_A\sin\frac{2\pi}{T_d}t$$

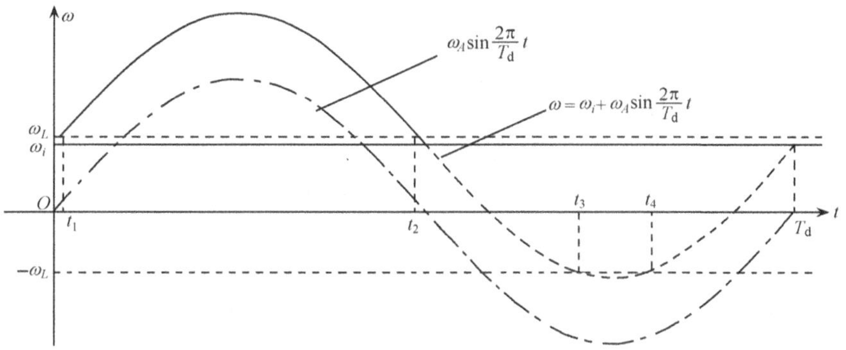

图 2.5.5 抖动偏频角速度关系

若不存在闭锁区，即 $\omega_L=0$，则陀螺能感测 ω 的全部信息，在一个抖振周期内的角增量输出为

$$\Delta\theta=\int_0^{T_d}\left(\omega_i+\omega_A\sin\frac{2\pi}{T_d}t\right)\mathrm{d}t=\int_0^{T_d}\omega_i\,\mathrm{d}t$$

若存在闭锁区，即 $\omega_L\neq0$，则在一个抖振周期内的角增量输出为

$$\Delta\theta'=\int_0^{T_d}\omega_i\,\mathrm{d}t-\left[\int_0^{t_1}\left(\omega_i+\omega_A\sin\frac{2\pi}{T_d}t\right)\mathrm{d}t+\int_{t_2}^{t_3}\left(\omega_i+\omega_A\sin\frac{2\pi}{T_d}t\right)\mathrm{d}t\right.$$
$$\left.+\int_{t_4}^{T_d}\left(\omega_i+\omega_A\sin\frac{2\pi}{T_d}t\right)\mathrm{d}t\right]=\Delta\theta-\delta\theta$$

由于 $T_d=\frac{1}{400}\text{s}=2.5\text{ms}$，所以 ω 穿越闭锁区的时间非常短，$\delta\theta$ 很小，用 $\Delta\theta'$ 近似 $\Delta\theta$ 是可以接受的。

抖振偏频法是工程上已成熟的方案，达到惯性级（漂移小于 0.01°/h）的激光陀螺一般都采用此方案，GG1342 即属此类陀螺。

2）恒速偏置法

将 RLG 安装在某一旋转装置上，该装置以恒定角速度绕陀螺敏感轴旋转，使陀螺的实际工作点移向线性区域。该方案看似直观简单，实际上存在两个工程实现难度十分大的问题：一是偏置角速度必须十分精确；二是旋转装置内部与外部间的信息传输及电源供电的复杂度与平台式惯导系统几乎相同，失去了捷联惯导应有的优点。在此基础上推出了往复式速率偏频方案，在此方案中，供电和信息传输可通过软导线来实现。

3）磁镜偏频法

磁镜偏频法利用了横向磁光克尔效应，如图 2.5.6。

设 a 和 b 两束光同频率同相位，入射方向相反，如果所加磁场方向平行于反射镜，且垂直于入射面，则在该磁场作用下，光束在反射后会产生附加相移，即光程发生改变，光束 a 和光束 b 相移大小相等，但符号相反。这就是横向磁光克尔效应。

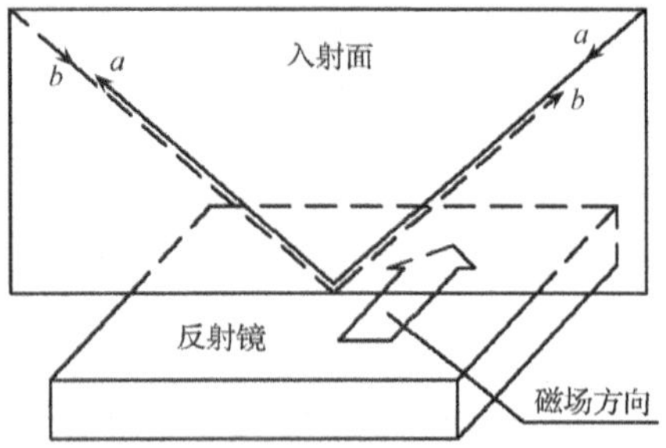

图 2.5.6　磁镜偏频法

如果所加磁场是交变的，则 a、b 两束光之间的相移也是交变的，相位差（光程差）也是交变的。当输入角速度 $\omega_i=0$ 时，光程差在一个周期内的积分为零；若 $\omega_i\neq0$，则光程差在一个周期内的积分即为由 ω_i 引起的角增量。所以此法实质上与抖振偏频法的思路是一样的，不同的是一个是磁场抖振，另一个是机械抖振。

2. 随机游走误差

设激光陀螺的输入角速度为 ω_i，闭锁阈值为 ω_L，则根据文献（Aronowitz F et al.，1970），正反方向传播的两束线偏振光的相位差 Ψ 由下式确定：

$$\dot{\Psi}=2\pi K(\omega_i+\omega_L\sin\Psi) \tag{2.5.4}$$

式中，$K=\frac{4A}{L\lambda}$，$\dot{\Psi}=2\pi\Delta f$。由上式可看出，当 $\omega_i>\omega_L$ 时，$\dot{\Psi}$ 始终不为零，即总会有拍频输出。但若$\omega_i\leqslant\omega_L$，随着 Ψ 的变化，总会在某一时刻使 $\omega_L\sin\Psi=-\omega_i$ 成立，此时 $\dot{\Psi}=0$，即 Ψ 为恒定值，使 $\omega_L\sin\Psi=-\omega_i$ 恒成立，拍频输出恒为零，陀螺处于闭锁状态。

采用机械抖振法消除闭锁的做法是使陀螺沿输入轴方向做交变的简谐角抖动，根据文献（Hammons S W et al.，1982；Macek W M et al. 1963），式(2.5.4)可以改写为

$$\dot{\Psi}=2\pi K(\omega_i+\omega_L\sin\Psi+\omega_A\cos\omega_d t) \tag{2.5.5}$$

式中，ω_d 为抖振角频率，ω_A 为角抖振速率的峰值，ω_d 和 ω_A 的选取准则是

$$\omega_A\gg\omega_L,\quad \omega_d\gg\omega_i$$

在此条件下，式(2.5.5)可略去 $\omega_L\sin\Psi$ 的影响，从而得

$$\Psi\approx2\pi\left(KI_\omega+K\frac{\omega_A}{\omega_d}\sin\omega_d t\right) \tag{2.5.6}$$

式中，$I_\omega=\int_0^t\omega_i\text{d}t$。

将式(2.5.6)代入式(2.5.5),得

$$\begin{aligned}\dot{\Psi}=&2\pi K\left[\omega_i+\omega_L\sin2\pi\left(KI_\omega+\frac{K\omega_A}{\omega_\mathrm{d}}\sin\omega_\mathrm{d}t\right)+\omega_A\cos\omega_\mathrm{d}t\right]\\=&2\pi K\omega_i+2\pi K\omega_L\cos(2\pi KI_\omega)\sin\left(2\pi\frac{K\omega_A}{\omega_\mathrm{d}}\sin\omega_\mathrm{d}t\right)\\&+2\pi K\omega_L\sin(2\pi KI_\omega)\cos\left(2\pi\frac{K\omega_A}{\omega_\mathrm{d}}\sin\omega_\mathrm{d}t\right)+2\pi K\omega_A\cos\omega_\mathrm{d}t\end{aligned}$$

由于

$$\sin\left(2\pi\frac{K\omega_A}{\omega_\mathrm{d}}\sin\omega_\mathrm{d}t\right)=J_o\left(2\pi\frac{K\omega_A}{\omega_\mathrm{d}}\right)+2\sum_{n=1}^{\infty}J_{2n}\left(2\pi\frac{K\omega_A}{\omega_\mathrm{d}}\right)\cos(2n\omega_\mathrm{d}t)$$

$$\cos\left(2\pi\frac{K\omega_A}{\omega_\mathrm{d}}\sin\omega_\mathrm{d}t\right)=2\sum_{n=1}^{\infty}J_{2n-1}\left(2\pi\frac{K\omega_A}{\omega_\mathrm{d}}\right)\sin[(2n-1)\omega_\mathrm{d}t]$$

式中,$J_\mu\left(2\pi\frac{K\omega_A}{\omega_\mathrm{d}}\right)$为第一类$\mu$阶贝塞尔函数,表达式为

$$J_\mu(z)=\sum_{k=0}^{\infty}\frac{(-1)^k}{k!(\mu+k+1)!}\left(\frac{z}{2}\right)^{\mu+2k}$$

$\mu=1,2,3,\cdots,z$ 为复变量,$|\arg z|<\pi$。

所以

$$\begin{aligned}\dot{\Psi}=&2\pi K\omega_i+2\pi K\omega_L\cos(2\pi KI_\omega)J_o\left(2\pi\frac{K\omega_A}{\omega_\mathrm{d}}\right)+4\pi K\omega_L\cos(KI_\omega)\\&\times\sum_{n=1}^{\infty}J_{2n}\left(2\pi\frac{K\omega_A}{\omega_\mathrm{d}}\right)\cos(2n\omega_\mathrm{d}t)+4\pi K\omega_L\sin(2\pi KI_\omega)\\&\times\sum_{n=1}^{\infty}J_{2n-1}\left(2\pi\frac{K\omega_A}{\omega_\mathrm{d}}\right)\sin[(2n-1)\omega_\mathrm{d}t]+2\pi K\omega_A\cos\omega_\mathrm{d}t\end{aligned}$$

上式后三项以抖振频率 ω_d 或以 ω_d 的倍频做简谐振荡,而激光陀螺的输出量是抖振周期整数倍时间内的角增量,积分后这些交变项在输出中会消失掉,所以仅讨论激光陀螺输出时上式可写成:

$$\dot{\Psi}=2\pi K\omega_i+2\pi K\omega_L\cos(2\pi KI_\omega)J_o\left(2\pi\frac{K\omega_A}{\omega_\mathrm{d}}\right)\tag{2.5.7}$$

由此式可看出,当 $J_o\left(\frac{2\pi K\omega_A}{\omega_\mathrm{d}}\right)=0$ 时,即$\frac{2\pi K\omega_A}{\omega_\mathrm{d}}$正好是第一类零阶贝塞尔函数的过零点时,

$$\dot{\Psi}=2\pi K\omega_i\tag{2.5.8}$$

即

$$\Delta f=K\omega_i$$

此时陀螺具有式(2.5.2)所示的理想输出特性,闭锁区完全消失。文献(Chow W W et al., 1980)列出了第一类零阶贝塞尔函数的部分过零点。

$$\frac{2\pi K\omega_A}{\omega_\mathrm{d}}=2.405,5.520,\cdots\tag{2.5.9}$$

但实际的工程实现中,式(2.5.9)是很难满足的,原因是由抖动轮和陀螺组成的机械系统必须处于谐振状态。在设计抖振系统时,在首先满足谐振的条件下,应尽量减小 $J_o\left(\frac{2\pi K\omega_A}{\omega_\mathrm{d}}\right)$,从而

降低闭锁效应影响。

由式(2.5.7)和式(2.5.8)可得抖振陀螺的拍频输出误差：

$$\delta\dot{\Psi}=2\pi K\omega_L\cos(2\pi KI_\omega)J_o\left(\frac{2\pi K\omega_A}{\omega_d}\right)\leqslant 2\pi K\omega_L J_o\left(\frac{2\pi K\omega_A}{\omega_d}\right)$$

为分析方便，对拍频误差的上界进行讨论，并仍用 $\delta\dot{\Psi}$ 表示如下：

$$\delta\dot{\Psi}=2\pi K\omega_L J_o\left(\frac{2\pi K\omega_A}{\omega_d}\right)$$

在一个抖振周期 T_d 内的积分值为

$$\delta\Psi=2\pi T_d K\omega_L J_o\left(\frac{2\pi K\omega_A}{\omega_d}\right)$$

式中，$T_d=\dfrac{2\pi}{\omega_d}$，$\delta\Psi$ 是相位角误差。

根据零阶贝塞尔函数的渐近关系：

$$J_o(x)=\sqrt{\frac{2}{\pi x}}\cos\left(x-\frac{\pi}{4}\right),\qquad x\to\infty$$

由于$\dfrac{2\pi K\omega_A}{\omega_d}$是很大的数，所以

$$J_o\left(\frac{2\pi K\omega_A}{\omega_d}\right)=\sqrt{\frac{2}{\pi\dfrac{2\pi K\omega_A}{\omega_d}}}\cos\left(\frac{2\pi K\omega_A}{\omega_d}-\frac{\pi}{4}\right)=\frac{1}{\pi}\sqrt{\frac{\omega_d}{K\omega_A}}\cos\left(\frac{2\pi K\omega_A}{\omega_d}-\frac{\pi}{4}\right)$$

$$\delta\Psi=2\pi\frac{2\pi}{\omega_d}K\omega_L\frac{1}{\pi}\sqrt{\frac{\omega_d}{K\omega_A}}\cos\left(\frac{2\pi K\omega_A}{\omega_d}-\frac{\pi}{4}\right)=4\pi\omega_L\sqrt{\frac{K}{\omega_A\omega_d}}\cos\left(\frac{2\pi K\omega_A}{\omega_d}-\frac{\pi}{4}\right)$$

假设抖振速率的幅值含有随机干扰 W_A，则上式改写成：

$$\delta\Psi=4\pi\omega_L\sqrt{\frac{K}{\omega_A\omega_d}}\cos\left(\frac{2\pi K\omega_A}{\omega_d}-\frac{\pi}{4}+\frac{2\pi KW_A}{\omega_d}\right)$$

为简化分析，式中忽略了根式分母中 W_A 的影响。记 $\theta=\dfrac{2\pi KW_A}{\omega_d}$，并假设随机相位 θ 在$[-\pi,\pi]$内服从均匀分布，则 θ 的概率密度为

$$f(\theta)=\begin{cases}\dfrac{1}{2\pi}, & -\pi\leqslant\theta\leqslant\pi\\ 0, & \text{其余}\ \theta\ \text{值}\end{cases}$$

所以 $\delta\Psi$ 的均值为

$$E[\delta\Psi]=4\pi\omega_L\sqrt{\frac{K}{\omega_A\omega_d}}\cdot\frac{1}{2\pi}\int_{-\pi}^{\pi}\cos\left(\frac{2\pi K\omega_A}{\omega_d}-\frac{\pi}{4}+\theta\right)d\theta=0$$

$\delta\Psi$ 的方差为

$$E[\delta\Psi^2]=\frac{16\pi^2\omega_L^2K}{\omega_A\omega_d}\cdot\frac{1}{2\pi}\int_{\pi}^{-\pi}\left[\frac{1}{2}+\frac{1}{2}\cos\left(\frac{4\pi K\omega_A}{\omega_d}-\frac{\pi}{2}+2\theta\right)\right]d\theta=\frac{8\pi^2\omega_L^2K}{\omega_A\omega_d}$$

所以在一个抖振周期 T_d 内的均方根为

$$\sigma_{\delta\Psi}=2\sqrt{2}\pi\omega_L\sqrt{\frac{K}{\omega_A\omega_d}}$$

在一个抖振周期内的正半周和负半周内的均方根和方差分别为

$$\sigma'_{\delta\Psi} = \sqrt{2}\pi\omega_L\sqrt{\frac{K}{\omega_A\omega_d}} \tag{2.5.10}$$

$$\sigma'^2_{\delta\Psi} = \frac{2\pi^2\omega_L^2 K}{\omega_A\omega_d} \tag{2.5.11}$$

设对陀螺的测试时间为 T，则 T 内包含的抖振半周期个数为$\frac{2T}{T_d}=\frac{T\omega_d}{\pi}$，所以在 T 内 $\delta\Psi$ 的方差为

$$\sigma^2_{\Delta\Psi} = \frac{2\pi^2\omega_L^2 K}{\omega_A\omega_d}\cdot\frac{T\omega_d}{\pi} = \frac{2\pi K\omega_L^2 T}{\omega_A} \tag{2.5.12}$$

均方根为

$$\sigma_{\Delta\Psi} = \omega_L\sqrt{\frac{2\pi KT}{\omega_A}} \tag{2.5.13}$$

由式(2.5.2b)知，当拍频输出有误差 δf 时，角速度测量误差为

$$\delta\omega = \frac{\delta f}{K} = \frac{2\pi\delta f}{2\pi K}$$

对上式在[0,T]内积分，得

$$\int_0^T \delta\omega \mathrm{d}t = \frac{1}{2\pi K}\int_0^T 2\pi\delta f \mathrm{d}t$$

即

$$\Delta\Phi = \frac{1}{2\pi K}\Delta\Psi$$

式中，$\Delta\Phi$ 为陀螺的角增量测量误差，$\Delta\Psi$ 为两束光的相位差误差，由此

$$\sigma_{\Delta\Phi} = \frac{1}{2\pi K}\sigma_{\Delta\Psi} = \omega_L\sqrt{\frac{T}{2\pi K\omega_A}} \tag{2.5.14}$$

上式说明在[0,T]内角增量测量误差的方差与 T 成正比，对照卡尔曼滤波理论中对基本有色噪声的介绍，此种误差为随机游走(秦永元，1998)，常用游走系数来描述其统计特性：

$$\sqrt{Q_W} = \frac{\sigma_{\Delta\Phi}}{\sqrt{T}} = \frac{\omega_L}{\sqrt{2\pi K\omega_A}} \tag{2.5.15}$$

由于随机游走是白噪声的积分，而角增量是角速度的积分，所以反映在角增量输出中的随机游走误差与陀螺漂移中的白噪声(不相关误差)本质上是同一种误差，区别仅仅为前者是后者的积分，式(2.5.15)是白噪声的方差强度的平方根。

3. 激光陀螺的其余误差

1) 陀螺漂移的零偏重复性误差

与机械式转子陀螺相同，激光陀螺漂移具有确定的偏置量，是可以补偿的误差。但该偏置量并非完全固定，陀螺每次启动测得的偏置量都不相同，补偿的只是平均值，所以重复性误差(有时也称逐次启动漂移)是零均值的随机常数：

$$\dot{\varepsilon}_b = 0 \tag{2.5.16}$$

2）陀螺漂移的零偏稳定性误差

陀螺漂移补偿固定偏置量后，剩下的漂移是随时间不断变化的。所以除了上述用随机常数描述的分量之外，还有随时间变化的分量，该分量反映了零偏的稳定性，常用相关模型如一阶马尔可夫过程描述：

$$\dot{\varepsilon}_r = -\frac{1}{\tau}\varepsilon_r + W \tag{2.5.17}$$

影响零偏的因素有：

（1）反射镜光轴的稳定性和反射镜表面的粗糙程度；

（2）谐振腔内杂质气体的含量；

（3）石英材料的膨胀，收缩和弯曲变形引起光路的变化，为补偿这种变化，需对光路作精密控制；

（4）维持激光谐振的控制电流存在误差，控制电流误差一般应小于50毫微安。

3）热漂移误差及补偿

（1）热漂移补偿模型

由于激光陀螺石英块材料的导热率低，温度梯度大，加温后陀螺特性反而会下降，所以激光陀螺一般不加温控，而采用温度建模和软件补偿的办法。

设激光陀螺的初始温度为 T_0（陀螺启动时刻的温度），当前温度为 T，则陀螺漂移的当前零偏补偿值为

$$L = a_0 + a_1 T + a_2 T^2 \tag{2.5.18}$$

式中，温补系数由下式确定：

$$a_0 = A_{00} + A_{01} T_0 + A_{02} T_0^2 \tag{2.5.19a}$$

$$a_1 = A_{10} + A_{11} T_0 + A_{12} T_0^2 \tag{2.5.19b}$$

$$a_2 = A_{20} + A_{21} T_0 + A_{22} T_0^2 \tag{2.5.19c}$$

系数 $A_{00}, A_{01}, \cdots, A_{22}$ 是预先标定的常系数，下面介绍这些常系数的标定方法。

（2）温补系数的确定

标定必须在高低温箱内进行。在要求的工作温度范围内均匀选取 I 个初始温度点 $T_{0i}(i=1,2,\cdots,I)$，在 T_{0i} 至最高工作温度范围内均匀选取 K_i 个工作温度点 $T_{ik}(k=1,2,\cdots,K_i)$，下标 i 和 k 分别表示对应于初始温度 T_{0i} 的第 k 个工作温度点。

设在工作温度点 T_{ik} 上测得的陀螺漂移零偏为 L_{ik}，则据式(2.5.18)有

$$L_{ik} = a_0(i) + a_1(i) T_{ik} + a_2(i) T_{ik}^2$$

对 K_i 个工作温度点，即 $k=1,2,\cdots,K_i$，有

$$\begin{aligned} L_{i1} &= a_0(i) + a_1(i) T_{i1} + a_2(i) T_{i1}^2 \\ L_{i2} &= a_0(i) + a_1(i) T_{i2} + a_2(i) T_{i2}^2 \\ &\vdots \\ L_{iK_i} &= a_0(i) + a_1(i) T_{iK_i} + a_2(i) T_{iK_i}^2 \end{aligned}$$

对于 I 个初始温度，即 $i=1,2,\cdots,I$，有 I 组方程。

$i=1$ 时，有

$$\begin{bmatrix} L_{11} \\ L_{12} \\ \vdots \\ L_{1K_1} \end{bmatrix} = \begin{bmatrix} 1 & T_{11} & T_{11}^2 \\ 1 & T_{12} & T_{12}^2 \\ \vdots & \vdots & \vdots \\ 1 & T_{1K_1} & T_{1K_1}^2 \end{bmatrix} \begin{bmatrix} a_0(1) \\ a_1(1) \\ a_2(1) \end{bmatrix}$$

即 $\boldsymbol{L}_1=\boldsymbol{h}_1\boldsymbol{a}_1$，所以

$$[\hat{a}_0(1) \quad \hat{a}_1(1) \quad \hat{a}_2(1)]^{\mathrm{T}} = \hat{\boldsymbol{a}}_1 = (\boldsymbol{h}_1^{\mathrm{T}}\boldsymbol{h}_1)^{-1}\boldsymbol{h}_1^{\mathrm{T}}\boldsymbol{L}_1 \tag{2.5.20}$$

$i=2$ 时，有

$$\begin{bmatrix} L_{21} \\ L_{22} \\ \vdots \\ L_{2K_2} \end{bmatrix} = \begin{bmatrix} 1 & T_{21} & T_{21}^2 \\ 1 & T_{22} & T_{22}^2 \\ \vdots & \vdots & \vdots \\ 1 & T_{2K_2} & T_{2K_2}^2 \end{bmatrix} \begin{bmatrix} a_0(2) \\ a_1(2) \\ a_2(2) \end{bmatrix}$$

即 $\boldsymbol{L}_2=\boldsymbol{h}_2\boldsymbol{a}_2$，所以

$$[\hat{a}_0(2) \quad \hat{a}_1(2) \quad \hat{a}_2(2)]^{\mathrm{T}} = \hat{\boldsymbol{a}}_2 = (\boldsymbol{h}_2^{\mathrm{T}}\boldsymbol{h}_2)^{-1}\boldsymbol{h}_2^{\mathrm{T}}\boldsymbol{L}_2 \tag{2.5.21}$$

……

$i=I$ 时，有

$$\begin{bmatrix} L_{I1} \\ L_{I2} \\ \vdots \\ L_{IK_I} \end{bmatrix} = \begin{bmatrix} 1 & T_{I1} & T_{I1}^2 \\ 1 & T_{I2} & T_{I2}^2 \\ \vdots & \vdots & \vdots \\ 1 & T_{IK_I} & T_{IK_I}^2 \end{bmatrix} \begin{bmatrix} a_0(I) \\ a_1(I) \\ a_2(I) \end{bmatrix}$$

即 $\boldsymbol{L}_I=\boldsymbol{h}_I\boldsymbol{a}_I$，所以

$$[\hat{a}_0(I) \quad \hat{a}_1(I) \quad \hat{a}_2(I)]^{\mathrm{T}} = \hat{\boldsymbol{a}}_I = (\boldsymbol{h}_I^{\mathrm{T}}\boldsymbol{h}_I)^{-1}\boldsymbol{h}_I^{\mathrm{T}}\boldsymbol{L}_I \tag{2.5.22}$$

(3) 温补系数拟合常系数的确定

根据式(2.5.19)，对应于初始温度 T_{0i}

$$a_0(i) = A_{00} + A_{01}T_{0i} + A_{02}T_{0i}^2$$
$$a_1(i) = A_{10} + A_{11}T_{0i} + A_{12}T_{0i}^2$$
$$a_2(i) = A_{20} + A_{21}T_{0i} + A_{22}T_{0i}^2$$

对应于 $i=1,2,\cdots,I$，将关于 $a_0(1),a_0(2),\cdots,a_0(I)$ 的 I 个方程写在一起：

$$a_0(1) = A_{00} + A_{01}T_{01} + A_{02}T_{01}^2$$
$$a_0(2) = A_{00} + A_{01}T_{02} + A_{02}T_{02}^2$$
$$\vdots$$
$$a_0(I) = A_{00} + A_{01}T_{0I} + A_{02}T_{0I}^2$$

用式(2.5.20)～式(2.5.22)求得的 $\hat{a}_0(1),\hat{a}_0(2),\cdots,\hat{a}_0(I)$ 代替 $a_0(1),a_0(2),\cdots,a_0(I)$，并将上式写成矩阵形式

$$\begin{bmatrix} \hat{a}_0(1) \\ \hat{a}_0(2) \\ \vdots \\ \hat{a}_0(I) \end{bmatrix} = \begin{bmatrix} 1 & T_{01} & T_{01}^2 \\ 1 & T_{02} & T_{02}^2 \\ \vdots & \vdots & \vdots \\ 1 & T_{0I} & T_{0I}^2 \end{bmatrix} \begin{bmatrix} A_{00} \\ A_{01} \\ A_{02} \end{bmatrix}$$

即 $\hat{\boldsymbol{a}}_0=\boldsymbol{H}\boldsymbol{A}_0$，所以

$$[\hat{A}_{00} \quad \hat{A}_{01} \quad \hat{A}_{02}]^{\mathrm{T}} = \hat{\boldsymbol{A}}_0 = (\boldsymbol{H}^{\mathrm{T}}\boldsymbol{H})^{-1}\boldsymbol{H}^{\mathrm{T}}\hat{\boldsymbol{a}}_0 \tag{2.5.23}$$

将关于 $a_1(1),a_1(2),\cdots,a_1(I)$ 的 I 个方程写在一起，用 $\hat{a}_1(1),\hat{a}_1(2),\cdots,\hat{a}_1(I)$ 代替 $a_1(1)$，$a_1(2),\cdots,a_1(I)$，并写成矩阵形式：

$$\begin{bmatrix} \hat{a}_1(1) \\ \hat{a}_1(2) \\ \vdots \\ \hat{a}_1(I) \end{bmatrix} = \begin{bmatrix} 1 & T_{01} & T_{01}^2 \\ 1 & T_{02} & T_{02}^2 \\ \vdots & \vdots & \vdots \\ 1 & T_{0I} & T_{0I}^2 \end{bmatrix} \begin{bmatrix} A_{10} \\ A_{11} \\ A_{12} \end{bmatrix}$$

即 $\hat{\boldsymbol{a}}_1 = \boldsymbol{H}\boldsymbol{A}_1$，所以

$$[\hat{A}_{10} \quad \hat{A}_{11} \quad \hat{A}_{12}]^{\mathrm{T}} = \hat{\boldsymbol{A}}_1 = (\boldsymbol{H}^{\mathrm{T}}\boldsymbol{H})^{-1}\boldsymbol{H}^{\mathrm{T}}\hat{\boldsymbol{a}}_1 \tag{2.5.24}$$

将关于 $a_2(1), a_2(2), \cdots, a_2(I)$ 的 I 个方程写在一起，用 $\hat{a}_2(1), \hat{a}_2(2), \cdots, \hat{a}_2(I)$ 代替 $a_2(1), a_2(2), \cdots, a_2(I)$，并写成矩阵形式：

$$\begin{bmatrix} \hat{a}_2(1) \\ \hat{a}_2(2) \\ \vdots \\ \hat{a}_2(I) \end{bmatrix} = \begin{bmatrix} 1 & T_{01} & T_{01}^2 \\ 1 & T_{02} & T_{02}^2 \\ \vdots & \vdots & \vdots \\ 1 & T_{0I} & T_{0I}^2 \end{bmatrix} \begin{bmatrix} A_{20} \\ A_{21} \\ A_{22} \end{bmatrix}$$

即 $\hat{\boldsymbol{a}}_2 = \boldsymbol{H}\boldsymbol{A}_2$，所以

$$[\hat{A}_{20} \quad \hat{A}_{21} \quad \hat{A}_{22}]^{\mathrm{T}} = \hat{\boldsymbol{A}}_2 = (\boldsymbol{H}^{\mathrm{T}}\boldsymbol{H})^{-1}\boldsymbol{H}^{\mathrm{T}}\hat{\boldsymbol{a}}_2 \tag{2.5.25}$$

4）磁致漂移误差

磁场能引起线偏振光的畸变，而激光陀螺工作环境中的磁场有地磁场、仪器仪表及磁性物质产生的磁场，因此，激光陀螺必须采用磁屏蔽技术。无磁屏蔽陀螺的磁致漂移可达 0.04°/(h/Gs)，适当屏蔽后可降到原来的 1/60。

5）刻度系数误差

激光陀螺的刻度系数即为脉冲当量，即一个脉冲输出对应的角增量。刻度系数误差从数个 ppm① 至数十个 ppm 不等，视陀螺质量高低而定。

如果要去掉刻度系数中的温度影响，可按热补偿模型作软件补偿：

$$K = K_0 + K_1(T_p - T_r) \tag{2.5.26}$$

式中，T_r 和 T_p 分别为基准参考温度和当前温度，K_0 为 T_r 条件下的刻度系数，K_1 为补偿系数。

6）刻度系数的不对称误差

刻度系数不对称误差定义为

$$\Delta K_{asy} = \frac{K_+ - K_-}{2}$$

式中，K_+ 为正向脉冲当量，K_- 为负向脉冲当量。

2.6　光纤陀螺简介

20 世纪 70 年代，在电信应用的推动下，低损耗光纤、固态半导体光源和探测器的研发取得了巨大成就，用多匝光纤线圈代替环形激光器，通过多次循环来增强萨格奈克效应已有物质基础，1967 年 Pircher 和 Hepner 提出了光纤陀螺，1976 年 Vali 和 Shorthill 进行了实验演示（Vali V et al.，1976），立即受到惯性技术界的高度重视。经过 20 多年的努力，光纤陀螺已形成了从 10°/h～0.01°/h精度覆盖面较宽的系列产品，特别是中低精度 10°/h～0.1°/h 的产品，以其成本

① ppm 为无量纲值，表示百万分之一，可表示 μg/g、mg/L、μL/L、mg/m³ 等。

低,MTBF 高,体积重量小,功耗低等独特的优势,在战术武器制导和民航飞机导航系统备份应用中具有重要地位。

光纤陀螺就其工作原理实质上是单模光纤环构成的萨格奈克干涉仪,其光学原理如图 2.6.1 所示。激光器发出的光束经半透半反分光镜进入多匝光纤线圈的两端,两束光在光纤内的传播方向相反。若光纤环相对惯性空间静止,则两束反向传播的光束到达接收器时具有相同的相位。但若光纤环相对惯性空间有垂直于光纤环平面的角速度 ω 时,两束光的传播光程将发生变化,根据萨格奈克干涉仪给出的关系

$$\Delta L = \frac{4NA}{c}\omega \tag{2.6.1}$$

式中,N 为光纤环的绕制圈数,A 为一圈光纤所包围的面积,对圆柱形光纤环,$A=\frac{\pi D^2}{4}$,D 为光纤环直径。

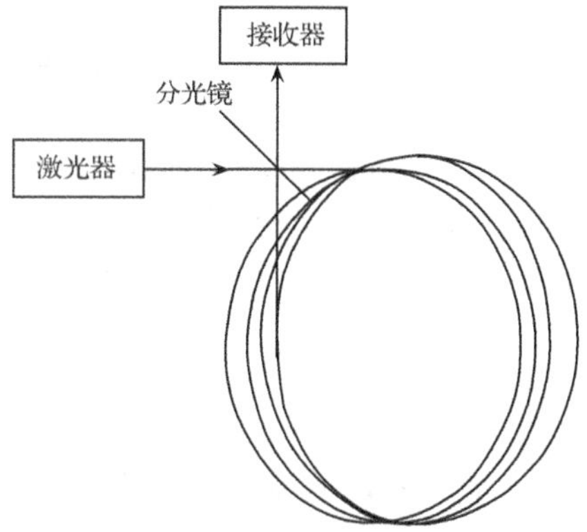

图 2.6.1 光纤陀螺光学原理图

将式(2.6.1)写成相位差形式

$$\Delta \phi = \frac{2\pi LD}{c\lambda}\omega \tag{2.6.2}$$

式中,L 为光纤长度,λ 为光源波长。由于光纤长度非常长,可达 100～1000m (Herve C,2002),所以用相位差测量角速度仍具有很高的灵敏度,与此不同的是激光陀螺根据拍频测量角速度。显然光纤陀螺是通过增加光纤匝数以增大光路所围的面积,提高陀螺的灵敏度,使萨格奈克干涉仪可用于工程实际。此外,与谐振腔激光陀螺相比,光纤陀螺不存在低角速度输入时的闭锁效应问题。

随着光学技术的发展,光纤陀螺也由分立光学元件逐渐向集成光学元件结构发展,国际上已出现了低漂移光纤陀螺、零相位光纤陀螺、全集成光纤陀螺与数字式数据处理光纤陀螺等。

第 3 章　摆式加速度计

陀螺用来感测运载体的角运动信息，而加速度计用来感测运载体的线运动信息，两者都是构造惯导系统的核心器件，其精度高低和性能优劣基本上决定了惯导系统的精度和性能。本章重点介绍挠性加速度计的工作原理及动、静态误差模型。

3.1　加速度计简介

3.1.1　加速度计的基本测量原理

图 3.1.1 是一种加速度计的简化模型，由质量块 m，弹簧 c 和阻尼器 D 组成，敏感轴 x 沿铅垂向上，虚线表示基座无加速度时质量块处于自由状态时的位置，此时质量块的质心定义为位移 x 的原点。设基座具有沿 x 方向的加速度 $\boldsymbol{a}$，则在惯性力作用下，弹簧发生变形，产生的弹性力与变形方向相反，阻尼力与变形速率方向相反，所以根据牛顿第二定律

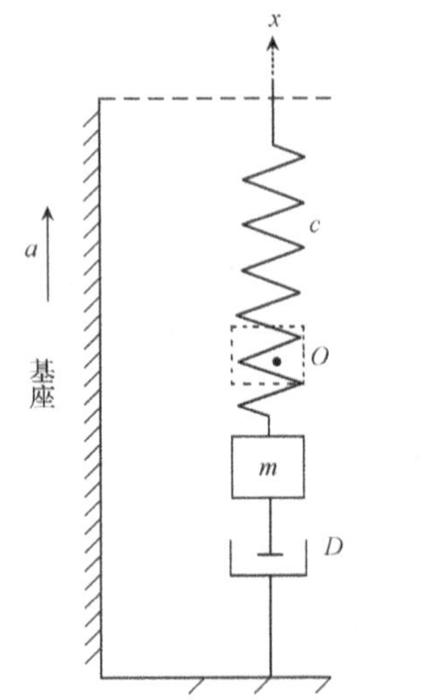

图 3.1.1　加速度计简化模型

$$m(\ddot{x}+\boldsymbol{a})=-D\dot{x}-cx+m\boldsymbol{g}$$

该式在 x 轴上的投影形式为

$$m\ddot{x}+D\dot{x}+cx=-m(a+g) \tag{3.1.1}$$

对常值加速度 $\boldsymbol{a}$，质量块 m 运动达到稳态时，$\ddot{x}=0$，$\dot{x}=0$，所以有

$$a+g=-\frac{cx}{m}=\frac{F_{弹}}{m}$$

由于比力 f(specific force)定义为作用在单位质量上的非引力外力，所以$\frac{F_{弹}}{m}=f$ 即为比力。在该简单特例中，$F_{弹}$是可通过弹簧的变形量来测量的，即加速度计可测量得比力 f，而 $f=a+g$，所以要对加速度计的输出作适当处理后才能获得基座的运动加速度，在此例中应从 f 中扣除 g 才能获得 a。因此严格地说，加速度计应该称为比力计。

如果图 3.1.1 所示简化模型的敏感轴 x 处于水平位置，并假设沿 x 轴存在阻力 $F_{阻}$，则式(3.1.1)应改写成

$$m\ddot{x}+D\dot{x}+cx=-ma+F_{阻} \tag{3.1.2}$$

若 a 小到使 $-ma+F_{阻}=0$ 成立，则 $x=0$，此时加速度 $a\neq0$，但加速度计无输出，定义此加速度为加速度计的灵敏阈，即

$$a_{灵敏阈}=\frac{F_{阻}}{m} \tag{3.1.3}$$

该指标反映了加速度计能测出的最小加速度。此外位移信号检测器的灵敏度也影响灵敏阈。惯性级加速度计的灵敏阈应优于 $10^{-4}g$。

反映加速度计性能的另一个指标是加速度计的灵敏度，可用刻度系数描述之。前者通常指它的稳态放大系数：

$$K_{SS}=\frac{m}{c} \tag{3.1.4}$$

后者以其输出信号来表示，其中计入了信号器的灵敏度 K_p

$$K_{SF}=\frac{m}{c}K_p \tag{3.1.5}$$

反映加速度计性能的第三个指标是自然频率，它表征了加速度计的动态特性：

$$\omega_n=\sqrt{\frac{c}{m}} \tag{3.1.6}$$

该指标是根据使用要求来确定的，一般为数十赫兹至数百赫兹。自然频率一旦确定，仪表的测量范围，即其上、下限也就确定了。

3.1.2 摆式加速度计简介

按图 3.1.1 所示简化模型设计加速度计存在诸多问题，如质量块与基座支承面间存在摩擦力，由式(3.1.3)知该摩擦力将严重影响加速度计的灵敏阈；对质量块的运动难以实现精确约束；输出信号检测和对质量块的力反馈控制困难。因此，工程上都采用具有偏心质量的摆式结构作为加速度计的设计方案，常见的摆式加速度计简介如下。

1. 液浮摆式加速度计

为了提高加速度计的灵敏阈，必须尽量减小质量块支承处的摩擦影响。与液浮陀螺相仿，解决摩擦影响的有效途径是采用液浮支承，图 3.1.2 是按此思路设计的液浮摆式加速度计。摆组件浸泡在浮液中，产生的浮力使轴承处的正压力减少至接近为 0。设 c_m 为摆组件的质量中心，c_F 为摆组件的浮心，距支承轴的距离分别为 L_m 和 L_F，摆组件的质量为 m，浮力为 F。记 I_A、O_A、P_A 分别为加速度的输入轴、输出轴和摆轴，则在重力和浮力的共同作用下，摆组件绕输出轴的摆性力矩为

$$M_P=mgL_m+FL_F$$

该力矩等效为摆组件的重力偏心力矩 mgL，其中 L 为摆组件的等效重力力臂，即

$$mgL=mgL_m+FL_F$$

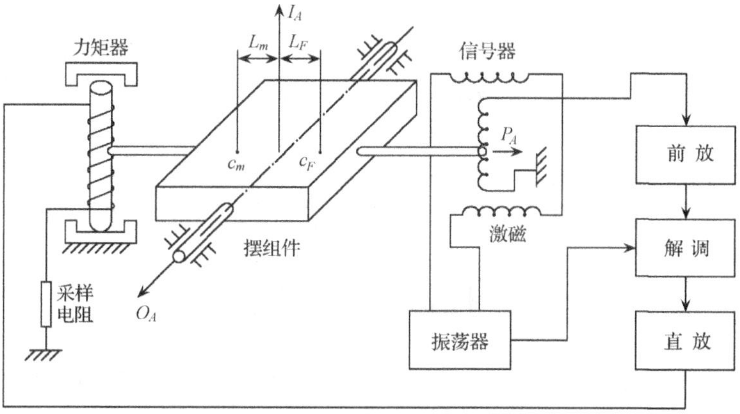

图 3.1.2 液浮摆式加速度计

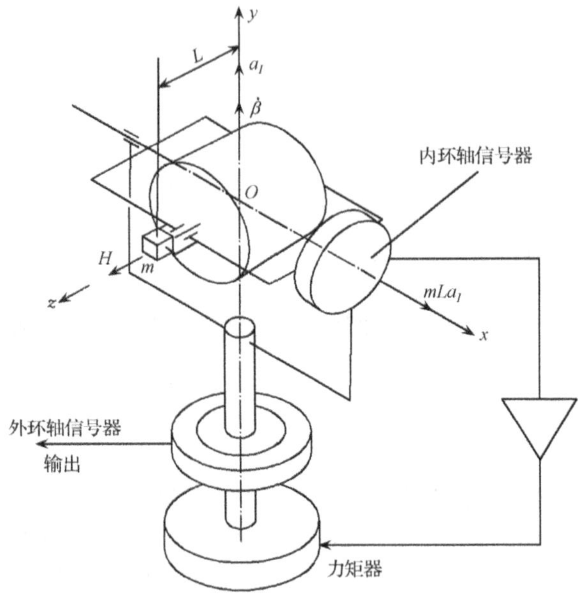

图 3.1.3 陀螺积分加速度计

将

$$P = mL = mL_m + \frac{F}{g}L_F \quad (3.1.7)$$

称为加速度计的摆性。

设沿 I_A 轴作用有加速度 a_I，所产生的摆性力矩使摆组件绕 O_A 轴旋转产生输出角 θ，信号器输出与 θ 相应的电信号，经前置放大、解调和直流放大后加至力矩器，产生绕 O_A 轴的恢复力矩，平衡掉摆性力矩，从力矩器电流采样值可提取出输入加速度 a_I。

2. 陀螺积分加速度计

在远程制导武器中常用基于陀螺原理的加速度计，即陀螺积分加速度计，图 3.1.3 为工作原理图，该型加速度计在德国的 V-2 火箭中最早使用。陀螺积分加速度计实质上是一个双自由度陀螺仪，内环轴处于水平位置，外环轴处于铅垂位置，在内环上距支承中心 L 处安装有一个偏心质量块 m。设陀螺的角动量为 H，沿 y 轴作用有加速度 a_I，则沿 x 轴作用有摆性力矩 $M_x = mLa_I$，从而使陀螺绕 y 轴进动，进动角速度为

$$\dot{\beta} = \frac{mLa_I}{H}$$

在外环轴上的信号器可拾取 β 角，而 β 是 $\dot{\beta}$ 的积分：

$$\beta = \frac{mL}{H}\int_0^t a_I \mathrm{d}\tau = \frac{mL}{H}(V - V_0) \quad (3.1.8)$$

根据输出的 β 角可计算出沿 y 轴的速度：

$$V = V_0 + \frac{H\beta}{mL} \quad (3.1.9)$$

在陀螺绕外环轴做进动运动时，外环轴轴承的摩擦力矩会引起陀螺绕内环轴进动，这种进动会使陀螺感受加速度时绕外环轴进动的角动量发生变化，甚至可使陀螺的角动量趋向与外环轴重合，此时陀螺退化为定轴转动刚体，丧失测量功能。为了避免上述问题的出现，确保陀螺能准确感测 y 轴方向的加速度，由内环轴信号器检测出的内环偏角信号经放大后送至外环力矩器，组成力矩再平衡系统，按负反馈状态工作，就可以使陀螺绕内环轴的转动受到控制。

3.2 挠性摆式加速度计

采用挠性支承是摆式加速度的另一种典型结构，由于挠性支承不存在摩擦，弹性变形产生的恢复力符合胡克定律，变化规律是确定的，特别是采用石英材料制作挠性杆，能有效降低温度影响，且材料性能稳定，有利于精度的提高和实现批量生产，石英挠性摆式加速度计在导航系统集成中占有主要的市场地位，为此这里对该型加速度计作详细介绍。

图 3.2.1 为挠性摆式加速度计的结构示意图。加速度计由摆组件、信号传感器、推挽式永磁力矩器和挠性杆组成，表内充有硅油作为阻尼液体，并设有精密温控装置，以保证仪表在恒定的工作温度下工作。挠性杆一端固定在表壳上，另一端粘贴有信号器动圈，形成悬臂梁，在摆片上固定有力矩器动圈，永久磁铁一端固定在表壳上，另一端空套在力矩器动圈内。当表壳（基座）具有沿 I_A 轴方向的加速度 a 时，挠性杆在惯性力矩作用下绕挠性接头中心位置旋转，产生输出角 θ_0，信号器检测出 θ_0 并转换成电压信号，经放大后加入力矩器动圈，产生的推挽力矩抵消惯性力矩，使 θ_0 回零，再平衡回路中的电流经采样电阻变换成输出电压，从此电压可提取出加速度 a。为分析方便，常将加速度计的输入轴（敏感轴）记为 I_A，输出轴记为 O_A，摆轴（挠性杆处于中立位置时的对称轴）记为 P_A。

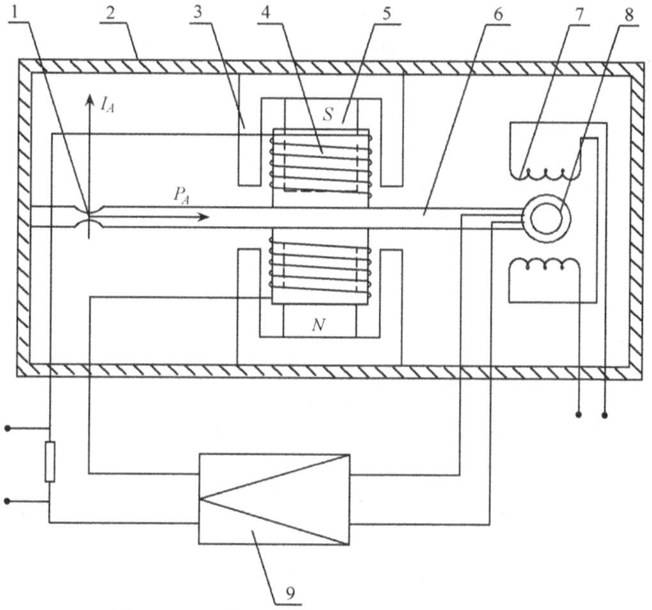

图 3.2.1　挠性摆式加速度计结构示意图

1. 挠性支承；　2. 壳体；　3. 轭铁；　4. 力矩器动圈；　5. 永久磁铁；
6. 摆件；　7. 信号器激磁线圈；　8. 信号器动圈；　9. 放大器

3.2.1　挠性摆式加速度计的动力学方程

为分析问题方便起见，假设加速度计的敏感轴 I_A 处于水平位置，重力加速度沿加速度计的输出轴 O_A 方向，如图 3.2.2 所示。图中，输出轴 O_A 指向纸面里面，所以用括号括起来。

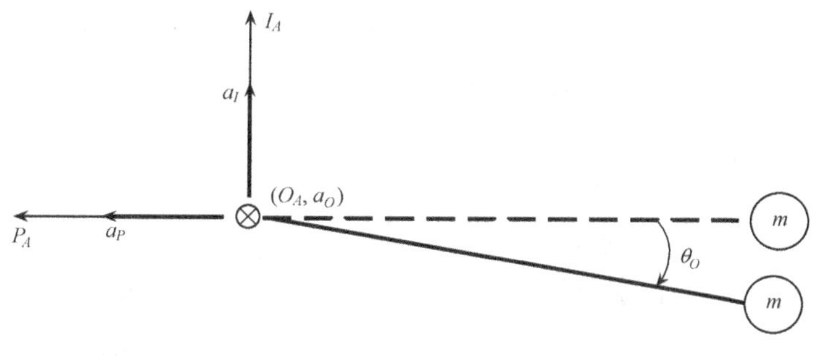

图 3.2.2　摆组件的受力情况

设表壳(基座)沿 I_A 轴和沿 P_A 轴存在加速度 a_I 和 a_P，摆组件绕 O_A 轴的转动惯量为 I_O，挠性杆的弹性系数为 C，浮液的阻尼系数为 D，信号器传递系数为 K_s，伺服放大器增益为 K_a，负载系数为 $K_R\left(K_R=\dfrac{1}{R_0+R_T}, R_0\text{ 为采样电阻}, R_T\text{ 为力矩器内阻}\right)$，力矩器标度因数为 K_T，则根据动量矩定理，

$$I_O\ddot{\theta}_O = mLa_I - mL\sin\theta_O a_P - D\dot{\theta}_O - C\theta_O - K_T i + M_d$$

式中，$i=K_RK_aK_s\theta_O$ 是加入力矩器的力反馈电流，M_d 是沿 O_A 轴的干扰力矩。由于加速度计工作时必须处于闭环状态，即再平衡回路工作，控制 θ_O 角接近等于零，所以上式可写成：

$$(I_Os^2+Ds+C)\theta_O(s) = mL[a_I(s)-\theta_O(s)a_P(s)] - K_Ti(s) + M_d(s)$$

$$i(s) = K_RK_aK_s\theta_O(s)$$

由上述两式可画出挠性摆式加速度计的方块图，如图 3.2.3 所示。

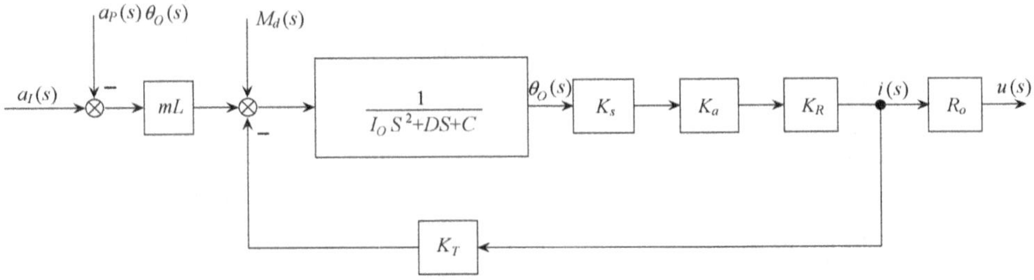

图 3.2.3　挠性摆式加速度计方块图

由图可看出，挠性摆式加速度计是二阶线性系统。略去 $a_P(s)\theta_O(s)$ 的影响，由图得

$$i(s) = \frac{mLK_sK_aK_R}{I_Os^2+Ds+C+K_sK_aK_RK_T}a_I(s) + \frac{K_sK_aK_R}{I_Os^2+Ds+C+K_sK_aK_RK_T}M_d(s)$$

对常值加速度输入和常值干扰力矩，即 $a_I(s)=\dfrac{a_I}{s}$，$M_d(s)=\dfrac{M_d}{s}$，再平衡回路的电流输出稳态值为

$$i_{SS} = \frac{mLK_sK_aK_R}{C+K_sK_aK_RK_T}a_I + \frac{K_sK_aK_R}{C+K_sK_aK_RK_T}M_d \tag{3.2.1}$$

式中，$K_1=\dfrac{mLK_sK_aK_R}{C+K_sK_aK_RK_T}$ 称为加速度计的标度因数。通常有

$$C \ll K_sK_aK_RK_T$$

所以

$$K_1 \approx \frac{mL}{K_T} \tag{3.2.2}$$

式(3.2.1)两边同乘采样电阻 R_0，即得采样电压的稳态值 u_{SS}，考虑到上述两式所列关系，得

$$u_{SS} = K_1R_0a_I + \frac{R_0}{K_T}M_d \tag{3.2.3}$$

由上式得 a_I 的准确值应为

$$a_I = \frac{1}{K_1R_0}\left(u_{SS} - \frac{R_0}{K_T}M_d\right) = \frac{u_{SS}}{K_1R_0} - \frac{M_d}{mL}$$

而 M_d 是干扰力矩，是无法准确测量的，所以 a_I 只能通过采样电压的稳态值来确定：

$$\hat{a}_I = \frac{u_{SS}}{K_1R_0}$$

引起对 a_I 的测量误差为

$$\delta a_I = \hat{a}_I - a_I = \frac{M_d}{mL} \tag{3.2.4}$$

从上式可看出，增大加速度计的摆性 $P=mL$ 对降低干扰力矩的影响是有好处的。

3.2.2 挠性摆式加速度计的静态数学模型

记 IOP 为加速度计的测量坐标系，简记为 M，由摆组件确定的坐标系为 $I_AO_AP_A$，简记为 A。由于存在输出角 θ 和工艺制造误差，A 坐标系相对 M 坐标系存在偏差角 θ_I、θ_O、θ_P，它们都是小角，所以

$$C_M^A = \begin{bmatrix} 1 & \theta_P & -\theta_O \\ -\theta_P & 1 & \theta_I \\ \theta_O & -\theta_I & I \end{bmatrix} \tag{3.2.5}$$

式中，θ_O 为加速度计的输出角，θ_I 和 θ_P 由工艺制造误差引起。

设表壳(基座)做加速运动，加速度计质量块产生的单位质量惯性力在测量坐标系 M 内的投影为

$$\boldsymbol{F}^M = [F_I \quad F_O \quad F_P]^{\mathrm{T}}$$

质量块质量为 m，质心沿 I_A、O_A、P_A 轴的固定偏心距为 l_{IA}、l_{OA}、L，摆组件的弹性变形张量为 $\begin{bmatrix} C_{II} & C_{IO} & C_{IP} \\ C_{OI} & C_{OO} & C_{OP} \\ C_{PI} & C_{PO} & C_{PP} \end{bmatrix}$，其中 l_{IA}、l_{OA} 为制造偏差，L 为等效摆臂，L 和 m 决定加速度计的摆性($P=mL$)，C_{ij} 表示 j 方向的单位载荷引起 i 方向的变形量，当 $i\neq j$ 时，C_{ij} 可视为小量。则单位质量惯性力在摆组件坐标系 A 的投影为

$$\boldsymbol{F}^A = \boldsymbol{C}_M^A\boldsymbol{F}^M = \begin{bmatrix} 1 & \theta_P & -\theta_O \\ -\theta_P & 1 & \theta_I \\ \theta_O & -\theta_I & 1 \end{bmatrix} \begin{bmatrix} F_I \\ F_O \\ F_P \end{bmatrix}$$

即

$$F_{IA} = F_I + \theta_P F_O - \theta_O F_P \tag{3.2.6a}$$

$$F_{OA} = F_O - \theta_P F_I + \theta_I F_P \tag{3.2.6b}$$

$$F_{PA} = F_P + \theta_O F_I - \theta_I F_O \tag{3.2.6c}$$

引起的惯性力如图 3.2.4 所示。引起质量块质心偏离摆组件支承中心的总偏心量为

$$\begin{bmatrix} L_{IA} \\ L_{OA} \\ L_{PA} \end{bmatrix} = \begin{bmatrix} l_{IA} \\ l_{OA} \\ L \end{bmatrix} + m \begin{bmatrix} C_{II} & C_{IO} & C_{IP} \\ C_{OI} & C_{OO} & C_{OP} \\ C_{PI} & C_{PO} & C_{PP} \end{bmatrix} \begin{bmatrix} F_I + \theta_P F_O - \theta_O F_P \\ F_O - \theta_P F_I + \theta_I F_P \\ F_P + \theta_O F_I - \theta_I F_O \end{bmatrix}$$

展开上式，略去二阶小量得

$$L_{IA} = l_{IA} + mC_{II}F_I + m(C_{IO} + C_{II}\theta_P)F_O + m(C_{IP} - C_{II}\theta_O)F_P \tag{3.2.7a}$$

$$L_{OA} = l_{OA} + m(C_{OI} - C_{OO}\theta_P)F_I + mC_{OO}F_O + m(C_{OP} + C_{OO}\theta_I)F_P \tag{3.2.7b}$$

$$L_{PA} = L + m(C_{PI} + C_{PP}\theta_O)F_I + m(C_{PO} - C_{PP}\theta_I)F_O + mC_{PP}F_P \tag{3.2.7c}$$

由图 3.2.4，可计算得由惯性力引起的绕 O_A 轴的惯性力矩为

$$M_1 = mF_{IA} \cdot L_{PA} - mF_{PA} \cdot L_{IA}$$

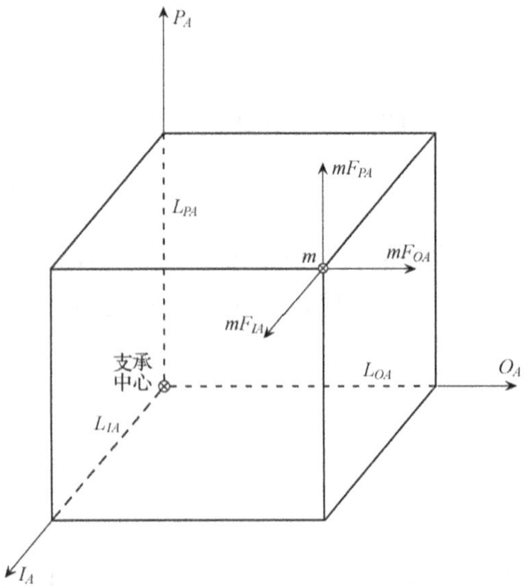

图 3.2.4 作用在质量块质心上的惯性力

将式(3.2.6)和式(3.2.7)代入上式，略去二阶小量，得

$$\begin{aligned}M_1 = & mL(F_I+\theta_P F_O-\theta_O F_P)-ml_{IA}(F_P+\theta_O F_I \\ & -\theta_I F_O)+m^2[C_{PI}F_I^2+C_{PO}F_I F_O \\ & -C_{IO}F_O F_P+(C_{PP}-C_{II})F_P F_I-C_{IP}F_P^2]\end{aligned} \tag{3.2.8}$$

由图 3.2.3 得

$$\frac{\theta_O(s)}{a_I(s)}=\frac{mL}{I_O s^2+Ds+C+K_s K_a K_R K_T}$$

对于常值输入加速度 $a_I(s)=\dfrac{a_I}{s}$，输出角的稳态值为

$$\theta_{Oss}=\frac{mL}{C+K_s K_a K_R K_T}a_I=\frac{mL}{K}a_I \tag{3.2.9}$$

式中

$$K=C+K_s K_a K_R K_T \tag{3.2.10}$$

将式(3.2.9)代入式(3.2.8)，并考虑到 $a_I=-F_I$，则得

$$\begin{aligned}M_1= & mLF_I+(mL\theta_P+ml_{IA}\theta_I)F_O-ml_{IA}F_P+m^2C_{PO}F_I F_O-m^2C_{IO}F_O F_P \\ & +\left[m^2(C_{PP}-C_{II})+\frac{m^2L^2}{K}\right]F_I F_P+\left[m^2C_{PI}+\frac{m^2 l_{IA}L}{K}\right]F_I^2-m^2C_{IP}F_P^2\end{aligned}$$

由于加速度计处在力反馈工作状态，力矩器产生的反馈力矩对消输出轴上的外作用力矩，即

$$K_T i_{SS}=-M_1$$

所以再平衡回路内的采样电压为

$$\begin{aligned}u_{SS}= & -\frac{R_0}{K_T}M_1=-\frac{R_0 mL}{K_T}F_I-\frac{R_0}{K_T}(mL\theta_P+ml_{IA}\theta_I)F_O+\frac{R_0 ml_{IA}}{K_T}F_P-\frac{R_0 m^2C_{PO}}{K_T}F_I F_O \\ & +\frac{R_0 m^2 C_{IO}}{K_T}F_O F_P-\frac{R_0}{K_T}\left[m^2(C_{PP}-C_{II})+\frac{mL}{K}\right]F_I F_P \\ & -\frac{R_0}{K_T}\left[m^2C_{PI}+\frac{m^2 l_{IA}L}{K}\right]F_I^2-\frac{R_0 m^2 C_{IP}}{K_T}F_P^2\end{aligned} \tag{3.2.11}$$

记

$$K_I=-\frac{R_0 mL}{K_T} \tag{3.2.12a}$$

$$K_O=-\frac{R_0}{K_T}(mL\theta_P+ml_{IA}\theta_I) \tag{3.2.12b}$$

$$K_P=\frac{R_0 ml_{IA}}{K_T} \tag{3.2.12c}$$

$$K_{IO}=-\frac{R_0 m^2 C_{PO}}{K_T} \tag{3.2.12d}$$

$$K_{OP}=\frac{R_0 m^2 C_{IO}}{K_T} \tag{3.2.12e}$$

$$K_{IP}=-\frac{R_0}{K_T}\left[m^2(C_{PP}-C_{II})+\frac{mL}{K}\right] \tag{3.2.12f}$$

$$K_{II}=-\frac{R_0}{K_T}\left(m^2C_{PI}+\frac{m^2l_{IA}L}{K}\right) \tag{3.2.12g}$$

$$K_{PP}=-\frac{R_0m^2C_{IP}}{K_T} \tag{3.2.12h}$$

并引入与运动无关的加速度计零位误差 K_F，则式(3.2.11)可写成

$$\begin{aligned}u_{SS}=&K_F+K_IF_I+K_OF_O+K_PF_P+K_{IO}F_IF_O+K_{OP}F_OF_P\\&+K_{PI}F_PF_I+K_{II}F_I^2+K_{PP}F_P^2\end{aligned} \tag{3.2.13}$$

式(3.2.13)即为加速度计的静态数学模型，之所以这样称谓，是由于模型中除包含误差项外，还包含了有用信息项，即右侧第二项正是需要获取的。式中的每项系数是与运动无关的固定值，如式(3.2.12)所示，与物理参数有着确定的函数关系。K_F 称零次项误差，反映了加速度计的偏置误差，K_OF_O 和 K_PF_P 称一次项误差，后四项称二次项误差。对于工作在大加速度环境条件下的加速度计，还应补充三次项误差，以提高模型的描述精度，此时静态数学模型为

$$\begin{aligned}u_{SS}=&K_F+K_IF_I+K_OF_O+K_PF_P+K_{IO}F_IF_O+K_{OP}F_OF_P\\&+K_{PI}F_PF_I+K_{II}F_I^2+K_{PP}F_P^2+K_{III}F_I^3\end{aligned} \tag{3.2.14}$$

虽然各误差系数与诸物理参数有确定的函数关系，但误差系数并不是通过这些函数关系计算出来的，而是通过实验室条件下的测试确定出来的。对于式(3.2.13)所示模型，利用重力加速度 $\boldsymbol{g}$ 即可确定全部误差系数，此时

$$F_I=g_I,\qquad F_O=g_O,\qquad F_P=g_P$$

其中，g_I、g_O、g_P是 $\boldsymbol{g}$ 在加速度计的输入轴、输出轴和摆轴上的投影值。用于测试的模型为

$$\begin{aligned}u_{SS}=&K_F+K_Ig_I+K_Og_O+K_Pg_P+K_{IO}g_Ig_O+K_{OP}g_Og_P\\&+K_{PI}g_Pg_I+K_{II}g_I^2+K_{PP}g_P^2\end{aligned} \tag{3.2.15}$$

若已测得各项误差系数，则将他们存入计算机，根据式(3.2.13)可精确求得比力值 $f_I=-F_I$，F_O和 F_P 由另外两只加速度计提供。

3.2.3　挠性摆式加速度计的动态误差数学模型

与机械式转子陀螺的动态误差相仿，加速度计的动态误差是指表壳(基座)角运动引起加速度计对加速度的测量误差。

设表壳 S 沿测量坐标系 M 诸轴具有角速度 ω_I、ω_O、ω_P，沿输入轴 I 方向有加速度 a_I。为使分析工作得以简化，此处不考虑误差角 θ_I 和 θ_P 的影响，而只考虑输出角 θ_O 的影响，则从测量坐标系 M 至摆组件坐标系的变换阵为

$$\boldsymbol{C}_M^A=\begin{bmatrix}1&0&-\theta_O\\0&1&0\\\theta_O&0&1\end{bmatrix}$$

$$\boldsymbol{\omega}_{iA}^A=\boldsymbol{C}_M^A\boldsymbol{\omega}_{iS}^M+\boldsymbol{\omega}_{SA}^A=\begin{bmatrix}1&0&-\theta_O\\0&1&0\\\theta_O&0&1\end{bmatrix}\begin{bmatrix}\omega_I\\\omega_O\\\omega_P\end{bmatrix}+\begin{bmatrix}0\\\dot{\theta}_O\\0\end{bmatrix}=\begin{bmatrix}\omega_I-\theta_O\omega_P\\\omega_O+\dot{\theta}_O\\\omega_P+\theta_O\omega_I\end{bmatrix} \tag{3.2.16}$$

设摆组件的惯性张量为

$$[I_A]=\begin{bmatrix} I_I & -I_{IO} & -I_{PI} \\ -I_{IO} & I_O & -I_{OP} \\ -I_{PI} & -I_{OP} & I_P \end{bmatrix}$$

则摆组件所具有的动量矩为

$$\boldsymbol{H}_A^A=[I_A]\boldsymbol{\omega}_{iA}^A=\begin{bmatrix} I_I & -I_{IO} & -I_{PI} \\ -I_{IO} & I_O & -I_{OP} \\ -I_{PI} & -I_{OP} & I_P \end{bmatrix}\begin{bmatrix} \omega_I-\theta_O\omega_P \\ \omega_O+\dot{\theta}_O \\ \omega_P+\theta_O\omega_I \end{bmatrix}$$

展开上式,略去关于 I_{IO}、I_{PI}、I_{OP}、θ_O 和 $\dot{\theta}_O$ 形成的二阶小量,得

$$H_{A(IA)}=I_I\omega_I-I_I\theta_O\omega_P-I_{IO}\omega_O-I_{PI}\omega_P \tag{3.2.17a}$$

$$H_{A(OA)}=I_O\omega_O+I_O\dot{\theta}_O-I_{IO}\omega_I-I_{OP}\omega_P \tag{3.2.17b}$$

$$H_{A(PA)}=I_P\omega_P+I_P\theta_O\omega_I-I_{PI}\omega_I-I_{OP}\omega_O \tag{3.2.17c}$$

根据动量矩定理

$$\left.\frac{\mathrm{d}\boldsymbol{H}_A}{\mathrm{d}t}\right|_i=\boldsymbol{M}$$

式中,$\boldsymbol{M}$ 为作用在摆组件输出轴上的外力矩。应用哥氏定理,并将各矢量向摆组件坐标系 A 投影

$$\left.\frac{\mathrm{d}\boldsymbol{H}_A}{\mathrm{d}t}\right|_A^A+\boldsymbol{\omega}_{iA}^A\times\boldsymbol{H}_A^A=\boldsymbol{M}^A$$

将式(3.2.16)代入上式,得

$$\begin{bmatrix} \dot{H}_{A(IA)} \\ \dot{H}_{A(OA)} \\ \dot{H}_{A(PA)} \end{bmatrix}+\begin{bmatrix} 0 & -(\omega_P+\theta_O\omega_I) & \omega_O+\dot{\theta}_O \\ \omega_P+\theta_O\omega_I & 0 & -(\omega_I-\theta_O\omega_P) \\ -(\omega_O+\dot{\theta}_O) & \omega_I-\theta_O\omega_P & 0 \end{bmatrix}\begin{bmatrix} H_{A(IA)} \\ H_{A(OA)} \\ H_{A(PA)} \end{bmatrix}=\begin{bmatrix} 0 \\ M_O \\ 0 \end{bmatrix}$$

只讨论沿 O_A 轴的方程,即得加速度计的动力学方程:

$$\dot{H}_{A(OA)}+(\omega_P+\theta_O\omega_I)H_{A(IA)}-(\omega_I-\theta_O\omega_P)H_{A(PA)}=M_O$$

将式(3.2.17)代入上式,经整理并略去二阶小量,得

$$\begin{aligned} &I_O(\ddot{\theta}_O+\dot{\omega}_O)-(I_P-I_I)\omega_P\omega_I-I_{IO}(\dot{\omega}_I+\omega_O\omega_P)-I_{OP}(\dot{\omega}_P-\omega_I\omega_O) \\ &-I_{PI}(\omega_P^2-\omega_I^2)-(I_P-I_I)(\omega_I^2-\omega_P^2)\theta_O=M_O \end{aligned} \tag{3.2.18}$$

式中,M_O 是沿输出轴作用在摆组件上的外力矩:

$$M_O=M_i+M_k+M_d-D\dot{\theta}_O-C\theta_O$$

式中,C 为挠性接头的弹性恢复系数,D 为浮液的阻尼系数,M_d 为干扰力矩,M_k 为再平衡回路产生的反馈力矩,M_i 为加速度 a_I 引起的惯性力矩。设加速度计摆性 $P=mL$,则

$$M_i=mLa_I$$

所以式(3.2.18)可写成:

$$I_O\ddot{\theta}_O+D\dot{\theta}_O+C\theta_O=mLa_I+M_k+M_d+M_C \tag{3.2.19}$$

式中

$$\begin{aligned} M_C=&-I_O\dot{\omega}_O+(I_P-I_I)\omega_P\omega_I+I_{IO}(\dot{\omega}_I+\omega_O\omega_P)+I_{OP}(\dot{\omega}_P-\omega_I\omega_O) \\ &+I_{PI}(\omega_P^2-\omega_I^2)+(I_P-I_I)(\omega_I^2-\omega_P^2)\theta_O \end{aligned} \tag{3.2.20}$$

不考虑干扰力矩 M_d 的影响,则由式(3.2.19)可求得加速度 a_I 的准确值

$$a_I = \frac{1}{mL}(I_O\ddot{\theta}_O + D\dot{\theta}_O + C\theta_O - M_k - M_C)$$

但在实际系统中 a_I 只能根据再平衡回路的反馈力矩 M_k 确定出来：

$$\hat{a}_I = -\frac{M_k}{mL}$$

所以引起的测量误差为

$$\Delta a_I = \hat{a}_I - a_I = -\frac{I_O\ddot{\theta}_O}{mL} - \frac{D\dot{\theta}_O}{mL} - \frac{C\theta_O}{mL} + \frac{M_C}{mL}$$

上式右侧最后一项是由基座角运动引起的测量误差，定义此测量误差为加速度计的动态误差，根据式(3.2.20)

$$\delta a_I = \frac{M_C}{mL} = -\frac{I_O}{mL}\dot{\omega}_O + \frac{I_P - I_I}{mL}\omega_P\omega_I + \frac{I_{IO}}{mL}(\dot{\omega}_I + \omega_O\omega_P)$$
$$+ \frac{I_{OP}}{mL}(\dot{\omega}_P - \omega_I\omega_O) + \frac{I_{PI}}{mL}(\omega_P^2 - \omega_I^2) + \frac{I_P - I_I}{mL}(\omega_I^2 - \omega_P^2)\theta_O \qquad (3.2.21)$$

上式右侧第一项称为角加速度误差，第二项称为不等惯性误差，第三、四、五项称为惯性积误差，最后一项称为不等惯性耦合误差。各误差项都有明确的含意，下面对它们作简要说明。

1. 角加速度误差

角加速度误差的表达式为

$$\delta a_{I1} = -\frac{I_O}{mL}\dot{\omega}_O$$

该项误差由表壳绕输出轴的角加速度 $\dot{\omega}_O$ 引起，也可以看成是由表壳相对惯性空间旋转的角加速度 $\dot{\omega}_O$ 所形成的牵连惯性力矩作用在摆组件上所引起的，其中 $\frac{I_O}{mL}$ 称为角加速度误差系数。

假设加速度计的摆性 $mL=1\text{g}\cdot\text{cm}$，摆组件绕输出轴的转动惯量 $I_O=24\text{g}\cdot\text{cm}^2$，则角加速度误差系数达到 0.024g/(rad/s²)。若表壳绕输出轴的角加速度为 1rad/s²，则所造成的测量误差为 2.4×10^{-2}g。可见角加速度误差是一项相当大的误差，在捷联惯导系统中应对此项误差作补偿。

2. 不等惯性误差

不等惯性误差的表达式为

$$\delta a_{I2} = \frac{I_P - I_I}{mL}\omega_P\omega_I$$

该项误差是由摆组件绕摆轴的转动惯量 I_P 与绕输入轴的转动惯量 I_I 不相等，在角运动情况下形成的陀螺力矩不可对消而引起的，其中 $\frac{I_P - I_I}{mL}$ 称为不等惯性误差系数。

为了减少不等惯性误差，在结构设计中应尽量使摆组件对摆轴和对输入轴的转动惯量相等或接近，由于结构设计上易于实现这一要求，所以不等惯性误差系数一般较小，典型值约为 1.5μg/(rad/s)² 的量级。

3. 摆组件惯性积误差

摆组件惯性积误差的表达式为

$$\delta a_{I3} = \frac{I_{IO}}{mL}(\dot{\omega}_I + \omega_O \omega_P) + \frac{I_{OP}}{mL}(\dot{\omega}_P - \omega_I\omega_O) + \frac{I_{PI}}{mL}(\omega_P^2 - \omega_I^2)$$

该项误差是由摆组件惯性积 I_{IO}、I_{OP} 和 I_{PI} 在角运动条件下形成离心惯性力矩引起的。其中，$\frac{I_{IO}}{mL}$、$\frac{I_{OP}}{mL}$、$\frac{I_{PI}}{mL}$称为摆组件惯性积误差系数。

为了减少摆组件惯性积误差，在结构设计中应尽量使摆组件对输入轴、输出轴和摆轴的质量分布对称，以使摆组件对这些轴的惯性积减少到最低限度，摆组件结构经精心设计后，惯性积误差一般是很小的。

4. 不等惯性耦合误差

不等惯性耦合误差的表达式为

$$\delta a_{I4} = \frac{I_P - I_I}{mL}(\omega_I^2 - \omega_P^2)\theta_O$$

该项误差是由摆组件绕摆轴的转动惯量 I_P 与绕输入轴的转动惯量 I_I 不相等，并通过加速度计输出角 θ_O 的耦合引起的。由于加速度计工作在力反馈状态，根据式(3.2.9)，加速度计的稳态输出角 θ_O 与输入加速度的关系为

$$\theta_O = \frac{mL}{K}a_I$$

式中，$K=C+K_sK_aK_RK_T$，所以

$$\delta a_{I4} = \frac{I_P - I_I}{K}a_I(\omega_I^2 - \omega_P^2) \tag{3.2.22}$$

式中，$\frac{I_P - I_I}{K}$称为不等惯性耦合误差系数。

为了减少不等惯性耦合误差，一方面应使摆组件转动惯量 I_P 与 I_I 相等或尽量接近相等，另一方面应尽量提高再平衡回路的增益。由于这两方面的工作都较容易实现，所以不等惯性耦合误差系数一般是很小的。

用式(3.2.22)代替式(3.2.21)的右侧最后一项，经整理后得

$$\delta a_I = \frac{I_{IO}}{mL}\dot{\omega}_I - \frac{I_O}{mL}\dot{\omega}_O + \frac{I_{OP}}{mL}\dot{\omega}_P + \frac{I_P - I_I}{mL}\omega_P\omega_I + \frac{I_{IO}}{mL}\omega_O\omega_P - \frac{I_{OP}}{mL}\omega_I\omega_O$$
$$+ \frac{I_{PI}}{mL}\omega_P^2 - \frac{I_{PI}}{mL}\omega_I^2 + \frac{I_P - I_I}{K}a_I\omega_I^2 - \frac{I_P - I_I}{K}a_I\omega_P^2 \tag{3.2.23}$$

记

$$C_I = \frac{I_{IO}}{mL} \tag{3.2.24a}$$

$$C_O = -\frac{I_O}{mL} \tag{3.2.24b}$$

$$C_P = \frac{I_{OP}}{mL} \tag{3.2.24c}$$

$$C_{PI}=\frac{I_P-I_I}{mL} \tag{3.2.24d}$$

$$C_{OP}=\frac{I_{IO}}{mL} \tag{3.2.24e}$$

$$C_{IO}=-\frac{I_{OP}}{mL} \tag{3.2.24f}$$

$$C_{PP}=\frac{I_{PI}}{mL} \tag{3.2.24g}$$

$$C_{II}=-\frac{I_{PI}}{mL} \tag{3.2.24h}$$

$$C_{III}=\frac{I_P-I_I}{K} \tag{3.2.24i}$$

$$C_{IPP}=-\frac{I_P-I_I}{K} \tag{3.2.24j}$$

则式(3.2.23)可写成用综合系数表示的形式：

$$\begin{aligned}\delta a_I=&C_I\dot{\omega}_I+C_O\dot{\omega}_O+C_P\dot{\omega}_P+C_{PI}\omega_P\omega_I+C_{OP}\omega_O\omega_P+C_{IO}\omega_I\omega_O\\&+C_{PP}\omega_P^2+C_{II}\omega_I^2+C_{III}a_I\omega_I^2+C_{IPP}a_I\omega_P^2\end{aligned} \tag{3.2.25}$$

式(3.2.24)虽然给出了综合系数与物理参数之间的函数关系，但这些系数仍然在实验室条件下通过测试来确定，测试必须在摇摆台上进行，以产生角速度和角加速度激励。测得这些系数后存入导航计算机，捷联惯导根据陀螺提供的角速度测量值和加速度计提供的加速度测量值，代入式(3.2.25)所列模型，即可计算出加速度计的动态误差补偿量，用于对加速度计的输出作校正，从而消除由角运动引起的加速度计动态误差。

习　题　一

1-1　惯性仪器是指哪两类仪器，分别用来测量运载体的什么运动？

1-2　机械式惯性仪器具有哪两类确定性误差，分别由什么引起？

1-3　设自由陀螺位于赤道，初始时刻转子自转轴处于铅垂位置，地球上的观察者在 24 小时内看到自转轴做什么运动？这种现象称为陀螺的什么运动？

1-4　挠性陀螺达到动力调谐时，哪两种力矩互相平衡？

1-5　单自由度积分陀螺的动态误差是由哪些误差项组成的？分别简要说明引起各项误差的原因。

1-6　挠性陀螺的动态误差是由哪些误差项组成的？分别简要说明引起各项误差的原因。当转子的转速偏离调谐转速时会引起哪些误差？

1-7　当单自由度陀螺仪沿输入轴方向旋转时会产生什么力矩？说明该力矩的施力者和受力者。

1-8　挠性陀螺的挠性杆在抗扭刚度和抗弯刚度上有什么不同要求？

1-9　若以挠性陀螺为惯性器件，平台式惯导和捷联式惯导对陀螺的动态误差和静态误差补偿有何要求？简要说明该两系统中陀螺所起的作用，陀螺工作在开环还是闭环状态。

1-10　单轴速率转台的旋转轴调整在铅垂方向，光纤陀螺安装在转台台面上，陀螺敏感轴沿铅垂方向，向上为正。设转台所在地纬度为北纬 30°，不计陀螺漂移。分别计算下述条件下的陀螺输出：(1)转台静止；(2)转台以 1°/s 的角速率顺时针旋转；(3)转台以 1°/s 的角速率逆时针旋转。

1-11　单自由度陀螺的动力学方程为

$$J_0\ddot{\alpha}_0-\omega_I H=M_0$$

式中，J_0 为陀螺组件绕输出轴的转动惯量，α_0 为输出角，ω_I 为输入角速度，H 为转子角动量，M_0 为输出轴上的外作用力矩。若陀螺为积分陀螺，设陀螺的力矩阻尼系数为 D。

(1) 求陀螺的传递函数及时间常数；

(2) 若陀螺工作在力反馈状态，陀螺的力反馈回路放大倍数为 K，力矩器的力矩系数为 k_m，求陀螺的传递函数。

1-12　设双自由度陀螺仪(参阅图 2.2.4)绕外环轴和内环轴的转动惯量均为 $I=4$ 克 · 厘米 · 秒^2，在内环轴上作用有常值干扰力矩 $M_y=1$ 克 · 厘米，转子角动量 $H=10000$ 克 · 厘米 · 秒。计算：

(1) 陀螺绕外环轴的漂移率；

(2) 陀螺绕内环轴的偏置角及振动频率和振幅。

1-13　使用双轴位置转台标定激光陀螺的脉冲当量，转台台面调整在水平位置，陀螺安装时敏感轴垂直转台台面，测试点纬度为北纬 L。

(1) 若在转台台面反时针旋转一周的时间 T(分钟)内，对陀螺输出的脉冲计数为 N，求脉冲当量；

(2) 若台面反时针旋转一周后再顺时针旋转一周，相应的脉冲计数分别为 $N_{反}$ 和 $N_{顺}$，旋转一周所用时间均为 T(分钟)，求脉冲当量；

(3) 上述两种方法中，哪种方法测试精度高？为什么？

1-14　左图为采用单轴伺服转台对单自由度陀螺作伺服转台测试的原理图，用于标定单自由度陀螺的静态漂移误差系数。单自由度陀螺固定安装在转台面上，陀螺敏感轴沿转台轴方向，陀螺输出经放大并反相后控制平台旋转。

(1) 求系统闭合后陀螺的输出角速度；

(2) 求转台旋转角速度 $\dot{\theta}$ 与陀螺漂移间的关系。

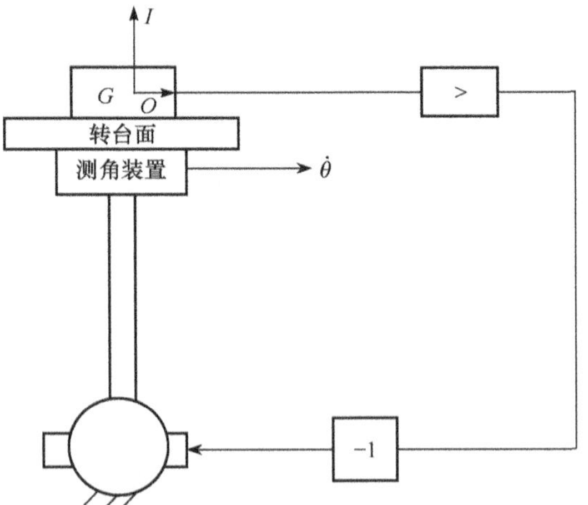

题 1-14 图　单轴伺服转台示意图

第二篇 陀螺稳定平台

陀螺具有定轴性和进动性，即具有相对惯性空间指向保持不变的能力和按照要求的规律相对惯性空间旋转的能力，因此可利用陀螺来控制被控对象的角运动。控制角运动包含两个含义：一是隔离运载体的角运动对被控对象的角运动的影响，例如船舶上的同步卫星接收天线，当船舶受风浪作用而摇晃时，天线能始终指向同步卫星；二是能使被控对象按指令即要求的规律旋转，指向始终跟踪变动着的方向，例如监测火箭发射的地面光学跟踪系统，光轴始终跟踪观察点与火箭的连线，而该连线的指向在不断地变化着。

以陀螺为敏感元件，能隔离基座的角运动并能使被控对象按指令旋转的机电控制系统称为陀螺稳定平台。此处称谓的平台具有泛指含意，是一种统称。对于不同的使用场合，陀螺稳定平台的精度和被控对象的大小是不一样的，习惯称谓也有所不同。如平台式惯导系统中使用的稳定平台要求精确模拟惯导系统所采用的导航坐标系，精度要求达到角分级甚至角秒级，此类平台习惯上称之为惯性平台。又如天线、炮塔等稳定系统，被控对象体积和重量都十分庞大，精度要求不必像惯性平台那样高，控制的旋转轴也可能少于三轴，此类稳定平台习惯上称之为陀螺稳定装置。

从上述简单说明中可看出陀螺稳定平台有两个基本功能：一是稳定功能，即对外界干扰起对消作用，如基座角运动是一种外界干扰，在稳定平台与基座的轴承连接处将引起摩擦力矩作用在平台上，或由于几何约束关系台体被强制带动跟随基座一起旋转，稳定平台能自动产生卸荷力矩对消摩擦力矩，同时能产生适当的反旋转对消被基座带动的强制旋转；二是跟踪功能，即能跟踪指令，按要求的角速度旋转，确保平台的坐标轴指向要求的方位。

第 4 章　陀螺稳定平台工作原理

4.1　各类稳定平台简介

陀螺稳定平台的稳定作用之一是平台能自动产生卸荷力矩对消干扰力矩。卸荷力矩由两类不同的力矩组成：一是由固联在台体上的陀螺产生的陀螺力矩；二是由平台的伺服回路产生的伺服力矩。按照这两类力矩在卸荷力矩中所起作用的不同，可对陀螺稳定平台作如下分类：

(1) 干扰力矩全部由陀螺力矩对消，则此类稳定平台称为直接式陀螺稳定平台。

(2) 陀螺安装在基座上，陀螺感测的基座角运动信息经处理后用来控制平台，干扰力矩全部由伺服力矩对消，则此类稳定平台称为间接式陀螺稳定平台。

(3) 安装在台体上的陀螺属于角位置陀螺，如双自由度液浮角位置陀螺、静电陀螺、挠性陀螺等，此类陀螺不产生陀螺力矩，干扰力矩全部由伺服力矩对消，则此类稳定平台称为指示式陀螺稳定平台。

(4) 陀螺力矩只是在平台系统的过渡过程中参与对消干扰力矩，当平台系统达到稳态后，干扰力矩全部由伺服力矩对消，则此类稳定平台称为动力式陀螺稳定平台。

(5) 陀螺力矩虽然在平台系统的过渡过程中参与了对消干扰力矩，但所起作用很小，当平台系统达到稳态后，干扰力矩全部由伺服力矩对消，则此类稳定平台称为指示-动力式陀螺稳定平台。采用单自由度液浮积分陀螺和速率陀螺为敏感元件的稳定平台就属于此类系统，其中陀螺的主要作用是感测角速度。

下面通过实例分析，进一步对各类陀螺稳定平台作说明。

4.1.1　直接式陀螺稳定平台

图 4.1.1 是单轨列车设计方案，该型列车本质上就是一种直接式陀螺稳定平台，工作原理分析如下。

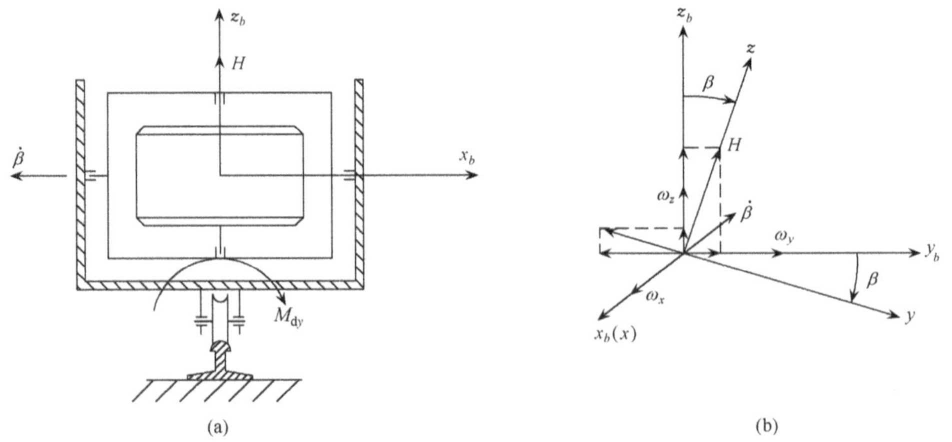

图 4.1.1　单轨列车设计方案

记 $x_b y_b z_b$ 为车体坐标系，简记 b，该坐标系与车厢固联，x_b、y_b、z_b 取向分别为右、前、上。记 xyz 为陀螺框架坐标系，简记 G，相对车体坐标系绕 x_b 有偏角 β。

设车厢的旋转角速度沿 x_b、y_b、z_b 的分量分别为 ω_x、ω_y、ω_z，转子自转产生的角动量为 H，框架组件（包括转子和框架）的惯性张量为 $[\boldsymbol{I}]=\mathrm{diag}[I_x\ I_y\ I_z]$，车厢作用有倾倒力矩 M_{dy}，由此引起的框架进动角速度为 $\dot{\beta}$。该陀螺稳定系统实质上是单自由度陀螺，倾倒力矩的对消过程大致为：在倾倒力矩 M_{dy}（此处假设沿列车前向，即图中穿入纸面方向）作用下，陀螺发生进动，引起的进动角速度 $\dot{\beta}$ 向左，即 x_b 负方向，此进动角速度引起陀螺力矩 $\boldsymbol{M}_g=\boldsymbol{H}\times\dot{\boldsymbol{\beta}}$，方向沿列车后向，即图中穿出纸面方向，因此陀螺力矩对倾倒力矩直接起到了对消作用。

以框架组件为分析对象，框架组件的总动量矩为

$$\boldsymbol{H}_G^b=\boldsymbol{H}^b+[\boldsymbol{I}](\boldsymbol{\omega}_{ib}^b+\boldsymbol{\omega}_{bG}^b)=\begin{bmatrix}0\\H\sin\beta\\H\cos\beta\end{bmatrix}+\begin{bmatrix}I_x&0&0\\0&I_y&0\\0&0&I_z\end{bmatrix}\begin{bmatrix}\omega_x-\dot{\beta}\\\omega_y\\\omega_z\end{bmatrix}=\begin{bmatrix}I_x(\omega_x-\dot{\beta})\\H\sin\beta+I_y\omega_y\\H\cos\beta+I_z\omega_z\end{bmatrix}$$

根据动量矩定理，并应用哥氏定理，得

$$\left.\frac{\mathrm{d}\boldsymbol{H}_G}{\mathrm{d}t}\right|_b^b+\boldsymbol{\omega}_{ib}^b\times\boldsymbol{H}_G^b=\boldsymbol{M}^b$$

即

$$\begin{bmatrix}I_x(\dot{\omega}_x-\ddot{\beta})\\H\dot{\beta}\cos\beta+I_y\dot{\omega}_y\\-H\dot{\beta}\sin\beta+I_z\dot{\omega}_z\end{bmatrix}+\begin{bmatrix}0&-\omega_z&\omega_y\\\omega_z&0&-\omega_x\\-\omega_y&\omega_x&0\end{bmatrix}\begin{bmatrix}I_x(\omega_x-\dot{\beta})\\H\sin\beta+I_y\omega_y\\H\cos\beta+I_z\omega_z\end{bmatrix}=\begin{bmatrix}M_x^b\\M_{\mathrm{dy}}\\M_z^b\end{bmatrix}$$

展开上式得

$$I_x(\dot{\omega}_x-\ddot{\beta})-\omega_z(H\sin\beta+I_y\omega_y)+\omega_y(H\cos\beta+I_z\omega_z)=M_x^b$$
$$H\dot{\beta}\cos\beta+I_y\dot{\omega}_y+\omega_z I_x(\omega_x-\dot{\beta})-\omega_x(H\cos\beta+I_z\omega_z)=M_{\mathrm{dy}}$$
$$-H\dot{\beta}\sin\beta+I_z\dot{\omega}_z-\omega_y I_x(\omega_x-\dot{\beta})+\omega_x(H\sin\beta+I_y\omega_y)=M_z^b$$

为便于说明问题，假设 $\omega_x=\dot{\omega}_x=\omega_z=\dot{\omega}_z=0$，则上述三式成

$$-I_x\ddot{\beta}+\omega_y H\cos\beta=M_x^b \tag{4.1.1a}$$

$$H\dot{\beta}\cos\beta+I_y\dot{\omega}_y=M_{\mathrm{dy}} \tag{4.1.1b}$$

$$H\dot{\beta}\sin\beta=-M_z^b+\omega_y I_x\dot{\beta} \tag{4.1.1c}$$

由式(4.1.1b)

$$H\dot{\beta}\cos\beta=M_{\mathrm{dy}}-I_y\dot{\omega}_y$$

上式中，$H\dot{\beta}\cos\beta$ 是由陀螺角动量 $\boldsymbol{H}$ 和进动角速度 $\dot{\boldsymbol{\beta}}$ 形成的陀螺力矩在 y_b 轴上的分量，由转子产生，经框架轴传递，作用在车厢上，对倾倒力矩起对消作用。又由式(4.1.1c)知，陀螺力矩沿 z_b 轴的分量 $H\dot{\beta}\sin\beta$ 由车轮与导轨间的抗扭转约束力矩平衡。

直接式陀螺稳定平台存在的问题是：

(1) 只有当 $\dot{\beta}\neq0$ 时陀螺力矩才存在，如果倾倒力矩长时间存在，则 β 将越来越大，当 $\beta=90°$ 时，$H\dot{\beta}\cos\beta=0$，即陀螺力矩失去卸荷作用，所以图 4.1.1 所示单轨列车实质上是一个正反馈不

稳定系统，要成为稳定系统，必须采取措施使 $\beta=0$，即在对消倾倒力矩的同时应使倾倒角回零。

(2) 只有当角动量 H 非常巨大时才能产生足够大的陀螺力矩，所以设施非常笨重。

单轨列车曾经一度引起过关注，1912 年曾研制出可乘坐 40 人的实验样车，但由于安全因素等原因，单轨列车并没有得到实际应用。直接式陀螺稳定平台的另一项应用实例是舰船的减摇装置，如图 4.1.2 所示，该装置的作用是能减轻舰船的横摇，其工作原理分析与单轨列车分析类似，读者可自行完成。

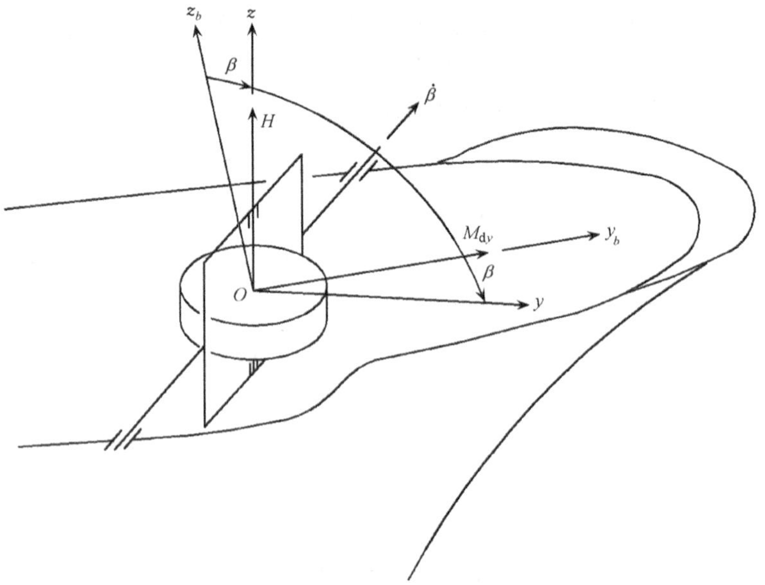

图 4.1.2　舰船减摇装置

4.1.2　间接式陀螺稳定平台

图 4.1.3 是间接式陀螺稳定平台的典型结构。该系统中，垂直陀螺作为角位置敏感元件安装在基座上，被稳定对象安装在平台台体上，台体由两个环架支承，当稳定平台和陀螺都处于中立位置时，环架轴与陀螺的框架轴对应平行。

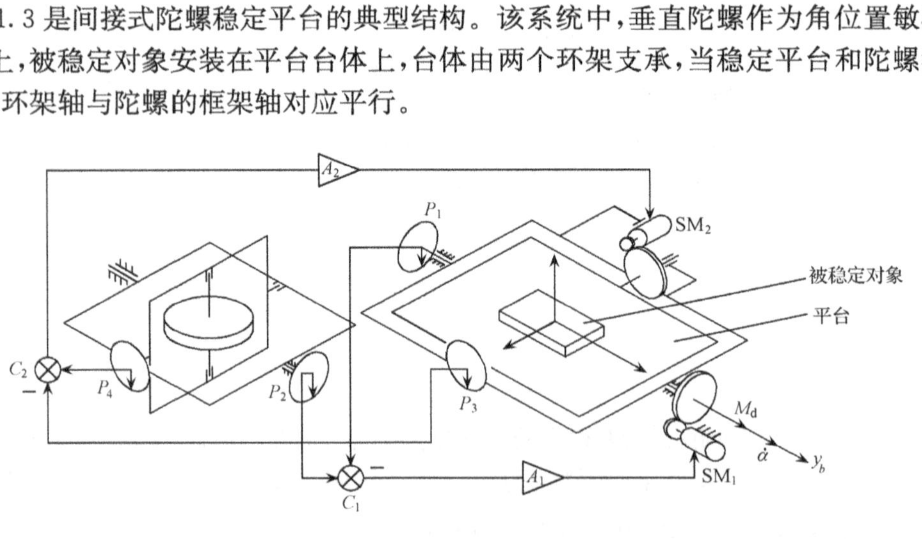

图 4.1.3　双轴间接式陀螺稳定平台

陀螺的内、外框架轴上的电位计式角度传感器 P_4 和 P_2 拾取基座角位移信息，以此信息为基准信息与稳定平台相应轴上的电位计输出作比较，所得比较量经放大后馈入相应轴上的力矩马达，马达拖动稳定平台旋转，确保稳定平台始终跟随垂直陀螺，由于陀螺的定轴性，陀螺的角动量始终指向铅垂位置，所以稳定平台的台面始终处于水平位置，隔离了基座的水平角运动。现以平台外环轴为对象分析稳定平台的工作原理。

(1) 设基座无角运动，当沿稳定平台外环轴作用有干扰力矩 M_d 时，平台绕 y_b 轴产生旋转角速度 $\dot{\alpha}$，从而带动电位计 P_1 的电刷沿绕组转动 α 角，P_1 输出与 α 成比例的电信号。由于陀螺的定轴性，陀螺外环轴上的电位计 P_2 输出为零，所以进入 A_1 的信号仅为 P_1 的输出信号，该信号经放大后馈入力矩马达 SM_1，SM_1 产生抑制 α 增大的稳定力矩 M_{m1}，当 M_{m1} 与 M_d 相等时，α 角不再增大，从而保持了平台绕外环轴的稳定。

(2) 若基座绕横滚轴 y_b 滚转，产生横滚角 γ，由于陀螺的定轴性，电位计 P_2 输出与 γ 成正比的电信号 E_2，由于存在摩擦等原因，稳定平台被基座带动也随之绕 y_b 轴旋转产生平台横滚角 γ'，显然 $\gamma' \neq \gamma$，电位计 P_1 输出与 γ' 成正比的电信号 E_1，比较点 C_1 输出信号 $E_1 - E_2 \neq 0$，经 A_1 放大后馈入力矩马达，力矩马达拖动平台绕 y_b 旋转，当 $E_1 - E_2 = 0$ 时，即 $\gamma' = \gamma$ 时，力矩马达停止旋转，从而达到了隔离基座角运动的目的。

稳定平台绕俯仰轴的稳定过程的分析与上述分析相仿，读者可自行分析。

间接式陀螺稳定平台在工程中的应用是很广泛的，其最大优点是不同的被稳定对象可共用一个信息参考基准，这对降低成本，减小重量和体积是十分有利的。但这类稳定平台达到的精度一般都不高，如图 4.1.3 所示双轴水平稳定平台，其精度很难达到 0.2°。

4.1.3　动力式陀螺稳定平台

动力式陀螺稳定平台是工程上最常用的一类系统，这类平台可以是单轴的、双轴的和三轴的。苏联的 АЛ-15 型自动驾驶仪的航向稳定器可将重量和转动惯量很大的轰炸瞄准具稳定在一定航向上；цГВ 型双轴动力式陀螺平台可以给飞机上众多设备提供飞机的姿态角信息；АЛ-15 型自动驾驶仪中使用了一个三轴动力式陀螺稳定平台，它可以作为飞机偏航角、姿态角的角度传感器。此外，动力式陀螺稳定平台也可用于坦克火炮的稳定，航空摄像机和雷达天线稳定等。

无论是双轴的还是三轴的动力式陀螺稳定平台，它们的工作原理、系统设计都以单轴稳定平台为基础，所以此处对单轴动力式陀螺稳定平台做较详细的介绍。

1. 稳定回路工作原理(几何稳定状态下的工作原理)

图 4.1.4 为动力式单轴陀螺稳定平台工作原理图。台体上安装了一个单自由度陀螺仪，陀螺仪信号器输出经放大后馈入力矩马达，马达带动平台旋转。该稳定平台可理解成带有稳定回路的双自由度陀螺仪，陀螺的外环轴为稳定轴，稳定回路由内环轴上的信号器、放大器、力矩马达和齿轮减速器组成。

设沿稳定轴负方向作用有干扰力矩 M_{dx}，由于陀螺的进动作用，角动量 $\boldsymbol{H}$ 倒向 M_{dx}，陀螺产生输出角 β，旋转方向与陀螺输出轴 O 的指向相反，记此 β 角为负值，信号器将 β 变换成电压信号，经放大处理后馈入力矩马达，信号接入力矩马达时正负方向确定的原则是：输出角 β 为负时，力矩马达产生正向力矩(与 x_O 轴指向相同)；输出角 β 为正时，力矩马达产生负向力矩。即

$$M_m = -K\beta \tag{4.1.2}$$

式中，$K = k_m k_a k_u$，k_u 为信号器的传递系数，k_a 为放大器的放大倍数，k_m 为力矩电机的力矩系数。

所以对于 M_{dx} 为负向干扰力矩时，β 角为负值，力矩马达产生的卸荷力矩 M_m 为正向力矩，对

M_{dx}起对消作用，当 $M_m < |M_{dx}|$时，$|\beta|$继续增大，M_m 也随之增大，当 $M_m = |M_{dx}|$时，$|\beta|$停止增大，干扰力矩被完全对消，实现了平台台体的角位置稳定。读者可自行分析当干扰力矩沿稳定轴正向时平台的稳定过程。

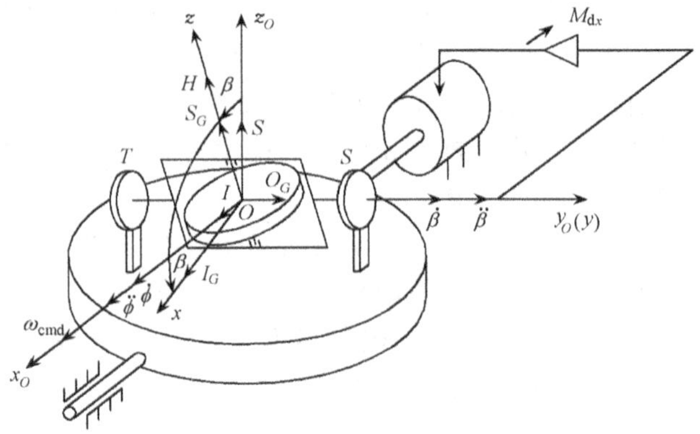

图 4.1.4　动力式单轴陀螺稳定平台

2. 修正回路工作原理（空间积分状态下的工作原理）

修正回路的作用是使平台跟踪给定的指令，相对惯性空间以该指令角速度旋转。

设指令角速度为 ω_{cmd}，将该指令角速度折算成指令电流

$$i_{cmd} = k_{i\omega}\omega_{cmd}$$

式中，$k_{i\omega}$根据力矩器额定电流和指令角速度最大值确定，该指令电流馈入陀螺力矩器，产生的指令力矩为

$$M_{cmd} = -k_T k_{i\omega}\omega_{cmd}$$

式中，k_T 为力矩器力矩系数。指令电流接入力矩器时正负方向确定的原则是：若 ω_{cmd}沿稳定轴正向，则产生的指令力矩应沿陀螺输出轴的负向；若 ω_{cmd}沿稳定轴负向，则产生的指令力矩应沿陀螺输出轴的正向。两者符号正好相反。

由于在稳定轴上存在很大的摩擦力矩，且被稳定对象（台体）具有很大的转动惯量，所以在 M_{cmd}作用下，陀螺不会绕稳定轴进动，而只引起陀螺框架组件绕 y_O 轴做一般刚体转动：

$$I_G\ddot{\beta} = M_{cmd} - D_\beta\dot{\beta} \tag{4.1.3}$$

对应于 ω_{cmd}为正，则输出角 β 为负，按稳定回路中力矩马达馈入信号的正负向接法，此时力矩马达产生正向力矩，M_m 驱动平台旋转，平台转角 ϕ 满足如下方程：

$$J_P\ddot{\phi} = M_m - H\dot{\beta} \tag{4.1.4}$$

式中，$H\dot{\beta}$ 为 $\dot{\beta}$ 引起的陀螺力矩。由于产生了 $\dot{\phi}$，应将陀螺的框架组件的动力学方程式(4.1.3)改写成

$$I_G\ddot{\beta} = M_{cmd} + H\cos\beta\dot{\phi} - D_\beta\dot{\beta} \tag{4.1.5}$$

式中，$H\cos\beta\dot{\phi}$ 是由 $\dot{\phi}$ 引起的陀螺力矩。可以证明，当

$$M_{cmd} + H\cos\beta\dot{\phi} = 0$$

时，$\dot{\beta}=0$，$\ddot{\beta}=0$，即 β 达到稳态值。此时

$$H\cos\beta\dot{\phi} = -M_{cmd} = k_T k_{i\omega}\omega_{cmd} \tag{4.1.6}$$

由于输出角 β 是小角，$\cos\beta \approx 1$，所以由式(4.1.6)得

$$\dot{\phi} = \frac{k_T k_{i\omega}}{H}\omega_{\text{cmd}}$$

设计中取

$$\frac{k_T k_{i\omega}}{H} = 1 \tag{4.1.7}$$

则 $\dot{\phi} = \omega_{\text{cmd}}$，即平台能跟随指令角速度旋转，其中，$\frac{k_T k_{i\omega}}{H}$ 称为陀螺的刻度因数。从上述分析可以看出，陀螺输出角 β 越小，式(4.1.7)近似度就越好，平台跟踪精度就越高。

从式(4.1.4)可看出，当陀螺还未达到稳定时，即 $\dot{\beta} \neq 0$ 时，陀螺力矩 $H\dot{\beta}$ 也参与了对平台的驱动，而一旦陀螺达到稳态，即 $\dot{\beta}=0$，陀螺力矩消失，平台完全由伺服力矩驱动，所以此类平台定义为动力式陀螺稳定平台。

3. 稳定性分析

若考虑作用在稳定轴上的阻尼力矩和干扰力矩，并考虑式(4.1.2)，则式(4.1.4)应改写成

$$J_P\ddot{\phi} = -K\beta + M_{dx} - H\dot{\beta} - D_{\phi}\dot{\phi} \tag{4.1.8}$$

根据式(4.1.5)和式(4.1.8)，得平台和陀螺动力学方程的拉氏变换：

$$(J_P s^2 + D_{\phi}s)\phi(s) + (Hs + K)\beta(s) = M_{\text{dx}}(s)$$
$$-Hs\phi(s) + (I_G s^2 + D_{\beta}s)\beta(s) = M_{\text{cmd}}(s)$$

写成矩阵形式：

$$\begin{bmatrix} J_P s^2 + D_{\phi}s & Hs + K \\ -Hs & I_G s^2 + D_{\beta}s \end{bmatrix}\begin{bmatrix} \phi(s) \\ \beta(s) \end{bmatrix} = \begin{bmatrix} M_{\text{dx}}(s) \\ M_{\text{cmd}}(s) \end{bmatrix}$$

系统的特征方程为

$$\begin{vmatrix} J_P s^2 + D_{\phi}s & Hs + K \\ -Hs & I_G s^2 + D_{\beta}s \end{vmatrix} = 0$$

展开行列式

$$(J_P s^2 + D_{\phi}s)(I_G s^2 + D_{\beta}s) + (Hs + K)Hs = 0$$
$$J_P I_G s^3 + (J_P D_{\beta} + I_G D_{\phi})s^2 + (D_{\phi}D_{\beta} + H^2)s + KH = 0$$

即

$$a_0 s^3 + a_1 s^2 + a_2 s + a_3 = 0$$

式中，$a_0 = J_P I_G$，$a_1 = J_P D_{\beta} + I_G D_{\phi}$，$a_2 = D_{\phi}D_{\beta} + H^2$，$a_3 = KH$，根据劳斯-霍尔维茨判据，系统稳定的条件为

$$a_1 > 0, \qquad \begin{vmatrix} a_1 & a_3 \\ a_0 & a_2 \end{vmatrix} > 0$$

$a_1 = J_P D_{\beta} + I_G D_{\phi} > 0$ 自然满足：

$$\begin{vmatrix} a_1 & a_3 \\ a_0 & a_2 \end{vmatrix} = \begin{vmatrix} J_P D_{\beta} + I_G D_{\phi} & KH \\ J_P I_G & D_{\phi}D_{\beta} + H^2 \end{vmatrix} = (J_P D_{\beta} + I_G D_{\phi})(D_{\phi}D_{\beta} + H^2) - KHJ_P I_G > 0$$

由于 $D_{\phi}D_{\beta} \ll H^2$，所以要确保陀螺稳定平台稳定，应满足：

$$K < \frac{H(J_P D_{\beta} + I_G D_{\phi})}{J_P I_G} = H\left(\frac{D_{\beta}}{I_G} + \frac{D_{\phi}}{J_P}\right) \tag{4.1.9}$$

4. 关于伺服回路增益 K 的解释

由式(4.1.8),当稳定平台达到稳定时,$\ddot{\phi}=0,\dot{\phi}=0,\dot{\beta}=0$,此时

$$K=\frac{M_{\mathrm{d}x}}{\beta}\quad 或\quad \beta=\frac{M_{\mathrm{d}x}}{K}$$

式中,$K=k_u k_a k_m$ 为平台伺服回路的增益。从上两式可看出 K 具有角刚度的概念,对于一定的平台干扰力矩 $M_{\mathrm{d}x}$,K 越大,则陀螺输出角就越小,所以从减小陀螺输出角 β,提高平台的控制精度来看,K 应该尽量大;但是由式(4.1.9)知,从平台控制系统的稳定要求来看,K 不能超过 $H\left(\frac{D_\beta}{I_G}+\frac{D_\phi}{J_P}\right)$,而阻尼系数 D_β 和 D_ϕ 都很小,要提高 K 的允许值,唯一的途径就是增大陀螺的角动量 H,所以动力式陀螺稳定平台设计中必须选用大角动量陀螺。

4.1.4 指示式陀螺稳定平台

如果在系统设计中选用双自由度陀螺仪作为角位置敏感器件,则该类稳定平台称为指示式陀螺稳定平台,如图 4.1.5 所示。

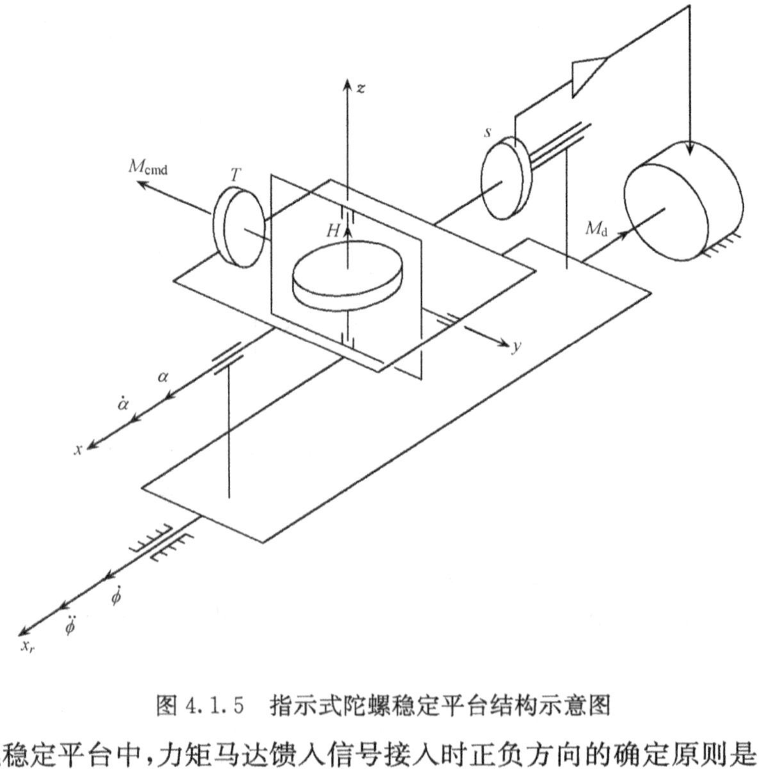

图 4.1.5　指示式陀螺稳定平台结构示意图

在此类陀螺稳定平台中,力矩马达馈入信号接入时正负方向的确定原则是:当陀螺输出角 α 为正,即沿稳定轴正向时,产生的伺服力矩也为正,即也沿稳定轴正向;α 为负时,产生的伺服力矩也为负。

1. 稳定回路工作原理(几何稳定状态下的工作原理)

设沿稳定轴 x_r 的负方向作用有干扰力矩 M_{d},则平台做一般刚体旋转,产生偏角 ϕ(引起偏

角的旋转方向与 x_r 同向时 ϕ 为正，否则为负)，由于采用了双自由度陀螺仪，角动量 $\boldsymbol{H}$ 相对惯性空间稳定，所以陀螺绕外环轴具有输出 $\alpha=-\phi$，信号器将 α 转换成电压信号，经放大处理后馈入力矩马达，产生与 α 同号即沿 x_r 轴正向的伺服力矩，对消干扰力矩 M_{d}，此过程中不产生任何陀螺力矩，卸荷完全依靠伺服力矩实现。

2. 修正回路工作原理(空间积分状态下的工作原理)

若要求稳定平台沿 x_r 轴正向以角速度 ω_{cmd} 旋转，则将 ω_{cmd} 折算成电流

$$i_{\mathrm{cmd}}=k_{i\omega}\omega_{\mathrm{cmd}}$$

将 i_{cmd} 馈入陀螺力矩器，电流接入时正负方向确定的原则是：若 ω_{cmd} 为正，即沿稳定轴正向，则产生的力矩为负，即沿陀螺内环轴的负向；若 ω_{cmd} 为负，则产生的力矩为正，即沿陀螺内环轴的正向。所以在上述 ω_{cmd} 为正的情况下，力矩器产生的指令力矩沿 y 轴负向：

$$M_{\mathrm{cmd}}=-k_Tk_{i\omega}\omega_{\mathrm{cmd}}$$

式中，k_T 为力矩器力矩系数，$k_{i\omega}$ 为力矩器指令电流折算系数。在 M_{cmd} 作用下，陀螺角动量 $\boldsymbol{H}$ 倒向 M_{cmd}，产生沿外环轴正向的输出角 α，外环上的信号器将 α 转换成电压信号，经放大处理后馈入力矩马达，力矩马达产生与 α 同向的伺服力矩，驱动平台绕 x_r 轴旋转，旋转方向同 x_r 轴的正向。此时陀螺外框架组件绕外环轴相对惯性空间的角速度为

$$\omega_{iG}=\dot{\alpha}+\dot{\phi}$$

引起的陀螺力矩为

$$M_g=H(\dot{\alpha}+\dot{\phi})$$

方向沿内环轴正向。当作用在内环轴上的陀螺力矩与指令力矩平衡时，即

$$M_g+M_{\mathrm{cmd}}=0,\quad H(\dot{\alpha}+\dot{\phi})=-M_{\mathrm{cmd}}=k_Tk_{i\omega}\omega_{\mathrm{cmd}}$$

时，陀螺停止进动，即 $\dot{\alpha}=0$，系统达到稳态，此时

$$H\dot{\phi}=k_Tk_{i\omega}\omega_{\mathrm{cmd}},\quad \dot{\phi}=\frac{k_Tk_{i\omega}}{H}\omega_{\mathrm{cmd}}$$

系统设计中，取 $\frac{k_Tk_{i\omega}}{H}=1$，所以

$$\dot{\phi}=\omega_{\mathrm{cmd}}$$

从上述分析中可看出，在对消干扰力矩的工作过程中并不产生陀螺力矩，在跟踪指令角速度的工作过程中，陀螺力矩作用在稳定轴的正交方向，并未对稳定轴直接起作用，所以将此类陀螺稳定平台称为指示式陀螺稳定平台。

当设计陀螺稳定平台中选用液浮积分陀螺时，由于液浮的黏稠系数较大，阻尼系数 D_β 相对较大，所以允许刚度 K 可以适当大些(见式(4.1.9))。若要达到与动力式陀螺稳定平台相同的刚度，则陀螺角动量可以大幅度降低，所以陀螺力矩也相对较小，过渡过程中对消干扰力矩的作用并不明显，干扰力矩几乎完全由伺服力矩对消，为了便于与动力式陀螺稳定平台作区别，将此类稳定平台定义为指示-动力式陀螺稳定平台。

4.1.5　用速率陀螺仪构成的陀螺稳定平台

图 4.1.6 是用速率陀螺构造的单轴陀螺稳定平台，为了便于说明工作原理，图中稳定平台仅画出了陀螺壳体部分，因陀螺壳体与平台台体固联，所以陀螺壳体的角运动实质上就是平台台体

的角运动。设平台的指令角速度为零，平台（包括被稳定对象和陀螺）绕稳定轴 x_O 轴的转动惯量为 J_P，陀螺组件绕输出轴 O 的转动惯量为 I_G，作用在稳定轴上的干扰力矩为 M_{dx}，作用在陀螺输出轴上的干扰力矩为 M_{dy}，陀螺角动量为 H，陀螺绕输出轴的阻尼系数和弹性系数分别为 D 和 k，陀螺信号器的传递系数为 k_u，放大器的放大系数为 k_a，力矩马达力矩系数为 k_m，则平台旋转角 ϕ 满足如下方程：

$$J_P\ddot{\phi}=M_{dx}-H\dot{\beta}\cos\beta-k_m k_a k_u\beta$$

式中，$H\dot{\beta}\cos\beta$ 是由 $\dot{\beta}$ 引起的陀螺力矩，力矩马达的伺服力矩与陀螺输出角 β 反号。陀螺输出角 β 满足如下方程：

$$I_G\ddot{\beta}=M_{dy}-k\beta-D\dot{\beta}+H\dot{\phi}\cos\beta$$

式中，$H\dot{\phi}\cos\beta$ 为 $\dot{\phi}$ 引起的陀螺力矩。

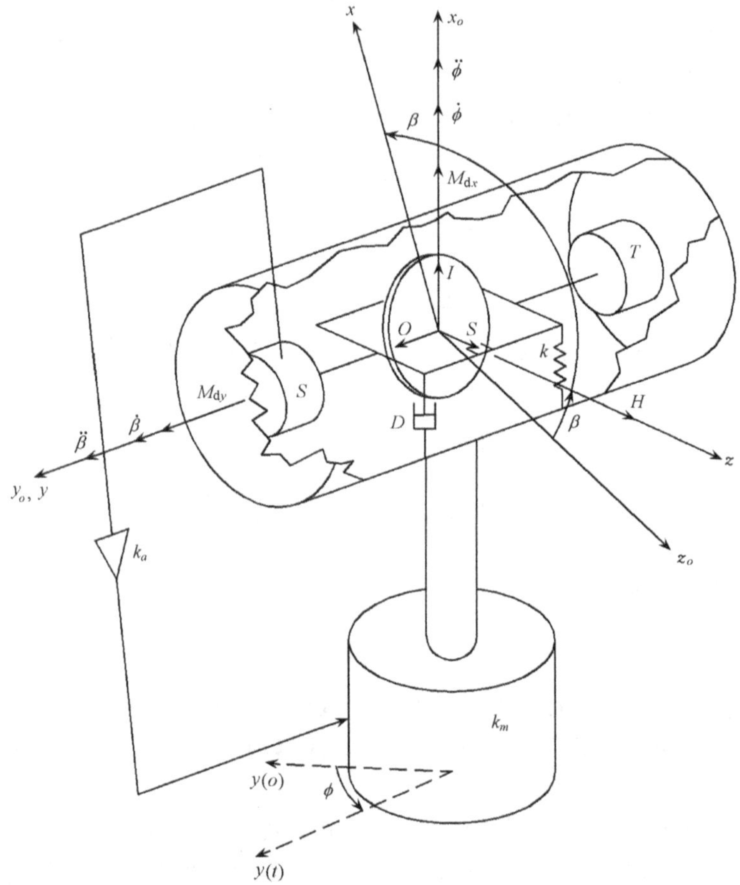

图 4.1.6 速率陀螺单轴稳定平台工作原理图

由于陀螺输出角 β 在系统设计中控制得很小，$\cos\beta\approx 1$，所以上述两式可写成

$$J_P\ddot{\phi}=M_{dx}-H\dot{\beta}-K\beta \tag{4.1.10a}$$

$$I_G\ddot{\beta}=M_{dy}-k\beta-D\dot{\beta}+H\dot{\phi} \tag{4.1.10b}$$

式中，$K=k_m k_a k_u$。

由于陀螺的带宽远高于稳定平台的带宽，所以考虑平台的响应时可不考虑陀螺的过渡过程，

而只需要考虑陀螺的稳态输出。由式(4.1.10b),当 $\ddot{\beta}=0$,$\dot{\beta}=0$ 时

$$\beta=\frac{M_{dy}}{k}+\frac{H}{k}\dot{\phi} \tag{4.1.11}$$

上式代入式(4.1.10a),得

$$J_P\ddot{\phi}+\frac{KH}{k}\dot{\phi}=M_{dx}-\frac{K}{k}M_{dy}$$

由于指令角速度为零,所以 $\dot{\phi}$ 即为平台的漂移角速度,记

$$\varepsilon=\dot{\phi}$$

则

$$J_P\dot{\varepsilon}+\frac{KH}{k}\varepsilon=M_{dx}-\frac{K}{k}M_{dy}$$

对上式作拉氏变换

$$\varepsilon(s)=\frac{M_{dx}(s)-\frac{K}{k}M_{dy}(s)}{J_Ps+\frac{KH}{k}}$$

对于常值干扰力矩,平台漂移的稳态值为

$$\varepsilon_{ss}=\lim_{s\to0}s\cdot\frac{\frac{M_{dx}}{s}-\frac{K}{ks}M_{dy}}{J_Ps+\frac{KH}{k}}=\frac{k}{KH}M_{dx}-\frac{M_{dy}}{H}$$

从上式可看出:绕稳定轴和绕陀螺输出轴的干扰力矩都能引起平台漂移,增大陀螺角动量能有效降低它们的影响;弹性约束是一种干扰,增大稳定回路的增益能降低其影响。

若对上述方案作如下修改:①采用液浮陀螺,输出轴上的干扰力矩 M_{dy} 可略去不计;②力矩马达除输出与陀螺输出角成正比的伺服力矩外,还输出与输出角积分成正比的伺服力矩。则式(4.1.11)应改写为

$$\beta=\frac{H}{k}\dot{\phi} \tag{4.1.12}$$

力矩马达的输出力矩为

$$M_m=-K\beta-k'\int\beta dt$$

此时,式(4.1.10a)应改写为

$$J_P\ddot{\phi}=M_{dx}-k'\int\beta dt-K\beta$$

式(4.1.12)代入上式,得

$$J_P\ddot{\phi}+\frac{KH}{k}\dot{\phi}+\frac{k'H}{k}\phi=M_{dx}$$

$$\phi(s)=\frac{M_{dx}(s)}{J_Ps^2+\frac{KH}{k}s+\frac{k'H}{k}}$$

对稳定轴上的常值干扰力矩

$$M_{dx}(s)=\frac{M_{dx}}{s}$$

$$\phi_{ss}=\lim_{s\to 0}s\cdot\frac{\dfrac{M_{dx}}{s}}{J_P s^2+\dfrac{KH}{k}s+\dfrac{k'H}{k}}=\frac{kM_{dx}}{k'H}$$

此时，只存在稳定偏差角，而平台的漂移角速度为零。

4.2　力矩装置和平台台体的传递函数

4.2.1　力矩装置的传递函数

在稳定平台回路中，平衡干扰力矩和按要求驱动平台旋转是依靠力矩装置实现的，力矩装置应满足如下要求：

(1) 对平台施加的干扰力矩要小；

(2) 传动应平稳可靠，定位分辨力要高，滞环要小；

(3) 功耗小；

(4) 对平台附加的转动惯量要小；

(5) 体积小，重量轻，结构紧凑。

工程上常采用直接驱动式和间接驱动式两类力矩驱动装置。直接驱动式力矩装置的力矩马达驱动轴直接与稳定轴相连，力矩马达可以是交流的，也可以是直流的，但目前广泛使用直流型。间接驱动式力矩装置的力矩电机驱动轴通过齿轮减速器与稳定轴相连，常采用交流伺服电机。

1. 直流力矩电机的传递函数

图 4.2.1 是直流力矩电机的等效电路图。

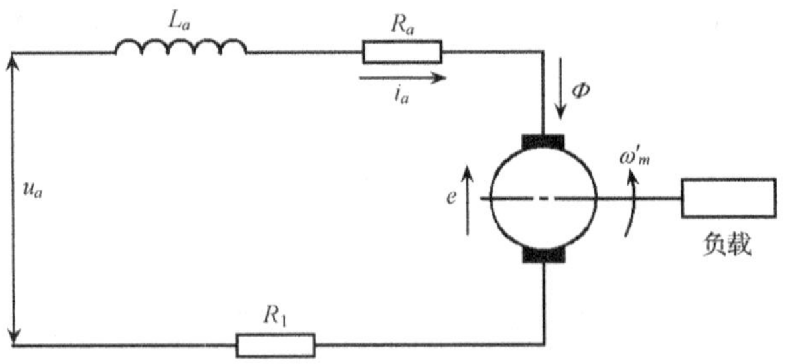

图 4.2.1　直流力矩电机等效电路图

u_a：控制电压；Φ：激磁磁通；L_a：电枢绕组电感；R_a：电枢绕组电阻；R_1：串联电阻；ω'_m：电机角速度；e：由 ω'_m 引起的反电势

根据回路电压定理

$$u_a-e=i_a(R_a+R_1)+L_a\frac{\mathrm{d}i_a}{\mathrm{d}t}$$

记 $R=R_a+R_1$，则上式的拉氏变换形式为

$$u_a(s)=e(s)+Ri_a(s)+L_a si_a(s)$$

$$i_a(s)=\frac{u_a(s)-e(s)}{sL_a+R}=\frac{1}{R}\frac{u_a(s)-e(s)}{\tau_e s+1}$$

式中，$\tau_e=\dfrac{L_a}{R}$为电机的时间常数。

由 i_a 产生的电机输出扭矩为

$$M'_m(s)=k_m i_a(s)=\frac{k_m}{R}\frac{u_a(s)-e(s)}{\tau_e s+1} \tag{4.2.1}$$

式中，k_m 为电机的扭矩系数，即电机的电流-力矩系数。电机的传递函数为

$$\frac{M'_m(s)}{u_a(s)-e(s)}=\frac{k_m}{R}\frac{1}{\tau_e s+1}$$

其中反电势由电机旋转引起。设电机旋转角速度为 ω'_m，则

$$e(s)=k_e\omega'_m(s)$$

式中，k_e 为电机的反电势系数。所以式(4.2.1)可写成

$$M'_m(s)=\frac{k_m}{R}\frac{1}{\tau_e s+1}[u_a(s)-k_e\omega'_m(s)] \tag{4.2.2}$$

电机的稳态输出力矩为

$$M'_{mss}=\lim_{s\to 0}s\cdot M'_m(s)=\frac{k_m}{R}(u_a-k_e\omega'_m)=k_u u_a-k_\omega\omega'_m$$

式中，$k_u=\dfrac{k_m}{R}$为电机的电压-力矩系数，$k_\omega=k_u k_e$ 为电机的反电势阻尼力矩系数。

2. 基座旋转引起的平台干扰力矩分析

忽略电机的时间常数，由式(4.2.2)

$$M'_m(s)=k_u u_a(s)-k_\omega\omega'_m(s) \tag{4.2.3}$$

假设电机输出轴与稳定轴间用减速器相连，传动比(减速比)为 i，不考虑减速器的功率损失，则

$$M'_m\omega'_m=M_m\omega_m$$

式中，M'_m 和 ω'_m 分别为电机输出扭矩和角速度，M_m 和 ω_m 分别为平台获得的扭矩和相对基座的角速度。所以

$$M'_m=\frac{M_m}{i}$$

代入式(4.2.3)，得

$$\frac{1}{i}M_m(s)=k_u u_a(s)-k_\omega i\omega_m=k_u u_a(s)-k_\omega i(\omega_{ip}-\omega_{ib})$$

即

$$M_m(s)=ik_u u_a(s)-i^2k_\omega\omega_{ip}(s)+i^2k_\omega\omega_{ib}(s)$$

或

$$M_m(s)=M_{m1}(s)+M_i(s) \tag{4.2.4}$$

式中

$$M_i(s)=i^2k_\omega\omega_{ib}(s) \tag{4.2.5}$$

为基座角运动引起的平台干扰力矩；

$$M_{m1}(s)=ik_u u_a(s)-i^2k_\omega\omega_{ip}(s) \tag{4.2.6}$$

为当输入为 u_a，并考虑平台绝对角速度等效反电势后的平台驱动力矩。

4.2.2 平台台体的传递函数

1. 直接由力矩马达驱动时的传递函数

设平台台体的转动惯量为 J，则由动量矩定理

$$J\dot{\omega}_{ip}=M_\Sigma$$

式中，$M_\Sigma=M_m=M_{m1}+M_i$。由上式，得平台台体的传递函数：

$$\frac{\omega_{ip}(s)}{M_\Sigma(s)}=\frac{1}{Js} \tag{4.2.7}$$

2. 经减速器驱动时的传递函数

1）减速器的等效转动惯量、干扰转动惯量和平台的驱动力矩

图 4.2.2 为 n 级减速器驱动示意图，其中 0 号齿轮轴与电机轴连接，n 号齿轮轴与平台台体轴连接，每个齿轮由固联在一起的大小齿轮组成，传动过程中由 k 号小齿轮拨动 $k+1$ 号大齿轮，构成第 $k+1$ 级传动。

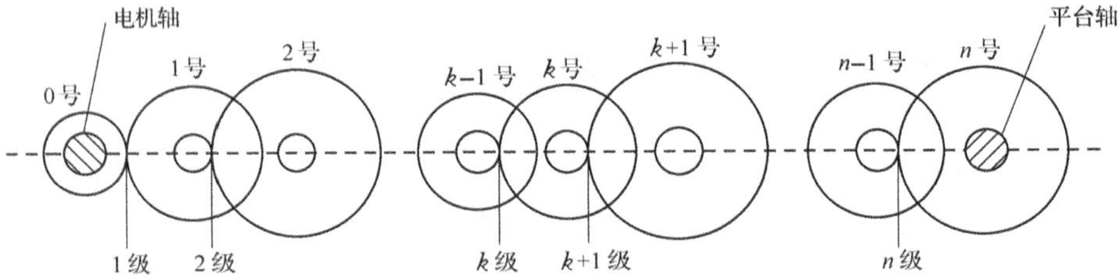

图 4.2.2 n 级减速驱动

为分析方便，规定：

(1) k 级传动比表示为：$i_{k-1/k}=\frac{\omega_{b(k-1)}}{\omega_{bk}}(>1)$。式中，$b$ 为基座坐标系，$\omega_{b(k-1)}$ 为 $k-1$ 号齿轮相对 b 坐标系的角速度，ω_{bk} 为 k 号齿轮相对 b 坐标系的角速度。

(2) $M_{(k-1)k}$ 表示 k 号齿轮受 $k-1$ 号齿轮拨动而获得的扭矩，$M^r_{(k+1)k}$ 表示 k 号齿轮拨动 $k+1$ 号齿轮时受到 $k+1$ 号齿轮的反作用力矩。

考察 k 号齿轮的动力学方程（$k=1,2,\cdots,n$），根据动量矩定理

$$J_k\dot{\omega}_{ik}=M_{(k-1)k}-M^r_{(k+1)k} \tag{4.2.8}$$

式中，J_k 为 k 号齿轮的转动惯量。对 ω_{ik} 和 $M^r_{(k+1)k}$ 的分析如下：

$$\omega_{ik}=\omega_{ib}+\omega_{bk}=\omega_{ib}+i_{k/n}\omega_{bn}=\omega_{ib}+i_{k/n}(\omega_{in}-\omega_{ib})=\omega_{ib}(1-i_{k/n})+\omega_{in}i_{k/n} \tag{4.2.9}$$

式中

$$i_{k/n}=\frac{\omega_{bk}}{\omega_{bn}}=\frac{\omega_{bk}}{\omega_{b(k+1)}}\cdot\frac{\omega_{b(k+1)}}{\omega_{b(k+2)}}\cdots\frac{\omega_{b(n-1)}}{\omega_{bn}}=i_{k/(k+1)}\cdot i_{(k+1)/(k+2)}\cdots i_{(n-1)/n} \tag{4.2.10}$$

图 4.2.3 表示 $k+1$ 级传动中 k 号齿轮和 $k+1$ 号齿轮间的作用力关系，其中 $P_{k(k+1)}$、$M_{k(k+1)}$ 分别表示 k 号齿轮对 $k+1$ 号齿轮的驱动力和驱动力矩，$P^r_{(k+1)k}$ 和 $M^r_{(k+1)k}$ 分别表示 $k+1$ 号齿轮对 k 号齿轮的反作用力和反作用力矩，显然 $P_{k(k+1)}$ 与 $P^r_{(k+1)k}$ 大小相等，方向相反，且

$$M_{k(k+1)} = -|P_{k(k+1)}|R_{k+1}$$
$$M^r_{(k+1)k} = -|P^r_{(k+1)k}|r_k$$

式中，负号表示力矩方向穿入纸面。所以有

$$\frac{M^r_{(k+1)k}}{M_{k(k+1)}} = \frac{r_k}{R_{k+1}}$$

因两齿轮在点 C 的速度相同，即 $r_k\omega_{bk} = R_{k+1}\omega_{b(k+1)}$，所以

$$\frac{R_{k+1}}{r_k} = \frac{\omega_{bk}}{\omega_{b(k+1)}} = i_{k/k+1}$$
$$M^r_{(k+1)k} = \frac{1}{i_{k/k+1}}M_{k(k+1)} \tag{4.2.11}$$

将式(4.2.9)和式(4.2.11)代入式(4.2.8)，得

$$\frac{1}{i_{k/k+1}}M_{k(k+1)} = M_{(k-1)k} - J_k[\dot{\omega}_{ib}(1-i_{k/n}) + \dot{\omega}_{in}i_{k/n}]$$
$$M_{k(k+1)} = i_{k/k+1}M_{(k-1)k} + i_{k/k+1}(i_{k/n}-1)J_k\dot{\omega}_{ib} - i_{k/k+1}i_{k/n}J_k\dot{\omega}_{in}$$
$$k = 1,2,\cdots,n \tag{4.2.12}$$

上式即为齿轮逐级传递力矩的递推公式。下面确定递推初值 M_{01}。考虑第一级传动，如图 4.2.4 所示。

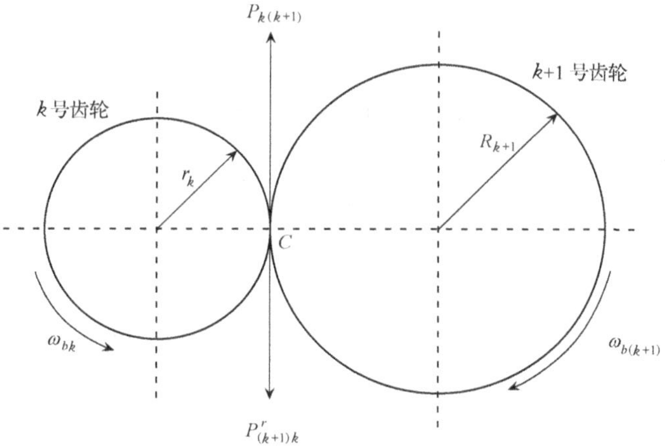

图 4.2.3　k 号齿轮和 $k+1$ 号齿轮间的作用力

设电机的驱动力矩(输出力矩)为 M'_m，0 号齿轮的转动惯量为 J_0，则

$$J_0\dot{\omega}_{i0} = M'_m - M^r_{10} \tag{4.2.13}$$

由图 4.2.4 得

$$M_{01} = -|P_{01}|R_1, M^r_{10} = -|P^r_{10}|r_0$$
$$\frac{M^r_{10}}{M_{01}} = \frac{r_0}{R_1} = \frac{1}{i_{0/1}}$$
$$M^r_{10} = \frac{1}{i_{0/1}}M_{01}$$

上式代入式(4.2.13)，得

$$\frac{1}{i_{0/1}}M_{01} = M'_m - J_0\dot{\omega}_{i0}$$

即

$$
\begin{aligned}
M_{01} &= i_{0/1}M'_m - i_{0/1}J_0(\dot{\omega}_{ib} + \dot{\omega}_{b0}) = i_{0/1}M'_m - i_{0/1}J_0(\dot{\omega}_{ib} + i_{0/n}\dot{\omega}_{bn}) \\
&= i_{0/1}/M'_m - i_{0/1}J_0[\dot{\omega}_{ib} + i_{0/n}(\dot{\omega}_{in} - \dot{\omega}_{ib})] \\
&= i_{0/1}M'_m + i_{0/1}(i_{0/n} - 1)J_0\dot{\omega}_{ib} - i_{0/1}i_{0/n}J_0\dot{\omega}_{in}
\end{aligned} \tag{4.2.14}
$$

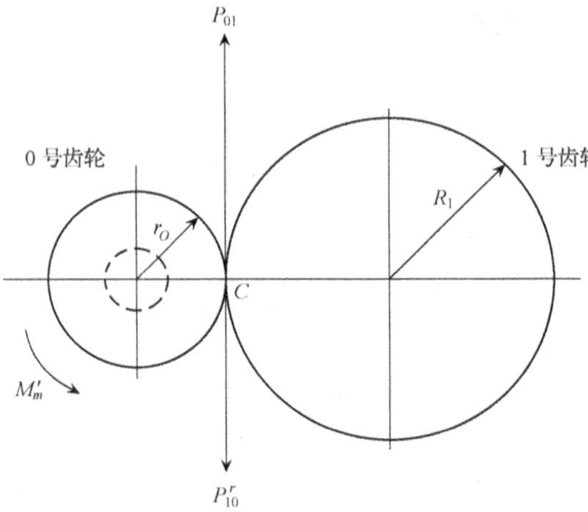

图 4.2.4 减速器第一级传动

根据式(4.2.12)和式(4.2.14)，

对于 $k=1$

$$
\begin{aligned}
M_{12} &= i_{1/2}M_{01} + i_{1/2}(i_{1/n} - 1)J_1\dot{\omega}_{ib} - i_{1/2}i_{1/n}J_1\dot{\omega}_{in} \\
&= i_{1/2}i_{0/1}M'_m + [i_{1/2}i_{0/1}(i_{0/n} - 1)J_0 + i_{1/2}(i_{1/n} - 1)J_1]\dot{\omega}_{ib} \\
&\quad - (i_{1/2}i_{0/1}i_{0/n}J_0 + i_{1/2}i_{1/n}J_1)\dot{\omega}_{in}
\end{aligned}
$$

对于 $k=2$

$$
\begin{aligned}
M_{23} &= i_{2/3}M_{12} + i_{2/3}(i_{2/n} - 1)J_2\dot{\omega}_{ib} - i_{2/3}i_{2/n}J_2\dot{\omega}_{in} \\
&= i_{2/3}i_{1/2}i_{0/1}M'_m + [i_{2/3}i_{1/2}i_{0/1}(i_{0/n} - 1)J_0 + i_{2/3}i_{1/2}(i_{1/n} - 1)J_1 \\
&\quad + i_{2/3}(i_{2/n} - 1)J_2]\dot{\omega}_{ib} - (i_{2/3}i_{1/2}i_{0/1}i_{0/n}J_0 + i_{2/3}i_{1/2}i_{1/n}J_1 + i_{2/3}i_{2/n}J_2)\dot{\omega}_{in}
\end{aligned}
$$

……

根据以上推导，可归纳得，对于 $k=n-1$，

$$
\begin{aligned}
M_{(n-1)n} &= i_{(n-1)/n}i_{(n-2)/(n-1)}\cdots i_{0/1}M'_m + \{i_{(n-1)/n}i_{(n-2)/(n-1)}\cdots i_{0/1}(i_{0/n} - 1)J_0 \\
&\quad + i_{(n-1)/n}i_{(n-2)/(n-1)}\cdots i_{1/2}(i_{1/n} - 1)J_1 + \cdots + i_{(n-1)/n}[i_{(n-1)/n} - 1]J_{n-1}\}\dot{\omega}_{ib} \\
&\quad - [i_{(n-1)/n}i_{(n-2)/(n-1)}\cdots i_{0/1}i_{0/n}J_0 + i_{(n-1)/n}i_{(n-2)/(n-1)}\cdots i_{1/2}i_{1/n}J_1 + \cdots + i_{(n-1)/n}i_{(n-1)/n}J_{n-1}]\dot{\omega}_{in}
\end{aligned}
$$

根据式(4.2.10)，上式可写成：

$$
\begin{aligned}
M_{(n-1)n} &= i_{0/n}M'_m + \{i_{0/n}(i_{0/n} - 1)J_0 + i_{1/n}(i_{1/n} - 1)J_1 + \cdots \\
&\quad + i_{(n-1)/n}[i_{(n-1)/n} - 1]J_{n-1}\}\dot{\omega}_{ib} - [i^2_{0/n}J_0 + i^2_{1/n}J_1 + \cdots + i^2_{(n-1)/n}J_{n-1}]\dot{\omega}_{in} \\
&= i_{0/n}M'_m + J_i\dot{\omega}_{ib} - J_{eq}\dot{\omega}_{in}
\end{aligned} \tag{4.2.15}
$$

此即为平台获得的驱动力矩，其中

$$J_i = i_{0/n}(i_{0/n}-1)J_0 + i_{1/n}(i_{1/n}-1)J_1 + \cdots + i_{(n-1)/n}[i_{(n-1)/n}-1]J_{n-1} = \sum_{k=0}^{n-1} i_{k/n}(i_{k/n}-1)J_k \tag{4.2.16}$$

为减速器的干扰转动惯量。

$$J_{eq} = i_{0/n}^2 J_0 + i_{1/n}^2 J_1 + \cdots + i_{(n-1)/n}^2 J_{n-1} = \sum_{k=0}^{n-1} i_{k/n}^2 J_k \tag{4.2.17}$$

为减速器的等效转动惯量。

2）平台台体的传递函数

设平台台体的转动惯量为 J，作用在稳定轴上的干扰力矩为 M_d，则

$$J\dot{\omega}_{ip} = M_{(n-1)n} + M_d = i_{0/n}M'_m + J_i\dot{\omega}_{ib} - J_{eq}\dot{\omega}_{in} + M_d$$

由于 $\omega_{in}=\omega_{ip}$，所以

$$(J+J_{eq})\dot{\omega}_{ip} = i_{0/n}M'_m + J_i\dot{\omega}_{ib} + M_d$$

记 $J_\Sigma = J + J_{eq}$，则由上式得

$$J_\Sigma s\omega_{ip}(s) = i_{0/n}M'_m(s) + J_i s\omega_{ib}(s) + M_d(s) \tag{4.2.18}$$

根据式(4.2.18)，可画出平台台体的方块图如图 4.2.5 所示，其中 $\phi(s)$为平台的旋转角。

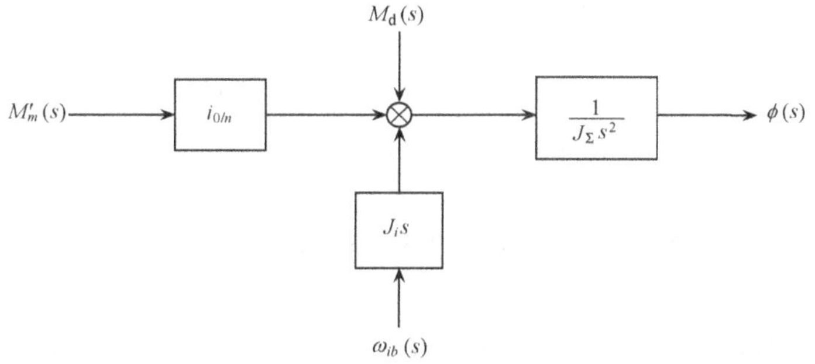

图 4.2.5　平台台体方块图

4.3　单轴陀螺稳定平台

4.3.1　单轴稳定平台的方块图及传递函数

1. 积分陀螺单轴稳定平台的传递函数

此处为简单起见，以直接驱动式单轴平台为研究对象。根据图 2.3.3 所示积分陀螺的方块图、式(4.2.2)和式(4.2.7)，可得积分陀螺单轴平台的闭环方块图如图 4.3.1(a)所示，图中考虑了陀螺输出角变化率 $\dot{\alpha}$ 引起的陀螺力矩对平台稳定轴的影响，环节 $-k_u k_a F(s)$ 中的负号是由于力矩马达产生的伺服力矩与陀螺输出反号，k_u 为陀螺信号器的传递系数，k_a 为电子网络放大系数，$F(s)$为校正网络的传递函数。

在工程上为使问题得到简化，常突出一些主要影响因素，而忽略一些次要影响因素，此处对图 4.3.1(a)作如下简化：

(1) 因为 $\dot{\omega}_0$ 反映了沿陀螺输出轴方向的角加速度对平台稳定轴的影响，而平台稳定轴与陀螺输入轴方向相同，与陀螺输出轴方向正交，所以 $\dot{\omega}_0$ 实质上反映了三轴平台正交轴之间的交叉耦合影响，而交叉耦合是较弱的，此处不予考虑。

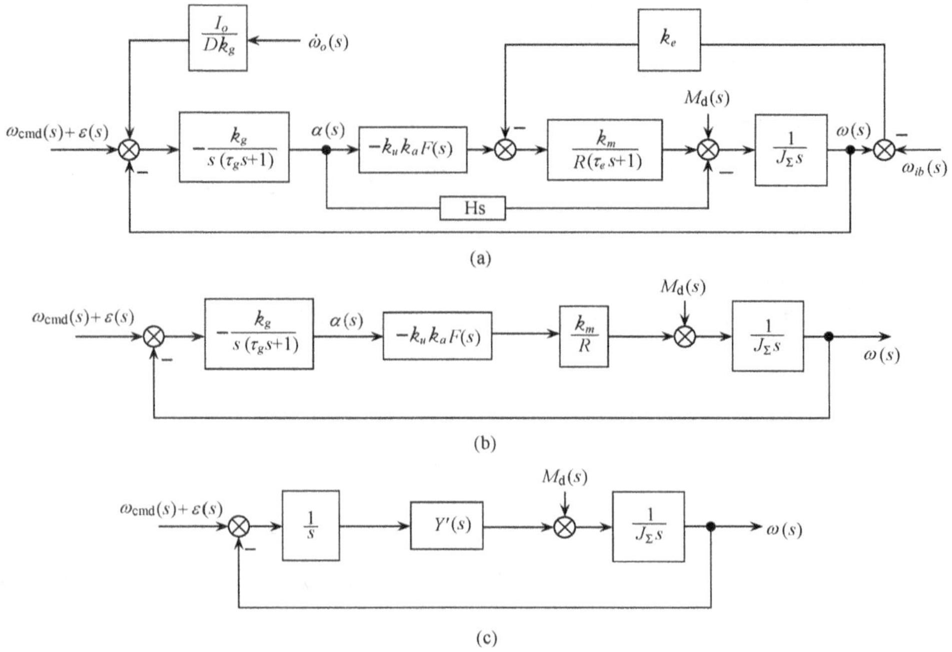

图 4.3.1　积分陀螺单轴稳定平台方块图

(2) 所用陀螺的角动量 H 一般都较小(如液浮陀螺),所以作用在稳定轴上的陀螺力矩 $H\dot{\alpha}$ 可略去不计。

(3) 虽然 $e=k_e\omega$ 在系统中具有负反馈校正作用,但比校正网络所起的校正作用弱得多,在系统分析中可略去不计。

(4) 电机的时间常数 τ_e 是毫秒级的,电机的带宽远高于平台的带宽,所以电机的过渡过程可以不考虑。

基于上述简化,图 4.3.1(a)可简化成图 4.3.1(b)。记

$$Y'(s)=\frac{k_g k_u k_a k_m F(s)}{R(\tau_g s+1)} \tag{4.3.1}$$

则图 4.3.1(b)又可画成图 4.3.1(c)所示更简洁的形式。由图得稳定平台的开环传递函数为

$$Y_0(s)=\frac{Y'(s)}{J_\Sigma s^2} \tag{4.3.2}$$

2. 双自由度角位置陀螺单轴稳定平台的传递函数

与前面讨论方法相仿,可得双自由度角位置陀螺单轴稳定平台方块图如图 4.3.2(a)所示。略去电机的反电势影响及过渡过程,可简化成图 4.3.2(b)。记

$$Y'(s)=\frac{k_u k_a k_m F(s)}{R} \tag{4.3.3}$$

则可得图 4.3.2(c)所示更简洁的形式。由图得稳定平台的开环传递函数为

$$Y_0(s)=\frac{Y'(s)}{J_\Sigma s^2} \tag{4.3.4}$$

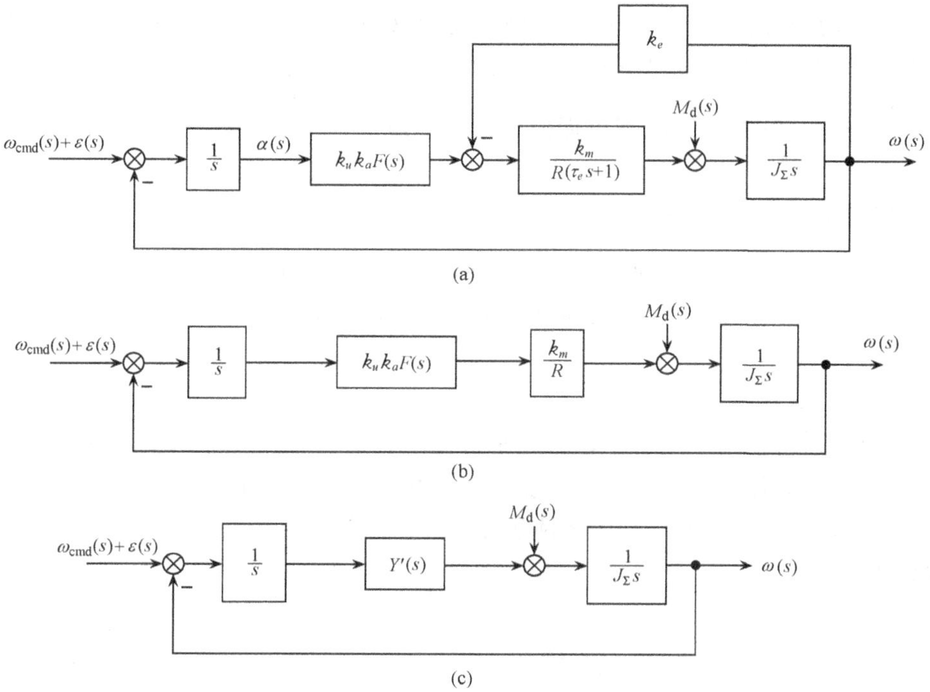

图 4.3.2　双自由度角位置陀螺单轴稳定平台方块图

3. 挠性陀螺单轴稳定平台传递函数

根据式(2.4.30)所示挠性陀螺的传递函数，可画出挠性陀螺单轴稳定平台简化方块图如图 4.3.3 所示，由图 4.3.3(b)可得稳定平台的开环传递函数

$$Y_0(s) = \frac{Y'(s)}{J_\Sigma s} \tag{4.3.5}$$

式中

$$Y'(s) = \frac{\tau_g k_u k_a k_m F(s)}{R(\tau_g s + 1)} \tag{4.3.6}$$

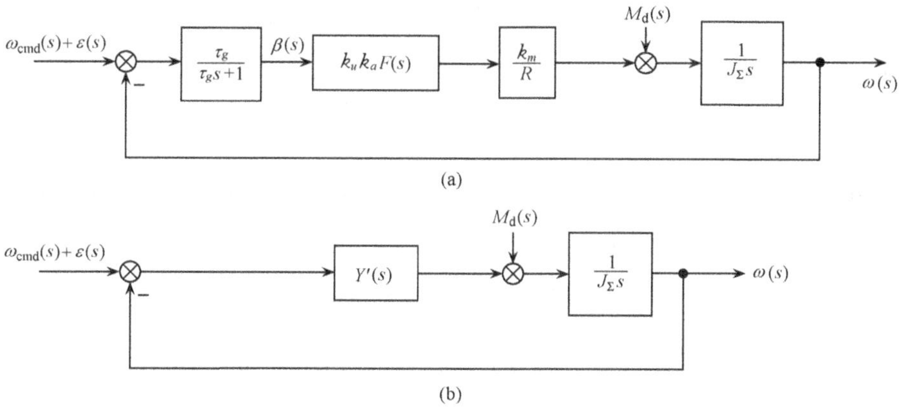

图 4.3.3　挠性陀螺单轴稳定平台方块图

从式(4.3.5)可以看出，挠性陀螺单轴稳定平台比前两种稳定平台的开环传递函数少一个积分环节，要达到与前两种稳定平台相同的无静差度，在校正环节中需增加一个积分环节，这将引起 90°相位滞后，系统的设计难度比前两种平台大。如果挠性陀螺的时间常数 τ_g 很大，则传递函数近似为 $\dfrac{\beta(s)}{\Phi(s)}\approx -1$，此时，挠性陀螺可近似看作一个角位置陀螺。

4.3.2 单轴稳定平台的设计指标

平台系统设计的目的是为了保证平台的动静态性能，稳定平台应按要求能相对惯性空间稳定或能跟踪预定方位。在设计过程中，通常对平台系统提出如下的性能指标。

1. 闭环力矩刚度

在 4.1.5 节中讨论了速率陀螺单轴稳定平台在干扰力矩作用下平台的偏差角，稳定回路虽然能对干扰力矩起卸载作用，但仍会引起偏差角，干扰力矩与偏差角的比值是力矩刚度的概念，平台设计中应尽量提高力矩刚度，而力矩刚度是由平台系统的回路参数确定的。

对于积分陀螺单轴稳定平台和双自由度角位置陀螺单轴稳定平台，由图 4.3.1(c)和图4.3.2(c)得

$$\frac{\omega(s)}{M_{\mathrm{d}}(s)}=\frac{s}{J_{\Sigma}s^2+Y'(s)}$$

而 $\omega(s)=s\Phi(s)$，其中 Φ 为 M_{d} 作用下的平台偏角。所以上式可写成：

$$\frac{\Phi(s)}{M_{\mathrm{d}}(s)}=\frac{1}{J_{\Sigma}s^2+Y'(s)}$$

写成力矩刚度的形式：

$$S_{\Phi}(s)=\frac{M_{\mathrm{d}}(s)}{\Phi(s)}=J_{\Sigma}s^2+Y'(s)$$

力矩刚度的频率响应为

$$S_{\Phi}(\mathrm{j}\omega)=-J_{\Sigma}\omega^2+Y'(\mathrm{j}\omega) \tag{4.3.7}$$

对于积分陀螺单轴稳定平台，$Y'(s)$按式(4.3.1)确定，此时

$$S_{\Phi}(\mathrm{j}\omega)=-J_{\Sigma}\omega^2+\frac{k_g k_u k_a k_m F(\mathrm{j}\omega)}{R(\mathrm{j}\omega\tau_g+1)}$$

由于陀螺频带远比稳定平台的频带宽，所以可不考虑陀螺的过渡过程，上式可写成

$$S_{\Phi}(\mathrm{j}\omega)=-J_{\Sigma}\omega^2+\frac{k_g k_u k_a k_m}{R}F(\mathrm{j}\omega) \tag{4.3.8}$$

$S_{\Phi}(\mathrm{j}\omega)$表示在频率为 ω 的简谐交变干扰力矩作用下平台的力矩刚度，它反映了平台抵抗简谐交变干扰力矩的能力，所以称之为动态力矩刚度。当 $\omega=0$ 时

$$S_{\Phi}(0)=\frac{k_g k_u k_a k_m}{R}F(0) \tag{4.3.9}$$

$S_{\Phi}(0)$表示在常值干扰力矩(不变力矩)作用下平台的力矩刚度，它反映了平台抵抗常值干扰力矩的能力，所以称之为静态力矩刚度。

根据式(4.3.9)，式(4.3.8)可写成：

$$S_{\Phi}(\mathrm{j}\omega)=S_{\Phi\mathrm{N}}(\mathrm{j}\omega)+S_{\Phi\mathrm{S}}(\mathrm{j}\omega) \tag{4.3.10}$$

式中

$$S_{\Phi N}(j\omega) = -\omega^2 J_\Sigma \tag{4.3.11}$$

$$S_{\Phi S}(j\omega) = \frac{S_\Phi(0)}{F(0)} F(j\omega) \tag{4.3.12a}$$

或

$$S_{\Phi S}(j\omega) = \frac{k_g k_u k_a k_m}{R} F(j\omega) \tag{4.3.12b}$$

$S_{\Phi N}(j\omega)$称为惯性力矩刚度，是负刚度，对于平台力矩刚度起削弱作用。$S_{\Phi S}(j\omega)$称为伺服力矩刚度，伺服回路增益越大，力矩刚度就越大，但应注意增益的上限还受平台系统稳定性要求的限制，是不能随意增大的。

如果采用挠性陀螺作为惯性器件，且在校正环节中未加入积分环节，则由式(4.3.5)、式(4.3.6)和图 4.3.3(b)，得

$$\frac{\omega(s)}{M_d(s)} = \frac{s\Phi(s)}{M_d(s)} = \frac{1}{J_\Sigma s + Y'(s)}$$

$$S_\Phi(s) = \frac{M_d(s)}{\Phi(s)} = J_\Sigma s^2 + sY'(s)$$

平台力矩刚度为

$$S_\Phi(j\omega) = -J_\Sigma \omega^2 + j\omega Y'(j\omega) = -J_\Sigma \omega^2 + j\omega \frac{\tau_g}{j\omega\tau_g + 1} \cdot \frac{k_u k_a k_m}{R} F(j\omega)$$

静态力矩刚度为

$$S_\Phi(0) = 0$$

即平台不具备抵抗常值干扰力矩的能力，所以校正网络中必须包含积分环节。

因为 $S_\Phi(j\omega)$直接影响平台在干扰力矩作用下的平台偏差角 Φ，所以工程上希望通过测量 Φ 角来判断稳定平台的力矩刚度是否足够。但 Φ 角是不可观测的，而陀螺输出角 α 可通过信号器输出观测。所以工程上希望通过观测 α 角来判断力矩刚度是否足够。这就提出了陀螺输出角力矩刚度的概念 $S_\alpha(j\omega)$，其中

$$S_\alpha(s) = \frac{M_d(s)}{\alpha(s)} \tag{4.3.13}$$

并用 $S_\alpha(j\omega)$来间接说明 $S_\Phi(j\omega)$。在平台系统的分析设计中，$S_\alpha(j\omega)$和 $S_\Phi(j\omega)$具有同等的重要性。

2. 闭环振荡度

陀螺单轴稳定平台是单位反馈系统，如图 4.3.1～图 4.3.3 所示，所以闭环频率特性为

$$H(j\omega) = \frac{Y_0(j\omega)}{1 + Y_0(j\omega)}$$

式中 $Y_0(j\omega)$为系统的开环频率特性。若 ω_M 为谐振频率，则

$$M = \frac{|H(j\omega_M)|}{|H(0)|} \tag{4.3.14}$$

称为平台系统的振荡度。

振荡度 M 是平台系统频域内的设计指标，它与时域设计指标超调量相对应。如果系统在频域里的振荡度 M 大，则说明系统在单位阶跃输入下的超调量也大。振荡度 M 大和超调量大都

意味着系统的阻尼系数小。M 越大，力矩马达越有可能出现饱和，使电机功耗增大，甚至造成系统的非线性振荡，使系统不稳定而使平台翻倒。此外，力矩谐振还会使陀螺动态误差角增大，使输出角超出线性区域或出现输出饱和，这也会使系统产生非线性振荡，破坏系统的正常工作，或使信号器碰上止档而损坏陀螺仪。为了保证系统的工作品质并合理利用电机功率，通常选取$M=1.1\sim1.5$。

对闭环振荡度 M 的要求可转化为对开环相位裕量的要求。这是因为在复平面内，M 圆同 $Y(\mathrm{j}\omega)$ 的幅相特性曲线的切点与原点间的连线相对 $-\pi$ 线间的夹角近似于系统开环相位裕量 λ 的缘故(郭富强等，1995；胡寿松，1984)。M 与 λ 间的对应关系如表 4.3.1 所示。平台系统与一般控制系统一样，为了系统工作的稳定性，除提出相位裕量的要求外，还必须同时提出增益裕量的要求。

表 4.3.1　相位裕度与振荡度的对应关系

M	1.1	1.2	1.3	1.4	1.5
λ	54°10′	49°15′	45°10′	41°50′	38°55′

3. 闭环通频带与开环交截频率

对于单位反馈系统，定义满足 $|H(\mathrm{j}\omega)|\geqslant 0.707|H(0)|$ 的最高频率 ω_B 为系统的闭环通频带，其中 $H(\mathrm{j}\omega)$为系统的闭环频率响应；ω_B 的高低，则反映了系统对输入响应的快慢。频带宽虽然使系统快速性提高，但也会使系统易受干扰的影响。对平台系统，频带选择应注意以下几点：

(1) 作用在平台稳定轴上的干扰力矩一部分是由运载体姿态变化和弹性变形等因素引起的，干扰频率一般低于 5Hz，通频带应比 5Hz 大好几倍，才能抑制干扰。

(2) 电子系统的噪声也会形成干扰，频率约在 50～5000Hz，平台系统应该滤除这些干扰，所以平台的通频带不宜太宽。

(3) 对工作在空间积分状态下的平台，指令信号由计算机计算后经由陀螺力矩器控制平台，所以平台系统的通频带应考虑计算机输出的最高频率。

综合以上各种因素及根据实践经验，平台系统的通频带一般在 50～200rad/s 范围内选取，这样选择通频带后，平台系统的调节时间在 0.1s 以内。

通频带是系统在频域里的闭环指标，与开环交截频率有密切关系。系统的谐振频率 ω_M 与开环交截频率 ω_C 接近，ω_B 越大，ω_M 也越大，所以如果要求 ω_B 大，则 ω_C 应大。因此在系统设计中，对闭环通频带的要求可以转换为对开环交截频率 ω_C 的要求。

4.3.3　平台系统的校正方法

1. 未校正时平台系统存在的问题

由式(4.3.2)及式(4.3.4)知，对于采用积分陀螺及双自由度位置陀螺为惯性器件的单轴稳定平台，以及采用挠性陀螺的单轴稳定平台(在校正网络设计中应增加一个积分环节)，这些平台系统的开环传递函数中都包含 2 个积分环节，在任何频率上相位滞后至少为 180°，系统本身是不稳定的，必须校正，使平台系统不但稳定，而且还具有要求的相位裕量，从而提高系统的动态品质。

校正是指在回路中串入一个线性环节，使系统的开环幅频特性在交截频率(穿越零分贝线的对应频率)处的相位裕度量达到要求的值。

2. 系统的超前校正

1）超前校正网络的传递函数和频率特性

超前校正网络的传递函数为

$$G_1(s)=\frac{T_2 s+1}{T_3 s+1} \tag{4.3.15}$$

式中，$T_2=hT_3$，$h>1$。幅频特性和相频特性如图 4.3.4 所示，图中 ω 为圆频率，而不是角频率。最大超前相位为

$$\varphi_m=\arcsin\frac{h-1}{h+1} \tag{4.3.16}$$

最大超前相位的发生频率为

$$\omega_m=\frac{1}{\sqrt{T_2 T_3}}=\frac{1}{\sqrt{h}T_3} \tag{4.3.17}$$

表 4.3.2 列出了最大超前相位 φ_m 与 h 的关系。

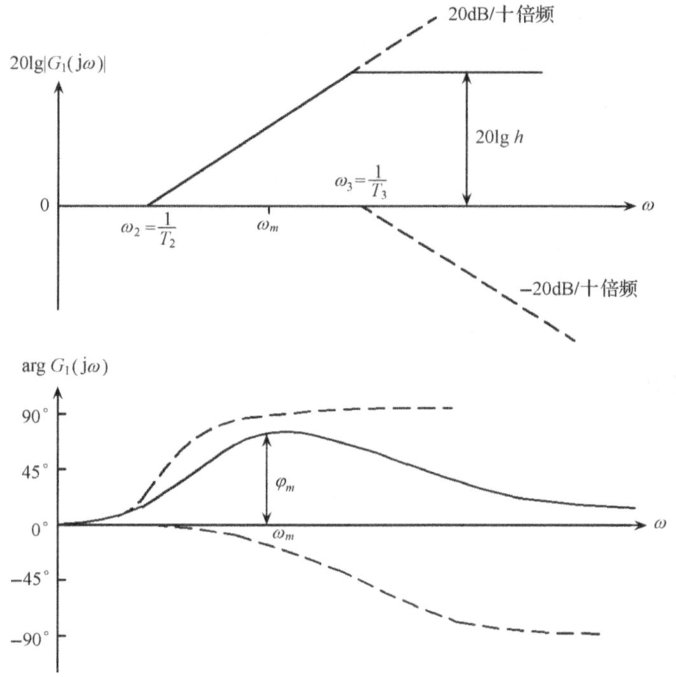

图 4.3.4　超前校正网络的幅频特性和相频特性

表 4.3.2　最大超前相位 φ_m 与 h 的关系

h	1	2	3	4	5	6	7	8
φ_m/(°)	0	19.4	30	36.9	41.8	45.6	48.6	51
h	9	10	11	12	13	14	15	
φ_m/(°)	53.1	54.9	56.4	57.8	59	60.1	61	

2）最大超前相位 φ_m 的选取

应该在开环幅频特性的交截频率 ω_C 处获得最大的相位校正量，即应该使

$$\omega_m = \omega_C \tag{4.3.18}$$

设校正前开环相频特性在 ω_C 处的相位为 $\varphi_0(\omega_C)$，要求系统达到的相位裕量为 λ，则校正后的相位应为

$$\varphi(\omega_C) = -180^\circ + \lambda \tag{4.3.19}$$

所以校正网络的最大相位超前量应为

$$\varphi_m \geqslant \varphi(\omega_C) - \varphi_0(\omega_C) = \lambda - 180^\circ - \varphi_0(\omega_C) \tag{4.3.20}$$

3) T_2 和 T_3 的确定

根据按式(4.3.20)选定的 φ_m，查表 4.3.2 可得 h。由开环幅频特性确定出 ω_C 后，取 $\omega_m = \omega_C$，由式(4.3.17)确定出

$$T_3 = \frac{1}{\omega_m \sqrt{h}}$$

则

$$T_2 = hT_3$$

T_2 和 T_3 确定后，就可按式(4.3.15)确定出校正网络的传递函数。

4) 开环增益调整

串入超前校正网络后，平台系统的开环频率特性成

$$Y_1'(\mathrm{j}\omega) = G_1(\mathrm{j}\omega)Y_0(\mathrm{j}\omega)$$

由于 $h>1$，所以

$$|G_1(\mathrm{j}\omega)| = \sqrt{\frac{1+(hT_3\omega)^2}{1+(T_3\omega)^2}} > 1$$

$Y_1'(\mathrm{j}\omega)$ 幅频特性的交截频率移向高频处，为了使交截频率 ω_C 仍为设计要求值，必须对 $Y_1'(\mathrm{j}\omega)$ 适当调整放大倍数。设经增益调整后的开环传递函数为

$$Y_1(s) = k_c G_1(s) Y_0(s)$$

若平台采用积分陀螺作为惯性器件，则

$$Y_1(s) = \frac{T_2 s + 1}{T_3 s + 1} \frac{k_g k_u k_a' k_m}{RJ_\Sigma s^2(\tau_g s + 1)}$$

式中，$k_a' = k_c k_a$ 是经调整以后电子线路的放大倍数。记

$$K_0 = \frac{k_g k_u k_a' k_m}{RJ_\Sigma} \tag{4.3.21}$$

则

$$Y_1(s) = \frac{K_0(T_2 s + 1)}{s^2(\tau_g s + 1)(T_3 s + 1)} \tag{4.3.22}$$

经调整后开环幅频特性的交截频率仍然应该为 ω_C，即

$$20\lg|Y_1(\mathrm{j}\omega)|_{\omega=\omega_C} = 0\mathrm{dB}$$

根据式(4.3.22)，上式可写成

$$\begin{aligned} &20\lg K_0 + 10\lg[(T_2\omega_C)^2 + 1] - 40\lg\omega_C \\ &- 10\lg[(\tau_g\omega_C)^2 + 1] - 10\lg[(T_3\omega_C)^2 + 1] = 0 \end{aligned} \tag{4.3.23}$$

从上式可解出 K_0，再根据式(4.3.21)，可求出电子线路放大倍数的调整值：

$$k_a' = \frac{RJ_\Sigma K_0}{k_g k_u k_m} \tag{4.3.24}$$

5）静态力矩刚度校核

根据式(4.3.9)，平台系统的静态力矩刚度为

$$S_{\Phi}(0)=\frac{k_g k_u k'_a k_m}{R}F(0)$$

对于超前校正网络，$F(s)=G_1(s)=\dfrac{T_2 s+1}{T_3 s+1}$，$F(0)=1$，所以

$$S_{\Phi}(0)=\frac{k_g k_u k'_a k_m}{R}$$

根据式(4.3.21)，上式又可写成

$$S_{\Phi}(0)=\frac{k_g k_u k'_a k_m}{R J_{\Sigma}}\cdot J_{\Sigma}=K_0 J_{\Sigma} \tag{4.3.25}$$

式中，K_0 由式(4.3.23)确定。

3. 系统的超前-滞后校正

当按照上一节介绍的超前校正设计的平台系统达不到要求的静态力矩刚度时，可改用超前-滞后校正网络，即在串入超前校正网络的同时再串入滞后网络。校正网络的传递函数为

$$G(s)=\frac{T_2 s+1}{T_3 s+1}\cdot\frac{T'_2 s+1}{T'_3 s+1}$$

式中，$T_2=hT_3$，$T'_3=LT'_2$，$h>1$，$L>1$，$T'_2>T_2$。

1）滞后网络的传递函数

滞后网络的传递函数为

$$G'(s)=\frac{T'_2 s+1}{T'_3 s+1} \tag{4.3.26}$$

式中，$T'_3=LT'_2$，$L>1$。幅频特性和相频特性如图 4.3.5 所示，图中 ω 为圆频率。

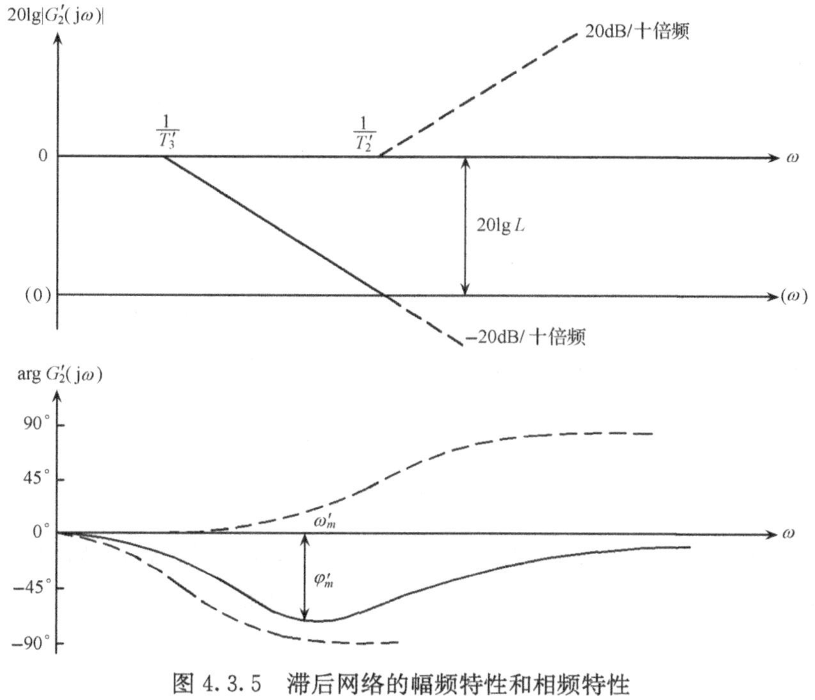

图 4.3.5　滞后网络的幅频特性和相频特性

由式(4.3.26)知，由于 $T_3'>T_2'$，所以

$$|G_2'(j\omega)|=\sqrt{\frac{(T_2'\omega)^2+1}{(T_3'\omega)^2+1}}\leqslant 1,\quad |G_2'(j\infty)|=\frac{1}{L}$$

为使高频增益达到 0dB，实际应用中，滞后网络应改造为

$$G_2(s)=L\cdot G_2'(s)=\frac{T_3'}{T_2'}\cdot\frac{T_2's+1}{T_3's+1}=\frac{s+\omega_2'}{s+\omega_3'} \tag{4.3.27}$$

式中，$\omega_2'=\dfrac{1}{T_2'}$，$\omega_3'=\dfrac{1}{T_3'}$。此时

$$G_2(j\omega)=\frac{j\omega+\omega_2'}{j\omega+\omega_3'},\qquad G_2(0)=\frac{\omega_2'}{\omega_3'}=\frac{T_3'}{T_2'}=L$$

只需将 $20\lg|G_2'(j\omega)|$ 的频率轴向下移 $20\lg L$ 即为 $20\lg|G_2(j\omega)|$，如图 4.3.5 中原点用(0)表示，频率轴用(ω)表示的图形。

2) 超前-滞后校正网络

图 4.3.6 为超前-滞后校正网络的幅频特性和相频特性示意图。

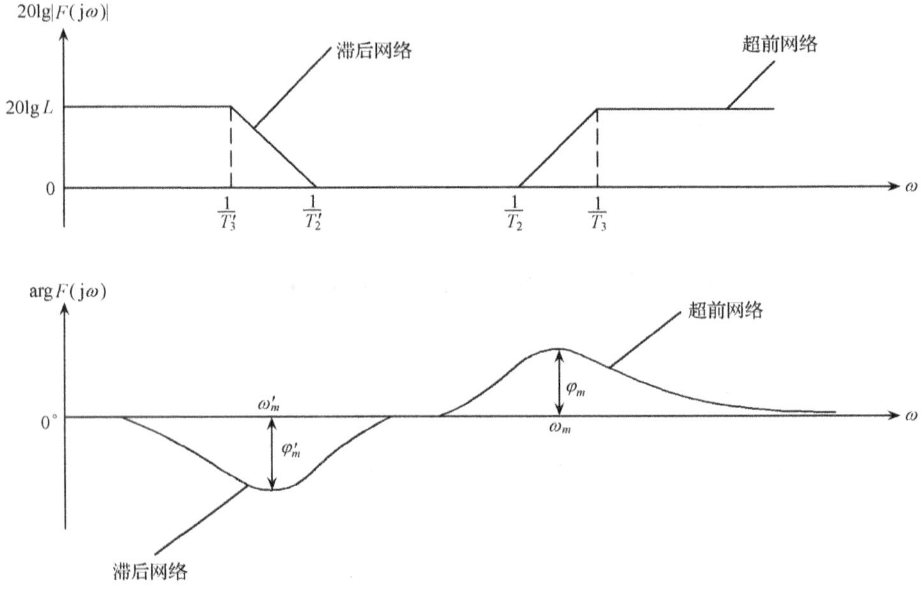

图 4.3.6 超前-滞后校正网络的幅频特性和相频特性

滞后校正网络必须与超前校正网络结合起来使用，构成超前-滞后校正网络：

$$\begin{aligned}F(s)&=G_1(s)\cdot G_2(s)=G_1(s)\frac{s+\omega_2'}{s+\omega_3'}\\F(0)&=G_1(0)\cdot G_2(0)=L\end{aligned} \tag{4.3.28}$$

由式(4.3.9)知，$G_2(s)$滞后网络的串入提高了校正网络的低频增益，从而使平台的静态力矩刚度提高 L 倍。表 4.3.3 列出了对应于 L 的增益提高分贝值。

表 4.3.3 增益提高值 ΔH 与 L 的关系($\Delta H=20\lg L$)

L	1	2	3	4	5	6	7	8	9
ΔH/dB	0	6.02	9.54	12.0	14.0	15.6	16.9	18.1	19.1
L	10	11	12	13	14	15	16	17	18
ΔH/dB	20	20.9	21.6	22.3	22.9	23.5	24.1	24.6	25.1

3) L 的确定

设串入超前校正网络后的静态力矩刚度为 $S_\Phi(0)$,而设计要求的静态力矩刚度为$[S_\Phi(0)]$,则应取 $L\geqslant\dfrac{[S_\Phi(0)]}{S_\Phi(0)}$。

4) T_2' 和 T_3' 的确定

$\omega_2'=\dfrac{1}{T_2'}$的选取原则为:

(1) 从提高平台系统的频带来看,$\omega_2'=\dfrac{1}{T_2'}$应尽量选大些;

(2) 从避免对中频区影响过大来看,$\omega_2'=\dfrac{1}{T_2'}$应尽量远离$\dfrac{1}{T_2}$,一般选取$\dfrac{1}{T_2'}=\left(\dfrac{1}{5}\sim\dfrac{1}{10}\right)\dfrac{1}{T_2}$。$T_2'$ 确定后,$T_3'=LT_2'$。

4. 液浮陀螺单轴稳定平台设计举例

设计液浮陀螺单轴稳定平台。已选定的陀螺角动量 $H=10^5\text{g}\cdot\text{cm}^2/\text{s}$,陀螺绕输出轴的转动惯量为 $I_0=215\text{g}\cdot\text{cm}^2$;浮油的阻尼系数为 $D=10^5\text{g}\cdot\text{cm}^2/\text{s}$;平台绕稳定轴的转动惯量为 $J_\Sigma=1.8\times10^5\text{g}\cdot\text{cm}^2$。

要求平台系统经校正后满足的性能指标为:$M\leqslant1.5$,$\omega_C\approx115$,$[S_\Phi(0)]\geqslant3.04\times10^9\text{g}\cdot\text{cm}^2/\text{s}^2$。

解 由给定的陀螺参数,可计算得 $k_g=\dfrac{H}{D}=1$,$\tau_g=\dfrac{I_0}{D}=2.15\times10^{-3}\text{s}$,所以

$$Y_0(s)=\frac{K_0'}{s^2(2.15\times10^{-3}s+1)},\quad Y_0(\mathrm{j}\omega)=-\frac{K_0'}{\omega^2(2.15\times10^{-3}\mathrm{j}\omega+1)}$$

查表 4.3.1,对应于 $M\leqslant1.5$,开环相位裕度 $\lambda\geqslant38°55'$。任意选定 K_0',画出 $Y_0(\mathrm{j}\omega)$的波特图,如图 4.3.7。

从图可见,此时交截频率 $\omega_C'\approx350$,相应的相位裕量为$-45°$,而且在$[0,\infty)$全频程内,$Y_0(\mathrm{j}\omega)$的相位始终小于$-180°$,即相位裕量不可能出现正值,所以必须采用超前网络来提供正的相位裕度。

记系统未校正时在 ω_C 处的相位为 $\varphi_0(\omega_C)$,校正后在 ω_C 处的相位为 $\varphi(\omega_C)$,则根据式(4.3.20),有

$$\varphi_m\geqslant\varphi(\omega_C)-\varphi_0(\omega_C)+\Delta\varphi$$

式中,$\Delta\varphi$ 是考虑滞后校正(后面采用)在 ω_C 处引起的附加相位滞后而附加的补偿量,$\varphi(\omega_C)=\lambda-180°$,则

$$\varphi_m\geqslant\lambda-180°-\varphi_0(\omega_C)+\Delta\varphi$$

由 $\omega_C=115$,从图 4.3.7 查得 $\varphi_0(\omega_C)=-200°$,取 $\lambda=38°55'$,$\Delta\varphi=2°$,可计算得 $\varphi_m=61°$,查

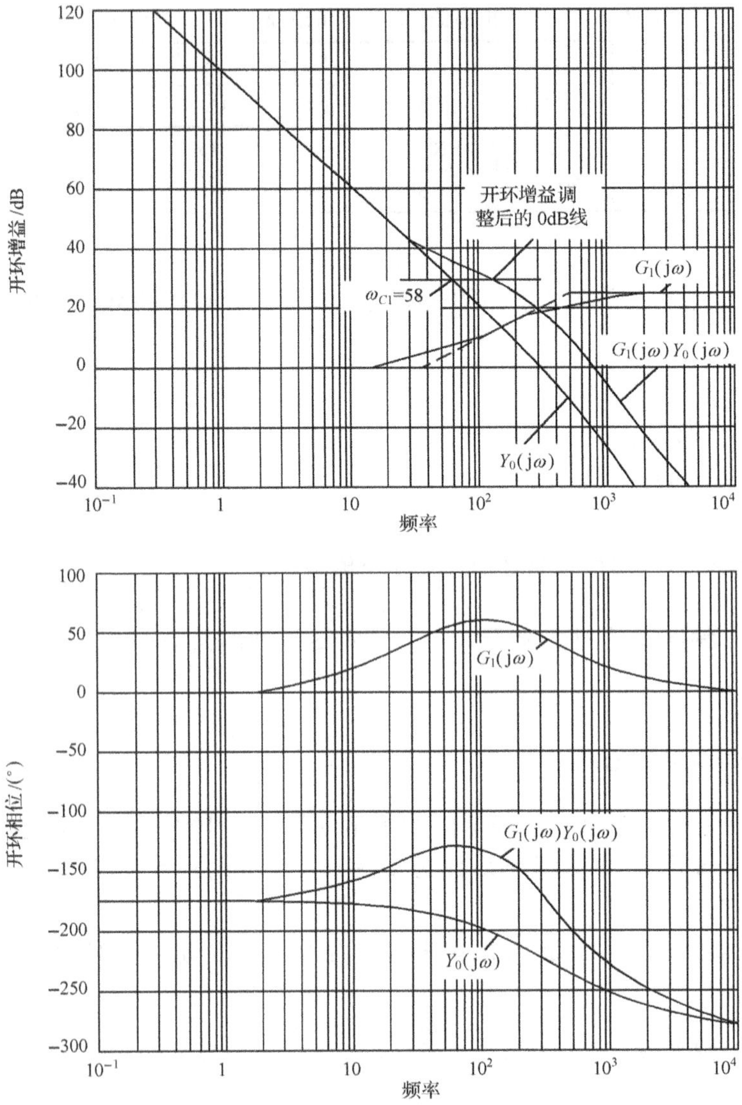

图 4.3.7　$Y_0(j\omega)$的波特图

表 4.3.2，得 $h=15$。

$$T_3=\frac{1}{\omega_m\sqrt{h}}=\frac{1}{115\times\sqrt{15}}=2.2\times10^{-3}(\mathrm{s}),\quad T_2=hT_3=0.033(\mathrm{s})$$

$$G_1(s)=\frac{T_2s+1}{T_3s+1}=\frac{0.033s+1}{2.2\times10^{-3}s+1}$$

$$Y_1(j\omega)=\frac{-K_0'(0.033j\omega+1)}{\omega^2(2.15\times10^{-3}j\omega+1)(2.2\times10^{-3}j\omega+1)}$$

$$=\frac{K_0'\sqrt{3.3^2\times10^{-4}\omega^2+1}}{\omega^2\sqrt{(2.15^2\times10^{-6}\omega^2+1)(2.2^2\times10^{-6}\omega^2+1)}}e^{j\varphi_1(\omega)}$$

在交截频率 $\omega_C=115$ 处，有

$$20\lg|Y_1(j\omega_C)| = 20\lg\frac{K_0'\sqrt{3.3^2\times10^{-4}\omega_C^2+1}}{\omega_C^2\sqrt{(2.15^2\times10^{-6}\omega_C^2+1)(2.2^2\times10^{-6}\omega_C^2+1)}} = 0$$

即

$$\lg K_0' + \frac{1}{2}\lg(3.3^2\times10^{-4}\omega_C^2+1) - 2\lg\omega_C - \frac{1}{2}\lg(2.15^2\times10^{-6}\omega_C^2+1)$$

$$-\frac{1}{2}\lg(2.2^2\times10^{-6}\omega_C^2+1) = 0$$

从上式可解得 $\lg K_0'=3.55$，$K_0'=3548$，$20\lg K_0'=71\text{dB}$。而由图 4.3.7 中$G_1(j\omega)Y_0(j\omega)$的对数幅频特性知，当 $\omega=1$ 时，$20\lg|Y_1(j\omega)|$的值约为 105dB，所以必须将 0dB 线上抬 34dB 作为新的 0dB 线才能使 $20\lg|Y_1(j\omega_C)|=0\text{dB}$，所以 34dB 即为增益调整量。

下面校核静态力矩刚度。由图 4.3.7，经增益调整后，原系统 $Y_0(j\omega)$的交截频率为 $\omega_{C1}=58$，在低频处$|Y_0(j\omega)|$的渐近线为$-40\text{dB}/$十倍频，若设 $K_0=|Y_0(0)|$，则由图得$\dfrac{20\lg K_0}{\lg\omega_{C1}}=40$，即 $\lg K_0=2\lg\omega_{C1}=\lg\omega_{C1}^2$。

所以 $K_0=\omega_{C1}^2$，根据式(4.3.25)，静态力矩刚度为

$$S_\Phi(0)=J_\Sigma K_0=J_\Sigma\omega_{C1}^2=1.8\times10^5\times58^2$$
$$=6.06\times10^8(\text{g}\cdot\text{cm}^2/\text{s}^2)<[S_\Phi(0)]=3.04\times10^9\text{g}\cdot\text{cm}^2/\text{s}^2$$

因此，还需要滞后网络来提高系统的静态增益，以提高静态力矩刚度。

$$L\geqslant\frac{3.04\times10^9}{6.06\times10^8}=5$$

由于前面已确定出 $T_2=0.033\text{s}$，所以选$\dfrac{1}{T_2'}=\dfrac{1}{6}\dfrac{1}{T_2}$，$T_2'=6T_2=0.2\text{s}$，$T_3'=LT_2'=1\text{s}$，即 $\omega_2'=5$，$\omega_3'=1$，因此滞后网络为

$$G_2(s)=5\frac{s+5}{s+1}$$

校正网络的传递函数为 $F(s)=5\dfrac{0.033s+1}{2.2\times10^{-3}s+1}\cdot\dfrac{s+5}{s+1}$。

由于串入了滞后网络，可能会对超前网络引入的相位裕量有影响，所以应该校核。串入超前-滞后校正网络后，平台系统的开环频率特性为

$$Y(j\omega)=\frac{3548(0.033j\omega+1)(j\omega+5)}{(j\omega)^2(2.15\times10^{-3}j\omega+1)(2.2\times10^{-3}j\omega+1)(j\omega+1)}$$

从上式得 $Y(j\omega)$的相位为

$$\varphi(\omega_C)=-180^\circ+\arctan0.033\omega_C+\arctan\frac{\omega_C}{5}-\arctan2.15\times10^{-3}\omega_C$$
$$-\arctan2.2\times10^{-3}\omega_C-\arctan\omega_C$$
$$=-180^\circ+75.24^\circ+81.51^\circ-13.89^\circ-14.2^\circ-89.5^\circ=-140.8^\circ$$

所以相位裕量为

$$\lambda=\varphi(\omega_C)+180^\circ=39.6^\circ>[\lambda]=38.55^\circ$$

所设计的平台系统满足静态力矩刚度要求和振荡度要求。

4.3.4 单轴平台系统对干扰和输入的响应

1. 基座角运动引起的沿平台轴作用的干扰力矩

1) 干摩擦力矩 $M_{d1}(t)$

如图 4.3.8,设基座绕平台稳定轴做往复摇摆

$$\theta_b = \theta_{bm}\sin\Omega t$$

式中,θ_{bm} 为摇摆幅度,Ω 为摇摆角频率。由于平台轴通过轴承支承在基座上,所以轴承对轴作用着交变的摩擦力矩,力矩方向与摇摆运动方向一致:

$$M_{d1}(t) = \begin{cases} -M_{dm}, & -\pi < \Omega t < 0 \\ M_{dp}, & 0 < \Omega t < \pi \end{cases}$$

上式中,规定逆时针力矩为正,顺时针力矩为负,M_{dp} 和 M_{dm} 只表示数值大小。假设 $M_{dp} > M_{dm}$,由于

$$-M_{dm} = \frac{M_{dp} - M_{dm}}{2} - \frac{M_{dp} + M_{dm}}{2}, \quad M_{dp} = \frac{M_{dp} - M_{dm}}{2} + \frac{M_{dp} + M_{dm}}{2}$$

所以

$$M_{d1}(t) = \frac{M_{dp} - M_{dm}}{2} + \frac{M_{dp} + M_{dm}}{2} f(\Omega t)$$

式中,$f(\Omega t)$ 的周期为 2π,在主值周期内

$$f(\Omega t) = \begin{cases} 1, & 0 < \Omega t < \pi \\ -1, & -\pi < \Omega t < 0 \end{cases}$$

可见 $f(\Omega t)$ 是奇函数,傅里叶级数中 a_0 和 a_k 都为零,

$$\begin{aligned} b_k &= \frac{1}{2\pi}\int_{-\pi}^{\pi} f(\Omega t)\sin k\Omega t\,\mathrm{d}(\Omega t) \\ &= \frac{1}{2\pi}\left[\int_{-\pi}^{0} -1 \cdot \sin k\Omega t\,\mathrm{d}(\Omega t) + \int_{0}^{\pi} 1 \cdot \sin k\Omega t\,\mathrm{d}(\Omega t)\right] \\ &= \frac{1}{2\pi}\left[\frac{1}{k}\cos k(\Omega t)\Big|_{-\pi}^{0} - \frac{1}{k}\cos k(\Omega t)\Big|_{0}^{\pi}\right] = \frac{1}{k\pi}(1 - \cos k\pi) \end{aligned}$$

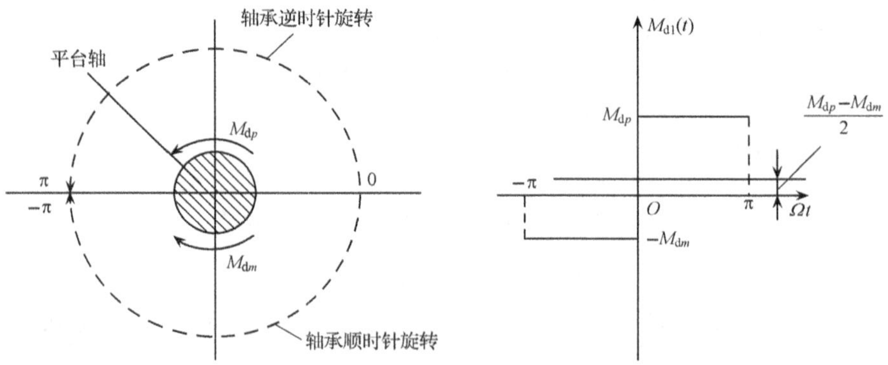

图 4.3.8 平台轴受到的干摩擦力矩

所以

$$b_1=\frac{2}{\pi},\ b_3=\frac{2}{3\pi},\ b_5=\frac{2}{5\pi},\ b_7=\frac{2}{7\pi},\ \cdots$$

$$b_2=0,\ b_4=0,\ b_6=0,\cdots$$

$$f(\Omega t)=a_0+2\sum_{k=1}^{\infty}(a_k\cos k\Omega t+b_k\sin k\Omega t)=\frac{4}{\pi}\left(\sin\Omega t+\frac{1}{3}\sin3\Omega t+\frac{1}{5}\sin5\Omega t+\cdots\right)$$

$$M_{d1}(t)=\frac{M_{dp}-M_{dm}}{2}+\frac{2(M_{dp}+M_{dm})}{\pi}\left(\sin\Omega t+\frac{1}{3}\sin3\Omega t+\frac{1}{5}\sin5\Omega t+\cdots\right)$$

2）力矩电机反电势干扰力矩 $M_{d2}(t)$

略去地球自转的影响，基座角速度为

$$\omega_{ib}(t)\approx\dot{\theta}_b=\theta_{bm}\Omega\cos\Omega t$$

根据式(4.2.5)，由基座摇摆运动引起的平台干扰力矩为

$$M_{d2}(t)=\frac{k_e k_m\theta_{bm}\Omega}{R}\cos\Omega t$$

3）质量不平衡干扰力矩

设平台质量为 m，平台重心 M 偏离稳定轴轴心线的偏心距为 r，平台稳定轴与运载体的旋转中心（质心）间的距离为 l，运载体绕质心做往复摆动。由于平台的稳定作用，偏心距 r 始终保持水平（此处考虑重力偏心力矩最大的情况），如图 4.3.9 所示。由图得：重力引起的平台干扰力矩为 mgr，摇摆引起的平台质心离心力为 $ml\dot{\theta}_b^2$，此离心力引起的平台干扰力矩为 $-ml\dot{\theta}_b^2\cdot r\cos(\theta_b+\delta)\approx-mrl\dot{\theta}_b^2$，所以由质量不平衡引起的平台干扰力矩为

$$M_{d3}(t)=mgr-mrl(\Omega\theta_{bm})^2\cos^2\Omega t$$
$$=mgr-\frac{1}{2}mrl\Omega^2\theta_{bm}^2(1+\cos2\Omega t)$$

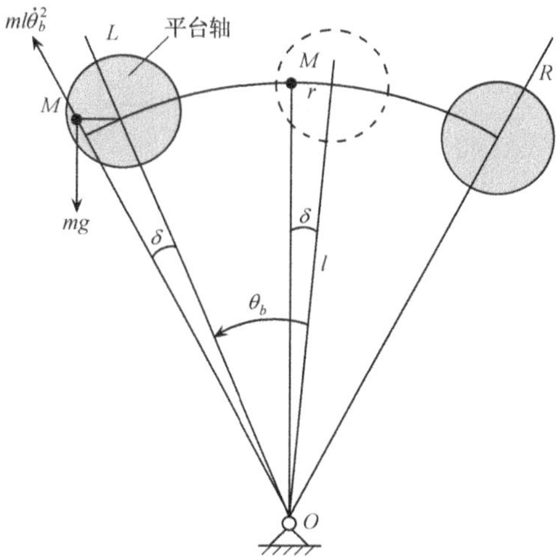

图 4.3.9 质量不平衡干扰力矩

4）齿轮减速器干扰转动惯量 J_i 引起的平台干扰力矩

由图 4.2.5，J_i 引起的干扰力矩为

$$M_{d4}(t)=J_i\dot{\omega}_{ib}=J_i\ddot{\theta}_b=-J_i\Omega^2\theta_{bm}\sin\Omega t$$

式中，$J_i=\sum_{k=0}^{n-1}i_{k/n}(i_{k/n}-1)J_k$。

5）总干扰力矩

$$\begin{aligned}M_d(t)&=M_{d1}(t)+M_{d2}(t)+M_{d3}(t)+M_{d4}(t)\\&=\frac{M_{dp}-M_{dm}}{2}+\frac{2(M_{dp}+M_{dm})}{\pi}\left(\sin\Omega t+\frac{1}{3}\sin3\Omega t+\frac{1}{5}\sin5\Omega t+\cdots\right)\\&\quad+\frac{k_e k_m\theta_{bm}\Omega}{R}\cos\Omega t+mgr-\frac{1}{2}mrl\Omega^2\theta_{bm}^2(1+\cos2\Omega t)-J_i\Omega^2\theta_{bm}\sin\Omega t\\&=M_{dc}+M_{do}\end{aligned}$$

式中，常值干扰力矩

$$M_{dc}=\frac{M_{dp}-M_{dm}}{2}+mgr-\frac{1}{2}mrl\Omega^2\theta_{bm}^2 \tag{4.3.29}$$

交变干扰力矩

$$M_{do}=b_{do1}\sin\Omega t+a_{do1}\cos\Omega t+\frac{2(M_{dp}+M_{dm})}{\pi}\left(\frac{1}{3}\sin3\Omega t+\frac{1}{5}\sin5\Omega t+\cdots\right)$$
$$-\frac{1}{2}mrl\Omega^2\theta_{bm}^2\cos2\Omega t \tag{4.3.30}$$

式中

$$b_{do1}=\frac{2(M_{dp}+M_{dm})}{\pi}-J_i\Omega^2\theta_{bm} \tag{4.3.31a}$$

$$a_{do1}=\frac{k_ek_m\theta_{bm}\Omega}{R} \tag{4.3.31b}$$

2. 常值干扰力矩引起的平台误差

此处以双自由度陀螺单轴稳定平台为对象，如图 4.3.10 所示，分析常值干扰力矩引起的平台误差。

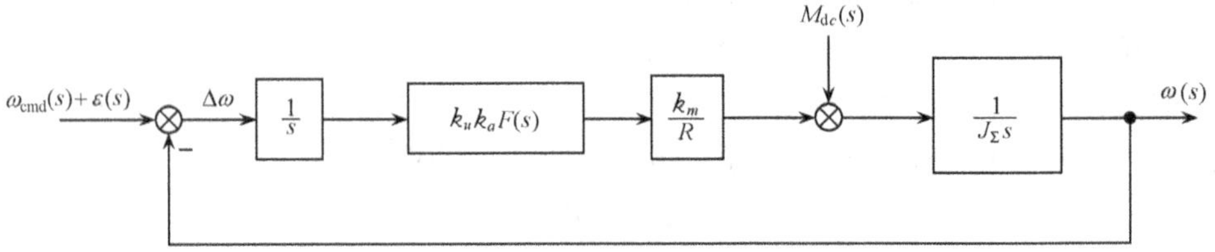

图 4.3.10　双自由度陀螺单轴稳定平台方块图

由图 4.3.10 得

$$G_\omega(s)=\frac{\omega(s)}{M_{dc}(s)}=\frac{s}{J_\Sigma s^2+Y'(s)}$$

式中，$Y'(s)=\dfrac{k_uk_ak_mF(s)}{R}$。且

$$G_\phi(s)=\frac{\phi(s)}{M_{dc}(s)}=\frac{1}{J_\Sigma s^2+Y'(s)}$$

所以

$$\omega(s)=\frac{sM_{dc}(s)}{J_\Sigma s^2+Y'(s)},\qquad \phi(s)=\frac{M_{dc}(s)}{J_\Sigma s^2+Y'(s)}$$

从上两式得摇摆干扰力矩中的常值分量 M_{dc} 引起的稳定平台稳态漂移角速率为

$$\omega_{ss}=\lim_{s\to0}s\cdot\frac{s\cdot\frac{M_{dc}}{s}}{J_\Sigma s^2+Y'(s)}=0$$

引起的稳定平台稳态偏差角为

$$\phi_{ss}=\lim_{s\to0}s\cdot\frac{\frac{M_{dc}}{s}}{J_\Sigma s^2+Y'(s)}=\frac{M_{dc}}{Y'(0)}$$

根据式(4.3.7)和式(4.3.3)，$Y'(0)=\dfrac{k_u k_a k_m F(0)}{R}=S_\phi(0)$，即静态力矩刚度，所以

$$\phi_{ss}=\frac{M_{dc}}{S_\phi(0)} \tag{4.3.32}$$

3. 周期干扰力矩引起的平台误差

当平台系统采用超前-滞后校正网络时

$$G_\phi(s)=\frac{1}{J_\Sigma s^2+\dfrac{k_u k_a k_m F(s)}{R}}$$
$$=\frac{T_3T_3's^2+(T_3+T_3')s+1}{J_\Sigma s^2[T_3T_3's^2+(T_3+T_3')s+1]+S_\phi(0)[T_2T_2's^2+(T_2+T_2')s+1]}$$

式中，$S_\phi(0)=J_\Sigma\omega_{c2}^2$，$\omega_{c2}$为串入校正网络后的交截频率。由于运载体的摇摆干扰低频段影响大于高频段，对$G_\phi(\mathrm{j}\omega)$的低频段，$\omega\ll\omega_{c2}$，分母的前一项远小于后一项，分子的第一项远小于后两项，并且由于$T_3'\gg T_3$，$T_2'=(6\sim10)T_2$，所以上式可近似为

$$G_\phi(s)=\frac{T_3's+1}{S_\phi(0)(T_2T_2's^2+T_2's+1)}$$

$$|G_\phi(\mathrm{j}\omega)|=\frac{1}{S_\phi(0)}\sqrt{\frac{1+(T_3'\omega)^2}{(1-T_2T_2'\omega^2)^2+(T_2'\omega)^2}} \tag{4.3.33}$$

$$\arg G_\phi(\mathrm{j}\omega)=\theta_\phi(\omega)=\arctan(T_3'\omega)-\arctan\frac{T_2'\omega}{1-T_2T_2'\omega^2} \tag{4.3.34}$$

$$G_\omega(s)=\frac{s}{J_\Sigma s^2+\dfrac{k_u k_a k_m F(s)}{R}}=sG_\phi(s)$$

$$|G_\omega(\mathrm{j}\omega)|=\omega\,|G_\phi(\mathrm{j}\omega)|$$

$$\arg G_\omega(\mathrm{j}\omega)=\theta_\omega(\omega)=90^\circ+\theta_\phi(\omega)$$

对于摇摆干扰中的一次谐波(基频)干扰

$$M_{do1}=b_{do1}\sin\Omega t+a_{do1}\cos\Omega t=A_{d1}\sin(\Omega t+\theta_{d1})$$

式中，b_{do1}和a_{do1}由式(4.3.31)确定

$$A_{d1}=\sqrt{b_{do1}^2+a_{do1}^2} \tag{4.3.35}$$

$$\theta_{d1}=\arctan\frac{a_{do1}}{b_{do1}} \tag{4.3.36}$$

平台对M_{do1}的响应为

$$\phi_1(t)=A_{d1}\,|G_\phi(\mathrm{j}\omega)|\,\sin[\Omega t+\theta_{d1}+\arg G_\phi(\mathrm{j}\omega)]$$
$$=\phi_{1m}\sin[\Omega t+\theta_{d1}+\arg G_\phi(\mathrm{j}\omega)] \tag{4.3.37}$$

$$\omega_1(t)=A_{d1}\Omega\,|G_\phi(\mathrm{j}\omega)|\,\sin[\Omega t+\theta_{d1}+90^\circ+\arg G_\phi(\mathrm{j}\omega)]$$
$$=\omega_{1m}\cos[\Omega t+\theta_{d1}+\arg G_\phi(\mathrm{j}\omega)] \tag{4.3.38}$$

式中

$$\phi_{1m}=A_{d1}\,|G_\phi(\mathrm{j}\omega)| \tag{4.3.39}$$

$$\omega_{1m}=A_{d1}\Omega\,|G_\phi(\mathrm{j}\omega)|=\Omega\phi_{1m} \tag{4.3.40}$$

$|G_\phi(\mathrm{j}\omega)|$ 和 $\arg G_\phi(\mathrm{j}\omega)$ 由式(4.3.33)和式(4.3.34)确定。

4. 平台对基座角振荡的隔离度

式(4.3.37)和式(4.3.38)说明：当基座做角振荡时，所产生的干扰力矩会引起平台的同频率角振荡，定义平台角振荡的幅值与基座角振荡的幅值之比为稳定平台的隔离度：

$$I_\theta = \frac{\phi_{1m}}{\theta_{bm}} \tag{4.3.41}$$

隔离度反映了平台对基座角振荡振幅的衰减程度，亦即对基座角运动的隔离能力，I_θ 越小，表明平台的隔离效果越好，所以是平台伺服回路的重要设计指标之一，常用分贝值来表示：

$$20\lg I_\theta = 20\lg\phi_{1m} - 20\lg\theta_{bm} \tag{4.3.42}$$

由式(4.3.39)和式(4.3.33)

$$\phi_{1m} = \frac{A_{d1}}{S_\phi(0)}\sqrt{\frac{1+(T'_3\Omega)^2}{(1-T_2T'_2\Omega^2)^2+(T'_2\Omega)^2}}$$

可见提高平台的静态力矩刚度是减小 I_θ 的有效途径。

上述分析说明稳定平台实际上不能完全隔离基座角振荡，性能卓越的平台系统的 I_θ 值很小，引起的残余振荡对系统的影响可忽略不计。但如果系统设计不合理，引起的残余振荡的幅值过大，超出了陀螺仪信号器的线性输出范围，就可能使系统出现非线性振荡而使平台不能正常工作，甚至可能使陀螺转子与止挡相撞，损坏陀螺。

5. 平台对指令角速度的响应

由图 4.3.10 得

$$\frac{\Delta\omega(s)}{\omega_{\mathrm{cmd}}(s)} = \frac{1}{1+\dfrac{k_uk_ak_mF(s)}{RJ_\Sigma s^2}} = \frac{s^2}{s^2+\dfrac{k_uk_ak_mF(s)}{RJ_\Sigma}}$$

对于指令角速度为常值和随时间线性变化的情况，即

$$\omega_{\mathrm{cmd}}(s) = \frac{\omega_{\mathrm{cmd}}}{s} \quad 或 \quad \omega_{\mathrm{cmd}}(s) = \frac{\dot{\omega}_{\mathrm{cmd}}}{s^2}$$

$\Delta\omega$ 的稳态值均为零，即平台系统为无静差系统，平台能正确跟踪常值和随时间线性变化的指令角速度。

第 5 章　三轴陀螺稳定平台

飞机、导弹、舰艇、坦克等运载体在运动过程中的姿态、航向是任意变化的，要对其进行导航或制导控制，需要在运载体内部建立起导航坐标系，导航坐标系可通过两种途径建立起来：一种途径是将陀螺和加速度计直接固联在运载体上，通过对陀螺和加速度计的输出作解算获得姿态矩阵，并作导航解算，这类系统就是捷联式惯导系统，导航坐标系以数学平台形式体现。另一种途径是将陀螺和加速度计安装在用三个环架支承起来的平台台体上，通过控制台体的旋转使陀螺和加速度计的敏感轴始终与要求的导航坐标系重合，这类系统就是平台式惯导系统，导航坐标系以物理平台形式体现。

三轴平台是由单轴平台复合而成的，单轴平台的一些设计理论也适用三轴平台，但在实现几何稳定和空间积分两种工作状态的过程中出现了许多特殊问题，如平台驱动信号的合理分配，基座角运动的耦合和隔离，陀螺输出轴的交叉耦合，三轴平台系统的交叉耦合等，这些问题将在后续内容中逐一介绍。

5.1　三轴平台简介

图 5.1.1 为三轴平台结构模型，图中，r 为横滚环，f 为俯仰环，a 为方位环，M_r、M_f、M_a 为安装在相应环架轴上的力矩马达，G_x、G_y、G_z 为单自由度陀螺仪，敏感轴相互正交，它们的指向构成了平台坐标系 $x_a y_a z_a$，ACR 为方位坐标分解器，SR 为俯仰正割分解器，G_x、G_y、G_z 陀螺的输出经

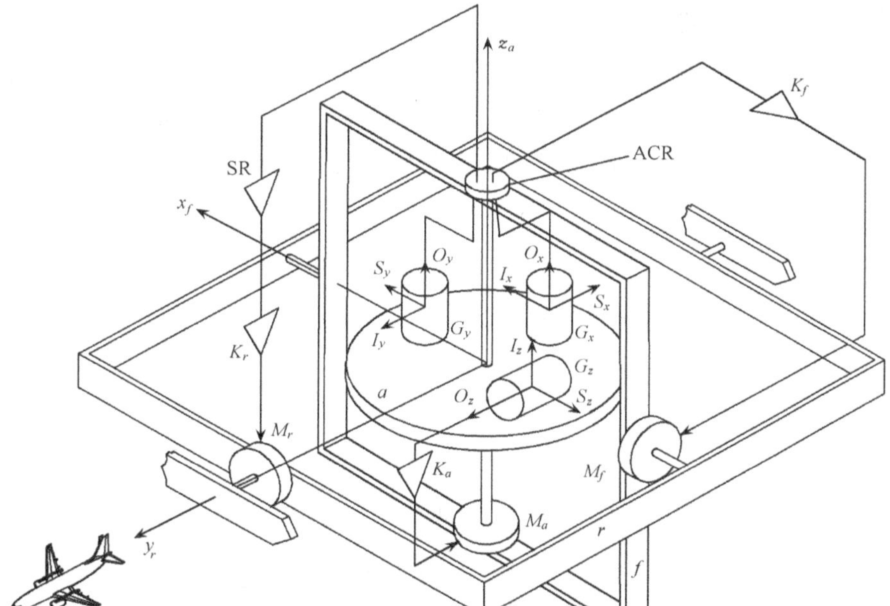

图 5.1.1　三轴平台结构模型

ACR 作信息分配和放大后分别馈入 M_r、M_f 和 M_a，控制相应环架的角运动，其中控制横滚通道的信号还需经 SR 作俯仰角补偿处理。在各环架轴安装有角度传感器(图中未画出)，如自整角机发送器或线性旋转变压器，从方位环、俯仰环和横滚环上拾取的环架角分别为飞机的航向角、俯仰角和横滚角。

为了减小飞机机体振动对平台伺服系统和惯性仪表的影响，平台环架系统和基座之间装有减震器。用于飞机的三轴平台系统方位环轴和横滚环轴的转动角度范围通常是无限制的，绕俯仰环轴的转动角度范围根据需要而定。凡是要求转动角度超过 360°的环架轴，输电装置都要采用电刷-滑环组件，对转动角小于 180°的环架轴，通常采用软导线或其他形式的输电装置。

为使叙述和分析问题方便，此处对一些常用坐标系作如下规定：

(1) 基座坐标系 b：与机体固联，x_b、y_b、z_b分别指向飞机的右、前、上。

(2) 横滚环坐标系 r：与横滚环固联，y_r 轴沿横滚环轴，与 y_b 轴指向相同，r 系相对 b 系只能绕 y_b 轴旋转，产生横滚环角 θ_r。

(3) 俯仰环坐标系 f：与俯仰环固联，x_f 轴沿俯仰环轴，与 x_r 轴指向相同，f 系相对 r 系只能绕 x_r 轴旋转，产生俯仰环角 θ_f。

(4) 方位环坐标系 a：与方位环固联，z_a 轴沿方位环轴，与 z_f 轴指向相同，a 系相对 f 系只能绕 z_f 轴旋转，产生方位环角 θ_a。

(5) 环架坐标系 A：x_A、y_A、z_A 轴分别为 x_f、y_r、z_a 轴，即为相应轴上的力矩马达产生力矩的方向，所以也称为力矩马达坐标系。一般情况下该坐标系不是正交坐标系，只有当 $\theta_r=0$、$\theta_f=0$、$\theta_a=0$(即环架处于中立位置)时，才为正交坐标系。

5.2　环架驱动信号的合理分配——方位坐标分解器和俯仰正割分解器

5.2.1　角速度耦合关系分析

假设基座角速度为$\boldsymbol{\omega}_{ib}^b=[\omega_{ibx}^b \quad \omega_{iby}^b \quad \omega_{ibz}^b]^{\mathrm{T}}$，各环架受力矩马达驱动后所具有的驱动角速度为 $\dot{\theta}_r$、$\dot{\theta}_f$、$\dot{\theta}_a$，瞬时环架角为 θ_r、θ_f、θ_a，则根据坐标系 b、r、f、a 的定义，可画出各坐标系间的角位置关系，如图 5.2.1 所示。下面分析各环架具有的角速度。

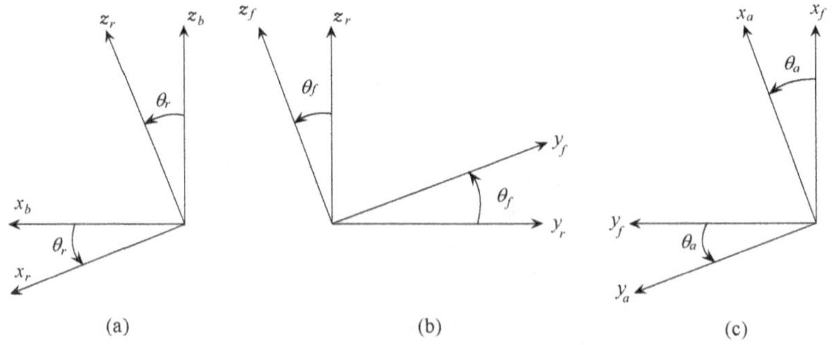

图 5.2.1　坐标系 b、r、f、a 间的角位置关系

1. 横滚环 r 的角速度

由图 5.2.1(a)，得

$$\boldsymbol{C}_b^r=\begin{bmatrix}\cos\theta_r & 0 & -\sin\theta_r\\ 0 & 1 & 0\\ \sin\theta_r & 0 & \cos\theta_r\end{bmatrix}$$

$$\boldsymbol{\omega}_{ir}^r=\boldsymbol{C}_b^r\boldsymbol{\omega}_{ib}^b+\boldsymbol{\omega}_{br}^r$$

$$\begin{bmatrix}\omega_{irx}^r\\ \omega_{iry}^r\\ \omega_{irz}^r\end{bmatrix}=\begin{bmatrix}\cos\theta_r & 0 & -\sin\theta_r\\ 0 & 1 & 0\\ \sin\theta_r & 0 & \cos\theta_r\end{bmatrix}\begin{bmatrix}\omega_{ibx}^b\\ \omega_{iby}^b\\ \omega_{ibz}^b\end{bmatrix}+\begin{bmatrix}0\\ \dot\theta_r\\ 0\end{bmatrix}=\begin{bmatrix}\omega_{ibx}^b\cos\theta_r-\omega_{ibz}^b\sin\theta_r\\ \omega_{iby}^b+\dot\theta_r\\ \omega_{ibx}^b\sin\theta_r+\omega_{ibz}^b\cos\theta_r\end{bmatrix}\tag{5.2.1}$$

2. 俯仰环 f 的角速度

由图 5.2.1(b)，得

$$\boldsymbol{C}_r^f=\begin{bmatrix}1 & 0 & 0\\ 0 & \cos\theta_f & \sin\theta_f\\ 0 & -\sin\theta_f & \cos\theta_f\end{bmatrix}$$

$$\boldsymbol{\omega}_{if}^f=\boldsymbol{C}_r^f\boldsymbol{\omega}_{ir}^r+\boldsymbol{\omega}_{rf}^f$$

$$\begin{bmatrix}\omega_{ifx}^f\\ \omega_{ify}^f\\ \omega_{ifz}^f\end{bmatrix}=\begin{bmatrix}1 & 0 & 0\\ 0 & \cos\theta_f & \sin\theta_f\\ 0 & -\sin\theta_f & \cos\theta_f\end{bmatrix}\begin{bmatrix}\omega_{irx}^r\\ \omega_{iry}^r\\ \omega_{irz}^r\end{bmatrix}+\begin{bmatrix}\dot\theta_f\\ 0\\ 0\end{bmatrix}=\begin{bmatrix}\omega_{irx}^r+\dot\theta_f\\ \omega_{iry}^r\cos\theta_f+\omega_{irz}^r\sin\theta_f\\ -\omega_{iry}^r\sin\theta_f+\omega_{irz}^r\cos\theta_f\end{bmatrix}\tag{5.2.2}$$

3. 方位环 a 的角速度

由图 5.2.1(c)，得

$$\boldsymbol{C}_f^a=\begin{bmatrix}\cos\theta_a & \sin\theta_a & 0\\ -\sin\theta_a & \cos\theta_a & 0\\ 0 & 0 & 1\end{bmatrix}$$

$$\boldsymbol{\omega}_{ia}^a=\boldsymbol{C}_f^a\boldsymbol{\omega}_{if}^f+\boldsymbol{\omega}_{fa}^a$$

$$\begin{bmatrix}\omega_{iax}^a\\ \omega_{iay}^a\\ \omega_{iaz}^a\end{bmatrix}=\begin{bmatrix}\cos\theta_a & \sin\theta_a & 0\\ -\sin\theta_a & \cos\theta_a & 0\\ 0 & 0 & 1\end{bmatrix}\begin{bmatrix}\omega_{ifx}^f\\ \omega_{ify}^f\\ \omega_{ifz}^f\end{bmatrix}+\begin{bmatrix}0\\ 0\\ \dot\theta_a\end{bmatrix}=\begin{bmatrix}\omega_{ifx}^f\cos\theta_a+\omega_{ify}^f\sin\theta_a\\ -\omega_{ifx}^f\sin\theta_a+\omega_{ify}^f\cos\theta_a\\ \omega_{ifz}^f+\dot\theta_a\end{bmatrix}\tag{5.2.3}$$

上式改写成用沿三个环架轴 x_f、y_r、z_a 的角速度来表示的形式，即用 ω_{iry}^r、ω_{ifx}^f、ω_{iaz}^a 来表示之。由式(5.2.2)

$$\omega_{ify}^f=\omega_{iry}^r\cos\theta_f+\omega_{irz}^r\sin\theta_f$$

又由式(5.2.1)

$$\omega_{irz}^r=\omega_{ibx}^b\sin\theta_r+\omega_{ibz}^b\cos\theta_r\tag{5.2.4}$$

所以

$$\omega_{ify}^f=\omega_{iry}^r\cos\theta_f+\omega_{ibx}^b\sin\theta_r\sin\theta_f+\omega_{ibz}^b\cos\theta_r\sin\theta_f\tag{5.2.5}$$

式(5.2.5)代入式(5.2.3)，得

$$\begin{bmatrix}\omega_{iax}^a\\ \omega_{iay}^a\\ \omega_{iaz}^a\end{bmatrix}=\begin{bmatrix}\omega_{ifx}^f\cos\theta_a+\omega_{iry}^r\cos\theta_f\sin\theta_a\\ -\omega_{ifx}^f\sin\theta_a+\omega_{iry}^r\cos\theta_f\cos\theta_a\\ \omega_{iaz}^a\end{bmatrix}+\begin{bmatrix}\omega_{ibx}^b\sin\theta_r\sin\theta_f\sin\theta_a+\omega_{ibz}^b\cos\theta_r\sin\theta_f\sin\theta_a\\ \omega_{ibx}^b\sin\theta_r\sin\theta_f\cos\theta_a+\omega_{ibz}^b\cos\theta_r\sin\theta_f\cos\theta_a\\ 0\end{bmatrix}$$

$$= \begin{bmatrix} \cos\theta_a & \cos\theta_f \sin\theta_a & 0 \\ -\sin\theta_a & \cos\theta_f \cos\theta_a & 0 \\ 0 & 0 & 1 \end{bmatrix} \begin{bmatrix} \omega_{ifx}^f \\ \omega_{iry}^r \\ \omega_{iaz}^a \end{bmatrix} + \begin{bmatrix} \sin\theta_r \sin\theta_f \sin\theta_a & 0 & \cos\theta_r \sin\theta_f \sin\theta_a \\ \sin\theta_r \sin\theta_f \cos\theta_a & 0 & \cos\theta_r \sin\theta_f \cos\theta_a \\ 0 & 0 & 0 \end{bmatrix} \begin{bmatrix} \omega_{ibx}^b \\ \omega_{iby}^b \\ \omega_{ibz}^b \end{bmatrix} \tag{5.2.6}$$

记

$$\boldsymbol{T}_1 = \begin{bmatrix} \cos\theta_a & \cos\theta_f \sin\theta_a & 0 \\ -\sin\theta_a & \cos\theta_f \cos\theta_a & 0 \\ 0 & 0 & 1 \end{bmatrix} \tag{5.2.7}$$

$$\boldsymbol{T}_3 = \begin{bmatrix} \sin\theta_r \sin\theta_f \sin\theta_a & 0 & \cos\theta_r \sin\theta_f \sin\theta_a \\ \sin\theta_r \sin\theta_f \cos\theta_a & 0 & \cos\theta_r \sin\theta_f \cos\theta_a \\ 0 & 0 & 0 \end{bmatrix} \tag{5.2.8}$$

$$\boldsymbol{\omega}_{iA}^A = \begin{bmatrix} \omega_{ifx}^f \\ \omega_{iry}^r \\ \omega_{iaz}^a \end{bmatrix} \tag{5.2.9}$$

则式(5.2.6)可写成

$$\boldsymbol{\omega}_{ia}^a = \boldsymbol{T}_1 \boldsymbol{\omega}_{iA}^A + \boldsymbol{T}_3 \boldsymbol{\omega}_{ib}^b \tag{5.2.10}$$

式中，$\boldsymbol{T}_1$称为环架系统几何关系阵，平台系统通过该矩阵将环架角速度传递给台体，$\boldsymbol{T}_3$ 称为基座角运动的几何约束耦合阵，平台系统通过该阵将基座角速度传递给台体。

式(5.2.10)还可进一步写成用环架角变化率表示的形式。

由式(5.2.2)和式(5.2.1)，

$$\omega_{ifx}^f = \dot{\theta}_f + \omega_{irx}^r = \dot{\theta}_f + \omega_{ibx}^b \cos\theta_r - \omega_{ibz}^b \sin\theta_r$$

由式(5.2.1)

$$\omega_{iry}^r = \dot{\theta}_r + \omega_{iby}^b$$

由式(5.2.3)、(5.2.2)及式(5.2.1)

$$\begin{aligned} \omega_{iaz}^a &= \dot{\theta}_a + \omega_{ifz}^f = \dot{\theta}_a - \omega_{iry}^r \sin\theta_f + \omega_{irz}^r \cos\theta_f \\ &= \dot{\theta}_a - \omega_{iby}^b \sin\theta_f - \dot{\theta}_r \sin\theta_f + \omega_{ibx}^b \sin\theta_r \cos\theta_f + \omega_{ibz}^b \cos\theta_r \cos\theta_f \end{aligned}$$

所以式(5.2.9)可写成

$$\begin{aligned} \begin{bmatrix} \omega_{iAx}^A \\ \omega_{iAy}^A \\ \omega_{iAz}^A \end{bmatrix} &= \begin{bmatrix} \omega_{ifx}^f \\ \omega_{iry}^r \\ \omega_{iaz}^a \end{bmatrix} = \begin{bmatrix} \dot{\theta}_f + \omega_{ibx}^b \cos\theta_r - \omega_{ibz}^b \sin\theta_r \\ \dot{\theta}_r + \omega_{iby}^b \\ \dot{\theta}_a - \omega_{iby}^b \sin\theta_f - \dot{\theta}_r \sin\theta_f + \omega_{ibx}^b \sin\theta_r \cos\theta_f + \omega_{ibz}^b \cos\theta_r \cos\theta_f \end{bmatrix} \\ &= \begin{bmatrix} \dot{\theta}_f \\ \dot{\theta}_r \\ \dot{\theta}_a \end{bmatrix} + \begin{bmatrix} 0 & 0 & 0 \\ 0 & 0 & 0 \\ 0 & -\sin\theta_f & 0 \end{bmatrix} \begin{bmatrix} \dot{\theta}_f \\ \dot{\theta}_r \\ \dot{\theta}_a \end{bmatrix} + \begin{bmatrix} \cos\theta_r & 0 & -\sin\theta_r \\ 0 & 1 & 0 \\ \sin\theta_r \cos\theta_f & -\sin\theta_f & \cos\theta_r \cos\theta_f \end{bmatrix} \begin{bmatrix} \omega_{ibx}^b \\ \omega_{iby}^b \\ \omega_{ibz}^b \end{bmatrix} \end{aligned} \tag{5.2.11}$$

记

$$\dot{\boldsymbol{\theta}}_A = \begin{bmatrix} \dot{\theta}_f \\ \dot{\theta}_r \\ \dot{\theta}_a \end{bmatrix},\quad \boldsymbol{T}_4 = \begin{bmatrix} 0 & 0 & 0 \\ 0 & 0 & 0 \\ 0 & -\sin\theta_f & 0 \end{bmatrix},\quad \boldsymbol{T}_5 = \begin{bmatrix} \cos\theta_r & 0 & -\sin\theta_r \\ 0 & 1 & 0 \\ \sin\theta_r\cos\theta_f & -\sin\theta_f & \cos\theta_r\cos\theta_f \end{bmatrix}$$

则式(5.2.11)可写成

$$\boldsymbol{\omega}_{iA}^{A} = \dot{\boldsymbol{\theta}}_A + \boldsymbol{T}_4\,\dot{\boldsymbol{\theta}}_A + \boldsymbol{T}_5\,\boldsymbol{\omega}_{ib}^{b} \tag{5.2.12}$$

所以式(5.2.10)可写成

$$\boldsymbol{\omega}_{ia}^{a} = (\boldsymbol{T}_1 + \boldsymbol{T}_1\boldsymbol{T}_4)\,\dot{\boldsymbol{\theta}}_A + (\boldsymbol{T}_1\boldsymbol{T}_5 + \boldsymbol{T}_3)\,\boldsymbol{\omega}_{ib}^{b} \tag{5.2.13}$$

式(5.2.13)说明:平台台体的角速度由电机的驱动角速度和基座角速度组成,如果适当控制电机的驱动,就能对消基座的角运动。其中 $\boldsymbol{T}_4$ 是 $\dot{\boldsymbol{\theta}}_A$ 的摩擦约束(或直接带动)耦合阵,$\boldsymbol{T}_5$ 为 $\boldsymbol{\omega}_{ib}^{b}$ 的摩擦约束(或直接带动)耦合阵。

5.2.2　环架驱动信号的合理分配——方位坐标分解器和俯仰正割分解器

1. 环架驱动信号不作分配存在的问题

图 5.2.2 是三轴平台的水平伺服回路示意图,图中陀螺 G_y 的输出信号用来控制横滚环,陀螺 G_x 的输出信号用来控制俯仰环,沿横滚环轴的负向作用有干扰力矩 M_{dy}。

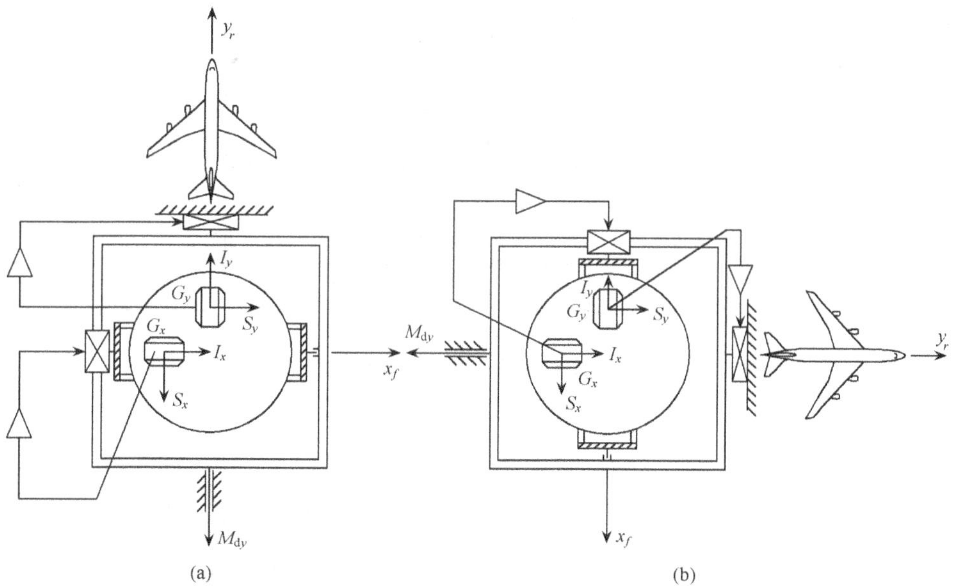

图 5.2.2　环架驱动信号未作分配时的平台伺服回路

假设飞机朝北飞行,如图 5.2.2(a)所示,环架处于中立位置。由于干扰力矩 M_{dy} 的作用,横滚环绕 y_r 轴的负方向旋转,由于几何约束关系,俯仰环和方位环被带着一起旋转,陀螺 G_y 感测此转动,信号器输出与旋转角速度成正比的电压信号,经放大后加至横滚力矩电机,电机产生与 M_{dy} 大小相等,方向相反的卸荷力矩,抵消干扰力矩。而此时,陀螺 G_x 的输入轴 I_x 与横滚环的旋转方向正交,所以俯仰伺服回路并不工作。综上所述,在图 5.2.2(a)所示位置,横滚和俯仰伺服回路能正常工作。

假设飞机由朝北飞行经右盘旋后改向朝东飞行,如图 5.2.2(b)所示,环架仍然处于中立位置。由于几何约束关系,横滚环和俯仰环均被顺时针带动转过 90°,而方位环沿 z_a 轴有伺服回路,方位伺服回路隔离了这一转动而保持原来方位,陀螺 G_y 和 G_x 的输入轴方向仍保持原来方向。横滚环在 M_{dy} 的作用下绕 y_r 的负方向旋转，旋转角速度被陀螺 G_x 感测，输出信号经放大后馈入俯仰力矩电机，在 x_f 轴上产生相应力矩 M_{dx}。而此时陀螺 G_y 的输入轴 I_y 与 y_r 轴正交，感测不到横滚环的旋转，输出为零，横滚伺服回路不工作，干扰力矩 M_{dy} 仍然存在。此时，M_{dy} 非但没被抵消，还产生了另外一个干扰力矩 M_{dx}。所以图 5.2.2(b)位置伺服回路不能正常工作。事实上，除图 5.2.2(a)位置外，所有位置都不能正常工作。

2. 环架驱动信号的合理分配分析

假设平台的指令角速度为 ω_{cmdx}、ω_{cmdy}、ω_{cmdz}，将它们折算成指令电流加至陀螺 G_x、G_y、G_z 的力矩器中，忽略陀螺的瞬态响应，并记

$$K_{Gi}=k_{\omega i}k_g k_u,\qquad i=x,y,z$$

式中，$k_{\omega i}$ 为指令角速度至指令电流的转换系数，$k_g=\dfrac{H}{D}$ 为陀螺的传递系数，k_u 为信号器转角至电压的转换系数。

设平台的输出角速度为 ω_{iax}^a、ω_{iay}^a、ω_{iaz}^a，则从指令角速度到平台输出角速度的信息处理流程如图 5.2.3 所示。要求获得驱动环架的合适驱动信号，实际上就是要确定出 $\boldsymbol{T}_2$，该矩阵实现对陀螺输出信号作合理分配。

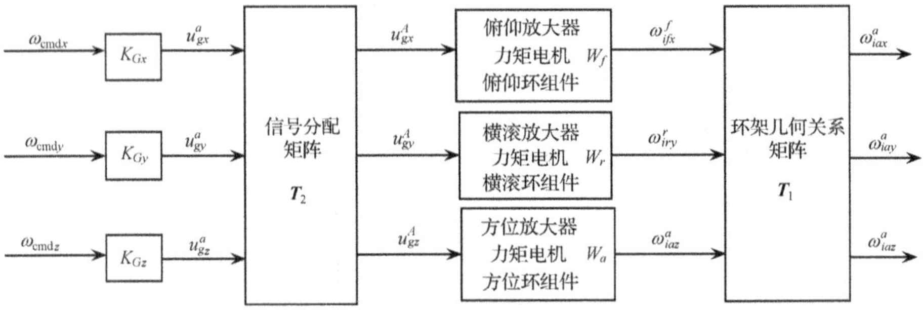

图 5.2.3 从指令角速度到平台输出角速度的信息处理流程图

由图 5.2.3 得

$$\begin{bmatrix}u_{gx}^a\\u_{gy}^a\\u_{gz}^a\end{bmatrix}=\begin{bmatrix}K_{Gx}&0&0\\0&K_{Gy}&0\\0&0&K_{Gz}\end{bmatrix}\begin{bmatrix}\omega_{cmdx}\\\omega_{cmdy}\\\omega_{cmdz}\end{bmatrix},\qquad\begin{bmatrix}u_{gx}^A\\u_{gy}^A\\u_{gz}^A\end{bmatrix}=\boldsymbol{T}_2\begin{bmatrix}u_{gx}^a\\u_{gy}^a\\u_{gz}^a\end{bmatrix}$$

$$\begin{bmatrix}\omega_{ifx}^f\\\omega_{iry}^r\\\omega_{iaz}^a\end{bmatrix}=\begin{bmatrix}W_f&0&0\\0&W_r&0\\0&0&W_a\end{bmatrix}\begin{bmatrix}u_{gx}^A\\u_{gy}^A\\u_{gz}^A\end{bmatrix},\qquad\begin{bmatrix}\omega_{iax}^a\\\omega_{iay}^a\\\omega_{iaz}^a\end{bmatrix}=\boldsymbol{T}_1\begin{bmatrix}\omega_{ifx}^f\\\omega_{iry}^r\\\omega_{iaz}^a\end{bmatrix}$$

若在平台设计中取

$$K_{Gx}=K_{Gy}=K_{Gz}=K_G,\quad W_r=W_f=W_a=W,W\cdot K_G=1$$

则

$$\begin{bmatrix}\omega_{iax}^a\\\omega_{iay}^a\\\omega_{iaz}^a\end{bmatrix}=\boldsymbol{T}_1W\boldsymbol{I}\cdot\boldsymbol{T}_2K_G\boldsymbol{I}\begin{bmatrix}\omega_{cmdx}\\\omega_{cmdy}\\\omega_{cmdz}\end{bmatrix}=\boldsymbol{T}_1\cdot\boldsymbol{T}_2\begin{bmatrix}\omega_{cmdx}\\\omega_{cmdy}\\\omega_{cmdz}\end{bmatrix}$$

要使平台准确跟踪指令角速度,需有

$$\boldsymbol{T}_1 \cdot \boldsymbol{T}_2 = \boldsymbol{I}$$

即

$$\boldsymbol{T}_2 = \boldsymbol{T}_1^{-1} \tag{5.2.14}$$

将式(5.2.7)代入上式,得

$$\boldsymbol{T}_2 = \begin{bmatrix} \cos\theta_a & \cos\theta_f \sin\theta_a & 0 \\ -\sin\theta_a & \cos\theta_f \cos\theta_a & 0 \\ 0 & 0 & 1 \end{bmatrix}^{-1} = \begin{bmatrix} \cos\theta_a & -\sin\theta_a & 0 \\ \sin\theta_a \sec\theta_f & \cos\theta_a \sec\theta_f & 0 \\ 0 & 0 & 1 \end{bmatrix} \tag{5.2.15}$$

所以由陀螺输出至伺服回路输入间的信号分配关系为

$$\begin{bmatrix} u_{gx}^A \\ u_{gy}^A \\ u_{gz}^A \end{bmatrix} = \boldsymbol{T}_2 \begin{bmatrix} u_{gx}^a \\ u_{gy}^a \\ u_{gz}^a \end{bmatrix} = \begin{bmatrix} u_{gx}^a \cos\theta_a - u_{gy}^a \sin\theta_a \\ (u_{gx}^a \sin\theta_a + u_{gy}^a \cos\theta_a)\sec\theta_f \\ u_{gz}^a \end{bmatrix} \tag{5.2.16}$$

式(5.2.16)可用图解形式来表示,如图 5.2.4 所示。

在平台式惯导系统的惯性平台中,采用旋转变压器实现方位坐标分解,如图 5.2.5 所示,旋

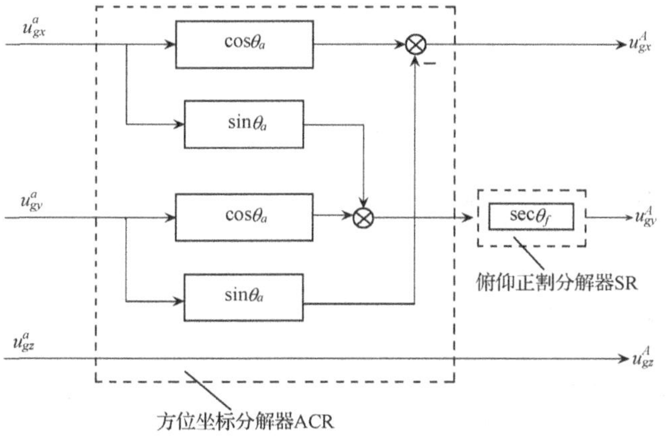

图 5.2.4　环架驱动信号的分配

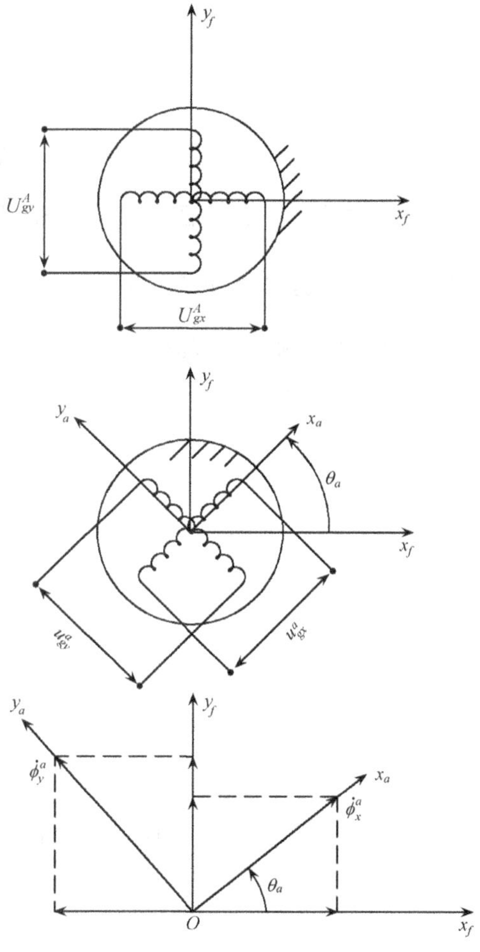

图 5.2.5　旋转变压器

转变压器的旋转轴与方位环轴同轴，定子固联在俯仰环上，转子则固联在方位环上，转子和定子上都绕有两组相互垂直的绕组，转子上的两组绕组作为原边，分别通入 G_x 和 G_y 陀螺的输出(400 周的调制信号)，定子上的绕组作为副边，输出即为经正、余弦变换后的 400 周调制信号。

设由 u_{gx}^a 和 u_{gy}^a 在 x_a 轴和 y_a 轴上产生的磁场分别为 $\dot{\phi}_x^a$ 和 $\dot{\phi}_y^a$，方位环存在方位环角 θ_a，则磁场在 x_f 和 y_f 方向上的分量为

$$\dot{\phi}_x^f = \dot{\phi}_x^a\cos\theta_a - \dot{\phi}_y^a\sin\theta_a,\quad \dot{\phi}_y^f = \dot{\phi}_x^a\sin\theta_a + \dot{\phi}_y^a\cos\theta_a$$

式中，$\dot{\phi}_x^a = k_1 u_{gx}^a$，$\dot{\phi}_y^a = k_1 u_{gy}^a$。

旋转变压器的副边输出为

$$U_{gx}^A = k_2\dot{\phi}_x^f = k_{\mathrm{ACR}}(u_{gx}^a\cos\theta_a - u_{gy}^a\sin\theta_a)$$

$$U_{gy}^A = k_2\dot{\phi}_y^f = k_{\mathrm{ACR}}(u_{gx}^a\sin\theta_a + u_{gy}^a\cos\theta_a)$$

式中，$k_{\mathrm{ACR}} = k_1 k_2$ 为方位坐标分解器的变换系数。

在实际平台系统中，俯仰正割分解器采用计算电路实现，设电路的传递系数为 k_{SR}，则陀螺输出信号经分配后馈入伺服网络的信号为

$$u_{gx}^A = k_{\mathrm{ACR}}(u_{gx}^a\cos\theta_a - u_{gy}^a\sin\theta_a) \tag{5.2.17a}$$

$$u_{gy}^A = k_{\mathrm{ACR}}k_{\mathrm{SR}}(u_{gx}^a\sin\theta_a + u_{gy}^a\cos\theta_a)\sec\theta_f \tag{5.2.17b}$$

$$u_{gz}^A = u_{gz}^a \tag{5.2.17c}$$

5.3　三轴平台工作原理分析

5.3.1　三轴平台的稳定回路工作原理(几何稳定状态下的工作原理)

1. 对干扰力矩的卸荷作用

如图 5.3.1，假设三轴稳定平台在横滚轴上作用有干扰力矩 M_{dy}，此时，横滚环绕 y_r 轴旋转，产生角速度 ω。由于几何约束关系，方位环也具有此角速度，陀螺 G_x 和 G_y 感测到的角速度分别为(图 5.3.1)

$$\omega_x^a = \omega\sin\theta_a,\quad \omega_y^a = \omega\cos\theta_a$$

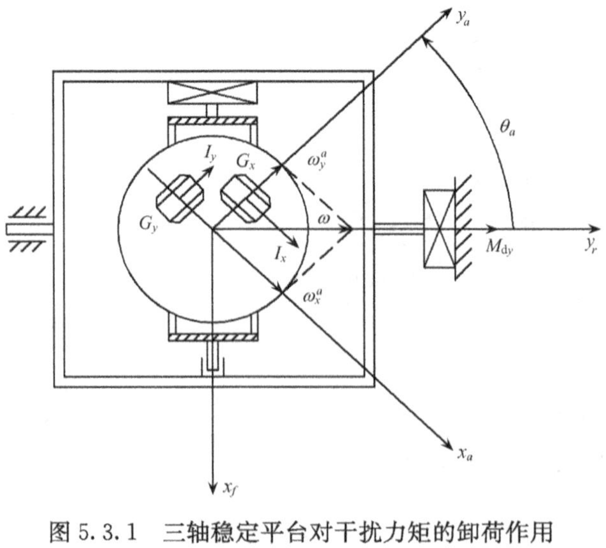

图 5.3.1　三轴稳定平台对干扰力矩的卸荷作用

陀螺 G_x 和 G_y 的输出分别为

$$u_{gx}^{a}=\frac{k_g k_u \omega(s)\sin\theta_a}{s(\tau_g s+1)},\qquad u_{gy}^{a}=\frac{k_g k_u \omega(s)\cos\theta_a}{s(\tau_g s+1)}$$

经方位坐标分解器和俯仰正割分解器后馈入俯仰伺服放大器的信号为

$$u_{gx}^{A}(s)=k_{\mathrm{ACR}}(u_{gx}^{a}\cos\theta_a-u_{gy}^{a}\sin\theta_a)=\frac{k_g k_u k_{\mathrm{ACR}}\omega(s)}{s(\tau_g s+1)}(\sin\theta_a\cos\theta_a-\cos\theta_a\sin\theta_a)=0$$

馈入横滚伺服放大器的信号为

$$\begin{aligned}u_{gy}^{A}(s)&=k_{\mathrm{ACR}}k_{\mathrm{SR}}(u_{gx}^{a}\sin\theta_a+u_{gy}^{a}\cos\theta_a)\sec\theta_f\\&=\frac{k_g k_u k_{\mathrm{ACR}}k_{\mathrm{SR}}\omega(s)}{s(\tau_g s+1)}\sec\theta_f(\sin^2\theta_a+\cos^2\theta_a)=\frac{k_g k_u k_{\mathrm{ACR}}k_{\mathrm{SR}}\omega(s)}{s(\tau_g s+1)}\sec\theta_f\end{aligned}$$

u_{gy}^{A} 经横滚伺服回路放大和校正后馈入横滚力矩电机，产生与干扰力矩 M_{dy} 大小相等，方向相反的卸荷力矩，抵消干扰力矩。

在俯仰回路和方位回路干扰力矩的卸荷原理与此相仿，读者可自行分析。

2. 对基座角运动的隔离原理

设基座的角速度为$\boldsymbol{\omega}_{ib}$，由式(5.2.13)和式(5.2.10)知$\boldsymbol{\omega}_{ib}$通过摩擦耦合和几何约束耦合影响平台的角速度。摩擦耦合通过摩擦力矩影响平台，平台对此干扰的隔离本质上是对摩擦力矩作卸荷，分析方法与上一节介绍的方法相同。对几何约束耦合引起的干扰角速度的隔离本质上是角速度对消，下面对此作详细分析。

由式(5.2.1)，

$$\omega_{irz}^{r}=\omega_{ibx}^{b}\sin\theta_r+\omega_{ibz}^{b}\cos\theta_r$$

该角速度在俯仰环的 y_f 轴上的分量为

$$\omega_{y_f}^{f}(\omega_{ib})=\omega_{irz}^{r}\sin\theta_f \tag{5.3.1}$$

由于几何约束关系，该角速度分量直接传递到平台台体上(图 5.3.2)。

设平台的方位环角为 θ_a，陀螺 G_x 的敏感轴沿 x_a 轴，G_y 的敏感轴沿 y_a 轴，由横滚环轴力矩电机产生的横滚环轴伺服角速度为 ω_r^{SF}，则 G_x 的输出为

$$u_{gx}^{a}=\frac{k_g k_u(\omega_{irz}^{r}\sin\theta_f+\omega_r^{\mathrm{SF}}\cos\theta_f)\sin\theta_a}{s(\tau_g s+1)}$$

G_y 的输出为

$$u_{gy}^{a}=\frac{k_g k_u(\omega_{irz}^{r}\sin\theta_f+\omega_r^{\mathrm{SF}}\cos\theta_f)\cos\theta_a}{s(\tau_g s+1)}$$

经方位坐标分解器和俯仰正割分解器处理后馈入俯仰伺服回路的信号为

$$u_{gx}^{A}=k_{\mathrm{ACR}}(u_{gx}^{a}\cos\theta_a-u_{gy}^{a}\sin\theta_a)=\frac{k_{\mathrm{ACR}}k_g k_u(\omega_{irz}^{r}\sin\theta_f+\omega_r^{\mathrm{SF}}\cos\theta_f)}{s(\tau_g s+1)}(\sin\theta_a\cos\theta_a-\cos\theta_a\sin\theta_a)=0$$

馈入横滚伺服回路的信号为

$$\begin{aligned}u_{gy}^{A}&=k_{\mathrm{ACR}}k_{\mathrm{SR}}(u_{gx}^{a}\sin\theta_a+u_{gy}^{a}\cos\theta_a)\sec\theta_f=\frac{k_{\mathrm{ACR}}k_{\mathrm{SR}}k_g k_u(\omega_{irz}^{r}\sin\theta_f+\omega_r^{\mathrm{SF}}\cos\theta_f)}{s(\tau_g s+1)}(\sin^2\theta_a+\cos^2\theta_a)\sec\theta_f\\&=\frac{k_{\mathrm{ACR}}k_{\mathrm{SR}}k_g k_u(\omega_{irz}^{r}\tan\theta_f+\omega_r^{\mathrm{SF}})}{s(\tau_g s+1)}\end{aligned}$$

所以横滚环力矩电机产生的伺服力矩为

$$M_{mr}(s)=-k_{ar}F_r(s)\frac{k_{mr}}{R_r}u_{gy}^{A}(s)=-k_{ACR}k_{SR}k_gk_uk_{ar}\frac{k_{mr}}{R_r}\frac{F_r(s)}{s(\tau_gs+1)}[\omega_{irz}^r(s)\tan\theta_f+\omega_r^{SF}(s)]$$

式中，k_{ar} 和 $F_r(s)$ 分别为横滚伺服回路放大倍数和校正网络传递函数，k_{mr} 和 R_r 分别为横滚力矩电机的力矩系数和电枢回路电阻。在该力矩作用下横滚环的伺服角速度为

$$\omega_r^{SF}(s)=\frac{M_{mr}(s)}{sJ_r}=-\frac{k_{ACR}k_{SR}k_gk_uk_{ar}k_{mr}}{R_rJ_r}\frac{F_r(s)}{s^2(\tau_gs+1)}[\omega_{irz}^r(s)\tan\theta_f+\omega_r^{SF}(s)]$$

记

$$Y(s)=\frac{k_{ACR}k_{SR}k_gk_uk_{ar}k_{mr}}{R_rJ_r}\frac{F_r(s)}{s^2(\tau_gs+1)}$$

则

$$\omega_r^{SF}(s)=-\frac{Y(s)\omega_{irz}^r(s)\tan\theta_f}{1+Y(s)}$$

假设 ω_{irz}^r 为常值，则平台系统达到稳态时

$$\omega_{rss}^{SF}=\lim_{s\to0}s\cdot\omega_r^{SF}(s)=-\omega_{irz}^r\tan\theta_f \tag{5.3.2}$$

由图 5.3.2 知，该伺服角速度在俯仰环的 y_f 轴上的分量为

$$(\omega_{rss}^{SF})_{y_f}=\omega_{rss}^{SF}\cos\theta_f=-\omega_{irz}^r\sin\theta_f \tag{5.3.3}$$

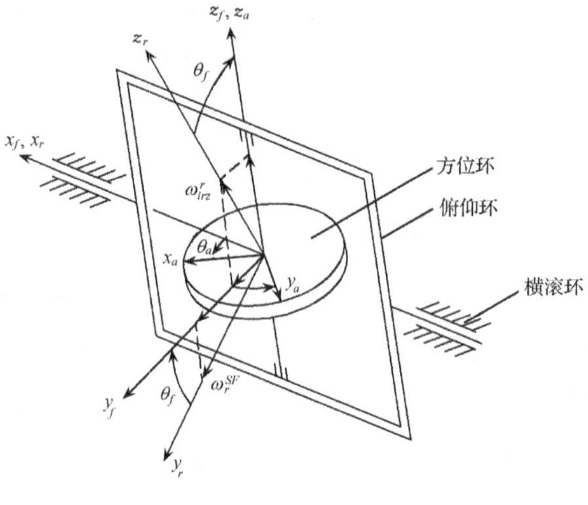

图 5.3.2 三轴平台对几何耦合基座角运动的隔离作用

所以，俯仰环绕 y_f 轴的旋转角速度为

$$\omega_{fy}^a=\omega_{y_f}^f(\omega_{ib})+(\omega_{rss}^{SF})_{y_f}$$

将式(5.3.1)和式(5.3.3)代入上式，得

$$\omega_{fy}^f=\omega_{irz}^r\sin\theta_f-\omega_{irz}^r\sin\theta_f=0$$

由几何约束关系，平台台体(方位环)绕俯仰环 y_f 轴的旋转角速度应与 ω_{fy}^f 相等，也为零。

从上述分析可看出，由几何约束引起的基座角速度耦合是依靠伺服回路产生的伺服角速度对消的。

由图 5.3.2 知，由基座角速度和伺服角速度引起俯仰环沿 z_f 轴方向的角速度为

$$\omega_{\Sigma z}^f=\omega_{irz}^r\cos\theta_f-\omega_r^{SF}\sin\theta_f$$

由式(5.2.1)和式(5.3.2)

$$\omega_{\Sigma z}^{f}=\omega_{irz}^{r}(\cos\theta_f+\tan\theta_f\sin\theta_f)=\frac{\omega_{irz}^{r}}{\cos\theta_f}=(\omega_{ibx}^{b}\sin\theta_r+\omega_{ibz}^{b}\cos\theta_r)\sec\theta_f$$

由于平台台体仅跟踪指令角速度旋转，所以 $\omega_{\Sigma z}^{f}$ 引起平台台体方位轴与轴承(轴承固联在俯仰环上)之间的相对转动而产生摩擦力矩，此摩擦力矩将由方位环稳定回路产生的卸荷力矩对消掉。

5.3.2　三轴平台的修正回路工作原理(空间积分状态下的工作原理)

设平台的指令角速度为

$$\boldsymbol{\omega}_{\text{cmd}}^{a}=\begin{bmatrix}0\\ \omega_{\text{cmdy}}\\ 0\end{bmatrix}$$

在伺服回路作用下平台的进动角速度为 ω_y。为使分析过程简化，此处只讨论 $\theta_f=0$ 和方位环架角为 θ_a 的情况，平台采用积分陀螺作为敏感器件，如图 5.3.3 所示。

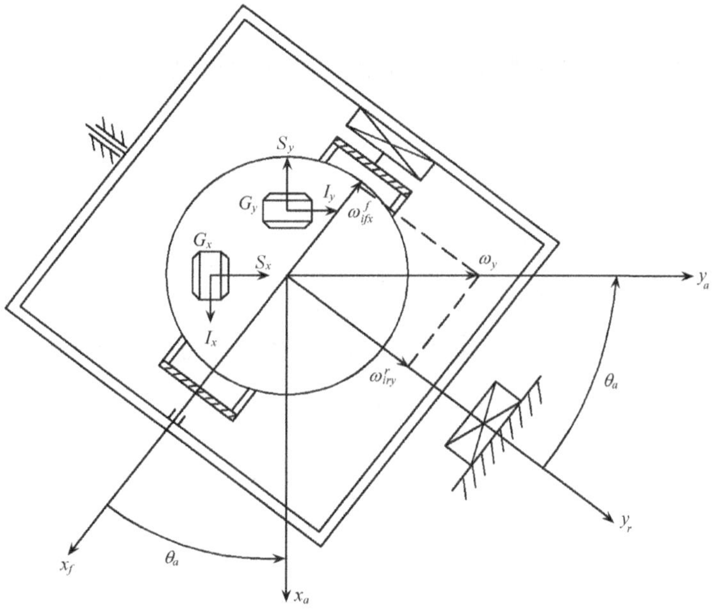

图 5.3.3　三轴平台的修正回路工作原理

系统工作时，将指令角速度换算成施矩电流，馈入 G_y 陀螺的力矩器，电流方向的确定原则是：当 ω_{cmdy} 为正时，馈入力矩电流后，应使 G_y 陀螺产生负向输出角，即陀螺输出角 σ_c 与指令角速度反号：

$$\frac{\sigma_c(s)}{\omega_{\text{cmdy}}(s)}=-\frac{k_g}{s(\tau_g s+1)}$$

由于伺服回路作用，平台产生进动角速度 ω_y，而该角速度 G_y 陀螺能感测到。设对应于 ω_y 的 G_y 陀螺的输出角为 σ_i，则根据式(2.3.6)

$$\frac{\sigma_i(s)}{\omega_y(s)}=\frac{k_g}{s(\tau_g s+1)}$$

所以 G_y 陀螺的输出角为

$$\sigma(s)=\sigma_c(s)+\sigma_i(s)=-\frac{k_g}{s(\tau_g s+1)}[\omega_{\mathrm{cmdy}}(s)-\omega_y(s)]$$

G_y 陀螺的信号器输出为

$$u_{gy}^a(s)=-\frac{k_g k_u}{s(\tau_g s+1)}[\omega_{\mathrm{cmdy}}(s)-\omega_y(s)]$$

由于 G_x 陀螺指令角速度为零，所以

$$u_{gx}^a(s)=0$$

经方位坐标分解和俯仰正割分解后，输入俯仰伺服放大器的电压信号为

$$\begin{aligned}u_{gx}^A(s)&=k_{\mathrm{ACR}}[u_{gx}^a(s)\cos\theta_a-u_{gy}^a(s)\sin\theta_a]\\&=\frac{k_g k_u k_{\mathrm{ACR}}}{s(\tau_g s+1)}[\omega_{\mathrm{cmdy}}(s)-\omega_y(s)]\sin\theta_a\end{aligned}$$

输入横滚伺服放大器的电压信号为

$$\begin{aligned}u_{gy}^A(s)&=k_{\mathrm{ACR}}k_{\mathrm{SR}}[u_{gx}^a(s)\sin\theta_a+u_{gy}^a(s)\cos\theta_a]\sec\theta_f\\&=-\frac{k_g k_u k_{\mathrm{ACR}}k_{\mathrm{SR}}}{s(\tau_g s+1)}[\omega_{\mathrm{cmdy}}(s)-\omega_y(s)]\cos\theta_a\end{aligned}$$

上述信号经放大校正后，分别馈入俯仰力矩电机和横滚力矩电机，俯仰力矩电机产生的伺服力矩为

$$M_{mx}^f(s)=-\frac{k_{af}k_{mf}}{R_f}F_f(s)u_{gx}^A(s)=-\frac{k_g k_u k_{\mathrm{ACR}}k_{af}k_{mf}F_f(s)}{s(\tau_g s+1)R_f}[\omega_{\mathrm{cmdy}}(s)-\omega_y(s)]\sin\theta_a$$

横滚力矩电机产生的伺服力矩为

$$M_{my}^r(s)=-\frac{k_{ar}k_{mr}}{R_r}F_r(s)u_{gy}^A(s)=\frac{k_g k_u k_{\mathrm{ACR}}k_{\mathrm{SR}}k_{ar}k_{mr}F_r(s)}{s(\tau_g s+1)R_r}[\omega_{\mathrm{cmdy}}(s)-\omega_y(s)]\cos\theta_a$$

假设基座无角运动，则在上述力矩作用下，平台绕俯仰环轴 x_f 和横滚环轴 y_r 的角速度为

$$\omega_{ifx}^f(s)=\frac{M_{mx}^f(s)}{sJ_f}=-\frac{k_g k_u k_{\mathrm{ACR}}k_{af}k_{mf}F_f(s)}{s^2(\tau_g s+1)R_f J_f}[\omega_{\mathrm{cmdy}}(s)-\omega_y(s)]\sin\theta_a$$

$$\omega_{iry}^r(s)=\frac{M_{my}^r(s)}{sJ_r}=\frac{k_g k_u k_{\mathrm{ACR}}k_{\mathrm{SR}}k_{ar}k_{mr}F_r(s)}{s^2(\tau_g s+1)R_r J_r}[\omega_{\mathrm{cmdy}}(s)-\omega_y(s)]\cos\theta_a$$

而 ω_y 是 ω_{ifx}^f 和 ω_{iry}^r 合成的结果，由图 5.3.3 得

$$\begin{aligned}\omega_y(s)&=\sqrt{[\omega_{ifx}^f(s)]^2+[\omega_{iry}^r(s)]^2}\\&=\frac{k_g k_u k_{\mathrm{ACR}}}{s^2(\tau_g s+1)}[\omega_{\mathrm{cmdy}}(s)-\omega_y(s)]\left\{\left[\frac{k_{af}k_{mf}F_f(s)\sin\theta_a}{R_f J_f}\right]^2+\left[\frac{k_{\mathrm{SR}}k_{ar}k_{mr}F_r(s)\cos\theta_a}{R_r J_r}\right]^2\right\}^{\frac{1}{2}}\end{aligned}$$

设 ω_y 与横滚轴间的夹角为 θ_a'，则

$$\tan\theta_a'=\frac{\dfrac{k_g k_u k_{\mathrm{ACR}}k_{af}k_{mf}F_f(s)}{s^2(\tau_g s+1)R_f J_f}[\omega_{\mathrm{cmdy}}(s)-\omega_y(s)]\sin\theta_a}{\dfrac{k_g k_u k_{\mathrm{ACR}}k_{\mathrm{SR}}k_{ar}k_{mr}F_r(s)}{s^2(\tau_g s+1)R_r J_r}[\omega_{\mathrm{cmdy}}(s)-\omega_y(s)]\cos\theta_a}=\frac{\dfrac{k_{af}k_{mf}F_f(s)}{R_f J_f}}{\dfrac{k_{\mathrm{SR}}k_{ar}k_{mr}F_r(s)}{R_r J_r}}\tan\theta_a$$

如果在设计中取

$$\frac{k_{af}k_{mf}}{R_f J_f}=\frac{k_{\mathrm{SR}}k_{ar}k_{mr}}{R_r J_r}=K \tag{5.3.4}$$

$$F_f(s) = F_r(s) = F(s) \tag{5.3.5}$$

则 $\tan\theta'_a = \tan\theta_a$，即

$$\theta'_a = \theta_a \tag{5.3.6}$$

$$\omega_y(s) = \frac{k_g k_u k_{ACR}}{s^2(\tau_g s + 1)} KF(s)(\sin^2\theta_a + \cos^2\theta_a)^{\frac{1}{2}}[\omega_{cmdy}(s) - \omega_y(s)]$$

令 $K_\Sigma = k_g k_u k_{ACR} K$，则

$$\omega_y(s) = \frac{K_\Sigma F(s)}{s^2(\tau_g s + 1)}[\omega_{cmdy}(s) - \omega_y(s)]$$

$$\omega_y(s) = \frac{\dfrac{K_\Sigma F(s)}{s^2(\tau_g s + 1)}}{1 + \dfrac{K_\Sigma F(s)}{s^2(\tau_g s + 1)}}\omega_{cmdy}(s) = \frac{K_\Sigma F(s)}{s^2(\tau_g s + 1) + K_\Sigma F(s)}\omega_{cmdy}(s)$$

对于常值指令角速度，$\omega_{cmdy}(s) = \dfrac{\omega_{cmdy}}{s}$，平台进动角速度的稳态值为

$$\omega_{yss} = \lim_{s \to 0} s \cdot \omega_y(s) = \omega_{cmdy}$$

上述分析说明，只要平台设计中满足式(5.3.4)、式(5.3.5)，平台就能准确跟踪指令角速度。

5.4　三轴平台的方位锁定原理

当三轴平台使用双自由度陀螺仪作为敏感器件时，需要两个陀螺仪。而双自由度陀螺仪有两个敏感轴，控制三轴平台时有一个敏感轴冗余。这个冗余轴必须控制住使之随平台一起旋转，即陀螺在该轴上的信号器输出经放大后馈入控制该轴的力矩器中，使陀螺在该轴上形成闭环，工作在力反馈状态。如果该轴与平台的伺服回路未形成闭环而处于自由状态，由于陀螺的定轴性，台体旋转但转子轴未转动，则这种相对转动有可能使陀螺和止档装置发生碰撞影响正常工作，甚至会损坏陀螺。

图 5.4.1 为双自由度陀螺仪在三轴平台上的哑铃式配置示意图，其中上陀螺 G_T 的输出角 β_y 用来控制平台的 Y 轴，α_{zT} 用来控制平台的 Z 轴；下陀螺 G_B 的输出角 β_x 用来控制平台的 X 轴，输出角 α_{zB} 冗余。

设平台在指令控制下方位改变 $\Delta\Psi$，若下陀螺 G_B 的外环轴不作控制，则由于陀螺的定轴性，H_B 仍然指向 $Y(0)$，而平台的方位环已转至 $Y(t)$，下陀螺的外环有可能与固联在方位环上的限位装置相碰而损坏陀螺。如果 H_B 随 Y 轴一起进动，则陀螺外环相对平台方位环的位置保持不变，就不会发生碰撞。因此必须使下陀螺的外环轴处于锁定状态，具体做法是：下陀螺 G_B 外环轴上的信号器输出经放大后馈入 G_B 内环轴上的力矩器中，在该锁定力矩作用下 G_B 的转子绕外环轴进动，进动角速度与航向角变化率 $\dot{\Psi}$ 相同，这样就实现了下陀螺在方位上的锁定。从上述分析可看出，锁定实质是使陀螺处于力反馈工作状态，跟随的角速度越大，加入力矩器中的锁定电流就越大，但锁定电流受力矩器的承载能力限制，锁定电流是不能太大的。诸如飞机、火箭、舰艇等运载体的俯仰角速度和横滚角速度都比航向变化率大，所以三轴平台中，被锁定的轴一般应选择方位轴，即采用方位锁定来解决一个敏感轴的冗余问题。

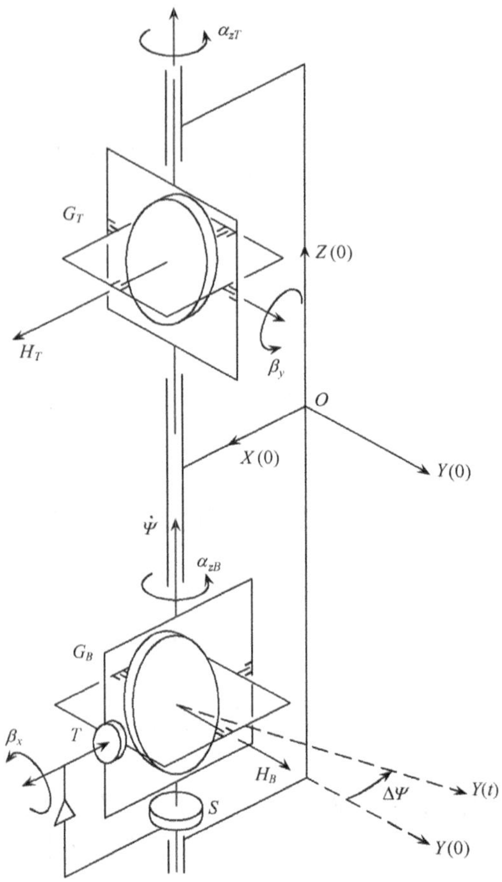

图 5.4.1 双自由度陀螺仪在三轴平台上的哑铃式配置

5.5 三轴平台的动力学方程和系统的传递函数阵

从单轴平台伺服回路设计介绍中知，当平台的机械参数（如环架的转动惯量）和元件（如陀螺和力矩电机等）的传递函数和机电参数给定后，要使平台系统的动静态性能达到设计要求，就必须合理地设计电子线路和选择校正网络的形式和参数，这一工作可在频域内进行，即以频率特性作为设计对象，使平台系统具有满足要求的频率特性，也可在复频域内进行，即采用零、极点配置法使平台系统的传递函数具有合适的零、极点。三轴平台与单轴平台的设计是类似的，不同点在于三轴平台的动力方程是三维向量方程，诸如陀螺仪控制量（指令角速度）、干扰输入量（陀螺漂移、干扰力矩及基座角速度）、输出量（台体的角速度）、误差输出量（平台漂移角速度和平台误差角）等都是三维向量，所以三轴平台实际上是一个多输入多输出系统，输入输出之间存在交叉耦合影响，设计三轴平台要比设计单轴平台的难度高。工程上常采用简化设计方法，即先按单通道设计伺服回路，然后校验三轴间的交叉耦合影响及误差大小，看其是否满足系统的设计要求，若不满足，应重新修改。

5.5.1　三轴平台的原理方块图

根据图 5.2.3 所示三轴平台的信息处理流程图,可画出三轴平台的原理方块图,如图 5.5.1 所示,图中双线箭头表示三维向量间的信息传递。下面对图中各环节的传递函数进行分析。

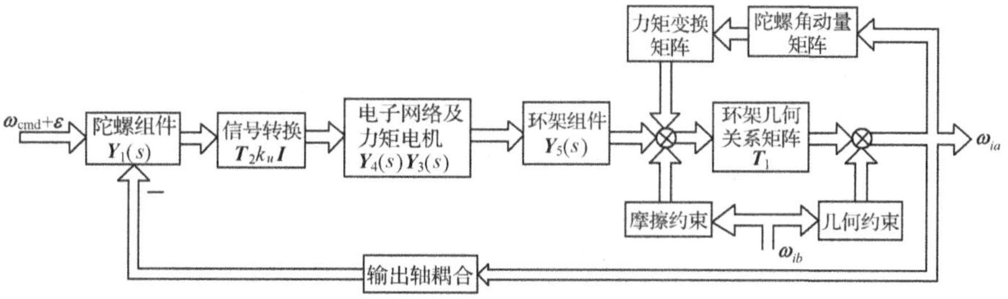

图 5.5.1　三轴平台原理方块图

1. 陀螺组件的传递函数阵和输出轴耦合阵

1) 采用单自由度积分陀螺时的分析

图 5.5.2 为采用单自由度积分陀螺时,在三轴平台上的陀螺安装布置方案。图中取 XYZ 为平台坐标系,$x_a y_a z_a$ 为方位环坐标系,由陀螺的敏感轴 I_x、I_y 及 I_z 确定。

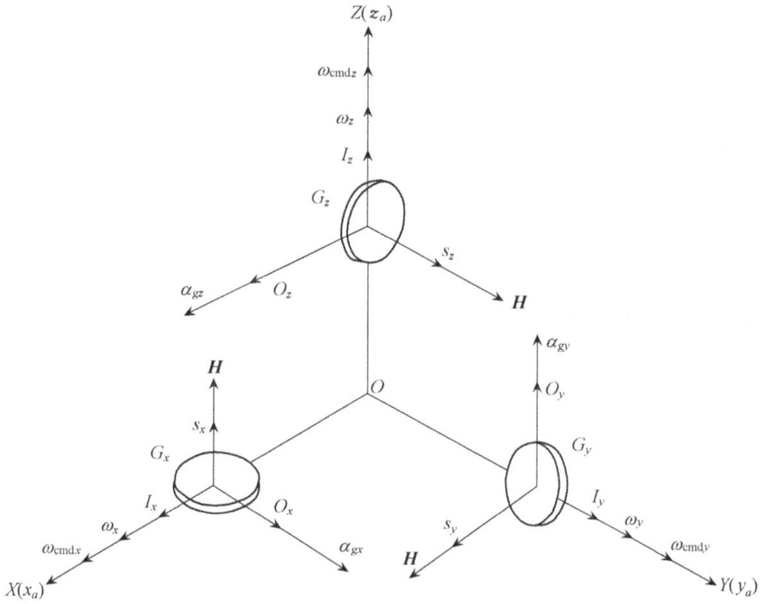

图 5.5.2　单自由度陀螺仪在平台上的配置方案之一

设各陀螺的角动量均为 H,绕各自输出轴的转动惯量均为 I_g,阻尼系数均为 D,对平台的指令角速度为$\boldsymbol{\omega}_{cmd}=[\omega_{cmdx}\quad \omega_{cmdy}\quad \omega_{cmdz}]^{T}$,平台的输出角速度为$\boldsymbol{\omega}=[\omega_x\quad \omega_y\quad \omega_z]^{T}$,陀螺 G_x、G_y、G_z 的输出角分别为 α_{gx}、α_{gy}、α_{gz}。则各陀螺的输出方程为

$$I_g(\dot{\omega}_y+\ddot{\alpha}_{gx}) = H\omega_x - D\dot{\alpha}_{gx} + T_{cmdx} + T_{Dx} \tag{5.5.1a}$$

$$I_g(\dot{\omega}_z+\ddot{\alpha}_{gy}) = H\omega_y - D\dot{\alpha}_{gy} + T_{cmdy} + T_{Dy} \tag{5.5.1b}$$

$$I_g(\dot{\omega}_x + \ddot{\alpha}_{gx}) = H\omega_z - D\dot{\alpha}_{gx} + T_{\text{cmd}x} + T_{Dx} \tag{5.5.1c}$$

根据式(2.3.7)

$$T_{\text{cmd}x} = -H\omega_{\text{cmd}x}, \quad T_{\text{cmd}y} = -H\omega_{\text{cmd}y}, \quad T_{\text{cmd}z} = -H\omega_{\text{cmd}z}$$

$$T_{Dx} = -H\varepsilon_{gx}, \quad T_{Dy} = -H\varepsilon_{gy}, \quad T_{Dz} = -H\varepsilon_{gz}$$

式中，ε_{gx}、ε_{gy}、ε_{gz}分别为陀螺G_x、G_y、G_z的漂移。

式(5.5.1)可写成：

$$(I_g s^2 + Ds)\alpha_{gx}(s) = H\omega_x(s) - I_g s\omega_y(s) - H[\omega_{\text{cmd}x}(s) + \varepsilon_{gx}(s)]$$

$$\begin{aligned}\alpha_{gx}(s) &= \frac{1}{s(\tau_g s + 1)}\{k_g\omega_x(s) - \tau_g s\omega_y(s) - k_g[\omega_{\text{cmd}x}(s) + \varepsilon_{gx}(s)]\} \\ &= -\frac{k_g}{s(\tau_g s + 1)}[\omega_{\text{cmd}x}(s) + \varepsilon_{gx}(s)] + \frac{k_g}{s(\tau_g s + 1)}\left[\omega_x(s) - \frac{\tau_g}{k_g}s\omega_y(s)\right]\end{aligned}$$

式中，$\tau_g = \dfrac{I_g}{D}$，$k_g = \dfrac{H}{D}$。同理可得

$$\alpha_{gy}(s) = -\frac{k_g}{s(\tau_g s + 1)}[\omega_{\text{cmd}y}(s) + \varepsilon_{gy}(s)] + \frac{k_g}{s(\tau_g s + 1)}\left[\omega_y(s) - \frac{\tau_g}{k_g}s\omega_z(s)\right]$$

$$\alpha_{gz}(s) = -\frac{k_g}{s(\tau_g s + 1)}[\omega_{\text{cmd}z}(s) + \varepsilon_{gz}(s)] + \frac{k_g}{s(\tau_g s + 1)}\left[\omega_z(s) - \frac{\tau_g}{k_g}s\omega_x(s)\right]$$

即

$$\begin{aligned}\begin{bmatrix}\alpha_{gx}(s)\\ \alpha_{gy}(s)\\ \alpha_{gz}(s)\end{bmatrix} &= -\frac{k_g}{s(\tau_g s + 1)}\boldsymbol{I}\begin{bmatrix}\omega_{\text{cmd}x}(s) + \varepsilon_{gx}(s)\\ \omega_{\text{cmd}y}(s) + \varepsilon_{gy}(s)\\ \omega_{\text{cmd}z}(s) + \varepsilon_{gz}(s)\end{bmatrix} + \frac{k_g}{s(\tau_g s + 1)}\begin{bmatrix}1 & -\dfrac{s\tau_g}{k_g} & 0\\ 0 & 1 & -\dfrac{s\tau_g}{k_g}\\ -\dfrac{s\tau_g}{k_g} & 0 & 1\end{bmatrix}\begin{bmatrix}\omega_x(s)\\ \omega_y(s)\\ \omega_z(s)\end{bmatrix} \\ &= -\frac{k_g}{s(\tau_g s + 1)}\boldsymbol{I}\left\{\begin{bmatrix}\omega_{\text{cmd}x}(s)\\ \omega_{\text{cmd}y}(s)\\ \omega_{\text{cmd}z}(s)\end{bmatrix} + \begin{bmatrix}\varepsilon_{gx}(s)\\ \varepsilon_{gy}(s)\\ \varepsilon_{gz}(s)\end{bmatrix} - \begin{bmatrix}\omega_x(s)\\ \omega_y(s)\\ \omega_z(s)\end{bmatrix}\right\} \\ &\quad - \frac{k_g}{s(\tau_g s + 1)}\boldsymbol{I}\begin{bmatrix}0 & \dfrac{s\tau_g}{k_g} & 0\\ 0 & 0 & \dfrac{s\tau_g}{k_g}\\ \dfrac{s\tau_g}{k_g} & 0 & 0\end{bmatrix}\begin{bmatrix}\omega_x(s)\\ \omega_y(s)\\ \omega_z(s)\end{bmatrix}\end{aligned} \tag{5.5.2}$$

令

$$\boldsymbol{Y}_1(s) = \frac{k_g}{s(\tau_g s + 1)}\boldsymbol{I} \tag{5.5.3}$$

$$\boldsymbol{Y}_2(s) = \frac{s\tau_g}{k_g}\begin{bmatrix}0 & 1 & 0\\ 0 & 0 & 1\\ 1 & 0 & 0\end{bmatrix} = \frac{sI_g}{H}\begin{bmatrix}0 & 1 & 0\\ 0 & 0 & 1\\ 1 & 0 & 0\end{bmatrix} \tag{5.5.4}$$

$\boldsymbol{Y}_2(s)$反映了陀螺输出之间的耦合关系，所以称之为耦合阵。则式(5.5.2)可写成

$$\alpha_g^a(s) = -\boldsymbol{Y}_1(s)[\omega_{\mathrm{cmd}}^a(s) + \varepsilon_g^a(s) - \omega_{ia}^a(s)] - \boldsymbol{Y}_1(s)\boldsymbol{Y}_2(s)\,\omega_{ia}^a(s)$$
$$= -\boldsymbol{Y}_1(s)\{\omega_{\mathrm{cmd}}^a(s) + \varepsilon_g^a(s) - [\boldsymbol{I} - \boldsymbol{Y}_2(s)]\,\omega_{ia}^a(s)\} \tag{5.5.5}$$

若陀螺配置采用图 5.5.3 所示方案，则 $\boldsymbol{Y}_1(s)$ 与式(5.5.3)所列相同，耦合阵则成

$$\boldsymbol{Y}_2(s) = \frac{s\tau_g}{k_g}\begin{bmatrix} 0 & 1 & 0 \\ 1 & 0 & 0 \\ 1 & 0 & 0 \end{bmatrix} \tag{5.5.6}$$

陀螺信号器输出为

$$\boldsymbol{u}_g^a(s) = -k_u\boldsymbol{I}\,\boldsymbol{\alpha}_g^a(s) \tag{5.5.7}$$

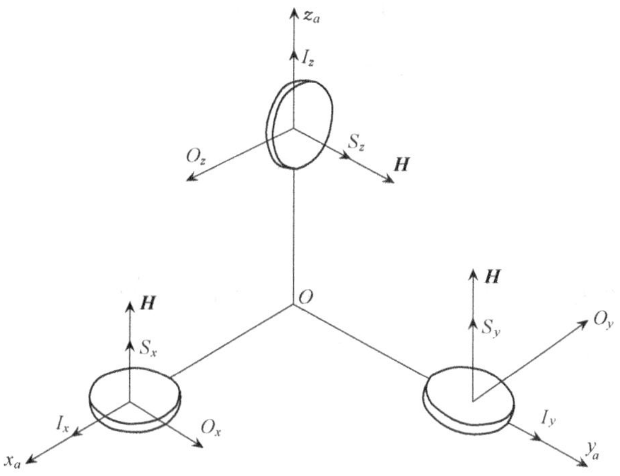

图 5.5.3　单自由度陀螺仪在平台上的配置方案之二

2）采用双自由度角位置陀螺时的分析

根据式(2.2.10)和式(2.2.11)，可得输出角的拉氏表达式：

$$\begin{bmatrix} \alpha_{gx}(s) \\ \alpha_{gy}(s) \\ \alpha_{gz}(s) \end{bmatrix} = \frac{1}{s}\begin{bmatrix} \omega_{\mathrm{cmd}x}(s) + \varepsilon_{gx}(s) - \omega_x(s) \\ \omega_{\mathrm{cmd}y}(s) + \varepsilon_{gy}(s) - \omega_y(s) \\ \omega_{\mathrm{cmd}z}(s) + \varepsilon_{gz}(s) - \omega_z(s) \end{bmatrix}$$

即

$$\alpha_g^a(s) = \frac{1}{s}\boldsymbol{I}[\omega_{\mathrm{cmd}}^a(s) + \varepsilon_g^a(s) - \omega_{ia}^a(s)]$$

所以

$$\boldsymbol{Y}_1(s) = \frac{1}{s}\boldsymbol{I} \tag{5.5.8}$$

耦合阵

$$\boldsymbol{Y}_2(s) = 0 \tag{5.5.9}$$

陀螺信号器输出为

$$\boldsymbol{u}_g^a(s) = k_u\boldsymbol{I}\,\boldsymbol{\alpha}_g^a(s) \tag{5.5.10}$$

3）采用挠性陀螺时的分析

根据图 2.4.6 和式(2.4.29)，得

$$\begin{bmatrix}\alpha_{gx}(s)\\ \alpha_{gy}(s)\\ \alpha_{gz}(s)\end{bmatrix}=\frac{\tau_g}{\tau_g s+1}\begin{bmatrix}\omega_{\mathrm{cmd}x}(s)+\varepsilon_{gx}(s)-\omega_x(s)\\ \omega_{\mathrm{cmd}y}(s)+\varepsilon_{gy}(s)-\omega_y(s)\\ \omega_{\mathrm{cmd}z}(s)+\varepsilon_{gz}(s)-\omega_z(s)\end{bmatrix}$$

挠性陀螺的时间常数一般都很大，$\frac{\tau_g}{\tau_g s+1}\approx\frac{1}{s}$，所以上式可改写成

$$\alpha_g^a(s)=\frac{1}{s}\boldsymbol{I}\left[\omega_{\mathrm{cmd}}^a(s)+\varepsilon_g^a(s)-\omega_{ia}^a(s)\right]$$

可见与双自由度角位置陀螺稳定平台一样，

$$\boldsymbol{Y}_1(s)=\frac{1}{s}\boldsymbol{I} \tag{5.5.11}$$

$$\boldsymbol{Y}_2(s)=0 \tag{5.5.12}$$

陀螺信号器输出为

$$\boldsymbol{u}_g^a(s)=k_u\boldsymbol{I}\,\alpha_g^a(s) \tag{5.5.13}$$

2. 伺服放大器(平台电子网络)的传递函数阵

设经方位坐标分解器和俯仰正割分解器处理后的输出信号为 $\boldsymbol{U}_g^A(s)$，则控制俯仰环、横滚环和方位环力矩电机的电压为

$$\boldsymbol{u}_g^A(s)=\boldsymbol{Y}_3\boldsymbol{U}_g^A(s) \tag{5.5.14}$$

式中

$$\boldsymbol{U}_g^A(s)=\boldsymbol{T}_2\boldsymbol{u}_g^a(s)\cdot\mathrm{diag}[k_{\mathrm{ACR}}\quad k_{\mathrm{ACR}}k_{\mathrm{SR}}\quad 1] \tag{5.5.15}$$

$$\boldsymbol{Y}_3=\mathrm{diag}[Y_{f_1}(s)\quad Y_{r_1}(s)\quad Y_{a_1}(s)] \tag{5.5.16}$$

式中，$Y_{f_1}(s)=k_{af}F_f(s)$，$Y_{r_1}(s)=k_{ar}F_r(s)$，$Y_{a_1}(s)=k_{aa}F_a(s)$；k_{af}、k_{ar}、k_{aa} 分别为俯仰环、横滚环、方位环电子网络的总放大倍数，$F_f(s)$、$F_r(s)$、$F_a(s)$ 分别为俯仰环、横滚环、方位环校正网络的传递函数。

3. 力矩电机的传递函数矩阵

忽略电机的时间常数

$$M_{mf}(s)=\frac{k_{mf}}{R_f}u_{gx}^A(s),\quad M_{mr}(s)=\frac{k_{mr}}{R_r}u_{gy}^A(s),\quad M_{ma}(s)=\frac{k_{ma}}{R_a}u_{gz}^A(s)$$

即
$$\begin{bmatrix}M_{mf}(s)\\ M_{mr}(s)\\ M_{ma}(s)\end{bmatrix}=\begin{bmatrix}\frac{k_{mf}}{R_f} & 0 & 0\\ 0 & \frac{k_{mr}}{R_r} & 0\\ 0 & 0 & \frac{k_{ma}}{R_a}\end{bmatrix}\begin{bmatrix}u_{gx}^A(s)\\ u_{gy}^A(s)\\ u_{gz}^A(s)\end{bmatrix}$$

或

$$\boldsymbol{M}_m^A=\boldsymbol{Y}_4(s)\boldsymbol{u}_g^A(s) \tag{5.5.17}$$

式中

$$\boldsymbol{Y}_4(s)=\mathrm{diag}\left[\frac{k_{mf}}{R_f}\quad\frac{k_{mr}}{R_r}\quad\frac{k_{ma}}{R_a}\right] \tag{5.5.18}$$

4. 环架系统的传递函数矩阵

设作用在俯仰轴、横滚轴、方位轴上的综合力矩分别为 $M_{\Sigma x}^{f}$、$M_{\Sigma y}^{r}$、$M_{\Sigma z}^{a}$，则根据参考文献(Broxmayer C,1972)

$$\begin{bmatrix} J_{fx}+(J_{ax}\cos^2\theta_a+J_{ay}\sin^2\theta_a) & (J_{ax}-J_{ay})\sin\theta_a\cos\theta_a\cos\theta_f & 0 \\ (J_{ax}-J_{ay})\sin\theta_a\cos\theta_a\cos\theta_f & \begin{matrix} J_{ry}+(J_{fy}\cos^2\theta_f+J_{fz}\sin^2\theta_f) \\ +(J_{ax}\cos^2\theta_a+J_{ay}\sin^2\theta_a)\cos^2\theta_f \end{matrix} & J_{az}\sin\theta_f \\ 0 & 0 & J_{az} \end{bmatrix}\begin{bmatrix}\ddot{\theta}_f\\ \ddot{\theta}_r\\ \ddot{\theta}_a\end{bmatrix}=\begin{bmatrix}M_{\Sigma x}^{f}\\ M_{\Sigma y}^{r}\\ M_{\Sigma z}^{a}\end{bmatrix}$$

实际系统设计中常取 $J_{ax}\approx J_{ay}$，所以上式可近似为

$$\begin{bmatrix} J_{fx}+J_{ax} & 0 & 0 \\ 0 & J_{ry}+(J_{fy}\cos^2\theta_f+J_{fz}\sin^2\theta_f)+J_{ax}\cos^2\theta_f & J_{az}\sin\theta_f \\ 0 & 0 & J_{az} \end{bmatrix}\begin{bmatrix}\ddot{\theta}_f\\ \ddot{\theta}_r\\ \ddot{\theta}_a\end{bmatrix}=\begin{bmatrix}M_{\Sigma x}^{f}\\ M_{\Sigma y}^{r}\\ M_{\Sigma z}^{a}\end{bmatrix}$$

记

$$I_{fx}=J_{fx}+J_{ax}$$
$$I_{ry}=J_{ry}+(J_{fy}\cos^2\theta_f+J_{fz}\sin^2\theta_f)+J_{ax}\cos^2\theta_f$$
$$I_{az}=J_{az}$$

则上式写成

$$\begin{bmatrix} sI_{fx} & 0 & 0 \\ 0 & sI_{ry} & sI_{az}\sin\theta_f \\ 0 & 0 & sI_{az} \end{bmatrix}\begin{bmatrix}\dot{\theta}_f(s)\\ \dot{\theta}_r(s)\\ \dot{\theta}_a(s)\end{bmatrix}=\begin{bmatrix}M_{\Sigma x}^{f}(s)\\ M_{\Sigma y}^{r}(s)\\ M_{\Sigma z}^{a}(s)\end{bmatrix}$$

$$\begin{bmatrix}\dot{\theta}_f(s)\\ \dot{\theta}_r(s)\\ \dot{\theta}_a(s)\end{bmatrix}=\begin{bmatrix} sI_{fx} & 0 & 0 \\ 0 & sI_{ry} & sI_{az}\sin\theta_f \\ 0 & 0 & sI_{az} \end{bmatrix}^{-1}\begin{bmatrix}M_{\Sigma x}^{f}(s)\\ M_{\Sigma y}^{r}(s)\\ M_{\Sigma z}^{a}(s)\end{bmatrix}=\begin{bmatrix} \dfrac{1}{sI_{fx}} & 0 & 0 \\ 0 & \dfrac{I}{sI_{ry}} & -\dfrac{\sin\theta_f}{sI_{ry}} \\ 0 & 0 & \dfrac{1}{sI_{az}} \end{bmatrix}\begin{bmatrix}M_{\Sigma x}^{f}(s)\\ M_{\Sigma y}^{r}(s)\\ M_{\Sigma z}^{a}(s)\end{bmatrix}$$

即

$$\boldsymbol{\omega}_{iA}^{A}=\boldsymbol{Y}_5(s)\boldsymbol{M}_{\Sigma}^{A}(s) \tag{5.5.19}$$

式中

$$\boldsymbol{Y}_5(s)=\begin{bmatrix} \dfrac{1}{sI_{fx}} & 0 & 0 \\ 0 & \dfrac{1}{sI_{ry}} & -\dfrac{\sin\theta_f}{sI_{ry}} \\ 0 & 0 & \dfrac{1}{sI_{az}} \end{bmatrix} \tag{5.5.20}$$

5.5.2　三轴平台前向通道的传递函数矩阵

根据图 5.5.1 得三轴平台前向通道的传递函数阵为

$$\boldsymbol{Y}(s)=\boldsymbol{T}_1\boldsymbol{Y}_5(s)\boldsymbol{Y}_4(s)\boldsymbol{Y}_3(s)\boldsymbol{T}_2(s)k_u\boldsymbol{I}\boldsymbol{Y}_1(s) \tag{5.5.21}$$

分别将式(5.2.7)、式(5.5.20)、式(5.5.18)、式(5.5.16)、式(5.2.15)代入上式,得

$$
\begin{aligned}
\boldsymbol{Y}(s)=&\begin{bmatrix}\cos\theta_a & \cos\theta_f\sin\theta_a & 0\\ -\sin\theta_a & \cos\theta_f\cos\theta_a & 0\\ 0 & 0 & 1\end{bmatrix}\begin{bmatrix}\dfrac{1}{sI_{fx}} & 0 & 0\\ 0 & \dfrac{1}{sI_{ry}} & -\dfrac{\sin\theta_f}{sI_{ry}}\\ 0 & 0 & \dfrac{1}{sI_{az}}\end{bmatrix}\begin{bmatrix}\dfrac{k_{mf}}{R_f} & 0 & 0\\ 0 & \dfrac{k_{mr}}{R_r} & 0\\ 0 & 0 & \dfrac{k_{ma}}{R_a}\end{bmatrix}\\
&\times\begin{bmatrix}k_{af}F_f(s) & 0 & 0\\ 0 & k_{ar}F_r(s) & 0\\ 0 & 0 & k_{aa}F_a(s)\end{bmatrix}\begin{bmatrix}k_{\mathrm{ACR}} & 0 & 0\\ 0 & k_{\mathrm{ACR}}k_{\mathrm{SR}} & 0\\ 0 & 0 & 1\end{bmatrix}\\
&\times\begin{bmatrix}\cos\theta_a & 0 & 0\\ \sin\theta_a\sec\theta_f & \cos\theta_a\sec\theta_f & 0\\ 0 & 0 & 1\end{bmatrix}k_u\boldsymbol{Y}_1(s)\\
=&\frac{1}{s}\begin{bmatrix}\dfrac{\cos\theta_a}{I_{fx}} & \dfrac{\cos\theta_f\sin\theta_a}{I_{ry}} & -\dfrac{\sin2\theta_f\sin\theta_a}{2I_{ry}}\\ -\dfrac{\sin\theta_a}{I_{fx}} & \dfrac{\cos\theta_f\cos\theta_a}{I_{ry}} & -\dfrac{\sin2\theta_f\cos\theta_a}{2I_{ry}}\\ 0 & 0 & \dfrac{1}{I_{az}}\end{bmatrix}\\
&\times\begin{bmatrix}\dfrac{k_{mf}k_{af}k_{\mathrm{ACR}}F_f(s)}{R_f} & 0 & 0\\ 0 & \dfrac{k_{mr}k_{ar}k_{\mathrm{ACR}}k_{\mathrm{SR}}F_r(s)}{R_r} & 0\\ 0 & 0 & \dfrac{k_{ma}k_{aa}F_a(s)}{R_a}\end{bmatrix}\\
&\times\begin{bmatrix}\cos\theta_a & -\sin\theta_a & 0\\ \sin\theta_a\sec\theta_f & \cos\theta_a\sec\theta_f & 0\\ 0 & 0 & 1\end{bmatrix}k_u\boldsymbol{Y}_1(s)\\
=&\frac{1}{s}\begin{bmatrix}\dfrac{k_{mf}k_{af}k_{\mathrm{ACR}}F_f(s)\cos\theta_a}{I_{fx}R_f} & \dfrac{k_{mr}k_{ar}k_{\mathrm{ACR}}k_{\mathrm{SR}}F_r(s)\cos\theta_f\sin\theta_a}{I_{ry}R_r} & -\dfrac{k_{ma}k_{aa}F_a(s)\sin2\theta_f\sin\theta_a}{I_{ry}R_a}\\ -\dfrac{k_{mf}k_{af}k_{\mathrm{ACR}}F_f(s)\sin\theta_a}{I_{fx}R_f} & \dfrac{k_{mr}k_{ar}k_{\mathrm{ACR}}k_{\mathrm{SR}}F_r(s)\cos\theta_f\cos\theta_a}{I_{ry}R_r} & -\dfrac{k_{ma}k_{aa}F_a(s)\sin2\theta_f\cos\theta_a}{I_{ry}R_a}\\ 0 & 0 & \dfrac{k_{ma}k_{aa}F_a(s)}{I_{az}R_a}\end{bmatrix}\\
&\times\begin{bmatrix}\cos\theta_a & -\sin\theta_a & 0\\ \sin\theta_a\sec\theta_f & \cos\theta_a\sec\theta_f & 0\\ 0 & 0 & 1\end{bmatrix}k_u\boldsymbol{Y}_1(s)
\end{aligned}
$$

$$
= \begin{bmatrix}
\dfrac{k_{mf}k_{af}k_{\mathrm{ACR}}F_f(s)\cos^2\theta_a}{I_{fx}R_f}+\dfrac{k_{mr}k_{ar}k_{\mathrm{ACR}}k_{\mathrm{SR}}F_r(s)\sin^2\theta_a}{I_{ry}R_r} & -\dfrac{k_{mf}k_{af}k_{\mathrm{ACR}}F_f(s)\sin2\theta_a}{2I_{fx}R_f}+\dfrac{k_{mr}k_{ar}k_{\mathrm{ACR}}k_{\mathrm{SR}}F_r(s)\sin2\theta_a}{2I_{ry}R_r} & -\dfrac{k_{ma}k_{aa}F_a(s)\sin2\theta_f\sin\theta_a}{2I_{ry}R_a} \\
-\dfrac{k_{mf}k_{af}k_{\mathrm{ACR}}F_f(s)\sin2\theta_a}{2I_{fx}R_f}+\dfrac{k_{mr}k_{ar}k_{\mathrm{ACR}}k_{\mathrm{SR}}F_r(s)\sin2\theta_a}{2I_{ry}R_r} & \dfrac{k_{mf}k_{af}k_{\mathrm{ACR}}F_f(s)\sin^2\theta_a}{I_{fx}R_f}+\dfrac{k_{mr}k_{ar}k_{\mathrm{ACR}}k_{\mathrm{SR}}F_r(s)\cos^2\theta_a}{I_{ry}R_r} & -\dfrac{k_{ma}k_{aa}F_a(s)\sin2\theta_f\cos\theta_a}{2I_{ry}R_a} \\
0 & 0 & \dfrac{k_{ma}k_{aa}F_a(s)}{I_{az}R_a}
\end{bmatrix} k_u\boldsymbol{Y}_1(s)
$$

根据式(5.3.4)和式(5.3.5)的设计要求,并记

$$
\frac{k_{mf}k_{af}F_f(s)}{I_{fx}R_f}=\frac{k_{mr}k_{ar}k_{\mathrm{SR}}F_r(s)}{I_{ry}R_r}=KF(s)
$$

当采用单自由度积分陀螺作为敏感器件时,即

$$
\boldsymbol{Y}_1(s)=\frac{k_g}{s(\tau_g s+1)}\boldsymbol{I}
$$

则

$$
\boldsymbol{Y}(s)=\begin{bmatrix}
\dfrac{k_gk_uk_{\mathrm{ACR}}KF(S)}{s^2(\tau_g s+1)} & 0 & -\dfrac{k_{ma}k_{aa}F_a(s)\sin2\theta_f\sin\theta_a}{2I_{ry}R_as^2(\tau_g s+1)} \\
0 & \dfrac{k_gk_uk_{\mathrm{ACR}}KF(s)}{s^2(\tau_g s+1)} & -\dfrac{k_{ma}k_{aa}F_a(s)\sin2\theta_f\cos\theta_a}{2I_{ry}R_as^2(\tau_g s+1)} \\
0 & 0 & \dfrac{k_{ma}k_{aa}F_a(s)}{I_{az}R_as^2(\tau_g s+1)}
\end{bmatrix}
$$

记

$$
Y_h(s)=\frac{k_gk_uk_{\mathrm{ACR}}KF(s)}{s^2(\tau_g s+1)} \tag{5.5.22}
$$

$$
Y_z(s)=\frac{k_{ma}k_{aa}F_a(s)}{I_{az}R_as^2(\tau_g s+1)} \tag{5.5.23}
$$

$$
C_1=-\frac{I_{az}\sin2\theta_f\sin\theta_a}{2I_{ry}} \tag{5.5.24a}
$$

$$
C_2=-\frac{I_{az}\sin2\theta_f\cos\theta_a}{2I_{ry}} \tag{5.5.24b}
$$

则三轴平台的前向通道传递函数阵为

$$
\boldsymbol{Y}(s)=\begin{bmatrix}
Y_h(s) & 0 & C_1Y_z(s) \\
0 & Y_h(s) & C_2Y_z(s) \\
0 & 0 & Y_z(s)
\end{bmatrix} \tag{5.5.25}
$$

5.5.3 从台体 *a* 到环架轴坐标系 *A* 的力矩传递矩阵

以俯仰环为研究对象,即取俯仰环为分离体。记 M_{afx}^f、M_{afy}^f、M_{afz}^f 为方位环 a 对俯仰环 f 的

作用力矩。由于几何约束关系，作用在横滚环上的力矩中只有沿 z_r 轴和 y_r 轴的力矩可传递给俯仰环，而沿 x_r 轴(即 x_f 轴)的力矩由于平台的卸荷作用传递不到俯仰环上。记横滚环对俯仰环的作用力矩为 M_{rfz}^r 和 $M_{\Sigma y}^r$，如图 5.5.4(b)所示。

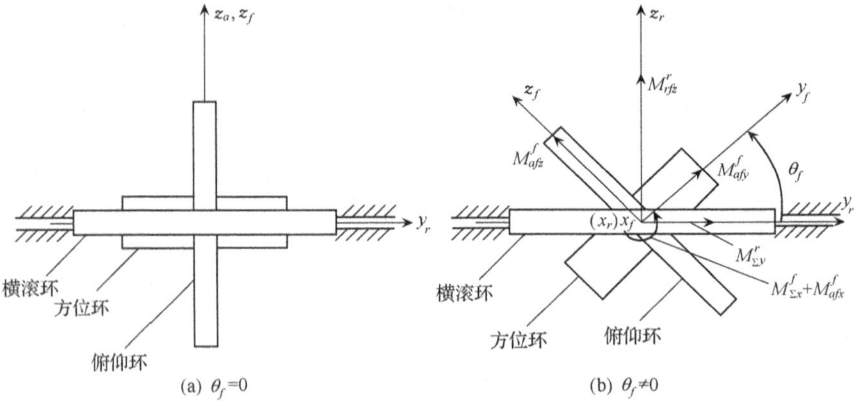

图 5.5.4　各环架上受到的力矩

当俯仰环 f 处于平衡状态时，沿 x_f 轴的合力矩为

$$M_{\Sigma x}^f + M_{afx}^f = 0 \tag{a}$$

沿 y_f 轴的合力矩为

$$M_{\Sigma y}^r \cos\theta_f + M_{rfz}^r \sin\theta_f + M_{afy}^f = 0 \tag{b}$$

沿 z_f 轴的合力矩为

$$-M_{\Sigma y}^r \sin\theta_f + M_{rfz}^r \cos\theta_f + M_{afz}^f = 0 \tag{c}$$

由于方位环 a 支承在俯仰环 f 内，M_{afz}^f 是 a 环对 f 环的反作用力矩，而沿方位环轴对 a 环的外作用力矩是由 f 环上的力矩电机提供的，所以 $M_{faz}^f = M_{\Sigma z}^a$

$$M_{afz}^f = -M_{faz}^f = -M_{\Sigma z}^a \tag{5.5.26a}$$

又由式(a)

$$M_{afx}^f = -M_{\Sigma x}^f \tag{5.5.26b}$$

由式(b)乘以 $\cos\theta_f$ 减去式(c)乘以 $\sin\theta_f$，得

$$M_{\Sigma y}^r + M_{afy}^f \cos\theta_f + M_{\Sigma z}^a \sin\theta_f = 0$$

即

$$M_{afy}^f = -M_{\Sigma y}^r \sec\theta_f - M_{\Sigma z}^a \tan\theta_f \tag{5.5.26c}$$

将式(5.5.26)写成矩阵形式：

$$\begin{bmatrix} M_{afx}^f \\ M_{afy}^f \\ M_{afz}^f \end{bmatrix} = \begin{bmatrix} -1 & 0 & 0 \\ 0 & -\sec\theta_f & -\tan\theta_f \\ 0 & 0 & -1 \end{bmatrix} \begin{bmatrix} M_{\Sigma x}^f \\ M_{\Sigma y}^r \\ M_{\Sigma z}^a \end{bmatrix}$$

上式是方位环作用在俯仰环上的力矩，根据作用和反作用原理，俯仰环对方位环的作用力矩为

$$\begin{bmatrix} M_{fax}^{f} \\ M_{fay}^{f} \\ M_{faz}^{f} \end{bmatrix} = \begin{bmatrix} -M_{afx}^{f} \\ -M_{afy}^{f} \\ -M_{afz}^{f} \end{bmatrix} = \begin{bmatrix} 1 & 0 & 0 \\ 0 & \sec\theta_f & \tan\theta_f \\ 0 & 0 & 1 \end{bmatrix} \begin{bmatrix} M_{\Sigma x}^{f} \\ M_{\Sigma y}^{r} \\ M_{\Sigma z}^{a} \end{bmatrix}$$

将上述数学向量变换到方位环 a 坐标系中，得

$$\begin{bmatrix} M_{fax}^{a} \\ M_{fay}^{a} \\ M_{faz}^{a} \end{bmatrix} = \begin{bmatrix} \cos\theta_a & \sin\theta_a & 0 \\ -\sin\theta_a & \cos\theta_a & 0 \\ 0 & 0 & 1 \end{bmatrix} \begin{bmatrix} 1 & 0 & 0 \\ 0 & \sec\theta_f & \tan\theta_f \\ 0 & 0 & 1 \end{bmatrix} \begin{bmatrix} M_{\Sigma x}^{f} \\ M_{\Sigma y}^{r} \\ M_{\Sigma z}^{a} \end{bmatrix}$$

$$= \begin{bmatrix} \cos\theta_a & \sin\theta_a \sec\theta_f & \sin\theta_a \tan\theta_f \\ -\sin\theta_a & \cos\theta_a \sec\theta_f & \cos\theta_a \tan\theta_f \\ 0 & 0 & 1 \end{bmatrix} \begin{bmatrix} M_{\Sigma x}^{f} \\ M_{\Sigma y}^{r} \\ M_{\Sigma z}^{a} \end{bmatrix} \tag{5.5.27}$$

上式是沿环架轴作用的力矩传递到台体上的传递关系式

$$\boldsymbol{T}_A^a = \begin{bmatrix} \cos\theta_a & \sin\theta_a \sec\theta_f & \sin\theta_a \tan\theta_f \\ -\sin\theta_a & \cos\theta_a \sec\theta_f & \cos\theta_a \tan\theta_f \\ 0 & 0 & 1 \end{bmatrix}$$

是环架坐标系 A 至方位环坐标系 a 的力矩传递矩阵。由于坐标系 A 在 $\theta_f \neq 0$ 时不是正交坐标系，所以 $\boldsymbol{T}_A^a$ 不是单位正交矩阵。

显然，$\boldsymbol{T}_a^A = [\boldsymbol{T}_A^a]^{-1}$ 是 a 系到 A 系的力矩传递矩阵

$$\boldsymbol{T}_a^A = \left(\boldsymbol{C}_f^a \begin{bmatrix} 1 & 0 & 0 \\ 0 & \sec\theta_f & \tan\theta_f \\ 0 & 0 & 1 \end{bmatrix} \right)^{-1} = \begin{bmatrix} 1 & 0 & 0 \\ 0 & \sec\theta_f & \tan\theta_f \\ 0 & 0 & 1 \end{bmatrix}^{-1} [\boldsymbol{C}_f^a]^{\mathrm{T}}$$

$$= \frac{1}{\sec\theta_f} \begin{bmatrix} \sec\theta_f & 0 & 0 \\ 0 & 1 & -\tan\theta_f \\ 0 & 0 & \sec\theta_f \end{bmatrix} \begin{bmatrix} \cos\theta_a & -\sin\theta_a & 0 \\ \sin\theta_a & \cos\theta_a & 0 \\ 0 & 0 & 1 \end{bmatrix} = \begin{bmatrix} \cos\theta_a & -\sin\theta_a & 0 \\ \sin\theta_a \cos\theta_f & \cos\theta_a \cos\theta_f & -\sin\theta_f \\ 0 & 0 & 1 \end{bmatrix} = \boldsymbol{T}_6$$

式中

$$\boldsymbol{T}_6 = \begin{bmatrix} \cos\theta_a & -\sin\theta_a & 0 \\ \sin\theta_a \cos\theta_f & \cos\theta_a \cos\theta_f & -\sin\theta_f \\ 0 & 0 & 1 \end{bmatrix} \tag{5.5.28}$$

5.5.4　三轴平台的动力学方程及其解

由式(5.5.5)、式(5.5.7)、式(5.5.14)、式(5.5.15)、式(5.5.17)、式(5.5.19)、式(5.2.13)及图 5.5.1，可画出三轴平台的闭环方块图，如图 5.5.5 所示。图中 $\boldsymbol{H}^k$ 为 3 阶方阵，是由陀螺配置确定的角动量-陀螺力矩形成矩阵。

假设基座角速度 $\boldsymbol{\omega}_{ib}$ 和环架角速度 $\dot{\boldsymbol{\theta}}_A$ 的摩擦约束耦合已由平台稳定回路的卸荷作用消除掉，则上图可简化成图 5.5.6。由图得

$$\boldsymbol{Y}_5^{-1}(s)\,\boldsymbol{\omega}_{iA}^A = \boldsymbol{M}_m^A + \boldsymbol{M}_d^A + \boldsymbol{T}_6 \boldsymbol{H}^k \boldsymbol{\omega}_{ia}^a \tag{5.5.29}$$

$$\boldsymbol{M}_m^A(s) = k_u \boldsymbol{Y}_4(s) \boldsymbol{Y}_3(s) \boldsymbol{T}_2 \boldsymbol{Y}_1(s) \{ \boldsymbol{\omega}_{\mathrm{cmd}} + \boldsymbol{\varepsilon}_g - [\boldsymbol{I} - \boldsymbol{Y}_2(s)]\,\boldsymbol{\omega}_{ia}^a \} \tag{5.5.30}$$

$$\boldsymbol{\omega}_{ia}^a = \boldsymbol{T}_1 \boldsymbol{\omega}_{iA}^A + \boldsymbol{T}_3 \boldsymbol{\omega}_{ib}^b$$

根据上式和式(5.2.14)

$$\boldsymbol{\omega}_{iA}^{A}=\boldsymbol{T}_1^{-1}\boldsymbol{\omega}_{ia}^{a}-\boldsymbol{T}_1^{-1}\boldsymbol{T}_3\boldsymbol{\omega}_{ib}^{b}=\boldsymbol{T}_2\boldsymbol{\omega}_{ia}^{a}-\boldsymbol{T}_2\boldsymbol{T}_3\boldsymbol{\omega}_{ib}^{b} \tag{5.5.31}$$

将式(5.5.30)和式(5.5.31)代入式(5.5.29),得

$$\begin{aligned}&\boldsymbol{Y}_5^{-1}(s)(\boldsymbol{T}_2\boldsymbol{\omega}_{ia}^{a}-\boldsymbol{T}_2\boldsymbol{T}_3\boldsymbol{\omega}_{ib}^{b})\\&=k_u\boldsymbol{Y}_4(s)\boldsymbol{Y}_3(s)\boldsymbol{T}_2\boldsymbol{Y}_1(s)\{\boldsymbol{\omega}_{\text{cmd}}+\boldsymbol{\varepsilon}_g-[\boldsymbol{I}-\boldsymbol{Y}_2(s)]\boldsymbol{\omega}_{ia}^{a}\}+\boldsymbol{M}_{\text{d}}^{A}+\boldsymbol{T}_6\boldsymbol{H}^k\boldsymbol{\omega}_{ia}^{a}\\&\{\boldsymbol{Y}_5^{-1}(s)\boldsymbol{T}_2-\boldsymbol{T}_6\boldsymbol{H}^k+k_u\boldsymbol{Y}_4(s)\boldsymbol{Y}_3(s)\boldsymbol{T}_2\boldsymbol{Y}_1(s)[\boldsymbol{I}-\boldsymbol{Y}_2(s)]\}\boldsymbol{\omega}_{ia}^{a}\\&=k_u\boldsymbol{Y}_4(s)\boldsymbol{Y}_3(s)\boldsymbol{T}_2\boldsymbol{Y}_1(s)(\boldsymbol{\omega}_{\text{cmd}}+\boldsymbol{\varepsilon}_g)+\boldsymbol{M}_{\text{d}}^{A}+\boldsymbol{Y}_5^{-1}(s)\boldsymbol{T}_2\boldsymbol{T}_3\boldsymbol{\omega}_{ib}^{b}\end{aligned}$$

上式两边左乘 $\boldsymbol{T}_1\boldsymbol{Y}_5(s)$,得

$$\begin{aligned}&\{\boldsymbol{I}-\boldsymbol{T}_1\boldsymbol{Y}_5(s)\boldsymbol{T}_6\boldsymbol{H}^k+k_u\boldsymbol{T}_1\boldsymbol{Y}_5(s)\boldsymbol{Y}_4(s)\boldsymbol{Y}_3(s)\boldsymbol{T}_2\boldsymbol{Y}_1(s)[\boldsymbol{I}-\boldsymbol{Y}_2(s)]\}\boldsymbol{\omega}_{ia}^{a}\\&=k_u\boldsymbol{T}_1\boldsymbol{Y}_5(s)\boldsymbol{Y}_4(s)\boldsymbol{Y}_3(s)\boldsymbol{T}_2\boldsymbol{Y}_1(s)(\boldsymbol{\omega}_{\text{cmd}}+\boldsymbol{\varepsilon}_g)+\boldsymbol{T}_1\boldsymbol{Y}_5(s)\boldsymbol{M}_{\text{d}}^{A}+\boldsymbol{T}_3\boldsymbol{\omega}_{ib}^{b}\end{aligned}$$

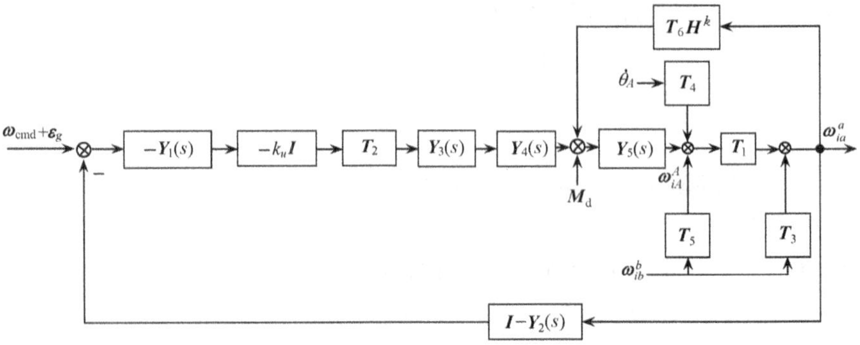

图 5.5.5　三轴平台闭环方块图

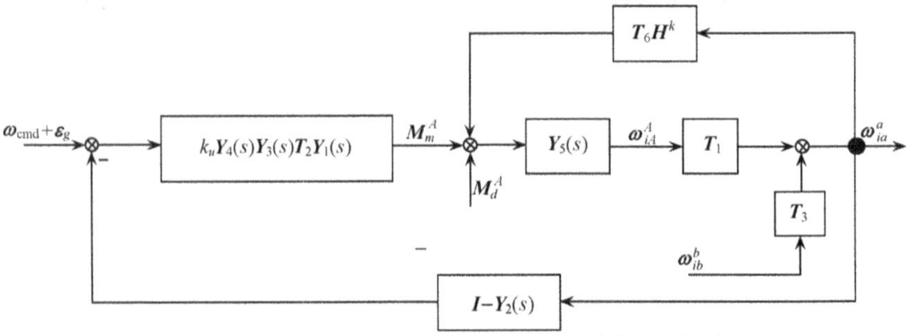

图 5.5.6　简化后的三轴平台闭环方块图

根据式(5.5.21),上式可写成

$$\begin{aligned}&\{\boldsymbol{I}+\boldsymbol{Y}(s)[\boldsymbol{I}-\boldsymbol{Y}_2(s)]-\boldsymbol{T}_1\boldsymbol{Y}_5(s)\boldsymbol{T}_6\boldsymbol{H}^k\}\boldsymbol{\omega}_{ia}^{a}\\&=\boldsymbol{Y}(s)(\boldsymbol{\omega}_{\text{cmd}}+\boldsymbol{\varepsilon}_g)+\boldsymbol{T}_1\boldsymbol{Y}_5(s)\boldsymbol{M}_{\text{d}}^{A}+\boldsymbol{T}_3\boldsymbol{\omega}_{ib}^{b}\end{aligned} \tag{5.5.32}$$

工程上常采用小角动量陀螺,上式中由陀螺角动量引起的陀螺力矩影响项可忽略,记

$$\boldsymbol{X}(s)=\boldsymbol{Y}(s)[\boldsymbol{I}-\boldsymbol{Y}_2(s)]-\boldsymbol{T}_1\boldsymbol{Y}_5(s)\boldsymbol{T}_6\boldsymbol{H}^k\approx\boldsymbol{Y}(s)[\boldsymbol{I}-\boldsymbol{Y}_2(s)] \tag{5.5.33}$$

则式(5.5.32)可写成

$$[\boldsymbol{I}+\boldsymbol{X}(s)]\boldsymbol{\omega}_{ia}^{a}=\boldsymbol{Y}(s)(\boldsymbol{\omega}_{\text{cmd}}+\boldsymbol{\varepsilon}_g)+\boldsymbol{T}_1\boldsymbol{Y}_5(s)\boldsymbol{M}_{\text{d}}^{A}+\boldsymbol{T}_3\boldsymbol{\omega}_{ib}^{b}$$

$$\boldsymbol{\omega}_{ia}^{a}=[\boldsymbol{I}+\boldsymbol{X}(s)]^{-1}[\boldsymbol{Y}(s)(\boldsymbol{\omega}_{\text{cmd}}+\boldsymbol{\varepsilon}_g)+\boldsymbol{T}_1\boldsymbol{Y}_5(s)\boldsymbol{M}_{\text{d}}^{A}+\boldsymbol{T}_3\boldsymbol{\omega}_{ib}^{b}] \tag{5.5.34}$$

上式即为三轴平台动力学方程在复频域内的解。显然平台应该复现 $\boldsymbol{\omega}_{\text{cmd}}$,而对干扰$\boldsymbol{\varepsilon}_g$、$\boldsymbol{M}_{\text{d}}^{A}$ 和$\boldsymbol{\omega}_{ib}^{b}$

能尽量抑制。

5.6 采用积分陀螺时三轴平台系统的输出轴耦合分析

5.6.1 输出轴耦合函数分析

由式(5.5.34),平台的输出角速度对指令的响应为

$$\boldsymbol{\omega}_{ia}^{a} = [\boldsymbol{I} + \boldsymbol{X}(s)]^{-1}\boldsymbol{Y}(s)\,\boldsymbol{\omega}_{\text{cmd}}(s) \tag{5.6.1}$$

当环架处于中立位置时,即 $\theta_f=0$,根据式(5.5.33)、式(5.5.25)和式(5.5.6)

$$\begin{aligned}
&\boldsymbol{I}+\boldsymbol{X}(s)\\
&= \boldsymbol{I}+\boldsymbol{Y}(s)[\boldsymbol{I}-\boldsymbol{Y}_2(s)] = \boldsymbol{I}+\begin{bmatrix} Y_h(s) & 0 & 0 \\ 0 & Y_h(s) & 0 \\ 0 & 0 & Y_z(s) \end{bmatrix}\begin{bmatrix} 1 & -\dfrac{\tau_g}{k_g}s & 0 \\ -\dfrac{\tau_g}{k_g}s & 1 & 0 \\ -\dfrac{\tau_g}{k_g}s & 0 & 1 \end{bmatrix}\\
&= \begin{bmatrix} 1+Y_h(s) & -\dfrac{\tau_g}{k_g}s & 0 \\ -\dfrac{\tau_g}{k_g}sY_h(s) & 1+Y_h(s) & 0 \\ -\dfrac{\tau_g}{k_g}sY_z(s) & 0 & 1+Y_z(s) \end{bmatrix}
\end{aligned}$$

$$\begin{aligned}
&[\boldsymbol{I}+\boldsymbol{X}(s)]^{-1}\\
&= \frac{1}{\Delta(s)}\begin{bmatrix} [1+Y_h(s)][1+Y_z(s)] & \dfrac{\tau_g}{k_g}sY_h(s)[1+Y_z(s)] & 0 \\ \dfrac{\tau_g}{k_g}sY_h(s)[1+Y_z(s)] & [1+Y_h(s)][1+Y_z(s)] & 0 \\ \dfrac{\tau_g}{k_g}sY_z(s)[1+Y_h(s)] & \left(\dfrac{\tau_g}{k_g}\right)^2 s^2Y_h(s)Y_z(s) & \left(\dfrac{\tau_g}{k_g}\right)^2 s^2Y_h^2(s) \end{bmatrix}
\end{aligned} \tag{5.6.2}$$

式中

$$\Delta(s) = [1+Y_h(s)]^2[1+Y_z(s)] - \left(\frac{\tau_g}{k_g}\right)^2 s^2Y_h^2(s)[1+Y_z(s)] \tag{5.6.3}$$

现以平台的 x 通道为例说明指令交叉耦合的影响。由式(5.6.1)、式(5.6.2)和式(5.6.3),平台沿 x 轴的输出为

$$\begin{aligned}
\omega_{iax}^{a}(s) &= \frac{[1+Y_h(s)][1+Y_z(s)]}{\Delta(s)}Y_h(s)\omega_{\text{cmd}x}(s) + \frac{\dfrac{\tau_g}{k_g}sY_h(s)[1+Y_z(s)]}{\Delta(s)}Y_h(s)\omega_{\text{cmd}y}(s)\\
&= \frac{[1+Y_h(s)]Y_h(s)}{[1+Y_h(s)]^2-\left(\dfrac{\tau_g}{k_g}\right)^2 s^2Y_h^2(s)}\omega_{\text{cmd}x}(s) + \frac{\dfrac{\tau_g}{k_g}sY_h^2(s)}{[1+Y_h(s)]^2-\left(\dfrac{\tau_g}{k_g}\right)^2 s^2Y_h^2(s)}\omega_{\text{cmd}y}(s)
\end{aligned}$$

$$= F_1(s)\left\{\frac{Y_h(s)}{1+Y_h(s)}\omega_{\mathrm{cmd}x}(s) + \frac{\frac{\tau_g}{k_g}sY_h^2(s)}{[1+Y_h(s)]^2}\omega_{\mathrm{cmd}y}(s)\right\} \tag{5.6.4}$$

式中

$$F_1(s) = \frac{1}{1-\left\{\dfrac{\tau_g sY_h(s)}{k_g[1+Y_h(s)]}\right\}^2} \tag{5.6.5}$$

5.6.2　耦合影响分析

根据式(5.6.4)可画出平台 x 通道的方块图,如图 5.6.1 所示。

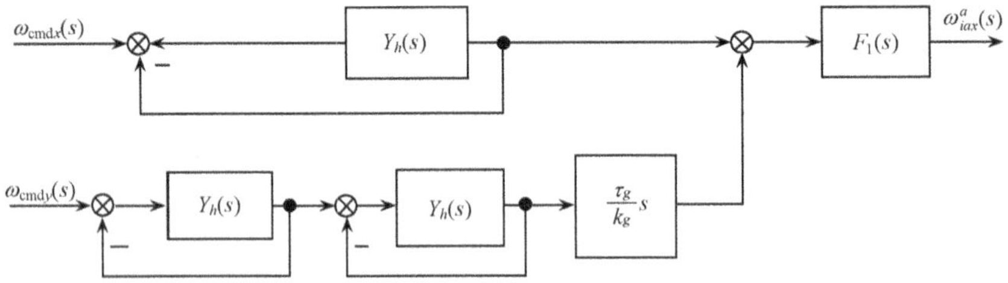

图 5.6.1　平台 x 通道方块图

从图 5.6.1 可看出,要减小指令的交叉耦合影响,应使$\frac{\tau_g}{k_g}$尽量小,应采用时间常数 τ_g 很小而陀螺传递系数 k_g 很大的单自由度陀螺仪,而 $\tau_g=\frac{I_0}{D}$,$k_g=\frac{H}{D}$,所以所选陀螺应该是角动量大、浮液阻尼系数大、陀螺组件绕输出轴的转动惯量小。

从图 5.6.1 还可看出,要使平台正确跟踪指令 $\omega_{\mathrm{cmd}x}$,还要求在全频范围内 $|F_1(\mathrm{j}\omega)|=1$,下面分析 $F_1(\mathrm{j}\omega)$及其影响。将式(5.6.5)写成

$$F_1(s) = \frac{1}{1-P(s)}$$

$$F_1(\mathrm{j}\omega) = \frac{1}{1-P(\mathrm{j}\omega)} \tag{5.6.6}$$

式中

$$P(s) = \left\{\frac{\tau_g sY_h(s)}{k_g[1+Y_h(s)]}\right\}^2$$

将式(5.5.22)代入上式,得

$$P(s) = \frac{\tau_g^2}{k_g^2}s^2\frac{k_g^2k_u^2k_{\mathrm{ACR}}^2K^2F^2(s)}{[s^2(\tau_g s+1)+k_gk_uk_{\mathrm{ACR}}KF(s)]^2}$$

$$P(\mathrm{j}\omega) = -(\tau_g k_u k_{\mathrm{ACR}}K)^2\omega^2\frac{F^2(\mathrm{j}\omega)}{[-\omega^2(\mathrm{j}\tau_g\omega+1)+k_gk_uk_{\mathrm{ACR}}KF(\mathrm{j}\omega)]^2} \tag{5.6.7}$$

(1) 当 $\omega=0$ 时,由于 $F(\mathrm{j}0)=L$(校正网络增益)为有限值,所以

$$P(\mathrm{j}0) = 0$$

即在低频段 $P(\mathrm{j}\omega)\approx 0$,根据式(5.6.6)知此时有

$$F_1(\mathrm{j}\omega) \approx 1$$

(2) 当 ω 很大时，即在高频段，根据图 4.3.6，此时 $F(\mathrm{j}\omega)=L$ 为有限值，由式(5.6.7)知 $P(\mathrm{j}\omega)=0$，所以由式(5.6.6)知，此时有

$$F_1(\mathrm{j}\omega)=1$$

(3) 对中频段的分析。

记

$$\frac{1}{V_1(s)}=-\left(\frac{\tau_g}{k_g}\right)^2\frac{s^2Y_h^2(s)}{[1+Y_h(s)]^2} \tag{5.6.8}$$

则式(5.6.5)可写成

$$F_1(s)=\frac{V_1(s)}{1+V_1(s)},\quad F_1(\mathrm{j}\omega)=\frac{V_1(\mathrm{j}\omega)}{1+V_1(\mathrm{j}\omega)}$$

从上式可看出：$V_1(\mathrm{j}\omega)$越接近-1，$F_1(\mathrm{j}\omega)$偏离 1 就越远；$V_1(\mathrm{j}\omega)$偏离-1 越远，$F_1(\mathrm{j}\omega)$就越接近 1。由式(5.6.8)

$$V_1(\mathrm{j}\omega)=\left(\frac{k_g}{\tau_g}\right)^2\frac{[1+Y_h(\mathrm{j}\omega)]^2}{\omega^2Y_h^2(\mathrm{j}\omega)}$$

做出中频段内 $V_1(\mathrm{j}\omega)$的幅频特性及相频特性，找出最接近 0dB 和$-180°$相位的频率，则在该频率上引起的交叉耦合误差最大，计算出在该频率上$|F_1(\mathrm{j}\omega)|$偏离 1 的最大误差，若不满足要求，应重新设计系统。

三轴平台各通道间的交叉耦合是比较弱的。但为了尽量减小其影响，选用单自由度陀螺作为敏感器件时，应当尽可能选择时间常数小而角动量大的陀螺，同时应适当选择三个陀螺在台体上的方位配置方案。此外，由式(5.5.9)知，当采用双自由度角位置陀螺作为敏感器件时，陀螺仪输出不存在交叉耦合误差，三轴平台各通道间不存在交叉耦合影响，所以从消除交叉耦合影响的角度来看，三轴平台采用双自由度角位置陀螺比采用单自由度陀螺有利。

5.7　三轴平台的误差分析

5.7.1　三轴平台误差模型

引起三轴平台误差的因素有以下三种：

(1) 采用单自由度陀螺作为敏感器件时，陀螺力矩引起陀螺输出轴之间的耦合，使平台各通道之间产生耦合误差，引起平台的耦合误差。

(2) 当俯仰环角 $\theta_f\neq0$，即平台并不处于中立位置时，平台各通道之间产生耦合误差，引起平台的耦合误差。

(3) 陀螺漂移$\boldsymbol{\varepsilon}_g$、干扰力矩 $\boldsymbol{M}_\mathrm{d}$ 和基座角速度$\boldsymbol{\omega}_{ib}$引起平台误差。

对于因素(1)，5.6.2 节中已做过分析，所以此处只讨论后两种因素的影响。

为简化分析，此处假设三轴平台采用双自由度角位置陀螺(或时间常数 τ_g 很大的挠性陀螺)作为敏感器件。根据式(5.5.8)和式(5.5.9)

$$\boldsymbol{Y}_1(s)=\frac{1}{s}\boldsymbol{I} \tag{5.5.8}$$

$$\boldsymbol{Y}_2(s)=\boldsymbol{0} \tag{5.5.9}$$

将式(5.5.8)代入式(5.5.21)，仿照推导式(5.5.25)的分析方法，三轴平台的前向通道传递函数阵为

$$\boldsymbol{Y}(s)=\begin{bmatrix} Y_h(s) & 0 & C_1Y_z(s) \\ 0 & Y_h(s) & C_2Y_z(s) \\ 0 & 0 & Y_z(s) \end{bmatrix} \tag{5.7.1}$$

式中，C_1 和 C_2 同式(5.5.24)

$$Y_h(s)=k_h\frac{F(s)}{s^2} \tag{5.7.2}$$

$$Y_z(s)=k_a\frac{F_a(s)}{s^2} \tag{5.7.3}$$

式中，$k_h=k_uk_{\text{ACR}}K,k_a=\dfrac{k_{ma}k_{aa}}{I_{az}R_a}$。

将式(5.5.9)代入式(5.5.33)，得

$$\boldsymbol{X}(s)=\boldsymbol{Y}(s)$$

根据式(5.5.34)，此时平台的角速度输出为

$$\boldsymbol{\omega}_{ia}^a=[\boldsymbol{I}+\boldsymbol{Y}(s)]^{-1}[\boldsymbol{Y}(s)(\boldsymbol{\omega}_{\text{cmd}}+\boldsymbol{\varepsilon}_g)+\boldsymbol{T}_1\boldsymbol{Y}_5(s)\boldsymbol{M}_{\text{d}}+\boldsymbol{T}_3\,\boldsymbol{\omega}_{ib}^b] \tag{5.7.4}$$

考虑平台各通道间无耦合的情况，即

$$\boldsymbol{Y}^n(s)=\text{diag}[Y_h(s)\quad Y_h(s)\quad Y_z(s)] \tag{5.7.5}$$

$$\boldsymbol{Y}_5^n(s)=\text{diag}\left[\frac{1}{I_{fx}s}\quad \frac{1}{I_{ry}s}\quad \frac{1}{I_{az}s}\right] \tag{5.7.6}$$

则平台对指令的响应为

$$\boldsymbol{\omega}_{ia}^{an}(s)=[\boldsymbol{I}+\boldsymbol{Y}^n(s)]^{-1}\boldsymbol{Y}^n(s)\,\boldsymbol{\omega}_{\text{cmd}} \tag{5.7.7}$$

$\boldsymbol{\omega}_{ia}^{an}(s)$为平台的理想输出。所以平台的输出误差为

$$\delta\boldsymbol{\omega}(s)=\boldsymbol{\omega}_{ia}^a(s)-\boldsymbol{\omega}_{ia}^{an}(s)$$

将式(5.7.4)和式(5.7.7)代入上式，并记

$$\Delta\boldsymbol{Y}(s)=\begin{bmatrix} 0 & 0 & C_1Y_z(s) \\ 0 & 0 & C_2Y_z(s) \\ 0 & 0 & 0 \end{bmatrix} \tag{5.7.8}$$

$$\Delta\boldsymbol{Y}_5(s)=\begin{bmatrix} 0 & 0 & 0 \\ 0 & 0 & -\dfrac{\sin\theta_f}{I_{ry}s} \\ 0 & 0 & 0 \end{bmatrix} \tag{5.7.9}$$

$$\begin{aligned}\delta\boldsymbol{\omega}(s)=&[\boldsymbol{I}+\boldsymbol{Y}^n(s)+\Delta\boldsymbol{Y}(s)]^{-1}\{[\boldsymbol{Y}^n(s)+\Delta\boldsymbol{Y}(s)](\boldsymbol{\omega}_{\text{cmd}}+\boldsymbol{\varepsilon}_g)\\&+\boldsymbol{T}_1[\boldsymbol{Y}_5^n(s)+\Delta\boldsymbol{Y}_5(s)]\boldsymbol{M}_{\text{d}}^A+\boldsymbol{T}_3\,\boldsymbol{\omega}_{ib}^b\}-[\boldsymbol{I}+\boldsymbol{Y}^n(s)]^{-1}\boldsymbol{Y}^n(s)\,\boldsymbol{\omega}_{\text{cmd}}\end{aligned} \tag{5.7.10}$$

对上式简化要用到如下关系式：

$$[\boldsymbol{I}+\boldsymbol{Y}^n(s)+\Delta\boldsymbol{Y}(s)]^{-1}=[\boldsymbol{I}+\boldsymbol{Y}^n(s)]^{-1}-[\boldsymbol{I}+\boldsymbol{Y}^n(s)]^{-1}\Delta\boldsymbol{Y}(s)[\boldsymbol{I}+\boldsymbol{Y}^n(s)]^{-1} \tag{5.7.11}$$

现证明式(5.7.11)的正确性。证明思路是：如果式(5.7.11)成立，则对该式作恒等变形一定能得到显式恒等式。

对式(5.7.11)的两边左乘 $\boldsymbol{I}+\boldsymbol{Y}^n(s)+\Delta\boldsymbol{Y}(s)$，右乘 $\boldsymbol{I}+\boldsymbol{Y}^n(s)$，得

$$\boldsymbol{I}+\boldsymbol{Y}^n(s)=\boldsymbol{I}+\boldsymbol{Y}^n(s)+\Delta\boldsymbol{Y}(s)-[\boldsymbol{I}+\boldsymbol{Y}^n(s)+\Delta\boldsymbol{Y}(s)]\cdot[\boldsymbol{I}+\boldsymbol{Y}^n(s)]^{-1}\Delta\boldsymbol{Y}(s) \tag{a}$$

对式(5.7.11)两边右乘 $\boldsymbol{I}+\boldsymbol{Y}^n(s)+\Delta\boldsymbol{Y}(s)$，左乘 $\boldsymbol{I}+\boldsymbol{Y}^n(s)$，得

$$\boldsymbol{I}+\boldsymbol{Y}^n(s)=\boldsymbol{I}+\boldsymbol{Y}^n(s)+\Delta\boldsymbol{Y}(s)-\Delta\boldsymbol{Y}(s)[\boldsymbol{I}+\boldsymbol{Y}^n(s)]^{-1}\cdot[\boldsymbol{I}+\boldsymbol{Y}^n(s)+\Delta\boldsymbol{Y}(s)] \tag{b}$$

将式(a)减去式(b)，得

$$\Delta\boldsymbol{Y}(s)[\boldsymbol{I}+\boldsymbol{Y}^n(s)]^{-1}\cdot[\boldsymbol{I}+\boldsymbol{Y}^n(s)+\Delta\boldsymbol{Y}(s)]=[\boldsymbol{I}+\boldsymbol{Y}^n(s)+\Delta\boldsymbol{Y}(s)][\boldsymbol{I}+\boldsymbol{Y}^n(s)]^{-1}\Delta\boldsymbol{Y}(s)$$

记上式左侧项为 $\boldsymbol{T}_L$，右侧项为 $\boldsymbol{T}_R$，则

$$\begin{aligned}\boldsymbol{T}_L&=\Delta\boldsymbol{Y}(s)\{[\boldsymbol{I}+\boldsymbol{Y}^n(s)]^{-1}[\boldsymbol{I}+\boldsymbol{Y}^n(s)]+[\boldsymbol{I}+\boldsymbol{Y}^n(s)]^{-1}\Delta\boldsymbol{Y}(s)\}\\&=\Delta\boldsymbol{Y}(s)+\Delta\boldsymbol{Y}(s)[\boldsymbol{I}+\boldsymbol{Y}^n(s)]^{-1}\Delta\boldsymbol{Y}(s)\end{aligned}$$

同理

$$\boldsymbol{T}_R=\Delta\boldsymbol{Y}(s)+\Delta\boldsymbol{Y}(s)[\boldsymbol{I}+\boldsymbol{Y}^n(s)]^{-1}\Delta\boldsymbol{Y}(s)$$

$\boldsymbol{T}_L=\boldsymbol{T}_R$，可见式(5.7.11)是成立的。

将式(5.7.11)代入式(5.7.10)，略去关于 $\Delta\boldsymbol{Y}(s)$ 及 $\boldsymbol{\varepsilon}_g$ 的二阶小量，得三轴平台的输出角速度误差：

$$\begin{aligned}\delta\boldsymbol{\omega}(s)=&\{[\boldsymbol{I}+\boldsymbol{Y}^n(s)]^{-1}-[\boldsymbol{I}+\boldsymbol{Y}^n(s)]^{-1}\Delta\boldsymbol{Y}(s)[\boldsymbol{I}+\boldsymbol{Y}^n(s)]^{-1}\}\cdot\{[\boldsymbol{Y}^n(s)+\Delta\boldsymbol{Y}(s)](\boldsymbol{\omega}_{\mathrm{cmd}}+\boldsymbol{\varepsilon}_g)\\&+\boldsymbol{T}_1[\boldsymbol{Y}_5^n(s)+\Delta\boldsymbol{Y}_5(s)]\boldsymbol{M}_{\mathrm{d}}^A+\boldsymbol{T}_3\,\boldsymbol{\omega}_{ib}^b\}-[\boldsymbol{I}+\boldsymbol{Y}^n(s)]^{-1}\boldsymbol{Y}^n(s)\,\boldsymbol{\omega}_{\mathrm{cmd}}\\=&[\boldsymbol{I}+\boldsymbol{Y}^n(s)]^{-1}\Delta\boldsymbol{Y}(s)\{\boldsymbol{I}-[\boldsymbol{I}+\boldsymbol{Y}^n(s)]^{-1}\boldsymbol{Y}^n(s)\}\,\boldsymbol{\omega}_{\mathrm{cmd}}+[\boldsymbol{I}+\boldsymbol{Y}^n(s)]^{-1}\boldsymbol{Y}^n(s)\boldsymbol{\varepsilon}_g\\&+[\boldsymbol{I}+\boldsymbol{Y}^n(s)]^{-1}\{\boldsymbol{I}-\Delta\boldsymbol{Y}(s)[\boldsymbol{I}+\boldsymbol{Y}^n(s)]^{-1}\}\boldsymbol{T}_1[\boldsymbol{Y}_5^n(s)+\Delta\boldsymbol{Y}_5(s)]\boldsymbol{M}_{\mathrm{d}}^A\\&+[\boldsymbol{I}+\boldsymbol{Y}^n(s)]^{-1}\{\boldsymbol{I}-\Delta\boldsymbol{Y}(s)[\boldsymbol{I}+\boldsymbol{Y}^n(s)]^{-1}\boldsymbol{T}_3\,\boldsymbol{\omega}_{ib}^b\}\end{aligned}\tag{5.7.12}$$

平台的输出误差角为

$$\delta\boldsymbol{\phi}(s)=\frac{\delta\boldsymbol{\omega}(s)}{s}\tag{5.7.13}$$

5.7.2　各因素引起的平台误差分析

1. 交叉耦合($\theta_f\neq0$)引起的对指令角速度的跟踪误差

由式(5.7.12)，有

$$\delta\,\boldsymbol{\omega}_{\theta f}(s)=[\boldsymbol{I}+\boldsymbol{Y}^n(s)]^{-1}\Delta\boldsymbol{Y}(s)\{\boldsymbol{I}-[\boldsymbol{I}+\boldsymbol{Y}^n(s)]^{-1}\boldsymbol{Y}^n(s)\}\,\boldsymbol{\omega}_{\mathrm{cmd}}$$

将式(5.7.5)、式(5.7.8)代入上式，得

$$\begin{bmatrix}\delta\omega_{\theta_f x}(s)\\\delta\omega_{\theta_f y}(s)\\\delta\omega_{\theta_f z}(s)\end{bmatrix}=\begin{bmatrix}\dfrac{1}{1+Y_h(s)}&0&0\\0&\dfrac{1}{1+Y_h(s)}&0\\0&0&\dfrac{1}{1+Y_z(s)}\end{bmatrix}\begin{bmatrix}0&0&C_1Y_z(s)\\0&0&C_2Y_z(s)\\0&0&0\end{bmatrix}\left\{\begin{bmatrix}1&0&0\\0&1&0\\0&0&1\end{bmatrix}\right.$$

$$\left.-\begin{bmatrix}\dfrac{Y_h(s)}{1+Y_h(s)}&0&0\\0&\dfrac{Y_h(s)}{1+Y_h(s)}&0\\0&0&\dfrac{Y_z(s)}{1+Y_z(s)}\end{bmatrix}\right\}\boldsymbol{\omega}_{\mathrm{cmd}}$$

$$= \begin{bmatrix} 0 & 0 & \dfrac{C_1 Y_z(s)}{1+Y_h(s)} \\ 0 & 0 & \dfrac{C_2 Y_z(s)}{I+Y_h(s)} \\ 0 & 0 & 0 \end{bmatrix} \begin{bmatrix} \dfrac{1}{1+Y_h(s)} & 0 & 0 \\ 0 & \dfrac{1}{1+Y_h(s)} & 0 \\ 0 & 0 & \dfrac{1}{1+Y_z(s)} \end{bmatrix} \begin{bmatrix} \omega_{\text{cmd}x}(s) \\ \omega_{\text{cmd}y}(s) \\ \omega_{\text{cmd}z}(s) \end{bmatrix}$$

$$= \begin{bmatrix} \dfrac{C_1}{1+Y_h(s)} \cdot \dfrac{Y_z(s)}{1+Y_z(s)} \omega_{\text{cmd}z}(s) \\ \dfrac{C_2}{1+Y_h(s)} \cdot \dfrac{Y_z(s)}{1+Y_z(s)} \omega_{\text{cmd}z}(s) \\ 0 \end{bmatrix} \tag{5.7.14}$$

根据式(5.7.5)和式(5.7.7)

$$\begin{bmatrix} \omega_{iax}^{an}(s) \\ \omega_{iay}^{an}(s) \\ \omega_{iaz}^{an}(s) \end{bmatrix} = \begin{bmatrix} \dfrac{Y_h(s)}{1+Y_h(s)} \omega_{\text{cmd}x}(s) \\ \dfrac{Y_h(s)}{1+Y_h(s)} \omega_{\text{cmd}y}(s) \\ \dfrac{Y_z(s)}{1+Y_z(s)} \omega_{\text{cmd}z}(s) \end{bmatrix}$$

即有

$$\frac{Y_z(s)}{1+Y_z(s)} \omega_{\text{cmd}z}(s) = \omega_{iaz}^{an}(s) \tag{5.7.15}$$

将式(5.7.15)代入式(5.7.14)，得

$$\delta\omega_{\theta_f x}(\mathrm{j}\omega) = \frac{C_1}{Y_h(\mathrm{j}\omega)} \cdot \frac{Y_h(\mathrm{j}\omega)}{1+Y_h(\mathrm{j}\omega)} \omega_{iaz}^{an}(\mathrm{j}\omega)$$

$$\delta\omega_{\theta_f y}(\mathrm{j}\omega) = \frac{C_2}{Y_h(\mathrm{j}\omega)} \cdot \frac{Y_h(\mathrm{j}\omega)}{1+Y_h(\mathrm{j}\omega)} \omega_{iaz}^{an}(\mathrm{j}\omega), \quad \delta\omega_{\theta_f z}(\mathrm{j}\omega) = 0$$

下面分析 $\delta\omega_{\theta_f x}(\mathrm{j}\omega)$。

(1) 在低频区，即 ω 接近 0 时，根据式(5.7.2)

$$\frac{Y_h(\mathrm{j}\omega)}{1+Y_h(\mathrm{j}\omega)} = \frac{k_h F(\mathrm{j}\omega)}{-\omega^2 + k_h F(\mathrm{j}\omega)} \approx \frac{k_h F(0)}{k_h F(0)} = 1, \quad \frac{C_1}{Y_h(\mathrm{j}\omega)} = -\frac{C_1 \omega^2}{k_h F(\mathrm{j}\omega)} \approx 0$$

所以，在低频区

$$\delta\omega_{\theta_f x}(\mathrm{j}\omega) \approx 0$$

(2) 在高频区，即 ω 很大时，由式(5.7.2)知

$$|Y_h(\mathrm{j}\omega)| = \frac{k_h F(\mathrm{j}\omega)}{\omega^2} = \frac{k_h L}{\omega^2}$$

式中，L 为校正网络增益，当 ω 很大时，$|Y_h(\mathrm{j}\omega)|$很小，所以

$$\frac{Y_h(\mathrm{j}\omega)}{1+Y_h(\mathrm{j}\omega)} \approx Y_h(\mathrm{j}\omega), \quad \delta\omega_{\theta_f x}(\mathrm{j}\omega) = C_1 \omega_{iaz}^{an}(\mathrm{j}\omega)$$

(3) 在中频区，由于在谐振峰值频率 ω_M 处

$$\left| \frac{Y_h(\mathrm{j}\omega)}{1+Y_h(\mathrm{j}\omega)} \right| = M_r$$

达到最大值，所以平台在 $\omega=\omega_M$ 处交叉耦合误差达到最大。又由于谐振峰值频率 ω_M 与系统的开环交截频率 ω_C 接近相等，而在 ω_C 处开环增益为 0dB，即

$$|Y_h(\mathrm{j}\omega_M)|\approx|Y_h(\mathrm{j}\omega_C)|=1$$

所以

$$\max[\delta\omega_{\theta_f x}(\mathrm{j}\omega)]\approx C_1 M_r \omega_{iaz}^{an}(\mathrm{j}\omega)$$

对 $\delta\omega_{\theta_f y}(\mathrm{j}\omega)$ 的分析与上述分析相同，此处不再重复。

2. 陀螺漂移引起的平台误差

由式(5.7.12)，陀螺漂移引起的平台漂移为

$$\delta\boldsymbol{\omega}_\varepsilon(s)=[\boldsymbol{I}+\boldsymbol{Y}^n(s)]^{-1}\boldsymbol{Y}^n(s)\boldsymbol{\varepsilon}_g(s)$$

即

$$\begin{bmatrix}\delta\omega_{\varepsilon x}(s)\\ \delta\omega_{\varepsilon y}(s)\\ \delta\omega_{\varepsilon z}(s)\end{bmatrix}=\begin{bmatrix}\dfrac{Y_h(s)}{1+Y_h(s)}\varepsilon_{gx}(s)\\ \dfrac{Y_h(s)}{1+Y_h(s)}\varepsilon_{gy}(s)\\ \dfrac{Y_z(s)}{1+Y_z(s)}\varepsilon_{gz}(s)\end{bmatrix}$$

将式(5.7.2)、式(5.7.3)代入上式，得常值漂移引起的平台漂移：

$$\delta\omega_{\varepsilon x}(s)=\frac{k_hF(s)}{s^2+k_hF(s)}\frac{\varepsilon_{gx}}{s},\quad \delta\omega_{\varepsilon y}(s)=\frac{k_hF(s)}{s^2+k_hF(s)}\frac{\varepsilon_{gy}}{s},\quad \delta\omega_{\varepsilon z}(s)=\frac{k_aF_a(s)}{s^2+k_aF_a(s)}\frac{\varepsilon_{gz}}{s}$$

引起的平台稳态漂移为

$$(\delta\omega_{\varepsilon x})_{ss}=\lim_{s\to 0}s\cdot\frac{k_hF(s)}{s^2+k_hF(s)}\cdot\frac{\varepsilon_{gx}}{s}=\varepsilon_{gx}\tag{5.7.16a}$$

$$(\delta\omega_{\varepsilon y})_{ss}=\lim_{s\to 0}s\cdot\frac{k_hF(s)}{s^2+k_hF(s)}\cdot\frac{\varepsilon_{gy}}{s}=\varepsilon_{gy}\tag{5.7.16b}$$

$$(\delta\omega_{\varepsilon z})_{ss}=\lim_{s\to 0}s\cdot\frac{k_aF_a(s)}{s^2+k_aF_a(s)}\cdot\frac{\varepsilon_{gz}}{s}=\varepsilon_{gz}\tag{5.7.16c}$$

3. 干扰力矩引起的平台误差

由式(5.7.12)，干扰力矩引起的平台漂移为

$$\delta\boldsymbol{\omega}_M(s)=[\boldsymbol{I}+\boldsymbol{Y}^n(s)]^{-1}\{\boldsymbol{I}-\Delta\boldsymbol{Y}(s)[\boldsymbol{I}+\boldsymbol{Y}^n(s)]^{-1}\}\boldsymbol{T}_1[\boldsymbol{Y}_5^n(s)+\Delta\boldsymbol{Y}_5(s)]\boldsymbol{M}_{\mathrm{d}}^A(s)$$

将式(5.7.5)、式(5.7.6)、式(5.7.8)和式(5.7.9)代入上式，得

$$\begin{bmatrix}\delta\omega_{Mx}(s)\\ \delta\omega_{My}(s)\\ \delta\omega_{Mz}(s)\end{bmatrix}=\begin{bmatrix}\dfrac{1}{1+Y_h(s)} & 0 & 0\\ 0 & \dfrac{1}{1+Y_h(s)} & 0\\ 0 & 0 & \dfrac{1}{1+Y_z(s)}\end{bmatrix}\left\{\boldsymbol{I}-\begin{bmatrix}0 & 0 & C_1Y_z(s)\\ 0 & 0 & C_2Y_z(s)\\ 0 & 0 & 0\end{bmatrix}\right.$$

$$\left.\times\begin{bmatrix}\dfrac{1}{1+Y_h(s)} & 0 & 0\\ 0 & \dfrac{1}{1+Y_h(s)} & 0\\ 0 & 0 & \dfrac{1}{1+Y_z(s)}\end{bmatrix}\right\}\begin{bmatrix}\cos\theta_a & \cos\theta_f\sin\theta_a & 0\\ -\sin\theta_a & \cos\theta_f\cos\theta_a & 0\\ 0 & 0 & 1\end{bmatrix}$$

$$
\begin{bmatrix} \frac{1}{I_{fx}s} & 0 & 0 \\ 0 & \frac{1}{I_{ry}s} & -\frac{\sin\theta_f}{I_{ry}s} \\ 0 & 0 & \frac{1}{I_{az}s} \end{bmatrix} \begin{bmatrix} M_{\mathrm{dx}}^A(s) \\ M_{\mathrm{dy}}^A(s) \\ M_{\mathrm{dz}}^A(s) \end{bmatrix}
$$

$$
= \begin{bmatrix} \frac{1}{1+Y_h(s)} & 0 & 0 \\ 0 & \frac{1}{1+Y_h(s)} & 0 \\ 0 & 0 & \frac{1}{1+Y_z(s)} \end{bmatrix} \begin{bmatrix} 1 & 0 & -\frac{C_1 Y_z(s)}{1+Y_z(s)} \\ 0 & 1 & -\frac{C_2 Y_z(s)}{1+Y_z(s)} \\ 0 & 0 & 1 \end{bmatrix}
$$

$$
\times \begin{bmatrix} \frac{\cos\theta_a}{I_{fx}s} & \frac{\cos\theta_f \sin\theta_a}{I_{ry}s} & -\frac{\sin 2\theta_f \sin\theta_a}{2I_{ry}s} \\ -\frac{\sin\theta_a}{I_{fx}s} & \frac{\cos\theta_f \cos\theta_a}{I_{ry}s} & -\frac{\sin 2\theta_f \cos\theta_a}{2I_{ry}s} \\ 0 & 0 & \frac{1}{I_{az}s} \end{bmatrix} \begin{bmatrix} M_{\mathrm{dx}}^A(s) \\ M_{\mathrm{dy}}^A(s) \\ M_{\mathrm{dz}}^A(s) \end{bmatrix}
$$

$$
= \begin{bmatrix} \frac{1}{1+Y_h(s)} & 0 & -\frac{C_1 Y_z(s)}{[1+Y_h(s)][1+Y_z(s)]} \\ 0 & \frac{1}{1+Y_h(s)} & -\frac{C_2 Y_z(s)}{[1+Y_h(s)][1+Y_z(s)]} \\ 0 & 0 & \frac{1}{1+Y_z(s)} \end{bmatrix}
$$

$$
\times \begin{bmatrix} \frac{\cos\theta_a}{I_{fx}s} & \frac{\cos\theta_f \sin\theta_a}{I_{ry}s} & -\frac{\sin 2\theta_f \sin\theta_a}{2I_{ry}s} \\ -\frac{\sin\theta_a}{I_{fx}s} & \frac{\cos\theta_f \cos\theta_a}{I_{ry}s} & -\frac{\sin 2\theta_f \cos\theta_a}{2I_{ry}s} \\ 0 & 0 & \frac{1}{I_{az}s} \end{bmatrix} \begin{bmatrix} M_{\mathrm{dx}}^A(s) \\ M_{\mathrm{dy}}^A(s) \\ M_{\mathrm{dz}}^A(s) \end{bmatrix}
$$

$$
= \begin{bmatrix} \frac{\cos\theta_a}{I_{fx}s[1+Y_h(s)]} & \frac{\cos\theta_f \sin\theta_a}{I_{ry}s[1+Y_h(s)]} & -\frac{\sin 2\theta_f \sin\theta_a}{2I_{ry}s[1+Y_h(s)]} - \frac{C_1 Y_z(s)}{I_{az}s[1+Y_h(s)][1+Y_z(s)]} \\ -\frac{\sin\theta_a}{I_{fx}s[1+Y_h(s)]} & \frac{\cos\theta_f \cos\theta_a}{I_{ry}s[1+Y_h(s)]} & -\frac{\sin 2\theta_f \cos\theta_a}{2I_{ry}s[1+Y_h(s)]} - \frac{C_2 Y_z(s)}{I_{az}s[1+Y_h(s)][1+Y_z(s)]} \\ 0 & 0 & \frac{1}{I_{az}s[1+Y_z(s)]} \end{bmatrix} \begin{bmatrix} M_{\mathrm{dx}}^A(s) \\ M_{\mathrm{dy}}^A(s) \\ M_{\mathrm{dz}}^A(s) \end{bmatrix}
$$

即

$$\delta\omega_{Mx}(s)=-\frac{\cos\theta_a}{I_{fx}s[1+Y_h(s)]}M_{dx}^A(s)+\frac{\cos\theta_f\sin\theta_a}{I_{ry}s[1+Y_h(s)]}M_{dy}^A(s)$$

$$-\left\{\frac{\sin2\theta_f\sin\theta_a}{2I_{ry}s[1+Y_h(s)]}+\frac{C_1Y_z(s)}{I_{az}s[1+Y_h(s)][1+Y_z(s)]}\right\}M_{dz}^A(s)$$

$$\delta\omega_{My}(s)=-\frac{\sin\theta_a}{I_{fx}s[1+Y_h(s)]}M_{dx}^A(s)+\frac{\cos\theta_f\cos\theta_a}{I_{ry}s[1+Y_h(s)]}M_{dy}^A(s)$$

$$-\left\{\frac{\sin2\theta_f\cos\theta_a}{2I_{ry}s[1+Y_h(s)]}+\frac{C_2Y_z(s)}{I_{az}s[1+Y_h(s)][1+Y_z(s)]}\right\}M_{dz}^A(s)$$

$$\delta\omega_{Mz}(s)=\frac{1}{I_{az}s[1+Y_z(s)]}M_{dz}^A(s)$$

将式(5.7.2)和式(5.7.3)代入上式，并假设干扰力矩为常值，则

$$\delta\omega_{Mx}(s)=\frac{s\cos\theta_a}{I_{fx}[s^2+k_hF(s)]}\frac{M_{dx}^A}{s}+\frac{s\cos\theta_f\sin\theta_a}{I_{ry}[s^2+k_hF(s)]}\frac{M_{dy}^A}{s}$$

$$-\left\{\frac{\sin2\theta_f\sin\theta_a}{2I_{ry}[s^2+k_hF(s)]}+\frac{sC_1k_aF_a(s)}{I_{az}[s^2+k_hF(s)][s^2+k_aF_a(s)]}\right\}\frac{M_{dz}^A}{s}$$

$$\delta\omega_{My}(s)=-\frac{s\sin\theta_a}{I_{fx}[s^2+k_hF(s)]}\cdot\frac{M_{dx}^A}{s}+\frac{s\cos\theta_f\cos\theta_a}{I_{ry}[s^2+k_hF(s)]}\cdot\frac{M_{dy}^A}{s}$$

$$-\left\{\frac{s\sin2\theta_f\cos\theta_a}{2I_{ry}[s^2+k_hF(s)]}+\frac{sC_2k_aF_a(s)}{I_{az}[s^2+k_hF(s)][s^2+k_aF_a(s)]}\right\}\frac{M_{dz}^A}{s}$$

$$\delta\omega_{Mz}(s)=\frac{s}{I_{az}[s^2+k_aF_a(s)]}\cdot\frac{M_{dz}^A}{s}$$

平台偏差角为

$$\delta\phi_{Mx}(s)=\frac{1}{s}\delta\omega_{Mx}(s)$$

$$=\frac{\cos\theta_a}{I_{fx}[s^2+k_hF(s)]}\cdot\frac{M_{dx}^A}{s}+\frac{\cos\theta_f\sin\theta_a}{I_{ry}[s^2+k_hF(s)]}\cdot\frac{M_{dy}^A}{s}$$

$$-\left\{\frac{\sin2\theta_f\sin\theta_a}{2I_{ry}[s^2+k_hF(s)]}+\frac{C_1k_aF_a(s)}{I_{az}[s^2+k_hF(s)][s^2+k_aF_a(s)]}\right\}\cdot\frac{M_{dz}^A}{s}\tag{5.7.17a}$$

$$\delta\phi_{My}(s)=\frac{1}{s}\delta\omega_{My}(s)$$

$$=-\frac{\sin\theta_a}{I_{fx}[s^2+k_hF(s)]}\cdot\frac{M_{dx}^A}{s}+\frac{\cos\theta_f\cos\theta_a}{I_{ry}[s^2+k_hF(s)]}\cdot\frac{M_{dy}^A}{s}$$

$$-\left\{\frac{\sin2\theta_f\cos\theta_a}{2I_{ry}[s^2+k_hF(s)]}+\frac{C_2k_aF_a(s)}{I_{az}[s^2+k_hF(s)][s^2+k_aF_a(s)]}\right\}\cdot\frac{M_{dz}^A}{s}\tag{5.7.17b}$$

$$\delta\phi_{Mz}(s)=\frac{1}{s}\delta\omega_{Mz}(s)=\frac{1}{I_{az}[s^2+k_aF_a(s)]}\cdot\frac{M_{dz}^A}{s}\tag{5.7.17c}$$

应用终值定理，得稳态值：

$$(\delta\omega_{Mx})_{ss}=0,\quad (\delta\omega_{My})_{ss}=0,\quad (\delta\omega_{Mz})_{ss}=0$$

$$\begin{aligned}(\delta\phi_{Mx})_{ss}&=\frac{\cos\theta_a}{I_{fx}k_hF(0)}M_{dx}^A+\frac{\cos\theta_f\sin\theta_a}{I_{ry}k_hF(0)}M_{dy}^A-\left[\frac{\sin2\theta_f\sin\theta_a}{2I_{ry}k_hF(0)}+\frac{C_1k_aF_a(0)}{I_{az}k_hk_aF(0)F_a(0)}\right]M_{dz}^A\\&=\frac{\cos\theta_a}{I_{fx}S_{\Phi_h}(0)}M_{dx}^A+\frac{\cos\theta_f\sin\theta_a}{I_{ry}S_{\Phi_h}(0)}M_{dy}^A-\left[\frac{\sin2\theta_f\sin\theta_a}{2I_{ry}S_{\Phi_h}(0)}+\frac{C_1}{I_{az}S_{\Phi_h}(0)}\right]M_{dz}^A\end{aligned}$$

$$(\delta\phi_{My})_{ss}=-\frac{\sin\theta_a}{I_{fx}S_{\Phi_h}(0)}M_{dx}^A+\frac{\cos\theta_f\cos\theta_a}{I_{ry}S_{\Phi_h}(0)}M_{dy}^A-\left[\frac{\sin2\theta_f\cos\theta_a}{2I_{ry}S_{\Phi_h}(0)}+\frac{C_2}{I_{az}S_{\Phi_h}(0)}\right]M_{dz}^A$$

$$(\delta\phi_{Mz})_{ss}=\frac{M_{dz}^A}{I_{az}S_{\Phi_a}(0)}$$

4. 由基座角运动耦合引起的平台误差

由式(5.7.12)，由基座角运动引起的平台漂移为

$$\begin{aligned}\delta\boldsymbol{\omega}_B(s)&=[\boldsymbol{I}+\boldsymbol{Y}^n(s)]^{-1}\{\boldsymbol{I}-\Delta\boldsymbol{Y}(s)[\boldsymbol{I}+\boldsymbol{Y}^n(s)]^{-1}\}\boldsymbol{T}_3\,\boldsymbol{\omega}_{ib}^b\\&=\begin{bmatrix}\frac{1}{1+Y_h(s)} & 0 & -\frac{C_1Y_z(s)}{[1+Y_h(s)][1+Y_z(s)]}\\ 0 & \frac{1}{1+Y_h(s)} & -\frac{C_2Y_z(s)}{[1+Y_h(s)][1+Y_z(s)]}\\ 0 & 0 & \frac{1}{1+Y_z(s)}\end{bmatrix}\\&\quad\times\begin{bmatrix}\sin\theta_r\sin\theta_f\sin\theta_a & 0 & \cos\theta_r\sin\theta_f\sin\theta_a\\ \sin\theta_r\sin\theta_f\cos\theta_a & 0 & \cos\theta_r\sin\theta_f\cos\theta_a\\ 0 & 0 & 0\end{bmatrix}\begin{bmatrix}\omega_{ibx}^b(s)\\ \omega_{iby}^b(s)\\ \omega_{ibz}^b(s)\end{bmatrix}\\&=\begin{bmatrix}\frac{\sin\theta_r\sin\theta_f\sin\theta_a}{1+Y_h(s)} & 0 & \frac{\cos\theta_r\sin\theta_f\sin\theta_a}{1+Y_h(s)}\\ \frac{\sin\theta_r\sin\theta_f\cos\theta_a}{1+Y_h(s)} & 0 & \frac{\cos\theta_r\sin\theta_f\cos\theta_a}{1+Y_h(s)}\\ 0 & 0 & 0\end{bmatrix}\begin{bmatrix}\omega_{ibx}^b(s)\\ \omega_{iby}^b(s)\\ \omega_{ibz}^b(s)\end{bmatrix}\end{aligned}$$

即

$$\begin{aligned}\delta\omega_{Bx}(s)&=\frac{1}{1+Y_h(s)}[\sin\theta_r\sin\theta_f\sin\theta_a\omega_{ibx}^b(s)+\cos\theta_r\sin\theta_f\sin\theta_a\omega_{ibz}^b(s)]\\&=\frac{s^2\sin\theta_f\sin\theta_a}{s^2+k_hF(s)}[\sin\theta_r\omega_{ibx}^b(s)+\cos\theta_r\omega_{ibz}^b(s)]\end{aligned}$$

$$\begin{aligned}\delta\omega_{By}(s)&=\frac{1}{1+Y_h(s)}[\sin\theta_r\sin\theta_f\cos\theta_a\omega_{ibx}^b(s)+\cos\theta_r\sin\theta_f\cos\theta_a\omega_{ibz}^b(s)]\\&=\frac{s^2\sin\theta_f\cos\theta_a}{s^2+k_hF(s)}[\sin\theta_r\omega_{ibx}^b(s)+\cos\theta_r\omega_{ibz}^b(s)]\end{aligned}$$

$$\delta\omega_{Bz}(s)=0$$

$$\delta\phi_{Bx}(s)=\frac{\delta\omega_{Bx}(s)}{s}=\frac{s\sin\theta_f\sin\theta_a}{s^2+k_hF(s)}[\sin\theta_r\omega_{ibx}^b(s)+\cos\theta_r\omega_{ibz}^b(s)]$$

$$\delta\phi_{By}(s)=\frac{\delta\omega_{By}(s)}{s}=\frac{s\sin\theta_f\cos\theta_a}{s^2+k_hF(s)}[\sin\theta_r\omega_{ibx}^b(s)+\cos\theta_r\omega_{ibz}^b(s)]$$

$$\delta\phi_{Bz}(s)=\frac{\delta\omega_{Bz}(s)}{s}=0$$

（1）基座角速度为常值时，即

$$\omega_{ibx}^b(s)=\frac{\omega_{ibx}^b}{s},\quad \omega_{ibz}^b(s)=\frac{\omega_{ibz}^b}{s}$$

则

$$(\delta\omega_{Bx})_{ss}=0,\quad(\delta\omega_{By})_{ss}=0,\quad(\delta\omega_{Bz})_{ss}=0,(\delta\phi_{Bx})_{ss}=0,\quad(\delta\phi_{By})_{ss}=0,\quad(\delta\phi_{Bz})_{ss}=0$$

（2）基座角加速度为常值时，即

$$\dot{\omega}_{ibx}^b(s)=\frac{\dot{\omega}_{ibx}^b}{s},\quad \dot{\omega}_{ibz}^b(s)=\frac{\dot{\omega}_{ibz}^b}{s}$$

即

$$\omega_{ibx}^b(s)=\frac{\dot{\omega}_{ibx}^b}{s^2},\quad \omega_{ibz}^b(s)=\frac{\dot{\omega}_{ibz}^b}{s^2}$$

则

$$(\delta\omega_{Bx})_{ss}=0,\quad(\delta\omega_{By})_{ss}=0,\quad(\delta\omega_{Bz})_{ss}=0$$

$$(\delta\phi_{Bx})_{ss}=\frac{\sin\theta_f\sin\theta_a}{k_hF(0)}(\dot{\omega}_{ibx}^b\sin\theta_r+\dot{\omega}_{ibz}^b\cos\theta_r)=\frac{\sin\theta_f\sin\theta_a}{S_{\Phi_h}(0)}(\dot{\omega}_{ibx}^b\sin\theta_r+\dot{\omega}_{ibz}^b\cos\theta_r)$$

$$(\delta\phi_{By})_{ss}=\frac{\sin\theta_f\cos\theta_a}{S_{\Phi_h}(0)}(\dot{\omega}_{ibx}^b\sin\theta_r+\dot{\omega}_{ibz}^b\cos\theta_r)$$

$$(\delta\phi_{Bz})_{ss}=0$$

5. 振动诱导漂移

在工程实际中，陀螺单独测试时可达到某一精度，但用在平台系统中后，平台却远远达不到这一精度。造成这一现象的原因之一是陀螺的偏心振动，即陀螺自转引起偏心振动，产生对平台的干扰力矩，此干扰力矩引起平台绕稳定轴的角振动，陀螺偏心振动与平台角振动间的耦合引起陀螺的附加常值漂移，从而引起平台漂移。下面详细分析这一问题的定量关系。

1）平台的偏心振动

设 XYZ 为平台坐标系，记作 a。平台由两个双自由度陀螺控制，上陀螺记为 T，下陀螺记为 B。上、下陀螺的自转角速度均为 ω_s。C_T 和 C_B 分别为上、下陀螺的质心，O_T 和 O_B 分别为上、下陀螺的支点。记上陀螺的偏心向量为 $\boldsymbol{\mu}$，质量为 m_T，下陀螺的偏心向量为 $\boldsymbol{\upsilon}$，质量为 m_B。L_1 和 L_2 为陀螺支点距平台支点 O 的距离。如图 5.7.1 所示。图中，μ_0 为上陀螺偏心向量 $\boldsymbol{\mu}$ 在陀螺赤道平面内的投影，μ_a 为 $\boldsymbol{\mu}$ 在上陀螺极轴上的投影，υ_0 为 $\boldsymbol{\upsilon}$ 在下陀螺赤道平面内的投影，υ_a 为 $\boldsymbol{\upsilon}$ 在下陀螺极轴上的投影。

设转子在自转的同时还引起转子沿转子轴的轴向窜动，上陀螺的窜动量为 μ_1，下陀螺的窜动量为 υ_1，则上、下陀螺质心在平台坐标系 a 内的数学向量表达式分别为

$$\boldsymbol{\mu}^a=\begin{bmatrix}\mu_0\cos\omega_st\\ \mu_0\sin\omega_st\\ \mu_a+\mu_1\cos(\omega_st+\varphi_1)\end{bmatrix},\quad \boldsymbol{\upsilon}^a=\begin{bmatrix}\upsilon_0\sin(\omega_st+\varphi_0)\\ \upsilon_0\cos(\omega_st+\varphi_0)\\ \upsilon_a+\upsilon_1\cos(\omega_st+\varphi_0+\varphi_2)\end{bmatrix}$$

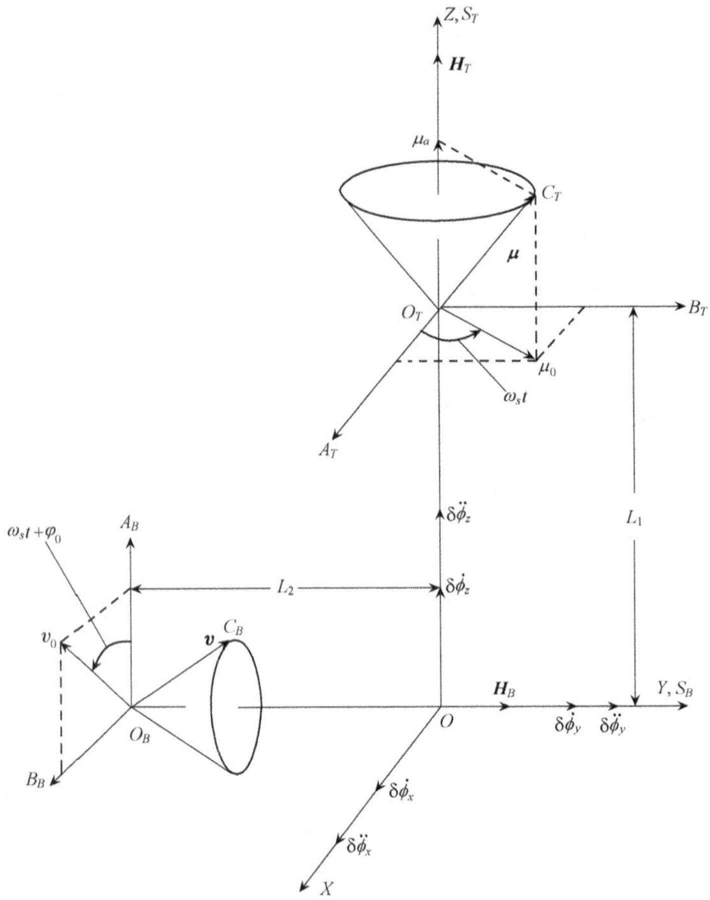

图 5.7.1 上下陀螺振动对三轴平台的影响

略去平台台体相对惯性空间的角速度影响，则有

$$\left.\frac{\mathrm{d}^2\boldsymbol{\mu}}{\mathrm{d}t^2}\right|_i^a \approx \ddot{\boldsymbol{\mu}}^a = \begin{bmatrix} -\mu_0\omega_s^2\cos\omega_s t \\ -\mu_0\omega_s^2\sin\omega_s t \\ -\mu_1\omega_s^2\cos(\omega_s t+\varphi_1) \end{bmatrix},\quad \left.\frac{\mathrm{d}^2\boldsymbol{v}}{\mathrm{d}t^2}\right|_i^a \approx \ddot{\boldsymbol{v}}^a = \begin{bmatrix} -v_0\omega_s^2\sin(\omega_s t+\varphi_0) \\ -v_0\omega_s^2\cos(\omega_s t+\varphi_0) \\ -v_1\omega_s^2\cos(\omega_s t+\varphi_0+\varphi_2) \end{bmatrix}$$

由上述加速度引起的上下陀螺转子惯性力分别为

$$\boldsymbol{P}^a = -m_T\ddot{\boldsymbol{\mu}}^a = \begin{bmatrix} m_T\mu_0\omega_s^2\cos\omega_s t \\ m_T\mu_0\omega_s^2\sin\omega_s t \\ m_T\mu_1\omega_s^2\cos(\omega_s t+\varphi_1) \end{bmatrix} \tag{5.7.18}$$

$$\boldsymbol{Q}^a = -m_B\ddot{\boldsymbol{v}}^a = \begin{bmatrix} m_B v_0\omega_s^2\sin(\omega_s t+\varphi_0) \\ m_B v_0\omega_s^2\cos(\omega_s t+\varphi_0) \\ m_B v_1\omega_s^2\cos(\omega_s t+\varphi_0+\varphi_2) \end{bmatrix} \tag{5.7.19}$$

上述惯性力由转子产生，通过框架作用在平台台体上。由于偏心量十分微小，所以 O_T 和 O_B 可看做力的作用点。由图 5.7.1 可求得 $\boldsymbol{P}$ 和 $\boldsymbol{Q}$ 对平台产生的力矩：

$$\boldsymbol{M}_\mathrm{d}^a = \boldsymbol{L}_1^a \times \boldsymbol{P}^a + \boldsymbol{L}_2^a \times \boldsymbol{Q}^a \tag{5.7.20}$$

式中，$\boldsymbol{L}_1^a=\begin{bmatrix}0\\0\\L_1\end{bmatrix}$，$\boldsymbol{L}_2^a=\begin{bmatrix}0\\-L_2\\0\end{bmatrix}$。将上述两式和式(5.7.18)、式(5.7.19)代入式(5.7.20)，得

$$\begin{bmatrix}M_{dx}^a\\M_{dy}^a\\M_{dz}^a\end{bmatrix}=\begin{bmatrix}0&-L_1&0\\L_1&0&0\\0&0&0\end{bmatrix}\begin{bmatrix}m_T\mu_0\omega_s^2\cos\omega_st\\m_T\mu_0\omega_s^2\sin\omega_st\\m_T\mu_1\omega_s^2\cos(\omega_st+\varphi_1)\end{bmatrix}+\begin{bmatrix}0&0&-L_2\\0&0&0\\L_2&0&0\end{bmatrix}\begin{bmatrix}m_B\upsilon_0\omega_s^2\sin(\omega_st+\varphi_0)\\m_B\upsilon_0\omega_s^2\cos(\omega_st+\varphi_0)\\m_B\upsilon_1\omega_s^2\cos(\omega_st+\varphi_0+\varphi_2)\end{bmatrix}$$

$$=\begin{bmatrix}-m_T\mu_0L_1\omega_s^2\sin\omega_st-m_B\upsilon_1L_2\omega_s^2\cos(\omega_st+\varphi_0+\varphi_2)\\m_T\mu_0L_1\omega_s^2\cos\omega_st\\m_B\upsilon_0L_2\omega_s^2\sin(\omega_st+\varphi_0)\end{bmatrix}\tag{5.7.21}$$

由于此干扰力矩是由陀螺转子振动引起的，所以称之为振动诱导干扰力矩。

2) 平台系统对振动诱导干扰力矩的响应

由式(5.7.17)及式(5.5.24)，当平台处于中立位置，即 $\theta_f=0$ 时，平台偏差角为

$$\delta\phi_x(s)=\frac{\cos\theta_a}{I_{fx}[s^2+k_hF(s)]}M_{dx}^A(s)+\frac{\sin\theta_a}{I_{ry}[s^2+k_hF(s)]}M_{dy}^A(s)$$

$$\delta\phi_y(s)=-\frac{\sin\theta_a}{I_{fx}[s^2+k_hF(s)]}M_{dx}^A(s)+\frac{\cos\theta_a}{I_{ry}[s^2+k_hF(s)]}M_{dy}^A(s)$$

$$\delta\phi_z(s)=\frac{1}{I_{az}[s^2+k_aF_a(s)]}M_{dz}^A(s)$$

设 Ψ 为运载体的平台航向角，规定顺时针为正，θ_a 为平台的方位环角，规定逆时针为正，如图 5.7.2 所示。由图知当 θ_a 为正，Ψ 也为正，即有

$$\Psi=\theta_a$$

$$\boldsymbol{C}_A^a=\begin{bmatrix}\cos\theta_a&\sin\theta_a&0\\-\sin\theta_a&\cos\theta_a&0\\0&0&1\end{bmatrix}=\begin{bmatrix}\cos\Psi&\sin\Psi&0\\-\sin\Psi&\cos\Psi&0\\0&0&1\end{bmatrix}$$

$$\begin{bmatrix}M_{dx}^A(s)\\M_{dy}^A(s)\\M_{dz}^A(s)\end{bmatrix}=\begin{bmatrix}\cos\Psi&-\sin\Psi&0\\\sin\Psi&\cos\Psi&0\\0&0&1\end{bmatrix}\begin{bmatrix}M_{dx}^a(s)\\M_{dy}^a(s)\\M_{dz}^a(s)\end{bmatrix}=\begin{bmatrix}M_{dx}^a(s)\cos\Psi-M_{dy}^a(s)\sin\Psi\\M_{dx}^a(s)\sin\Psi+M_{dy}^a(s)\cos\Psi\\M_{dz}^a(s)\end{bmatrix}$$

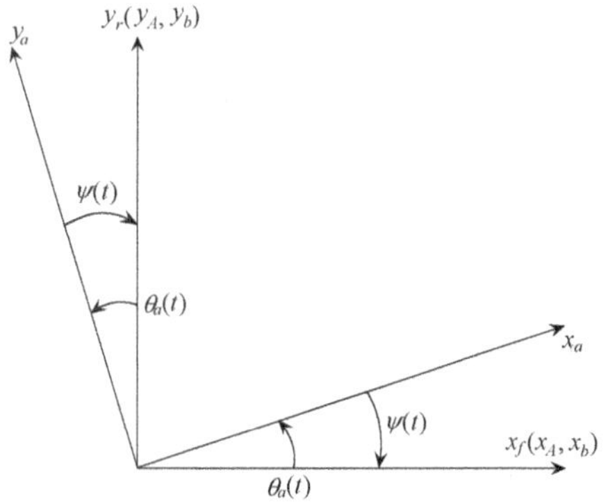

图 5.7.2　$\theta_f=0$ 时的平台航向角 Ψ 与方位环角 θ_a

所以

$$\delta\phi_x(s)=\frac{M_{dx}^a(s)\cos^2\Psi-\frac{1}{2}M_{dy}^a(s)\sin2\Psi}{I_{fx}[s^2+k_hF(s)]}+\frac{M_{dx}^a(s)\sin^2\Psi+\frac{1}{2}M_{dy}^a(s)\sin2\Psi}{I_{ry}[s^2+k_hF(s)]}\tag{5.7.22a}$$

$$\delta\phi_y(s)=-\frac{\frac{1}{2}M_{dx}^a(s)\sin2\Psi-M_{dy}^a(s)\sin^2\Psi}{I_{fx}[s^2+k_hF(s)]}+\frac{\frac{1}{2}M_{dx}^a(s)\sin2\Psi+M_{dy}^a(s)\cos^2\Psi}{I_{ry}[s^2+k_hF(s)]}\tag{5.7.22b}$$

$$\delta\phi_z(s)=\frac{1}{I_{az}[s^2+k_aF_a(s)]}M_{dz}^a(s)\tag{5.7.22c}$$

由式(5.7.21)知，振动诱导干扰力矩的频率为 ω_s，即转子的自转角速度，远远超出平台电子

网络的频带，即有

$$F_h(\mathrm{j}\omega_s)=0,\qquad F_a(\mathrm{j}\omega_s)=0$$

所以在 $\omega=\omega_s$ 附近，式(5.7.22)可写成

$$\delta\phi_x(s)=\left(\frac{\cos^2\Psi}{I_{fx}s^2}+\frac{\sin^2\Psi}{I_{ry}s^2}\right)M_{\mathrm{dx}}^{a}(s)+\left(\frac{\sin2\Psi}{2I_{ry}s^2}-\frac{\sin2\Psi}{2I_{fx}s^2}\right)M_{\mathrm{dy}}^{a}(s) \tag{5.7.23a}$$

$$\delta\phi_y(s)=\left(\frac{\sin2\Psi}{2I_{ry}s^2}-\frac{\sin2\Psi}{2I_{fx}s^2}\right)M_{\mathrm{dx}}^{a}(s)+\left(\frac{\sin^2\Psi}{I_{fx}s^2}+\frac{\cos^2\Psi}{I_{ry}s^2}\right)M_{\mathrm{dy}}^{a}(s) \tag{5.7.23b}$$

$$\delta\phi_z(s)=\frac{1}{I_{az}s^2}M_{\mathrm{dz}}^{a}(s) \tag{5.7.23c}$$

记

$$\Phi_{xx}(s)=\frac{1}{s^2}\left(\frac{\cos^2\Psi}{I_{fx}}+\frac{\sin^2\Psi}{I_{ry}}\right),\qquad \Phi_{xy}(s)=\frac{\sin2\Psi}{2s^2}\left(\frac{1}{I_{ry}}-\frac{1}{I_{fx}}\right)$$

$$\Phi_{yx}(s)=\frac{\sin2\Psi}{2s^2}\left(\frac{1}{I_{ry}}-\frac{1}{I_{fx}}\right),\qquad \Phi_{yy}(s)=\frac{1}{s^2}\left(\frac{\sin^2\Psi}{I_{fx}}+\frac{\cos^2\Psi}{I_{ry}}\right),\Phi_{zz}(s)=\frac{1}{s^2I_{az}}$$

则式(5.7.23)可画成方块图形式，如图 5.7.3 所示。图中

$$|\Phi_{xx}(\mathrm{j}\omega_s)|=\frac{1}{\omega_s^2}\left(\frac{\cos^2\Psi}{I_{fx}}+\frac{\sin^2\Psi}{I_{ry}}\right),\qquad \arg\Phi_{xx}(\mathrm{j}\omega_s)=-\pi$$

$$|\Phi_{xy}(\mathrm{j}\omega_s)|=\frac{\sin2\Psi}{2\omega_s^2}\left(\frac{1}{I_{ry}}-\frac{1}{I_{fx}}\right),\qquad \arg\Phi_{xy}(\mathrm{j}\omega_s)=-\pi$$

$$|\Phi_{yx}(\mathrm{j}\omega_s)|=\frac{\sin2\Psi}{2\omega_s^2}\left(\frac{1}{I_{ry}}-\frac{1}{I_{fx}}\right),\qquad \arg\Phi_{yx}(\mathrm{j}\omega_s)=-\pi$$

$$|\Phi_{yy}(\mathrm{j}\omega_s)|=\frac{1}{\omega_s^2}\left(\frac{\sin^2\Psi}{I_{fx}}+\frac{\cos^2\Psi}{I_{ry}}\right),\qquad \arg\Phi_{yy}(\mathrm{j}\omega_s)=-\pi$$

$$|\Phi_{zz}(\mathrm{j}\omega_s)|=\frac{1}{\omega_s^2I_{az}},\qquad \arg\Phi_{zz}(\mathrm{j}\omega_s)=-\pi$$

由线性系统理论知，若线性系统的频率响应为 $\Phi(\mathrm{j}\omega)$，则系统对简谐输入 $x(t)=A\sin(\omega t+\varphi_0)$ 的响应为

$$y(t)=|\Phi(\mathrm{j}\omega)|A\sin[\omega t+\varphi_0+\arg\Phi(\mathrm{j}\omega)]$$

所以由图 5.7.3 和式(5.7.21)，得

$$\begin{aligned}\delta\phi_x(t)=&\left(\frac{\cos^2\Psi}{I_{fx}}+\frac{\sin^2\Psi}{I_{ry}}\right)\times[-m_T\mu_0L_1\sin(\omega_st-\pi)\\&-m_Bv_1L_2\cos(\omega_st+\varphi_0+\varphi_2-\pi)]+\frac{\sin2\Psi}{2}\left(\frac{1}{I_{ry}}-\frac{1}{I_{fx}}\right)m_T\mu_0L_1\cos(\omega_st-\pi)\\=&\left(\frac{\cos^2\Psi}{I_{fx}}+\frac{\sin^2\Psi}{I_{ry}}\right)[m_T\mu_0L_1\sin\omega_st+m_Bv_1L_2\cos(\omega_st+\varphi_0+\varphi_2)]\\&-\frac{\sin2\Psi}{2}\left(\frac{1}{I_{ry}}-\frac{1}{I_{fx}}\right)m_T\mu_0L_1\cos\omega_st\end{aligned} \tag{5.7.24a}$$

$$\begin{aligned}\delta\phi_y(t)=&\frac{\sin2\Psi}{2}\left(\frac{1}{I_{ry}}-\frac{1}{I_{fx}}\right)[-m_T\mu_0L_1\sin(\omega_st-\pi)-m_Bv_1L_2\cos(\omega_st+\varphi_0+\varphi_2-\pi)]\\&+\left(\frac{\sin^2\Psi}{I_{fx}}+\frac{\cos^2\Psi}{I_{ry}}\right)m_T\mu_0L_1\cos(\omega_st-\pi)\end{aligned}$$

$$= \frac{\sin 2\Psi}{2}\left(\frac{1}{I_{ry}} - \frac{1}{I_{fx}}\right)[m_T\mu_0 L_1 \sin\omega_s t + m_B\upsilon_1 L_2 \cos(\omega_s t + \varphi_0 + \varphi_2)]$$

$$- \left(\frac{\sin^2\Psi}{I_{fx}} + \frac{\cos^2\Psi}{I_{ry}}\right) m_T\mu_0 L_1 \cos\omega_s t \tag{5.7.24b}$$

$$\delta\phi_z(t) = \frac{1}{I_{az}} m_B\upsilon_0 L_2 \sin(\omega_s t + \varphi_0 - \pi) = -\frac{1}{I_{az}} m_B\upsilon_0 L_2 \sin(\omega_s t + \varphi_0) \tag{5.7.24c}$$

从式(5.7.24)可看出:①陀螺转子的偏心振动诱发的干扰力矩使平台产生同频变化的交变偏差角,即平台出现角抖动;②角抖动的幅值与航向 Ψ 有关,在某些航向上抖动幅值最大。

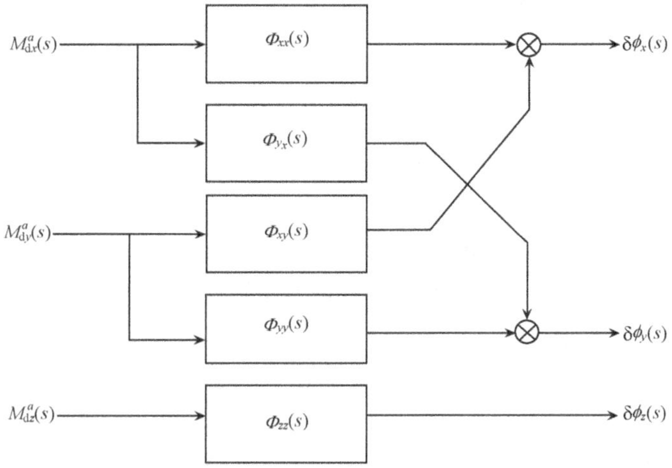

图 5.7.3　振动诱导干扰力矩引起的平台偏差角

3）平台角振动与转子偏心振动耦合诱发的平台漂移

(1) 平台角振动引起的转子质心线加速度。

设平台抖动角速度和抖动角加速度分别为 $\delta\dot{\varphi}_x$、$\delta\dot{\phi}_y$、$\delta\dot{\phi}_z$ 和 $\delta\ddot{\phi}_x$、$\delta\ddot{\phi}_y$、$\delta\ddot{\phi}_z$,由于抖动角 $\delta\phi_x$、$\delta\phi_y$、$\delta\phi_z$ 都很小,所以这些角速度和角加速度可近似看做沿平台台体轴,如图 5.7.1 所示。

由平台角振动引起上陀螺质心的切向加速度为

$$\boldsymbol{t}^a = \begin{bmatrix} L_1\delta\ddot{\phi}_y \\ -L_1\delta\ddot{\phi}_x \\ 0 \end{bmatrix}$$

引起下陀螺质心的切向加速度为

$$\boldsymbol{\tau}^a = \begin{bmatrix} L_2\delta\ddot{\phi}_z \\ 0 \\ -L_2\delta\ddot{\phi}_x \end{bmatrix}$$

将式(5.7.24)代入上述两式,得

$$t_x^a = -L_1\omega_s^2\left\{\frac{\sin 2\Psi}{2}\left(\frac{1}{I_{ry}} - \frac{1}{I_{fx}}\right)[m_T\mu_0 L_1 \sin\omega_s t + m_B\upsilon_1 L_2 \cos(\omega_s t + \varphi_0 + \varphi_2)]\right.$$

$$\left. - \left(\frac{\sin^2\Psi}{I_{fx}} + \frac{\cos^2\Psi}{I_{ry}}\right) m_T\mu_0 L_1 \cos\omega_s t\right\} \tag{5.7.25a}$$

$$t_y^a = L_1\omega_s^2\left\{\left(\frac{\sin^2\Psi}{I_{ry}}+\frac{\cos^2\Psi}{I_{fx}}\right)[m_T\mu_0L_1\sin\omega_st+m_B\upsilon_1L_2\cos(\omega_st+\varphi_0+\varphi_2)]\right.$$
$$\left.-\frac{\sin2\Psi}{2}\left(\frac{1}{I_{ry}}-\frac{1}{I_{fx}}\right)m_T\mu_0L_1\cos\omega_st\right\} \tag{5.7.25b}$$

$$t_z^a = 0 \tag{5.7.25c}$$

$$\tau_x^a = L_2\omega_s^2\frac{1}{I_{az}}m_B\upsilon_0L_2\sin(\omega_st+\varphi_0) \tag{5.7.26a}$$

$$\tau_y^a = 0 \tag{5.7.26b}$$

$$\tau_z^a = L_2\omega_s^2\left\{\left(\frac{\sin^2\Psi}{I_{ry}}+\frac{\cos^2\Psi}{I_{fx}}\right)[m_T\mu_0L_1\sin\omega_st+m_B\upsilon_1L_2\cos(\omega_st+\varphi_0+\varphi_2)]\right.$$
$$\left.-\frac{\sin2\Psi}{2}\left(\frac{1}{I_{ry}}-\frac{1}{I_{fx}}\right)m_T\mu_0L_1\cos\omega_st\right\} \tag{5.7.26c}$$

由平台振动引起上陀螺质心的法向加速度为

$$\boldsymbol{n}^a = \begin{bmatrix} 0 \\ 0 \\ L_1(\delta\dot{\phi}_y^2+\delta\dot{\phi}_x^2) \end{bmatrix}$$

引起下陀螺质心的法向加速度为

$$\boldsymbol{u}^a = \begin{bmatrix} 0 \\ L_2(\delta\dot{\phi}_x^2+\delta\dot{\phi}_z^2) \\ 0 \end{bmatrix}$$

由于法向加速度 $\boldsymbol{n}^a$ 和 $\boldsymbol{u}^a$ 中每项都含有关于 μ_0、υ_0 和 υ_1 的二次项，而切向加速度 $\boldsymbol{t}^a$ 和 $\boldsymbol{\tau}^a$ 只含有上述量的一次项，所以法向加速度 $\boldsymbol{n}^a$ 和 $\boldsymbol{u}^a$ 可看作二阶小量忽略不计。

(2) 平台角振动诱发的陀螺干扰力矩。

由上陀螺转子质心加速度引起的惯性力为

$$\boldsymbol{p}^a = -m_T\boldsymbol{t}^a = -m_T\begin{bmatrix} t_x^a \\ t_y^a \\ 0 \end{bmatrix}$$

由下陀螺转子质心加速度引起的惯性力为

$$\boldsymbol{q}^a = -m_B\boldsymbol{\tau}^a = -m_B\begin{bmatrix} \tau_x^a \\ 0 \\ \tau_z^a \end{bmatrix}$$

$\boldsymbol{p}$ 和 $\boldsymbol{q}$ 由转子产生，作用在陀螺框架上，对上陀螺支点产生的力矩为

$$\boldsymbol{U}^a = \boldsymbol{\mu}^a\times\boldsymbol{p}^a = -\boldsymbol{p}^a\times\boldsymbol{\mu}^a = m_T\begin{bmatrix} 0 & 0 & t_y^a \\ 0 & 0 & -t_x^a \\ -t_y^a & t_x^a & 0 \end{bmatrix}\begin{bmatrix} \mu_0\cos\omega_st \\ \mu_0\sin\omega_st \\ \mu_a+\mu_1\cos(\omega_st+\varphi_1) \end{bmatrix}$$
$$= \begin{bmatrix} m_Tt_y^a[\mu_a+\mu_1\cos(\omega_st+\varphi_1)] \\ -m_Tt_x^a[\mu_a+\mu_1\cos(\omega_st+\varphi_1)] \\ -m_Tt_y^a\mu_0\cos\omega_st+m_Tt_x^a\mu_0\sin\omega_st \end{bmatrix}$$

对下陀螺支点产生的力矩为

$$\boldsymbol{V}^a=\boldsymbol{v}^a\times\boldsymbol{q}^a=-\boldsymbol{q}^a\times\boldsymbol{v}^a=m_B\begin{bmatrix}0&-\tau_z^a&0\\ \tau_z^a&0&-\tau_x^a\\ 0&\tau_x^a&0\end{bmatrix}\begin{bmatrix}v_0\sin(\omega_st+\varphi_0)\\ v_0\cos(\omega_st+\varphi_0)\\ v_a+v_1\cos(\omega_st+\varphi_0+\varphi_2)\end{bmatrix}$$

$$=\begin{bmatrix}-m_B\tau_z^a v_0\cos(\omega_st+\varphi_0)\\ m_B\tau_z^a v_0\sin(\omega_st+\varphi_0)-m_B\tau_x^a[v_a+v_1\cos(\omega_st+\varphi_0+\varphi_2)]\\ m_B\tau_x^a v_0\cos(\omega_st+\varphi_0)\end{bmatrix}$$

作用在上陀螺 A、B 轴上的干扰力矩为

$$M_A^T=U_x^a=m_TL_1\omega_s^2\left\{\left(\frac{\cos^2\Psi}{I_{fx}}+\frac{\sin^2\Psi}{I_{ry}}\right)\times[m_T\mu_0L_1\sin\omega_st+m_Bv_1L_2\cos(\omega_st+\varphi_0+\varphi_2)]\right.$$
$$\left.-\frac{\sin2\Psi}{2}\left(\frac{1}{I_{ry}}-\frac{1}{I_{fx}}\right)m_T\mu_0L_1\cos\omega_st\right\}\cdot[\mu_a+\mu_1\cos(\omega_st+\varphi_1)]$$

$$M_B^T=U_y^a=m_TL_1\omega_s^2\left\{\frac{\sin2\Psi}{2}\left(\frac{1}{I_{ry}}-\frac{1}{I_{fx}}\right)\cdot[m_T\mu_0L_1\sin\omega_st+m_Bv_1L_2\cos(\omega_st+\varphi_0+\varphi_2)]\right.$$
$$\left.-\left(\frac{\sin^2\Psi}{I_{fx}}+\frac{\cos^2\Psi}{I_{ry}}\right)m_T\mu_0L_1\cos\omega_st\right\}\cdot[\mu_a+\mu_1\cos(\omega_st+\varphi_1)]$$

作用在下陀螺 A、B 轴上的干扰力矩为

$$M_A^B=V_z^a=\frac{m_B^2L_2\omega_s^2}{I_{az}}v_0L_2\sin(\omega_st+\varphi_0)\cdot v_0\cos(\omega_st+\varphi_0)$$

$$M_B^B=V_x^a=-m_BL_2\omega_s^2\left\{\left(\frac{\cos^2\Psi}{I_{fx}}+\frac{\sin^2\Psi}{I_{ry}}\right)\cdot[m_T\mu_0L_1\sin\omega_st+m_Bv_1L_2\cos(\omega_st+\varphi_0+\varphi_2)]\right.$$
$$\left.-\frac{\sin2\Psi}{2}\left(\frac{1}{I_{ry}}-\frac{1}{I_{fx}}\right)m_T\mu_0L_1\cos\omega_st\right\}\cdot v_0\cos(\omega_st+\varphi_0)$$

上述诱导干扰力矩中的直流分量为

$$\overline{M}_A^T=\frac{1}{2}m_TL_1\omega_s^2\left\{\left(\frac{\cos^2\Psi}{I_{fx}}+\frac{\sin^2\Psi}{I_{ry}}\right)[m_T\mu_0L_1\mu_1\sin(-\varphi_1)\right.$$
$$\left.+m_Bv_1L_2\mu_1\cos(\varphi_0+\varphi_2-\varphi_1)]-\frac{\sin2\Psi}{2}\left(\frac{1}{I_{ry}}-\frac{1}{I_{fx}}\right)m_T\mu_0L_1\mu_1\cos\varphi_1\right\}$$
$$=\frac{1}{2}m_T\mu_1L_1\omega_s^2\left\{\left(\frac{\cos^2\Psi}{I_{fx}}+\frac{\sin^2\Psi}{I_{ry}}\right)[-m_T\mu_0L_1\sin\varphi_1+m_Bv_1L_2\cos(\varphi_0+\varphi_2-\varphi_1)]\right.$$
$$\left.-\frac{\sin2\Psi}{2}\left(\frac{1}{I_{ry}}-\frac{1}{I_{fx}}\right)m_T\mu_0L_1\cos\varphi_1\right\}\tag{5.7.27a}$$

$$\overline{M}_B^T=\frac{1}{2}m_TL_1\omega_s^2\left\{\frac{\sin2\Psi}{2}\left(\frac{1}{I_{ry}}-\frac{1}{I_{fx}}\right)[m_T\mu_0L_1\mu_1\sin(-\varphi_1)\right.$$
$$\left.+m_Bv_1L_2\mu_1\cos(\varphi_0+\varphi_2-\varphi_1)]-\left(\frac{\sin^2\Psi}{I_{fx}}+\frac{\cos^2\Psi}{I_{ry}}\right)m_T\mu_0L_1\mu_1\cos\varphi_1\right\}$$
$$=\frac{1}{2}m_T\mu_1L_1\omega_s^2\left\{\frac{\sin2\Psi}{2}\left(\frac{1}{I_{ry}}-\frac{1}{I_{fx}}\right)[-m_T\mu_0L_1\sin\varphi_1+m_Bv_1L_2\cos(\varphi_0+\varphi_2-\varphi_1)]\right.$$
$$\left.-\left(\frac{\sin^2\Psi}{I_{fx}}+\frac{\cos^2\Psi}{I_{ry}}\right)m_T\mu_0L_1\cos\varphi_1\right\}\tag{5.7.27b}$$

$$\overline{m}_A^B=0\tag{5.7.28a}$$

$$\overline{M}_B^B=-\frac{1}{2}m_BL_2\omega_s^2\left\{\left(\frac{\cos^2\Psi}{I_{fx}}+\frac{\sin^2\Psi}{I_{ry}}\right)[m_T\mu_0L_1v_0\sin(-\varphi_0)+m_Bv_1L_2v_0\cos\varphi_2]\right.$$
$$\left.-\frac{\sin2\Psi}{2}\left(\frac{1}{I_{ry}}-\frac{1}{I_{fx}}\right)m_T\mu_0L_1v_0\cos\varphi_0\right\}$$
$$=\frac{1}{2}m_Bv_0L_2\omega_s^2\left[\left(\frac{\cos^2\Psi}{I_{fx}}+\frac{\sin^2\Psi}{I_{ry}}\right)(m_T\mu_0L_1\sin\varphi_0-m_Bv_1L_2\cos\varphi_2)\right.$$
$$\left.-\frac{\sin2\Psi}{2}\left(\frac{1}{I_{ry}}-\frac{1}{I_{fx}}\right)m_T\mu_0L_1\cos\varphi_0\right] \tag{5.7.28b}$$

(3) 振动耦合诱发的平台漂移

作用在陀螺 A、B 轴上的常值干扰力矩引起陀螺的常值漂移，由式(5.7.16)知，陀螺漂移直接引起平台漂移。所以

$$\delta\omega_x^a=\varepsilon_A^T=-\frac{\overline{M}_B^T}{H_T}$$
$$=-\frac{1}{2H_T}m_T\mu_1L_1\omega_s^2\left\{\frac{\sin2\Psi}{2}\left(\frac{1}{I_{ry}}-\frac{1}{I_{fx}}\right)\times[-m_T\mu_0L_1\sin\varphi_1\right.$$
$$\left.+m_Bv_1L_2\cos(\varphi_0+\varphi_2-\varphi_1)]-\left(\frac{\sin^2\Psi}{I_{fx}}+\frac{\cos^2\Psi}{I_{ry}}\right)m_T\mu_0L_1\cos\varphi_1\right\} \tag{5.7.29a}$$

$$\delta\omega_y^a=\varepsilon_B^T=\frac{\overline{M}_A^T}{H_T}$$
$$=\frac{1}{2H_T}m_T\mu_1L_1\omega_s^2\left\{\left(\frac{\cos^2\Psi}{I_{fx}}+\frac{\sin^2\Psi}{I_{ry}}\right)\times[-m_T\mu_0L_1\sin\varphi_1\right.$$
$$\left.+m_Bv_1L_2\cos(\varphi_0+\varphi_2-\varphi_1)]-\frac{\sin2\Psi}{2}\left(\frac{1}{I_{ry}}-\frac{1}{I_{fx}}\right)m_T\mu_0L_1\cos\varphi_1\right\} \tag{5.7.29b}$$

$$\delta\omega_z^a=\varepsilon_A^B=-\frac{\overline{M}_B^B}{H_B}$$
$$=-\frac{1}{2H_B}m_Bv_0L_2\omega_s^2\left\{\left(\frac{\cos^2\Psi}{I_{fx}}+\frac{\sin^2\Psi}{I_{ry}}\right)\times(m_T\mu_0L_1\sin\varphi_0-m_Bv_1L_2\cos\varphi_2)\right.$$
$$\left.-\frac{\sin2\Psi}{2}\left(\frac{1}{I_{ry}}-\frac{1}{I_{fx}}\right)m_T\mu_0L_1\cos\varphi_0\right\} \tag{5.7.29c}$$

从式(5.7.29)可看出：

(1) 由陀螺偏心振动和平台角振动耦合诱发的平台漂移与航向 Ψ 有关，在某一航向上漂移会达到最大。当 $I_{fx}=I_{ry}$ 时，漂移与航向无关。

(2) 减小诱导漂移的途径有：①对陀螺作严格的动平衡和静平衡处理；②采用转子质量小的陀螺；③上、下陀螺采用不同的驱动转速。

6. 圆锥效应漂移

当平台绕某两轴做同频不同相的角振动时，第三轴在空间扫出一个圆锥，即该轴绕圆锥中心线做旋转运动。如果平台采用单自由度陀螺作为敏感器件，则位于该第三轴上的陀螺能感测到这种旋转。这种平台的某两轴做同频不同相的角振动而在第三轴上整流出常值漂移角速度的现象称为平台的圆锥效应。

下面分析圆锥效应产生的机理。

设三轴平台处于中立位置，对平台的指令为零，平台绕各轴做微幅角振动：

$$\theta_r=\theta_{rm}\sin\Omega t,\quad \theta_f=\theta_{fm}\sin(\Omega t+\alpha_1),\quad \theta_a=\theta_{am}\sin(\Omega t+\alpha_2)$$

则绕各轴的振动角速度为

$$\dot\theta_r=\theta_{rm}\Omega\cos\Omega t,\quad \dot\theta_f=\theta_{fm}\Omega\cos(\Omega t+\alpha_1),\quad \dot\theta_a=\theta_{am}\Omega\cos(\Omega t+\alpha_2)$$

根据式(5.2.11)，当不考虑$\boldsymbol{\omega}_{ib}$的影响时

$$\omega_{ifx}^f=\dot\theta_f=\theta_{fm}\Omega\cos(\Omega t+\alpha_1),\quad \omega_{iry}^r=\dot\theta_r=\theta_{rm}\Omega\cos\Omega t$$

$$\omega_{iaz}^a=\dot\theta_a-\dot\theta_r\sin\theta_f=\theta_{am}\Omega\cos(\Omega t+\alpha_2)-\theta_{fm}\sin(\Omega t+\alpha_1)\cdot\theta_{rm}\Omega\cos\Omega t$$

上述诸式代入式(5.2.6)，不计$\boldsymbol{\omega}_{ib}$影响时

$$\begin{bmatrix}\omega_{iax}^a\\ \omega_{iay}^a\\ \omega_{iaz}^a\end{bmatrix}=\begin{bmatrix}\omega_{ifx}^f\cos\theta_a+\omega_{iry}^r\cos\theta_f\sin\theta_a\\ -\omega_{ifx}^f\sin\theta_a+\omega_{iry}^r\cos\theta_f\cos\theta_a\\ \omega_{iaz}^a\end{bmatrix}=\begin{bmatrix}\theta_{fm}\Omega\cos(\Omega t+\alpha_1)+\theta_{rm}\theta_{am}\Omega\cos\Omega t\sin(\Omega t+\alpha_2)\\ -\theta_{fm}\theta_{am}\Omega\cos(\Omega t+\alpha_1)\sin(\Omega t+\alpha_2)+\theta_{rm}\Omega\cos\Omega t\\ \theta_{am}\Omega\cos(\Omega t+\alpha_2)-\theta_{fm}\theta_{rm}\Omega\sin(\Omega t+\alpha_1)\cos\Omega t\end{bmatrix}$$

上式中的直流分量为

$$\begin{bmatrix}\bar\omega_{iax}^a\\ \bar\omega_{iay}^a\\ \bar\omega_{iaz}^a\end{bmatrix}=\begin{bmatrix}\frac{1}{2}\Omega\theta_{rm}\theta_{am}\sin\alpha_2\\ -\frac{1}{2}\Omega\theta_{fm}\theta_{am}\sin(\alpha_2-\alpha_1)\\ -\frac{1}{2}\Omega\theta_{rm}\theta_{fm}\sin\alpha_1\end{bmatrix}$$

上述平台角速度是由圆锥效应整流出来的直流分量，是沿两正交轴角振动复合的结果，安装在平台上的陀螺能感测到这些角速度，根据式(2.3.6)，G_x、G_y、G_z 陀螺的输出角依次为

$$\alpha_{Gx}=\frac{k_g}{s(\tau_g s+1)}\bar\omega_{iax}^a,\quad \alpha_{Gy}=\frac{k_g}{s(\tau_g s+1)}\bar\omega_{iay}^a,\quad \alpha_{Gz}=\frac{k_g}{s(\tau_g s+1)}\bar\omega_{iaz}^a$$

根据式(2.3.8)，陀螺对指令的传递函数为

$$\frac{\alpha(s)}{\omega_{\text{cmd}}(s)}=-\frac{k_g}{s(\tau_g s+1)}$$

即

$$\alpha(s)=-\frac{k_g}{s(\tau_g s+1)}\omega_{\text{cmd}}(s)$$

而伺服系统只根据陀螺的输出控制平台旋转，不能区别陀螺输出角是由指令引起的还是圆锥效应引起的，只能按照指令来处理，即

$$\alpha(s)=\frac{k_g}{s(\tau_g s+1)}\omega_I(s)=-\frac{k_g}{s(\tau_g s+1)}[-\omega_I(s)]$$

伺服系统将$-\omega_I(s)$误处理为指令：

$$\omega_{\text{cmd}x}^{(ef)}=-\bar\omega_{iax}^a,\quad \omega_{\text{cmd}y}^{(ef)}=-\bar\omega_{iay}^a,\quad \omega_{\text{cmd}z}^{(ef)}=-\bar\omega_{iaz}^a$$

由于伺服回路的作用，平台跟踪这些伪指令，所以平台的实际输出角速度为

$$\omega_{iax}^{a(r)}=-\bar\omega_{iax}^a=-\frac{1}{2}\Omega\theta_{rm}\theta_{am}\sin\alpha_2\tag{5.7.30a}$$

$$\omega_{iay}^{a(r)}=-\bar\omega_{iay}^a=\frac{1}{2}\Omega\theta_{fm}\theta_{am}\sin(\alpha_2-\alpha_1)\tag{5.7.30b}$$

$$\omega_{iaz}^{a(r)}=-\bar\omega_{iaz}^a=\frac{1}{2}\Omega\theta_{rm}\theta_{fm}\sin\alpha_1\tag{5.7.30c}$$

由于对平台的实际指令为零，所以上述输出角速度实质上为平台漂移角速度，是由平台的圆锥运动引起的。由式(5.7.30)可看出，当 $\alpha_1=0$，$\alpha_2=0$，即各轴角振动为同相时，不会引起平台漂移。

第 6 章　双轴陀螺稳定平台

有些使用场合只需双轴稳定就能满足要求，如对射击瞄准线、光轴及地垂线的稳定等。由于减少了一个稳定轴，所以无论从体积、重量及成本都要比三轴稳定平台小。双轴稳定平台的设计基础仍然是单轴稳定平台，本章以稳定瞄准线的双轴平台和模拟水平面（地垂线）的双平台为对象，分析平台的工作原理和存在的问题。

6.1　稳定瞄准线的双轴稳定平台

6.1.1　原理结构及伺服回路方块图

图 6.1.1 为稳定瞄准线的双轴稳定平台。图中，方位环与基座用轴承相连，俯仰环安装在方位环内；俯仰环上安装有单自由度陀螺 G_x 和 G_z，G_x 陀螺控制俯仰环轴，G_z 陀螺控制方位环轴；M_a 和 M_f 分别为方位轴力矩马达和俯仰轴力矩马达；K_a 和 K_f 分别为方位回路和俯仰回路伺服放大器；SR 为俯仰正割分解器；S_a 和 S_f 为角度传感器，分别拾取方位环角和俯仰环角；瞄准线（光轴）与 y_f 平行。此处未考虑方位环与俯仰环间的耦合。

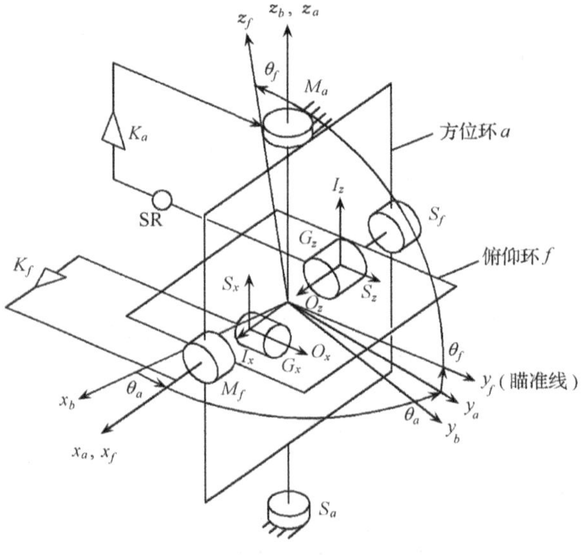

图 6.1.1　稳定瞄准线的双轴稳定平台

为分析方便，定义：

(1) 基座坐标系 b：与基座固联；

(2) 方位环坐标系 a：与方位环固联，当方位环角 $\theta_a=0$ 时，a 系与 b 系重合；

(3) 俯仰环坐标系 f：与俯仰环固联，当俯仰角 $\theta_f=0$ 时，f 系与 a 系重合。

由图 6.1.1 得变换矩阵：

$$C_b^a = \begin{bmatrix} \cos\theta_a & \sin\theta_a & 0 \\ -\sin\theta_a & \cos\theta_a & 0 \\ 0 & 0 & 1 \end{bmatrix}, \quad C_a^f = \begin{bmatrix} 1 & 0 & 0 \\ 0 & \cos\theta_f & \sin\theta_f \\ 0 & -\sin\theta_f & \cos\theta_f \end{bmatrix}$$

假设所采用的单自由度陀螺时间常数很小，陀螺的传递函数为

$$\frac{k_g}{s(\tau_g s+1)} \approx \frac{k_g}{s}$$

且忽略方位环与俯仰环间的耦合，则平台的方块图如图 6.1.2 所示。

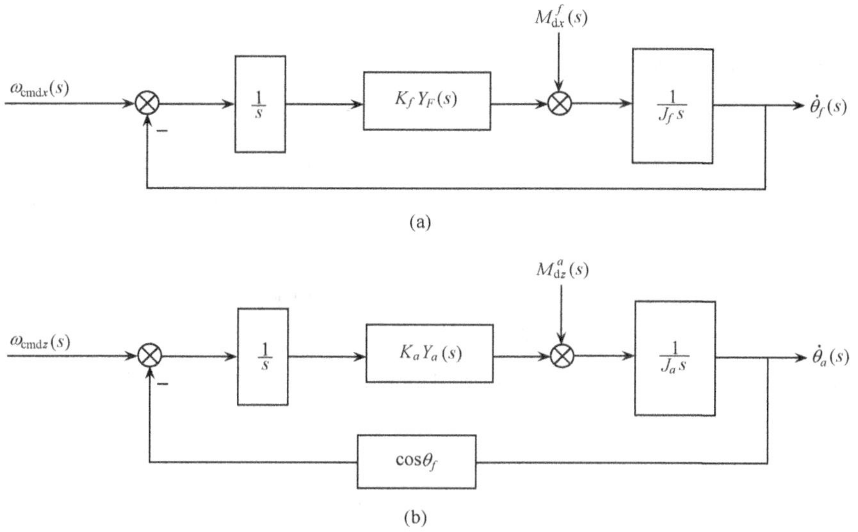

图 6.1.2　稳定瞄准线的双轴稳定平台方块图

6.1.2　基座角运动对平台的影响

设基座角速度为

$$\boldsymbol{\omega}_{ib}^b = \begin{bmatrix} \omega_{ibx}^b \\ \omega_{iby}^b \\ \omega_{ibz}^b \end{bmatrix}$$

则

$$\boldsymbol{\omega}_{ia}^a = \boldsymbol{C}_b^a \boldsymbol{\omega}_{ib}^b + \boldsymbol{\omega}_{ba}^a = \begin{bmatrix} \cos\theta_a & \sin\theta_a & 0 \\ -\sin\theta_a & \cos\theta_a & 0 \\ 0 & 0 & 1 \end{bmatrix} \begin{bmatrix} \omega_{ibx}^b \\ \omega_{iby}^b \\ \omega_{ibz}^b \end{bmatrix} + \begin{bmatrix} 0 \\ 0 \\ \dot{\theta}_a \end{bmatrix} = \begin{bmatrix} \omega_{ibx}^b \cos\theta_a + \omega_{iby}^b \sin\theta_a \\ -\omega_{ibx}^b \sin\theta_a + \omega_{iby}^b \cos\theta_a \\ \omega_{ibz}^b + \dot{\theta}_a \end{bmatrix} \quad (6.1.1)$$

式中，$\dot{\theta}_a$ 是 G_z 陀螺感测到 ω_{ibz}^b（或摩擦力矩）后方位环伺服回路控制方位环的旋转角速度，$\dot{\theta}_a$ 的作用是对消 ω_{ibz}^b，即

$$\omega_{iaz}^a = \omega_{ibz}^b + \dot{\theta}_a = 0$$

此时，俯仰环的角速度为

$$\boldsymbol{\omega}_{if}^f = \boldsymbol{C}_a^f \boldsymbol{\omega}_{ia}^a + \boldsymbol{\omega}_{af}^f = \begin{bmatrix} 1 & 0 & 0 \\ 0 & \cos\theta_f & \sin\theta_f \\ 0 & -\sin\theta_f & \cos\theta_f \end{bmatrix} \begin{bmatrix} \omega_{iax}^a \\ \omega_{iay}^a \\ 0 \end{bmatrix} + \begin{bmatrix} \dot{\theta}_f \\ 0 \\ 0 \end{bmatrix} = \begin{bmatrix} \omega_{iax}^a + \dot{\theta}_f \\ \omega_{iay}^a \cos\theta_f \\ -\omega_{iay}^a \sin\theta_f \end{bmatrix}$$

式中，$\dot{\theta}_f$ 是 G_x 陀螺感测 ω_{iax}^a 后俯仰环伺服回路控制俯仰环的伺服角速度，$\dot{\theta}_f$ 的作用是对消 ω_{iax}^a，即有

$$\omega_{ifx}^f = \omega_{iax}^a + \dot{\theta}_f = 0 \tag{6.1.2a}$$

$$\omega_{ify}^f = \omega_{iay}^a \cos\theta_f \tag{6.1.2b}$$

$$\omega_{ifz}^f = -\omega_{iay}^a \sin\theta_f \tag{6.1.2c}$$

若 $\theta_f \neq 0$，则 $\omega_{ifz}^f \neq 0$，G_z 陀螺感测此角速度，通过方位环伺服回路控制方位环旋转，考虑正割分解器的作用，伺服回路产生的伺服角速度为

$$\dot{\theta}_{z1}^a = -\omega_{ifz}^f \sec\theta_f$$

所以俯仰环所具有的角速度为

$$\boldsymbol{\omega}_{if\Sigma}^f = \begin{bmatrix} 0 \\ \omega_{ify}^f \\ \omega_{ifz}^f \end{bmatrix} + \boldsymbol{C}_a^f \begin{bmatrix} 0 \\ 0 \\ \dot{\theta}_{z1}^a \end{bmatrix} = \begin{bmatrix} 0 \\ \omega_{ify}^f \\ \omega_{ifz}^f \end{bmatrix} + \begin{bmatrix} 1 & 0 & 0 \\ 0 & \cos\theta_f & \sin\theta_f \\ 0 & -\sin\theta_f & \cos\theta_f \end{bmatrix} \begin{bmatrix} 0 \\ 0 \\ -\omega_{ifz}^f \sec\theta_f \end{bmatrix}$$

$$= \begin{bmatrix} 0 \\ \omega_{ify}^f - \omega_{ifz}^f \sec\theta_f \sin\theta_f \\ \omega_{ifz}^f - \omega_{ifz}^f \sec\theta_f \cos\theta_f \end{bmatrix} = \begin{bmatrix} 0 \\ \omega_{ify}^f - \omega_{ifz}^f \tan\theta_f \\ 0 \end{bmatrix}$$

考虑到式(6.1.1)和式(6.1.2)所列关系，上式可写成

$$\omega_{if\Sigma x}^f = 0 \tag{6.1.3a}$$

$$\omega_{if\Sigma z}^f = 0 \tag{6.1.3b}$$

$$\begin{aligned} \omega_{if\Sigma y}^f &= \omega_{ify}^f - \omega_{ifz}^f \tan\theta_f = \omega_{iay}^a (\cos\theta_f + \tan\theta_f \sin\theta_f) \\ &= \omega_{iay}^a \frac{1}{\cos\theta_f} (\cos^2\theta_f + \sin^2\theta_f) = (-\omega_{ibx}^b \sin\theta_a + \omega_{iby}^b \cos\theta_a) \sec\theta_f \end{aligned} \tag{6.1.3c}$$

式(6.1.3)说明双轴稳定平台不能完全隔离基座的角运动。如果被稳定对象是成像系统的镜头，则镜头绕光轴以 $\omega_{if\Sigma y}^f$ 角速度做旋转运动，这等同于景象绕光轴以 $-\omega_{if\Sigma y}^f$ 在旋转，而且俯仰角 θ_f 越大，旋转越快。所以若用双轴稳定平台稳定成像系统镜头，则运载体应该避免做俯仰和横滚运动。

6.2 水平式双轴稳定平台

6.2.1 系统结构和工作原理

双轴稳定平台可以工作在几何稳定状态，也可以工作在指令跟踪状态。若双轴平台指令跟踪状态的控制信号来自敏感水平面的传感器，且跟踪的对象是当地水平面，则此种平台称为水平式双轴稳定平台。

图 6.2.1 为水平式双轴稳定平台结构示意图，该平台用来模拟当地水平面。图中，在台体 2 上安装有被稳定对象，为使示意图简洁，被稳定对象在图中未示出。台体 2 上还安装有两个单自由度陀螺 G_1 和 G_2 以及敏感水平面的液体开关 3。G_1 陀螺的信号器输出经 K_x 放大后馈入俯仰力矩电机 1，构成平台的内环轴稳定回路，对绕内环轴的干扰力矩起卸荷作用。G_2 陀螺的信号器输出经 K_y 放大后馈入横滚力矩电机 6，构成平台的外环轴稳定回路，对绕外环轴的干扰力矩起卸荷作用。液体开关的纵向通道（由触点 1-1 连线确定的方向）输出作为 x 方向的指令馈入 G_1 陀螺的力矩器，横向通道（由触点 2-2 连线确定的方向）输出作为 y 方向的指令馈入 G_2 陀螺

的力矩器，通过稳定回路的作用分别驱动平台绕俯仰轴和横滚轴旋转，达到跟踪水平面的目的。下面简述系统的工作原理。

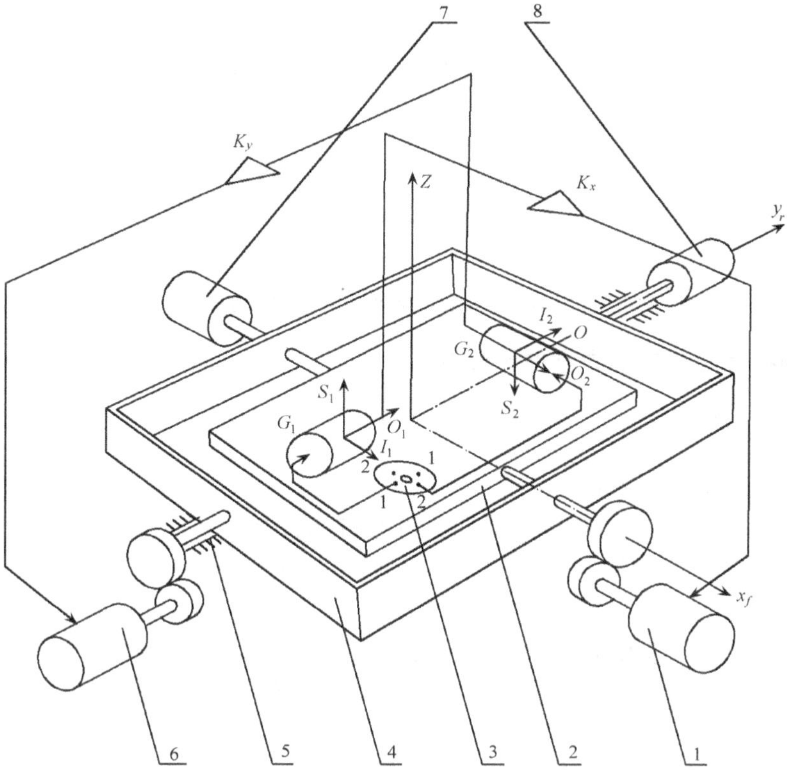

图 6.2.1　水平式双轴稳定平台结构示意图

1. 俯仰力矩电机；2. 台体；3. 液体开关(水平仪)；4. 平台外环；5. 基座；6. 横滚力矩电机；7. 俯仰角传感器；8. 横滚角传感器

1. 稳定回路工作原理

设俯仰轴存在干扰力矩 $M_{\mathrm{d}fx}^{f}$，则 G_1 陀螺进动产生输出角 α_1，经 G_1 陀螺信号器转换并经 K_x 放大后，馈入俯仰力矩电机产生力矩 M_{mf}。M_{mf} 的符号与 α_1 的符号相反，所以 M_{mf} 的方向与 $M_{\mathrm{d}fx}^{f}$ 的方向相反，当 $M_{mf}+M_{\mathrm{d}fx}^{f}=0$ 时，$M_{\mathrm{d}fx}^{f}$ 被对消，达到了卸荷目的。同理，若横滚轴存在干扰力矩 $M_{\mathrm{d}ry}^{r}$，横滚力矩电机产生的伺服力矩 M_{mr} 对 $M_{\mathrm{d}ry}^{r}$ 起卸荷作用。

2. 修正回路工作原理

若平台偏离水平面，设绕俯仰轴的偏差角为 φ_x，则水平仪纵向通道有输出，输出电压加至 G_1 陀螺力矩器产生输出角，由 G_1 陀螺的信号器转换成电压，经 K_x 放大后馈入俯仰力矩电机，电机拖动平台向 φ_x 的反方向旋转，直到水平仪的纵向通道输出为零，从而消除水平偏差角 φ_x。

同理，若平台绕横滚轴的偏差角为 φ_y，则水平仪的横向通道有输出，输出电压加到 G_2 陀螺的力矩器，使陀螺产生输出角，经 G_2 信号器转换成电压后，由 K_y 放大并馈入横滚力矩电机，拖动平台向 φ_y 的反方向旋转，直到水平仪的横向通道输出为零，从而消除 φ_y。

采用单自由度积分陀螺作为敏感器件时，陀螺配置有三种方案，如图 6.2.2 所示，图中仅示出了平台台体和陀螺的角动量指向。

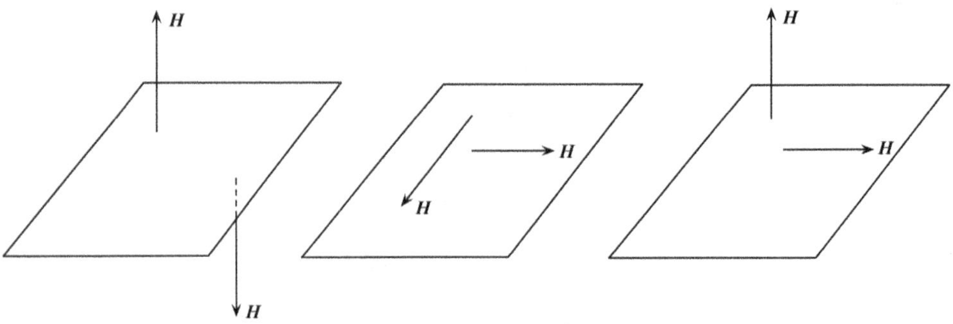

图 6.2.2　单自由度陀螺的三种配置方案

6.2.2　水平式双轴稳定平台的动力学性能分析

1. 坐标系及角速度分析

为分析方便，引入如下坐标系：

(1) 飞机机体坐标系 b：x_b、y_b、z_b 分别指向飞机的右、前、上。

(2) 当地地平坐标系 h：$x_h(X)$、$y_h(Y)$ 是 x_b、y_b 在当地水平面内的投影，$z_h(Z)$ 沿当地地垂线，向上为正。

(3) 平台坐标系 p：$x_p y_p z_p$ 相对 $x_h y_h z_h$ 存在水平偏差角 φ_x 和 φ_y，φ_x 和 φ_y 均为微小角。

(4) 平台外环坐标系 r：与外环固联，平台安装时外环轴与飞机纵轴平行，所以 y_r 与 y_b 平行。

设飞机的东向速度为 v_E，北向速度为 v_N，航向角为 Ψ（北偏东为正），飞机所在点的纬度为 L，则

$$\boldsymbol{\omega}_{ih}^{h} = \boldsymbol{C}_g^h \boldsymbol{\omega}_{ie}^{g} + \boldsymbol{C}_g^h \boldsymbol{\omega}_{eg}^{g} + \boldsymbol{\omega}_{gh}^{h} \tag{6.2.1}$$

式中，g 为地理坐标系，x_g、y_g、z_g 分别指向飞机所在地的东、北、天方向

$$\boldsymbol{C}_g^h = \begin{bmatrix} \cos\Psi & -\sin\Psi & 0 \\ \sin\Psi & \cos\Psi & 0 \\ 0 & 0 & 1 \end{bmatrix}$$

将式(6.2.1)写成数学向量形式

$$\begin{bmatrix} \omega_{ihx}^{h} \\ \omega_{ihy}^{h} \\ \omega_{ihz}^{h} \end{bmatrix} = \begin{bmatrix} \cos\Psi & -\sin\Psi & 0 \\ \sin\Psi & \cos\Psi & 0 \\ 0 & 0 & 1 \end{bmatrix} \left\{ \begin{bmatrix} 0 \\ \omega_{ie}\cos L \\ \omega_{ie}\sin L \end{bmatrix} + \begin{bmatrix} -\dfrac{v_N}{R} \\ \dfrac{v_E}{R} \\ \dfrac{v_E}{R}\tan L \end{bmatrix} \right\} + \begin{bmatrix} 0 \\ 0 \\ -\dot{\Psi} \end{bmatrix}$$

$$= \begin{bmatrix} -\dfrac{v_N}{R}\cos\Psi - \dfrac{v_E}{R}\sin\Psi - \omega_{ie}\cos L\sin\Psi \\ -\dfrac{v_N}{R}\sin\Psi + \dfrac{v_E}{R}\cos\Psi + \omega_{ie}\cos L\cos\Psi \\ \dfrac{v_E}{R}\tan L + \omega_{ie}\sin L - \dot{\Psi} \end{bmatrix}$$

平台的绝对角速度为

$$\boldsymbol{\omega}_{ip}^{p} = \boldsymbol{C}_{h}^{p}\boldsymbol{\omega}_{ih}^{h} + \boldsymbol{\omega}_{hp}^{p} \tag{6.2.2}$$

假设平台相对水平面存在偏差角 φ_x 和 φ_y，则

$$\boldsymbol{C}_{h}^{p} = \begin{bmatrix} 1 & 0 & -\varphi_y \\ 0 & 1 & \varphi_x \\ \varphi_y & -\varphi_x & 1 \end{bmatrix}, \quad \boldsymbol{\omega}_{hp}^{p} = \begin{bmatrix} \dot{\varphi}_x \\ \dot{\varphi}_y \\ 0 \end{bmatrix}$$

所以式(6.2.2)可写成

$$\omega_X = \dot{\varphi}_x + \omega_{ihx}^{h} - \varphi_y \omega_{ihz}^{h} \approx \dot{\varphi}_x + \omega_{ihx}^{h} \tag{6.2.3a}$$

$$\omega_Y = \dot{\varphi}_y + \omega_{ihy}^{h} + \varphi_x \omega_{ihz} \approx \dot{\varphi}_y + \omega_{ihy}^{h} \tag{6.2.3b}$$

$$\omega_Z = \omega_{ihz}^{h} + \varphi_y \omega_{ihx}^{h} - \varphi_x \omega_{ihy}^{h} \approx \omega_{ihz}^{h} \tag{6.2.3c}$$

上式中，$\boldsymbol{\omega}_{ip}^{p} = [\omega_X \quad \omega_Y \quad \omega_Z]^{\mathrm{T}}$，并略去了由水平偏差角引起的角速度耦合影响。

2. 各环节的传递函数

1) 水平仪修正回路的传递函数

设 k_{u_1} 和 k_{u_2} 分别为液体开关纵向通道(由 1-1 触点确定)和横向通道(由 2-2 触点确定)的传递系数，k_{T_1} 和 k_{T_2} 分别为 G_1 陀螺和 G_2 陀螺力矩器的力矩系数，则加在 G_1 陀螺和 G_2 陀螺输出轴上的控制力矩分别为

$$M_{C1} = k_{T_1} \cdot k_{u_1} \cdot \varphi_x, \quad M_{C2} = k_{T_2} \cdot k_{u_2} \cdot \varphi_y$$

写成复频域形式

$$M_{C1}(s) = k_{\varphi_x} \varphi_x(s) \tag{6.2.4a}$$

$$M_{C2}(s) = k_{\varphi_y} \varphi_y(s) \tag{6.2.4b}$$

式中，$k_{\varphi_x} = k_{T_1} k_{u_1}$，$k_{\varphi_y} = k_{T_2} k_{u_2}$。

2) 陀螺的输出角

设由 M_{C1} 和 M_{C2} 引起陀螺 G_1 和 G_2 的输出角分别为 α_1 和 α_2。

图 6.2.3 示出了框架坐标系与测量坐标系间的关系，图 6.2.3(a)为陀螺 G_1 的关系，图 6.2.3(b)为陀螺 G_2 的关系。由图得

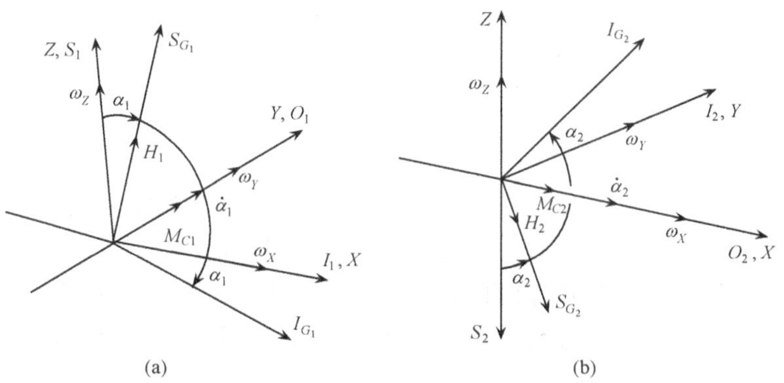

图 6.2.3　陀螺 G_1 和 G_2 的框架坐标系与测量坐标系的关系

$$I_{O_1}(\ddot{\alpha}_1+\dot{\omega}_Y)=-D_1\dot{\alpha}_1+H_1\omega_X\cos\alpha_1-H_1\omega_Z\sin\alpha_1+M_{C1}+M_{d1}$$

$$I_{O_2}(\ddot{\alpha}_2+\dot{\omega}_X)=-D_2\dot{\alpha}_2+H_2\omega_Y\cos\alpha_2+H_2\omega_Z\sin\alpha_2+M_{C2}+M_{d2}$$

式中，M_{d1}和M_{d2}为干扰力矩。由于输出角α_1和α_2都很小，且变化范围也很小，在计算陀螺力矩中可近似视为常值α_{1o}和α_{2o}。所以

$$\cos\alpha_1\approx 1,\qquad \cos\alpha_2\approx 1,\qquad \sin\alpha_1\approx\alpha_{1o},\qquad \sin\alpha_2\approx\alpha_{2o}$$

$$I_{O_1}s[s\alpha_1(s)+\omega_Y(s)]+D_1s\alpha_1(s)=H_1\omega_X(s)-H_1\omega_Z(s)\alpha_{1o}+M_{C1}(s)+M_{d1}(s)$$

$$I_{O_2}s[s\alpha_2(s)+\omega_X(s)]+D_2s\alpha_2(s)=H_2\omega_Y(s)+H_2\omega_Z(s)\alpha_{2o}+M_{C2}(s)+M_{d2}(s)$$

将式(6.2.3)和式(6.2.4)代入上式，得

$$I_{O_1}s[s\alpha_1(s)+s\varphi_y(s)+\omega_{ihy}^h(s)]+D_1s\alpha_1(s)$$
$$=H_1[s\varphi_x(s)+\omega_{ihx}^h(s)]-H_1\alpha_{1o}\omega_{ihz}^h(s)+k_{\varphi_x}\varphi_x(s)+M_{d1}(s)$$
$$I_{O_2}s[s\alpha_2(s)+s\varphi_x(s)+\omega_{ihx}^h(s)]+D_2s\alpha_2(s)$$
$$=H_2[s\varphi_y(s)+\omega_{ihy}^h(s)]+H_2\alpha_{2o}\omega_{ihz}^h(s)+k_{\varphi_y}\varphi_y(s)+M_{d2}(s)$$

所以

$$\alpha_1(s)=\frac{(k_{\varphi_x}+H_1s)\varphi_x(s)-I_{O_1}s^2\varphi_y(s)+H_1[\omega_{ihx}^h(s)-\alpha_{1o}\omega_{ihz}^h(s)]+M_{d1}(s)-I_{O_1}s\omega_{ihy}^h(s)}{s(I_{O_1}s+D_1)}\tag{6.2.5a}$$

$$\alpha_2(s)=\frac{(k_{\varphi_y}+H_2s)\varphi_y(s)-I_{O_2}s^2\varphi_x(s)+H_2[\omega_{ihy}^h(s)+\alpha_{2o}\omega_{ihz}^h(s)]+M_{d2}(s)-I_{O_2}s\omega_{ihx}^h(s)}{s(I_{O_2}s+D_2)}\tag{6.2.5b}$$

3）稳定回路的传递函数

由图6.2.1，G_1陀螺的输出角α_1经信号器转换成电压信号$k_{\alpha_1}\cdot\alpha_1$，经放大校正后成为$k_{af}\cdot F_f(s)\cdot k_{\alpha_1}\cdot\alpha_1$，反相后馈入俯仰力矩电机，产生的俯仰驱动力矩为

$$M_{mf}=-k_{mf}k_{af}k_{\alpha_1}F_f(s)\alpha_1$$

所以俯仰稳定回路的传递函数为

$$\frac{M_{mf}(s)}{\alpha_1(s)}=-k_{mf}k_{af}k_{\alpha_1}F_f(s)=-k_fF_f(s)\tag{6.2.6}$$

同理得横滚稳定回路的传递函数为

$$\frac{M_{mr}(s)}{\alpha_2(s)}=-k_rF_r(s)\tag{6.2.7}$$

式中

$$k_f=k_{mf}k_{af}k_{\alpha_1},\qquad k_r=k_{mr}k_{ar}k_{\alpha_2}$$

4）支撑环架的传递函数

(1) 沿环架轴的外作用力矩。

设平台的俯仰环架角为θ_f(平台台体相对横滚环的旋转角)，如图6.2.4。

由于陀螺壳体固联在台体(俯仰环)上，且G_1的输出轴O_1平行于y_f轴(Y轴)，G_2的输出轴O_2平行于x_f轴(见图6.2.1)，所以陀螺的指令力矩M_{C1}和M_{C2}会对台体产生反作用力矩，转子产生的陀螺力矩通过框架也作用在台体上。根据图6.2.1，可确定出沿平台轴陀螺对平台的反作用力矩为

$$M_{GPX}=-M_{C2}-H_2(\omega_Y+\dot{\alpha}_1),\quad M_{GPY}=-M_{C1}-H_1(\omega_X+\dot{\alpha}_2),\quad M_{GPZ}=0$$

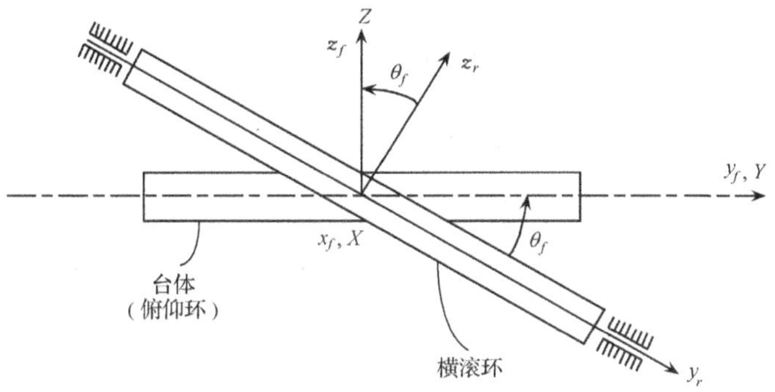

图 6.2.4　$\theta_f \neq 0$ 时的俯仰环和横滚环

将上述投影变换到横滚环坐标系 r 中

$$\boldsymbol{M}_{GP}^{r} = \boldsymbol{C}_{P}^{r}\boldsymbol{M}_{GP}^{P} = \begin{bmatrix} 1 & 0 & 0 \\ 0 & \cos\theta_f & \sin\theta_f \\ 0 & -\sin\theta_f & \cos\theta_f \end{bmatrix} \begin{bmatrix} M_{GPX} \\ M_{GPY} \\ 0 \end{bmatrix}$$

即有

$$M_{GPy}^{r} = M_{GPY}\cos\theta_f = [-M_{C1} - H_1(\omega_X + \dot{\alpha}_2)]\cos\theta_f$$

这一力矩通过俯仰环的几何约束传递至横滚环轴上，所以作用在横滚轴上的总外力矩为

$$M_{r_y} = M_{GPy}^{r} + M_{mr} + M_{dr} = [-M_{C1} - H_1(\omega_X + \dot{\alpha}_2)]\cos\theta_f + M_{mr} + M_{dr}$$

M_{GPX} 为作用在俯仰轴上的反作用力矩，即

$$M_{GPx}^{f} = M_{GPX}$$

所以作用在俯仰轴上的总外力矩为

$$\begin{aligned} M_{fx} &= M_{GPx}^{f} + M_{mf} + M_{df} \\ &= -M_{C2} - H_2(\omega_Y + \dot{\alpha}_1) + M_{mf} + M_{df} \end{aligned}$$

将式(6.2.3)、式(6.2.4)、式(6.2.6)和式(6.2.7)代入上述两式：

$$\begin{aligned} M_{fx}(s) &= -k_{\varphi_y}\varphi_y(s) - H_2[\omega_Y(s) + s\alpha_1(s)] - k_f F_f(s)\alpha_1(s) + M_{df}(s) \\ &= -k_{\varphi_y}\varphi_y(s) - H_2[\omega_{ihy}^{h}(s) + s\varphi_y(s) + s\alpha_1(s)] - k_f F_f(s)\alpha_1(s) + M_{df}(s) \\ &= -(H_2 s + k_{\varphi_y})\varphi_y(s) - [H_2 s + k_f F_f(s)]\alpha_1(s) - H_2\omega_{ihy}^{h}(s) + M_{df}(s) \end{aligned} \quad (6.2.8)$$

$$\begin{aligned} M_{ry}(s) &= \{-k_{\varphi_x}\varphi_x(s) - H_1[\omega_X(s) + s\alpha_2(s)]\}\cos\theta_f - k_r F_r(s)\alpha_2(s) + M_{dr}(s) \\ &= \{-k_{\varphi_x}\varphi_x(s) - H_1[\omega_{ihx}^{h}(s) + s\varphi_x(s) + s\alpha_2(s)]\}\cos\theta_f - k_r F_r(s)\alpha_2(s) + M_{dr}(s) \\ &= -(H_1 s + k_{\varphi_x})\cos\theta_f\varphi_x(s) - [H_1 s\cos\theta_f + k_r F_r(s)]\alpha_2(s) \\ &\quad - H_1\cos\theta_f\omega_{ihx}^{h}(s) + M_{dr}(s) \end{aligned} \quad (6.2.9)$$

(2) 各环架的传递函数。

设平台台体绕 X、Y、Z 轴的转动惯量分别为 J_X、J_Y、J_Z，外环(不包含台体)绕 y_r 轴的转动惯量为 J_{ry}，则外环组件(包含外环和台体)绕 y_r 轴的转动惯量为

$$J_{\Sigma y} = J_{ry} + J_Y\cos^2\theta_f + J_Z\sin^2\theta_f$$

根据动量矩定理：

$$J_{\Sigma y}\dot{\omega}_{iry}^{r}=M_{ry} \tag{6.2.10a}$$

$$J_{X}\dot{\omega}_{ifx}^{f}=M_{fx} \tag{6.2.10b}$$

式中，ω_{iry}^{r}和ω_{ifx}^{f}是电机驱动产生的平台运动角速度。

由于俯仰轴 x_f 就是平台的 X 轴，所以电机的驱动角速度就是平台的俯仰角速度

$$\omega_{ifx}^{f}=\omega_X$$

但当存在俯仰环架角 θ_f 时(图 6.2.4)，横滚轴驱动电机产生的驱动角速度 ω_{iry}^{r} 仅 $\omega_{iry}^{r}\cos\theta_f$ 可产生平台绕 Y 轴的驱动角速度，即有

$$\omega_{iry}^{r}\cos\theta_f=\omega_Y \tag{6.2.11a}$$

所以

$$\omega_{iry}^{r}=\omega_Y\sec\theta_f \tag{6.2.11b}$$

根据式(6.2.11)，式(6.2.10)可写成

$$J_{\Sigma y}s\omega_Y(s)\sec\theta_f=M_{ry}(s),\quad J_X s\omega_X(s)=M_{fx}(s),$$

$$\omega_Y(s)=\frac{M_{ry}(s)\cos\theta_f}{sJ_{\Sigma y}},\quad \omega_X(s)=\frac{M_{fx}(s)}{sJ_X}$$

将式(6.2.3)、式(6.2.8)和式(6.2.9)代入上述两式，得

$$\begin{aligned}s\varphi_x(s)+\omega_{ihx}^{h}(s)=&\{-(H_2 s+k_{\varphi_y})\varphi_y(s)-[H_2 s+k_f F_f(s)]\alpha_1(s)\\&-H_2\omega_{ihy}^{h}(s)+M_{df}(s)\}/sJ_X\end{aligned}$$

$$\begin{aligned}s\varphi_y(s)+\omega_{ihy}^{h}(s)=&\{-(H_1 s+k_{\varphi_x})\cos\theta_f\varphi_x(s)-[H_1 s\cos\theta_f+k_r F_r(s)]\alpha_2(s)\\&-H_1\cos\theta_f\omega_{ihx}^{h}(s)+M_{dr}(s)\}\cos\theta_f/sJ_{\Sigma y}\end{aligned}$$

所以

$$\begin{aligned}\varphi_x(s)=&-\frac{1}{s^2J_X}\{[H_2 s+k_f F_f(s)]\alpha_1(s)+(H_2 s+k_{\varphi_y})\varphi_y(s)\\&+H_2\omega_{ihy}^{h}(s)-M_{df}(s)\}-\frac{\omega_{ihx}^{h}(s)}{s}\end{aligned} \tag{6.2.12a}$$

$$\begin{aligned}\varphi_y(s)=&-\frac{\cos\theta_f}{s^2J_{\Sigma y}}\{[H_1 s\cos\theta_f+k_r F_r(s)]\alpha_2(s)+(H_1 s+k_{\varphi_x})\cos\theta_f\varphi_x(s)\\&+H_1\cos\theta_f\omega_{ihx}^{h}(s)-M_{dr}(s)\}-\frac{\omega_{ihy}^{h}(s)}{s}\end{aligned} \tag{6.2.12b}$$

3. 系统方块图

根据式(6.2.5)和式(6.2.12)，可画出水平双轴平台的方块图，如图 6.2.5 所示。

4. 系统稳定性分析

为简化分析，忽略通道间的交叉耦合，并假设 $F_r(s)=F_f(s)=1$。则由图 6.2.5，平台偏差角 φ_x、φ_y 与陀螺干扰力矩 M_{d1} 和 M_{d2} 间的传递函数为

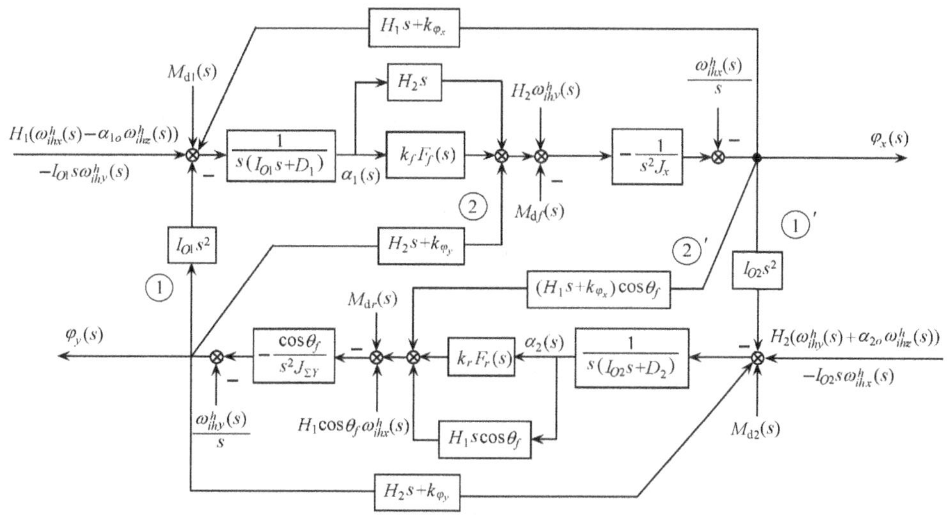

图 6.2.5　水平式双轴平台方块图

$$H_x(s)=\frac{\varphi_x(s)}{M_{d1}(s)}=\frac{\frac{1}{s(I_{O1}s+D_1)}(H_2s+k_f)\left(-\frac{1}{s^2J_X}\right)}{1+\frac{1}{s(I_{O1}s+D_1)}(H_2s+k_f)\frac{1}{s^2J_X}(H_1s+k_{\varphi_x})}$$

$$=-\frac{H_2s+k_f}{s^3J_X(I_{O1}s+D_1)+(H_2s+k_f)(H_1s+k_{\varphi_x})}$$

$$=-\frac{H_2s+k_f}{J_XI_{O1}s^4+J_XD_1s^3+H_1H_2s^2+(H_1k_f+H_2k_{\varphi_x})s+k_fk_{\varphi_x}} \tag{6.2.13a}$$

$$H_y(s)=\frac{\varphi_y(s)}{M_{d2}(s)}=\frac{\frac{1}{s(I_{O2}s+D_2)}(H_1s\cos\theta_f+k_r)\left(-\frac{\cos\theta_f}{s^2J_{\Sigma y}}\right)}{1+\frac{1}{s(I_{O2}s+D_2)}(H_1s\cos\theta_f+k_r)\frac{\cos\theta_f}{s^2J_{\Sigma y}}(H_2s+k_{\varphi_y})}$$

$$=-\frac{(H_1s\cos\theta_f+k_r)\cos\theta_f}{s^3J_{\Sigma y}(I_{O2}s+D_2)+(H_1s\cos\theta_f+k_r)\cos\theta_f(H_2s+k_{\varphi_y})}$$

$$=-\frac{(H_1s\cos\theta_f+k_r)\cos\theta_f}{J_{\Sigma y}I_{O2}s^4+J_{\Sigma y}D_2s^3+H_1H_2\cos^2\theta_fs^2+(H_1k_{\varphi_y}\cos^2\theta_f+H_2k_r\cos\theta_f)s+k_rk_{\varphi_y}\cos\theta_f} \tag{6.2.13b}$$

x 通道和 y 通道的特征方程为

$$\Delta_x=J_XI_{O1}s^4+J_XD_1s^3+H_1H_2s^2+(H_1k_f+H_2k_{\varphi_x})s+k_fk_{\varphi_x}=0$$

$$\Delta_y=J_{\Sigma y}I_{O2}s^4+J_{\Sigma y}D_2s^3+H_1H_2\cos^2\theta_fs^2+(H_1k_{\varphi_y}\cos^2\theta_f+H_2k_r\cos\theta_f)s+k_rk_{\varphi_y}\cos\theta_f=0$$

现以 y 通道为对象,分析系统的稳定性。记

$$\Delta_y=a_0s^4+a_1s^3+a_2s^2+a_3s+a_4$$

则

$$a_0=J_{\Sigma y}I_{O2},\quad a_1=J_{\Sigma y}D_2,\quad a_2=H_1H_2\cos^2\theta_f,$$
$$a_3=H_1k_{\varphi_y}\cos^2\theta_f+H_2k_r\cos\theta_f,\quad a_4=k_rk_{\varphi_y}\cos\theta_f$$

根据霍尔维茨判据，要使 y 通道稳定，需满足：

$$a_i > 0 \qquad i = 0,1,2,3,4$$

$$D_2 = \begin{vmatrix} a_1 & a_3 \\ a_0 & a_2 \end{vmatrix} = a_1a_2 - a_0a_3 > 0, \quad D_3 = \begin{vmatrix} a_1 & a_3 & 0 \\ a_0 & a_2 & a_4 \\ 0 & a_1 & a_3 \end{vmatrix} = a_3D_2 - a_4a_1^2 > 0$$

$$D_4 = \begin{vmatrix} a_1 & a_3 & 0 & 0 \\ a_0 & a_2 & a_4 & 0 \\ 0 & a_1 & a_3 & 0 \\ 0 & a_0 & a_2 & a_4 \end{vmatrix} = a_4D_3 > 0$$

下面分析俯仰角 θ_f 对 y 通道稳定性的影响。由

$$D_2 = a_1a_2 - a_0a_3 = J_{\Sigma y}D_2H_1H_2\cos^2\theta_f - J_{\Sigma y}I_{O2}(H_1k_{\varphi_y}\cos^2\theta_f + H_2k_r\cos\theta_f) > 0$$

得

$$(D_2H_1H_2 - I_{O2}H_1k_{\varphi_y})\cos\theta_f > I_{O2}H_2k_r$$

即

$$\frac{I_{O2}H_2k_r}{D_2H_1H_2 - I_{O2}H_1k_{\varphi_y}} < \cos\theta_f$$

$$k_r < \frac{(D_2H_1H_2 - I_{O2}H_1k_{\varphi_y})\cos\theta_f}{I_{O2}H_2} \tag{6.2.14}$$

由式(6.2.14)可看出，横滚通道的稳定性要求随俯仰角 θ_f 而变，这使水平式双轴平台的横滚通道稳定性设计具有较大的难度。设计中可根据临界角 θ_{fc} 所确定的稳定条件设计系统，在实际工作过程中，运载体的俯仰角应远离此临界角 θ_{fc}。也可加入俯仰正割补偿器 $\sec\theta_f$ 来提高系统的稳定性。

6.2.3 水平式双轴稳定平台误差分析

1. 沿陀螺输出轴的干扰力矩引起的平台误差

为简化分析，忽略图 6.2.5 中①和①′处的交叉耦合，由图得仅由 M_{d1} 和 M_{d2} 引起的平台偏差角为

$$\begin{aligned}
\varphi_x^1(s) = {} & M_{d1}(s)\frac{H_2s + k_fF_f(s)}{s(I_{O1}s + D_1)}\left(-\frac{1}{s^2J_X}\right) \\
& + \varphi_x^1(s)\frac{(H_1s + k_{\varphi_x})[H_2s + k_fF_f(s)]}{s(I_{O1}s + D_1)}\left(-\frac{1}{s^2J_X}\right) + \varphi_y^1(s)\left[-\frac{H_2s + k_{\varphi_y}}{s^2J_X}\right]
\end{aligned}$$

$$\begin{aligned}
\varphi_y^1(s) = {} & M_{d2}(s)\frac{H_1s\cos\theta_f + k_rF_r(s)}{s(I_{O2}s + D_2)}\left(-\frac{\cos\theta_f}{s^2J_{\Sigma y}}\right) + \varphi_x^1(s)(H_1s + k_{\varphi_x})\cos\theta_f\left(-\frac{\cos\theta_f}{s^2J_{\Sigma y}}\right) \\
& + \varphi_y^1(s)\frac{(H_2s + k_{\varphi_y})[H_1s\cos\theta_f + k_rF_r(s)]}{s(I_{O2}s + D_2)}\left(-\frac{\cos\theta_f}{s^2J_{\Sigma y}}\right)
\end{aligned}$$

即

$$\begin{aligned}
& \varphi_x^1(s)\{s^3J_X(I_{O1}s + D_1) + (H_1s + k_{\varphi_x})[H_2s + k_fF_f(s)]\} + \varphi_y^1(s)s(I_{O1}s + D_1)(H_2s + k_{\varphi_y}) \\
= & -M_{d1}(s)[H_2s + k_fF_f(s)]
\end{aligned}$$

$$\varphi_x^1(s)s(I_{O2}s + D_2)(H_1s + k_{\varphi_x})\cos^2\theta_f + \varphi_y^1(s)\{s^3J_{\Sigma y}(I_{O2}s + D_2)$$

$$+(H_2s+k_{\varphi_y})[H_1s\cos\theta_f+k_rF_r(s)]\}\cos\theta_f$$
$$=-M_{d2}(s)[H_1s\cos\theta_f+k_rF_r(s)]\cos\theta_f$$

将上述两式写成矩阵形式：

$$\begin{bmatrix}A_{11}(s) & A_{12}(s)\\ A_{21}(s) & A_{22}(s)\end{bmatrix}\begin{bmatrix}\varphi_x^1(s)\\ \varphi_y^1(s)\end{bmatrix}=\begin{bmatrix}-[H_2s+k_fF_f(s)]M_{d1}(s)\\ -[H_1s\cos\theta_f+k_rF_r(s)]M_{d2}(s)\end{bmatrix}$$

式中

$$A_{11}(s)=s^3J_X(I_{O1}s+D_1)+(H_1s+k_{\varphi_x})[H_2s+k_fF_f(s)] \tag{6.2.15a}$$
$$A_{12}(s)=s(I_{O1}s+D_1)(H_2s+k_{\varphi_y}) \tag{6.2.15b}$$
$$A_{21}(s)=s(I_{O2}s+D_2)(H_1s+k_{\varphi_x})\cos\theta_f \tag{6.2.15c}$$
$$A_{22}(s)=s^3J_{\Sigma y}(I_{O2}s+D_2)+(H_2s+k_{\varphi y})[H_1s\cos\theta_f+k_rF_r(s)] \tag{6.2.15d}$$

系统的特征多项式为

$$\Delta(s)=\begin{vmatrix}A_{11}(s) & A_{12}(s)\\ A_{21}(s) & A_{22}(s)\end{vmatrix}=A_{11}(s)A_{22}(s)-A_{12}(s)A_{21}(s) \tag{6.2.16}$$

$$\begin{bmatrix}\varphi_x^1(s)\\ \varphi_y^1(s)\end{bmatrix}=\frac{1}{\Delta(s)}\begin{bmatrix}A_{22}(s) & -A_{12}(s)\\ -A_{21}(s) & A_{11}(s)\end{bmatrix}\begin{bmatrix}-[H_2s+k_fF_f(s)]M_{d1}(s)\\ -[H_1s\cos\theta_f+k_rF_r(s)]M_{d2}(s)\end{bmatrix}$$

$$\varphi_x^1(s)=\frac{1}{\Delta(s)}\{-A_{22}(s)[H_2s+k_fF_f(s)]M_{d1}(s)$$
$$+A_{12}(s)[H_1s\cos\theta_f+k_rF_r(s)]M_{d2}(s)\} \tag{6.2.17a}$$

$$\varphi_y^1(s)=\frac{1}{\Delta(s)}\{A_{21}(s)[H_2s+k_fF_f(s)]M_{d1}(s)$$
$$-A_{11}(s)[H_1s\cos\theta_f+k_rF_r(s)]M_{d2}(s)\} \tag{6.2.17b}$$

由式(6.2.15)和式(6.2.16)，

$$\lim_{s\to0}A_{11}=k_{\varphi_x}k_fF_f(0),\ \lim_{s\to0}A_{22}=k_{\varphi_y}k_rF_r(0),\ \lim_{s\to0}A_{12}=0,\quad \lim_{s\to0}A_{21}=0,$$
$$\lim_{s\to0}\Delta(s)=k_{\varphi_x}k_{\varphi_y}k_fk_rF_f(0)F_r(0)$$

所以当陀螺绕输出轴的干扰力矩均为常值时，即

$$M_{d1}(s)=\frac{M_{d1}}{s},\quad M_{d2}(s)=\frac{M_{d2}}{s}$$

由式(6.2.17)，平台水平偏差角的稳态值为

$$\varphi_{xss}^1=\lim_{s\to0}s\varphi_x^1(s)=\frac{-k_{\varphi_y}k_fk_rF_f(0)F_r(0)M_{d1}}{k_{\varphi_x}k_{\varphi_y}k_fk_rF_f(0)F_r(0)}=-\frac{M_{d1}}{k_{\varphi_x}} \tag{6.2.18a}$$
$$\varphi_{yss}^1=\lim_{s\to0}s\varphi_y^1(s)=\frac{-k_{\varphi_x}k_fk_rF_f(0)F_r(0)M_{d2}}{k_{\varphi_x}k_{\varphi_y}k_fk_rF_f(0)F_r(0)}=-\frac{M_{d2}}{k_{\varphi_y}} \tag{6.2.18b}$$

根据 2.3.3 节中关于单自由度陀螺对陀螺漂移传递函数的介绍，M_{d1} 和 M_{d2} 实际对应着陀螺漂移，所以式(6.2.18)实际上反映了陀螺漂移对平台偏差角的影响。

2. 沿平台稳定轴的干扰力矩引起的平台误差

忽略图 6.2.5 中①和①′处的交叉耦合，由图得仅由 M_{df} 和 M_{dr} 引起的平台偏差角为

$$\varphi_x^2(s)=-M_{df}(s)\left(-\frac{1}{s^2J_X}\right)+\varphi_x^2(s)\frac{(H_1s+k_{\varphi_x})[H_2s+k_fF_f(s)]}{s(I_{O1}s+D_1)}$$

$$\times\left(-\frac{1}{s^2J_X}\right)+\varphi_y^2(s)\left[-\frac{H_2s+k_{\varphi_y}}{s^2J_X}\right]$$

$$\varphi_y^2(s)=M_{dr}(s)\left(-\frac{\cos\theta_f}{s^2J_{\Sigma y}}\right)+\varphi_y^2(s)\frac{(H_2s+k_{\varphi_y})[H_1s\cos\theta_f+k_rF_r(s)]}{s(I_{O2}s+D_2)}$$

$$\times\left(-\frac{\cos\theta_f}{s^2J_{\Sigma y}}\right)+\varphi_x^2(s)(H_1s+k_{\varphi_x})\cos\theta_f\left(-\frac{\cos\theta_f}{s^2J_{\Sigma y}}\right)$$

$$\varphi_x^2(s)\{s^3J_X(I_{O1}s+D_1)+(H_1s+k_{\varphi_x})[H_2s+k_fF_f(s)]\}+\varphi_y^2(s)s(I_{O1}s+D_1)(H_2s+k_{\varphi_y})$$
$$=M_{df}(s)s(I_{O1}s+D_1)$$

$$\varphi_x^2(s)s(I_{O2}s+D_2)(H_1s+k_{\varphi_x})\cos^2\theta_f+\varphi_y^2(s)\{s^3J_{\Sigma y}(I_{O2}s+D_2)$$
$$+(H_2s+k_{\varphi_y})[H_1s\cos\theta_f+k_rF_r(s)]\}\cos\theta_f$$
$$=-M_{dr}(s)s(I_{O2}s+D_2)\cos\theta_f$$

将上述两式写成矩阵形式：

$$\begin{bmatrix}A_{11}(s) & A_{12}(s)\\ A_{21}(s) & A_{22}(s)\end{bmatrix}\begin{bmatrix}\varphi_x^2(s)\\ \varphi_y^2(s)\end{bmatrix}=\begin{bmatrix}s(I_{O1}s+D_1)M_{df}(s)\\ -s(I_{O2}s+D_2)M_{dr}(s)\end{bmatrix}$$

式中，$A_{11}(s)$、$A_{12}(s)$、$A_{21}(s)$、$A_{22}(s)$与式(6.2.15)相同。

$$\begin{bmatrix}\varphi_x^2(s)\\ \varphi_y^2(s)\end{bmatrix}=\frac{1}{\Delta(s)}\begin{bmatrix}A_{22}(s) & -A_{12}(s)\\ -A_{21}(s) & A_{11}(s)\end{bmatrix}\begin{bmatrix}s(I_{O1}s+D_1)M_{df}(s)\\ -s(I_{O2}s+D_2)M_{dr}(s)\end{bmatrix}$$

$$\varphi_x^2(s)=\frac{1}{\Delta(s)}\{A_{22}(s)M_{df}(s)s(I_{O1}s+D_1)+A_{12}(s)M_{dr}(s)s(I_{O2}s+D_2)\}\quad(6.2.19a)$$

$$\varphi_y^2(s)=\frac{1}{\Delta(s)}\{-A_{21}(s)M_{df}(s)s(I_{O1}s+D_1)-A_{22}(s)M_{dr}(s)s(I_{O2}s+D_2)\}\quad(6.2.19b)$$

式中，$\Delta(s)$与式(6.2.16)相同。

当绕平台稳定轴的干扰力矩均为常值时，即

$$M_{df}(s)=\frac{M_{df}}{s},\quad M_{dr}(s)=\frac{M_{dr}}{s}$$

由式(6.2.19)，平台水平偏差角的稳态值为

$$\varphi_{xss}^2=\lim_{s\to 0}s\varphi_x^2(s)=0,\quad \varphi_{yss}^2=\lim_{s\to 0}s\varphi_y^2(s)=0$$

上两式说明沿平台稳定轴的常值干扰力矩不会引起平台偏差角，这实质上是平台的稳定回路起卸荷作用的结果。

3. 线加速度误差和盘旋误差

加减速和转弯是飞机、舰船等运载体的基本运动状态，与之相关联的水平过载使液体开关的液面倾斜，即液面跟踪视在垂线，通过修正回路对平台做错误修正，产生水平偏差角，水平过载越大，错误修正越严重，偏差角也越大。为了减小这种误差，当运载体做纵向加速或减速时，可断开平台的纵向修正回路；当运载体转弯(飞机做盘旋)时，可断开平台的横向修正回路，使平台暂时工作在几何稳定状态，一旦机动运动结束，就恢复修正回路工作。可见水平式双轴稳定平台与直读式陀螺地平仪的工作原理是相仿的，不同之处在于此类陀螺地平仪不具备对干扰力矩的卸荷能力。

习 题 二

2-1 简述如下内容：

(1) 陀螺稳定装置的分类及各自的特点；

(2) 陀螺稳定装置的两个基本功能及各自的作用；

(3) 制导系统的组成和作用；

(4) 舰船减摇装置的工作原理。

2-2 稳定平台使用时间常数很大的挠性陀螺作为敏感元件，忽略水平通道间的耦合，则沿一个轴的控制回路如图所示，其中 ω 为平台沿稳定轴的输出角速率，k_p 为陀螺信号器的传递系数，k_a 为平台电子的综合放大系数，k_m 和 R 分别为力矩马达的转矩系数和总阻抗，$F(s)$ 为校正网络的传递函数。求：

(1)常值陀螺漂移引起的平台漂移；

(2)在常值干扰力矩 M_{d} 作用下的平台漂移、偏差角；

(3)平台的力矩刚度。

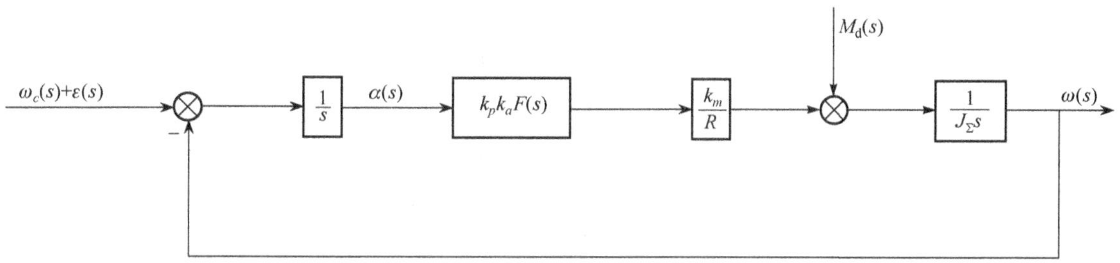

题 2-2 图 稳定平台沿一个轴的控制回路

2-3 用积分陀螺单轴稳定平台稳定船载天线，稳定轴沿船舶纵轴设置，并由力矩马达直接驱动。由于风浪影响，船舶绕纵轴做横摇：$\theta_b(t)=\theta_{bm}\sin\Omega t$。横摇引起轴承的干扰力矩为

$$M_i(t)=\begin{cases}-M_{im} & -\pi\leqslant\Omega t\leqslant 0\\ M_{ip} & 0\leqslant\Omega t\leqslant\pi\end{cases}\qquad (M_{im}>M_{ip})$$

忽略平台偏心。

(1) 求摩擦力矩的直流分量和由该直流分量引起的平台稳态漂移和稳态偏差角；

(2) 求平台对横摇的隔离度。

2-4 积分陀螺单轴稳定平台用减速比为 i 的一级齿轮传动拖动台体，电机轴齿轮和电机电枢的转动惯量为 J_o，平台轴齿轮和台体的转动转动惯量为 J_p，电机时间常数、力矩系数、电枢电阻分别为 τ_e、k_m 和 R，陀螺时间常数为 τ_g，传递系数为 k_g，陀螺信号器传递系数为 k_u，平台电子放大系数为 k_a，校正网络传递函数为 $F(s)$，基座角速度为 ω_{ib}。

(1) 写出平台的动力学方程式；

(2) 画出平台系统方块图；

(3) 求陀螺常值漂移引起的平台漂移；

(4) 求平台的力矩刚度；

(5) 求在常值干扰力矩 M_{d} 作用下的平台漂移、平台偏差角。

2-5 下图为使用角速率陀螺作为敏感元件的单轴稳定平台，其中 β 为陀螺输出角，ϕ 为平台输出角。设平台绕输出轴的转动惯量为 J_p，陀螺组件绕输出轴的转动惯量为 J，陀螺信号器的变换系数为 k_β，放大器放大系数为 k_a，力矩马达力矩系数为 k_m，弹簧的弹性系数为 k，阻尼器阻尼系数为 D，假设 $J_p\gg J$，陀螺频带远比稳定回路的频带宽。

(1) 列写出该稳定平台的动力学方程；

(2) 求当稳定轴上有常值干扰力矩 M_{dx} 时的平台漂移方程；

(3) 如果 $M_{\mathrm{dy}}=0$，计算由常值干扰力矩 M_{dx} 引起的平台稳态漂移。若要消除此漂移，应采取何措施？分析

此时的平台稳定误差。

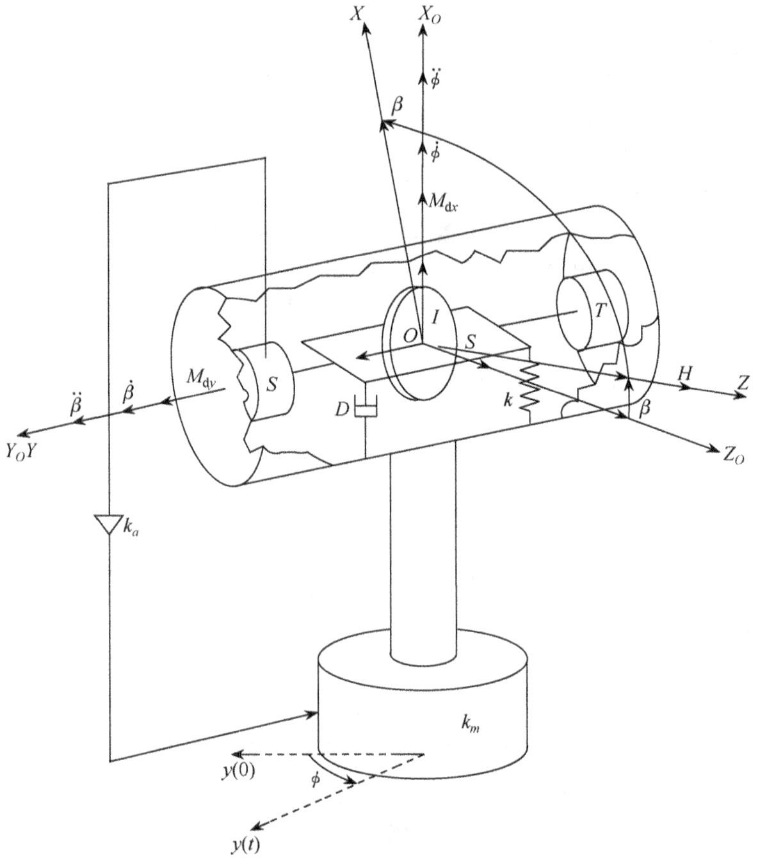

题 2-5 图　角速率陀螺作为敏感器件的单轴稳定平台

2-6　下图为静基座条件下的陀螺罗经。设罗经所在地纬度为 L，罗经角动量为 H，不平衡质量块的质量为 m，质量块质心距陀螺支承中心的距离为 l，加在外框架轴上的控制力矩即阻尼力矩为 $-f\beta$。图中，下标 g 表示地理坐标系，下标 s 表示陀螺壳体坐标系，α 和 β 均为小角。

(1) 证明：当 $f>0$ 时，即有阻尼时，罗经为稳定系统；求出罗经收敛所达到的方位精度和水平精度。

(2) 证明：当 $f=0$ 时，即无阻尼时，罗经作无阻尼振荡；求出无阻尼自振频率。

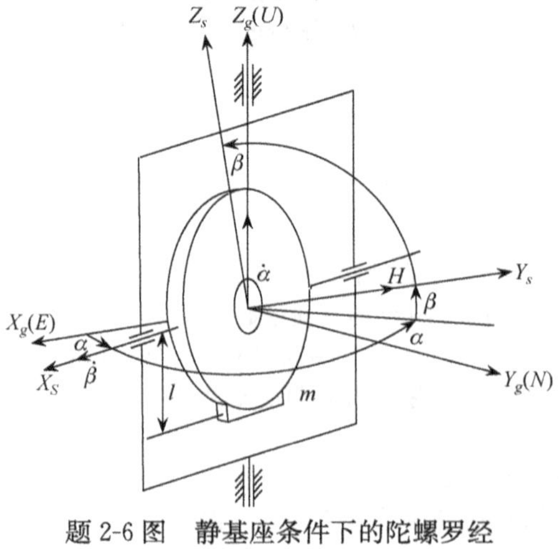

题 2-6 图　静基座条件下的陀螺罗经

第三篇　惯性导航系统原理

本篇详细介绍惯性导航系统基本方程；平台式惯导系统的力学编排、误差分析及初始对准；捷联式惯导系统的姿态更新、速度更新及位置更新算法，这些算法以陀螺和加速度计输出角增量和速度增量为前提，考虑了对有限转动不可交换误差的补偿，即对圆锥误差、划桨误差及涡卷误差的精确补偿，适用于高动态环境条件下的系统设计；捷联惯导的自主式初始对准及动基座传递对准；极区惯性导航。

第 7 章　惯导系统中的基本关系

7.1　惯导系统的分类

惯性导航系统是以陀螺和加速度计为敏感器件的导航参数解算系统，该系统根据陀螺的输出建立起导航坐标系，根据加速度计输出解算出运载体的速度和位置。图 7.1.1 表示加速度计安装在运载体上的示意图，图中质量 m 受弹簧约束，悬挂弹簧的加速度计壳体固联在运载体上。当运载体以加速度 $\boldsymbol{a}$ 做水平运动时，弹簧质量系统达到平衡后，质量 m 受到的水平约束力 $\boldsymbol{F}$ 与加速度 $\boldsymbol{a}$ 的关系满足牛顿第二定律：

$$\boldsymbol{a}=\frac{\boldsymbol{F}}{m}$$

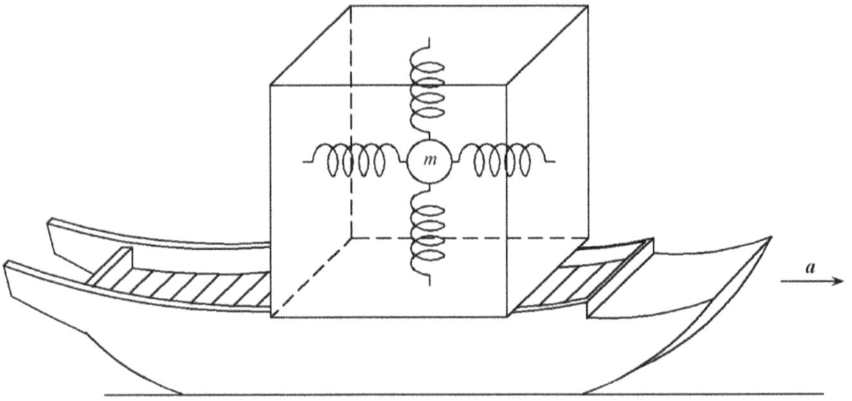

图 7.1.1　运载体上的加速度计示意图

只要测量得水平弹性约束力 $\boldsymbol{F}$，就可求得水平加速度 $\boldsymbol{a}$，对 $\boldsymbol{a}$ 积分一次即可得水平速度，再积分一次即可得水平位移。但这是简单化了的理想情况，由于运载体不可能只做水平运动，且还有姿态变化，所以用于导航解算的加速度信息必须是导航坐标系内的数学向量。可通过两种途径实现这一要求。一种途径是将加速度计安装在稳定平台上，稳定平台由陀螺控制，使平台始终跟踪要求的导航坐标系；另一种途径是将加速度计和陀螺都直接安装在运载体上，陀螺输出用来解算运载体相对导航坐标系的姿态变换矩阵，加速度计输出经姿态阵变换至导航坐标系内，这相当于建立起了数学平台。

根据构建导航坐标系方法的不同可将惯导系统分为两大类型：采用物理平台模拟导航坐标系的系统称为平台式惯导系统；采用数学算法确定出导航坐标系的系统称为捷联式惯导系统。根据物理平台模拟的坐标系类型不同，平台式惯导系统又可分为两类：若物理平台模拟惯性坐标系，则系统称为解析式惯导系统；若物理平台模拟当地水平坐标系，则系统称为当地水平式惯导系统。根据平台跟踪地球自转角速度和跟踪水平坐标系类型的不同，当地水平式惯导系统又可分为三种：若物理平台跟踪地理坐标系（必然要跟踪地球自转角速度），则系统称为指北方位惯导系统；若平台跟踪地球自转角速度并跟踪当地水平面，则系统称为游移方位惯导系统；若平台只跟踪地球自转角速度的水平分量，并跟踪当地水平面，则系统称为自由方位惯导系统。

7.2 地球的描述

导航系统的任务是要确定运载体的位置、航向及姿态，而要确定这些量必须要有参照体。星际航行以宇宙空间的天体作为参照体；在地球上作导航则以地球作为参照体。本书所讨论的导航都以地球作为参照体，所以有必要介绍地球的几何形状和力学特性。

7.2.1 地球的几何形状

地球是一个不规则球体，内部是熔岩，由于自转的影响，地球呈扁圆状，沿赤道方向鼓出，南极稍微凹入，形状似梨(O'Keefe J et al. ,1959)。常采用三种几何模型对地球作近似描述：

(1) 大地水准体：通过全球海平面的地球重力场等势面围成的空间体。

(2) 圆球：球心位于地心，半径 R=6371km。

(3) 参考旋转椭球体：中心位于地心，分别以 R_e 和 R_p 为半长轴和半短轴的椭圆绕地球自转轴旋转 180°所形成的椭球体，其中 R_e 和 R_p 通过大地测量确定，如表 7.2.1 所示。

表 7.2.1 常用参考旋转椭球体参数

名称	半长轴 R_e/m	半短轴 R_p/m	扁率 $f=\frac{R_e-R_p}{R_e}$	适用地区
克拉索夫斯基	6378254	6356803	$\frac{1}{298.3}$	俄、中
海福德	6378389	6356912	$\frac{1}{297.0}$	西欧
1975 年国际推荐	6378140	6356755	$\frac{1}{298.257}$	
克拉克	6378206	6356584	$\frac{1}{295.0}$	美
WGS-84	6378137	6356752	$\frac{1}{298.257}$	GPS

由于地球表面大部分是海洋，所以三种模型中，大地水准体对地球的近似度最好，而旋转椭球体与大地水准体非常接近，在垂直方向的最大误差约为 150m，垂线偏离真垂线(大地水准面的法线)最大误差为 3″，因此惯导系统中常用旋转椭球作为地球的模型描述。圆球偏离大地水准体的误差最大，一般在近似分析中采用。

7.2.2 地垂线和纬度

如图 7.2.1，设 P 为地球表面某一点，过 P 点作大地水准面、旋转椭球面及圆球面的法线，依次得到的交点为 P_1、P_0 和 P_2，则定义：

大地水准面的法线 PP_1 为 P 点的天文垂线，也称真垂线；

旋转椭球面的法线 PP_0 为 P 点的地理垂线；

圆球的法线 PP_2 为 P 点的地心垂线；

天文垂线与赤道平面的夹角 L_g 为 P 点的天文纬度；

地理垂线与赤道平面的夹角 L 为 P 点的地理纬度，常简称纬度；

地心垂线与赤道平面的夹角 L_c 为 P 点的地心纬度。

PP_0 为飞机在 P 点处的飞行高度；

PP_1 为飞机在 P 点处的海拔高度；

PP_3 为飞机在 P 点处的相对高度；

其中，P_3 为 P 点处的地理垂线与真实地形的交点。

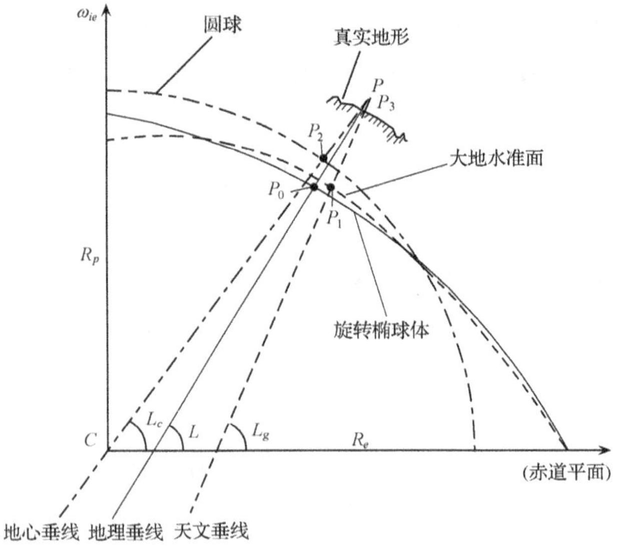

图 7.2.1　地垂线和纬度

地理纬度和地心纬度对应着不同的垂线定义，两者的差异实质上反映了地理垂线和地心垂线间的偏差。

设 P 为旋转椭球面上的一点，记该点的地理纬度和地心纬度分别为 L 和 L_c。图 7.2.2 为过 P 点和对称轴的旋转椭球的剖面图。

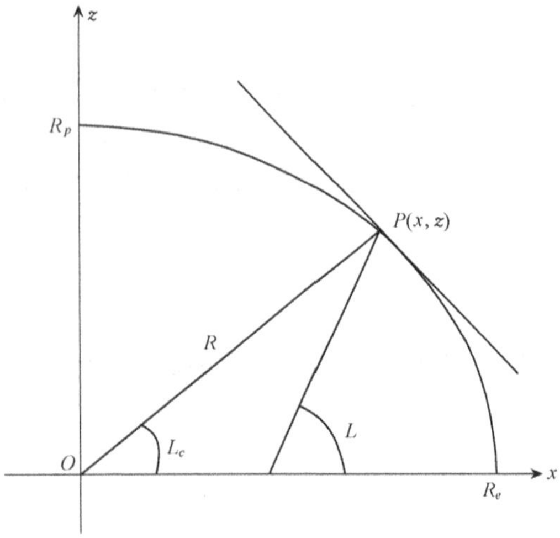

图 7.2.2　P 点在椭圆上的坐标

设 P 点的坐标为 (x,z)，则坐标满足椭圆方程：

$$\frac{x^2}{R_e^2}+\frac{z^2}{R_p^2}=1$$

上式两边对 z 求导，得

$$\frac{2x}{R_e^2}\frac{\mathrm{d}x}{\mathrm{d}z}+\frac{2z}{R_p^2}=0$$

即

$$\frac{\mathrm{d}x}{\mathrm{d}z}=-\frac{R_e^2}{R_p^2}\frac{z}{x}$$

因为 P 点切线的斜率为 $\frac{\mathrm{d}z}{\mathrm{d}x}$，$P$ 点法线的斜率为 $\tan L$，两者互为负倒数，所以

$$\tan L=-\frac{1}{\frac{\mathrm{d}z}{\mathrm{d}x}}=-\frac{\mathrm{d}x}{\mathrm{d}z}=\frac{R_e^2}{R_p^2}\frac{z}{x}$$

而 $\tan L_c=\frac{z}{x}$，令 $\Delta L=L-L_c$，所以

$$\tan\Delta L = \tan(L - L_c) = \frac{\tan L - \tan L_c}{1 + \tan L \tan L_c}$$

$$= \frac{\frac{R_e^2}{R_p^2}\frac{z}{x} - \frac{z}{x}}{1 + \frac{R_e^2}{R_p^2}\frac{z}{x}\cdot\frac{z}{x}} = \frac{(R_e^2 - R_p^2)xz}{R_e^2R_p^2\left(\frac{x^2}{R_e^2} + \frac{z^2}{R_p^2}\right)} = \frac{(R_e^2 - R_p^2)xz}{R_e^2R_p^2}$$

而 $x=R\cos L_c, z=R\sin L_c$，所以

$$\tan\Delta L = \frac{R_e^2 - R_p^2}{2R_e^2R_p^2}R^2\sin 2L_c = \frac{R_e - R_p}{R_e}\cdot\frac{R_e + R_p}{2R_p}\cdot\frac{R^2}{R_eR_p}\sin 2L_c$$

由于 $\frac{R_e-R_p}{R_e}=f, \frac{R_e+R_p}{2R_p}\approx 1, \frac{R^2}{R_eR_p}\approx 1, L_c\approx L, \Delta L$ 是小量，所以

$$\tan\Delta L \approx \Delta L \approx f\sin 2L \tag{7.2.1}$$

可见地理垂线和地心垂线的最大偏差发生在纬度为 45°的地方，约为 11′，而地理垂线与真垂线的最大偏差角约为 3″，所以用地理垂线近似真垂线有足够高的精度。

按照航海界的规定，若同一子午圈上两点的纬度差 1′，则两点间的距离为 1 海里(nautical mile，单位符号 n mile)，将地球近似视为圆球，则

$$1\text{n mile} = \frac{1}{60}\times\frac{\pi}{180}\times 6371000 = 1853.2(\text{m}) \approx 1.85(\text{km})$$

因此由式(7.2.1)知，同一地点若分别用地理纬度和地心纬度来表示其位置，则引起南北方向的最大偏差为 11n mile，约为 20km。

7.2.3　参考旋转椭球体的曲率半径

1. 主曲率半径

圆球面上任意点沿任何方向的曲率半径都是相等的，但旋转椭球面上同一点沿不同方向的曲率半径是不相等的。

图 7.2.3 为地球的椭球模型。设 P 点为旋转椭球面上的某一点，$\boldsymbol{n}$ 为 P 点处的法线，NS 为椭球面的对称轴。过 P 作 NS 的垂直平面，截椭球面所得的平面曲线 lPl 称为 P 点处的纬圈；

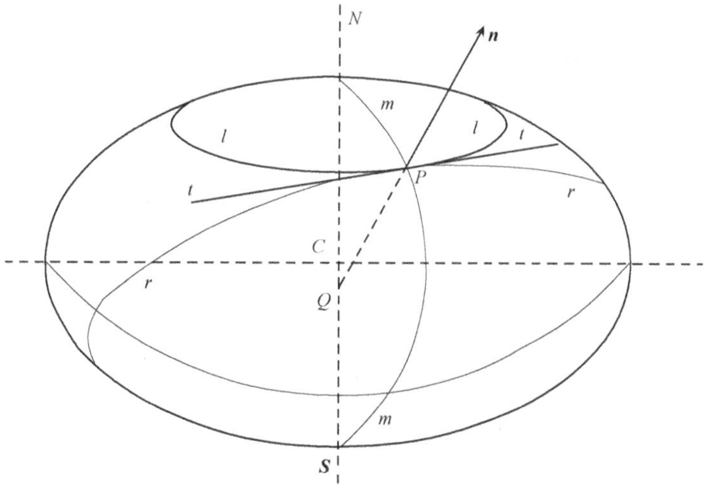

图 7.2.3　旋转椭球面上的主曲率半径

过 P 点和直线 NS 作平面截椭球面所得的平面曲线 mPm 称为 P 点处的经圈(子午圈);过 P 点作纬圈 lPl 的切线 tPt,用 tPt 和法线 $\boldsymbol{n}$ 形成的平面截椭球面所得的平面曲线 rPr 称为 P 点处的卯酉圈。P 点处沿子午圈 mPm 的曲率半径 R_M 和沿卯酉圈 rPr 的曲率半径 R_N 称为旋转椭球面在 P 点处的主曲率半径。

2. 主曲率半径的求取

设 P 为地球上一点,P 点的地心纬度和地理纬度分别为 L_c 和 L。图 7.2.4 为过 P 点和对称轴的旋转椭球的剖面。椭圆参数方程为

$$x=R_e\cos t$$
$$z=R_p\sin t$$

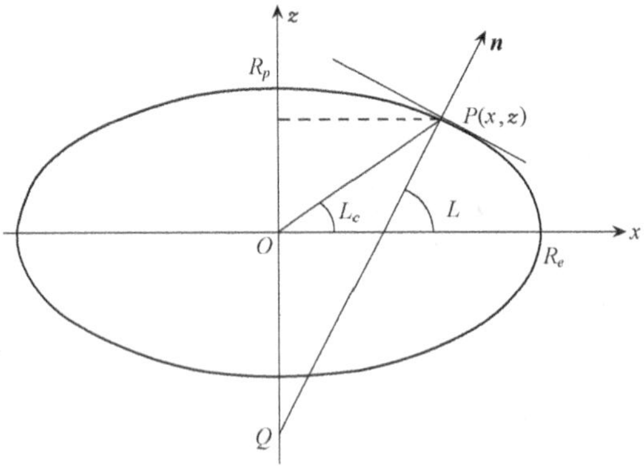

图 7.2.4　过 P 点和对称轴的旋转椭球剖面

式中,t 为椭圆的离心角。由于离心角物理意义不明显,地球扁率约为千分之三,接近圆球,离心角 t 与地心纬度 L_c 的差异在 $|L_c|=44.952°$ 处达到最大值 5.76′,在赤道和南、北极为 0,越接近赤道和两极,差异越小。所以为简化分析,此处离心角近似用地心纬度替代,椭圆参数方程取

$$x=R_e\cos L_c$$
$$z=R_p\sin L_c=R_e(1-f)\sin L_c$$

上两式对 L_c 求导,得

$$\frac{\mathrm{d}x}{\mathrm{d}L_c}=-R_e\sin L_c$$

$$\frac{\mathrm{d}z}{\mathrm{d}L_c}=R_e(1-f)\cos L_c$$

由于法线 $\boldsymbol{n}$ 的斜率与 P 点切线的斜率互为负倒数,所以有

$$\tan L=-\frac{1}{\dfrac{\mathrm{d}z}{\mathrm{d}x}}=-\frac{\mathrm{d}x}{\mathrm{d}z}=-\frac{\dfrac{\mathrm{d}x}{\mathrm{d}L_c}}{\dfrac{\mathrm{d}z}{\mathrm{d}L_c}}=\frac{1}{1-f}\tan L_c \tag{7.2.2}$$

弧微分 $\mathrm{d}s$ 和 $\mathrm{d}x$ 及 $\mathrm{d}z$ 的关系为

$$\begin{aligned}\mathrm{d}s^2&=\mathrm{d}x^2+\mathrm{d}z^2=(-R_e\sin L_c\mathrm{d}L_c)^2+[R_e(1-f)\cos L_c\mathrm{d}L_c]^2\\&=R_e^2[\sin^2L_c+(1-f)^2\cos^2L_c]\mathrm{d}L_c^2\end{aligned} \tag{7.2.3}$$

根据三角关系式和式(7.2.2)

$$\sin^2L_c=\frac{\tan^2L_c}{1+\tan^2L_c}=\frac{(1-f)^2\tan^2L}{1+(1-f)^2\tan^2L} \tag{7.2.4a}$$

$$\cos^2L_c=\frac{1}{1+\tan^2L_c}=\frac{1}{1+(1-f)^2\tan^2L} \tag{7.2.4b}$$

对式(7.2.2)求微分:

$$\frac{1}{\cos^2L}\mathrm{d}L=\frac{1}{1-f}\cdot\frac{1}{\cos^2L_c}\mathrm{d}L_c$$

$$\mathrm{d}L_c=\frac{(1-f)\cos^2L_c}{\cos^2L}\mathrm{d}L=\frac{1-f}{1+(1-f)^2\tan^2L}\cdot\frac{1}{\cos^2L}\mathrm{d}L \tag{7.2.4c}$$

将式(7.2.4)代入式(7.2.3)，得

$$\begin{aligned}
\mathrm{d}s &= R_e\left[\frac{(1-f)^2\tan^2 L}{1+(1-f)^2\tan^2 L}+(1-f)^2\frac{1}{1+(1-f)^2\tan^2 L}\right]^{\frac{1}{2}} \\
&\quad\times\frac{1-f}{1+(1-f)^2\tan^2 L}\cdot\frac{1}{\cos^2 L}\mathrm{d}L \\
&= R_e\sqrt{\frac{(1-f)^2(1+\tan^2 L)\cos^2 L}{[1+(1-f)^2\tan^2 L]\cos^2 L}}\cdot\frac{1-f}{1+(1-f)^2\tan^2 L}\cdot\frac{1}{\cos^2 L}\mathrm{d}L \\
&= \frac{R_e(1-f)^2}{[\cos^2 L+(1-f)^2\sin^2 L]^{\frac{3}{2}}}\mathrm{d}L
\end{aligned}$$

所以沿子午圈的曲率半径为

$$R_M=\frac{\mathrm{d}s}{\mathrm{d}L}=\frac{R_e(1-f)^2}{[\cos^2 L+(1-f)^2\sin^2 L]^{\frac{3}{2}}}=R_e(1-f)^2[1-(2-f)f\sin^2 L]^{-\frac{3}{2}} \tag{7.2.5}$$

参阅图 7.2.3，沿卯酉圈的曲率半径为 $R_N=PQ$。由图 7.2.4 得：

$$x=PQ\cos L=R_N\cos L$$

又由椭圆的参数方程之一：$x=R_e\cos L_c$，有

$$R_N=R_e\frac{\cos L_c}{\cos L}$$

将式(7.2.4b)代入，得

$$\begin{aligned}
R_N &= \frac{R_e}{\sqrt{1+(1-f)^2\tan^2 L}\cdot\cos L}=\frac{R_e}{\sqrt{\cos^2 L+(1-f)^2\sin^2 L}} \\
&= R_e[1-(2-f)f\sin^2 L]^{-\frac{1}{2}}
\end{aligned} \tag{7.2.6}$$

采用麦克劳林级数展开上式，令 $u=(2-f)f\sin^2 L$，并记 $f_1(u)=(1-u)^{-\frac{3}{2}}$，$f_2(u)=(1-u)^{-\frac{1}{2}}$，则

$$f_1'(u)=\left(-\frac{3}{2}\right)(-1)(1-u)^{-\frac{5}{2}}=\frac{3}{2}(1-u)^{-\frac{5}{2}}$$

$$f_1''(u)=\frac{3}{2}\left(-\frac{5}{2}\right)(-1)(1-u)^{-\frac{7}{2}}=\frac{15}{4}(1-u)^{-\frac{7}{2}}$$

$$\cdots$$

$$f_2'(u)=\left(-\frac{1}{2}\right)(-1)(1-u)^{-\frac{3}{2}}=\frac{1}{2}(1-u)^{-\frac{3}{2}}$$

$$f_2''(u)=\frac{1}{2}\left(-\frac{3}{2}\right)(-1)(1-u)^{-\frac{5}{2}}=\frac{3}{4}(1-u)^{-\frac{5}{2}}$$

$$\cdots$$

$$f_1(u)=f_1(0)+\frac{1}{1!}f_1'(0)u+\frac{1}{2!}f_1''(0)u^2+\cdots=1+\frac{3}{2}u+\frac{15}{8}u^2+\cdots$$

$$f_2(u)=f_2(0)+\frac{1}{1!}f_2'(0)u+\frac{1}{2!}f_2''(0)u^2+\cdots=1+\frac{1}{2}u+\frac{3}{8}u^2+\cdots$$

所以

$$R_M = R_e(1-f)^2\left[1+\frac{3}{2}(2-f)f\sin^2 L+\cdots\right]$$
$$=R_e(1-2f+f^2)\left(1+3f\sin^2 L-\frac{3}{2}f^2\sin^2 L+\cdots\right)$$
$$=R_e\left[1+3f\sin^2 L-2f+f^2\left(1-\frac{15}{2}\sin^2 L\right)+\cdots\right]$$
$$R_N = R_e[1+\frac{1}{2}(2-f)f\sin^2 L+\cdots]=R_e(1+f\sin^2 L-\frac{1}{2}f^2\sin^2 L+\cdots)$$

略去关于 f 的二阶以上微量，则

$$R_M = R_e(1-2f+3f\sin^2 L) \tag{7.2.7}$$
$$R_N = R_e(1+f\sin^2 L) \tag{7.2.8}$$

对应的曲率为

$$\frac{1}{R_M}=[R_e(1-2f+3f\sin^2 L)]^{-1}\approx\frac{1}{R_e}(1+2f-3f\sin^2 L) \tag{7.2.9}$$
$$\frac{1}{R_N}=[R_e(1+f\sin^2 L)]^{-1}\approx\frac{1}{R_e}(1-f\sin^2 L) \tag{7.2.10}$$

式中，f 为旋转椭球扁率（或称椭圆度）

$$f=\frac{R_e-R_p}{R_e}$$

3. 沿任意方向的曲率半径

设飞机上装备有当地水平式平台惯导系统，x 和 y 为平台的水平轴，z 轴位于垂线方向。x 轴和 y 轴分别偏离东向和北向的夹角为 α，如图 7.2.5 所示。飞机的飞行速度沿 x 方向和 y 方向的分量分别为 V_x 和 V_y。要保持 xPy 平面始终跟踪当地水平面，必须使该平面绕水平轴旋转，旋转角速度为

$$\begin{bmatrix}\omega_x\\ \omega_y\end{bmatrix}=\begin{bmatrix}\cos\alpha & \sin\alpha\\ -\sin\alpha & \cos\alpha\end{bmatrix}\left(\begin{bmatrix}\omega_E\\ \omega_N\end{bmatrix}+\begin{bmatrix}0\\ \Omega_N\end{bmatrix}\right)$$

式中，Ω_N 是地球自转角速度的北向分量（东向分量为零）。

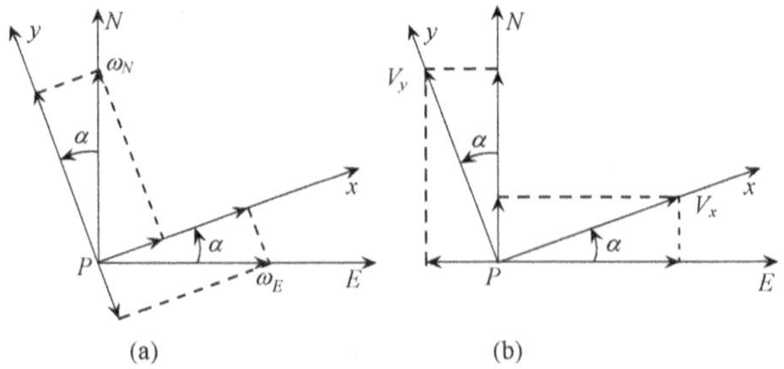

图 7.2.5　平台的 x、y 轴与东、北向间的关系

$$\begin{bmatrix}\omega_E\\ \omega_N\end{bmatrix}=\begin{bmatrix}-\dfrac{V_N}{R_M}\\ \dfrac{V_E}{R_N}\end{bmatrix}=\begin{bmatrix}0 & -\dfrac{1}{R_M}\\ \dfrac{1}{R_N} & 0\end{bmatrix}\begin{bmatrix}V_E\\ V_N\end{bmatrix}$$

而

$$\begin{bmatrix} V_E \\ V_N \end{bmatrix} = \begin{bmatrix} \cos\alpha & -\sin\alpha \\ \sin\alpha & \cos\alpha \end{bmatrix} \begin{bmatrix} V_x \\ V_y \end{bmatrix}$$

所以

$$\begin{bmatrix} \omega_x \\ \omega_y \end{bmatrix} = \begin{bmatrix} \cos\alpha & \sin\alpha \\ -\sin\alpha & \cos\alpha \end{bmatrix} \begin{bmatrix} 0 & -\dfrac{1}{R_M} \\ \dfrac{1}{R_N} & 0 \end{bmatrix} \begin{bmatrix} \cos\alpha & -\sin\alpha \\ \sin\alpha & \cos\alpha \end{bmatrix} \begin{bmatrix} V_x \\ V_y \end{bmatrix} + \begin{bmatrix} \Omega_N \sin\alpha \\ \Omega_N \cos\alpha \end{bmatrix}$$

$$= \begin{bmatrix} \left(\dfrac{1}{R_N} - \dfrac{1}{R_M}\right)\sin\alpha\cos\alpha & -\left(\dfrac{\sin^2\alpha}{R_N} + \dfrac{\cos^2\alpha}{R_M}\right) \\ \dfrac{\cos^2\alpha}{R_N} + \dfrac{\sin^2\alpha}{R_M} & \left(-\dfrac{1}{R_N} + \dfrac{1}{R_M}\right)\sin\alpha\cos\alpha \end{bmatrix} \begin{bmatrix} V_x \\ V_y \end{bmatrix} + \begin{bmatrix} \Omega_N \sin\alpha \\ \Omega_N \cos\alpha \end{bmatrix}$$

记

$$\frac{1}{R_x} = \frac{\cos^2\alpha}{R_N} + \frac{\sin^2\alpha}{R_M} \tag{7.2.11a}$$

$$\frac{1}{R_y} = \frac{\sin^2\alpha}{R_N} + \frac{\cos^2\alpha}{R_M} \tag{7.2.11b}$$

$$\frac{1}{\tau_a} = \left(\frac{1}{R_M} - \frac{1}{R_N}\right)\sin\alpha\cos\alpha \tag{7.2.11c}$$

则

$$\begin{bmatrix} \omega_x \\ \omega_y \end{bmatrix} = \begin{bmatrix} -\dfrac{1}{\tau_a} & -\dfrac{1}{R_y} \\ \dfrac{1}{R_x} & \dfrac{1}{\tau_a} \end{bmatrix} \begin{bmatrix} V_x \\ V_y \end{bmatrix} + \begin{bmatrix} \Omega_N \sin\alpha \\ \Omega_N \cos\alpha \end{bmatrix}$$

即

$$\omega_x = -\frac{V_y}{R_y} - \frac{V_x}{\tau_a} + \Omega_N \sin\alpha \tag{7.2.12a}$$

$$\omega_y = \frac{V_x}{R_x} + \frac{V_y}{\tau_a} + \Omega_N \cos\alpha \tag{7.2.12b}$$

式(7.2.12)说明，当平台的 x 轴、y 轴分别与当地的东向、北向存在夹角 α 时，x 方向的速度不但引起水平面绕 y 轴的旋转，而且还引起绕 x 轴的旋转，y 方向的速度也具有相同的影响。沿一个轴的飞行速度引起水平面绕同一轴的旋转反映了水平面的扭曲旋转，所以将式(7.2.11c)确定的 $\dfrac{1}{\tau_a}$ 称为椭球面在 P 点处的扭曲率，而将式(7.2.11a)和式(7.2.11b)确定的 $\dfrac{1}{R_x}$ 和 $\dfrac{1}{R_y}$ 分别称为椭球面在 P 点处沿 x 方向的曲率和沿 y 方向的曲率，R_x 和 R_y 为沿相应方向的曲率半径。从式(7.2.11)可看出，椭球面上同一点沿不同方向的曲率半径和扭曲率是不相同的。当 $\alpha=0$，即 x 轴、y 轴分别指向东和北时

$$R_x = R_N, \quad R_y = R_M, \quad \frac{1}{\tau_a} = 0$$

此时，x 方向的速度（即东向速度）只引起水平面绕 y 轴（北向轴）的旋转，y 方向的速度（即北向速度）只引起水平面绕 x 轴（东向轴）的旋转，水平面不存在扭曲旋转，两个方向的运动是解耦的，所以将 R_M 和 R_N 称为主曲率半径。

7.2.4　重力加速度

设 P 为地球上某一点，该点纬度为 L，P 点处自由放置着质量 m，如图 7.2.6 所示。则质量 m 受到地球的万有引力 $m\boldsymbol{G}$ 的作用，该力指向地心，同时维持质量 m 跟随地球旋转需要有外力提供向心力 $\boldsymbol{F}_c$，所以向心力实质上是万有引力的一个分量，用于维持质量 m 跟随地球旋转，重力 $m\boldsymbol{g}$ 是万有引力的另一个分量，因此有

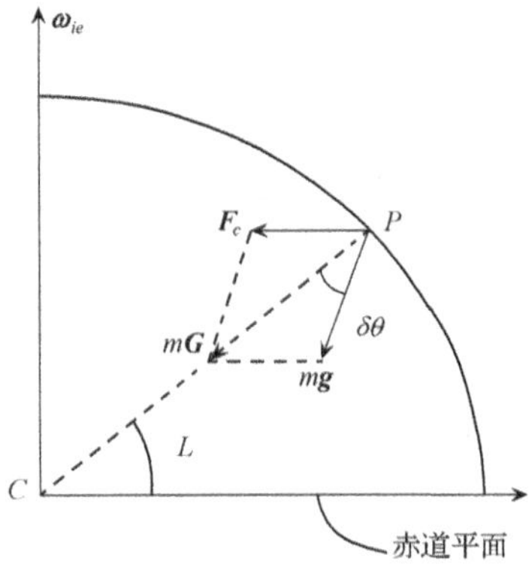

图 7.2.6　重力加速度、引力加速度、向心加速度三者间的关系

$$m\boldsymbol{G} = m\boldsymbol{g} + \boldsymbol{F}_c$$

即

$$\boldsymbol{G} = \boldsymbol{g} + \boldsymbol{a}_c \tag{7.2.13}$$

式中，$\boldsymbol{a}_c = \dfrac{\boldsymbol{F}_c}{m}$ 为 P 点处地球旋转引起的向心加速度。由于向心加速度随纬度而变，所以重力加速度 $\boldsymbol{g}$ 与引力加速度 $\boldsymbol{G}$ 间的夹角 $\delta\theta$ 也随纬度而变，在 $L=45°$ 处 $\delta\theta$ 达到最大值约为 $10'$。重力加速度的大小随纬度的变化规律可近似为

$$g(L) = g_0(1 + 0.0052884\sin^2 L - 0.000\,005\,9\sin^2 2L) \tag{7.2.14}$$

式中，$g_0 = 978.049\text{cm/s}^2$；或

$$g(L) = g_0(1 - 0.0026373\cos 2L + 0.0000059\cos^2 2L) \tag{7.2.15}$$

式中，$g_0 = 980.616\text{cm/s}^2$，式(7.2.15)称为达朗贝尔方程。

在 WGS-84 全球大地坐标系体系中选用的重力加速度模型为

$$g(L) = \frac{g_e(1 + k\sin^2 L)}{\sqrt{1 - e_1^2\sin^2 L}} \tag{7.2.16}$$

式中

$$k = \frac{R_p g_p}{R_e g_e} - 1, \qquad e_1 = \frac{\sqrt{R_e^2 - R_p^2}}{R_e}$$

g_e 为赤道上的理论重力加速度，g_p 为两极处的理论重力加速度，e_1 为第一偏心率。将 WGS-84 的具体数据代入，得

$$g(L) = 978.03267714 \times \frac{1 + 0.00193185138639\sin^2 L}{\sqrt{1 - 0.00669437999013\sin^2 L}} \tag{7.2.17}$$

重力加速度随高度的变化规律为

$$g(h) = g_0\frac{R_e^2}{(R_e + h)^2} \approx g_0\left(1 - \frac{2h}{R_e}\right) \tag{7.2.18}$$

7.2.5　地球上的定位参数

1. 地球定位中两类坐标体系

1）地球直角坐标系

地球直角坐标系的原点位于旋转椭球体中心，z 轴与地球自转轴重合，正向沿地球自转方向，x 和 y 轴位于赤道平面内，x 轴穿过本初子午线，y 轴穿过东经 90°子午线。P 点的位置用 P

点在该坐标系内的坐标(x,y,z)来表示。

2）地球球面坐标系

地球球面坐标系的原点位于旋转椭球中心，P 点的位置用 P 点的经度、纬度和高度来表示。

2. 两类坐标参数的转换

设 P 点在地球直角坐标系内的坐标为(x,y,z)，在地球球面坐标系内的坐标为(λ,L,h)，如图7.2.7所示。

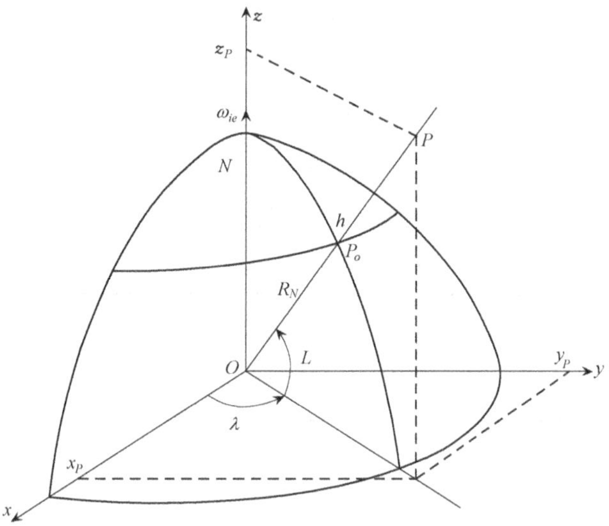

图7.2.7　地球直角坐标系和地球球面坐标系

1）球面坐标至直角坐标的转换

由图7.2.7得

$$x=(R_N+h)\cos L\cos\lambda \tag{7.2.19a}$$

$$y=(R_N+h)\cos L\sin\lambda \tag{7.2.19b}$$

$$z=R_N(1-f)^2\sin L \qquad （不考虑 h） \tag{7.2.19c}$$

或

$$z=[R_N(1-f)^2+h]\sin L \qquad （考虑 h） \tag{7.2.19d}$$

2）直角坐标至球面坐标的转换

① 当 $h=0$ 时，由式(7.2.19)，得

$$\lambda_{主}=\arctan\frac{y}{x} \tag{7.2.20a}$$

$$L=\arctan\left[\frac{1}{(1-f)^2}\cdot\frac{z}{\sqrt{x^2+y^2}}\right]=\arctan\left[\frac{R_e^2}{R_p^2}\cdot\frac{z}{\sqrt{x^2+y^2}}\right] \tag{7.2.20b}$$

当 h 已知，且 h 不大时

$$L\approx\arctan\left[\left(\frac{R_e+h}{R_p+h}\right)^2\cdot\frac{z}{\sqrt{x^2+y^2}}\right] \tag{7.2.20c}$$

② 当 $h\neq0$，且 h 未知时

$$\lambda_{主}=\arctan\frac{y}{x}$$

L 和 h 由迭代公式求出：

$$(R_N+h)_{i+1}=\frac{x}{\cos L_i\cos\lambda} \tag{7.2.21a}$$

$$(R_N)_{i+1}=\frac{R_e}{\sqrt{\cos^2 L_i+(1-e_1^2)\sin^2 L_i}} \tag{7.2.21b}$$

$$L_{i+1}=\arctan\left[\frac{(R_N+h)_{i+1}}{(R_N+h)_{i+1}-(R_N)_{i+1}e_1^2}\cdot\frac{z}{\sqrt{x^2+y^2}}\right] \tag{7.2.21c}$$

$$L_0=\arctan\left[\frac{1}{(1-f)^2}\cdot\frac{z}{\sqrt{x^2+y^2}}\right] \tag{7.2.21d}$$

式中，$e_1=\dfrac{\sqrt{R_e^2-R_p^2}}{R_e}$。设经 k 次迭代达到精度要求，则

$$h=(R_N+h)_k-(R_N)_k \tag{7.2.21e}$$

λ 真值按表 7.2.2 确定，其中正、负号表示东经和西经。

表 7.2.2 λ 真值确定

x	+	+	−	−
y	+	−	+	−
λ	$\lambda_主$		$180^\circ+\lambda_主$	$-180^\circ+\lambda_主$

3. 在不同大地坐标系内定位参数的转换

旋转椭球体是对地球的近似描述，椭球体的参数是通过大地测量获得的，即根据对地球的某一局部地区的测量值求解出椭球参数，所以确定出的椭球对该地区的拟合精度最好，但对其他地区精度就差些。WGS-84 坐标系是根据外层空间对地球的观测值确定出的，该坐标系全面反映了地球的几何特征，所以此处以 WGS-84 作为基准，其他坐标系与之比较来讨论各坐标之间存在的差异，表 7.2.3 列出了比较结果。从表中可看出，各坐标之间的差异是很小的。

表 7.2.3 大地坐标系间的比较

大地坐标系名称	测量原点	参考椭球名称	适用地区	原点差异 $\Delta x,\Delta y,\Delta z$/m
1980 北京		1975 国际	中国	
1942 普尔柯夫	59°46′18.55″N 30°19′42.09″E	克拉索夫斯基	俄国	
1927 北美	39°13′26.666″N 98°32′30.506″W	克拉克	北美	−22，+157，+180.5
1918 东京	35°39′57.51″N 139°44′40.50″E	贝塞尔	日本及中国台湾省	−140，+576，+677.5
1952 欧洲	52°22′51.445″N 13°03′58.928″E	海福德	欧洲、北美及中近东	−84，−103，−122.5
WGS-84	地心	WGS-84	全球	0，0，0

假设大地坐标系 1 和 2 的相应轴互相平行，大地坐标系 2 的原点偏离大地坐标系 1 的原点的偏离值为 Δx、Δy、Δz，P 点在大地坐标系 1 内的坐标为(λ_1,L_1,h_1)，则 P 点在大地坐标系 2 内

的坐标为

$$\lambda_2=\lambda_1+\Delta\lambda,\quad L_2=L_1+\Delta L,\quad h_2=h_1+\Delta h$$

式中

$$\Delta\lambda=\frac{\sec\lambda_1}{R_N}(-\sin\lambda_1\Delta x+\cos\lambda_1\Delta y) \tag{7.2.22a}$$

$$\Delta L=\frac{1}{R_M}\left\{-\sin L_1\cos\lambda_1\Delta x-\sin L_1\sin\lambda_1\Delta y+\cos L_1\Delta z+\frac{R_N}{R_e}f(2-f)\sin L_1\cos L_1\Delta R_e\right.$$
$$\left.+\left[\frac{R_M}{1-f}+R_N(1-f)\right]\sin L_1\cos L_1\Delta f\right\} \tag{7.2.22b}$$

$$\Delta h=\cos L_1\cos\lambda_1\Delta x+\cos L_1\sin\lambda_1\Delta y+\sin L\Delta z-\frac{R_e}{R_N}\Delta R_e+(1-f)R_N\sin^2L_1\Delta f \tag{7.2.22c}$$

式中，$\Delta f=f_2-f_1$，$\Delta R_e=R_{e_2}-R_{e_1}$，$R_e$ 和 f 可任意选用两坐标系中的椭球参数。

7.3 休拉调谐

7.3.1 休拉调谐原理

在运载体上确定出地垂线后即可确定出运载体的姿态。在静止或匀速直线运动条件下，地垂线可用单摆等简单方法确定出来，但当运载体具有加速度时，单摆跟踪视在垂线，加速度越大，单摆偏离地垂线越严重，所以采用简单办法是无法正确指示地垂线的。

1910 年德国科学家休拉发现当陀螺罗经的无阻尼振荡周期为 84.4 分钟时，罗经的指北精度将不受外界干扰加速度的影响，随后发现对垂线指示系统同样具有这一结论，1923 年休拉发表论文详细阐述了惯性系统的无干扰条件(Schuler M，1923)，即休拉谐调原理。

假设垂线指示系统用物理摆来实现，物理摆悬挂在飞机上，物理摆绕悬挂中心的转动惯量为 J，飞机在 0 时刻以前处于水平匀速直线运动状态，摆处于 OA 位置(垂线位置)，0 时刻以后以加速度 a 做水平直线加速运动，t 时刻到达 B 点，由于加速度 a 引起的惯性力的作用，摆偏开垂线 OB，产生相对垂线的偏差角，如图 7.3.1 所示。

从 A 点(对应于 0 时刻)到 B 点(对应于 t 时刻)地垂线的角位移为 α_b，物理摆的角位移为 α_a，由图 7.3.1 得

$$\alpha_a=\alpha+\alpha_b \tag{7.3.1}$$

根据动量矩定理，物理摆的运动方程为

$$J\ddot{\alpha}_a=-mgl\sin\alpha+mal\cos\alpha \tag{7.3.2}$$

由式(7.3.1)

$$\ddot{\alpha}_a=\ddot{\alpha}+\ddot{\alpha}_b$$

式中，$\ddot{\alpha}_b$ 是由飞机运动引起的地垂线的角加速度

$$\ddot{\alpha}_b=\frac{a}{R}$$

所以式(7.3.2)可写成

$$J\ddot{\alpha}+\frac{Ja}{R}=mal\cos\alpha-mgl\sin\alpha$$

假设垂线偏差角很小，则上式可写成

$$\ddot{\alpha}+\frac{mgl}{J}\alpha=\left(\frac{ml}{J}-\frac{1}{R}\right)a \tag{7.3.3}$$

如果物理摆满足

$$\frac{ml}{J}-\frac{1}{R}=0$$

即

$$\frac{ml}{J}=\frac{1}{R} \tag{7.3.4}$$

则式(7.3.3)为

$$\ddot{\alpha}+\frac{g}{R}\alpha=0 \tag{7.3.5}$$

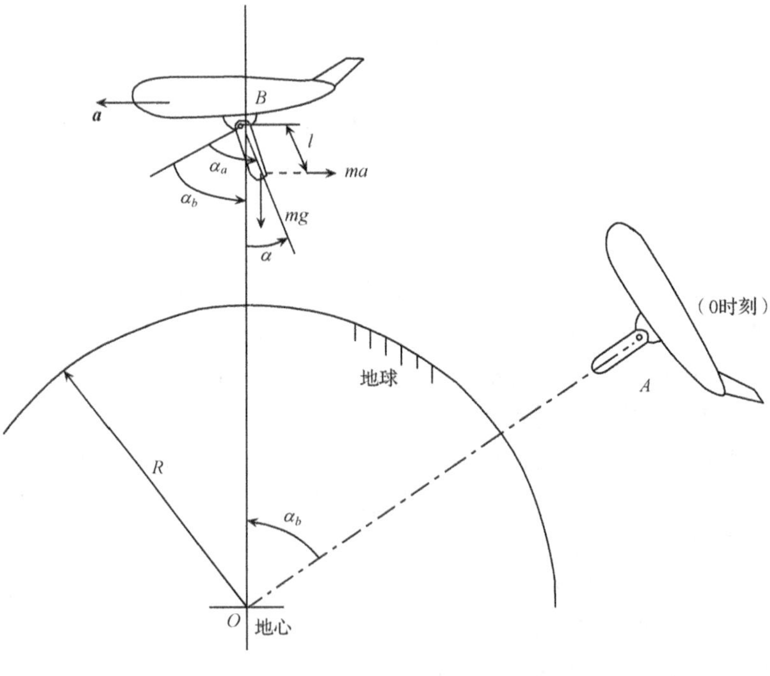

图 7.3.1　物理摆受运载体运动的影响

式(7.3.5)说明:当物理摆满足式(7.3.4)时,摆偏离垂线的偏差角 α 与飞机的运动状态无关,α 的变化规律满足式(7.3.5)所示齐次方程,解该方程得

$$\alpha(t)=\alpha(0)\cos\omega_s t+\frac{\dot{\alpha}(0)}{\omega_s}\sin\omega_s t \tag{7.3.6}$$

式中

$$\omega_s=\sqrt{\frac{g}{R}} \tag{7.3.7}$$

称为休拉频率;$\alpha(0)$和 $\dot{\alpha}(0)$为摆的初始偏差角和偏差角变化率初值。

根据式(7.3.7),可计算出对应于 ω_s 的振荡周期:

$$T_s=\frac{2\pi}{\omega_s}=2\pi\sqrt{\frac{R}{g}} \tag{7.3.8}$$

取 g=9.81m/s^2,R=6 371 000m,则

$$T_s = 84.4\ 分钟 \tag{7.3.9}$$

称为地球上的休拉周期。

从式(7.3.6)可看出，如果 $\alpha(0)=0$，$\dot{\alpha}(0)=0$，则飞机不管飞到何处，不管飞机的运动状态如何，摆都能正确指示地垂线，这种摆称为休拉摆。式(7.3.8)是实现休拉摆的条件，称之为休拉调谐条件。此条件是地球环境下推出的，但实际也适用于其他星球，唯一不同的是 R 和 g 应更换成该星球的星球半径和重力加速度。

对照单摆的振荡周期 $T_p=2\pi\sqrt{\dfrac{l}{g}}$，其中 l 为摆线长度，可看出：如果要使单摆成为休拉摆，则 $l=R$，即摆线长度应等于地球半径，所以单摆是不可能正确跟踪地垂线的。事实上，物理摆也不能成为休拉摆。原因分析如下。

根据式(7.3.4)，物理摆实现休拉调谐的条件是：

$$l=\frac{J}{mR}$$

由于 R 是地球半径，要使 l 尽量大，须在摆的质量一定的条件下转动惯量尽量大，所以将物理摆设计成环状是最佳方案。假设环半径 $r=0.5\text{m}$，环的质量全部集中在圆周上，可计算得物理摆的悬挂点距环质心的距离 $l=0.04\mu\text{m}$，大概是头发粗细的万分之一，这在工程上是无法做到的。

7.3.2　单轴惯导系统和休拉调谐的实现

虽然用单摆和物理摆等简单方法是无法实现休拉调谐的，但惯导系统却很容易实现休拉调谐。

图 7.3.2 为单通道惯性导航系统，该系统只能对沿子午线运动的运载体作导航解算。单轴陀螺稳定平台是该系统的核心，平台稳定轴沿东西方向，由一个单自由度陀螺 G_E 控制，平台上安装加速度计 A_N，敏感轴位于北向。

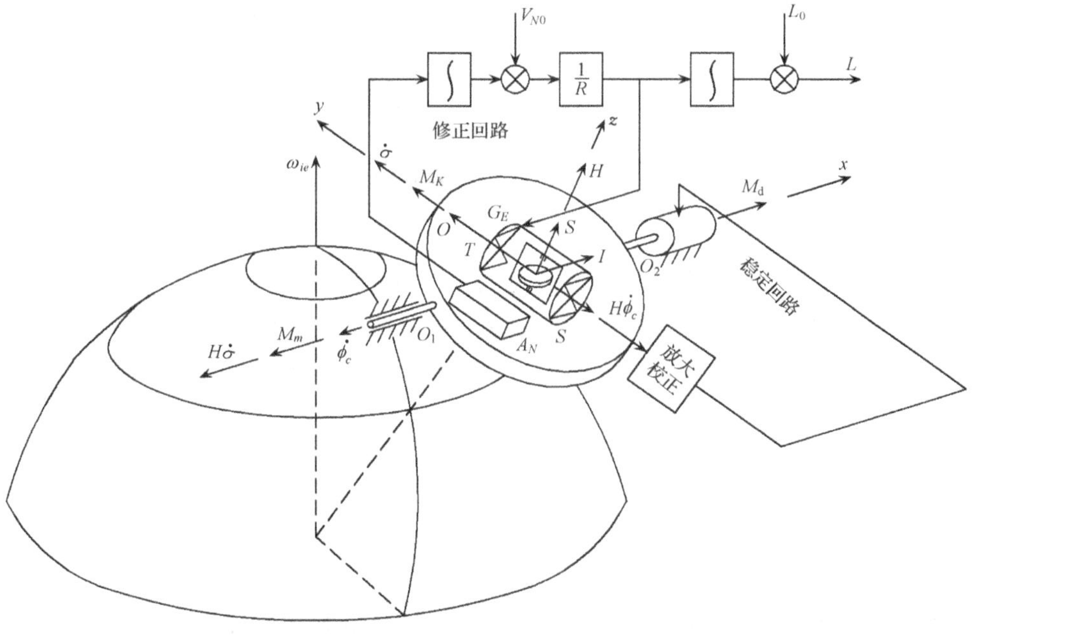

图 7.3.2　单轴惯导系统

系统工作原理简述如下：北向加速度计 A_N 感测飞机的北向加速度 a_N，经一次积分后得北向速度 V_N，求出地垂线的旋转角速度 V_N/R，并作为指令角速度馈入东向陀螺 G_E 力矩器，产生指令力矩 M_K，驱动陀螺组件旋转产生输出角 σ，经放大校正后馈入力矩电机，电机驱动平台以角速度 $\dot{\phi}_c$ 旋转，而 $\dot{\phi}_c$ 使陀螺产生陀螺力矩$H\dot{\phi}_c$，方向沿陀螺输出轴反方向，当陀螺力矩 $H\dot{\phi}_c$ 与指令力矩大小相等时，陀螺输出轴上的力矩达到平衡，$\dot{\phi}_c$ 达到稳态，平台跟踪地垂线的转动。这就是陀螺稳定平台处于空间积分状态的工作原理。当平台稳定轴上作用有干扰力矩 M_d 时，陀螺发生进动，产生输出角 σ，经放大校正后馈入力矩电机，力矩电机产生卸荷力矩 M_m，当 M_m 与 M_d 达到平衡时，输出角 σ 达到稳态。这就是平台处于几何稳定状态的工作原理。

系统中根据陀螺输出角控制力矩电机产生卸荷力矩或平台驱动力矩的回路称为单轴平台的稳定回路；解算指令角速度，控制陀螺产生相应的输出角并通过稳定回路驱动平台按指令角速度旋转的回路称为单轴平台的修正回路。

下面分析单轴惯导系统惯性平台的方块图。图 7.3.3 为加速度计的工作情况。

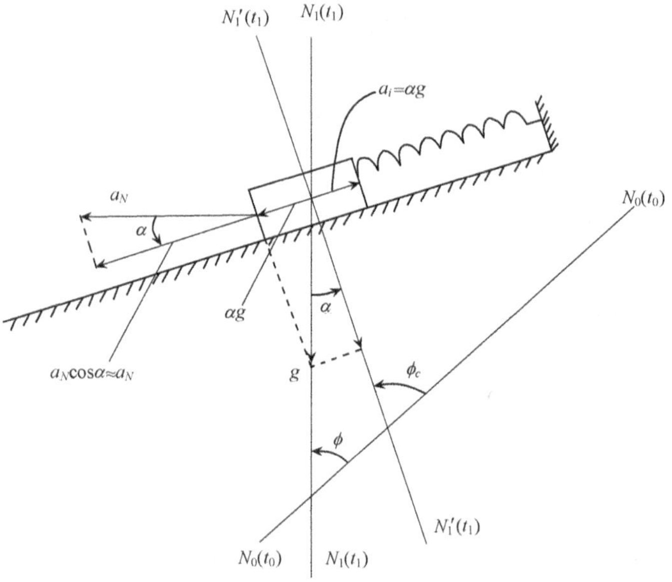

图 7.3.3　平台上加速度计的输出

1) 加速度计的输入及输出

设 N_0N_0 为 t_0 时刻地垂线位置，假设 t_0 时刻平台建立的指示垂线与地垂线重合。由于飞机的运动，t_1 时刻地垂线处于 N_1N_1 位置，从 t_0 至 t_1 时刻，地垂线的角位移为 ϕ，t_1 时刻建立的指示垂线为 $N_1'N_1'$，从 t_0 至 t_1 时刻平台的旋转角为 ϕ_c。在 t_1 时刻平台的水平误差角为

$$\alpha=\phi_c-\phi \tag{7.3.10}$$

式中，ϕ 由 a_N 引起，$\ddot{\phi}=\dfrac{a_N}{R}$，即

$$s^2\phi(s)=\frac{a_N(s)}{R} \tag{7.3.11}$$

此时，加速度计敏感重力加速度分量 αg，在该分量作用下，弹簧被拉长，这相当于在加速度计敏感轴的反方向作用有加速度

$$a_i = \alpha g$$

所以加速度计的输入为

$$a_I = a_N \cos\alpha - \alpha g$$

由于平台的水平偏差角为小角，$\cos\alpha \approx 1$，所以加速度计的输入为

$$a_I = a_N - (\phi_c - \phi) g$$

即

$$a_I(s) = a_N(s) - [\phi_c(s) - \phi(s)] g \tag{7.3.12}$$

设加速度计的刻度系数为 K_a，则输出为

$$u_A(s) = K_a a_I(s)$$

2）陀螺的动力学方程

由图 7.3.2 得

$$I\ddot{\sigma} = M_k - D\dot{\sigma} - H\dot{\phi}_c \tag{7.3.13}$$

即

$$\sigma(s) = \frac{1}{Is^2 + Ds}[M_k(s) - Hs\phi_c(s)] \tag{7.3.14}$$

式中，I为陀螺组件绕输出轴的转动惯量，$M_k(s)$是指令力矩，与指令电流的关系为

$$M_k(s) = K_m i_{\text{cmd}}(s) \tag{7.3.15}$$

$$i_{\text{cmd}}(s) = u_A(s) \cdot \frac{1}{s} \cdot \frac{1}{R} \cdot K_u \tag{7.3.16}$$

式中，K_u 为积分器的传递系数，K_m 为陀螺力矩器的力矩系数。

3）平台台体的动力学方程

设平台绕稳定轴的转动惯量为 J，则由图 7.3.2 得

$$J\ddot{\phi}_c = M_m + H\dot{\sigma} - M_{\text{d}}$$

即

$$\phi_c(s) = \frac{1}{Js^2}[M_m(s) + Hs\sigma(s) - M_{\text{d}}(s)] \tag{7.3.17}$$

式中，M_m 为电机的伺服力矩：

$$M_m(s) = K_M K(s) K_V \sigma(s) \tag{7.3.18}$$

式中，K_V 为陀螺信号器的传递系数，$K(s)$为校正放大网络的传递函数，K_M 为力矩电机的力矩系数。

由式(7.3.10)～式(7.3.18)，可画出单轴惯性平台的方块图，如图 7.3.4 所示。

由于在平台设计中，稳定回路带宽设计得足够宽，平台具有很好的快速性，所以可以把平台看成一个双自由度等效陀螺仪，单自由度陀螺的输出轴可看做内环轴，平台稳定轴可看做外环轴，等效陀螺角动量为 H，$\dot{\phi}_c$ 可看作在 M_k 作用下等效陀螺的进动角速度：

$$\dot{\phi}_c = \frac{M_k}{H}$$

即

$$\phi_c(s) = \frac{M_k(s)}{Hs} \tag{7.3.19}$$

所以，图 7.3.4 可简化成图 7.3.5。

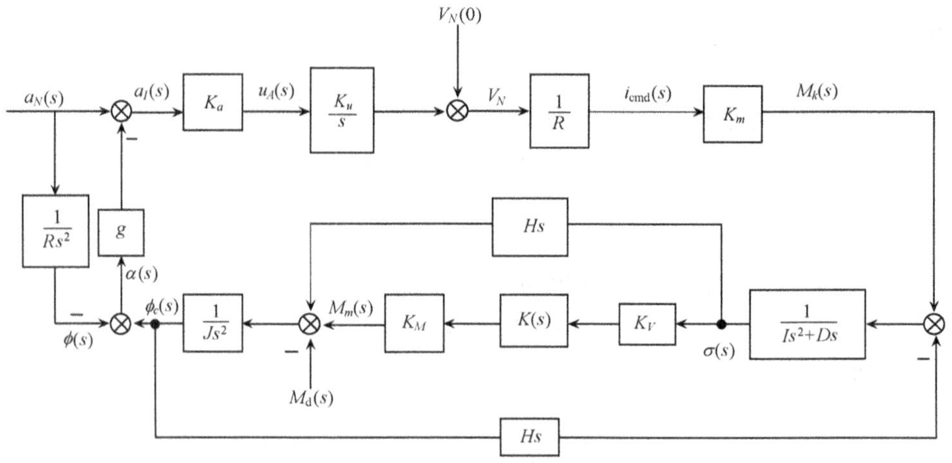

图 7.3.4　单轴惯性平台方块图

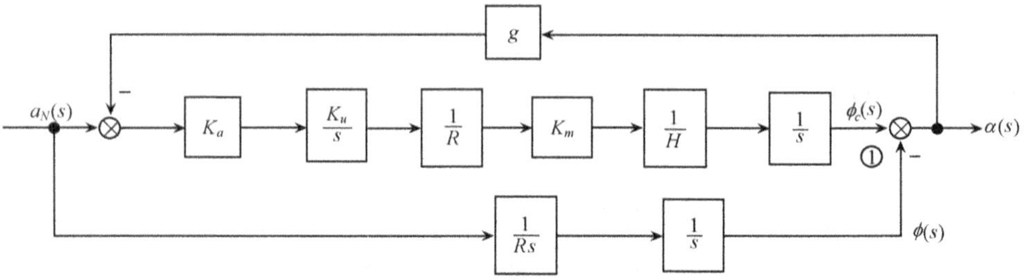

图 7.3.5　单轴惯性平台经动力学简化后的方块图

将图 7.3.5 中的积分环节移至比较点①的外面，并令

$$K_\Sigma(s)=K_a\cdot\frac{K_u}{s}\cdot\frac{1}{R}\cdot K_m\cdot\frac{1}{H}=\frac{K_aK_uK_m}{RHs} \tag{7.3.20}$$

则图 7.3.5 还可简化成图 7.3.6。

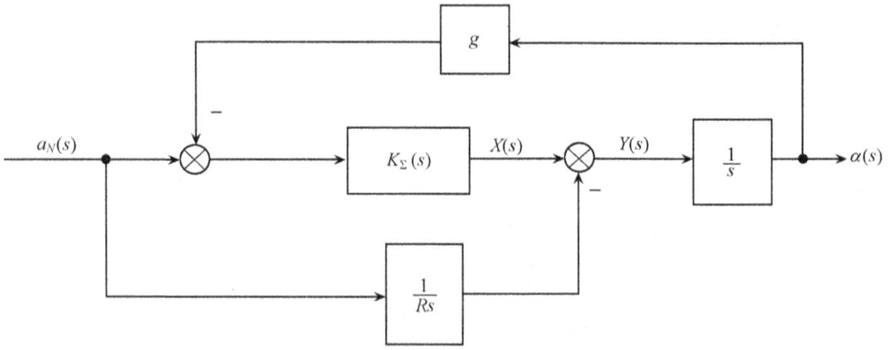

图 7.3.6　单轴惯性平台经等效简化后的方块图

由图得

$$X(s)=[a_N(s)-\alpha(s)g]K_\Sigma(s)=K_\Sigma(s)a_N(s)-K_\Sigma(s)g\alpha(s)$$

$$Y(s)=-\frac{1}{Rs}a_N(s)+X(s)=\left[K_\Sigma(s)-\frac{1}{Rs}\right]a_N(s)-K_\Sigma(s)g\alpha(s) \tag{7.3.21a}$$

$$\alpha(s)=\frac{1}{s}Y(s) \tag{7.3.21b}$$

由式(7.3.21)可画出单轴惯性平台的最简方块图，如图 7.3.7(a)所示。

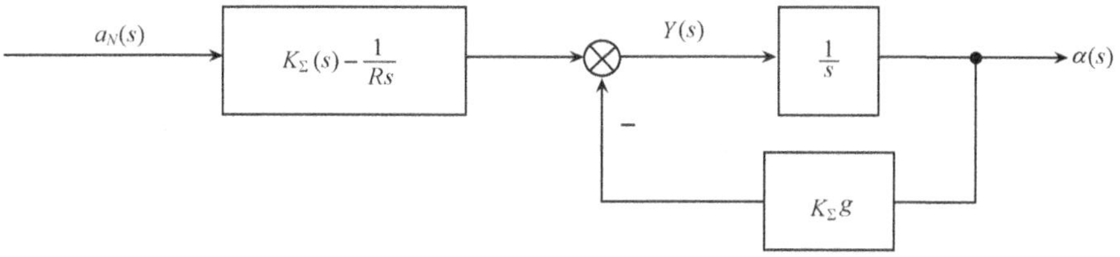

(a)

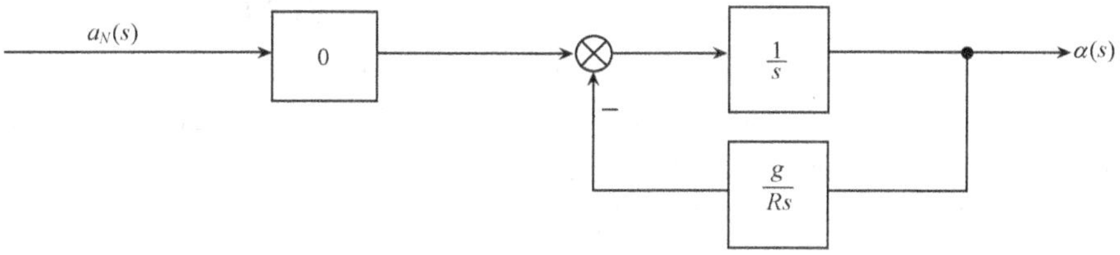

(b)

图 7.3.7　单轴惯性平台的最简方块图

从图 7.3.7(a)可看出，当 $K_\Sigma(s)-\frac{1}{Rs}=0$，即

$$K_\Sigma(s)=\frac{1}{Rs} \tag{7.3.22}$$

时，平台的水平偏差角与飞机的加速度 a_N 无关。根据式(7.3.22)，图 7.3.7(a)可进一步简化成图 7.3.7(b)。由图 7.3.7(b)得

$$\alpha(s)=0\cdot\frac{\frac{1}{s}}{1+\frac{g}{Rs}\cdot\frac{1}{s}}=\frac{0}{s^2+\frac{g}{R}}$$

即

$$\left(s^2+\frac{g}{R}\right)\alpha(s)=0$$

对应的时域方程为

$$\ddot{\alpha}(t)+\frac{g}{R}\alpha(t)=0,\alpha(t)=\alpha(0)\cos\omega_s t+\frac{\dot{\alpha}(0)}{\omega_s}\sin\omega_s t$$

式中，$\alpha(0)$和 $\dot{\alpha}(0)$为水平误差角及其变化率的初始值

$$\omega_s=\sqrt{\frac{g}{R}}$$

对应的周期为

$$T_s=\frac{2\pi}{\omega_s}=2\pi\sqrt{\frac{R}{g}}=84.4\text{ 分钟}$$

将式(7.3.20)代入式(7.3.22),得

$$\frac{K_a K_u K_m}{H} = 1 \tag{7.3.23}$$

上述分析说明:设计单轴惯性平台时,只要满足式(7.3.23),就可使平台具有84.4分钟的振荡周期,实现休拉调谐。

三轴平台是单轴平台的复合,各通道间耦合是很弱的,俯仰环和横滚环的休拉调谐都可按单轴平台分析和设计。

7.4 惯导系统的基本方程——比力方程

为分析和讨论方便,首先定义几个常用坐标系。

(1) 地心惯性坐标系 i:见2.1.1节中的定义。

(2) 地球坐标系 e:原点位于地心,x_e 轴穿越本初子午线与赤道的交点,z_e 轴穿越地球北极点,y_e 轴穿越东经90°子午线与赤道的交点。该坐标系与地球固联。

(3) 地理坐标系 g:原点位于运载体质心,x_g、y_g、z_g 分别指向所在地的东、北、天。

(4) 导航坐标系 n:用于导航解算的参考坐标。

(5) 理想平台坐标系 T:导航坐标系的无误差复现。

(6) 实际平台坐标系 P:由平台台体上的惯性仪器敏感轴确定,是导航坐标系的具体复现。相对 T 系存在平台失准角。

(7) 机体坐标系 b:原点位于飞机质心,x_b、y_b、z_b 分别指向右、前、上。

自地心至理想平台坐标系 T 的支点引位置矢量 $\boldsymbol{R}$,则根据哥氏定理

$$\left.\frac{\mathrm{d}\boldsymbol{R}}{\mathrm{d}t}\right|_i = \left.\frac{\mathrm{d}\boldsymbol{R}}{\mathrm{d}t}\right|_e + \boldsymbol{\omega}_{ie} \times \boldsymbol{R} \tag{7.4.1}$$

式中,$\left.\frac{\mathrm{d}\boldsymbol{R}}{\mathrm{d}t}\right|_e$ 是在地球上观察到的位置矢量的变化率,所以是运载体相对地球的运动速度,简称为地速,记作 $\boldsymbol{V}_{eT}$。

对式(7.4.1)两边求绝对变化率,并再次使用哥氏定理,其中相对变化率对 T 系求取:

$$\left.\frac{\mathrm{d}^2\boldsymbol{R}}{\mathrm{d}t^2}\right|_i = \left.\frac{\mathrm{d}\boldsymbol{V}_{eT}}{\mathrm{d}t}\right|_T + \boldsymbol{\omega}_{iT} \times \boldsymbol{V}_{eT} + \boldsymbol{\omega}_{ie} \times (\boldsymbol{V}_{eT} + \boldsymbol{\omega}_{ie} \times \boldsymbol{R}) + \left.\frac{\mathrm{d}\boldsymbol{\omega}_{ie}}{\mathrm{d}t}\right|_i \times \boldsymbol{R}$$

由于 $\boldsymbol{\omega}_{iT} = \boldsymbol{\omega}_{ie} + \boldsymbol{\omega}_{eT}$,$\left.\frac{\mathrm{d}\boldsymbol{\omega}_{ie}}{\mathrm{d}t}\right|_i = \boldsymbol{0}$,所以上式可写成

$$\left.\frac{\mathrm{d}^2\boldsymbol{R}}{\mathrm{d}t^2}\right|_i = \left.\frac{\mathrm{d}\boldsymbol{V}_{eT}}{\mathrm{d}t}\right|_T + (2\boldsymbol{\omega}_{ie} + \boldsymbol{\omega}_{eT}) \times \boldsymbol{V}_{eT} + \boldsymbol{\omega}_{ie} \times (\boldsymbol{\omega}_{ie} \times \boldsymbol{R}) \tag{7.4.2}$$

设平台上加速度计质量块的质量为 m,质量 m 受到的力为非引力外力 $\boldsymbol{F}$ 和地球引力 $m\boldsymbol{G}$,$\boldsymbol{G}$ 为引力加速度。根据牛顿第二定律:

$$\boldsymbol{F} + m\boldsymbol{G} = m\left.\frac{\mathrm{d}^2\boldsymbol{R}}{\mathrm{d}t^2}\right|_i$$

即

$$\left.\frac{\mathrm{d}^2\boldsymbol{R}}{\mathrm{d}t^2}\right|_i = \boldsymbol{f} + \boldsymbol{G} \tag{7.4.3}$$

式中

$$\boldsymbol{f}=\frac{\boldsymbol{F}}{m} \tag{7.4.4}$$

是单位质量上作用的非引力外力，称之为比力(specific force)。

将式(7.4.3)代入式(7.4.2)，得

$$\left.\frac{\mathrm{d}\boldsymbol{V}_{eT}}{\mathrm{d}t}\right|_T=\boldsymbol{f}-(2\boldsymbol{\omega}_{ie}+\boldsymbol{\omega}_{eT})\times\boldsymbol{V}_{eT}+\boldsymbol{G}-\boldsymbol{\omega}_{ie}\times(\boldsymbol{\omega}_{ie}\times\boldsymbol{R}) \tag{7.4.5}$$

图 7.4.1 示出了式(7.4.5)中最后两项与重力加速度间的关系。由图7.4.1(a)，得

$$|\boldsymbol{\omega}_{ie}\times\boldsymbol{R}|=\omega_{ie}R\sin(90^\circ-L)=\omega_{ie}R\cos L$$

$$|\boldsymbol{\omega}_{ie}\times(\boldsymbol{\omega}_{ie}\times\boldsymbol{R})|=\omega_{ie}\cdot(\omega_{ie}R\cos L)\sin 90^\circ=R\cos L\omega_{ie}^2$$

$\boldsymbol{\omega}_{ie}\times(\boldsymbol{\omega}_{ie}\times\boldsymbol{R})$的方向指向地轴。

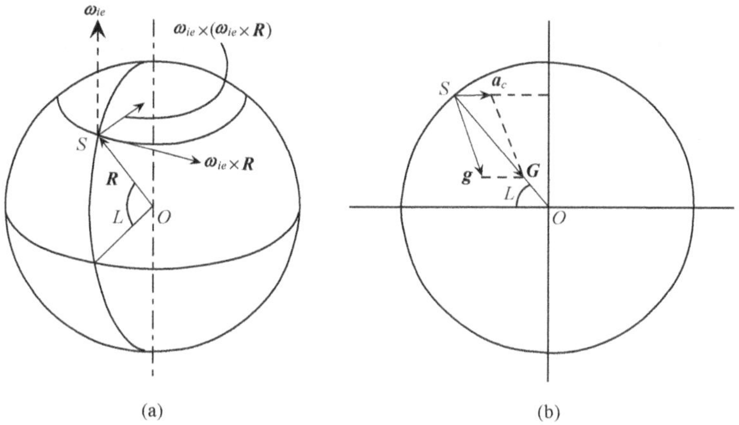

图 7.4.1　地球旋转引起的向心加速度

考察 S 点跟随地球旋转引起的向心加速度。由图 7.4.1(b)，向心加速度 $\boldsymbol{a}_c$ 的大小为 $a_c=R\cos L\omega_{ie}^2$，方向指向地轴。

由上述分析知

$$\boldsymbol{\omega}_{ie}\times(\boldsymbol{\omega}_{ie}\times\boldsymbol{R})=\boldsymbol{a}_c$$

又根据式(7.2.13)得

$$\boldsymbol{g}=\boldsymbol{G}-\boldsymbol{a}_c$$

因此式(7.4.5)可写成

$$\left.\frac{\mathrm{d}\boldsymbol{V}_{eT}}{\mathrm{d}t}\right|_T=\boldsymbol{f}-(2\boldsymbol{\omega}_{ie}+\boldsymbol{\omega}_{eT})\times\boldsymbol{V}_{eT}+\boldsymbol{g} \tag{7.4.6}$$

该式即为比力方程，是惯导系统的基本方程。

现对比力方程作如下说明：

(1) $\left.\frac{\mathrm{d}\boldsymbol{V}_{eT}}{\mathrm{d}t}\right|_T$ 是在平台坐标系内观察到的地速矢量 $\boldsymbol{V}_{eT}$ 的变化率，如果将式(7.4.6)向 T 系内投影，则比力方程可写成分量形式：

$$\dot{\boldsymbol{V}}_{eT}^T=\boldsymbol{f}^T-(2\boldsymbol{\omega}_{ie}^T+\boldsymbol{\omega}_{eT}^T)\times\boldsymbol{V}_{eT}^T+\boldsymbol{g}^T \tag{7.4.7}$$

(2) $\boldsymbol{f}$ 是加速度计的测量值，比力方程说明只有当 $\boldsymbol{f}$ 清除掉了有害加速度之后，才能积分获得地速。其中有害加速度包括三部分：有害加速度 $2\boldsymbol{\omega}_{ie}\times\boldsymbol{V}_{eT}$ 为哥氏加速度，由运载体相对地球

运动(相对运动)和地球旋转(牵连运动)引起;有害加速度 $\boldsymbol{\omega}_{eT}\times\boldsymbol{V}_{eT}$ 是运载体保持在地球表面运动(圆周运动)引起的对地向心加速度;重力加速度 $\boldsymbol{g}$ 是有害加速度的第三部分。

(3) 在静基座条件下,即 $\boldsymbol{V}_{eT}=\boldsymbol{0}$,$\boldsymbol{f}=-\boldsymbol{g}$。由于 $\boldsymbol{F}=m\boldsymbol{f}$ 是作用在质量块上的非引力外力,亦即质量块受到的约束力。根据作用与反作用原理,质量块对约束体的反作用力为 $\boldsymbol{A}=-\boldsymbol{F}=-m\boldsymbol{f}=m\boldsymbol{g}$,其中 $\boldsymbol{A}$ 即为质量块产生的惯性力,所以静基座条件下质量块的单位质量惯性力为 $\boldsymbol{F}_i=\dfrac{\boldsymbol{A}}{m}=\boldsymbol{g}$。

7.5 惯性高度通道的稳定性分析

记 $\boldsymbol{V}_{eT}^T=\begin{bmatrix}V_{eTx}^T\\V_{eTy}^T\\V_{eTz}^T\end{bmatrix}$,$\boldsymbol{f}^T=\begin{bmatrix}f_x^T\\f_y^T\\f_z^T\end{bmatrix}$,$\boldsymbol{\omega}_{ie}^T=\begin{bmatrix}\omega_{iex}^T\\\omega_{iey}^T\\\omega_{iez}^T\end{bmatrix}$,$\boldsymbol{\omega}_{eT}^T=\begin{bmatrix}\omega_{eTx}^T\\\omega_{eTy}^T\\\omega_{eTz}^T\end{bmatrix}$,则式(7.4.7)可写成:

$$\begin{bmatrix}\dot{V}_{eTx}^T\\\dot{V}_{eTy}^T\\\dot{V}_{eTz}^T\end{bmatrix}=\begin{bmatrix}f_x^T\\f_y^T\\f_z^T\end{bmatrix}-\begin{bmatrix}0&-(2\omega_{iez}^T+\omega_{eTz}^T)&2\omega_{iey}^T+\omega_{eTy}^T\\2\omega_{iez}^T+\omega_{eTz}^T&0&-(2\omega_{iex}^T+\omega_{eTx}^T)\\-(2\omega_{iey}^T+\omega_{eTy}^T)&2\omega_{iex}^T+\omega_{eTx}^T&0\end{bmatrix}\times\begin{bmatrix}V_{eTx}^T\\V_{eTy}^T\\V_{eTz}^T\end{bmatrix}+\begin{bmatrix}0\\0\\-g\end{bmatrix}$$

从上式可得

$$\dot{V}_{eTz}^T=f_z^T+(2\omega_{iey}^T+\omega_{eTy}^T)\cdot V_{eTx}^T-(2\omega_{iex}^T+\omega_{eTx}^T)\cdot V_{eTy}^T-g$$

记

$$a_z^T=-(2\omega_{iey}^T+\omega_{eTy}^T)\cdot V_{eTx}^T+(2\omega_{iex}^T+\omega_{eTx}^T)\cdot V_{eTy}^T$$

则

$$\dot{V}_{eTz}^T=f_z^T-a_z^T-g \tag{7.5.1}$$

根据式(7.5.1)和式(7.2.18),可画出纯惯性高度通道的方块图,如图 7.5.1 所示。

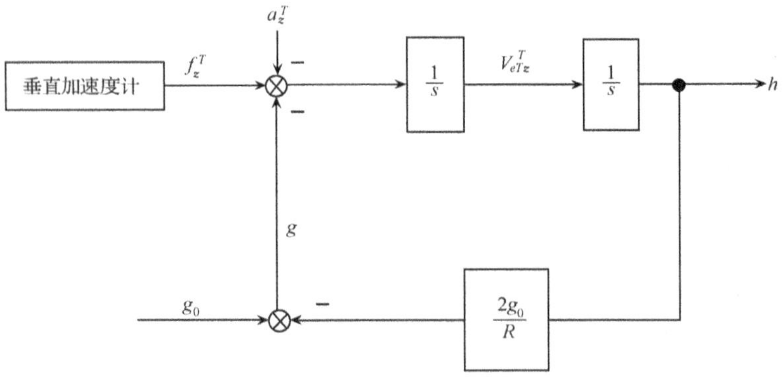

图 7.5.1 纯惯性高度通道方块图

由图得

$$\frac{h(s)}{f_z(s)}=\frac{\frac{1}{s^2}}{1+\frac{1}{s^2}\cdot\frac{2g_0}{R}(-1)}=\frac{1}{s^2-\frac{2g_0}{R}} \tag{7.5.2}$$

特征方程为 $s^2-\frac{2g_0}{R}=0$，特征根 $s_1=\sqrt{\frac{2g_0}{R}}$，$s_2=-\sqrt{\frac{2g_0}{R}}$。可见高度通道是不稳定的。

假设加速度计测量误差为零位偏置 ∇_z，单独考虑由 ∇_z 引起的高度误差。记 $s_0=\sqrt{\frac{2g_0}{R}}$，则由式(7.5.2)，得

$$\delta h(s)=\frac{\nabla_z}{s}\cdot\frac{1}{(s-s_0)(s+s_0)}=\frac{\nabla_z}{2s_0^2}\left(\frac{1}{s-s_0}+\frac{1}{s+s_0}-\frac{2}{s}\right)$$

$$\delta h(t)=\frac{\nabla_z}{2s_0^2}(e^{s_0t}+e^{-s_0t}-2)=\frac{R\nabla_z}{4g_0}\left(e^{\sqrt{\frac{2g_0}{R}}t}+e^{-\sqrt{\frac{2g_0}{R}}t}-2\right)$$

设 $\nabla_z=1\times10^{-4}g$，取 $g_0=978.049\text{cm/s}^2$，$R=6371\ 000\text{m}$，则

$$t_1=100\text{s},\quad \delta h(t_1)=5\text{m};\quad t_2=1000\text{s},\quad \delta h(t_2)=630\text{m};$$
$$t_3=3600\text{s},\quad \delta h(t_3)=87\ 381\text{m}$$

引起纯惯性高度通道发散的根本原因是系统无阻尼，使系统出现正特征根。为此，常引入其他系统提供的高度信息(常采用气压高度或无线电高度信息)使惯性高度通道具有阻尼，这可通过两种途径实现：①采用回路反馈法，如图 7.5.2 所示，此时系统阻尼系数是固定不变的；②采用卡尔曼滤波法，此时系统阻尼系数是时变的，根据外来高度参考信息误差特征实时确定，读者可参阅关于卡尔曼滤波及组合导航的诸多参考文献(秦永元等，1998)，此处由于篇幅所限不作介绍。

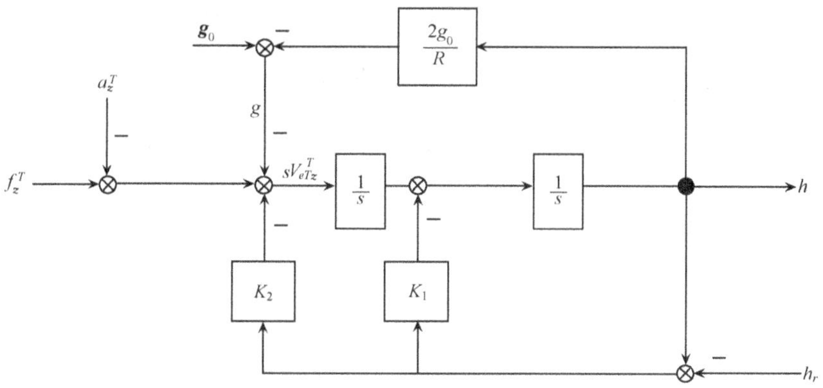

图 7.5.2　惯性高度通道的二阶阻尼回路

图 7.5.2 为惯性高度通道的二阶阻尼回路，由图得

$$sV_{eTz}^T=f_z^T-K_2(h-h_r)-\left(g_0-\frac{2g_0}{R}h\right)-a_z^T$$
$$sh=V_{eTz}^T-K_1(h-h_r)$$

即

$$sV_{eTz}^T+\left(K_2-\frac{2g_0}{R}\right)h=f_z^T+K_2h_r-g_0-a_z^T$$

$$-V_{eTz}^{T}+(s+K_1)h=K_1h_r$$

将上述两式写成矩阵形式：

$$\begin{bmatrix} s & K_2-\dfrac{2g_0}{R} \\ -1 & s+K_1 \end{bmatrix}\begin{bmatrix} V_{eTz}^{T} \\ h \end{bmatrix}=\begin{bmatrix} f_z^T+K_2h_r-g_0-a_z^T \\ K_1h_r \end{bmatrix}$$

系统的特征多项式为

$$\Delta(s)=\begin{vmatrix} s & K_2-\dfrac{2g_0}{R} \\ -1 & s+K_1 \end{vmatrix}=s^2+K_1s+K_2-\frac{2g_0}{R}$$

对照二阶系统特征多项式的标准形式 $s^2+2\xi\omega_ns+\omega_n^2$，得

$$\omega_n=\sqrt{K_2-\frac{2g_0}{R}} \tag{7.5.3a}$$

$$\xi=\frac{K_1}{2\sqrt{K_2-\dfrac{2g_0}{R}}} \tag{7.5.3b}$$

若要获得更高的阻尼特性，可采用三阶阻尼回路，如图 7.5.3 所示。

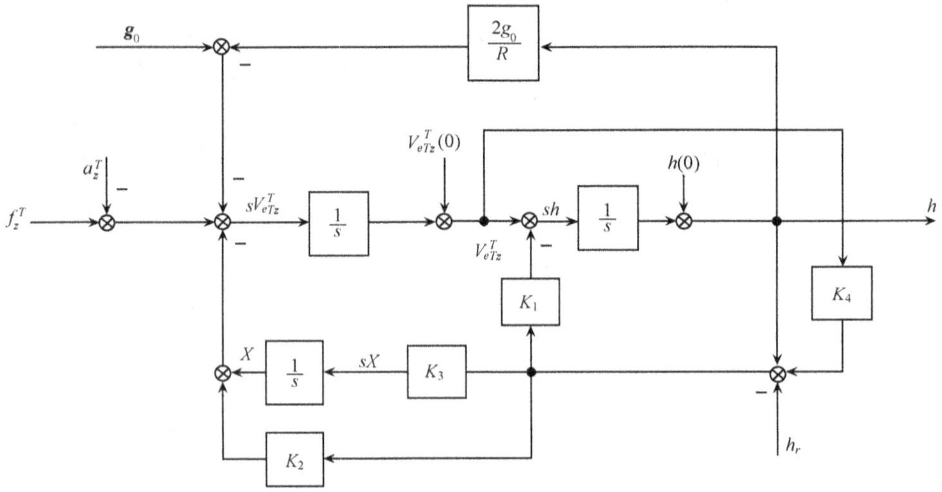

图 7.5.3　惯性高度通道的三阶阻尼回路

由图得

$$sh=V_{eTz}^T-K_1(h+K_4V_{eTz}^T-h_r)$$

$$sV_{eTz}^T=f_z^T-\left(g_0-\frac{2g_0}{R}h\right)-[X+K_2(h-h_r+K_4V_{eTz}^T)]-a_z^T$$

$$sX=K_3(h+K_4V_{eTz}^T-h_r)$$

即

$$(s+K_1)h+(K_1K_4-1)V_{eTz}^T=K_1h_r$$

$$\left(K_2-\frac{2g_0}{R}\right)h+(s+K_2K_4)V_{eTz}^T+X=f_z^T-g_0+K_2h_r-a_z^T$$

$$-K_3h-K_3K_4V_{eTz}^T+sX=-K_3h_r$$

写成矩阵形式：

$$\begin{bmatrix} s+K_1 & K_1K_4-1 & 0 \\ K_2-\dfrac{2g_0}{R} & s+K_2K_4 & 1 \\ -K_3 & -K_3K_4 & s \end{bmatrix}\begin{bmatrix} h \\ V_{eTz}^T \\ X \end{bmatrix}=\begin{bmatrix} K_1h_r \\ f_z^T-g_0+K_2h_r-a_z^T \\ -K_3h_r \end{bmatrix}$$

系统的特征多项式为

$$\begin{aligned}\Delta(s)&=\begin{vmatrix} s+K_1 & K_1K_4-1 & 0 \\ K_2-\dfrac{2g_0}{R} & s+K_2K_4 & 1 \\ -K_3 & -K_3K_4 & s \end{vmatrix}\\ &=s(s+K_1)(s+K_2K_4)-K_3(K_1K_4-1)\\ &\quad-(K_1K_4-1)\left(K_2-\frac{2g_0}{R}\right)s+K_3K_4(s+K_1)\\ &=s^3+(K_1+K_2K_4)s^2+\left[K_3K_4+K_2+\frac{2g_0}{R}(K_1K_4-1)\right]s+K_3\end{aligned}$$

参数 K_1、K_2、K_3、K_4 按性能要求选取，一般 K_4 取 0.5～0.8s，并按等根要求设计，即系统多项式为

$$\Delta(s)=\left(s+\frac{1}{\tau}\right)^3$$

根据比较系数法可确定出 K_1、K_2、K_3 为

$$K_1=\frac{\dfrac{2g_0}{R}K_4\tau^3-3\tau^2+3K_4\tau-K_4^2}{\left(\dfrac{2g_0}{R}K_4^2-1\right)\tau^3} \tag{7.5.4a}$$

$$K_2=\frac{K_4-3\tau+\dfrac{2g_0}{R}(3\tau^2K_4-\tau^3)}{\left(\dfrac{2g_0}{R}K_4^2-1\right)\tau^3} \tag{7.5.4b}$$

$$K_3=\frac{1}{\tau^3} \tag{7.5.4c}$$

第 8 章　平台式惯导系统

8.1　平台式惯导系统的力学编排

平台式惯导系统的力学编排是指实现正确控制惯性平台和解算导航参数的方案和方程，包括平台指令角速度的计算公式及速度和位置的解算方程。

8.1.1　指北方位惯导系统的力学编排

1. 平台的指令角速度

指北方位系统以地理坐标系为导航坐标系，也就是说理想平台坐标系 T 即为地理坐标系 g。平台模拟地理坐标系，将三个加速度计的敏感轴定向在当地的东、北、天方位上。所以平台应该跟踪地理坐标系，即

$$\boldsymbol{\omega}_{iT} = \boldsymbol{\omega}_{ig}$$

而地理坐标系的旋转角速度由两部分组成：跟随地球旋转的角速度 $\boldsymbol{\omega}_{ie}$ 和由于运载体运动而引起的相对地球的旋转角速度 $\boldsymbol{\omega}_{eg}$，即

$$\boldsymbol{\omega}_{ig} = \boldsymbol{\omega}_{ie} + \boldsymbol{\omega}_{eg}$$

由图 8.1.1 得

$$\boldsymbol{\omega}_{ie}^{T} = \boldsymbol{\omega}_{ie}^{g} = \begin{bmatrix} 0 \\ \omega_{ie}\cos L \\ \omega_{ie}\sin L \end{bmatrix} \tag{8.1.1a}$$

$$\boldsymbol{\omega}_{eT}^{T} = \boldsymbol{\omega}_{eg}^{g} = \begin{bmatrix} -\dfrac{V_N}{R_M} \\ \dfrac{V_E}{R_N\cos L}\cos L \\ \dfrac{V_E}{R_N\cos L}\sin L \end{bmatrix} = \begin{bmatrix} -\dfrac{V_N}{R_M} \\ \dfrac{V_E}{R_N} \\ \dfrac{V_E}{R_N}\tan L \end{bmatrix} \tag{8.1.1b}$$

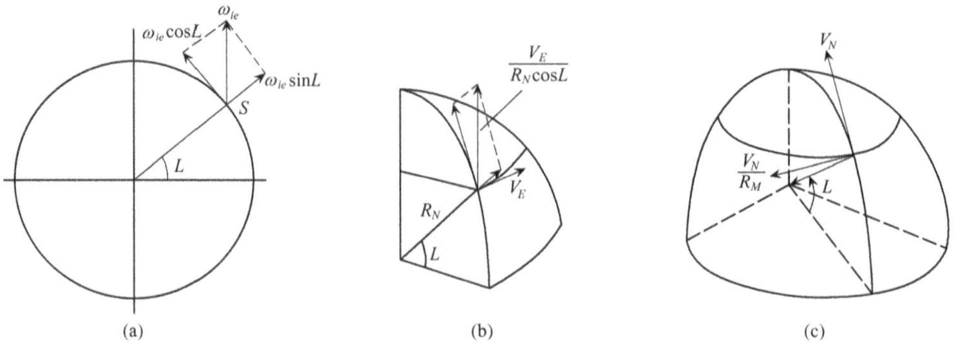

图 8.1.1　地理坐标系的旋转角速度

所以

$$\boldsymbol{\omega}_{iT}^{T}=\boldsymbol{\omega}_{ig}^{g}=\boldsymbol{\omega}_{ie}^{g}+\boldsymbol{\omega}_{eg}^{g}=\begin{bmatrix}-\dfrac{V_N}{R_M}\\ \omega_{ie}\cos L+\dfrac{V_E}{R_N}\\ \omega_{ie}\sin L+\dfrac{V_E}{R_N}\tan L\end{bmatrix} \tag{8.1.2}$$

平台的指令角速度为

$$\omega_{\mathrm{cmd}x}^{T}=-\frac{V_N}{R_M} \tag{8.1.3a}$$

$$\omega_{\mathrm{cmd}y}^{T}=\omega_{ie}\cos L+\frac{V_E}{R_N} \tag{8.1.3b}$$

$$\omega_{\mathrm{cmd}z}^{T}=\omega_{ie}\sin L+\frac{V_E}{R_N}\tan L \tag{8.1.3c}$$

2. 速度方程

将式(8.1.1)代入式(7.4.7)，得

$$\begin{bmatrix}\dot V_E\\ \dot V_N\\ \dot V_U\end{bmatrix}=\begin{bmatrix}f_E\\ f_N\\ f_U\end{bmatrix}-\begin{bmatrix}0 & -\left(2\omega_{ie}\sin L+\dfrac{V_E}{R_N}\tan L\right) & 2\omega_{ie}\cos L+\dfrac{V_E}{R_N}\\ 2\omega_{ie}\sin L+\dfrac{V_E}{R_N}\tan L & 0 & \dfrac{V_N}{R_M}\\ -\left(2\omega_{ie}\cos L+\dfrac{V_E}{R_N}\right) & -\dfrac{V_N}{R_M} & 0\end{bmatrix}$$

$$\times\begin{bmatrix}V_E\\ V_N\\ V_U\end{bmatrix}+\begin{bmatrix}0\\ 0\\ -g\end{bmatrix}$$

展开后，得

$$\dot V_E=f_E+\left(2\omega_{ie}\sin L+\frac{V_E}{R_N}\tan L\right)V_N-\left(2\omega_{ie}\cos L+\frac{V_E}{R_N}\right)V_U \tag{8.1.4a}$$

$$\dot V_N=f_N-\left(2\omega_{ie}\sin L+\frac{V_E}{R_N}\tan L\right)V_E-\frac{V_N}{R_M}V_U \tag{8.1.4b}$$

$$\dot V_U=f_U+\left(2\omega_{ie}\cos L+\frac{V_E}{R_N}\right)V_E+\frac{V_N^2}{R_M}-g \tag{8.1.4c}$$

对于飞机和舰船，垂直速度远比水平速度小，所以在计算 V_E 和 V_N 时可略去 V_U 的影响，式(8.1.4a)和(8.1.4b)可简化为

$$\dot V_E=f_E+\left(2\omega_{ie}\sin L+\frac{V_E}{R_N}\tan L\right)V_N \tag{8.1.5a}$$

$$\dot V_N=f_N-\left(2\omega_{ie}\sin L+\frac{V_E}{R_N}\tan L\right)V_E \tag{8.1.5b}$$

水平速度为

$$V=\sqrt{V_E^2+V_N^2}$$

3. 经、纬度方程

北向速度分量引起运载体的纬度变化，东向速度分量则引起经度变化，如图 8.1.2 所示。由图得

$$\dot{L}=\frac{V_N}{R_M} \tag{8.1.6a}$$

$$\dot{\lambda}=\frac{V_E}{R_N\cos L} \tag{8.1.6b}$$

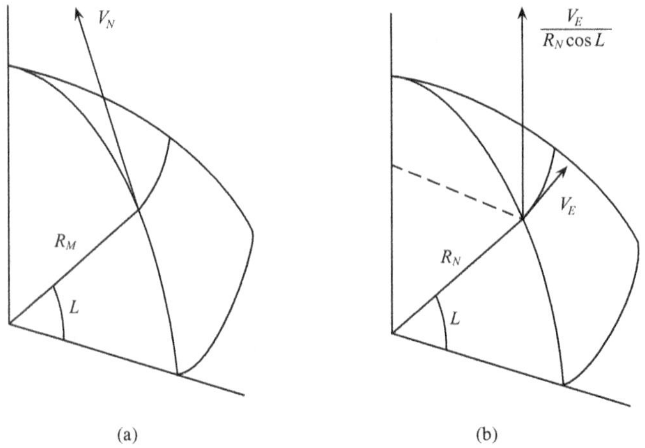

图 8.1.2　速度引起的经、纬度变化

4. 高度计算

纯惯性高度通道是发散的，可用外来高度参考信息引入阻尼，7.5 节对此作了详细介绍，此处不再重复。

5. 指北方位系统的优缺点分析

1) 优点

由于平台模拟当地的地理坐标系，所以航向角、俯仰角及横滚角可从平台环架轴上直接读取，各导航参数间的关系比较简单，导航解算方程简洁，计算量较小，对计算机要求较低。该系统在惯导系统发展初期计算机技术水平不高的年代是十分合适的选择方案。

2) 缺点

由式(8.1.3c)知，方位陀螺的指令角速度为 $\omega_{\mathrm{cmdz}}^T=\omega_{ie}\sin L+\frac{V_E}{R_N}\tan L$，随着纬度 L 的增高，对方位陀螺的施矩电流急剧上升，在极区($L\approx 90°$)根本无法工作。又由式(8.1.4a)和式(8.1.4b)知，在水平速度解算中有正切函数 $\tan L$，当 $L\approx 90°$时速度中的计算误差被严重放大，甚至产生溢出。所以指北方位系统不能在高纬度地区正常工作，而只适用于中、低纬度地区的导航。

8.1.2　自由方位惯导系统的力学编排

1. 自由方位角

指北方位惯导系统之所以不能在高纬度地区正常工作，原因是纬度很高时方位陀螺无法实现正常施矩，为了克服此缺陷，提出了对方位陀螺不施矩的编排方案，而对水平陀螺施矩控制平台始终保持水平，此即自由方位系统。由于对方位陀螺的施矩量为零，所以平台在方位上相对惯性空间稳定，即

$$\omega_{iTz}^T = 0 \tag{8.1.7}$$

而地球在旋转，运载体相对地球运动时地理坐标系相对地球也在旋转，所以平台的水平轴相对地理坐标系存在一个变化着的夹角，此夹角称为自由方位角 $\alpha_f(t)$，如图 8.1.3 所示。图中，Ψ 为运载体的航向角，北偏东为正；Ψ_{Tb} 为航机角，亦称平台航向，在平台方位环上读取，顺时针为正；$\alpha_f(t)$ 为自由方位角，逆时针为正；x_h 和 y_h 分别为机体坐标系的 x_b（指向右）和 y_b（指向前）的水平投影。

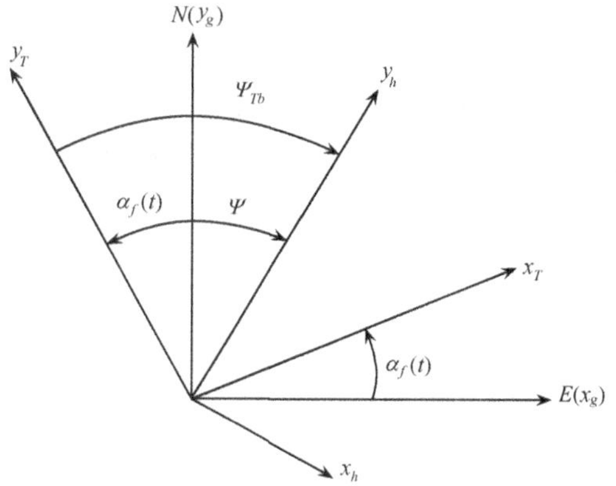

图 8.1.3　航向角 Ψ，航机角 Ψ_{Tb} 和自由方位角

由图得

$$\Psi = \Psi_{Tb} - \alpha_f(t) \tag{8.1.8}$$

由于

$$\boldsymbol{\omega}_{iT}^T = \boldsymbol{\omega}_{ie}^T + \boldsymbol{\omega}_{eg}^T + \boldsymbol{\omega}_{gT}^T = \boldsymbol{C}_g^T(\boldsymbol{\omega}_{ie}^g + \boldsymbol{\omega}_{eg}^g) + \boldsymbol{\omega}_{gT}^T$$

即

$$\begin{bmatrix} \omega_{iTx}^T \\ \omega_{iTy}^T \\ \omega_{iTz}^T \end{bmatrix} = \begin{bmatrix} \cos\alpha_f & \sin\alpha_f & 0 \\ -\sin\alpha_f & \cos\alpha_f & 0 \\ 0 & 0 & 1 \end{bmatrix} \begin{bmatrix} -\dfrac{V_N}{R_M} \\ \omega_{ie}\cos L + \dfrac{V_E}{R_N} \\ \omega_{ie}\sin L + \dfrac{V_E}{R_N}\tan L \end{bmatrix} + \begin{bmatrix} 0 \\ 0 \\ \dot{\alpha}_f(t) \end{bmatrix}$$

$$= \begin{bmatrix} -\dfrac{V_N}{R_M}\cos\alpha_f + \left(\omega_{ie}\cos L + \dfrac{V_E}{R_N}\right)\sin\alpha_f \\ \dfrac{V_N}{R_M}\sin\alpha_f + \left(\omega_{ie}\cos L + \dfrac{V_E}{R_N}\right)\cos\alpha_f \\ \omega_{ie}\sin L + \dfrac{V_E}{R_N}\tan L + \dot{\alpha}_f(t) \end{bmatrix}$$

由上式和式(8.1.7)，得

$$\omega_{iTz}^T = \omega_{ie}\sin L + \frac{V_E}{R_N}\tan L + \dot{\alpha}_f(t) = 0$$

所以自由方位角服从如下方程：

$$\dot{\alpha}_f(t) = -\left(\omega_{ie}\sin L + \frac{V_E}{R_N}\tan L\right) \tag{8.1.9}$$

2. 方向余弦矩阵和定位计算

自由方位系统导航坐标系与地理坐标系只差自由方位角，如果按式(8.1.9)解算出自由方位角，并将加速度计获得的比力变换到地理坐标系中，则可按指北方位系统作导航解算，但由于指北方位系统还存在高纬度地区导航解算误差放大和溢出问题，所以必须采用其他方法作定位解算。

1) 方向余弦阵 $\boldsymbol{C}_e^T$ 和经、纬度的关系

设运载体所在地 S 的经、纬度为 λ、L，则 S 点的地理坐标系 g 可由地球坐标系 e 经三次基本旋转后确定出，即

$$x_e y_e z_e \xrightarrow[\text{旋转}\lambda]{\text{绕}z_e\text{轴}} x_e' y_e' z_e' \xrightarrow[\text{旋转}90°-L]{\text{绕}y_e'\text{轴}} x_e'' y_e'' z_e'' \xrightarrow[\text{旋转}90°]{\text{绕}z_e''\text{轴}} x_g y_g z_g$$

如图 8.1.4 所示。由于 z_g 为垂线方向，所以 x_e'' 和 y_e'' 轴在水平面内，而 x_e'' 轴在经度为 λ 的子午面内，x_e'' 又为水平轴，所以 x_e'' 轴指向南，y_e'' 轴指向东，经 90°旋转后，x_e''' 指向东，y_e''' 指向北，因此 $x_g y_g z_g$ 即为 S 点的地理坐标系。

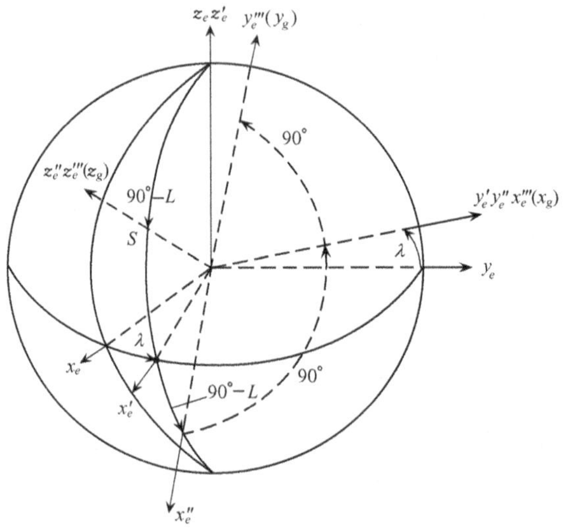

图 8.1.4　由地球坐标系 e 到地理坐标系 g 的三次旋转

由图 8.1.4 得坐标变换阵：

$$\boldsymbol{C}_e^{e'} = \begin{bmatrix} \cos\lambda & \sin\lambda & 0 \\ -\sin\lambda & \cos\lambda & 0 \\ 0 & 0 & 1 \end{bmatrix}$$

$$\boldsymbol{C}_{e'}^{e''} = \begin{bmatrix} \cos(90°-L) & 0 & -\sin(90°-L) \\ 0 & 1 & 0 \\ \sin(90°-L) & 0 & \cos(90°-L) \end{bmatrix} = \begin{bmatrix} \sin L & 0 & -\cos L \\ 0 & 1 & 0 \\ \cos L & 0 & \sin L \end{bmatrix}$$

$$\boldsymbol{C}_{e''}^{g} = \boldsymbol{C}_{e''}^{e'''} = \begin{bmatrix} 0 & 1 & 0 \\ -1 & 0 & 0 \\ 0 & 0 & 1 \end{bmatrix}$$

所以

$$\boldsymbol{C}_e^g=\boldsymbol{C}_{e''}^g\boldsymbol{C}_{e'}^{e''}\boldsymbol{C}_e^{e'}=\begin{bmatrix}0&1&0\\-1&0&0\\0&0&1\end{bmatrix}\begin{bmatrix}\sin L&0&-\cos L\\0&1&0\\\cos L&0&\sin L\end{bmatrix}\begin{bmatrix}\cos\lambda&\sin\lambda&0\\-\sin\lambda&\cos\lambda&0\\0&0&1\end{bmatrix}$$

$$=\begin{bmatrix}-\sin\lambda&\cos\lambda&0\\-\sin L\cos\lambda&-\sin L\sin\lambda&\cos L\\\cos L\cos\lambda&\cos L\sin\lambda&\sin L\end{bmatrix}\tag{8.1.10}$$

设平台的自由方位角为 α_f，则由图 8.1.3，得

$$\boldsymbol{C}_g^T=\begin{bmatrix}\cos\alpha_f&\sin\alpha_f&0\\-\sin\alpha_f&\cos\alpha_f&0\\0&0&1\end{bmatrix}$$

因此

$$\boldsymbol{C}_e^T=\boldsymbol{C}_g^T\boldsymbol{C}_e^g=\begin{bmatrix}\cos\alpha_f&\sin\alpha_f&0\\-\sin\alpha_f&\cos\alpha_f&0\\0&0&1\end{bmatrix}\begin{bmatrix}-\sin\lambda&\cos\lambda&0\\-\sin L\cos\lambda&-\sin L\sin\lambda&\cos L\\\cos L\cos\lambda&\cos L\sin\lambda&\sin L\end{bmatrix}$$

$$=\begin{bmatrix}-\cos\alpha_f\sin\lambda-\sin\alpha_f\sin L\cos\lambda&\cos\alpha_f\cos\lambda-\sin\alpha_f\sin L\sin\lambda&\sin\alpha_f\cos L\\\sin\alpha_f\sin\lambda-\cos\alpha_f\sin L\cos\lambda&-\sin\alpha_f\cos\lambda-\cos\alpha_f\sin L\sin\lambda&\cos\alpha_f\cos L\\\cos L\cos\lambda&\cos L\sin\lambda&\sin L\end{bmatrix}$$

$$=\begin{bmatrix}C_{11}&C_{12}&C_{13}\\C_{21}&C_{22}&C_{23}\\C_{31}&C_{32}&C_{33}\end{bmatrix}\tag{8.1.11}$$

即有 $C_{13}=\sin\alpha_f\cos L, C_{23}=\cos\alpha_f\cos L, C_{33}=\sin L, C_{31}=\cos L\cos\lambda, C_{32}=\cos L\sin\lambda$。因此，若已求得 $\boldsymbol{C}_e^T$，则

$$L=\arcsin C_{33}\tag{8.1.12a}$$

$$\lambda_{主}=\arctan\frac{C_{32}}{C_{31}}\tag{8.1.12b}$$

$$\alpha_{f主}=\arctan\frac{C_{13}}{C_{23}}\tag{8.1.12c}$$

λ 和 α_f 的真值分别按表 8.1.1 和表 8.1.2 确定。获得 α_f 后，根据式(8.1.8)可确定出航向角 Ψ。

表 8.1.1　λ 的真值确定

C_{31} \ $\lambda_{主}$	−	+
−	$\lambda=\lambda_{主}+180°$	$\lambda=\lambda_{主}-180°$
+	$\lambda=\lambda_{主}$	

表 8.1.2　α_f 的真值确定

C_{23} \ $\alpha_{f主}$	+	−
+	$\alpha=\alpha_{f主}$	$\alpha_f=\alpha_{f主}+360°$
−	$\alpha_f=\alpha_{f主}+180°$	

2）方向余弦阵微分方程及其求解

设自地心至平台支点 S 引的位置矢量为 $\boldsymbol{R}$，平台坐标系 T 相对地球坐标系 e 的旋转角速度为 $\boldsymbol{\omega}_{eT}$。则

$$\boldsymbol{R}^e=\boldsymbol{C}_T^e\boldsymbol{R}^T$$

平台支点 S 相对地球的速度为

$$\boldsymbol{V}^e = \left.\frac{\mathrm{d}\boldsymbol{R}}{\mathrm{d}t}\right|_e^e = \dot{\boldsymbol{R}}^e = \dot{\boldsymbol{C}}_T^e\boldsymbol{R}^T + \boldsymbol{C}_T^e\dot{\boldsymbol{R}}^T$$

由于$\boldsymbol{R}$处于垂线位置，平台始终保持水平，所以$\boldsymbol{R}$始终与平台的方位轴重合，$\boldsymbol{R}$在平台坐标系内保持不变，即$\dot{\boldsymbol{R}}^T=0$，因此

$$\boldsymbol{V}^e = \dot{\boldsymbol{C}}_T^e\boldsymbol{C}_e^T\boldsymbol{R}^e \tag{8.1.13}$$

而$\boldsymbol{V}$又是$\boldsymbol{R}$的矢端速度：

$$\boldsymbol{V} = \boldsymbol{\omega}_{eT} \times \boldsymbol{R}$$

上式分别写成地球坐标系e和平台坐标系T内的数学向量形式：

$$\boldsymbol{V}^e = \boldsymbol{\omega}_{eT}^e \times \boldsymbol{R}^e \tag{8.1.14}$$

$$\boldsymbol{V}^T = \boldsymbol{\omega}_{eT}^T \times \boldsymbol{R}^T = (\boldsymbol{\omega}_{eT}^T \times)\boldsymbol{C}_e^T\boldsymbol{R}^e \tag{8.1.15}$$

比较式(8.1.13)和式(8.1.14)，得

$$\dot{\boldsymbol{C}}_T^e\boldsymbol{C}_e^T = (\boldsymbol{\omega}_{eT}^e \times) \tag{8.1.16}$$

在式(8.1.15)和式(8.1.16)中，$(\boldsymbol{\omega}_{eT}^c \times)$是由$\boldsymbol{\omega}_{eT}^c$构造出的叉乘反对称矩阵，即

$$(\omega_{eT}^c \times) = \begin{bmatrix} 0 & -\omega_{eTz}^c & \omega_{eTy}^c \\ \omega_{eTz}^c & 0 & -\omega_{eTx}^c \\ -\omega_{eTy}^c & \omega_{eTx}^c & 0 \end{bmatrix} \quad c = e, T$$

又由式(8.1.14)，得

$$\boldsymbol{V}^T = \boldsymbol{C}_e^T\boldsymbol{V}^e = \boldsymbol{C}_e^T(\boldsymbol{\omega}_{eT}^e \times)\boldsymbol{R}^e \tag{8.1.17}$$

比较式(8.1.15)和式(8.1.17)，得

$$(\boldsymbol{\omega}_{eT}^T \times)\boldsymbol{C}_e^T = \boldsymbol{C}_e^T(\boldsymbol{\omega}_{eT}^e \times) \tag{8.1.18}$$

将式(8.1.16)代入上式，得

$$(\boldsymbol{\omega}_{eT}^T \times)\boldsymbol{C}_e^T = \boldsymbol{C}_e^T\dot{\boldsymbol{C}}_T^e\boldsymbol{C}_e^T$$

即

$$\dot{\boldsymbol{C}}_T^e = \boldsymbol{C}_T^e(\boldsymbol{\omega}_{eT}^T \times) \tag{8.1.19}$$

由于$\boldsymbol{C}_e^T\boldsymbol{C}_T^e=\boldsymbol{I}$，所以

$$\dot{\boldsymbol{C}}_e^T\boldsymbol{C}_T^e + \boldsymbol{C}_e^T\dot{\boldsymbol{C}}_T^e = \boldsymbol{0}$$

$$\dot{\boldsymbol{C}}_T^e = -\boldsymbol{C}_T^e\dot{\boldsymbol{C}}_e^T\boldsymbol{C}_T^e$$

上式代入式(8.1.19)，得

$$-\boldsymbol{C}_T^e\dot{\boldsymbol{C}}_e^T\boldsymbol{C}_T^e = \boldsymbol{C}_T^e(\boldsymbol{\omega}_{eT}^T \times)$$

即

$$\dot{\boldsymbol{C}}_e^T = -(\boldsymbol{\omega}_{eT}^T \times)\boldsymbol{C}_e^T \tag{8.1.20}$$

式(8.1.19)和式(8.1.20)是方向余弦矩阵微分方程的两种表达式，此处采用式(8.1.20)解算方向余弦矩阵：

$$\begin{bmatrix} \dot{C}_{11} & \dot{C}_{12} & \dot{C}_{13} \\ \dot{C}_{21} & \dot{C}_{22} & \dot{C}_{23} \\ \dot{C}_{31} & \dot{C}_{32} & \dot{C}_{33} \end{bmatrix} = \begin{bmatrix} 0 & \omega_{eTz}^T & -\omega_{eTy}^T \\ -\omega_{eTz}^T & 0 & \omega_{eTx}^T \\ \omega_{eTy}^T & -\omega_{eTx}^T & 0 \end{bmatrix} \begin{bmatrix} C_{11} & C_{12} & C_{13} \\ C_{21} & C_{22} & C_{23} \\ C_{31} & C_{32} & C_{33} \end{bmatrix}$$

由于 $\boldsymbol{C}_e^T$ 是单位正交矩阵，所以求解上述方程可删去任意一列，而仅需解 6 个微分方程，再根据单位正交矩阵的逆与转置相等，利用 3 个代数余子约束方程，即可确定出 $\boldsymbol{C}_e^T$。若删去第一列，则微分方程和代数方程为

$$\dot{C}_{12} = \omega_{eTz}^T C_{22} - \omega_{eTy}^T C_{32} \tag{8.1.21a}$$

$$\dot{C}_{13} = \omega_{eTz}^T C_{23} - \omega_{eTy}^T C_{33} \tag{8.1.21b}$$

$$\dot{C}_{22} = -\omega_{eTz}^T C_{12} + \omega_{eTx}^T C_{32} \tag{8.1.21c}$$

$$\dot{C}_{23} = -\omega_{eTz}^T C_{13} + \omega_{eTx}^T C_{33} \tag{8.1.21d}$$

$$\dot{C}_{32} = \omega_{eTy}^T C_{12} - \omega_{eTx}^T C_{22} \tag{8.1.21e}$$

$$\dot{C}_{33} = \omega_{eTy}^T C_{13} - \omega_{eTx}^T C_{23} \tag{8.1.21f}$$

$$C_{11} = C_{22}C_{33} - C_{23}C_{32} \tag{8.1.22a}$$

$$C_{21} = C_{12}C_{33} - C_{13}C_{32} \tag{8.1.22b}$$

$$C_{31} = C_{12}C_{23} - C_{22}C_{13} \tag{8.1.22c}$$

3）位置速率 $\boldsymbol{\omega}_{eT}^T$ 的确定

由于

$$\boldsymbol{\omega}_{iT}^T = \boldsymbol{\omega}_{ie}^T + \boldsymbol{\omega}_{eT}^T = \boldsymbol{C}_e^T \boldsymbol{\omega}_{ie}^e + \boldsymbol{\omega}_{eT}^T$$

即

$$\begin{bmatrix} \omega_{iTx}^T \\ \omega_{iTy}^T \\ \omega_{iTz}^T \end{bmatrix} = \begin{bmatrix} C_{11} & C_{12} & C_{13} \\ C_{21} & C_{22} & C_{23} \\ C_{31} & C_{32} & C_{33} \end{bmatrix} \begin{bmatrix} 0 \\ 0 \\ \omega_{ie} \end{bmatrix} + \begin{bmatrix} \omega_{eTx}^T \\ \omega_{eTy}^T \\ \omega_{eTz}^T \end{bmatrix} = \begin{bmatrix} C_{13}\omega_{ie} + \omega_{eTx}^T \\ C_{23}\omega_{ie} + \omega_{eTy}^T \\ C_{33}\omega_{ie} + \omega_{eTz}^T \end{bmatrix} \tag{8.1.23}$$

对于自由方位系统，$\omega_{iTz}^T = 0$，所以

$$\omega_{eTz}^T = -C_{33}\omega_{ie} \tag{8.1.24}$$

下面再确定 ω_{eTx}^T 和 ω_{eTy}^T。由于

$$\boldsymbol{\omega}_{eT}^T = \boldsymbol{\omega}_{eg}^T + \boldsymbol{\omega}_{gT}^T = \boldsymbol{C}_g^T \boldsymbol{\omega}_{eg}^g + \boldsymbol{\omega}_{gT}^T$$

即

$$\begin{bmatrix} \omega_{eTx}^T \\ \omega_{eTy}^T \\ \omega_{eTz}^T \end{bmatrix} = \begin{bmatrix} \cos\alpha_f & \sin\alpha_f & 0 \\ -\sin\alpha_f & \cos\alpha_f & 0 \\ 0 & 0 & 1 \end{bmatrix} \begin{bmatrix} \omega_{egx}^g \\ \omega_{egy}^g \\ \omega_{egz}^g \end{bmatrix} + \begin{bmatrix} 0 \\ 0 \\ \dot{\alpha}_f \end{bmatrix}$$

$$\begin{bmatrix} \omega_{eTx}^T \\ \omega_{eTy}^T \end{bmatrix} = \begin{bmatrix} \cos\alpha_f & \sin\alpha_f \\ -\sin\alpha_f & \cos\alpha_f \end{bmatrix} \begin{bmatrix} \omega_{egx}^g \\ \omega_{egy}^g \end{bmatrix} \tag{8.1.25}$$

式中

$$\begin{bmatrix} \omega_{egx}^g \\ \omega_{egy}^g \end{bmatrix} = \begin{bmatrix} -\dfrac{V_N}{R_M} \\ \dfrac{V_E}{R_N} \end{bmatrix} = \begin{bmatrix} -\dfrac{1}{R_M} & 0 \\ 0 & \dfrac{1}{R_N} \end{bmatrix} \begin{bmatrix} V_N \\ V_E \end{bmatrix} \tag{8.1.26}$$

而 $\boldsymbol{V}^g = \boldsymbol{C}_T^g \boldsymbol{V}^T$，即

$$\begin{bmatrix} V_E \\ V_N \\ V_U \end{bmatrix} = \begin{bmatrix} \cos\alpha_f & -\sin\alpha_f & 0 \\ \sin\alpha_f & \cos\alpha_f & 0 \\ 0 & 0 & 1 \end{bmatrix} \begin{bmatrix} V_x^T \\ V_y^T \\ V_z^T \end{bmatrix} = \begin{bmatrix} V_x^T\cos\alpha_f - V_y^T\sin\alpha_f \\ V_x^T\sin\alpha_f + V_y^T\cos\alpha_f \\ V_z^T \end{bmatrix}$$

$$\begin{bmatrix} V_N \\ V_E \end{bmatrix} = \begin{bmatrix} \sin\alpha_f & \cos\alpha_f \\ \cos\alpha_f & -\sin\alpha_f \end{bmatrix} \begin{bmatrix} V_x^T \\ V_y^T \end{bmatrix} \tag{8.1.27}$$

将式(8.1.27)代入式(8.1.26)后再代入式(8.1.25)，得

$$\begin{bmatrix} \omega_{eTx}^T \\ \omega_{eTy}^T \end{bmatrix} = \begin{bmatrix} \cos\alpha_f & \sin\alpha_f \\ -\sin\alpha_f & \cos\alpha_f \end{bmatrix} \begin{bmatrix} -\dfrac{1}{R_M} & 0 \\ 0 & \dfrac{1}{R_N} \end{bmatrix} \begin{bmatrix} \sin\alpha_f & \cos\alpha_f \\ \cos\alpha_f & -\sin\alpha_f \end{bmatrix} \begin{bmatrix} V_x^T \\ V_y^T \end{bmatrix}$$

$$= \begin{bmatrix} -\dfrac{1}{\tau_f} & -\dfrac{1}{R_{yT}} \\ \dfrac{1}{R_{xT}} & \dfrac{1}{\tau_f} \end{bmatrix} \begin{bmatrix} V_x^T \\ V_y^T \end{bmatrix} \tag{8.1.28}$$

式中

$$\frac{1}{R_{xT}} = \frac{\sin^2\alpha_f}{R_M} + \frac{\cos^2\alpha_f}{R_N} \tag{8.1.29a}$$

$$\frac{1}{R_{yT}} = \frac{\cos^2\alpha_f}{R_M} + \frac{\sin^2\alpha_f}{R_N} \tag{8.1.29b}$$

$$\frac{1}{\tau_f} = \left(\frac{1}{R_M} - \frac{1}{R_N}\right)\sin\alpha_f\cos\alpha_f \tag{8.1.29c}$$

R_{xT} 和 R_{yT} 称为自由方位等效曲率半径，$\dfrac{1}{\tau_f}$ 称为扭曲率。$\dfrac{1}{R_{xT}}$ 和 $\dfrac{1}{R_{yT}}$ 即为地球沿平台轴 x_T 和 y_T 方向的曲率。

为了用 $\boldsymbol{C}_e^T$ 的元素表示式(8.1.28)，需作如下恒等变换处理。由式(8.1.11)，得

$$\sin\alpha_f\cos L = C_{13}, \qquad \cos\alpha_f\cos L = C_{23}, \qquad \sin L = C_{33}$$

所以

$$\sin^2\alpha_f = \frac{C_{13}^2}{C_{13}^2 + C_{23}^2} \tag{8.1.30a}$$

$$\cos^2\alpha_f = \frac{C_{23}^2}{C_{13}^2 + C_{23}^2} \tag{8.1.30b}$$

$$\sin\alpha_f\cos\alpha_f = \frac{C_{13}C_{23}}{C_{13}^2 + C_{23}^2} \tag{8.1.30c}$$

式(7.2.9)和式(7.2.10)可写成

$$\frac{1}{R_N} = \frac{1}{R_e}(1 - fC_{33}^2) \tag{8.1.30d}$$

$$\frac{1}{R_M} = \frac{1}{R_e}(1 + 2f - 3fC_{33}^2) \tag{8.1.30e}$$

将式(8.1.30)代入式(8.1.29)，整理后得

$$\frac{1}{R_{xT}} = \frac{1}{R_e}(1 - fC_{33}^2 + 2fC_{13}^2) \tag{8.1.31a}$$

$$\frac{1}{R_{yT}} = \frac{1}{R_e}(1 - fC_{33}^2 + 2fC_{23}^2) \tag{8.1.31b}$$

$$\frac{1}{\tau_f} = \frac{2f}{R_e}C_{13}C_{23} \tag{8.1.31c}$$

将式(8.1.31)代入式(8.1.28)，得

$$\omega_{eTx}^{T}=-\frac{2f}{R_e}C_{13}C_{23}V_x^T-\frac{1}{R_e}(1-fC_{33}^2+2fC_{23}^2)V_y^T \tag{8.1.32a}$$

$$\omega_{eTy}^{T}=\frac{1}{R_f}(1-fC_{33}^2+2fC_{13}^2)V_x^T+\frac{2f}{R_e}C_{13}C_{23}V_y^T \tag{8.1.32b}$$

3. 速度方程

根据式(7.4.7)，自由方位系统的比力方程为

$$\dot{\boldsymbol{V}}_{eT}^{T}=\boldsymbol{f}^T-(2\boldsymbol{C}_e^T\boldsymbol{\omega}_{ie}^e+\boldsymbol{\omega}_{eT}^T)\times\boldsymbol{V}_{eT}^T+\boldsymbol{g}^T$$

将上式写成分量形式，并考虑到式(8.1.24)

$$\begin{bmatrix}\dot V_x^T\\ \dot V_y^T\\ \dot V_z^T\end{bmatrix}=\begin{bmatrix}f_x^T\\ f_y^T\\ f_z^T\end{bmatrix}-C_w\left(2\begin{bmatrix}C_{11}&C_{12}&C_{13}\\ C_{21}&C_{22}&C_{23}\\ C_{31}&C_{32}&C_{33}\end{bmatrix}\begin{bmatrix}0\\ 0\\ \omega_{ie}\end{bmatrix}+\begin{bmatrix}\omega_{eTx}^T\\ \omega_{eTy}^T\\ -C_{33}\omega_{ie}\end{bmatrix}\right)\cdot\begin{bmatrix}V_x^T\\ V_y^T\\ V_z^T\end{bmatrix}+\begin{bmatrix}0\\ 0\\ -g\end{bmatrix}$$

$$=\begin{bmatrix}f_x^T\\ f_y^T\\ f_z^T\end{bmatrix}-C_w\left(\begin{bmatrix}2\omega_{ie}C_{13}+\omega_{eTx}^T\\ 2\omega_{ie}C_{23}+\omega_{eTy}^T\\ \omega_{ie}C_{33}\end{bmatrix}\right)\cdot\begin{bmatrix}V_x^T\\ V_y^T\\ V_z^T\end{bmatrix}+\begin{bmatrix}0\\ 0\\ -g\end{bmatrix}$$

$$=\begin{bmatrix}f_x^T\\ f_y^T\\ f_z^T\end{bmatrix}-\begin{bmatrix}0&-\omega_{ie}C_{33}&2\omega_{ie}C_{23}+\omega_{eTy}^T\\ \omega_{ie}C_{33}&0&-(2\omega_{ie}C_{13}+\omega_{eTx}^T)\\ -(2\omega_{ie}C_{23}+\omega_{eTy}^T)&2\omega_{ie}C_{13}+\omega_{eTx}^T&0\end{bmatrix}\begin{bmatrix}V_x^T\\ V_y^T\\ V_z^T\end{bmatrix}+\begin{bmatrix}0\\ 0\\ -g\end{bmatrix}$$

上式中，$C_w(\cdot)$表示用括号中的矢量构造叉乘斜对称矩阵。对于飞机和舰船，垂直速度远比水平速度小，当忽略其影响时，得水平速度方程：

$$\dot V_x^T=f_x^T+\omega_{ie}C_{33}V_y^T \tag{8.1.33a}$$

$$\dot V_y^T=f_y^T-\omega_{ie}C_{33}V_x^T \tag{8.1.33b}$$

联立求解式(8.1.21)和式(8.1.33)，并根据式(8.1.22)，即可求解出 $\boldsymbol{C}_e^T$ 和 V_x^T 及 V_y^T，完成导航计算。

4. 平台的指令角速度

根据 $\boldsymbol{\omega}_{iT}^T=\boldsymbol{C}_e^T\boldsymbol{\omega}_{ie}^e+\boldsymbol{\omega}_{eT}^T$，得平台的指令角速度为

$$\omega_{\mathrm{cmd}x}^T=C_{13}\omega_{ie}+\omega_{eTx}^T \tag{8.1.34a}$$

$$\omega_{\mathrm{cmd}y}^T=C_{23}\omega_{ie}+\omega_{eTy}^T \tag{8.1.34b}$$

$$\omega_{\mathrm{cmd}z}^T=0 \tag{8.1.34c}$$

其中，ω_{eTx}^T 和 ω_{eTy}^T 由式(8.1.32)确定。

5. 自由方位系统的工作原理简图

根据式(8.1.33)、式(8.1.28)、式(8.1.21)、式(8.1.22)、式(8.1.34)、式(8.1.12)及表 8.1.1、表 8.1.2，可画出自由方位惯导系统的工作原理简图，如图 8.1.5 所示。

自由方位系统虽然避免了在高纬度地区对方位陀螺施矩的困难，但由式(8.1.12)知在极区仍存在导航计算溢出的问题，解决的办法是采用适用于极区导航的力学编排方案：极区平台导

航、极区横向经纬度导航、极区格网导航。这些内容将在第 10 章中详细介绍。

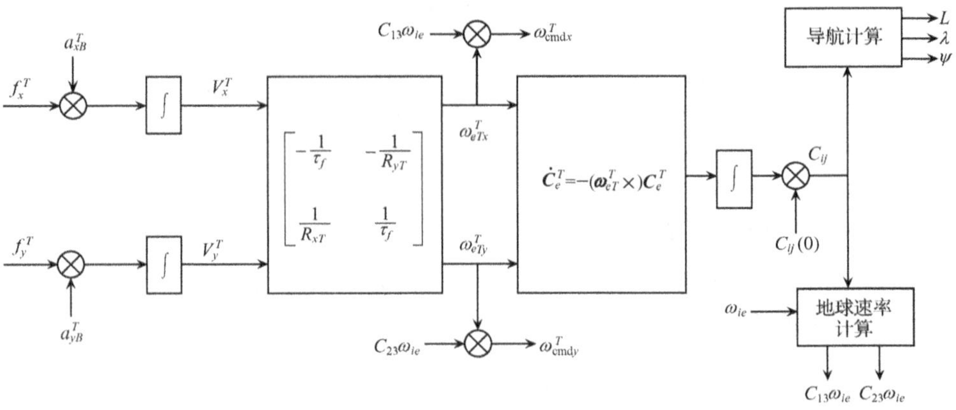

图 8.1.5　自由方位惯导系统的工作原理简图

8.1.3　游移方位惯导系统的力学编排

1. 游移方位角

游移方位惯导系统的导航坐标系仍然是地平坐标系，方位跟踪地球旋转，即方位陀螺的指令角速度为

$$\omega_{cmdz}^T = \omega_{iTz}^T = \omega_{ie}\sin L \tag{8.1.35}$$

与自由方位系统类似，平台的水平轴 x_T 和 y_T 相对东向轴和北向轴存在偏转角 α，此偏转角称为游移方位角，逆时针为正，如图 8.1.6 所示。

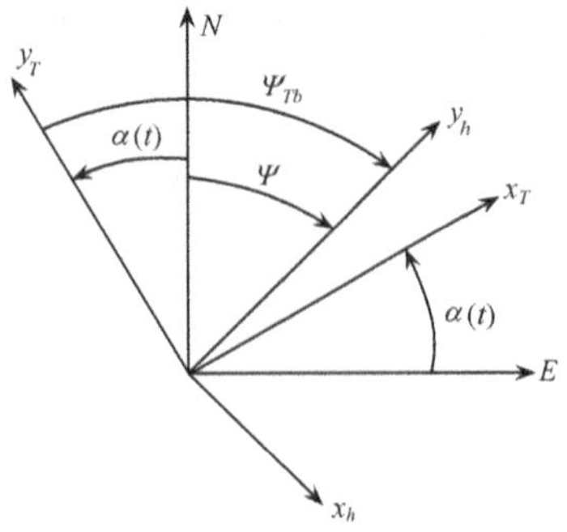

图 8.1.6　航向角Ψ，平台航向角Ψ_{Tb}和游移方位角$\alpha(t)$

由图得

$$\Psi = \Psi_{Tb} - \alpha \tag{8.1.36}$$

式中，平台航向角 Ψ_{Tb} 从平台环架轴上读取，顺时针为正。由于 $\boldsymbol{\omega}_{iT}^T = \boldsymbol{C}_g^T \boldsymbol{\omega}_{ig}^g + \boldsymbol{\omega}_{gT}^T$，即

$$\begin{bmatrix} \omega_{iTx}^T \\ \omega_{iTy}^T \\ \omega_{iTz}^T \end{bmatrix} = \begin{bmatrix} \cos\alpha & \sin\alpha & 0 \\ -\sin\alpha & \cos\alpha & 0 \\ 0 & 0 & 1 \end{bmatrix} \begin{bmatrix} \omega_{igx}^g \\ \omega_{igy}^g \\ \omega_{igz}^g \end{bmatrix} + \begin{bmatrix} 0 \\ 0 \\ \dot{\alpha}(t) \end{bmatrix}$$

所以由上式得

$$\omega_{iTz}^T = \omega_{igz}^g + \dot{\alpha}(t) = \omega_{ie}\sin L + \frac{V_E}{R_N}\tan L + \dot{\alpha}(t)$$

将式(8.1.35)代入上式，得游移方位角的变化规律

$$\dot{\alpha}(t) = -\frac{V_E}{R_N}\tan L \tag{8.1.37}$$

上式说明，当运载体向北运动或静止时，游移方位角保持不变，除在赤道上之外，只要有东向速度分量，游移方位角就是变化的。

2. 方向余弦矩阵和定位计算

1）方向余弦矩阵和定位计算间的关系

游移方位系统与自由方位系统的区别在于平台水平轴相对地理坐标系水平轴的偏转角，所以只需将式(8.1.11)中的自由方位角 α_f 换成游移方位角 α，就可得到游移方位系统的方向余弦矩阵：

$$\boldsymbol{C}_e^T=\begin{bmatrix}C_{11} & C_{12} & C_{13}\\ C_{21} & C_{22} & C_{23}\\ C_{31} & C_{32} & C_{33}\end{bmatrix}$$

$$=\begin{bmatrix}-\cos\alpha\sin\lambda-\sin\alpha\sin L\cos\lambda & \cos\alpha\cos\lambda-\sin\alpha\sin L\sin\lambda & \sin\alpha\cos L\\ \sin\alpha\sin\lambda-\cos\alpha\sin L\cos\lambda & -\sin\alpha\cos\lambda-\cos\alpha\sin L\sin\lambda & \cos\alpha\cos L\\ \cos L\cos\lambda & \cos L\sin\lambda & \sin L\end{bmatrix} \tag{8.1.38}$$

由上式得

$$L=\arcsin C_{33} \tag{8.1.39a}$$

$$\lambda_{主}=\arctan\frac{C_{32}}{C_{31}} \tag{8.1.39b}$$

$$\alpha_{主}=\arctan\frac{C_{13}}{C_{23}} \tag{8.1.39c}$$

其中 λ 的真值确定同表 8.1.1，α 的真值确定按表 8.1.3。

表 8.1.3　游移方位角的真值确定

C_{23} \ $\alpha_{主}$	+	−
+	$\alpha=\alpha_{主}$	$\alpha=\alpha_{主}+360°$
−	$\alpha=\alpha_{主}+180°$	

2）方向余弦阵 $\boldsymbol{C}_e^T$ 的确定

由于 $\boldsymbol{\omega}_{eT}^T=\boldsymbol{\omega}_{iT}^T-\boldsymbol{\omega}_{ie}^T$，所以根据式(8.1.35)，

$$\omega_{eTz}^T=\omega_{iTz}^T-\omega_{iez}^T=\omega_{ie}\sin L-\omega_{ie}\sin L=0$$

记 $\boldsymbol{\omega}_{eT}^T=[\omega_{eTx}^T\quad \omega_{eTy}^T\quad 0]^{\mathrm{T}}$，代入式(8.1.20)，得

$$\dot{C}_{12}=-\omega_{eTy}^T C_{32} \tag{8.1.40a}$$

$$\dot{C}_{13}=-\omega_{eTy}^T C_{33} \tag{8.1.40b}$$

$$\dot{C}_{22}=\omega_{eTx}^T C_{32} \tag{8.1.40c}$$

$$\dot{C}_{23}=\omega_{eTx}^T C_{33} \tag{8.1.40d}$$

$$\dot{C}_{32}=\omega_{eTy}^T C_{12}-\omega_{eTx}^T C_{22} \tag{8.1.40e}$$

$$\dot{C}_{33}=\omega_{eTy}^T C_{13}-\omega_{eTx}^T C_{23} \tag{8.1.40f}$$

$$C_{11}=C_{22}C_{33}-C_{23}C_{32} \tag{8.1.41a}$$

$$C_{21}=C_{12}C_{33}-C_{13}C_{32} \tag{8.1.41b}$$

$$C_{31}=C_{12}C_{23}-C_{22}C_{13} \tag{8.1.41c}$$

3）位置速率 $\boldsymbol{\omega}_{eT}^T$ 的确定

仿照自由方位系统位置速率的推导，用游移方位角 α 代替自由方位角 α_f，得游移方位系统的位置速率：

$$\omega_{eTx}^T=-\frac{2f}{R_e}C_{13}C_{23}V_x^T-\frac{1}{R_e}(1-fC_{33}^2+2fC_{23}^2)V_y^T \tag{8.1.42a}$$

$$\omega_{eTy}^{T}=\frac{1}{R_e}(1-fC_{33}^{2}+2fC_{13}^{2})V_x^T+\frac{2f}{R_e}C_{13}C_{23}V_y^T \tag{8.1.42b}$$

同样可得地球沿平台水平轴方向的曲率及扭曲率：

$$\frac{1}{R_{xT}}=\frac{1}{R_e}(1-fC_{33}^{2}+2fC_{13}^{2}) \tag{8.1.43a}$$

$$\frac{1}{R_{yT}}=\frac{1}{R_e}(1-fC_{33}^{2}+2fC_{23}^{2}) \tag{8.1.43b}$$

$$\frac{1}{\tau}=\frac{2f}{R_e}C_{13}C_{23} \tag{8.1.43c}$$

3. 速度方程

仿照式(8.1.33)的推导，并注意到 $\omega_{eTz}^{T}=0$，可得游移方位系统的水平速度方程：

$$\dot{V}_x^T=f_x^T+2\omega_{ie}C_{33}V_y^T \tag{8.1.44a}$$

$$\dot{V}_y^T=f_y^T-2\omega_{ie}C_{33}V_x^T \tag{8.1.44b}$$

4. 平台的指令角速度

由于 $\boldsymbol{\omega}_{iT}^{T}=\boldsymbol{C}_e^T\boldsymbol{\omega}_{ie}^{e}+\boldsymbol{\omega}_{eT}^{T}$，所以平台的指令角速度为

$$\omega_{\mathrm{cmd}x}^{T}=\omega_{iTx}^{T}=C_{13}\omega_{ie}+\omega_{eTx}^{T} \tag{8.1.45a}$$

$$\omega_{\mathrm{cmd}y}^{T}=\omega_{iTy}^{T}=C_{23}\omega_{ie}+\omega_{eTy}^{T} \tag{8.1.45b}$$

$$\omega_{\mathrm{cmd}z}^{T}=\omega_{iTz}^{T}=C_{33}\omega_{ie} \tag{8.1.45c}$$

其中，ω_{eTx}^{T} 和 ω_{eTy}^{T} 由式(8.1.42)确定。

5. 游移方位系统简图

在图 8.1.5 中用游移方位角 α 代替自由方位角 α_f，并注意到 $\omega_{eTz}^{T}=0$，即得游移方位系统的工作原理简图，如图 8.1.7 所示。

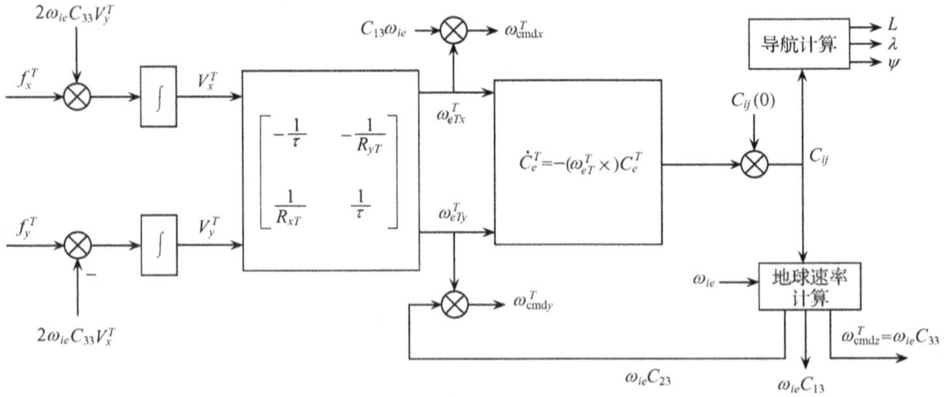

图 8.1.7　游移方位系统的工作原理简图

与自由方位系统一样，游移方位系统也避开了在高纬度地区对方位陀螺的施矩困难。比较式(8.1.21)和式(8.1.40)还可看出：在计算方向余弦阵中，游移方位系统的计算量比自由方位系

统的计算量小，所以是水平式平台惯导设计中的首选方案，LTN-72 系列惯导和国产平台式航空惯导都属于游移方位系统。

8.2　平台式惯导系统的误差分析

8.1 节分析平台式惯导系统工作原理时，并没有考虑任何误差，将各系统都看作理想系统。但实际情况并非如此，惯性仪器和系统在制造、装调中总存在误差，所有这些误差因素称为误差源。误差源大致可分为：

(1) 元件误差。主要指陀螺漂移、指令角速度刻度系数误差、加速度计零偏和刻度系数误差、计算机舍入误差、电流变换装置误差等。

(2) 安装误差。主要是指陀螺和加速度计在平台上的安装误差。

(3) 初始条件误差。包括平台的初始对准误差、计算机在解算力学编排方程时引入的初始速度及位置误差。

(4) 干扰误差。主要包括冲击与振动运动干扰。

(5) 其他误差。如地球的模型描述误差、有害加速度补偿忽略二阶小量引起的误差等。

上述误差都将引起系统误差，本节对陀螺漂移和加速度计零偏等主要误差源引起的系统误差作全面分析。

8.2.1　误差分析中常用的基本关系

1. 计算机坐标系(计算系)c

该坐标系是指由计算机输出结果确定的平台坐标系。例如在指北系统中，理想平台坐标系(即地理坐标系 g)是由所在位置的实际经、纬度 λ 和 L 确定的，由计算机解算得的惯导输出经、纬度 λ_c 和 L_c 确定的地理坐标系即平台坐标系称为计算机坐标系，简称计算系，常用符号 c 来表示。由于 λ_c 和 L_c 相对 λ 和 L 总存在误差，所以计算系 c 相对理想平台系总存在偏差角。

2. 位置误差与理想平台系 T 和计算系 c 之间的关系

设运载体所在点 S 的经、纬度分别为 λ 和 L，平台的方位角为 K(平台水平轴相对东向和北向的偏转角，对指北系统 $K=0$，对自由方位系统 $K=\alpha_f$，对游移方位系统 $K=\alpha$)，λ、L 和 K 对应的计算值为 λ_c、L_c 和 K_c，相应的误差为 $\delta\lambda$、δL 和 δK，则计算机坐标系 c 可由理想平台系 T 经三次旋转确定：第一次旋转绕点 S 的西向轴旋转 δL，即绕 x_g 轴旋转 $-\delta L$，第二次旋转绕地球自转轴 z_e 轴旋转 $\delta\lambda$，第三次旋转绕 S' 点的 z_c 轴旋转 δK，如图 8.2.1 所示。由于 $\delta\lambda$、δL 和 δK 都是小量，所以这些旋转角都可看作角矢量，设三次旋转引起的旋转角矢量为 $\delta\boldsymbol{\theta}$，则

$$\delta\boldsymbol{\theta}=-\delta L\boldsymbol{i}_{x_g}+\delta\lambda\boldsymbol{k}_{z_e}+\delta K\boldsymbol{k}_{z_c}$$

式中，$\boldsymbol{i}_{x_g}$、$\boldsymbol{k}_{z_e}$ 和 $\boldsymbol{k}_{z_c}$ 分别为在地理坐标系 g、地球坐标系 e 和计算系 c 中相应坐标轴的单位矢量。将上式投影到地

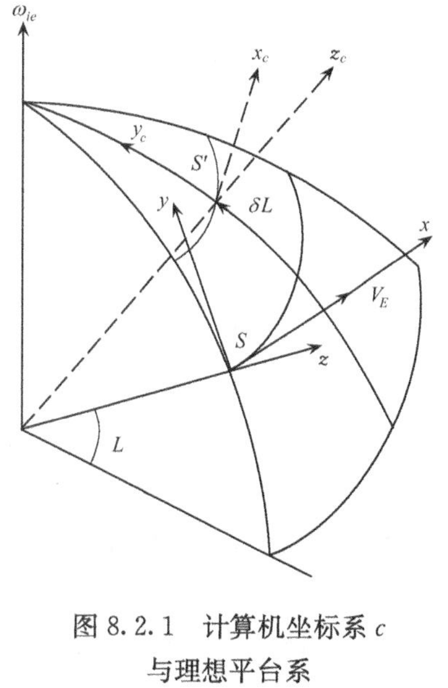

图 8.2.1　计算机坐标系 c 与理想平台系

理坐标系中，得

$$\delta\boldsymbol{\theta}^g=\begin{bmatrix}-\delta L\\0\\0\end{bmatrix}+\begin{bmatrix}\times&\times&0\\\times&\times&\cos L\\\times&\times&\sin L\end{bmatrix}\begin{bmatrix}0\\0\\\delta\lambda\end{bmatrix}+\begin{bmatrix}1&\delta\theta_z&-\delta\theta_y\\-\delta\theta_z&1&\delta\theta_x\\\delta\theta_y&-\delta\theta_x&1\end{bmatrix}\begin{bmatrix}0\\0\\\delta K\end{bmatrix}=\begin{bmatrix}-\delta L\\\delta\lambda\cos L\\\delta\lambda\sin L+\delta K\end{bmatrix}$$

上式中略去了关于 δK 和 $\delta\theta_x$、$\delta\theta_y$ 间的二阶小量，并应用了式(8.1.10)。

将 $\delta\boldsymbol{\theta}$ 写成在 T 系内的数学向量形式(在 T 系内和 c 系内数学向量仅差高阶无穷小)：

$$\delta\boldsymbol{\theta}^T=\boldsymbol{C}_g^T\delta\boldsymbol{\theta}^g=\begin{bmatrix}\cos K&\sin K&0\\-\sin K&\cos K&0\\0&0&1\end{bmatrix}\begin{bmatrix}-\delta L\\\delta\lambda\cos L\\\delta\lambda\sin L+\delta K\end{bmatrix}$$

即

$$\delta\theta_x=-\delta L\cos K+\delta\lambda\cos L\sin K \tag{8.2.1a}$$

$$\delta\theta_y=\delta L\sin K+\delta\lambda\cos L\cos K \tag{8.2.1b}$$

$$\delta\theta_z=\delta\lambda\sin L+\delta K \tag{8.2.1c}$$

由上式得

$$\delta L=-\delta\theta_x\cos K+\delta\theta_y\sin K \tag{8.2.2a}$$

$$\delta\lambda=\frac{1}{\cos L}(\delta\theta_x\sin K+\delta\theta_y\cos K) \tag{8.2.2b}$$

$$\delta K=-\tan L(\delta\theta_x\sin K+\delta\theta_y\cos K)+\delta\theta_z \tag{8.2.2c}$$

上式说明，根据 $\delta\theta_x$、$\delta\theta_y$ 和 $\delta\theta_z$ 可确定出 $\delta\lambda$、δL 和 δK，因此称 $\delta\theta_x$、$\delta\theta_y$ 和 $\delta\theta_z$ 为位置误差。

3. 理想平台系 T、实际平台系 P 和计算系 c 三者关系

根据计算机计算出的位置和速度计算出平台指令角速度和平台的修正回路执行指令后，平台实际位置即平台实际平台坐标系 P 才被确定，所以 P 系对 T 系，P 系对 c 系，c 系对 T 系都存在误差。

设 c 系相对 T 系的误差角矢量为 $[\delta\theta_x\quad\delta\theta_y\quad\delta\theta_z]^{\mathrm{T}}$，$P$ 系相对 c 系的误差角矢量为 $[\psi_x\quad\psi_y\quad\psi_z]^{\mathrm{T}}$，$P$ 系相对 T 系的误差角矢量为 $[\phi_x\quad\phi_y\quad\phi_z]^{\mathrm{T}}$，由于 P 系、c 系、T 系仅差微小偏差，所以上述数学向量可看做 c 系内的，也可看作 T 系内的或 P 系内的，引起的误差是关于误差角的高阶小量。根据式(1.2.3)得

$$\boldsymbol{C}_T^c=\begin{bmatrix}1&\delta\theta_z&-\delta\theta_y\\-\delta\theta_z&1&\delta\theta_x\\\delta\theta_y&-\delta\theta_x&1\end{bmatrix} \tag{8.2.3a}$$

$$\boldsymbol{C}_c^P=\begin{bmatrix}1&\psi_z&-\psi_y\\-\psi_z&1&\psi_x\\\psi_y&-\psi_x&1\end{bmatrix} \tag{8.2.3b}$$

$$\boldsymbol{C}_T^P=\begin{bmatrix}1&\phi_z&-\phi_y\\-\phi_z&1&\phi_x\\\phi_y&-\phi_x&1\end{bmatrix} \tag{8.2.3c}$$

由于 $\boldsymbol{C}_T^P=\boldsymbol{C}_c^P\cdot\boldsymbol{C}_T^c$，将式(8.2.3)代入该式，并略去二阶小量，得

$$\begin{bmatrix}1&\phi_z&-\phi_y\\-\phi_z&1&\phi_x\\\phi_y&-\phi_x&1\end{bmatrix}=\begin{bmatrix}1&\psi_z+\delta\theta_z&-(\psi_y+\delta\theta_y)\\-(\psi_z+\delta\theta_z)&1&\psi_x+\delta\theta_x\\\psi_y+\delta\theta_y&-(\psi_x+\delta\theta_x)&1\end{bmatrix}$$

从上式得

$$\boldsymbol{\phi} = \boldsymbol{\psi} + \delta\boldsymbol{\theta} \tag{8.2.4}$$

显然$\boldsymbol{\phi}$是平台的姿态误差角。

4. ψ 方程

假设由计算机计算得的平台指令角速度为 $\boldsymbol{\omega}_c$，加到陀螺力矩器上的指令角速度为 $\boldsymbol{\omega}_c^*$，其中 $\boldsymbol{\omega}_c$ 和 $\boldsymbol{\omega}_c^*$ 都是相对惯性空间的角速度。显然 $\boldsymbol{\omega}_c$ 和 $\boldsymbol{\omega}_c^*$ 大小相等，但方向不一致，两者相差角矢量 $\boldsymbol{\psi}$，如图 8.2.2 所示。由图可得，

$$\boldsymbol{\omega}_c^* = \boldsymbol{\omega}_c + \boldsymbol{r} \tag{8.2.5}$$

由于 $\psi = |\boldsymbol{\psi}|$ 很小，所以可近似认为 $\boldsymbol{r}$ 与 $\boldsymbol{\omega}_c$ 正交，$|\boldsymbol{r}| = |\boldsymbol{\omega}_c|\tan\psi = |\boldsymbol{\omega}_c|\psi$。又由于 $\boldsymbol{\psi}$ 与 $\boldsymbol{\omega}_c$ 正交，所以 $\boldsymbol{r}$ 位于 $\boldsymbol{\psi}\times\boldsymbol{\omega}_c$ 的方向上，该方向上的单位矢量为

$$\boldsymbol{r}_0 = \frac{\boldsymbol{\psi}\times\boldsymbol{\omega}_c}{\psi\,|\,\boldsymbol{\omega}_c\,|} \qquad \boldsymbol{r} = |\,\boldsymbol{r}\,|\,\boldsymbol{r}_0 = \boldsymbol{\psi}\times\boldsymbol{\omega}_c$$

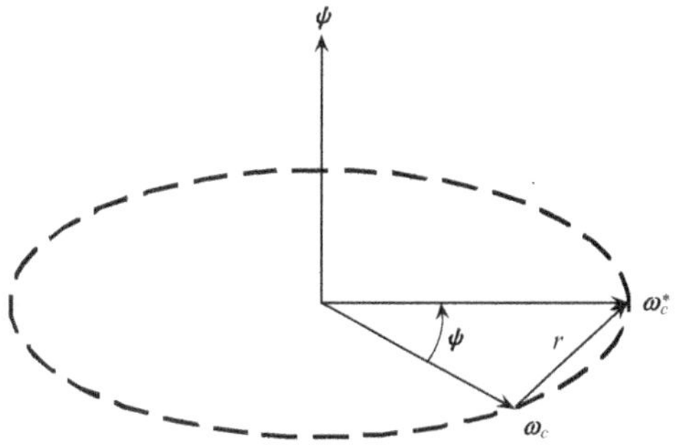

图 8.2.2　$\boldsymbol{\omega}_c$ 和 $\boldsymbol{\omega}_c^*$ 间的关系

上式代入式(8.2.5)，得

$$\boldsymbol{\omega}_c^* = \boldsymbol{\omega}_c + \boldsymbol{\psi}\times\boldsymbol{\omega}_c \tag{8.2.6}$$

这是加到陀螺力矩器的指令角速度，考虑到陀螺的刻度系数误差 ΔK_G 及陀螺漂移 $\boldsymbol{\varepsilon}$ 的影响，平台的实际进动角速度为

$$\boldsymbol{\omega}_{iP} = (1 + \Delta K_G)\boldsymbol{\omega}_c^* + \boldsymbol{\varepsilon}$$

将式(8.2.6)代入上式，并略去二阶小量，得

$$\boldsymbol{\omega}_{iP} = \boldsymbol{\omega}_c + \boldsymbol{\psi}\times\boldsymbol{\omega}_c + \Delta K_G\,\boldsymbol{\omega}_c + \boldsymbol{\varepsilon} \tag{8.2.7}$$

又由于

$$\boldsymbol{\omega}_{iP} = \boldsymbol{\omega}_c + \boldsymbol{\omega}_{cP} \tag{8.2.8}$$

式中，$\boldsymbol{\omega}_{cP}$ 为平台系 P 相对计算系 c 的角速度，是在 c 系内观察到的 P 系角位移的变化率，而 P 系相对 c 系的角位移为 $\boldsymbol{\psi}$，所以

$$\boldsymbol{\omega}_{cP} = \left.\frac{\mathrm{d}\boldsymbol{\psi}}{\mathrm{d}t}\right|_c$$

该式代入式(8.2.8)，得

$$\boldsymbol{\omega}_{iP} = \boldsymbol{\omega}_c + \left.\frac{\mathrm{d}\boldsymbol{\psi}}{\mathrm{d}t}\right|_c \tag{8.2.9}$$

比较式(8.2.7)和式(8.2.9)，得

$$\left.\frac{\mathrm{d}\boldsymbol{\psi}}{\mathrm{d}t}\right|_c = \boldsymbol{\psi}\times\boldsymbol{\omega}_c + \Delta K_G\boldsymbol{\omega}_c + \boldsymbol{\varepsilon} \tag{8.2.10}$$

式(8.2.10)描述了 $\boldsymbol{\psi}$ 的变化规律，称为 ψ 方程。ψ 方程使误差分析中的高阶联立微分方程组分离成较低阶的微分方程组，从而简化解析分析，这一优点在自由方位系统分析中能够体现出来。

8.2.2 指北方位系统的误差分析

1. 姿态误差方程

将式(8.2.4)写成计算系 c 内的数学向量形式：

$$\boldsymbol{\phi}^c = \boldsymbol{\psi}^c + \delta\boldsymbol{\theta}^c \tag{8.2.11}$$

记 $\boldsymbol{\phi}^c=[\phi_x \quad \phi_y \quad \phi_z]^{\mathrm{T}}$，$\delta\boldsymbol{\theta}^c=[\delta\theta_x \quad \delta\theta_y \quad \delta\theta_z]^{\mathrm{T}}$，$\boldsymbol{\psi}^c=[\psi_x \quad \psi_y \quad \psi_z]^{\mathrm{T}}$，对式(8.2.11)两边求导，注意到

$$\dot{\boldsymbol{\psi}}^c = \left.\frac{\mathrm{d}\boldsymbol{\psi}}{\mathrm{d}t}\right|_c^c$$

得

$$\begin{bmatrix} \dot{\phi}_x \\ \dot{\phi}_y \\ \dot{\phi}_z \end{bmatrix} = \begin{bmatrix} \delta\dot{\theta}_x \\ \delta\dot{\theta}_y \\ \delta\dot{\theta}_z \end{bmatrix} + \left.\frac{\mathrm{d}\boldsymbol{\psi}}{\mathrm{d}t}\right|_c^c$$

将式(8.2.10)代入上式，为简化解析分析，暂略去 ΔK_G 的影响，并用圆球近似描述地球，则指北方位系统的姿态误差方程为

$$\begin{bmatrix} \dot{\phi}_x \\ \dot{\phi}_y \\ \dot{\phi}_z \end{bmatrix} = \begin{bmatrix} \delta\dot{\theta}_x \\ \delta\dot{\theta}_y \\ \delta\dot{\theta}_z \end{bmatrix} + \begin{bmatrix} 0 & -\psi_z & \psi_y \\ \psi_z & 0 & -\psi_x \\ -\psi_y & \psi_x & 0 \end{bmatrix} \begin{bmatrix} \omega_{igx}^g \\ \omega_{igy}^g \\ \omega_{igz}^g \end{bmatrix} + \begin{bmatrix} \varepsilon_x \\ \varepsilon_y \\ \varepsilon_z \end{bmatrix} \tag{8.2.12}$$

上式中用 $\boldsymbol{\omega}_{ig}$ 代替 $\boldsymbol{\omega}_c$ 的原因是：$\boldsymbol{\omega}_c$ 是为使平台跟踪地理坐标系而加的指令，$\boldsymbol{\omega}_c$ 与 $\boldsymbol{\omega}_{ig}$ 间的误差量是小量，所以 $\boldsymbol{\psi}\times\boldsymbol{\omega}_c$ 与 $\boldsymbol{\psi}\times\boldsymbol{\omega}_{ig}$ 差高阶小量。

对指北方位系统，$K=0$，$\delta K=0$，所以式(8.2.1)可写成

$$\delta\theta_x = -\delta L \tag{8.2.13a}$$

$$\delta\theta_y = \delta\lambda\cos L \tag{8.2.13b}$$

$$\delta\theta_z = \delta\lambda\sin L \tag{8.2.13c}$$

对上述诸式两边分别求导：

$$\delta\dot{\theta}_x = -\delta\dot{L} \tag{8.2.14a}$$

$$\delta\dot{\theta}_y = \delta\dot{\lambda}\cos L - \dot{L}\delta\lambda\sin L \tag{8.2.14b}$$

$$\delta\dot{\theta}_z = \delta\dot{\lambda}\sin L + \dot{L}\delta\lambda\cos L \tag{8.2.14c}$$

根据式(8.1.6)

$$\delta\dot{L} = \frac{\delta V_N}{R} \tag{8.2.15}$$

$$\delta\dot{\lambda} = \frac{1}{R}(V_E^c\sec L_c - V_E\sec L)$$

按泰勒级数展开下式并取一阶近似：

$$\sec L_c = \sec(L+\delta L) = \sec L + \delta L\sec L\tan L$$

所以

$$\delta\dot{\lambda} = \frac{1}{R}(\delta V_E \sec L + \delta L V_E \sec L \tan L) \tag{8.2.16}$$

将式(8.2.15)、式(8.2.16)及式(8.1.6a)代入式(8.2.14)，得

$$\delta\dot{\theta}_x = -\frac{\delta V_N}{R} \tag{8.2.17a}$$

$$\delta\dot{\theta}_y = \frac{\delta V_E}{R} + \frac{V_E}{R}\delta L \tan L - \frac{V_N}{R}\delta\lambda \sin L \tag{8.2.17b}$$

$$\delta\dot{\theta}_z = \frac{\delta V_E}{R}\tan L + \frac{V_E}{R}\delta L \tan^2 L + \frac{V_N}{R}\delta\lambda \cos L \tag{8.2.17c}$$

又由式(8.2.4)和式(8.2.13)，得

$$\psi_x = \phi_x + \delta L \tag{8.2.18a}$$

$$\psi_y = \phi_y - \delta\lambda \cos L \tag{8.2.18b}$$

$$\psi_z = \phi_z - \delta\lambda \sin L \tag{8.2.18c}$$

将式(8.2.17)、式(8.2.18)和式(8.1.2)代入式(8.2.12)，得指北方位系统的平台姿态误差方程：

$$\dot{\phi}_x = -\frac{\delta V_N}{R} + \phi_y\left(\omega_{ie}\sin L + \frac{V_E}{R}\tan L\right) - \phi_z\left(\omega_{ie}\cos L + \frac{V_E}{R}\right) + \varepsilon_E \tag{8.2.19a}$$

$$\dot{\phi}_y = \frac{\delta V_E}{R} - \phi_z\frac{V_N}{R} - \phi_x\left(\omega_{ie}\sin L + \frac{V_E}{R}\tan L\right) - \delta L\omega_{ie}\sin L + \varepsilon_N \tag{8.2.19b}$$

$$\dot{\phi}_z = \frac{\delta V_E}{R}\tan L + \delta L\left(\omega_{ie}\cos L + \frac{V_E}{R}\sec^2 L\right) + \phi_x\left(\omega_{ie}\cos L + \frac{V_E}{R}\right) + \phi_y\frac{V_N}{R} + \varepsilon_U \tag{8.2.19c}$$

2. 速度误差方程

根据式(8.1.5)，当不考虑任何误差时，无误差速度由下式确定：

$$\dot{V}_E = f_E + \left(2\omega_{ie}\sin L + \frac{V_E}{R}\tan L\right)V_N \tag{8.2.20a}$$

$$\dot{V}_N = f_N - \left(2\omega_{ie}\sin L + \frac{V_E}{R}\tan L\right)V_E \tag{8.2.20b}$$

由于加速度计的输出误差、平台的姿态误差及计算误差等影响，系统的速度输出由下式确定：

$$\dot{V}_{Ec} = f_{Ec} + \left(2\omega_{ie}\sin L_c + \frac{V_{Ec}}{R}\tan L_c\right)V_{Nc} \tag{8.2.21a}$$

$$\dot{V}_{Nc} = f_{Nc} - \left(2\omega_{ie}\sin L_c + \frac{V_{E_c}}{R}\tan L_c\right)V_{Ec} \tag{8.2.21b}$$

显然

$$\delta V_E = V_{Ec} - V_E, \delta V_N = V_{Nc} - V_N, \delta L = L_c - L$$

是系统的误差。假设平台的姿态误差角为 ϕ_x、ϕ_y、ϕ_z，则加速度计输出的比力为

$$\boldsymbol{f}_c = \boldsymbol{C}_g^P \boldsymbol{f}^g + \nabla^P = \begin{bmatrix} 1 & \phi_z & -\phi_y \\ -\phi_z & 1 & \phi_x \\ \phi_y & -\phi_x & 1 \end{bmatrix}\begin{bmatrix} f_E \\ f_N \\ f_U \end{bmatrix} + \begin{bmatrix} \nabla_E \\ \nabla_N \\ \nabla_U \end{bmatrix}$$

所以

$$f_{Ec}=f_E+\phi_z f_N-\phi_y f_U+\nabla_E \tag{8.2.22a}$$

$$f_{Nc}=f_N-\phi_z f_E+\phi_x f_U+\nabla_N \tag{8.2.22b}$$

按泰勒级数展开下式：

$$\tan L_c=\tan(L+\delta L)=\tan L+\delta L\sec^2 L$$

$$\sin L_c=\sin(L+\delta L)=\sin L+\delta L\cos L$$

上述诸关系式代入式(8.2.21)，整理并略去关于误差的二阶小量，得

$$\dot V_E+\delta\dot V_E=f_E+\left(2\omega_{ie}\sin L+\frac{V_E}{R}\tan L\right)(V_N+\delta V_N)+\delta L\left(2\omega_{ie}\cos LV_N+\frac{V_EV_N}{R}\sec^2 L\right)$$

$$+\delta V_E\frac{V_N}{R}\tan L+\phi_z f_N-\phi_y f_U+\nabla_E \tag{8.2.23a}$$

$$\dot V_N+\delta\dot V_N=f_N-\left(2\omega_{ie}\sin L+\frac{V_E}{R}\tan L\right)(V_E+\delta V_E)-\delta L\left(2\omega_{ie}\cos LV_E+\frac{V_E^2}{R}\sec^2 L\right)$$

$$-\delta V_E\frac{V_E}{R}\tan L-\phi_z f_E+\phi_x f_U+\nabla_N \tag{8.2.23b}$$

将式(8.2.23)与式(8.2.20)相应式左右两边相减，得速度误差方程：

$$\delta\dot V_E=\left(2\omega_{ie}\sin L+\frac{V_E}{R}\tan L\right)\delta V_N+\delta L\left(2V_N\omega_{ie}\cos L+\frac{V_EV_N}{R}\sec^2 L\right)$$

$$+\delta V_E\frac{V_N}{R}\tan L+\phi_z f_N-\phi_y f_U+\nabla_E \tag{8.2.24a}$$

$$\delta\dot V_N=-\left(2\omega_{ie}\sin L+\frac{V_E}{R}\tan L\right)\delta V_E-\delta L\left(2V_E\omega_{ie}\cos L+\frac{V_E^2}{R}\sec^2 L\right)$$

$$-\delta V_E\frac{V_E}{R}\tan L-\phi_z f_E+\phi_x f_U+\nabla_N \tag{8.2.24b}$$

根据式(8.1.4)，当略去垂直速度 V_U 的影响时

$$f_E=\dot V_E-\left(2\omega_{ie}\sin L+\frac{V_E}{R}\tan L\right)V_N \tag{8.2.25a}$$

$$f_N=\dot V_N+\left(2\omega_{ie}\sin L+\frac{V_E}{R}\tan L\right)V_E \tag{8.2.25b}$$

$$f_U=\dot V_U-\left(2\omega_{ie}\cos L+\frac{V_E}{R}\right)V_E-\frac{V_N^2}{R}+g \tag{8.2.25c}$$

将式(8.2.25)代入式(8.2.24)，得便于解析分析的速度误差方程：

$$\delta\dot V_E=\left(2\omega_{ie}\sin L+\frac{V_E}{R}\tan L\right)\delta V_N+\delta L\left(2V_N\omega_{ie}\cos L+\frac{V_EV_N}{R}\sec^2 L\right)$$

$$+\delta V_E\frac{V_N}{R}\tan L+\phi_z\left[\dot V_N+\left(2\omega_{ie}\sin L+\frac{V_E}{R}\tan L\right)V_E\right]$$

$$-\phi_y\left[\dot V_U-\left(2\omega_{ie}\cos L+\frac{V_E}{R}\right)V_E-\frac{V_N^2}{R}+g\right]+\nabla_E \tag{8.2.26a}$$

$$\delta\dot V_N=-\left(2\omega_{ie}\sin L+\frac{V_E}{R}\tan L\right)\delta V_E-\delta L\left(2V_E\omega_{ie}\cos L+\frac{V_E^2}{R}\sec^2 L\right)$$

$$-\phi_z\left[\dot V_E-\left(2\omega_{ie}\sin L+\frac{V_E}{R}\tan L\right)V_N\right]$$

$$+\phi_x\left[\dot{V}_U-\left(2\omega_{ie}\cos L+\frac{V_E}{R}\right)V_E-\frac{V_N^2}{R}+g\right]+\nabla_N \tag{8.2.26b}$$

3. 定位误差方程

式(8.2.15)和式(8.2.16)已给出了定位误差方程：

$$\delta\dot{L}=\frac{\delta V_N}{R},\quad \delta\dot{\lambda}=\frac{\delta V_E}{R}\sec L+\delta L\frac{V_E}{R}\sec L\tan L$$

4. 静基座条件下的系统误差方程

在静基座条件下，即 $V_E=V_N=V_U=0$，$\dot{V}_E=\dot{V}_N=\dot{V}_U=0$，根据式(8.2.19)、式(8.2.26)、式(8.2.15)及式(8.2.16)，系统误差方程为

$$\delta\dot{V}_E=2\omega_{ie}\sin L\delta V_N-\phi_y g+\nabla_E \tag{8.2.27a}$$

$$\delta\dot{V}_N=-2\omega_{ie}\sin L\delta V_E+\phi_x g+\nabla_N \tag{8.2.27b}$$

$$\dot{\phi}_x=-\frac{\delta V_N}{R}+\phi_y\omega_{ie}\sin L-\phi_z\omega_{ie}\cos L+\varepsilon_E \tag{8.2.27c}$$

$$\dot{\phi}_y=\frac{\delta V_E}{R}-\phi_x\omega_{ie}\sin L-\delta L\omega_{ie}\sin L+\varepsilon_N \tag{8.2.27d}$$

$$\dot{\phi}_z=\frac{\delta V_E}{R}\tan L+\delta L\omega_{ie}\cos L+\phi_x\omega_{ie}\cos L+\varepsilon_U \tag{8.2.27e}$$

$$\delta\dot{L}=\frac{\delta V_N}{R} \tag{8.2.27f}$$

$$\delta\dot{\lambda}=\frac{\delta V_E}{R}\sec L \tag{8.2.28}$$

5. 静基座条件下系统误差传播特性分析

将式(8.2.27)写成矩阵形式：

$$\begin{bmatrix}\delta\dot{V}_E\\ \delta\dot{V}_N\\ \delta\dot{L}\\ \dot{\phi}_x\\ \dot{\phi}_y\\ \dot{\phi}_z\end{bmatrix}=\begin{bmatrix}0 & 2\omega_{ie}\sin L & 0 & 0 & -g & 0\\ -2\omega_{ie}\sin L & 0 & 0 & g & 0 & 0\\ 0 & \frac{1}{R} & 0 & 0 & 0 & 0\\ 0 & -\frac{1}{R} & 0 & 0 & \omega_{ie}\sin L & -\omega_{ie}\cos L\\ \frac{1}{R} & 0 & -\omega_{ie}\sin L & -\omega_{ie}\sin L & 0 & 0\\ \frac{\tan L}{R} & 0 & \omega_{ie}\cos L & \omega_{ie}\cos L & 0 & 0\end{bmatrix}$$

$$\times \begin{bmatrix} \delta V_E \\ \delta V_N \\ \delta L \\ \phi_x \\ \phi_y \\ \phi_z \end{bmatrix} + \begin{bmatrix} \nabla_E \\ \nabla_N \\ 0 \\ \varepsilon_E \\ \varepsilon_N \\ \varepsilon_U \end{bmatrix} \tag{8.2.29}$$

即

$$\dot{\boldsymbol{X}}(t) = \boldsymbol{A}\boldsymbol{X}(t) + \boldsymbol{W}$$

系统误差 $\boldsymbol{X}(t)$ 由两类误差源引起：元器件误差 ∇_E、∇_N、ε_E、ε_N、ε_U；系统误差初值 $\delta V_E(0)$、$\delta V_N(0)$、$\delta L(0)$、$\phi_x(0)$、$\phi_y(0)$、$\phi_z(0)$。对上式作拉氏变换：

$$s\boldsymbol{X}(s) = \boldsymbol{A}\boldsymbol{X}(s) + \boldsymbol{X}(0) + \boldsymbol{W}(s)$$

$$\boldsymbol{X}(s) = (s\boldsymbol{I} - \boldsymbol{A})^{-1}[\boldsymbol{X}(0) + \boldsymbol{W}(s)] \tag{8.2.30}$$

系统的特征多项式为

$$\Delta(s) = |s\boldsymbol{I} - \boldsymbol{A}| = (s^2 + \omega_{ie}^2)[s^4 + 2s^2(\omega_s^2 + 2\omega_{ie}^2 \sin^2 L) + \omega_s^4]$$

式中，ω_s 为休拉频率。所以系统的特征根由下述两个方程确定：

$$s^2 + \omega_{ie}^2 = 0 \tag{8.2.31}$$

$$s^4 + 2s^2(\omega_s^2 + 2\omega_{ie}^2 \sin^2 L) + \omega_s^4 = 0 \tag{8.2.32}$$

由式(8.2.31)，得特征根

$$s_{1,2} = \pm \mathrm{j}\omega_{ie} \tag{8.2.33}$$

记式(8.2.32)左侧为 $L(s)$，则

$$\begin{aligned} L(s) &= s^4 + 2s^2(\omega_s^2 + 2\omega_{ie}^2 \sin^2 L) + \omega_s^4 \\ &= (s^2 + \omega_s^2)^2 - (\mathrm{j}2s\omega_{ie}\sin L)^2 \\ &= (s^2 + \mathrm{j}2s\omega_{ie}\sin L + \omega_s^2)(s^2 - \mathrm{j}2s\omega_{ie}\sin L + \omega_s^2) \end{aligned}$$

所以式(8.2.32)可写成

$$s^2 + \mathrm{j}2s\omega_{ie}\sin L + \omega_s^2 = 0$$

$$s^2 - \mathrm{j}2s\omega_{ie}\sin L + \omega_s^2 = 0$$

解该两方程，得

$$s_{3,4} = \frac{-\mathrm{j}2\omega_{ie}\sin L \pm \sqrt{-4\omega_{ie}^2\sin^2 L - 4\omega_s^2}}{2}$$

$$s_{5,6} = \frac{\mathrm{j}2\omega_{ie}\sin L \pm \sqrt{-4\omega_{ie}^2\sin^2 L - 4\omega_s^2}}{2}$$

由于 $\omega_s \gg \omega_{ie}\sin L$，所以

$$s_3 = -\mathrm{j}\omega_{ie}\sin L + \mathrm{j}\omega_s, \qquad s_4 = -\mathrm{j}\omega_{ie}\sin L - \mathrm{j}\omega_s$$

$$s_5 = \mathrm{j}\omega_{ie}\sin L + \mathrm{j}\omega_s, \qquad s_6 = \mathrm{j}\omega_{ie}\sin L - \mathrm{j}\omega_s$$

即

$$s_{5,4} = \pm \mathrm{j}(\omega_s + \omega_{ie}\sin L) \tag{8.2.34}$$

$$s_{3,6} = \pm \mathrm{j}(\omega_s - \omega_{ie}\sin L) \tag{8.2.35}$$

由式(8.2.33)、式(8.2.34)及式(8.2.35)，特征根 $s_{1,2}$ 对应的振荡基础项为

$$\sin\omega_{ie}t, \quad \cos\omega_{ie}t$$

特征根 $s_{5,4}$ 对应的振荡基础项为

$$\sin[(\omega_s+\omega_{ie}\sin L)t],\qquad \cos[(\omega_s+\omega_{ie}\sin L)t]$$

特征根 $s_{3,6}$ 对应的振荡基础项为

$$\sin[(\omega_s-\omega_{ie}\sin L)t],\qquad \cos[(\omega_s-\omega_{ie}\sin L)t]$$

现以 $\sin[(\omega_s+\omega_{ie}\sin L)t]$ 为例分析振荡特点：

$$\begin{aligned}\sin[(\omega_s+\omega_{ie}\sin L)t]&=\sin(\omega_s t+\sin L\omega_{ie}t)\\&=\cos(\sin L\omega_{ie}t)\sin(\omega_s t)+\sin(\sin L\omega_{ie}t)\cos(\omega_s t)\\&=a_c(t)\sin(\omega_s t)+a_s(t)\cos(\omega_s t)\end{aligned}$$

若记 $s_1(t)=a_c(t)\sin(\omega_s t)$，则 $s_1(t)$ 是 $a_c(t)=\cos(\sin L\omega_{ie}t)$ 对 $\sin(\omega_s t)$ 的调制，如图 8.2.3 所示。其中，$\omega_f=\sin L\omega_{ie}$ 称为傅科频率。

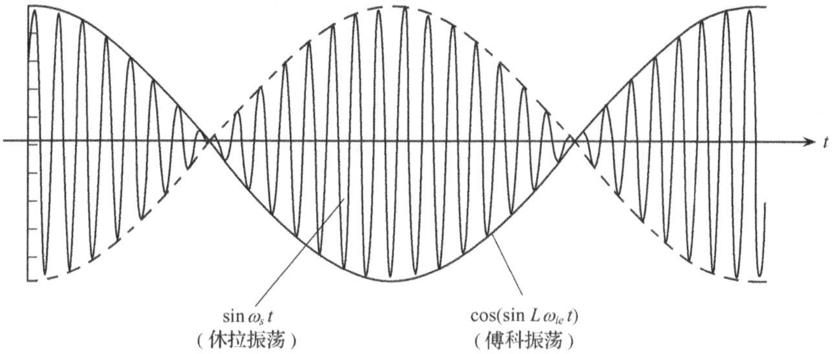

图 8.2.3　傅科振荡对休拉振荡的调制

因此惯导系统误差中存在三种频率的振荡：

(1) 地球振荡，频率为 ω_{ie}，周期为 24 小时。

(2) 傅科振荡，频率为 $\omega_{ie}\sin L$，周期随纬度而变，纬度越低，周期越长，在赤道上，傅科频率为零，傅科振荡消失，在两极，傅科振荡蜕化为地球振荡。

(3) 休拉振荡，振荡周期为 84.4 分钟。

由于傅科周期 $T_f=\dfrac{2\pi}{\omega_{ie}\sin L}=\dfrac{24}{\sin L}$ 小时，在中低纬度区域，如 $L=30°$ 处，$T_f=48$ 小时，对于工作时间数小时的惯导，$\sin L\omega_{ie}t\approx 0$，傅科振荡在系统误差中体现不明显，为简化分析，略去傅科振荡的影响，对式(8.2.30)作拉氏反变换，可得系统误差的时间解：

$$\begin{aligned}\delta V_E(t)=&\frac{g\sin L}{\omega_s^2-\omega_{ie}^2}\left(\sin\omega_{ie}t-\frac{\omega_{ie}}{\omega_s}\sin\omega_s t\right)\varepsilon_E\\&+\left(\frac{\omega_s^2-\omega_{ie}^2\cos^2 L}{\omega_s^2-\omega_{ie}^2}\cos\omega_s t-\frac{\omega_s^2\sin^2 L}{\omega_s^2-\omega_{ie}^2}\cos\omega_{ie}t-\cos^2 L\right)\varepsilon_N\\&+\frac{R}{2}\sin 2L\left(\frac{\omega_s^2}{\omega_s^2-\omega_{ie}^2}\cos\omega_{ie}t-\frac{\omega_{ie}^2}{\omega_s^2-\omega_{ie}^2}\cos\omega_s t-1\right)\varepsilon_U+\frac{\nabla_E}{\omega_s}\sin\omega_s t\end{aligned}\tag{8.2.36a}$$

$$\begin{aligned}\delta V_N(t)=&\frac{g}{\omega_s^2-\omega_{ie}^2}(\cos\omega_{ie}t-\cos\omega_s t)\varepsilon_E+\frac{g\sin L}{\omega_s^2-\omega_{ie}^2}\left(\sin\omega_{ie}t-\frac{\omega_{ie}}{\omega_s}\sin\omega_s t\right)\varepsilon_N\\&+\frac{\omega_s\cos L}{\omega_s^2-\omega_{ie}^2}(\omega_{ie}\sin\omega_s t-\omega_s)\varepsilon_U+\frac{\nabla_N}{\omega_s}\sin\omega_s t\end{aligned}\tag{8.2.36b}$$

$$\delta L(t)=\frac{\omega_s^2}{\omega_s^2-\omega_{ie}^2}\left(\frac{1}{\omega_{ie}}\sin\omega_{ie}t-\frac{1}{\omega_s}\sin\omega_s t\right)\varepsilon_E$$

$$+\left[\frac{\omega_{ie}\sin L}{\omega_s^2-\omega_{ie}^2}\left(\cos\omega_s t-\frac{\omega_s^2}{\omega_{ie}^2}\cos\omega_{ie}t\right)+\frac{\sin L}{\omega_{ie}}\right]\varepsilon_N$$

$$+\left[\frac{\omega_s^2\cos L}{\omega_{ie}(\omega_s^2-\omega_{ie}^2)}\cos\omega_{ie}t-\frac{\omega_{ie}\cos L}{\omega_s^2-\omega_{ie}^2}\cos\omega_s t-\frac{\cos L}{\omega_{ie}}\right]\varepsilon_U+\frac{\nabla_N}{g}(1-\cos\omega_s t) \quad (8.2.36\text{c})$$

$$\delta\lambda(t)=\left[\frac{\tan L}{\omega_{ie}}(1-\cos\omega_{ie}t)-\frac{\omega_{ie}\tan L}{\omega_s^2-\omega_{ie}^2}(\cos\omega_{ie}t-\cos\omega_s t)\right]\varepsilon_E$$

$$+\left[\frac{\omega_s^2-\omega_{ie}^2\cos^2 L}{\omega_s(\omega_s^2-\omega_{ie}^2)\cos L}\sin\omega_s t-\frac{\omega_s^2\tan L\sin L}{\omega_{ie}(\omega_s^2-\omega_{ie}^2)}\sin\omega_{ie}t-t\cos L\right]\varepsilon_N$$

$$+\left[\frac{\omega_s^2\sin L}{\omega_{ie}(\omega_s^2+\omega_{ie}^2)}\sin\omega_{ie}t-\frac{\omega_{ie}^2\sin L}{\omega_s(\omega_s^2+\omega_{ie}^2)}\sin\omega_s t-t\sin L\right]\varepsilon_U+\frac{\nabla_E}{g\cos L}(1-\cos\omega_s t)$$

$$(8.2.36\text{d})$$

$$\phi_x(t)=\frac{1}{\omega_s^2-\omega_{ie}^2}(\omega_s\cos\omega_s t-\omega_{ie}\sin\omega_{ie}t)\varepsilon_E+\frac{\omega_{ie}\sin L}{\omega_s^2-\omega_{ie}^2}(\cos\omega_{ie}t-\cos\omega_s t)\varepsilon_N$$

$$+\frac{\omega_{ie}\cos L}{\omega_s^2-\omega_{ie}^2}(\cos\omega_s t-\cos\omega_{ie}t)\varepsilon_U-\frac{\nabla_N}{g}(1-\cos\omega_s t) \quad (8.2.36\text{e})$$

$$\phi_y(t)=\frac{\omega_{ie}\sin L}{\omega_s^2-\omega_{ie}^2}(\cos\omega_s t-\cos\omega_{ie}t)\varepsilon_E$$

$$+\left[\frac{\omega_s^2-\omega_{ie}^2\cos^2 L}{\omega_s(\omega_s^2-\omega_{ie}^2)}\sin\omega_s t-\frac{\omega_{ie}\sin^2 L}{\omega_s^2-\omega_{ie}^2}\sin\omega_{ie}t\right]\varepsilon_N$$

$$+\frac{\omega_{ie}\sin 2L}{2(\omega_s^2-\omega_{ie}^2)}\left(\sin\omega_{ie}t-\frac{\omega_{ie}}{\omega_s}\sin\omega_s t\right)\varepsilon_U+\frac{\nabla_E}{g}(1-\cos\omega_s t) \quad (8.2.36\text{f})$$

$$\phi_z(t)=\left[\frac{\omega_{ie}\sin L\tan L}{\omega_s^2-\omega_{ie}^2}(\cos\omega_s t-\cos\omega_{ie}t)+\frac{1}{\omega_{ie}\cos L}(1-\cos\omega_{ie}t)\right]\varepsilon_E$$

$$+\frac{\omega_{ie}^2\sin 2L-2\omega_s^2\tan L}{2(\omega_s^2-\omega_{ie}^2)}\left(\frac{1}{\omega_{ie}}\sin\omega_{ie}t-\frac{1}{\omega_s}\sin\omega_s t\right)\varepsilon_N$$

$$+\left[\frac{\omega_s^2-\omega_{ie}^2\cos^2 L}{\omega_{ie}(\omega_s^2-\omega_{ie}^2)}\sin\omega_{ie}t-\frac{\omega_{ie}^2\sin^2 L}{\omega_s(\omega_s^2-\omega_{ie}^2)}\sin\omega_s t\right]\varepsilon_U+\frac{\nabla_E\tan L}{g}(1-\cos\omega_s t) \quad (8.2.36\text{g})$$

从式(8.2.36)看出，陀螺漂移引起的系统误差分三类：①振荡型，振荡周期有两种：84.4 分钟和 24 小时；②常值型；③积累型，随时间 t 线性增加。对系统精度影响大的是后两类误差，特别是积累型，引起导航精度的发散。

由式(8.2.36d)知，北向陀螺漂移和方位陀螺漂移引起经度的积累误差：

$$\delta\lambda_{积}(t)=-(\varepsilon_N\cos L+\varepsilon_U\sin L)t$$

设 $L=45°$，$\varepsilon_N=\varepsilon_U=0.01°/\text{h}$，$t=1\text{h}$，则

$$\delta\lambda_{积}=-\left[0.01\times\frac{\sqrt{2}}{2}+0.01\times\frac{\sqrt{2}}{2}\right]\times 60=-0.85(')$$

对应的大圆定位误差为 0.85n mile，接近 1n mile。所以根据陀螺精度可对惯导系统的定位精度作粗略估计：若陀螺漂移为 0.01°/h，则惯导的定位误差大约为 1n mile/h。

从式(8.2.36)可归纳出表 8.2.1 所列的定性结论。

表 8.2.1　器件误差引起的系统误差

误差源 \ 系统误差	速度	纬度	经度	ϕ_x	ϕ_y	ϕ_z
ε_E	振荡	振荡	常值	振荡	振荡	常值
ε_N	常值	常值	积累	振荡	振荡	振荡
ε_U	常值	常值	积累	振荡	振荡	振荡
∇_E	振荡	0	常值	0	常值	常值
∇_N	0	常值	0	常值	0	0

用类似方法可分析由误差初值引起的系统误差，此处不再作详细分析，而只给出结论：由误差初值引起的系统误差几乎都是振荡型的，振荡周期也有三种：休拉周期、地球周期和傅科周期，仅 $\phi_y(0)$和 $\phi_z(0)$引起经度和方位的常值误差。

上述结论虽然是分析指北方位系统后得出的，但实际上也适用于其余系统。这是由于所有惯导系统都源于基本方程，仅导航坐标系选取不一样，使系统的力学编排存在差异，本质上各系统是等效的。

惯导系统的误差分析也可通过计算机仿真来完成，此时获得的是系统误差的数值解。具体做法大致为：根据假设的飞行轨迹解算出飞机的真实导航参数，如速度、纬度、经度等，采用四阶龙格-库塔算法联立求解式(8.2.19)、式(8.2.24)、式(8.2.15)和式(8.2.16)微分方程组。

8.2.3　游移方位惯导系统误差方程

游移方位系统克服了指北方位系统在高纬度地区不能正常工作的问题，与自由方位系统相比导航计算量相对较低，所以是平台式惯导系统设计中的主选系统，一度作为航空标准惯导的 LTN-72 系列平台式惯导就属于此类系统，国产平台式航空惯导也都选用此设计方案。为便于在系统误差的计算机仿真分析和组合导航系统卡尔曼滤波器设计中的应用，此处详细推导游移方位系统的误差方程。

1. 速度误差方程

记游移方位系统的理想平台坐标系为 W，实际平台坐标系为 P。则由比力方程(7.4.7)，无误差速度由下式确定：

$$\dot{\boldsymbol{V}}^W = \boldsymbol{f}^W - (2\,\boldsymbol{\omega}_{ie}^W + \boldsymbol{\omega}_{eW}^W) \times \boldsymbol{V}^W + \boldsymbol{g}^W \tag{8.2.37}$$

而实际系统总存在误差，系统输出的速度按下式解算：

$$\dot{\boldsymbol{V}}^c = \boldsymbol{f}^c - (2\boldsymbol{\omega}_{ie}^c + \boldsymbol{\omega}_{eW}^c) \times \boldsymbol{V}^c + \boldsymbol{g}^c \tag{8.2.38}$$

式中，$\boldsymbol{V}^c = \boldsymbol{V}^W + \delta\boldsymbol{V}^W$，$\boldsymbol{\omega}_{ie}^c = \boldsymbol{\omega}_{ie}^W + \delta\boldsymbol{\omega}_{ie}^W$，$\boldsymbol{\omega}_{eW}^c = \boldsymbol{\omega}_{eW}^W + \delta\boldsymbol{\omega}_{eW}^W$，$\boldsymbol{g}^c = \boldsymbol{g}^W + \delta\boldsymbol{g}^W$。

设平台的姿态误差角为 $\phi^W = [\phi_x \quad \phi_y \quad \phi_z]^T$，加速度计的偏置量为

$$\nabla^W = [\nabla_x \quad \nabla_y \quad \nabla_z]^T$$

则由式(8.2.38)，得

$$\begin{aligned}\dot{\boldsymbol{V}}^W + \delta\dot{\boldsymbol{V}}^W = &(\boldsymbol{I} + [\delta\boldsymbol{K}_A])(\boldsymbol{I} + [\delta\boldsymbol{A}])\boldsymbol{C}_W^P\boldsymbol{f}^W - [\boldsymbol{2}(\boldsymbol{\omega}_{ie}^W + \delta\boldsymbol{\omega}_{ie}^W) \\ &+ (\boldsymbol{\omega}_{eW}^W + \delta\boldsymbol{\omega}_{eW}^W)] \times (\boldsymbol{V}^W + \delta\boldsymbol{V}^W) + \boldsymbol{g}^W + \delta\boldsymbol{g}^W + \nabla^W\end{aligned} \tag{8.2.39}$$

式中，$\boldsymbol{I}$ 为 3×3 的单位阵，$[\delta\boldsymbol{A}]$为加速度计的安装误差阵，$[\delta\boldsymbol{K}_A]$为刻度系数误差阵

$$\boldsymbol{C}_W^P = \boldsymbol{I} + [\boldsymbol{E}]$$

式中

$$[\boldsymbol{E}]=\begin{bmatrix}0 & \phi_z & -\phi_y\\ -\phi_z & 0 & \phi_x\\ \phi_y & -\phi_x & 0\end{bmatrix} \tag{8.2.40}$$

为简化分析,假设

$$[\delta\boldsymbol{A}]=\operatorname{diag}[\delta A_x \quad \delta A_y \quad \delta A_z]$$

$$[\delta\boldsymbol{K}_A]=\operatorname{diag}[\delta K_{Ax} \quad \delta K_{Ay} \quad \delta K_{Az}]$$

将式(8.2.39)与式(8.2.37)左右两边相减,略去关于误差的二阶小量,得

$$\begin{aligned}\delta\dot{\boldsymbol{V}}^W=&([\delta\boldsymbol{A}]+[\delta\boldsymbol{K}_A]+[\boldsymbol{E}])\boldsymbol{f}^W-(2\boldsymbol{\omega}_{ie}^W+\boldsymbol{\omega}^{\omega}{}_{eW}^{W})\times\Delta\boldsymbol{V}^W\\&-(2\delta\boldsymbol{\omega}_{ie}^W+\delta\boldsymbol{\omega}_{eW}^W)\times\boldsymbol{V}^W+\delta\boldsymbol{g}^W+\nabla^W\end{aligned} \tag{8.2.41}$$

式中

$$\boldsymbol{\omega}_{ie}^W=\begin{bmatrix}\omega_{ie}\cos L\sin\alpha\\ \omega_{ie}\cos L\cos\alpha\\ \omega_{ie}\sin L\end{bmatrix} \tag{8.2.42a}$$

$$\boldsymbol{\omega}_{eW}^W=\begin{bmatrix}-\dfrac{V_y^W}{R}\\ \dfrac{V_x^W}{R}\\ 0\end{bmatrix} \tag{8.2.42b}$$

$$\delta\boldsymbol{\omega}_{ie}^W=\boldsymbol{\omega}_{ie}^c-\boldsymbol{\omega}_{ie}^W=\begin{bmatrix}\omega_{ie}\cos L^c\sin\alpha^c\\ \omega_{ie}\cos L^c\cos\alpha^c\\ \omega_{ie}\sin L^c\end{bmatrix}-\begin{bmatrix}\omega_{ie}\cos L\sin\alpha\\ \omega_{ie}\cos L\cos\alpha\\ \omega_{ie}\sin L\end{bmatrix}=\omega_{ie}\begin{bmatrix}\delta\alpha\cos L\cos\alpha-\delta L\sin L\sin\alpha\\ -\delta\alpha\cos L\sin\alpha-\delta L\sin L\cos\alpha\\ \delta L\cos L\end{bmatrix}$$

$$\delta\boldsymbol{\omega}^{\omega}{}_{eW}^{W}=\boldsymbol{\omega}_{eW}^c-\boldsymbol{\omega}_{eW}^W=\begin{bmatrix}-\dfrac{V_y^c}{R^c}\\ \dfrac{V_x^c}{R}\\ 0\end{bmatrix}-\begin{bmatrix}-\dfrac{V_y^W}{R}\\ \dfrac{V_x^W}{R}\\ 0\end{bmatrix}=\begin{bmatrix}-\dfrac{V_y^W+\Delta V_y}{R+h+\Delta h}\\ \dfrac{V_x^W+\Delta V_x}{R+h+\Delta h}\\ 0\end{bmatrix}-\begin{bmatrix}-\dfrac{V_y^W}{R}\\ \dfrac{V_x^W}{R}\\ 0\end{bmatrix} \tag{8.2.42c}$$

按泰勒级数展开$(R+h+\Delta h)^{-1}$,并取一次项,则上式为

$$\delta\boldsymbol{\omega}_{eW}^W=\begin{bmatrix}-\dfrac{\delta V_y}{R}+\dfrac{V_y^W}{R^2}\delta h\\ \dfrac{\delta V_x}{R}-\dfrac{V_x^W}{R^2}\delta h\\ 0\end{bmatrix} \tag{8.2.42d}$$

将式(8.2.42)代入式(8.2.41)

$$
\begin{bmatrix} \delta\dot{V}_x \\ \delta\dot{V}_y \\ \delta\dot{V}_z \end{bmatrix} = \begin{bmatrix} \delta A_x + \delta K_{Ax} & \phi_z & -\phi_y \\ -\phi_z & \delta A_y + \delta K_{Ay} & \phi_x \\ \phi_y & -\phi_x & \delta A_z + \delta K_{Az} \end{bmatrix} \begin{bmatrix} f_x^W \\ f_y^W \\ f_z^W \end{bmatrix}
$$

$$
+ \begin{bmatrix} 0 & -\delta V_z & \delta V_y \\ \delta V_z & 0 & -\delta V_x \\ -\delta V_y & \delta V_x & 0 \end{bmatrix} \begin{bmatrix} 2\omega_{ie}\cos L\sin\alpha - \dfrac{V_y^W}{R} \\ 2\omega_{ie}\cos L\cos\alpha + \dfrac{V_x^W}{R} \\ 2\omega_{ie}\sin L \end{bmatrix} + \begin{bmatrix} 0 & -V_z^W & V_y^W \\ V_z^W & 0 & -V_x^W \\ -V_y^W & V_x^W & 0 \end{bmatrix}
$$

$$
\times \begin{bmatrix} 2\delta\alpha\omega_{ie}\cos L\cos\alpha - 2\delta L\omega_{ie}\sin L\sin\alpha - \dfrac{\delta V_y}{R} + \dfrac{V_y^W}{R^2}\delta h \\ -2\delta\alpha\omega_{ie}\cos L\sin\alpha - 2\delta L\omega_{ie}\sin L\cos\alpha + \dfrac{\delta V_x}{R} - \dfrac{V_x^W}{R^2}\delta h \\ 2\delta L\omega_{ie}\cos L \end{bmatrix} + \begin{bmatrix} \delta g_x \\ \delta g_y \\ \delta g_z \end{bmatrix} + \begin{bmatrix} \nabla_x \\ \nabla_y \\ \nabla_z \end{bmatrix}
$$

展开上式，则得速度误差的分量方程：

$$
\begin{aligned}
\delta\dot{V}_x = & (\delta A_x + \delta K_{Ax}) f_x^W + \phi_z f_y^W - \phi_y f_z^W - \delta V_x \frac{V_z^W}{R} + \delta V_y \cdot 2\omega_{ie}\sin L \\
& - \delta V_z \left(2\omega_{ie}\cos L\cos\alpha + \frac{V_x^W}{R}\right) + \delta\alpha \cdot 2\omega_{ie}\cos L\sin\alpha V_z^W \\
& + \delta L \cdot 2\omega_{ie}(V_z^W \sin L\cos\alpha + V_y^W \cos L) + \delta h \frac{V_x^W V_z^W}{R^2} + \delta g_x + \nabla_x
\end{aligned} \tag{8.2.43a}
$$

$$
\begin{aligned}
\delta\dot{V}_y = & (\delta A_y + \delta K_{Ay}) f_y^W - \phi_z f_x^W + \phi_x f_z^W - \delta V_y \frac{V_z^W}{R} - \delta V_x \cdot 2\omega_{ie}\sin L \\
& + \delta V_z \left(2\omega_{ie}\cos L\sin\alpha - \frac{V_y^W}{R}\right) + \delta\alpha \cdot 2\omega_{ie}\cos L\cos\alpha V_z^W \\
& - \delta L \cdot 2\omega_{ie}(V_z^W \sin L\sin\alpha + V_x^W \cos L) + \delta h \frac{V_y^W V_z^W}{R^2} + \delta g_y + \nabla_y
\end{aligned} \tag{8.2.43b}
$$

$$
\begin{aligned}
\delta\dot{V}_z = & (\delta A_z + \delta K_{Az}) f_z^W + \phi_y f_x^W - \phi_x f_y^W + \delta V_x \cdot 2\left(\omega_{ie}\cos L\cos\alpha + \frac{V_x^W}{R}\right) \\
& - \delta V_y \cdot 2\left(\omega_{ie}\cos L\sin\alpha - \frac{V_y^W}{R}\right) - \delta\alpha \cdot 2\omega_{ie}\cos L(V_x^W \sin\alpha + V_y^W \cos\alpha) \\
& + \delta L \cdot 2\omega_{ie}\sin L(V_y^W \sin\alpha - V_x^W \cos\alpha) - \delta h \frac{V_x^{W^2} + V_y^{W^2}}{R^2} + \delta g_z + \nabla_z
\end{aligned} \tag{8.2.43c}
$$

2. 姿态误差方程

由于 $\boldsymbol{\phi}$ 是实际平台系 P 相对理想平台系 T 的旋转角矢量，所以

$$\dot{\boldsymbol{\phi}} = \boldsymbol{\omega}_{TP}$$

而 $\boldsymbol{\omega}_{TP} = \boldsymbol{\omega}_{iP} - \boldsymbol{\omega}_{iT}$，即

$$\dot{\boldsymbol{\phi}}^P = \boldsymbol{\omega}_{iP}^P - \boldsymbol{C}_T^P \boldsymbol{\omega}_{iT}^T \tag{8.2.44}$$

式中

$$\boldsymbol{\omega}_{iP}^P = (\boldsymbol{I} + [\delta \boldsymbol{K}_G])\boldsymbol{\omega}_{\text{cmd}}^P + \boldsymbol{\varepsilon}^P \tag{8.2.45}$$

式中，$\boldsymbol{\varepsilon}^P$ 为陀螺漂移，$\boldsymbol{\omega}_{\text{cmd}}^P$ 是指令角速度，如果导航坐标系 n（即为 T 系）的实际角速度为 $\boldsymbol{\omega}_{iT}^T$，而系统计算得的角速度为 $\boldsymbol{\omega}_{iT}^c$，则该计算值中既包含有 $\boldsymbol{\omega}_{iT}^T$，又包含有误差 $\delta\boldsymbol{\omega}_{iT}$，即加入系统的指令角速度为

$$\boldsymbol{\omega}_{\text{cmd}}^P = \boldsymbol{\omega}_{iT}^c = \boldsymbol{\omega}_{iT}^T + \delta\boldsymbol{\omega}_{iT} \tag{8.2.46}$$

将式(8.2.46)代入式(8.2.45)再代入式(8.2.44)，得

$$\begin{aligned}
\dot{\boldsymbol{\phi}}^P &= (\boldsymbol{I} + [\delta \boldsymbol{K}_G])(\boldsymbol{\omega}_{iT}^T + \delta\boldsymbol{\omega}_{iT}) + \varepsilon^P - \boldsymbol{C}_T^P \boldsymbol{\omega}_{iT}^T \\
&= \boldsymbol{\omega}_{iT}^T + [\delta \boldsymbol{K}_G]\boldsymbol{\omega}_{iT}^T + \delta\boldsymbol{\omega}_{iT} + \boldsymbol{\varepsilon}^P - (\boldsymbol{I} + [\boldsymbol{E}])\boldsymbol{\omega}_{iT}^T \\
&= [\delta \boldsymbol{K}_G]\boldsymbol{\omega}_{iT}^T + \delta\boldsymbol{\omega}_{iT} - [\boldsymbol{E}]\boldsymbol{\omega}_{iT}^T + \boldsymbol{\varepsilon}^P
\end{aligned}$$

将式(8.2.40)和式(8.2.42)代入上式，得

$$\begin{bmatrix} \dot{\phi}_x \\ \dot{\phi}_y \\ \dot{\phi}_z \end{bmatrix} = \begin{bmatrix} \delta K_{Gx} & 0 & 0 \\ 0 & \delta K_{Gy} & 0 \\ 0 & 0 & \delta K_{Gz} \end{bmatrix} \begin{bmatrix} \omega_{ie} \cos L \sin\alpha - \dfrac{V_y^W}{R} \\ \omega_{ie} \cos L \cos\alpha + \dfrac{V_x^W}{R} \\ \omega_{ie} \sin L \end{bmatrix}$$

$$+ \begin{bmatrix} \delta\alpha\omega_{ie} \cos L \cos\alpha - \delta L \omega_{ie} \sin L \sin\alpha - \dfrac{\delta V_y}{R} + \dfrac{V_y^W}{R^2}\delta h \\ -\delta\alpha\omega_{ie} \cos L \sin\alpha - \delta L \omega_{ie} \sin L \cos\alpha + \dfrac{\delta V_x}{R} - \dfrac{V_x^W}{R^2}\delta h \\ \delta h \omega_{ie} \cos L \end{bmatrix}$$

$$- \begin{bmatrix} 0 & \phi_z & -\phi_y \\ -\phi_z & 0 & \phi_x \\ \phi_y & -\phi_x & 0 \end{bmatrix} \begin{bmatrix} \omega_{ie} \cos L \sin\alpha - \dfrac{V_y^W}{R} \\ \omega_{ie} \cos L \cos\alpha + \dfrac{V_x^W}{R} \\ \omega_{ie} \sin L \end{bmatrix} + \begin{bmatrix} \varepsilon_x \\ \varepsilon_y \\ \varepsilon_z \end{bmatrix}$$

展开上式，得姿态误差方程：

$$\dot{\phi}_x = \delta K_{Gx}\left(\omega_{ie}\cos L\sin\alpha - \frac{V_y^W}{R}\right) + \delta\alpha\omega_{ie}\cos L\cos\alpha - \delta L\omega_{ie}\sin L\sin\alpha$$

$$-\frac{\delta V_y}{R} + \frac{V_y^W}{R^2}\delta h - \phi_z\left(\omega_{ie}\cos L\cos\alpha + \frac{V_x^W}{R}\right) + \phi_y\omega_{ie}\sin L + \varepsilon_x \tag{8.2.47a}$$

$$\dot{\phi}_y = \delta K_{Gy}\left(\omega_{ie}\cos L\cos\alpha + \frac{V_x^W}{R}\right) - \delta\alpha\omega_{ie}\cos L\sin\alpha - \delta L\omega_{ie}\sin L\cos\alpha$$

$$+\frac{\delta V_x}{R} - \frac{V_x^W}{R^2}\delta h + \phi_z\left(\omega_{ie}\cos L\sin\alpha - \frac{V_y^W}{R}\right) - \phi_x\omega_{ie}\sin L + \varepsilon_y \tag{8.2.47b}$$

$$\dot{\phi}_z = \delta K_{Gz}\omega_{ie}\sin L + \delta L\omega_{ie}\cos L - \phi_y\left(\omega_{ie}\cos L\sin\alpha - \frac{V_y^W}{R}\right)$$

$$+\phi_x\left(\omega_{ie}\cos L\cos\alpha + \frac{V_x^W}{R}\right) + \varepsilon_z \tag{8.2.47c}$$

3. 定位误差方程

由于 $\boldsymbol{V}^g = \boldsymbol{C}_W^g\boldsymbol{V}^W$，即

$$\begin{bmatrix} V_E \\ V_N \\ V_U \end{bmatrix} = \begin{bmatrix} \cos\alpha & -\sin\alpha & 0 \\ \sin\alpha & \cos\alpha & 0 \\ 0 & 0 & 1 \end{bmatrix}\begin{bmatrix} V_x^W \\ V_y^W \\ V_z^W \end{bmatrix} = \begin{bmatrix} V_x^W\cos\alpha - V_y^W\sin\alpha \\ V_x^W\sin\alpha + V_y^W\cos\alpha \\ V_z^W \end{bmatrix}$$

所以

$$\dot{L} = \frac{V_N}{R} = \frac{1}{R}(V_x^W\sin\alpha + V_y^W\cos\alpha)$$

$$\dot{\lambda} = \frac{V_E}{R\cos L} = \frac{1}{R\cos L}(V_x^W\cos\alpha - V_y^W\sin\alpha)$$

$$\dot{h} = V_z$$

$$\dot{\alpha} = -\frac{V_E}{R}\tan L = \frac{1}{R}(V_y^W\sin\alpha - V_x^W\cos\alpha)\tan L$$

上述诸式中，诸量用理论值与误差量之和代替之，取一阶全增量，得

$$\delta\dot{L} = \frac{1}{R}\left(\delta V_x\sin\alpha + \delta V_y\cos\alpha + \delta\alpha V_E - \delta h\frac{V_N}{R}\right) \tag{8.2.48a}$$

$$\delta\dot{\lambda} = \frac{1}{R\cos L}\left(\delta V_x\cos\alpha - \delta V_y\sin\alpha - \delta\alpha V_N + \delta L V_E\tan L - \delta h\frac{V_E}{R}\right) \tag{8.2.48b}$$

$$\delta\dot{h} = \delta V_z \tag{8.2.48c}$$

$$\delta\dot{\alpha}=\frac{\tan L}{R}(\delta V_y\sin\alpha-\delta V_x\cos\alpha+\delta\alpha V_N)+\delta L\frac{V_E}{R\cos^2 L}+\delta h\frac{V_E\tan L}{R^2} \tag{8.2.48d}$$

式中

$$V_E=V_x^W\cos\alpha-V_y^W\sin\alpha, V_N=V_x^W\sin\alpha+V_y^W\cos\alpha$$

4. 航向误差

由式(8.1.36),航向角

$$\Psi=\Psi_{Tb}-\alpha$$

在实际系统中,航向由实测平台航向 Ψ_{Pb} 和系统解算得的游移方位角 α_c 确定:

$$\Psi^c=\Psi_{Pb}-\alpha_c$$

式中,$\alpha_c=\alpha+\delta\alpha$,$\Psi_{Pb}$ 与 Ψ_{Tb} 间的关系如图 8.2.4 所示。由图 8.2.4 得

$$\Psi_{Pb}=\Psi_{Tb}+\phi_z$$

所以

$$\begin{aligned}\delta\Psi&=\Psi^c-\Psi\\&=\Psi_{Tb}+\phi_z-(\alpha+\delta\alpha)-(\Psi_{Tb}-\alpha)\\&=\phi_z-\delta\alpha\end{aligned} \tag{8.2.49}$$

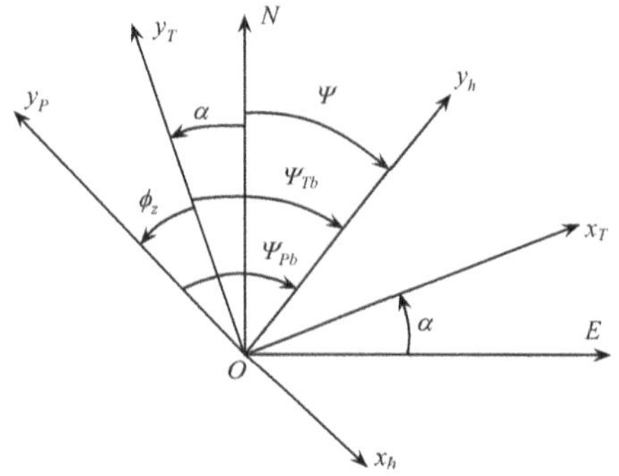

图 8.2.4 ψ_{Pb} 与 ψ_{Tb} 间的关系

假设 ϕ_z 和 $\delta\alpha$ 都是零均值的随机过程,且两者不相关,则航向误差的方差为

$$\mathrm{var}[\delta\Psi]=E[(\phi_z-\delta\alpha)^2]=\mathrm{var}[\phi_z]+\mathrm{var}[\delta\alpha] \tag{8.2.50}$$

8.3 平台式惯导系统的初始对准

在平台式惯导系统进入导航工作状态之前需要建立初始基准,如控制平台旋转使平台坐标系与导航坐标系 n 重合,计算出自由方位角或游移方位角等。这种为惯导系统建立初始基准的过程称为初始对准。初始对准使平台各轴的实际指向与要求指向间的偏差角不超过允许的误差范围,如水平误差不超过 10″,方位误差在 2′~5′以内。实现初始对准的方法有:静基座上(运载体静止不动)的自主式对准,动基座上的传递对准,组合导航空中对准。此处只介绍静基座上的自主式对准,即利用自然参考量 $\boldsymbol{\omega}_{ie}$ 和 $\boldsymbol{g}$ 由系统自行完成的对准。由于 $\boldsymbol{\omega}_{ie}^n$ 在地球不同点是不相同的,所以自对准过程中,必须精确知道对准地点的纬度。

水平式平台惯导在初始对准之前先作环架锁定,即利用环架同步器输出直接驱动同轴上的力矩马达,使各轴接近互相正交,处于倾倒状态的平台被快速扶正。由于诸如飞机和舰船之类的运载体在停放时基本处于水平状态,所以扶正后的平台水平误差角在一定数值范围内,可视为小角,系统误差方程可视为线性的,这对简化对准过程是有利的。

8.3.1 指北方位系统的初始对准

指北方位系统的导航坐标系是地理坐标系,所以初始对准的目的是要控制平台旋转,使平台轴(由台体上的陀螺和加速度计的敏感轴确定)与地理坐标系的东、北、天指向重合。

指北方位系统的初始对准包括水平对准和方位对准两个过程。系统首先完成水平对准，此过程中仅系统的水平通道参与工作。水平对准结束后方位通道也参与工作，进行方位对准。

设对准地的纬度为 L（准确已知），忽略速度误差间的交叉耦合，则由式(8.2.27)，得静基座条件下的系统误差方程为

$$\delta\dot{V}_E = -\phi_y g + \nabla_E \tag{8.3.1a}$$

$$\delta\dot{V}_N = \phi_x g + \nabla_N \tag{8.3.1b}$$

$$\dot{\phi}_x = -\frac{\delta V_N}{R} + \phi_y \omega_{ie} \sin L - \phi_z \omega_{ie} \cos L + \varepsilon_E \tag{8.3.1c}$$

$$\dot{\phi}_y = \frac{\delta V_E}{R} - \phi_x \omega_{ie} \sin L + \varepsilon_N \tag{8.3.1d}$$

$$\dot{\phi}_z = \frac{\delta V_E}{R} \tan L + \phi_x \omega_{ie} \cos L + \varepsilon_U \tag{8.3.1e}$$

1. 水平对准

快速扶正后，用水平加速度计输出控制横滚环电机和俯仰环电机，驱动平台使水平加速度计的输出减小，这一过程即为水平粗对准，此时平台已接近水平。设平台的水平轴与东向和北向间的夹角为 K，如图 8.3.1 所示。此时 x 陀螺和 y 陀螺都能感测到地球自转角速度的北向分量。设 x 陀螺和 y 陀螺的输出分别为 ω_{x0} 和 ω_{y0}，则

$$\omega_{x0} \approx \omega_{ie} \cos L \sin K$$

$$\omega_{y0} \approx \omega_{ie} \cos L \cos K$$

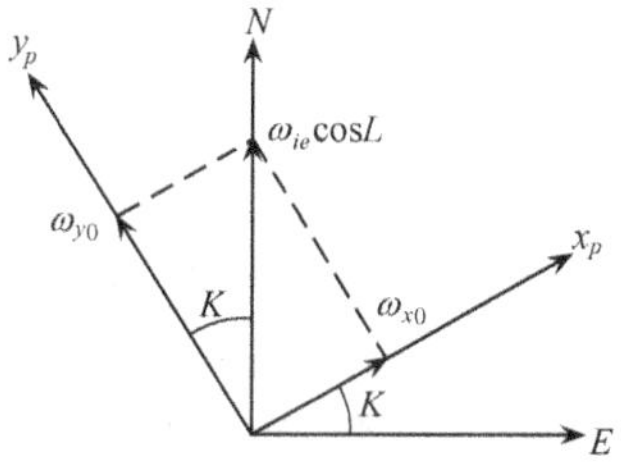

图 8.3.1　平台的方位粗对准

所以 $K_主 \approx \arctan \frac{\omega_{x0}}{\omega_{y0}}$，按表 8.3.1 判定真值 K 后，对方位陀螺施矩，驱动平台绕方位轴旋转，当旋转角位移达到 $-K$ 时，平台的方位失准角 ϕ_z 是小角，这一过程即为方位粗对准。

表 8.3.1　方位失准角 K 的真值确定

ω_{x0} \ ω_{y0}	+	—
+	$K=K_主$	$180°+K_主$
—	$360°+K_主$	$180°+K_主$

平台经水平粗对准和方位粗对准后，水平失准角和方位失准角都可视为小角，ϕ_x 和 ϕ_y 间的交叉耦合可忽略，此时水平通道的误差方程可简化为

$$\delta\dot{V}_E = -\phi_y g + \nabla_E \tag{8.3.2a}$$

$$\dot{\phi}_y = \frac{\delta V_E}{R} + \varepsilon_N \tag{8.3.2b}$$

$$\delta\dot{V}_N = \phi_x g + \nabla_N \tag{8.3.3a}$$

$$\dot{\phi}_x = -\frac{\delta V_N}{R} - \phi_z \omega_{ie} \cos L + \varepsilon_E \tag{8.3.3b}$$

按式(8.3.2)和式(8.3.3)可画出东向通道和北向通道误差方块图，如图 8.3.2 和图 8.3.3 所示。

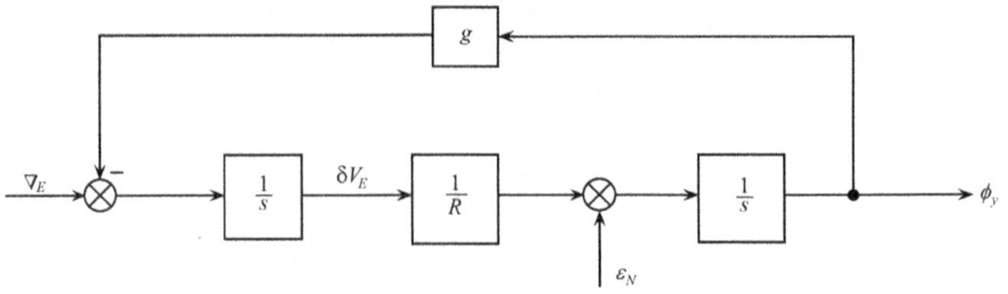

图 8.3.2　指北系统东向通道误差方块图

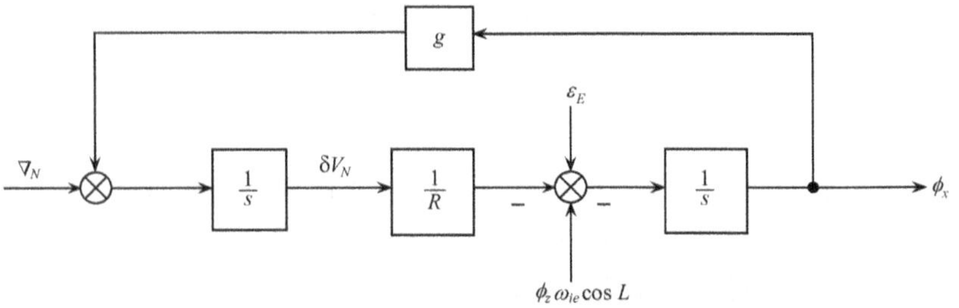

图 8.3.3　指北系统北向通道误差方块图

由图 8.3.2 和图 8.3.3 可看出，东向通道和北向通道实质上是休拉回路，ϕ_x 和 ϕ_y 做无阻尼振荡，且振荡周期为 84.4 分钟。为了引进阻尼，提高快速性和精度，分别引入虚线、点画线和双点画线内反馈，如图 8.3.4 和图 8.3.5 所示。

$$\frac{\phi_x(s)}{\nabla_N(s)}=\frac{\dfrac{1}{s+K_1}\cdot\dfrac{1}{R}\cdot(-1)\cdot\dfrac{1}{s}}{1-\dfrac{1}{s+K_1}\cdot\dfrac{1}{R}\cdot(-1)\cdot\dfrac{1}{s}g}=-\frac{\dfrac{1}{R}}{s^2+K_1 s+\omega_s^2}$$

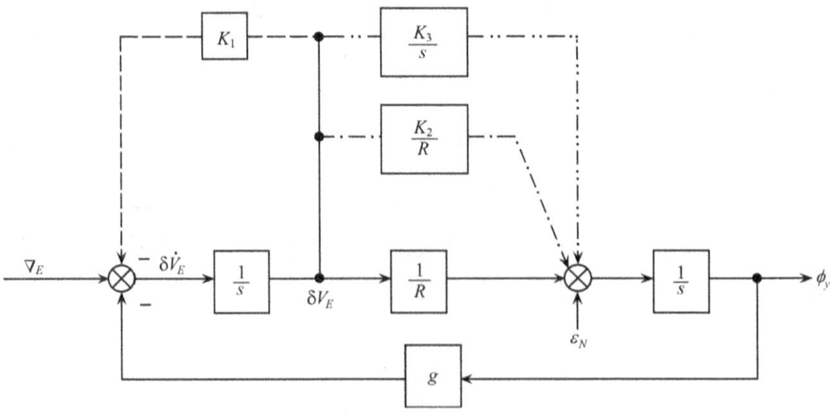

图 8.3.4　指北系统水平对准回路的东向通道

现以北向通道为例，分析水平对准回路的特性。

(1) 根据图 8.3.5，当仅引入虚线所示 K_1 内反馈环节时，北向通道的特征多项式为

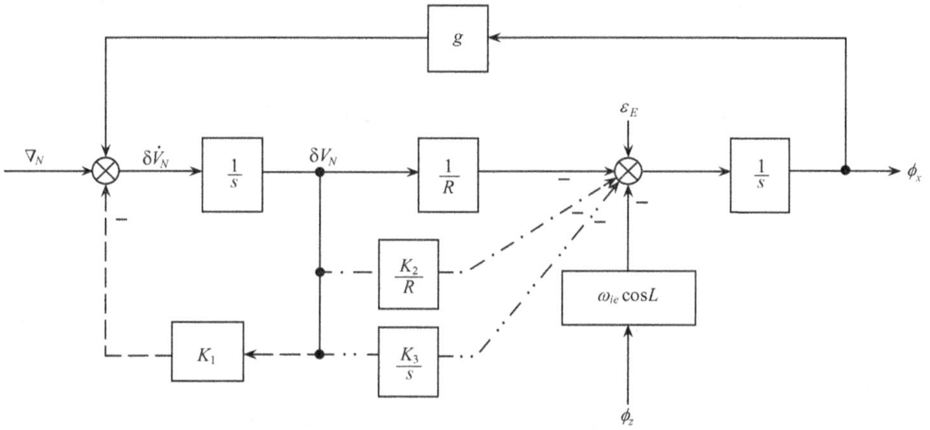

图 8.3.5　指北系统水平对准回路的北向通道

$$\Delta_1(s)=s^2+K_1s+\omega_s^2$$

阻尼比为 $\xi=\dfrac{K_1}{2\omega_s}$，自振频率为 $\omega_n=\omega_s$。

可见系统虽然引入了阻尼比 ξ，ϕ_x 能收敛，但收敛速度非常慢，84.4 分钟才完成一个周期的衰减，该回路因此称为二阶慢型水平对准回路。

(2) 引入 K_1 后，再接入 $\dfrac{K_2}{R}$ 点画线顺馈回路，此时

$$\frac{\phi_x(s)}{\nabla_N(s)}=\frac{\dfrac{1}{s+K_1}\cdot\dfrac{1+K_2}{R}\cdot(-1)\cdot\dfrac{1}{s}}{1-\dfrac{1}{s+K_1}\cdot\dfrac{1+K_2}{R}\cdot(-1)\cdot\dfrac{1}{s}g}=-\frac{\dfrac{1+K_2}{R}}{s^2+K_1s+(1+K_2)\omega_s^2}$$

系统的特征多项式为

$$\Delta_2(s)=s^2+K_1s+(1+K_2)\omega_s^2$$

阻尼比为 $\xi=\dfrac{K_1}{2\sqrt{1+K_2}\omega_s}$，自振频率为 $\omega_n=\sqrt{1+K_2}\omega_s$，适当选择 K_2 可加快收敛，该回路称为二阶快型水平对准回路。

现再分析对准精度。假设 ∇_N、ε_E 和 ϕ_z 均看作常值，则根据图 8.3.5 得

$$\phi_x(s)=\frac{\left(\dfrac{\varepsilon_E}{s}-\dfrac{\phi_z\omega_{ie}\cos L}{s}\right)\dfrac{1}{s}+\dfrac{\nabla_N}{s}\cdot\dfrac{1}{s+K_1}\cdot\dfrac{1+K_2}{R}\cdot(-1)\cdot\dfrac{1}{s}}{1-\dfrac{1}{s+K_1}\cdot\dfrac{1+K_2}{R}\cdot(-1)\cdot\dfrac{1}{s}g}$$

$$=\frac{(s+K_1)\left(\dfrac{\varepsilon_E}{s}-\dfrac{\phi_z\omega_{ie}\cos L}{s}\right)-\dfrac{\nabla_N}{s}\cdot(1+K_2)\omega_s^2\cdot\dfrac{1}{g}}{s^2+K_1s+(1+K_2)\omega_s^2}$$

对准的稳态误差为

$$\phi_{xss}=\lim_{s\to0}s\phi_x(s)=\frac{K_1}{(1+K_2)\omega_s^2}(\varepsilon_E-\phi_z\omega_{ie}\cos L)-\frac{\nabla_N}{g}$$

(3) 为了消除 ε_E 和 ϕ_z 对 ϕ_x 的影响，在引入 K_1 和 $\dfrac{K_2}{R}$ 后再引入 $\dfrac{K_3}{s}$ 顺馈回路，如图 8.3.5 中双点画线所示，此时

$$\phi_x(s)=\frac{\left(\dfrac{\varepsilon_E}{s}-\dfrac{\phi_z\omega_{ie}\cos L}{s}\right)\dfrac{1}{s}+\dfrac{\nabla_N}{s}\cdot\dfrac{1}{s+K_1}\cdot\left(\dfrac{1+K_2}{R}+\dfrac{K_3}{s}\right)\cdot(-1)\cdot\dfrac{1}{s}}{1-\dfrac{1}{s+K_1}\cdot\left(\dfrac{1+K_2}{R}+\dfrac{K_3}{s}\right)\cdot(-1)\cdot\dfrac{1}{s}g}$$

$$=\frac{(s+K_1)(\varepsilon_E-\phi_z\omega_{ie}\cos L)-\nabla_N\cdot\left(\dfrac{1+K_2}{R}+\dfrac{K_3}{s}\right)}{s^3+K_1s^2+(1+K_2)\omega_s^2s+gK_3}$$

系统的特征多项式为

$$\Delta_3(s)=s^3+K_1s^2+(1+K_2)\omega_s^2s+gK_3 \tag{8.3.4}$$

所以该对准回路称为三阶水平对准回路，ϕ_x 达到的稳态值，即对准精度为

$$\phi_{xss}=\lim_{s\to 0}s\phi_x(s)=-\frac{\nabla_N}{g} \tag{8.3.5}$$

从式(8.3.5)知，三阶水平对准回路的对准精度不受 K_1、K_2、K_3 的影响，所以根据对准的收敛速度来选这些参数。

设根据快速性要求，要求对准回路的衰减系数为 σ，阻尼自振频率为 ω_d，则三阶系统的特征根应为

$$s_1=-\sigma,\qquad s_2=-\sigma+\mathrm{j}\omega_d,\qquad s_3=-\sigma-\mathrm{j}\omega_d$$

所以特征多项式为

$$\begin{aligned}\Delta_3(s)&=(s+\sigma)(s+\sigma-\mathrm{j}\omega_d)(s+\sigma+\mathrm{j}\omega_d)\\&=s^3+3\sigma s^2+(3\sigma^2+\omega_d^2)s+\sigma^3+\sigma\omega_d^2\end{aligned} \tag{8.3.6}$$

比较式(8.3.4)和式(8.3.6)的系数，得

$$K_1=3\sigma,\quad (K_2+1)\omega_s^2=3\sigma^2+\omega_d^2,\quad gK_3=\sigma^3+\sigma\omega_d^2$$

即

$$K_1=3\sigma,\quad K_2=\frac{3\sigma^2+\omega_d^2}{\omega_s^2}-1,\quad K_3=\frac{\sigma^3+\sigma\omega_d^2}{g}$$

若已知系统要求的阻尼比为 ξ，衰减系数为 σ，则

$$K_1=3\sigma,\quad K_2=\frac{\sigma^2}{\omega_s^2}\left(2+\frac{1}{\xi^2}\right)-1,\quad K_3=\frac{\sigma^3}{g\xi^2}$$

对东向通道的分析与上述分析方法是类似的，读者可自行进行。采用三阶水平对准回路时，ϕ_y 达到的稳态值为

$$\phi_{yss}=\frac{\nabla_E}{g} \tag{8.3.7}$$

式(8.3.5)和式(8.3.7)给出了惯导系统的水平对准极限精度，可见水平对准精度取决于水平加速度计的精度。

2. 方位对准

1) 罗经法对准

指北方位系统的方位对准是指控制平台绕方位轴旋转，使平台的 y_P 轴指向北。经过方位

粗对准和水平精对准，水平失准角已达角秒级，方位失准角达到 1°左右。由于对准地的纬度准确已知，所以指令可精确计算得

$$\boldsymbol{\omega}_{\mathrm{cmd}} = \boldsymbol{\omega}_{ig}^{g} = \begin{bmatrix} 0 \\ \omega_{ie}\cos L \\ \omega_{ie}\sin L \end{bmatrix}$$

忽略陀螺力矩器等存在的误差，假设平台完全跟随指令，则

$$\boldsymbol{\omega}_{iP}^{P} = \begin{bmatrix} 0 \\ \omega_{ie}\cos L \\ \omega_{ie}\sin L \end{bmatrix}$$

不计 ϕ_x 和 ϕ_y 的影响

$$\boldsymbol{\omega}_{iP}^{g} = \boldsymbol{C}_P^g \boldsymbol{\omega}_{iP}^{P} = \begin{bmatrix} 1 & -\phi_z & 0 \\ \phi_z & 1 & 0 \\ 0 & 0 & 1 \end{bmatrix} \begin{bmatrix} 0 \\ \omega_{ie}\cos L \\ \omega_{ie}\sin L \end{bmatrix} = \begin{bmatrix} -\phi_z\omega_{ie}\cos L \\ \omega_{ie}\cos L \\ \omega_{ie}\sin L \end{bmatrix}$$

$$\boldsymbol{\omega}_{gP}^{g} = \boldsymbol{\omega}_{iP}^{g} - \boldsymbol{\omega}_{ig}^{g} = \begin{bmatrix} -\phi_z\omega_{ie}\cos L \\ 0 \\ 0 \end{bmatrix}$$

即

$$\omega_{gPx}^{g} = -\phi_z\omega_{ie}\cos L \tag{8.3.8}$$

上式说明，由于存在方位失准角，平台相对当地水平面绕西向轴做向北倾斜转动，旋转角速度为 $\phi_z\omega_{ie}\cos L$，此角速度称为罗经项。平台的向北倾斜转动使水平精对准确定的 ϕ_x 发生改变，北向加速度计感测这种倾斜变化，输出 $\phi_x g$，经积分所得的 δV_N 中含有 ϕ_z 的信息。

所谓罗经法对准就是利用罗经项 $\phi_z\omega_{ie}\cos L$ 引起的 δV_N，用回路反馈的方法控制平台绕方位轴旋转，使 ϕ_z 逐渐减小至极限值。图 8.3.6 为罗经法对准的原理方块图，其中 $K(s)$是低通滤波器，由于 $\phi_z\omega_{ie}\cos L$ 引起 ϕ_x 的变化十分缓慢，δV_N 的变化也很缓慢，有用信号的主要成分是低频信息，所以从 δV_N 中提取 φ_z 必须采用低通滤波器。将图 8.3.6 与图 8.3.5 作比较，可看出罗经对准回路实质上是北向通道二阶快型水平对准回路的改进。

由式(8.3.5)知，若采用三阶水平对准回路，则 δV_N 中不包含 ϕ_z 信息，所以罗经对准不能在三阶水平对准回路上进行。

由图 8.3.6 得

$$s\delta V_N(s) = g\phi_x(s) + \nabla_N(s) - K_1\delta V_N(s) + \delta V_N(0)$$

$$s\phi_x(s) = -\frac{K_2+1}{R}\delta V_N(s) - \phi_z(s)\omega_{ie}\cos L + \varepsilon_E(s) + \phi_x(0)$$

$$s\phi_z(s) = K(s)\delta V_N(s) + \varepsilon_U(s) + \phi_z(0)$$

即

$$(s+K_1)\delta V_N(s) - g\phi_x(s) = \nabla_N(s) + \delta V_N(0)$$

$$\frac{K_2+1}{R}\delta V_N(s) + s\phi_x(s) + \phi_z(s)\omega_{ie}\cos L = \varepsilon_E(s) + \phi_x(0)$$

$$-K(s)\delta V_N(s) + s\phi_z(s) = \varepsilon_U(s) + \phi_z(0)$$

写成矩阵形式：

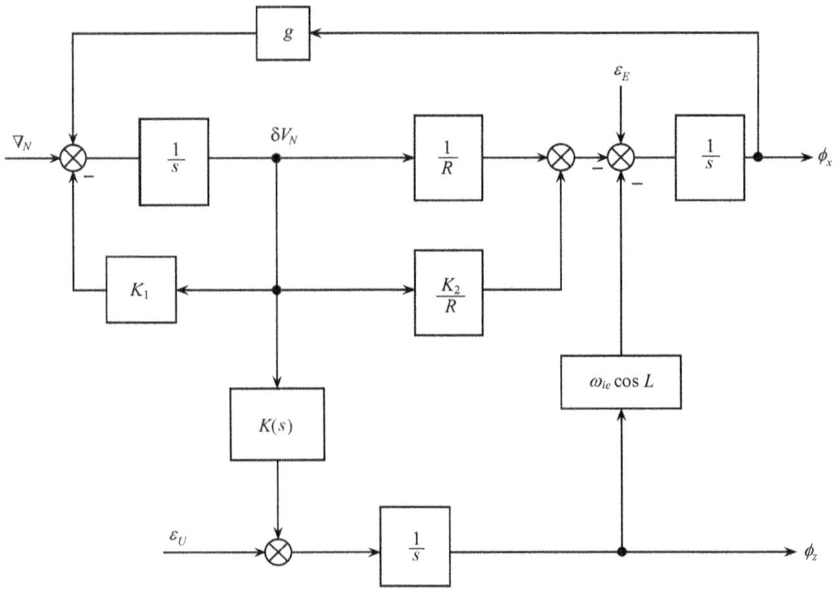

图 8.3.6 罗经法方位对准

$$\begin{bmatrix} s+K_1 & -g & 0 \\ \dfrac{K_2+1}{R} & s & \omega_{ie}\cos L \\ -K(s) & 0 & s \end{bmatrix}\begin{bmatrix} \delta V_N(s) \\ \phi_x(s) \\ \phi_z(s) \end{bmatrix} = \begin{bmatrix} \nabla_N(s)+\delta V_N(0) \\ \varepsilon_E(s)+\phi_x(0) \\ \varepsilon_U(s)+\phi_z(0) \end{bmatrix}$$

利用求逆公式,得

$$\begin{bmatrix} \delta V_N(s) \\ \phi_x(s) \\ \phi_z(s) \end{bmatrix} = \frac{1}{\Delta^*(s)}\begin{bmatrix} s^2 & gs & -g\omega_{ie}\cos L \\ -\dfrac{K_2+1}{R}s-\omega_{ie}\cos LK(s) & (s+K_1)s & -(s+K_1)\omega_{ie}\cos L \\ sK(s) & gK(s) & s(s+K_1)+\dfrac{K_2+1}{R}g \end{bmatrix}$$

$$\times\begin{bmatrix} \nabla_N(s)+\delta V_N(0) \\ \varepsilon_E(s)+\phi_x(0) \\ \varepsilon_U(s)+\phi_z(0) \end{bmatrix}$$

式中

$$\Delta^*(s) = \begin{vmatrix} s+K_1 & -g & 0 \\ \dfrac{K_2+1}{R} & s & \omega_{ie}\cos L \\ -K(s) & 0 & s \end{vmatrix} = s^3+K_1s^2+\omega_s^2(K_2+1)s+g\omega_{ie}\cos LK(s)$$

取

$$K(s) = \frac{K_3}{\omega_{ie}\cos L(s+K_4)} \tag{8.3.9}$$

则

$$\Delta^*(s) = s^3 + K_1 s^2 + \omega_s^2 (K_2 + 1)s + \frac{K_3}{s + K_4} g \tag{8.3.10}$$

设 ∇_N、ε_E、ε_U 均为常值量，则

$$\phi_z(s) = \frac{sK(s)}{\Delta^*(s)}\left[\frac{\nabla_N(s)}{s} + \delta V_N(0)\right] + \frac{gK(s)}{\Delta^*(s)}\left[\frac{\varepsilon_E}{s} + \phi_x(0)\right] + \frac{s(s+K_1) + \dfrac{K_2+1}{R}g}{\Delta^*(s)}\left[\frac{\varepsilon_U}{s} + \phi_z(0)\right]$$

将式(8.3.9)和式(8.3.10)代入上式，并求稳态值，得

$$\phi_{zss} = \lim_{s\to 0} s\phi_z(s) = \frac{\varepsilon_E}{\omega_{ie}\cos L} + \frac{(K_2+1)K_4}{RK_3}\varepsilon_U \tag{8.3.11}$$

由于方位陀螺漂移的影响可通过选择参数 K_2、K_3、K_4 来减小，所以罗经对准中，方位对准的极限精度为

$$\phi_{z\min} = \frac{\varepsilon_E}{\omega_{ie}\cos L} \tag{8.3.12}$$

上式说明，要提高方位对准精度，就必须减小东向陀螺的漂移。

事实上，由图 8.3.6 知，ε_E 和罗经项 $\phi_z\omega_{ie}\cos L$ 对北向通道的作用是等效的，当 ε_E 和 $\phi_z\omega_{ie}\cos L$ 在数值上相等时

$$\varepsilon_E - \phi_z\omega_{ie}\cos L = 0 \tag{8.3.13}$$

即罗经项被 ε_E 抵消，δV_N 中反映不出 ϕ_z 的信息，对准也就达到了稳态，由式(8.3.13)确定的方位失准角稳态值与式(8.3.12)是相同的。

在罗经法方位对准中，北向通道是二阶快型水平对准回路，但回路中的 K_1 和 K_2 与水平精对准中的参数并不相同，必须另行确定。

设根据动态响应要求，要求阻尼比为 $\xi=\dfrac{\sqrt{2}}{2}$，并设衰减系数为 σ，则阻尼振荡频率为 $\omega_d=\sigma$，所以特征根为

$$s_{1,2} = -\sigma - j\sigma, \qquad s_{3,4} = -\sigma + j\sigma$$

特征多项式为

$$\Delta(s) = [(s+\sigma+j\sigma)(s+\sigma-j\sigma)]^2 = s^4 + 4\sigma s^3 + 8\sigma^2 s^2 + 8\sigma^3 s + 4\sigma^4 \tag{8.3.14}$$

又根据式(8.3.10)，方位对准回路的特征多项式为

$$\begin{aligned}\Delta(s) &= s^3(s+K_4) + K_1 s^2(s+K_4) + \omega_s^2(K_2+1)s(s+K_4) + gK_3 \\ &= s^4 + (K_1+K_4)s^3 + [\omega_s^2(K_2+1) + K_1K_4]s^2 + \omega_s^2(K_2+1)K_4 s + gK_3\end{aligned} \tag{8.3.15}$$

比较式(8.3.14)和式(8.3.15)，得

$$\begin{cases} K_1 + K_4 = 4\sigma \\ \omega_s^2(K_2+1) + K_1K_4 = 8\sigma^2 \\ \omega_s^2(K_2+1)K_4 = 8\sigma^3 \\ gK_3 = 4\sigma^4 \end{cases}$$

这是关于未知参数的非线性代数方程组，且有多解性，选 $K_1=K_4$，则得唯一解：

$$K_1 = K_4 = 2\sigma, \quad K_2 = \frac{4\sigma^2}{\omega_s^2} - 1, \quad K_3 = \frac{4\sigma^4}{g}$$

2）陀螺测漂和计算法方位对准

经水平精对准后，将东向和北向通道都接成二阶快型水平对准回路，如图 8.3.7 所示。

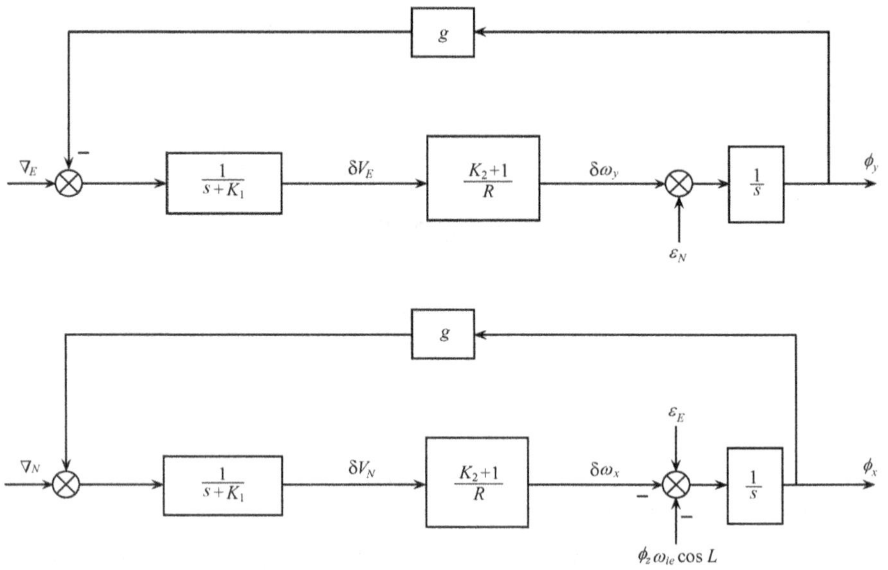

图 8.3.7　计算法方位对准及测漂

由图得

$$\dot{\phi}_x=-\frac{K_2+1}{R}\delta V_N-\phi_z\omega_{ie}\cos L+\varepsilon_E,\quad \dot{\phi}_y=\frac{K_2+1}{R}\delta V_E+\varepsilon_N$$

当回路达到稳态后，即 $\dot{\phi}_x=0$，$\dot{\phi}_y=0$

$$\frac{K_2+1}{R}\delta V_N=-\phi_z\omega_{ie}\cos L+\varepsilon_E \tag{8.3.16a}$$

$$\frac{K_2+1}{R}\delta V_E=-\varepsilon_N \tag{8.3.16b}$$

记

$$\delta\omega_x=\frac{K_2+1}{R}\delta V_N,\quad \delta\omega_y=\frac{K_2+1}{R}\delta V_E$$

显然 $\delta\omega_x$ 是对 x 陀螺的错误控制信号，$\delta\omega_y$ 是对 y 陀螺的错误控制信号。$\delta\omega_x$ 通过测量 x 陀螺力矩器中的施矩电流获得；$\delta\omega_y$ 的获取方法为：测量 y 陀螺力矩器中的施矩电流，用力矩器转换系数折算成角速度，再用该角速度减去 $\omega_{ie}\cos L$。所以式(8.3.16)可写成：

$$\begin{aligned}\delta\omega_x&=-\phi_z\omega_{ie}\cos L+\varepsilon_E\\ \delta\omega_y&=-\varepsilon_N\end{aligned} \tag{8.3.17}$$

即

$$\varepsilon_N=-\delta\omega_y \tag{8.3.18}$$

式(8.3.18)即为北向陀螺的测漂公式。

对方位陀螺施矩，使方位环反时针旋转 90°，并将转动之前的位置称为第 I 位置，转动之后的位置称为第 II 位置，如图 8.3.8 所示。注意到在平台旋转过程中陀螺漂移不会改变，则在第 I 位置上，有：

$$\delta\omega_x^{\mathrm{I}} = -\phi_z\omega_{ie}\cos L + \varepsilon_E^{\mathrm{I}} \tag{8.3.19a}$$

$$\varepsilon_y = \varepsilon_N^{\mathrm{I}} = -\delta\omega_y^{\mathrm{I}} \tag{8.3.19b}$$

在第II位置上，有：

$$\delta\omega_y^{\mathrm{II}} = -\phi_z\omega_{ie}\cos L + \varepsilon_E^{\mathrm{II}} \tag{8.3.20a}$$

$$\varepsilon_x = \varepsilon_N^{\mathrm{II}} = -\delta\omega_x^{\mathrm{II}} \tag{8.3.20b}$$

按式(8.3.19b)和式(8.3.20b)测出漂移 ε_x 和 ε_y 后，则由图 8.3.8 知，第Ⅰ位置上的东向漂移即 x 陀螺的漂移，第Ⅱ位置上的西向漂移即为 y 陀螺的漂移，即

$$\varepsilon_E^{\mathrm{I}} = \varepsilon_x = -\delta\omega_x^{\mathrm{II}} \tag{8.3.21}$$

$$\varepsilon_E^{\mathrm{II}} = -\varepsilon_y = \delta\omega_y^{\mathrm{I}} \tag{8.3.22}$$

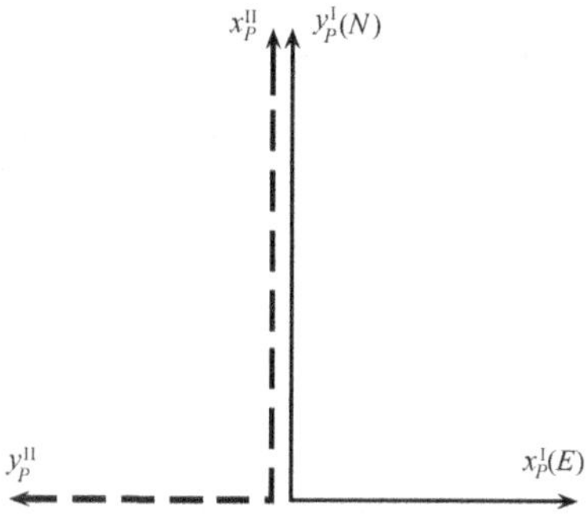

图 8.3.8　平台的第Ⅰ位置和第Ⅱ位置

将式(8.3.21)代入式(8.3.19a)，得

$$\phi_z = \frac{\varepsilon_E^{\mathrm{I}} - \delta\omega_x^{\mathrm{I}}}{\omega_{ie}\cos L} = -\frac{\delta\omega_x^{\mathrm{I}} + \delta\omega_x^{\mathrm{II}}}{\omega_{ie}\cos L} \tag{8.3.23}$$

若将式(8.3.22)代入式(8.3.20a)，则可得 ϕ_z 的另一个计算公式：

$$\phi_z = \frac{\varepsilon_E^{\mathrm{II}} - \delta\omega_y^{\mathrm{II}}}{\omega_{ie}\cos L} = \frac{\delta\omega_y^{\mathrm{I}} - \delta\omega_y^{\mathrm{II}}}{\omega_{ie}\cos L} \tag{8.3.24}$$

按式(8.3.23)或式(8.3.24)计算出后 ϕ_z 后，对方位陀螺一次施矩，施矩量对应 $-(90°+\phi_z)$，使方位环顺时针旋转 $90°+\phi_z$，既消除了 ϕ_z，又使 x_P 轴指向东，y_P 轴指向北。

8.3.2　游移方位系统的初始对准

游移方位系统的水平对准与指北方位系统相似，也是靠物理方法将平台控制在当地水平面内。但方位对准与指北系统截然不同，指北系统方位对准是靠物理方法控制平台的 y_P 轴精确指北，而游移方位系统是靠精确确定出游移方位角 α 实现方位对准的。在对准过程中，指北系统先完成水平精对准，再作方位对准，而游移方位系统的水平对准和方位对准是交替进行的。

1. 对准基本方程

1）姿态误差方程

与指北方位系统类似，游移方位系统在对准前先作环架锁定，再利用水平加速度计输出控制平台的水平轴伺服电机，实现快速模拟调平，使平台处于近似水平状态。设在 t_0 时刻开始系统作水平精对准，记与实际平台坐标系 P 对应的水平坐标系为理想平台坐标系 W，即 x_W 和 y_W 分别是 x_P 和 y_P 在水平面内的投影，z_W 位于当地垂线，向上为正，并设系统的游移方位角为 α，即 x_W 与 x_g 间的夹角为 α。由于经环架锁定和水平粗对准后平台的水平失准角已经十分微小(角分级)，所以在 t_0 时刻以后实际平台坐标系 P 相对理想平台坐标系 W 绕方位轴的偏差角可视为零，即

$$\phi_z = 0 \tag{8.3.25}$$

由此得 $\dot{\phi}_z = 0$，即

$$\omega_{WPz}^W = 0$$

上式也可写成

$$\omega_{iPz}^W - \omega_{iWz}^W = 0$$

即

$$\omega_{iWz}^{W}=\omega_{iPz}^{W} \tag{8.3.26}$$

上式说明，理想平台坐标系 W 在方位上跟随实际平台坐标系 P。

此外，由于 W 坐标系是水平坐标系，所以 W 坐标系的水平轴跟踪地球旋转角速度的水平分量，即

$$\omega_{iWx}^{W}=\omega_{ie}\cos L\sin\alpha \tag{8.3.27a}$$

$$\omega_{iWy}^{W}=\omega_{ie}\cos L\cos\alpha \tag{8.3.27b}$$

不计陀螺力矩器和伺服回路的误差，则实际平台系 P 的角速度为

$$\boldsymbol{\omega}_{iP}=\boldsymbol{\omega}_{\text{cmd}}+\boldsymbol{\varepsilon} \tag{8.3.28}$$

式中，$\boldsymbol{\varepsilon}$ 为陀螺漂移。根据式(8.1.45)关于游移方位系统指令角速度计算公式，注意到在静基座条件下 x 通道和 y 通道的速度输出为速度误差 δV_x 和 δV_y，略去关于速度误差与扁率 f 形成的二阶小量，得

$$\begin{bmatrix}\omega_{\text{cmd}x}^{P}\\ \omega_{\text{cmd}y}^{P}\\ \omega_{\text{cmd}z}^{P}\end{bmatrix}=\begin{bmatrix}\omega_{ie}\cos L\sin\alpha_c-\dfrac{\delta V_y}{R}\\ \omega_{ie}\cos L\cos\alpha_c+\dfrac{\delta V_x}{R}\\ \omega_{ie}\sin L\end{bmatrix} \tag{8.3.29}$$

式中，α_c 为游移方位角 α 的估算值。上式代入式(8.3.28)，得

$$\begin{bmatrix}\omega_{iPx}^{P}\\ \omega_{iPy}^{P}\\ \omega_{iPz}^{P}\end{bmatrix}=\begin{bmatrix}\omega_{ie}\cos L\sin\alpha_c-\dfrac{\delta V_y}{R}+\varepsilon_x\\ \omega_{ie}\cos L\cos\alpha_c+\dfrac{\delta V_x}{R}+\varepsilon_y\\ \omega_{ie}\sin L+\varepsilon_z\end{bmatrix} \tag{8.3.30}$$

根据式(8.3.25)

$$\boldsymbol{C}_W^P=\begin{bmatrix}1 & 0 & -\phi_y\\ 0 & 1 & \phi_x\\ \phi_y & -\phi_x & 1\end{bmatrix} \tag{8.3.31}$$

$$\boldsymbol{\omega}_{iP}^{W}=\boldsymbol{C}_P^W\boldsymbol{\omega}_{iP}^{P}$$

将式(8.3.30)和式(8.3.31)代入上式，得

$$\begin{bmatrix}\omega_{iPx}^{W}\\ \omega_{iPy}^{W}\\ \omega_{iPz}^{W}\end{bmatrix}=\begin{bmatrix}1 & 0 & \phi_y\\ 0 & 1 & -\phi_x\\ -\phi_y & \phi_x & 1\end{bmatrix}\begin{bmatrix}\omega_{ie}\cos L\sin\alpha_c-\dfrac{\delta V_y}{R}+\varepsilon_x\\ \omega_{ie}\cos L\cos\alpha_c+\dfrac{\delta V_x}{R}+\varepsilon_y\\ \omega_{ie}\sin L+\varepsilon_z\end{bmatrix}$$

略去关于误差的二阶小量，根据式(8.3.26)，得

$$\omega_{iWz}^{W}=\omega_{iPz}^{W}=\omega_{ie}\sin L+\varepsilon_z-\varphi_y\omega_{ie}\cos L\sin\alpha+\varphi_x\omega_{ie}\cos L\cos\alpha \tag{8.3.32}$$

由于

$$\dot{\boldsymbol{\phi}}^{P}=\boldsymbol{\omega}_{iP}^{P}-\boldsymbol{C}_W^P\boldsymbol{\omega}_{iW}^{W} \tag{8.3.33}$$

将式(8.3.30)、式(8.3.27)及式(8.3.32)代入上式，得

$$\begin{bmatrix}\dot{\phi}_x\\ \dot{\phi}_y\\ \dot{\phi}_z\end{bmatrix}=\begin{bmatrix}\omega_{ie}\cos L\sin\alpha_c-\dfrac{\delta V_y}{R}+\varepsilon_x\\ \omega_{ie}\cos L\cos\alpha_c+\dfrac{\delta V_x}{R}+\varepsilon_y\\ \omega_{ie}\sin L+\varepsilon_z\end{bmatrix}-\begin{bmatrix}1&0&-\phi_y\\0&1&\phi_x\\ \phi_y&-\phi_x&1\end{bmatrix}\begin{bmatrix}\omega_{iWx}^W\\ \omega_{iWy}^W\\ \omega_{iWz}^W\end{bmatrix}$$

展开上式，略去关于误差的二阶小量，得用于对准的姿态误差方程：

$$\dot{\phi}_x=\omega_{ie}\cos L\sin\alpha_c-\frac{\delta V_y}{R}+\varepsilon_x-\omega_{ie}\cos L\sin\alpha+\phi_y\omega_{ie}\sin L \tag{8.3.34a}$$

$$\dot{\phi}_y=\omega_{ie}\cos L\cos\alpha_c+\frac{\delta V_x}{R}+\varepsilon_y-\omega_{ie}\cos L\cos\alpha-\phi_x\omega_{ie}\sin L \tag{8.3.34b}$$

$$\begin{aligned}\dot{\phi}_z=&\ \omega_{ie}\sin L+\varepsilon_z-(\omega_{ie}\sin L+\varepsilon_z-\phi_y\omega_{ie}\cos L\sin\alpha+\phi_x\omega_{ie}\cos L\cos\alpha)\\&-\phi_y\omega_{ie}\cos L\sin\alpha+\phi_x\omega_{ie}\cos L\cos\alpha=0\end{aligned} \tag{8.3.34c}$$

2）速度误差方程

在静基座条件下，$V_x^W=V_y^W=V_z^W=0$，$f_x^W=f_y^W=0$，对准点纬度精确已知，$\delta L=0$，$\boldsymbol{f}=-\boldsymbol{g}$，即 $f_z^W=g$，略去通道间的交叉耦合，由式(8.2.43)可得用于对准的速度误差方程：

$$\delta\dot{V}_x=-\phi_y g+\nabla_x \tag{8.3.35a}$$

$$\delta\dot{V}_y=\phi_x g+\nabla_y \tag{8.3.35b}$$

2. 对准过程分析

根据式(8.3.34)和式(8.3.35)，略去通道间的耦合，可画出水平通道，如图 8.3.9 所示。图中，$\omega_{ie}\cos L\sin\alpha$ 和 $\omega_{ie}\cos L\cos\alpha$ 是基座具有的角速度，是未知的，$\omega_{ie}\cos L\sin\alpha_c$ 和 $\omega_{ie}\cos L\cos\alpha_c$ 是对陀螺的施矩量，如果两者相等，则平台跟踪地球旋转且保持水平，$\alpha=\alpha_c$，即游移方位角可以从陀螺的施矩量中求取。但 α_c 目前也是未知的，暂且假设 $\alpha_c=0$（也可取其余任何值），此时采用二阶水平对准回路。如图 8.3.10 所示。

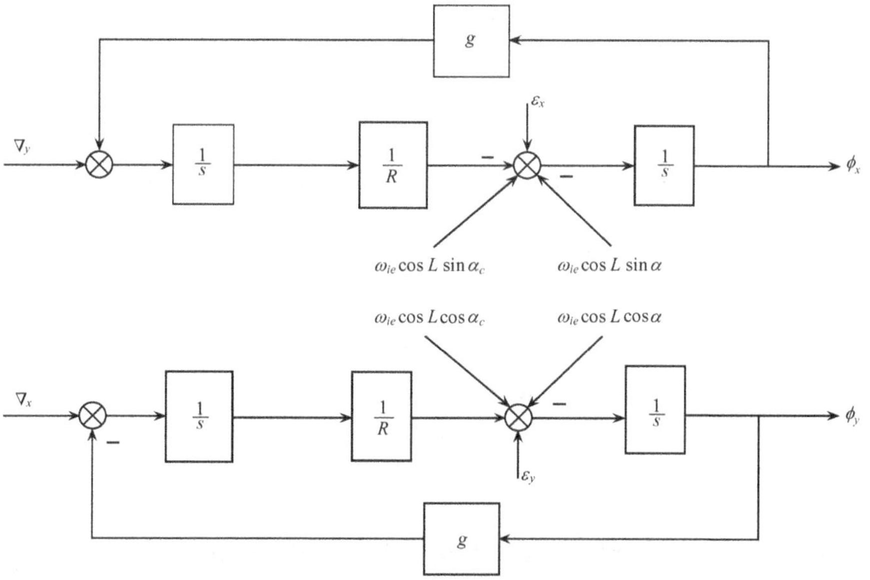

图 8.3.9　游移方位系统对准的水平通道

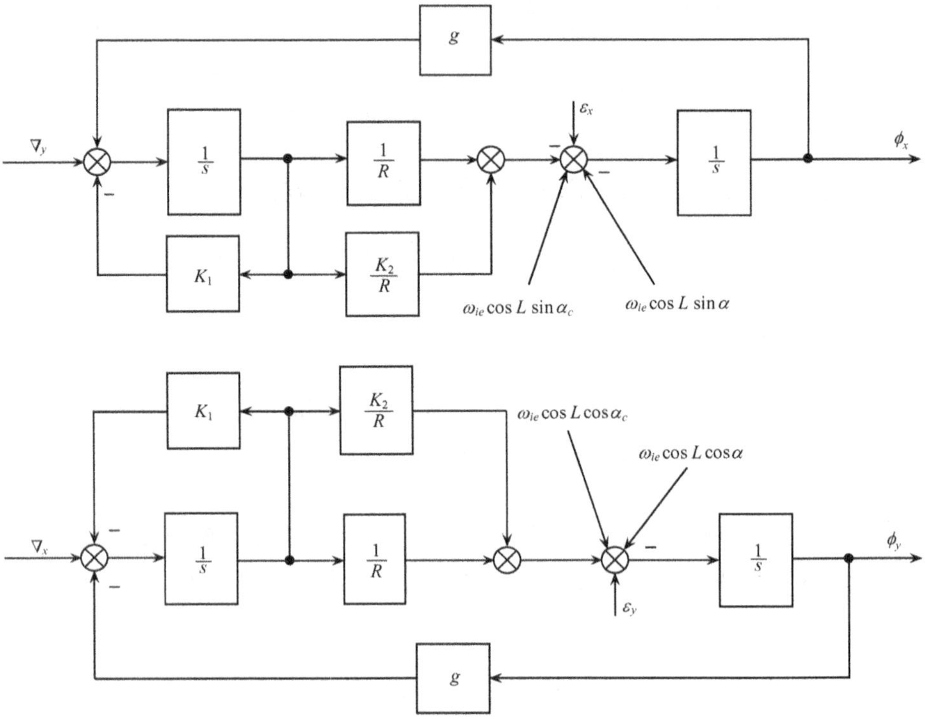

图 8.3.10 游移方位系统的二阶水平对准回路

水平对准回路达到稳态后，$\dot{\phi}_x=0$，$\dot{\phi}_y=0$，在取 $\alpha_c=0$ 的条件下，由图 8.3.10 得

$$-\frac{K_2+1}{R}\delta V_y-\omega_{ie}\cos L\sin\alpha+\varepsilon_x=0 \tag{8.3.36a}$$

$$\frac{K_2+1}{R}\delta V_x+\omega_{ie}\cos L-\omega_{ie}\cos L\cos\alpha+\varepsilon_y=0 \tag{8.3.36b}$$

式中

$$\omega_{cx}^P=-\frac{K_2+1}{R}\delta V_y \tag{8.3.37a}$$

$$\omega_{cy}^P=\frac{K_2+1}{R}\delta V_x+\omega_{ie}\cos L \tag{8.3.37b}$$

是对水平陀螺的施矩量，可以通过测量 x 通道和 y 通道速度输出 δV_x 和 δV_y 以及计算值 $\omega_{ie}\cos L$ 确定出。

由于式(8.3.36)是在 $\alpha_c=0$ 条件下确定出的，施矩误差远大于陀螺漂移，所以略去陀螺漂移的影响，式(8.3.36)可近似为

$$\omega_{cx}^P\approx\omega_{ie}\cos L\sin\alpha \tag{8.3.38a}$$

$$\omega_{cy}^P\approx\omega_{ie}\cos L\cos\alpha \tag{8.3.38b}$$

从上式得

$$\alpha_{c1}=\arctan\frac{\omega_{cx}^P}{\omega_{cy}^P} \tag{8.3.39}$$

为了提高估算值 α_{c1} 的可靠程度，减少测量误差的影响，可在一段时间内取平均值，根据式(8.3.37)，得

$$\bar{\omega}_{cx}^{P}=\frac{1}{n}\sum_{i=1}^{n}\omega_{cxi}^{P}=-\frac{K_2+1}{R}\delta\bar{V}_y$$

$$\bar{\omega}_{cy}^{P}=\frac{1}{n}\sum_{i=1}^{n}\omega_{cyi}^{P}=\frac{K_2+1}{R}\delta\bar{V}_x+\omega_{ie}\cos L$$

式中

$$\delta\bar{V}_x=\frac{1}{n}\sum_{i=1}^{n}\delta V_{xi},\qquad \delta\bar{V}_y=\frac{1}{n}\sum_{i=1}^{n}\delta V_{yi}$$

由式(8.3.38)知

$$\frac{(\bar{\omega}_{cx}^{P})^2+(\bar{\omega}_{cy}^{P})^2}{\omega_{ie}^2\cos^2 L}\approx 1$$

所以 α_{c1} 的可信程度可通过下式检验：

$$0.875\leqslant\frac{\left(\dfrac{K_2+1}{R}\cdot\delta\bar{V}_y\right)^2+\left(\omega_{ie}\cos L+\dfrac{K_2+1}{R}\delta\bar{V}_x\right)^2}{\omega_{ie}^2\cos^2 L}\leqslant 1.25\tag{8.3.40}$$

若式(8.3.40)成立，则按式(8.3.39)计算出的 α_{c1} 是可信的；若不成立，则 $\bar{\omega}_{cx}^{P}$ 和 $\bar{\omega}_{cy}^{P}$ 必须重新测量和计算，再按式(8.3.39)重新计算 α_{c1}，并按式(8.3.40)重新检验，直至式(8.3.40)成立。

若 α_{c1} 经检验后可信，则 $\delta\alpha=\alpha_{c1}-\alpha$ 已经很小，由图 8.3.10，得

$$\dot{\phi}_x=-\frac{K_2+1}{R}\delta V_y+\omega_{ie}\cos L\sin\alpha_c-\omega_{ie}\cos L\sin\alpha+\varepsilon_x$$

$$\dot{\phi}_y=\frac{K_2+1}{R}\delta V_x+\omega_{ie}\cos L\cos\alpha_c-\omega_{ie}\cos L\cos\alpha+\varepsilon_y$$

将 $\alpha=\alpha_{c1}-\delta\alpha$ 代入上式，其中 $\delta\alpha$ 是对 α_{c1} 的修正量，并注意到 $\delta\alpha$ 是小角，则得

$$\dot{\phi}_x=-\frac{K_2+1}{R}\delta V_y+\delta\alpha\omega_{ie}\cos L\cos\alpha_{c1}+\varepsilon_x$$

$$\dot{\phi}_y=\frac{K_2+1}{R}\delta V_x-\delta\alpha\omega_{ie}\cos L\sin\alpha_{c1}+\varepsilon_y$$

水平回路达到稳态后，即 $\dot{\phi}_x=0$，$\dot{\phi}_y=0$，上两式为

$$\delta\alpha\omega_{ie}\cos L\cos\alpha_{c1}=\frac{K_2+1}{R}\delta V_y-\varepsilon_x\tag{8.3.41a}$$

$$\delta\alpha\omega_{ie}\cos L\sin\alpha_{c1}=\frac{K_2+1}{R}\delta V_x+\varepsilon_y\tag{8.3.41b}$$

将式(8.3.41a)乘 $\cos\alpha_{c1}$、式(8.3.41b)乘 $\sin\alpha_{c1}$ 后两式相加，得

$$\delta\alpha=\frac{\left(\dfrac{K_2+1}{R}\delta V_y-\varepsilon_x\right)\cos\alpha_{c1}+\left(\dfrac{K_2+1}{R}\delta V_x+\varepsilon_y\right)\sin\alpha_{c1}}{\omega_{ie}\cos L}\tag{8.3.42}$$

忽略 ε_x 和 ε_y 的影响，得修正量计算值：

$$\delta\alpha_c=\frac{K_2+1}{R}\cdot\frac{\delta V_y\cos\alpha_{c1}+\delta V_x\sin\alpha_{c1}}{\omega_{ie}\cos L}\tag{8.3.43}$$

为了增加计算得的 $\delta\alpha$ 的可靠性，对 δV_x 和 δV_y 作 n 次测量，按式(8.3.43)计算出 $\delta\alpha_i$，$i=1,2,3,\cdots,n$，再作平均：

$$\delta\bar{\alpha} = \frac{1}{n}\sum_{i=1}^{n}\delta\alpha_i \tag{8.3.44}$$

求得 $\delta\bar{\alpha}$ 后，对 α_{c1} 作修正：

$$\hat{\alpha}_c = \alpha_{c1} - \delta\bar{\alpha} \tag{8.3.45}$$

按式(8.3.43)确定的修正量 $\delta\alpha_c$ 忽略了陀螺漂移的影响，由式(8.3.42)和式(8.3.43)知，由此引起的修正量误差为

$$\begin{aligned}\delta(\delta\alpha) &= \delta\alpha_c - \delta\alpha \\ &= \frac{K_2+1}{R}\cdot\frac{\delta V_y\cos\alpha_{c1}+\delta V_x\sin\alpha_{c1}}{\omega_{ie}\cos L} \\ &\quad - \frac{\left(\frac{K_2+1}{R}\delta V_y - \varepsilon_x\right)\cos\alpha_{c1} + \left(\frac{K_2+1}{R}\delta V_x + \varepsilon_y\right)\sin\alpha_{c1}}{\omega_{ie}\cos L} \\ &= \frac{\varepsilon_x\cos\alpha_{c1} - \varepsilon_y\sin\alpha_{c1}}{\omega_{ie}\cos L} \approx \frac{\varepsilon_x\cos\alpha - \varepsilon_y\sin\alpha}{\omega_{ie}\cos L} = \frac{\varepsilon_E}{\omega_{ie}\cos L}\end{aligned} \tag{8.3.46}$$

式中，$\varepsilon_E = \varepsilon_x\cos\alpha - \varepsilon_y\sin\alpha$ 是 x 陀螺和 y 陀螺引起的等效东向漂移。

由于游移方位系统的方位对准是要确定出游移方位角 α，而 α 是平台的 x_P 轴与东向轴间的夹角(亦 y_P 轴与北向轴间的夹角)，理想平台坐标系 W 的 x_W 轴和 y_W 轴是 x_P 轴和 y_P 轴在当地水平面内的投影，所以 $\phi_z=0$，这说明，由式(8.3.46)确定的游移方位角修正量误差即为方位对准误差。比较式(8.3.46)和式(8.3.12)，可看出游移方位系统和指北方位系统对准方法虽然不一样，但本质上是相同的，都应用了罗经效应。

3. 水平陀螺测漂

按式(8.3.45)对游移方位角估算值作修正后，$\hat{\alpha}_c$ 已达到一定的精度，此时式(8.3.41)可写成

$$-\frac{K_2+1}{R}\delta V_y + \varepsilon_x = -\delta\alpha\omega_{ie}\cos L\cos\hat{\alpha}_c \tag{8.3.47a}$$

$$\frac{K_2+1}{R}\delta V_x + \varepsilon_y = \delta\alpha\omega_{ie}\cos L\sin\hat{\alpha}_c \tag{8.3.47b}$$

将式(8.3.47a)两边同乘 $\sin\hat{\alpha}_c$，式(8.3.47b)两边同乘 $\cos\hat{\alpha}_c$，之后两式相加，得

$$\begin{aligned}&\varepsilon_x\sin\hat{\alpha}_c + \varepsilon_y\cos\hat{\alpha}_c \\ &= \frac{K_2+1}{R}(\delta V_y\sin\hat{\alpha}_c - \delta V_x\cos\hat{\alpha}_c)\end{aligned}$$

即

$$\hat{\varepsilon}_N = \frac{K_2+1}{R}(\delta V_y\sin\hat{\alpha}_c - \delta V_x\cos\hat{\alpha}_c)$$

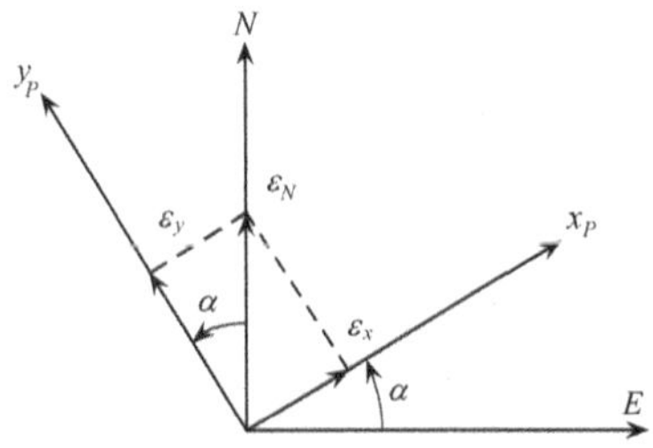

图 8.3.11　陀螺的北向等效漂移

式中，$\hat{\varepsilon}_N = \varepsilon_x\sin\hat{\alpha}_c + \varepsilon_y\cos\hat{\alpha}_c$ 是由 x 陀螺和 y 陀螺形成的等效北向漂移估算值，如图 8.3.11 所示。为提高测漂精度，可取平均值：

$$\bar{\varepsilon}_N = \frac{K_2+1}{R}\left(\sin\hat{\alpha}_c\cdot\frac{1}{n}\sum_{i=1}^{n}\delta V_{yi} - \cos\hat{\alpha}_c\cdot\frac{1}{n}\sum_{i=1}^{n}\delta V_{xi}\right) \tag{8.3.48}$$

由图 8.3.11,若已求得 $\bar{\varepsilon}_N$,则

$$\hat{\varepsilon}_x = \bar{\varepsilon}_N \sin\hat{\alpha}_c \tag{8.3.49a}$$

$$\hat{\varepsilon}_y = \bar{\varepsilon}_N \cos\hat{\alpha}_c \tag{8.3.49b}$$

式(8.3.48)和式(8.3.49)即为水平陀螺的测漂计算公式。求得 $\hat{\varepsilon}_x$ 和 $\hat{\varepsilon}_y$ 后,代入式(8.3.42),可获得更精确的游移方位角修正量 $\delta\alpha$,从而根据式(8.3.45)可更精确地确定出游移方位角 $\hat{\alpha}_c$。

为了较形象地说明游移方位系统初始对准的具体过程,图 8.3.12 示出了 LTN-72 初始对准顺序示意图。

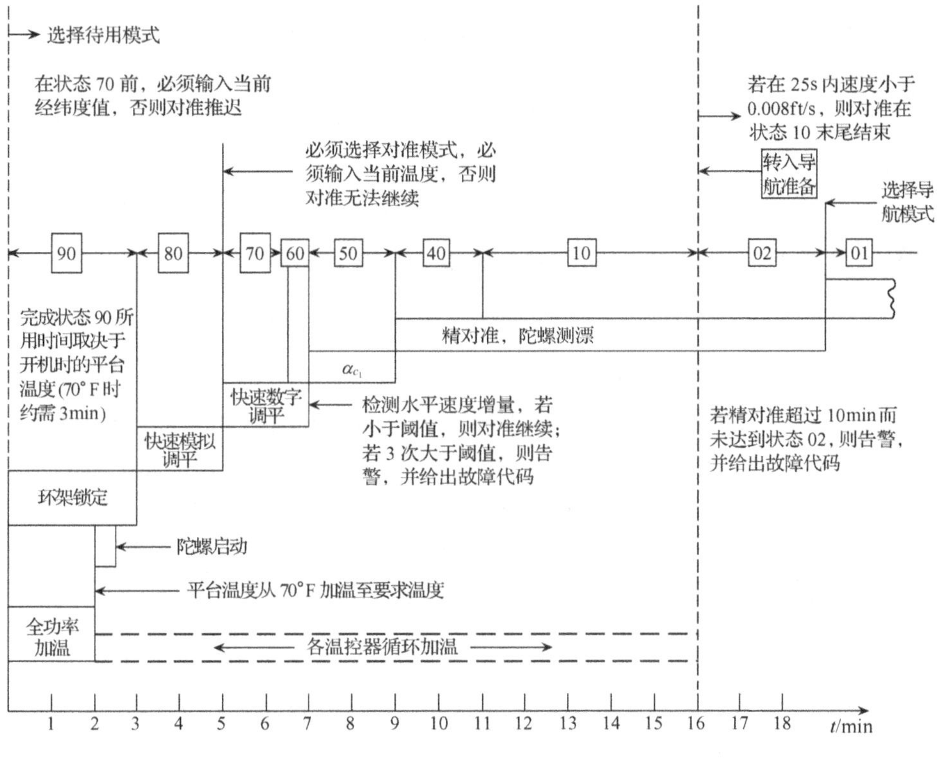

图 8.3.12　LTN-72 初始对准顺序示意图

8.4　扩展导航参数解算和飞机转弯方式

惯导系统输出的速度、位置、航向、姿态信息反映了飞机的瞬时飞行状态,通常将这些量称为导航参数。为了使飞机从起飞机场准确地飞向目的地,起飞前必须做好飞行任务计划的编制,即确定出中途飞越的航路点,由相邻航路点确定出地球大圆弧,即飞机的期望航迹。导航计算机根据惯导系统输出的位置信息实时解算出飞机偏离期望航迹的偏航距;同时,为了确保飞机沿期望航迹稳定飞行,还需要实时计算飞机的航迹角误差。经自动驾驶仪(或飞行员手动驾驶)操纵飞机使偏航距和航迹角误差保持为零,这样,飞机就能沿着期望的航线飞行。通常将偏航距、航迹角误差、偏流角、至下一个航路点的待飞距离和待飞时间等称为扩展导航参数或制导参数,下面简要介绍这些参数的解算方法,以及飞机从前一航线切换到下一航线的转弯方式。

8.4.1 扩展导航参数解算

1. 用地理坐标表示的地垂线方向

设 P 为地球上的某一点，该点的地理坐标为(L,λ,h)。设 P 点的地垂线单位向量为 $\boldsymbol{u}$，规定地垂线向量向上为正（图 8.4.1）。记 e 为地球坐标系，g 为 P 点处的地理坐标系，x_g、y_g、z_g 分别指向 P 点处的东、北、天。

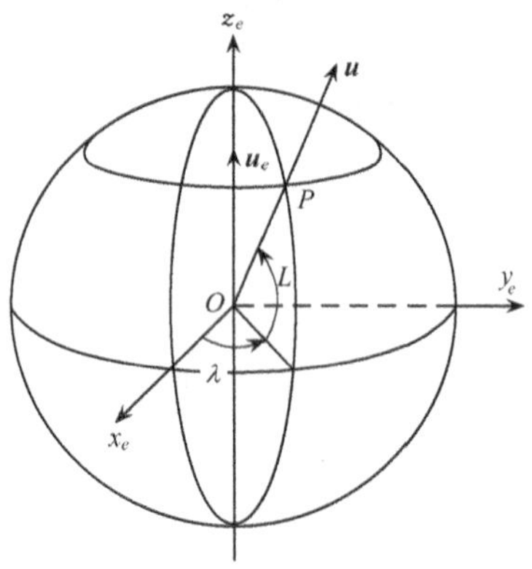

图 8.4.1　P 点的地垂线

根据式(8.1.10)

$$\boldsymbol{C}_e^g=\begin{bmatrix}-\sin\lambda & \cos\lambda & 0\\ -\sin L\cos\lambda & -\sin L\sin\lambda & \cos L\\ \cos L\cos\lambda & \cos L\sin\lambda & \sin L\end{bmatrix}$$

$$\boldsymbol{u}^e=\boldsymbol{C}_g^e\boldsymbol{u}^g=\begin{bmatrix}-\sin\lambda & -\sin L\cos\lambda & \cos L\cos\lambda\\ \cos\lambda & -\sin L\sin\lambda & \cos L\sin\lambda\\ 0 & \cos L & \sin L\end{bmatrix}\begin{bmatrix}0\\0\\1\end{bmatrix}=\begin{bmatrix}\cos L\cos\lambda\\ \cos L\sin\lambda\\ \sin L\end{bmatrix} \tag{8.4.1}$$

2. 待飞距离和待飞时间解算

设某瞬时飞机飞至 P 点，P 点的地理坐标为(L,λ,h)，下一个航路点为 P_i，P_i 点的地理坐标为(L_i,λ_i,h_i)，其中，$P(L,\lambda,h)$由惯导系统提供，$P_i(L_i,\lambda_i,h_i)$存储于计算机内。设 P 点和 P_i 点处地垂线方向的单位向量分别为 $\boldsymbol{u}$ 和 $\boldsymbol{u}_i$，则根据式(8.4.1)

$$\boldsymbol{u}^e=\begin{bmatrix}\cos L\cos\lambda\\ \cos L\sin\lambda\\ \sin L\end{bmatrix} \tag{8.4.2}$$

$$\boldsymbol{u}_i^e=\begin{bmatrix}\cos L_i\cos\lambda_i\\ \cos L_i\sin\lambda_i\\ \sin L_i\end{bmatrix} \tag{8.4.3}$$

由于

$$\boldsymbol{u}\cdot\boldsymbol{u}_i=\cos(\widehat{\boldsymbol{u},\boldsymbol{u}_i})$$

式中，$(\widehat{\boldsymbol{u},\boldsymbol{u}_i})$表示 $\boldsymbol{u}$ 与 $\boldsymbol{u}_i$ 间的夹角，所以，

$$(\widehat{\boldsymbol{u},\boldsymbol{u}_i})=\arccos(\boldsymbol{u}\cdot\boldsymbol{u}_i)=\arccos(\boldsymbol{u}^e\cdot\boldsymbol{u}_i^e)$$

P 点至 P_i 点的待飞距离为

$$\begin{aligned}D&=(R+h)\cdot(\widehat{\boldsymbol{u}^e\cdot\boldsymbol{u}_i^e})\\&=(R+h)\arccos(\cos L\cos\lambda\cos L_i\cos\lambda_i\\&\quad+\cos L\sin\lambda\cos L_i\sin\lambda_i+\sin L\sin L_i)\end{aligned} \tag{8.4.4}$$

P 点至 P_i 点的待飞时间为

$$T_{PP_i}=\frac{D}{V} \tag{8.4.5}$$

式中，V 为飞机的地速，由惯导系统提供。

3. 偏航距解算

设飞机自航路点 P_{i-1} 飞往下一个航路点 P_i，飞机的瞬时位置为 P，如图 8.4.2 所示，则大圆弧长 $\widehat{PM}$ 即为该瞬时的偏航距，其中 M 为 P 点至大圆弧 $\widehat{P_{i-1}P_i}$ 最短距离所确定的点。显然大圆弧 $\widehat{PM}$ 在 M 点的切线垂直于 $\boldsymbol{u}_{i-1}$ 和 $\boldsymbol{u}_i$ 所确定的平面。设沿该切线的单位向量为 $\boldsymbol{u}_{(i-1)\times i}$，$P_{i-1}$ 点和 P_i 点的地垂线单位向量分别为 $\boldsymbol{u}_{i-1}$ 和 $\boldsymbol{u}_i$，则

$$\boldsymbol{u}_{(i-1)\times i} = \frac{\boldsymbol{u}_{i-1} \times \boldsymbol{u}_i}{|\boldsymbol{u}_{i-1} \times \boldsymbol{u}_i|}$$

由于 $(\widehat{\boldsymbol{u},\boldsymbol{u}_M}) = 90° - (\widehat{\boldsymbol{u},\boldsymbol{u}_{(i-1)\times i}})$，所以

$$\sin(\widehat{\boldsymbol{u},\boldsymbol{u}_M}) = \cos(\widehat{\boldsymbol{u},\boldsymbol{u}_{(i-1)\times i}}) = \boldsymbol{u}^e \cdot \boldsymbol{u}^e_{(i-1)\times i}$$

$$(\widehat{\boldsymbol{u},\boldsymbol{u}_M}) = \arcsin(\boldsymbol{u}^e \cdot \boldsymbol{u}^e_{(i-1)\times i})$$

偏航距为

$$E = (R+h)(\widehat{\boldsymbol{u},\boldsymbol{u}_M}) = (R+h)\arcsin(\boldsymbol{u}^e \cdot \boldsymbol{u}^e_{(i-1)\times i}) \tag{8.4.6}$$

式中，$\boldsymbol{u}^e$ 根据式(8.4.1)确定，

$$\boldsymbol{u}^e_{(i-1)\times i} = \frac{\boldsymbol{u}^e_{(i-1)} \times \boldsymbol{u}^e_i}{|\boldsymbol{u}^e_{(i-1)} \times \boldsymbol{u}^e_i|} \tag{8.4.7}$$

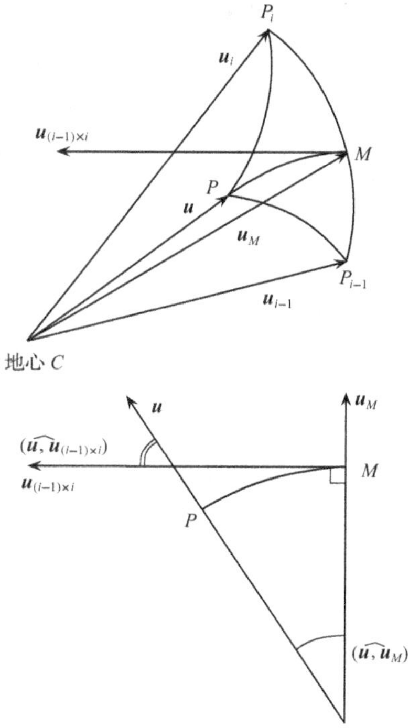

图 8.4.2　偏航距 $\widehat{PM}$

而

$$\boldsymbol{u}^e_{(i-1)} \times \boldsymbol{u}^e_i = \begin{bmatrix} 0 & -\sin L_{i-1} & \cos L_{i-1}\sin\lambda_{i-1} \\ \sin L_{i-1} & 0 & -\cos L_{i-1}\cos\lambda_{i-1} \\ -\cos L_{i-1}\sin\lambda_{i-1} & \cos L_{i-1}\cos\lambda_{i-1} & 0 \end{bmatrix} \begin{bmatrix} \cos L_i\cos\lambda_i \\ \cos L_i\sin\lambda_i \\ \sin L_i \end{bmatrix}$$
$$= \begin{bmatrix} -\sin L_{i-1}\cos L_i\sin\lambda_i + \cos L_{i-1}\sin\lambda_{i-1}\sin L_i \\ \sin L_{i-1}\cos L_i\cos\lambda_i - \cos L_{i-1}\cos\lambda_{i-1}\sin L_i \\ -\cos L_{i-1}\sin\lambda_{i-1}\cos L_i\cos\lambda_i + \cos L_{i-1}\cos\lambda_{i-1}\cos L_i\sin\lambda_i \end{bmatrix} \tag{8.4.8}$$

记

$$U^x_{(i-1)\times i} = -\sin L_{i-1}\cos L_i\sin\lambda_i + \cos L_{i-1}\sin\lambda_{i-1}\sin L_i$$
$$U^y_{(i-1)\times i} = \sin L_{i-1}\cos L_i\cos\lambda_i - \cos L_{i-1}\cos\lambda_{i-1}\sin L_i$$
$$U^z_{(i-1)\times i} = -\cos L_{i-1}\sin\lambda_{i-1}\cos L_i\cos\lambda_i + \cos L_{i-1}\cos\lambda_{i-1}\cos L_i\sin\lambda_i$$

则

$$\boldsymbol{u}^e_{(i-1)\times i} = \begin{bmatrix} \dfrac{U^x_{(i-1)\times i}}{U_{(i-1)\times i}} \\ \dfrac{U^y_{(i-1)\times i}}{U_{(i-1)\times i}} \\ \dfrac{U^z_{(i-1)\times i}}{U_{(i-1)\times i}} \end{bmatrix} \tag{8.4.9}$$

式中

$$U_{(i-1)\times i} = \{[U^x_{(i-1)\times i}]^2 + [U^y_{(i-1)\times i}]^2 + [U^z_{(i-1)\times i}]^2\}^{\frac{1}{2}} \tag{8.4.10}$$

4. 航迹角和航迹角误差解算

设 P 点为飞机的瞬时位置，P_i 为下一个航路点，N 为地球北极，$\widehat{NP}$为过 P 点的子午圈，$\widehat{PP_i}$为过 P 点的大圆圈，即飞机所要执行的飞行航线，Ψ_s 为 P 点处飞机的期望航迹角，则 Ψ_s 为子午圈$\widehat{NP}$平面与大圆圈$\widehat{PP_i}$平面所夹的角，规定北偏东为正。两平面间的夹角也可表示为两平面法线间的夹角。

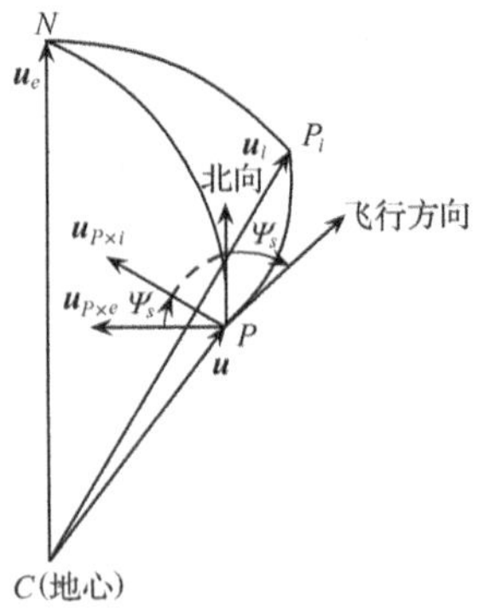

图 8.4.3　航迹角 Ψ_s

由图 8.4.3，子午面 NCP 的法线单位向量为

$$\boldsymbol{u}^e_{P\times e} = \frac{\boldsymbol{u}^e \times \boldsymbol{u}^e_e}{|\boldsymbol{u}^e \times \boldsymbol{u}^e_e|}$$

大圆圈平面 PCP_i的法线单位向量为

$$\boldsymbol{u}^e_{P\times i} = \frac{\boldsymbol{u}^e \times \boldsymbol{u}^e_i}{|\boldsymbol{u}^e \times \boldsymbol{u}^e_i|}$$

$$\boldsymbol{\Psi}_s = (\widehat{\boldsymbol{u}^e_{P\times i}, \boldsymbol{u}^e_{P\times e}})$$

规定当 $\boldsymbol{u}_{P\times e}$至 $\boldsymbol{u}_{P\times i}$的旋转方向指向地心时$\boldsymbol{\Psi}_s$ 为正，背向地心时$\boldsymbol{\Psi}_s$为负。

由于

$$\boldsymbol{u}^e_{P\times i} \cdot \boldsymbol{u}^e_{P\times e} = \cos(\widehat{\boldsymbol{u}^e_{P\times i}, \boldsymbol{u}^e_{P\times e}}) = \cos\boldsymbol{\Psi}_s$$

所以期望航迹角为

$$\boldsymbol{\Psi}_s = \arccos(\boldsymbol{u}^e_{P\times i} \cdot \boldsymbol{u}^e_{P\times e}) \tag{8.4.11}$$

式中

$$\boldsymbol{u}^e_{P\times i} = \frac{\boldsymbol{U}^e_{P\times i}}{|\boldsymbol{U}^e_{P\times i}|} \tag{8.4.12}$$

$$\boldsymbol{u}^e_{P\times e} = \frac{\boldsymbol{U}^e_{P\times e}}{|\boldsymbol{U}^e_{P\times e}|} \tag{8.4.13}$$

$$\begin{aligned}\boldsymbol{U}^e_{P\times i} = \boldsymbol{u}^e \times \boldsymbol{u}^e_i &= \begin{bmatrix} 0 & -\sin L & \cos L\sin\lambda \\ \sin L & 0 & -\cos L\cos\lambda \\ -\cos L\sin\lambda & \cos L\cos\lambda & 0 \end{bmatrix}\begin{bmatrix} \cos L_i\cos\lambda_i \\ \cos L_i\sin\lambda_i \\ \sin L_i \end{bmatrix} \\ &= \begin{bmatrix} -\sin L\cos L_i\sin\lambda_i + \cos L\sin\lambda\sin L_i \\ \sin L\cos L_i\cos\lambda_i - \cos L\cos\lambda\sin L_i \\ -\cos L\sin\lambda\cos L_i\cos\lambda_i + \cos L\cos\lambda\cos L_i\sin\lambda_i \end{bmatrix}\end{aligned} \tag{8.4.14}$$

$$\boldsymbol{U}^e_{P\times e} = \boldsymbol{u}^e \times \boldsymbol{u}^e_e = -\boldsymbol{u}^e_e \times \boldsymbol{u}^e = -\begin{bmatrix} 0 & -1 & 0 \\ 1 & 0 & 0 \\ 0 & 0 & 0 \end{bmatrix}\begin{bmatrix} \cos L\cos\lambda \\ \cos L\sin\lambda \\ \sin L \end{bmatrix} = \begin{bmatrix} \cos L\sin\lambda \\ -\cos L\cos\lambda \\ 0 \end{bmatrix} \tag{8.4.15}$$

设飞机在 P 点处的瞬时东向速度和北向速度分别为 V_E 和 V_N，风速为 $\boldsymbol{V}_W$，则地速为

$$\boldsymbol{V} = \boldsymbol{V}_T + \boldsymbol{V}_W$$

式中，$\boldsymbol{V}_T$ 为真空速，方向沿飞机纵轴，由大气数据系统提供。$\boldsymbol{V}_T$、$\boldsymbol{V}_W$、$\boldsymbol{V}$ 间的关系如图 8.4.4 所示，图中 Ψ 为飞机航向角，Ψ_s 为飞机的期望航迹角，Ψ_{sr} 为飞机的实际航迹角，δ 为偏流角，规定飞机右偏流时 δ 为正，左偏流时 δ 为负。由图得

$$\boldsymbol{\Psi}_{sr} = \arctan \frac{V_E}{V_N} \tag{8.4.16}$$

由式(8.4.11)和(8.4.16)，航迹角误差为

$$\begin{aligned} \Delta\boldsymbol{\Psi}_s &= \boldsymbol{\Psi}_{sr} - \boldsymbol{\Psi}_s \\ &= \arctan \frac{V_E}{V_N} - \arccos(\boldsymbol{u}^e_{P\times i} \cdot \boldsymbol{u}^e_{P\times e}) \end{aligned} \tag{8.4.17}$$

显然，当 $\Delta\boldsymbol{\Psi}_s > 0$ 时，飞机右偏航，$\Delta\boldsymbol{\Psi}_s < 0$ 时，飞机左偏航。

又由图得风速的东向和北向分量为

$$V_{WE} = V_E - V_T \sin\boldsymbol{\Psi}$$

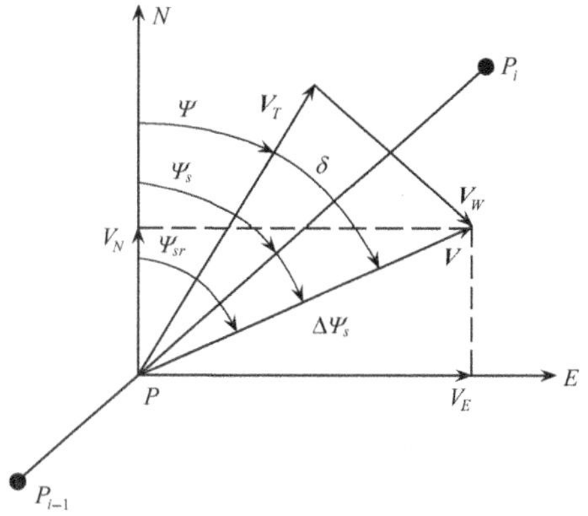

图 8.4.4　航迹角误差 $\Delta\boldsymbol{\Psi}_s$ 和偏流角 δ

$$V_{WN} = V_N - V_T \cos\boldsymbol{\Psi}$$

所以风向(风速与北向的夹角)的主值为

$$\theta_{W主} = \arctan \frac{V_{WE}}{V_{WN}} = \arctan \frac{V_E - V_T \sin\boldsymbol{\Psi}}{V_N - V_T \cos\boldsymbol{\Psi}} \tag{8.4.18}$$

风向真值由表 8.4.1 确定。

表 8.4.1　风向真值 θ_W 的确定

V_N \ V_E	<0	$=0$	>0
<0	$270°-\theta_{W主}$	$180°$	$180°+\theta_{W主}$
$=0$	$270°$	无风	$90°$
>0	$360°+\theta_{W主}$	$0°$	$\theta_{W主}$

8.4.2　飞机转弯方式

设 P_{i-1}、P_i、P_{i+1} 为三个顺序航路点，当飞机飞至 P_i 点时，应由沿 $\widehat{P_{i-1}P_i}$ 大圆圈航线飞行改向沿 $\widehat{P_iP_{i+1}}$ 大圆圈航线飞行，此时飞机必须转弯，在飞行任务计划制订中，有多种转弯方式供选择以完成航线切换。

1. 压点转弯

压点转弯是指飞机飞至航路点 P_i 上空才开始转弯，转弯时飞机按照预定的转弯坡度(倾斜角)和地速做圆弧飞行。当转弯圆弧与飞机至下一个目标航路点 P_{i+1} 的连线相切时，转弯结束。航段长为转弯圆弧长与转弯结束点到下一个航路点 P_{i+1} 距离之和，即航线长度 $=S+L$。由于飞机到达航路点 P_i 后才开始转弯，所以压点转弯也称到点转弯，如图 8.4.5 所示。轰炸机、强击机、歼击机和运输机通常采用压点转弯航线。

2. 向点转弯

向点转弯是指飞机临近目标航路点 P_i 之前就按预定的转弯坡度和地速做转弯，到达 P_i 点上空时转弯就结束。航段长为转弯圆弧长与转弯起始点到上一个目标航路点 P_{i-1} 距离之和，即航线长度 $=S+L$。如图 8.4.6 所示。轰炸机、强击机、歼击机和运输机有时采用向点转弯航线。

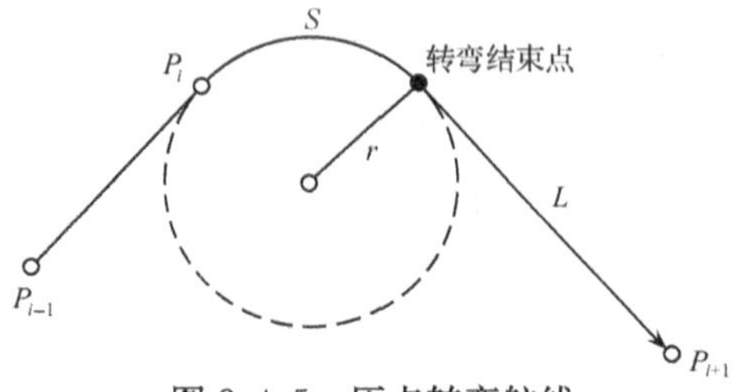

图 8.4.5 压点转弯航线

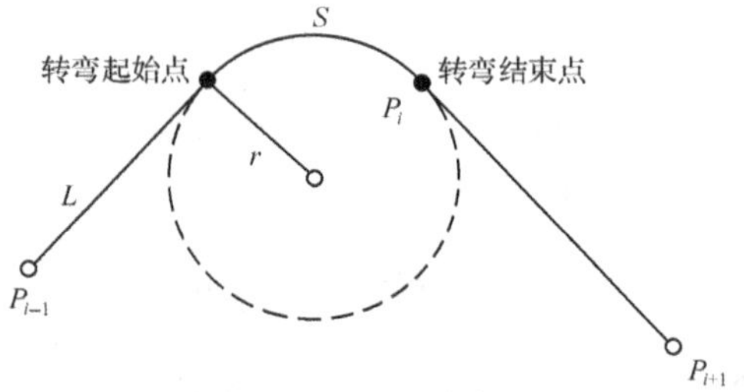

图 8.4.6 向点转弯航线

3. 切点转弯

切点转弯是指飞机临近目标航路点 P_i 之前就按预定的转弯坡度和地速做转弯，当转弯圆弧与航路点 P_i、P_{i+1}的连线相切时转弯结束。航段长为转弯圆弧长与转弯结束点到下一个目标航路点 P_{i+1}距离之和，即：航线长度$=S+L$。如图 8.4.7 所示。轰炸机、强击机、歼击机和运输机有时采用切点转弯航线。

4. 绕点转弯

绕点转弯以目标航路点 P_i 为圆心，当飞行航段与由预定的转弯坡度和地速确定的转弯半径垂直时，飞机做圆弧转弯，当转弯圆弧与飞机至下一个目标航路点 P_{i+1}的连线相切时转弯结束。航段长为转弯圆弧长与转弯结束点至下一个目标航路点 P_{i+1}距离之和，即：航线长度$=S+L$，如图 8.4.8 所示。做绕点转弯时始终能看到转弯点(航路点 P_i)，所以适合于前向下视视界较差的飞机。

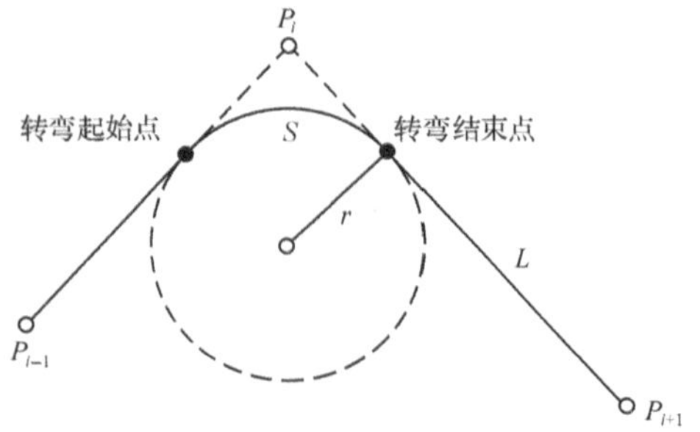

图 8.4.7 切点转弯航线

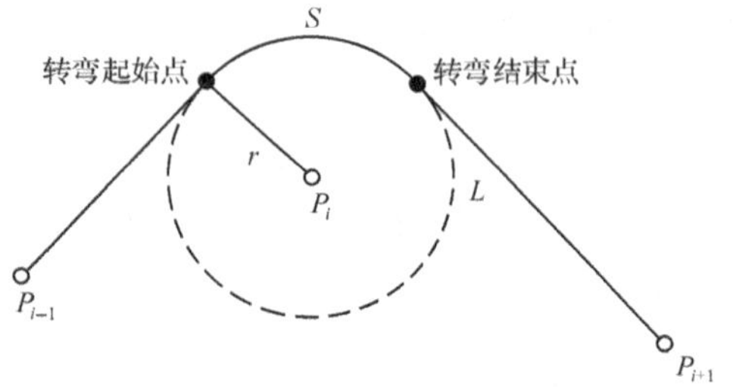

图 8.4.8 绕点转弯航线

5. 混合转弯

混合转弯是指由两种以上转弯方式组合而成的转弯。轰炸机、强击机、歼击机和运输机有时采用混合转弯航线。

8.5 惯导定位等概率误差椭圆与散布圆

RNP 是 Required Navigation Performance 的缩写，意即导航性能要求。飞机在飞行过程中，真实位置是无法确切知道的，惯导系统给出的指示位置或多或少包含误差。飞机配备的惯导系统精度越高，飞机的真实位置相对指示位置的偏离值就越小，否则偏离值就越大，飞机真实位置的不确定性就越大。有些场合对飞机真实飞行状态有非常严格的要求，如允许的空中走廊很窄，进场着陆时，飞机的离地高度、距着陆门界的距离、下滑角、速度等的允许偏差必须小于某一指标，这就必须对惯导系统提出可容忍的最低精度下限。此处研究：若要求飞机的真实位置以某一指定概率落在惯导指示位置附近的某一范围内，惯导系统定位误差的最大允许值究竟是多少。

8.5.1　飞机真实位置相对指示位置的偏离值与惯导系统定位误差的关系

设飞机在飞行过程中的真实经、纬度分别为 λ^r 和 L^r，惯导系统给出的指示经、纬度为 λ^c 和 L^c，则飞机真实位置相对指示位置的偏离值为

$$\mathrm{d}L = L^r - L^c$$

$$\mathrm{d}\lambda = \lambda^r - \lambda^c$$

而惯导系统的定位误差为

$$\delta L = L^c - L^r$$

$$\delta\lambda = \lambda^c - \lambda^r$$

所以

$$\mathrm{d}L = -\delta L \tag{8.5.1a}$$

$$\mathrm{d}\lambda = -\delta\lambda \tag{8.5.1b}$$

假设惯导系统的定位误差 δL 和 $\delta\lambda$ 服从零均值正态分布，方差分别为 σ_L^2 和 σ_λ^2，则根据式(8.5.1)知，$\mathrm{d}L$ 和 $\mathrm{d}\lambda$ 也服从零均值正态分布，方差分别为

$$D(\mathrm{d}L) = E(\mathrm{d}L^2) = E(\delta L^2) = \sigma_L^2$$

$$D(\mathrm{d}\lambda) = E(\mathrm{d}\lambda^2) = E(\delta\lambda^2) = \sigma_\lambda^2$$

所以 $\mathrm{d}L$ 和 $\mathrm{d}\lambda$ 的概率密度函数为

$$p(\mathrm{d}L) = \frac{1}{\sqrt{2\pi}\sigma_L}\exp\left(-\frac{\mathrm{d}L^2}{2\sigma_L^2}\right) = \frac{1}{\sqrt{2\pi}\sigma_L}\exp\left(-\frac{\delta L^2}{2\sigma_L^2}\right) = p(\delta L) \tag{8.5.2a}$$

$$p(\mathrm{d}\lambda) = \frac{1}{\sqrt{2\pi}\sigma_\lambda}\exp\left(-\frac{\mathrm{d}\lambda^2}{2\sigma_\lambda^2}\right) = \frac{1}{\sqrt{2\pi}\sigma_\lambda}\exp\left(-\frac{\delta\lambda^2}{2\sigma_\lambda^2}\right) = p(\delta\lambda) \tag{8.5.2b}$$

式(8.5.2)表明，研究 $\mathrm{d}L$、$\mathrm{d}\lambda$ 的分布情况与研究 δL、$\delta\lambda$ 的分布情况是等价的。在下述叙述中，均以惯导系统的导航误差 δL 和 $\delta\lambda$ 为研究对象。

此处假设惯导系统的定位误差均值为零的原因是：定位误差的非零均值实质是惯导系统的系统误差，即系统存在的偏置误差，一般情况下，这种误差是可以补偿的。

8.5.2　等概率定位误差方程

飞机在飞行过程中是用地理坐标，即经度、纬度和高度定位的。对于二维定位，飞机的位置实际上是子午线与纬度线的交点，子午线和纬度线可看作夹角为90°的位置线，如图 8.5.1 所示。

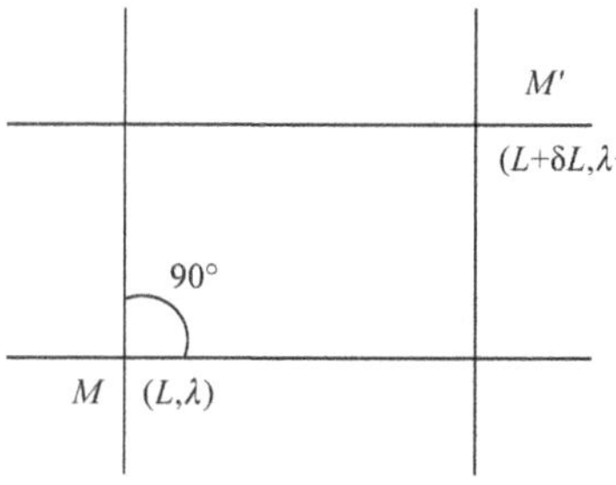

图 8.5.1　经度和纬度确定的位置线和位置

设飞机的真实位置在 M 点，而惯导系统给出的指示位置为 M'，见图 8.5.1，则 δL 和 $\delta\lambda$ 即为定位误差。

假设定位误差服从零均值的正态分布，则 δL 和 $\delta\lambda$ 的概率密度函数可写成

$$p(\delta L)=\frac{1}{\sqrt{2\pi}\sigma_L}\exp\left(-\frac{\delta L^2}{2\sigma_L^2}\right) \tag{8.5.3a}$$

$$p(\delta\lambda)=\frac{1}{\sqrt{2\pi}\sigma_\lambda}\exp\left(-\frac{\delta\lambda^2}{2\sigma_\lambda^2}\right) \tag{8.5.3b}$$

δL 和 $\delta\lambda$ 的联合分布概率密度函数为

$$p(\delta L,\delta\lambda)=\frac{1}{2\pi\sigma_L\sigma_\lambda\sqrt{1-\rho_r^2\sigma_L\sigma_\lambda}}\exp\left[-\frac{1}{2(1-\rho_r^2)}\left(\frac{\delta L^2}{\sigma_L^2}+\frac{\delta\lambda^2}{\sigma_\lambda^2}-\frac{2\rho_r\delta L\delta\lambda}{\sigma_L\sigma_\lambda}\right)\right] \tag{8.5.4}$$

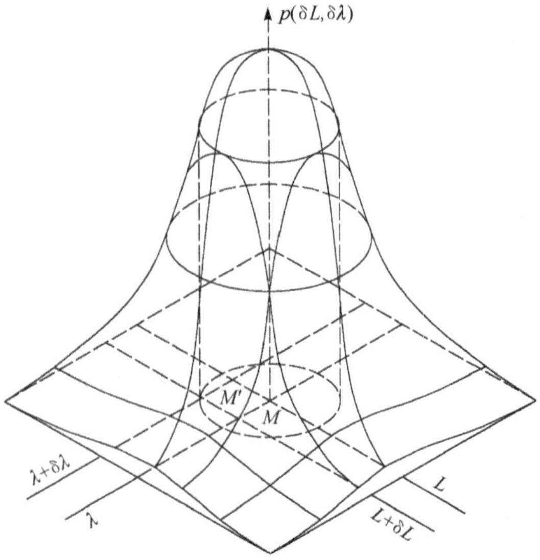

图 8.5.2　δL 和 $\delta\lambda$ 的联合分布概率密度函数

式中，ρ_r 为 δL 和 $\delta\lambda$ 的相关系数。对于常用导航系统，如惯导系统、卫星导航系统、罗兰 C 等无线电导航系统，经、纬度误差是不相关的，即有 $\rho_r=0$，所以对常用惯导系统，式(8.5.4)可写成

$$p(\delta L,\delta\lambda)=\frac{1}{2\pi\sigma_L\sigma_\lambda}\exp\left[-\frac{1}{2}\left(\frac{\delta L^2}{\sigma_L^2}+\frac{\delta\lambda^2}{\sigma_\lambda^2}\right)\right] \tag{8.5.5}$$

图 8.5.2 是式(8.5.5)的立体示意图。由式(8.5.5)知，当

$$\frac{1}{2}\left(\frac{\delta L^2}{\sigma_L^2}+\frac{\delta\lambda^2}{\sigma_\lambda^2}\right)=K^2 \tag{8.5.6}$$

时，其中 K 为某一常值，则此时的概率密度为常值，因此称满足式(8.5.6)方程的曲线为等概率误差曲线，如图 8.5.2 中(L,λ)平面内的虚线曲线所示。式(8.5.6)称为等概率误差椭圆方程。

8.5.3　等概率误差椭圆分析

根据式(8.5.6)，等概率误差椭圆方程可写成

$$\frac{x^2}{2K^2\sigma_x^2}+\frac{y^2}{2K^2\sigma_y^2}=1 \tag{8.5.7}$$

式中，$x=R\cos L\delta\lambda$，$y=R\delta L$，$\sigma_x=R\cos L\sigma_\lambda$，$\sigma_y=R\sigma_L$，$L$ 为飞机所在点的纬度，R 为地球半径。

由于地球上任一点处的子午线与纬度线互相垂直，所以 x 和 y 所在坐标系为直角坐标系，式(8.5.7)为标准型椭圆方程，该方程所在坐标系原点为 M，y 坐标轴沿 M 点处的子午线，x 坐标轴沿 M 点处的纬度线，半长轴 a 和半短轴 b 确定如下。

若 $R\sigma_L>R\cos L\sigma_\lambda$，则

$$\begin{cases}a=\sqrt{2}KR\sigma_L\\ b=\sqrt{2}KR\cos L\sigma_\lambda\end{cases} \tag{8.5.8a}$$

长轴位于子午线，短轴位于纬度线。

若 $R\sigma_L<R\cos L\sigma_\lambda$，则

$$\begin{cases}a=\sqrt{2}KR\cos L\sigma_{\lambda} \\ b=\sqrt{2}KR\sigma_{L}\end{cases} \tag{8.5.8b}$$

长轴位于纬度线，短轴位于子午线。

若 $R\sigma_L=R\cos L\sigma_\lambda=\sigma$，则椭圆退化成圆，圆半径为 $r=\sqrt{2}K\sigma$。

8.5.4　等概率误差椭圆的确定

式(8.5.8)说明等概率误差椭圆的大小(半长轴和半短轴)与 K 有关，而 K 是概率的函数，下面分析这一关系。

记等概率误差椭圆为 E，如图 8.5.2 中(L,λ)平面中的虚线所示，E 围成的区域为 D。则 x 和 y 位于 D 域内的概率为

$$P=\frac{1}{2\pi\sigma_x\sigma_y}\iint_D \exp\left[-\frac{1}{2}\left(\frac{x^2}{\sigma_x^2}+\frac{y^2}{\sigma_y^2}\right)\right]\mathrm{d}x\mathrm{d}y \tag{8.5.9}$$

为便于计算式(8.5.9)中的积分，引入极坐标

$$x=\rho\cos\theta,\quad y=\rho\sin\theta$$

则

$$\frac{x^2}{2\sigma_x^2}+\frac{y^2}{2\sigma_y^2}=\rho^2\left(\frac{\cos^2\theta}{2\sigma_x^2}+\frac{\sin^2\theta}{2\sigma_y^2}\right)$$

记

$$c(\theta)=\sqrt{\frac{\cos^2\theta}{2\sigma_x^2}+\frac{\sin^2\theta}{2\sigma_y^2}} \tag{8.5.10}$$

则

$$\exp\left[-\frac{1}{2}\left(\frac{x^2}{\sigma_x^2}+\frac{y^2}{\sigma_y^2}\right)\right]=e^{-c^2(\theta)\rho^2} \tag{8.5.11}$$

将式(8.5.7)改写成

$$\frac{x^2}{2\sigma_x^2}+\frac{y^2}{2\sigma_y^2}=K^2 \tag{8.5.12}$$

该式即为式(8.5.9)中积分域 D 的边界 E 的方程。将式(8.5.12)写成极坐标形式

$$\rho_E^2\left(\frac{\cos^2\theta}{2\sigma_x^2}+\frac{\sin^2\theta}{2\sigma_y^2}\right)=K^2$$

根据式(8.5.10)，上式可写成

$$\rho_E^2c^2(\theta)=K^2$$

即

$$\rho_E=\frac{K}{c(\theta)}$$

该式即为围成 D 域的椭圆 E 的极坐标方程，D 域的向径变化范围为 $0\sim\rho_E$，极角变化范围为 $0\sim 2\pi$，极坐标下积分微面积元为 $\rho\mathrm{d}\theta\mathrm{d}\rho$。所以式(8.5.9)可写成

$$\begin{aligned}P&=\frac{1}{2\pi\sigma_x\sigma_y}\int_0^{2\pi}\int_0^{\rho_E}\mathrm{e}^{-c^2(\theta)\rho^2}\rho\mathrm{d}\theta\mathrm{d}\rho\\&=\frac{1}{2\pi\sigma_x\sigma_y}\int_0^{2\pi}\int_0^{\frac{K}{c(\theta)}}\mathrm{e}^{-c^2(\theta)\rho^2}\rho\mathrm{d}\theta\mathrm{d}\rho\end{aligned}$$

$$= \frac{1}{2\pi\sigma_x\sigma_y}\int_0^{2\pi}\frac{1}{2c^2(\theta)}\left[-\mathrm{e}^{-c^2(\theta)\rho^2}\Big|_{\rho=0}^{\rho=\frac{K}{c(\theta)}}\right]\mathrm{d}\theta$$

$$= \frac{1}{2\pi\sigma_x\sigma_y}\frac{1}{2}(1-e^{-K^2})\int_0^{2\pi}\frac{1}{c^2(\theta)}\mathrm{d}\theta \tag{8.5.13}$$

由式(8.5.8)知，当 $K=\infty$时，等概率误差椭圆的半长轴和半短轴都趋于∞，积分域 D 包含整个误差平面，此时误差落在整个误差平面内的概率为 1，即

$$1 = \lim_{K\to\infty}P = \frac{1}{4\pi\sigma_x\sigma_y}\int_0^{2\pi}\frac{1}{c^2(\theta)}\mathrm{d}\theta$$

所以

$$\int_0^{2\pi}\frac{1}{c^2(\theta)}\mathrm{d}\theta = 4\pi\sigma_x\sigma_y \tag{8.5.14}$$

将式(8.5.14)代入式(8.5.13)时，得

$$P=\frac{1}{4\pi\sigma_x\sigma_y}(1-\mathrm{e}^{-K^2})\cdot 4\pi\sigma_x\sigma_y=1-\mathrm{e}^{-K^2} \tag{8.5.15}$$

式(8.5.15)给出了惯导系统误差为 σ_x 和σ_y 时，不同 K 值(亦即半长轴和半短轴取不同值)条件下，飞机指示位置落在以真实位置为中心的椭圆内的概率。式(8.5.15)也可写成

$$K=\sqrt{-\ln(1-P)} \tag{8.5.16}$$

式(8.5.16)给出了已知概率为 P 时计算等概率误差椭圆参数 K 的方法。K 一旦确定出，则根据式(8.5.8)可确定出等概率误差椭圆的大小，即椭圆的半长轴和半短轴。表 8.5.1 列出了 P 和 K 的部分对应值。

表 8.5.1 对应于不同概率 P 的 K

P	0	0.05	0.2	0.5	0.633	0.8	0.95	0.99	1
K	0	0.227	0.472	0.832	1	1.268	1.730	2.147	∞

8.5.5 根据 RNP 指标确定惯导系统的精度要求

1. RNP 指标为标准椭圆时惯导系统精度要求的确定

由式(8.5.2)知，飞机真实位置相对指示位置的偏离值($\mathrm{d}L,\mathrm{d}\lambda$)与惯导系统的导航误差($\delta L,\delta\lambda$)的概率分布密度是相同的，唯一不同的是两者所取原点不同：对于($\delta L,\delta\lambda$)，取飞机的真实位置点作为其坐标系的原点，而对于($\mathrm{d}L,\mathrm{d}\lambda$)，取指示位置点作为其坐标系的原点。

根据上述分析，可归纳出根据 RNP 指标确定惯导系统应满足精度要求的方法。

设 RNP 指标为：飞机真实位置位于以指示位置为中心的椭圆内的概率为 P，该椭圆的半长轴为 a，半短轴为 b，则惯导系统应满足的精度要求按如下步骤确定。

(1) 根据 RNP 要求的概率 P，查表 8.5.1 或按式(8.5.16)确定出相应的参数 K。

(2) 根据求得的参数 K 和 RNP 要求的椭圆半长轴 a 和半短轴 b，确定出惯导系统应满足的经、纬度误差均方根 σ_λ 和σ_L，具体方法如下。

① 若椭圆半长轴位于子午线方向，半短轴位于纬度线方向，则由式(8.5.8a)，可得

$$\sigma_L=\frac{a}{\sqrt{2}KR} \tag{8.5.17a}$$

$$\sigma_\lambda=\frac{b}{\sqrt{2}KR\cos L} \tag{8.5.17b}$$

② 若椭圆半长轴位于纬度线方向，半短轴位于子午线方向，则由式(8.5.8b)，可得

$$\sigma_L=\frac{b}{\sqrt{2}KR} \tag{8.5.18a}$$

$$\sigma_\lambda=\frac{a}{\sqrt{2}KR\cos L} \tag{8.5.18b}$$

2. RNP指标为非标准椭圆时惯导系统精度要求的确定

设RNP指标为非标准椭圆，椭圆长轴沿 X_ε 轴，短轴沿 Y_ε 轴，X_ε 轴与 x_g 轴(地理坐标系 g 的东向轴)夹角为 β，β 以逆时针方向为正，如图8.5.3所示。

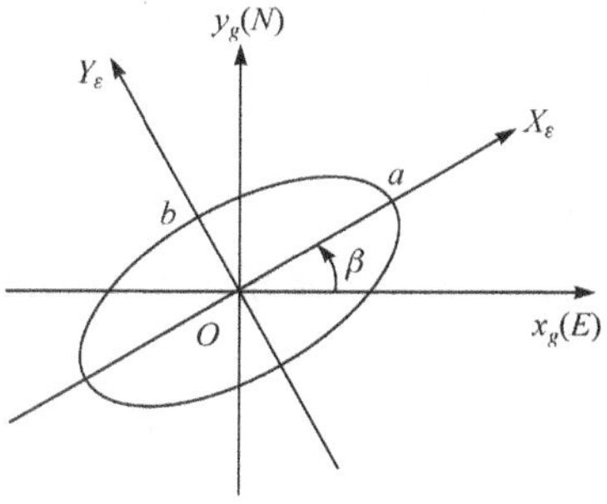

图8.5.3　非标准椭圆RNP

记沿 X_ε 轴的误差量为 x_ε，沿 Y_ε 轴的误差量为 y_ε，对应于非标准椭圆的误差向量为 $\boldsymbol{\mu}$，则坐标系 $O\text{-}x_gy_gz_g$(简记为 g)至坐标系 $O\text{-}X_\varepsilon Y_\varepsilon Z_\varepsilon$(简记为 ε)的变换矩阵为

$$\boldsymbol{C}_g^\varepsilon=\begin{bmatrix}\cos\beta & \sin\beta & 0\\ -\sin\beta & \cos\beta & 0\\ 0 & 0 & 1\end{bmatrix}$$

$$\boldsymbol{\mu}^g=[\boldsymbol{C}_g^\varepsilon]^T\boldsymbol{\mu}^\varepsilon=\begin{bmatrix}\cos\beta & -\sin\beta & 0\\ \sin\beta & \cos\beta & 0\\ 0 & 0 & 1\end{bmatrix}\begin{bmatrix}x_\varepsilon\\ y_\varepsilon\\ z_\varepsilon\end{bmatrix}$$

对二维定位，

$$\mu_x^g=x_\varepsilon\cos\beta-y_\varepsilon\sin\beta \tag{8.5.19a}$$

$$\mu_y^g=x_\varepsilon\sin\beta+y_\varepsilon\cos\beta \tag{8.5.19b}$$

假设 x_ε 和 y_ε 不相关，均值均为0，方差分别为 $\sigma_{x_\varepsilon}^2$ 和 $\sigma_{y_\varepsilon}^2$，非标准椭圆的半长轴和半短轴分别为 a 和 b，则根据式(8.5.7)

$$\sigma_{x\varepsilon}=\frac{a}{\sqrt{2}K} \tag{8.5.20a}$$

$$\sigma_{y\varepsilon}=\frac{b}{\sqrt{2}K} \tag{8.5.20b}$$

式中，K 根据式(8.5.16)确定。

由式(8.5.19)，μ_x^g 和 μ_y^g 的均值也为0，方差分别为

$$\sigma_{\mu_x}^2=\sigma_{x\varepsilon}^2\cos^2\beta+\sigma_{y\varepsilon}^2\sin^2\beta$$

$$\sigma_{\mu_y}^2=\sigma_{x\varepsilon}^2\sin^2\beta+\sigma_{y\varepsilon}^2\cos^2\beta$$

即

$$\sigma_\lambda^2R^2\cos^2L=\sigma_{x\varepsilon}^2\cos^2\beta+\sigma_{y\varepsilon}^2\sin^2\beta$$

$$\sigma_L^2R^2=\sigma_{x\varepsilon}^2\sin^2\beta+\sigma_{y\varepsilon}^2\cos^2\beta$$

所以对惯导系统的精度要求为

$$\sigma_\lambda=\frac{1}{R\cos L}\sqrt{\sigma_{x\varepsilon}^2\cos^2\beta+\sigma_{y\varepsilon}^2\sin^2\beta} \tag{8.5.21a}$$

$$\sigma_L=\frac{1}{R}\sqrt{\sigma_{x\varepsilon}^2\sin^2\beta+\sigma_{y\varepsilon}^2\cos^2\beta} \tag{8.5.21b}$$

式中，$\sigma_{x\varepsilon}$ 和 $\sigma_{y\varepsilon}$ 按式(8.5.20)确定。

8.5.6 误差圆半径与散布圆

等概率误差椭圆完整描述了定位误差按一定概率的分布情况，表达式中使用经度误差和纬度误差两个自变量，自变量对应的坐标轴分别沿纬度线和子午线。有时为简化问题，只关心计算得的飞机位置相对飞机的真实位置偏离了多少距离，这就使两个变量的定位问题简化成单个变量的定位问题。为叙述方便，将飞机的计算位置偏离飞机的真实位置的距离称作误差距离。

设 δL 和 $\delta\lambda$ 为惯导系统的定位误差，地球近似视为圆球，地球半径为 R。取飞机真实位置所在点为坐标原点，该点的东向为 x 轴，北向为 y 轴，飞机所在点的纬度为 L，则导航误差沿东向和北向的直角坐标为

$$\begin{cases}x=R\cos L\delta\lambda\\ y=R\delta L\end{cases} \tag{8.5.22}$$

惯导系统的指示位置偏离飞机真实位置的误差距离为

$$s=\sqrt{x^2+y^2}=R\sqrt{\cos^2 L\delta\lambda^2+\delta L^2}$$

假设 δL 和 $\delta\lambda$ 的均值为 0，方差分别为 σ_L^2 和 σ_λ^2，即

$$\sigma_x^2=R^2\cos^2 L\sigma_\lambda^2$$

$$\sigma_y^2=R^2\sigma_L^2$$

则 s 的均值也为 0，方差为

$$\sigma_s^2=R^2\cos^2 L\sigma_\lambda^2+R^2\sigma_L^2 \tag{8.5.23}$$

根据式(8.5.8)，若取 $K=\frac{1}{\sqrt{2}}$（对应于 $P=0.3934$），则

$$\sigma_s^2=a^2+b^2$$

式中，a 和 b 分别为 $P=39.34\%$ 条件下等概率误差椭圆的半长轴和半短轴。

若取 $K=\sqrt{3}$（对应于 $P=0.9502$），根据式(8.5.8)

$$a^2+b^2=6(R^2\sigma_L+R^2\cos^2 L\sigma_\lambda^2)$$

所以

$$\sigma_s^2=\frac{1}{6}(a^2+b^2)$$

式中，a 和 b 分别为 $P=95.02\%$ 条件下等概率误差椭圆的半长轴和半短轴。

由式(8.5.5)，惯导系统的经纬度误差服从联合正态分布，概率密度为

$$p(\delta L,\delta\lambda)=\frac{1}{2\pi\sigma_L\sigma_\lambda}\exp\left[-\frac{1}{2}\left(\frac{\delta L^2}{\sigma_L^2}+\frac{\delta\lambda^2}{\sigma_\lambda^2}\right)\right]$$

根据式(8.5.22)，相应的直角坐标值 x 和 y 也服从联合正态分布，概率密度为

$$p(x,y)=\frac{1}{2\pi\sigma_x\sigma_y}\exp\left[-\frac{1}{2}\left(\frac{x^2}{\sigma_x^2}+\frac{y^2}{\sigma_y^2}\right)\right] \tag{8.5.24}$$

引入极坐标：$x=\rho\cos\theta,y=\rho\sin\theta$，如图 8.5.4 所示。这样式(8.5.24)可写成：

$$p(\rho,\theta)=\frac{1}{2\pi\sigma_x\sigma_y}\exp\left[-\frac{\rho^2}{2}\left(\frac{\cos^2\theta}{\sigma_x^2}+\frac{\sin^2\theta}{\sigma_y^2}\right)\right]$$
$$=\frac{1}{2\pi R^2\cos L\sigma_L\sigma_\lambda}\exp\left[-\frac{\rho^2}{2}\left(\frac{\cos^2\theta}{R^2\cos^2 L\sigma_\lambda^2}+\frac{\sin^2\theta}{R^2\sigma_L^2}\right)\right] \tag{8.5.25}$$

导航误差落在以 r 为半径、飞机真实位置点为圆心的圆内的概率为

$$P(\rho\leqslant r,0\leqslant\theta\leqslant 2\pi)=\int_0^r\int_0^{2\pi}p(\rho,\theta)\rho\mathrm{d}\theta\mathrm{d}\rho \tag{8.5.26}$$

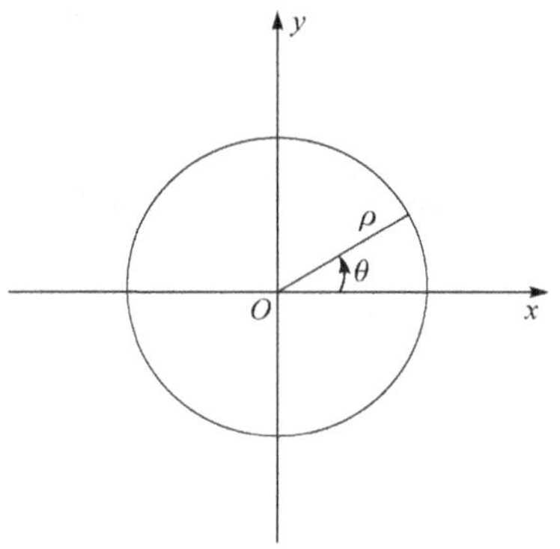

图 8.5.4　极坐标及误差圆

式中，$p(\rho,\theta)$由式(8.5.25)确定。对于某一概率 P，可根据式(8.5.26)求出相应的圆半径 r。

国际民航组织(ICAO) 建议：用概率 $P=95\%$所对应的圆半径 R_0 作为衡量导航系统精度的标准，并称该圆半径 R_0 为误差圆半径。

根据式(8.5.26)，R_0 满足的方程为

$$95\%=\int_0^{R_0}\int_0^{2\pi}p(\rho,\theta)\rho\mathrm{d}\theta\mathrm{d}\rho \tag{8.5.27}$$

由上式和式(8.5.23)、式(8.5.25)知，R_0 是 σ_x 和 σ_y 亦即 σ_s 的函数，图 8.5.5 是根据式(8.5.27)计算得的 R_0 与 σ_x、σ_y 及 σ_s 间的关系曲线，图中纵坐标为$\frac{R_0}{2\sigma_s}$，横坐标为 $Q_e=\frac{\sigma_x}{\sigma_y}+\frac{\sigma_y}{\sigma_x}$。如此取纵坐标和横坐标的目的是使曲线归一化，这样可根据该曲线求解出任意 σ_x 和 σ_y 情况下对应的误差圆半径。

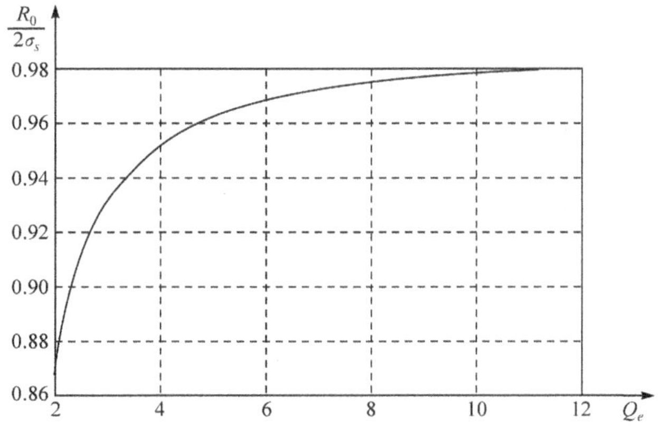

图 8.5.5　95%概率误差圆半径与惯导系统定位误差间的关系

由于

$$Q_e=\frac{\sigma_x}{\sigma_y}+\frac{\sigma_y}{\sigma_x}=\frac{(\sigma_x-\sigma_y)^2+2\sigma_x\sigma_y}{\sigma_x\sigma_y}=2+\frac{(\sigma_x-\sigma_y)^2}{\sigma_x\sigma_y}$$

且 $\sigma_x>0,\sigma_y>0$，所以 $Q_e\geqslant 2$，这就是图 8.5.5 曲线的横坐标从 2 起始的原因。

从图 8.5.5 曲线可看出：在 95%概率条件下，$\frac{R_0}{2\sigma_s}$的取值范围为 0.86～0.98。因为根据式

(8.5.27)计算 R_0 比较麻烦，而 R_0 与 $2\sigma_s$ 相差不大，所以为避免计算麻烦，工程上常近似取

$$R_0=(1.96\sim2)\sigma_s \tag{8.5.28}$$

由 8.5.1 节分析知，飞机真实位置偏离指示位置(由惯导系统计算得)的偏离值与惯导系统的导航误差是等价的，所以误差圆半径 R_0 实际上也反映了飞机真实位置相对指示位置的散布情况，即：

飞机的真实位置以 95%的概率位于散布圆内，该散布圆的圆心位于指示位置，半径为

$$R_0=(1.96\sim2)\sigma_s$$

式中

$$\sigma_s=\sqrt{\sigma_x^2+\sigma_y^2}=R\sqrt{\sigma_\lambda^2\cos^2L+\sigma_L^2}$$

σ_λ 和 σ_L 为惯导系统的经度误差和纬度误差。

第 9 章　捷联式惯导系统

9.1　概　　述

图 9.1.1 为捷联惯导系统的原理简图，图中，b 为运载体的机体坐标系，n 为导航坐标系。陀螺和加速度计直接固联在运载体上，所以此类惯导称为捷联式惯导系统，简称捷联惯导。陀螺和加速度计分别用来测量运载体的角运动信息和线运动信息，机载计算机根据这些测量信息解算出运载体的航向、姿态、速度及位置。姿态阵解算相当于建立起数学平台，$\hat{\boldsymbol{\omega}}_{in}^{b}$ 相当于对数学平台作施矩的指令量，该指令量根据所选定的导航坐标系和解算得的速度和位置计算出。因此捷联式惯导系统与平台式惯导系统在本质上是相同的，但在系统的具体实现上却存在着明显的不同。

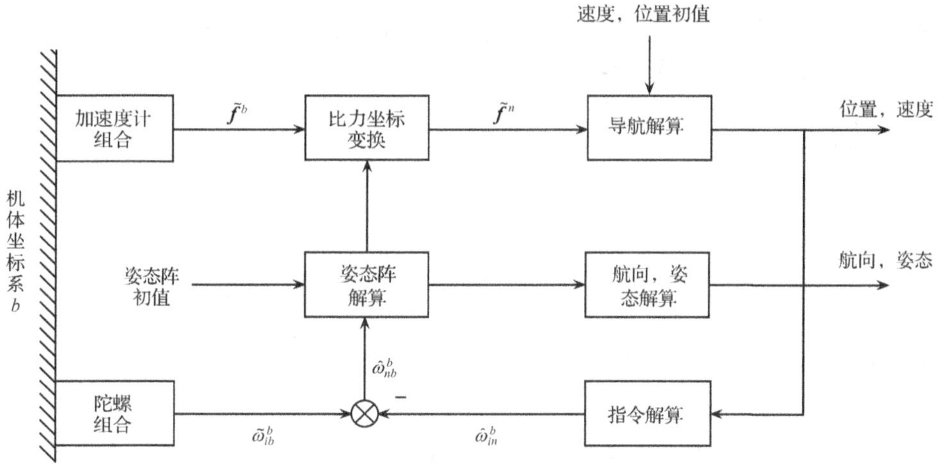

图 9.1.1　捷联式惯导系统原理简图

1）陀螺动态范围要求不同

平台式惯导系统陀螺安装在平台台体上，陀螺感测台体偏离导航坐标系的偏差，平台通过稳定回路消除这种偏差，其作用是隔离掉运载体的角运动，使陀螺的工作环境不受运载体角运动的影响。同时，平台通过修正回路使陀螺按一定要求进动，控制平台跟踪导航坐标系的旋转运动。而导航坐标系的旋转仅由运载体相对地球的线运动及地球的自转引起，这些旋转角速度都十分微小，所以对陀螺的指令施矩电流是很小的。这就是说平台式惯导陀螺的动态范围可设计得较小。但捷联式惯导陀螺直接安装在运载体上，陀螺必须跟随运载体的角运动，施矩电流远比仅跟踪导航坐标系的施矩电流大，即捷联惯导所用陀螺的动态范围远比平台式惯导所采用的大。

2）惯性器件的工作环境不同，惯性器件动态误差和静态误差的补偿要求也不同

在平台式惯导系统中，平台对运载体的角运动起隔离作用，安装在平台上的惯性器件只需对线加速度引起的静态误差作补偿。而捷联式惯导系统中的惯性器件除补偿静态误差外，还需要对角速度和角加速度引起的动态误差作补偿。因此必须在实验室条件下对捷联陀螺和加速度计

的动、静态误差系数作严格的测试和标定。

3）捷联式惯导必须对三种算法误差作补偿

在实际系统中，为了降低捷联陀螺和加速度计的输出噪声对系统解算精度的影响，并且能够完全利用输出信息，陀螺和加速度计的输出全部采用增量形式，即加速度计输出为速度增量，陀螺输出为角增量(液浮陀螺或挠性陀螺及加速度计输出采用 I-F 或 V-F 转换成脉冲输出，激光陀螺本身就是脉冲输出)。在此情况下，姿态解算和导航解算只能通过求解差分方程来完成，而当运载体存在线振动和角振动，或运载体做机动运动时，在姿态解算中会引起圆锥误差，在速度解算中会引起划桨误差，在位置解算中会引起涡卷误差。这些误差中，圆锥误差对捷联惯导精度的影响最严重，划桨误差次之，涡卷误差最轻，在相应算法中视需要作严格补偿。

4）计算量不同

平台式惯导中平台以物理实体形式存在，平台模拟了导航坐标系，运载体的姿态角及航向角可直接从平台框架上拾取或仅通过少量计算获得。但在捷联惯导中，平台并不实体存在，而以数学平台形式存在，姿态角和航向角都必须通过计算获得，计算量庞大。

尽管在惯性器件、计算量等方面捷联惯导远比平台惯导要求苛刻，但由于省去了复杂的机电平台，结构简单、体积小、重量轻、成本低、维护简单、可靠性高、还可通过余度技术提高其容错能力。并且，由于诸如激光陀螺、光纤陀螺等固态惯性器件的出现，计算机技术的快速发展和计算理论的日益完善，捷联式惯导的优越性日趋显露。20 世纪 90 年代，美国利登公司停止了平台式惯导 LTN-72 的批量生产，而转向激光捷联惯导 LTN-92、LTN-101 等的生产。在研发激光捷联惯导方面，霍尼韦尔公司和利登公司走在世界前列，产品广泛应用于波音 757、767 和 A320、A330 等最新商用飞机上。

9.2 姿态更新计算的四元数算法

设由运载体的机体轴确定的坐标系为 b，惯导系统所采用的导航坐标系为 n，则由 b 系到 n 系的坐标变换矩阵 $\boldsymbol{C}_b^n$ 称为运载体的姿态矩阵。姿态更新是指根据惯性器件的输出实时计算出 $\boldsymbol{C}_b^n$ 矩阵。由于 n 系和 b 系均为直角坐标系，各轴之间始终保持直角，所以可将坐标系理解成刚体，当只研究两个坐标系间的角位置关系时，可对一个坐标系做平移，使其原点与另一个坐标系的原点重合。因此，两坐标系间的空间角位置关系可理解成刚体的定点转动。从这一基本思想出发，可获得姿态更新的四元数算法及旋转矢量算法。本节详细介绍四元数更新算法。

9.2.1 四元数

1. 四元数定义

顾名思义，四元数是由四个元构成的数：

$$\boldsymbol{Q}(q_0, q_1, q_2, q_3) = q_0 + q_1\boldsymbol{i} + q_2\boldsymbol{j} + q_3\boldsymbol{k} \tag{9.2.1}$$

式中，q_0、q_1、q_2、q_3 是实数，$\boldsymbol{i}$、$\boldsymbol{j}$、$\boldsymbol{k}$ 既是互相正交的单位向量，又是虚单位 $\sqrt{-1}$，具体规定体现在如下四元数乘法关系中：

$$\left.\begin{array}{lll} \boldsymbol{i}\otimes\boldsymbol{i}=-1, & \boldsymbol{j}\otimes\boldsymbol{j}=-1, & \boldsymbol{k}\otimes\boldsymbol{k}=-1 \\ \boldsymbol{i}\otimes\boldsymbol{j}=\boldsymbol{k}, & \boldsymbol{j}\otimes\boldsymbol{k}=\boldsymbol{i}, & \boldsymbol{k}\otimes\boldsymbol{i}=\boldsymbol{j} \\ \boldsymbol{j}\otimes\boldsymbol{i}=-\boldsymbol{k}, & \boldsymbol{k}\otimes\boldsymbol{j}=-\boldsymbol{i}, & \boldsymbol{i}\otimes\boldsymbol{k}=-\boldsymbol{j} \end{array}\right\} \tag{9.2.2}$$

式中，$\otimes$表示四元数乘法。

上述关系可叙述为：相同单位向量做四元数乘时呈虚单位特性；相异单位向量作四元数乘时呈单位向量叉乘特性。所以四元数既可看做四维空间中的一个向量，又可看作一个超复数。

2. 四元数的表达方式

(1) 矢量式

$$\boldsymbol{Q} = q_0 + \boldsymbol{q} \tag{9.2.3}$$

式中，q_0 称四元数 $\boldsymbol{Q}$ 的标量部分，$\boldsymbol{q}$ 称四元数 $\boldsymbol{Q}$ 的矢量部分。对照式(9.2.1)，可看出 $\boldsymbol{q}$ 是三维空间中的一个向量。

(2) 复数式

$$\boldsymbol{Q} = q_0 + q_1\boldsymbol{i} + q_2\boldsymbol{j} + q_3\boldsymbol{k} \tag{9.2.4}$$

可视为一个超复数，$\boldsymbol{Q}$ 的共轭复数记为

$$\boldsymbol{Q}^* = q_0 - q_1\boldsymbol{i} - q_2\boldsymbol{j} - q_3\boldsymbol{k} \tag{9.2.5}$$

$\boldsymbol{Q}^*$ 称为 $\boldsymbol{Q}$ 的共轭四元数。

(3) 三角式

$$\boldsymbol{Q} = \cos\frac{\theta}{2} + \boldsymbol{u}\sin\frac{\theta}{2} \tag{9.2.6}$$

式中，θ 为实数，$\boldsymbol{u}$ 为单位向量。

(4) 指数式

$$\boldsymbol{Q} = \mathrm{e}^{\boldsymbol{u}\frac{\theta}{2}} \tag{9.2.7}$$

θ 和 $\boldsymbol{u}$ 同上。

(5) 矩阵式

$$\boldsymbol{Q} = \begin{bmatrix} q_0 \\ q_1 \\ q_2 \\ q_3 \end{bmatrix} \tag{9.2.8}$$

3. 四元数的大小——范数

四元数的大小用四元数的范数来表示：

$$\|\boldsymbol{Q}\| = q_0^2 + q_1^2 + q_2^2 + q_3^2 \tag{9.2.9}$$

若 $\|\boldsymbol{Q}\| = 1$，则 $\boldsymbol{Q}$ 称为规范化四元数。

4. 四元数的运算——加减乘除

1) 加法和减法

设

$$\boldsymbol{Q} = q_0 + q_1\boldsymbol{i} + q_2\boldsymbol{j} + q_3\boldsymbol{k}$$
$$\boldsymbol{P} = p_0 + p_1\boldsymbol{i} + p_2\boldsymbol{j} + p_3\boldsymbol{k}$$

则

$$\boldsymbol{Q} \pm \boldsymbol{P} = (q_0 \pm p_0) + (q_1 \pm p_1)\boldsymbol{i} + (q_2 \pm p_2)\boldsymbol{j} + (q_3 \pm p_3)\boldsymbol{k} \tag{9.2.10}$$

2) 乘法

$$aQ = aq_0 + aq_1 \boldsymbol{i} + aq_2 \boldsymbol{j} + aq_3 \boldsymbol{k} \tag{9.2.11}$$

式中，a 为标量。

$$\begin{aligned}\boldsymbol{P} \otimes \boldsymbol{Q} &= (p_0 + p_1\boldsymbol{i} + p_2\boldsymbol{j} + p_3\boldsymbol{k}) \otimes (q_0 + q_1\boldsymbol{i} + q_2\boldsymbol{j} + q_3\boldsymbol{k}) \\ &= (p_0q_0 - p_1q_1 - p_2q_2 - p_3q_3) + (p_0q_1 + p_1q_0 + p_2q_3 - p_3q_2)\boldsymbol{i} \\ &\quad + (p_0q_2 + p_2q_0 + p_3q_1 - p_1q_3)\boldsymbol{j} + (p_0q_3 + p_3q_0 + p_1q_2 - p_2q_1)\boldsymbol{k} \\ &= r_0 + r_1\boldsymbol{i} + r_2\boldsymbol{j} + r_3\boldsymbol{k}\end{aligned} \tag{9.2.12}$$

上式写成矩阵形式：

$$\begin{bmatrix} r_0 \\ r_1 \\ r_2 \\ r_3 \end{bmatrix} = \begin{bmatrix} p_0 & -p_1 & -p_2 & -p_3 \\ p_1 & p_0 & -p_3 & p_2 \\ p_2 & p_3 & p_0 & -p_1 \\ p_3 & -p_2 & p_1 & p_0 \end{bmatrix} \begin{bmatrix} q_0 \\ q_1 \\ q_2 \\ q_3 \end{bmatrix} = \boldsymbol{M}(\boldsymbol{P})\boldsymbol{Q} \tag{9.2.13}$$

或

$$\begin{bmatrix} r_0 \\ r_1 \\ r_2 \\ r_3 \end{bmatrix} = \begin{bmatrix} q_0 & -q_1 & -q_2 & -q_3 \\ q_1 & q_0 & q_3 & -q_2 \\ q_2 & -q_3 & q_0 & q_1 \\ q_3 & q_2 & -q_1 & q_0 \end{bmatrix} \begin{bmatrix} p_0 \\ p_1 \\ p_2 \\ p_3 \end{bmatrix} = \boldsymbol{M}'(\boldsymbol{Q})\boldsymbol{P} \tag{9.2.14}$$

其中，$\boldsymbol{M}(\boldsymbol{P})$的构成形式为：第一列是四元数 $\boldsymbol{P}$ 本身，第一行是 $\boldsymbol{P}$ 的共轭四元数 $\boldsymbol{P}^*$ 的转置，划去第一行和第一列余下的部分。

$$\boldsymbol{V}_P = \begin{bmatrix} p_0 & -p_3 & p_2 \\ p_3 & p_0 & -p_1 \\ -p_2 & p_1 & p_0 \end{bmatrix} \tag{9.2.15}$$

称为 $\boldsymbol{M}(\boldsymbol{P})$的核，是由四元数 $\boldsymbol{P}$ 的元构成的反对称矩阵。同理 $\boldsymbol{M}'(\boldsymbol{Q})$的核为

$$\boldsymbol{V}'_Q = \begin{bmatrix} q_0 & q_3 & -q_2 \\ -q_3 & q_0 & q_1 \\ q_2 & -q_1 & q_0 \end{bmatrix} \tag{9.2.16}$$

可见 $\boldsymbol{M}'(\boldsymbol{Q})$与 $\boldsymbol{M}(\boldsymbol{Q})$构成相似，但核不同。

由式(9.2.13)和式(9.2.14)，得四元数乘法的矩阵表示形式：

$$\boldsymbol{P} \otimes \boldsymbol{Q} = \boldsymbol{M}(\boldsymbol{P})\boldsymbol{Q} \tag{9.2.17a}$$

$$\boldsymbol{P} \otimes \boldsymbol{Q} = \boldsymbol{M}'(\boldsymbol{Q})\boldsymbol{P} \tag{9.2.17b}$$

由于 $\boldsymbol{M}(\boldsymbol{P})$和 $\boldsymbol{M}'(\boldsymbol{P})$的核不同，所以

$$\boldsymbol{P} \otimes \boldsymbol{Q} = \boldsymbol{M}(\boldsymbol{P})\boldsymbol{Q} \neq \boldsymbol{M}'(\boldsymbol{P})\boldsymbol{Q} = \boldsymbol{Q} \otimes \boldsymbol{P}$$

上式说明四元数乘法不满足交换律。

四元数乘法满足分配律和结合律：

$$\boldsymbol{P} \otimes (\boldsymbol{Q} + \boldsymbol{R}) = \boldsymbol{P} \otimes \boldsymbol{Q} + \boldsymbol{P} \otimes \boldsymbol{R} \tag{9.2.18}$$

$$\boldsymbol{P} \otimes \boldsymbol{Q} \otimes \boldsymbol{R} = (\boldsymbol{P} \otimes \boldsymbol{Q}) \otimes \boldsymbol{R} = \boldsymbol{P} \otimes (\boldsymbol{Q} \otimes \boldsymbol{R}) \tag{9.2.19}$$

关于结合律的证明如下。

证明：设

$$P=\begin{bmatrix}p_0\\p_1\\p_2\\p_3\end{bmatrix},\qquad R=\begin{bmatrix}r_0\\r_1\\r_2\\r_3\end{bmatrix}$$

则

$$M(P)M'(R)=\begin{bmatrix}p_0 & -p_1 & -p_2 & -p_3\\p_1 & p_0 & -p_3 & p_2\\p_2 & p_3 & p_0 & -p_1\\p_3 & -p_2 & p_1 & p_0\end{bmatrix}\begin{bmatrix}r_0 & -r_1 & -r_2 & -r_3\\r_1 & r_0 & r_3 & -r_2\\r_2 & -r_3 & r_0 & r_1\\r_3 & r_2 & -r_1 & r_0\end{bmatrix}$$

$$=\begin{bmatrix}p_0r_0-p_1r_1-p_2r_2-p_3r_3 & -p_0r_1-p_1r_0+p_2r_3-p_3r_2\\p_0r_1+p_1r_0+p_2r_3-p_3r_2 & p_0r_0-p_1r_1+p_2r_2+p_3r_3\\p_0r_2-p_1r_3+p_2r_0+p_3r_1 & -p_0r_3-p_1r_2-p_2r_1+p_3r_0\\p_0r_3+p_1r_2-p_2r_1+p_3r_0 & p_0r_2-p_1r_3-p_2r_0-p_3r_1\end{bmatrix.}$$

$$\begin{matrix}-p_0r_2-p_1r_3-p_2r_0+p_3r_1 & -p_0r_3+p_1r_2-p_2r_1-p_3r_0\\p_0r_3-p_1r_2-p_2r_1-p_3r_0 & -p_0r_2-p_1r_3+p_2r_0-p_3r_1\\p_0r_0+p_1r_1-p_2r_2+p_3r_3 & p_0r_1-p_1r_0-p_2r_3-p_3r_2\\-p_0r_1+p_1r_0-p_2r_3-p_3r_2 & p_0r_0+p_1r_1+p_2r_2-p_3r_3\end{matrix}\Bigg]=M$$

$$M'(R)M(P)=\begin{bmatrix}r_0 & -r_1 & -r_2 & -r_3\\r_1 & r_0 & r_3 & -r_2\\r_2 & -r_3 & r_0 & r_1\\r_3 & r_2 & -r_1 & r_0\end{bmatrix}\begin{bmatrix}p_0 & -p_1 & -p_2 & -p_3\\p_1 & p_0 & -p_3 & p_2\\p_2 & p_3 & p_0 & -p_1\\p_3 & -p_2 & p_1 & p_0\end{bmatrix}=M$$

所以

$$M(P)M'(R)=M'(R)M(P)\tag{9.2.20}$$

由于

$$P\otimes(Q\otimes R)=P\otimes[M'(R)Q]=M(P)M'(R)Q$$
$$(P\otimes Q)\otimes R=[M(P)Q]\otimes R=M'(R)M(P)Q$$

根据式(9.2.20)，得

$$P\otimes Q\otimes R=(P\otimes Q)\otimes R=P\otimes(Q\otimes R)$$

此外还有

$$(P\otimes Q)^*=Q^*\otimes P^*\tag{9.2.21}$$

读者可自行证明。

3) 除法——求逆

如果 $P\otimes R=1$，则称 R 为 P 的逆，记为 $R=P^{-1}$，或称 P 为 R 的逆，记为 $P=R^{-1}$。

根据范数定义和式(9.2.12)

$$\begin{aligned}P\otimes P^*&=(p_0+p_1i+p_2j+p_3k)\otimes(p_0-p_1i-p_2j-p_3k)\\&=p_0^2+p_1^2+p_2^2+p_3^2=\|P\|\end{aligned}$$

所以，$P\otimes\dfrac{P^*}{\|P\|}=1$，根据上述关于逆的定义，$\dfrac{P^*}{\|P\|}$即为 P 的逆，即

$$\boldsymbol{P}^{-1}=\frac{\boldsymbol{P}^{*}}{\|\boldsymbol{P}\|} \tag{9.2.22}$$

9.2.2 四元数与姿态阵间的关系

设有参考坐标系 R,坐标轴为 x_0、y_0、z_0,坐标轴方向的单位向量为 $\boldsymbol{i}_0$、$\boldsymbol{j}_0$、$\boldsymbol{k}_0$。刚体相对 R 系做定点转动,定点为 O。取坐标系 b 与刚体固联,b 系的坐标轴为 x、y、z,坐标轴方向的单位向量为 $\boldsymbol{i}$、$\boldsymbol{j}$、$\boldsymbol{k}$。假设初始时刻 b 系与 R 系重合。为了便于分析刚体的空间角位置,在刚体上取一点 A,转动点 O 至该点引位置向量 $\boldsymbol{OA}$,如图 9.2.1 所示。则该位置向量的空间位置实际上描述了刚体的空间角位置。

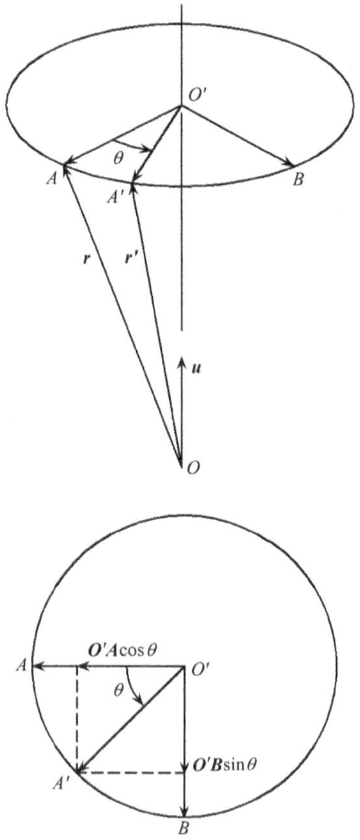

图 9.2.1 刚体的等效旋转

设刚体以 $\boldsymbol{\omega}=\omega_x\boldsymbol{i}+\omega_y\boldsymbol{j}+\omega_z\boldsymbol{k}$ 相对 R 系旋转,初始时刻位置向量处于 $\boldsymbol{OA}=\boldsymbol{r}$,经过时间 t 后位置向量处于 $\boldsymbol{OA}'=\boldsymbol{r}'$。根据欧拉定理,仅考虑刚体在 0 时刻和 t 时刻的角位置时,刚体从 A 位置转到 A' 位置的转动可等效成绕瞬轴 $\boldsymbol{u}$(单位向量)转过 θ 角一次完成。这样,位置向量做圆锥运动,A 和 A' 位于同一圆上,$\boldsymbol{r}$ 和 $\boldsymbol{r}'$ 位于同一圆锥面上。

下面分析 $\boldsymbol{r}'$ 与 $\boldsymbol{r}$ 的关系。在圆上取一点 B,使 $\angle AO'B=90°$,由图得

$$\begin{aligned}
\boldsymbol{OO}' &=(\boldsymbol{r}\cdot\boldsymbol{u})\boldsymbol{u}\\
\boldsymbol{O'A} &=\boldsymbol{r}-\boldsymbol{OO}'=\boldsymbol{r}-(\boldsymbol{r}\cdot\boldsymbol{u})\boldsymbol{u}\\
\boldsymbol{O'B} &=\boldsymbol{u}\times\boldsymbol{O'A}\\
&=\boldsymbol{u}\times\boldsymbol{r}-(\boldsymbol{r}\cdot\boldsymbol{u})\boldsymbol{u}\times\boldsymbol{u}=\boldsymbol{u}\times\boldsymbol{r}\\
\boldsymbol{O'A}' &=\boldsymbol{O'A}\cos\theta+\boldsymbol{O'B}\sin\theta\\
&=\boldsymbol{r}\cos\theta-(\boldsymbol{r}\cdot\boldsymbol{u})\boldsymbol{u}\cos\theta+\boldsymbol{u}\times\boldsymbol{r}\sin\theta
\end{aligned}$$

所以

$$\begin{aligned}
\boldsymbol{r}' &=\boldsymbol{OO}'+\boldsymbol{O'A}'\\
&=\boldsymbol{r}\cos\theta+(1-\cos\theta)(\boldsymbol{r}\cdot\boldsymbol{u})\boldsymbol{u}+\boldsymbol{u}\times\boldsymbol{r}\sin\theta
\end{aligned}$$

由三重矢积计算公式:

$$\begin{aligned}
\boldsymbol{u}\times(\boldsymbol{u}\times\boldsymbol{r}) &=\boldsymbol{u}(\boldsymbol{u}\cdot\boldsymbol{r})-(\boldsymbol{u}\cdot\boldsymbol{u})\boldsymbol{r}\\
&=(\boldsymbol{r}\cdot\boldsymbol{u})\boldsymbol{u}-\boldsymbol{r}
\end{aligned}$$

即

$$(\boldsymbol{r}\cdot\boldsymbol{u})\boldsymbol{u}=\boldsymbol{r}+\boldsymbol{u}\times(\boldsymbol{u}\times\boldsymbol{r})$$

所以

$$\begin{aligned}
\boldsymbol{r}' &=\boldsymbol{r}\cos\theta+(1-\cos\theta)[\boldsymbol{r}+\boldsymbol{u}\times(\boldsymbol{u}\times\boldsymbol{r})]+\boldsymbol{u}\times\boldsymbol{r}\sin\theta\\
&=\boldsymbol{r}+\boldsymbol{u}\times\boldsymbol{r}\sin\theta+(1-\cos\theta)\boldsymbol{u}\times(\boldsymbol{u}\times\boldsymbol{r})
\end{aligned}$$

将上式向 R 系内投影:

$$\boldsymbol{r}'^{R}=\boldsymbol{r}^{R}+(\boldsymbol{u}\times\boldsymbol{r})^{R}\sin\theta+(1-\cos\theta)[\boldsymbol{u}\times(\boldsymbol{u}\times\boldsymbol{r})]^{R}$$

记

$$\boldsymbol{r}'^R = \begin{bmatrix} r'_x \\ r'_y \\ r'_z \end{bmatrix}, \quad \boldsymbol{r}^R = \begin{bmatrix} r_x \\ r_y \\ r_z \end{bmatrix}, \quad \boldsymbol{u}^R = \begin{bmatrix} l \\ m \\ n \end{bmatrix}$$

又根据叉乘关系表达式：

$$(\boldsymbol{u} \times \boldsymbol{r})^R = \begin{bmatrix} 0 & -n & m \\ n & 0 & -l \\ -m & l & 0 \end{bmatrix} \begin{bmatrix} r_x \\ r_y \\ r_z \end{bmatrix}$$

记

$$\boldsymbol{U} = \begin{bmatrix} 0 & -n & m \\ n & 0 & -l \\ -m & l & 0 \end{bmatrix} \tag{9.2.23}$$

则

$$(\boldsymbol{u} \times \boldsymbol{r})^R = \boldsymbol{U}\boldsymbol{r}^R, [\boldsymbol{u} \times (\boldsymbol{u} \times \boldsymbol{r})]^R = \boldsymbol{U} \cdot \boldsymbol{U}\boldsymbol{r}^R$$

所以

$$\begin{aligned} \boldsymbol{r}'^R &= \boldsymbol{r}^R + \boldsymbol{U}\boldsymbol{r}^R \sin\theta + (1-\cos\theta)\boldsymbol{U} \cdot \boldsymbol{U}\boldsymbol{r}^R \\ &= \left(\boldsymbol{I} + 2\boldsymbol{U}\sin\frac{\theta}{2}\cos\frac{\theta}{2} + 2\sin^2\frac{\theta}{2}\boldsymbol{U} \cdot \boldsymbol{U}\right)\boldsymbol{r}^R \end{aligned} \tag{9.2.24}$$

令

$$\boldsymbol{D} = \boldsymbol{I} + 2\boldsymbol{U}\sin\frac{\theta}{2}\cos\frac{\theta}{2} + 2\sin^2\frac{\theta}{2}\boldsymbol{U} \cdot \boldsymbol{U} \tag{9.2.25}$$

则式(9.2.24)可写成：

$$\boldsymbol{r}'^R = \boldsymbol{D}\boldsymbol{r}^R \tag{9.2.26}$$

记初始时刻的刚体固联坐标系为 b_0，由于初始时刻刚体固联坐标系与参考坐标系重合，所以

$$\boldsymbol{r}^R = \boldsymbol{r}^{b_0} \tag{9.2.27}$$

而在转动过程中，位置向量和 b 系都同刚体固联，所以位置向量和 b 系的相对角位置始终不变，即有

$$\boldsymbol{r}^{b_0} = \boldsymbol{r}'^b \tag{9.2.28}$$

将式(9.2.28)代入式(9.2.27)，得

$$\boldsymbol{r}^R = \boldsymbol{r}'^b \tag{9.2.29}$$

将式(9.2.29)代入式(9.2.26)，得

$$\boldsymbol{r}'^R = \boldsymbol{D}\boldsymbol{r}'^b$$

该式说明 $\boldsymbol{D}$ 即为 b 系至 R 系的坐标变换矩阵，根据式(9.2.25)和式(9.2.23)

$$\boldsymbol{C}_b^R = \boldsymbol{D} = \boldsymbol{I} + 2\boldsymbol{U}\sin\frac{\theta}{2}\cos\frac{\theta}{2} + 2\sin^2\frac{\theta}{2}\boldsymbol{U} \cdot \boldsymbol{U} \tag{9.2.30a}$$

即

$$
\boldsymbol{C}_b^R=\begin{bmatrix}1&0&0\\0&1&0\\0&0&1\end{bmatrix}+2\cos\frac{\theta}{2}\begin{bmatrix}0&-n\sin\frac{\theta}{2}&m\sin\frac{\theta}{2}\\n\sin\frac{\theta}{2}&0&-l\sin\frac{\theta}{2}\\-m\sin\frac{\theta}{2}&l\sin\frac{\theta}{2}&0\end{bmatrix}
$$

$$
+2\begin{bmatrix}-(m^2+n^2)\sin^2\frac{\theta}{2}&lm\sin^2\frac{\theta}{2}&ln\sin^2\frac{\theta}{2}\\lm\sin^2\frac{\theta}{2}&-(l^2+n^2)\sin^2\frac{\theta}{2}&mn\sin^2\frac{\theta}{2}\\ln\sin^2\frac{\theta}{2}&mn\sin^2\frac{\theta}{2}&-(m^2+l^2)\sin^2\frac{\theta}{2}\end{bmatrix}\tag{9.2.30b}
$$

令

$$
\begin{cases}q_0=\cos\dfrac{\theta}{2}\\q_1=l\sin\dfrac{\theta}{2}\\q_2=m\sin\dfrac{\theta}{2}\\q_3=n\sin\dfrac{\theta}{2}\end{cases}\tag{9.2.31}
$$

并以 q_0、q_1、q_2、q_3 构造四元数：

$$
\begin{aligned}\boldsymbol{Q}&=q_0+q_1\boldsymbol{i}_0+q_2\boldsymbol{j}_0+q_3\boldsymbol{k}_0=\cos\frac{\theta}{2}+(l\boldsymbol{i}_0+m\boldsymbol{j}_0+n\boldsymbol{k}_0)\sin\frac{\theta}{2}\\&=\cos\frac{\theta}{2}+\boldsymbol{u}^R\sin\frac{\theta}{2}\end{aligned}\tag{9.2.32}
$$

则可得如下结论：

(1) 四元数 $\boldsymbol{Q}=\cos\dfrac{\theta}{2}+\boldsymbol{u}^R\sin\dfrac{\theta}{2}$ 描述了刚体的定点转动，即当只关心 b 系相对 R 系的角位置时，可认为 b 系是由 R 系经过无中间过程的一次性等效旋转形成的，$\boldsymbol{Q}$ 包含了这种等效旋转的全部信息：$\boldsymbol{u}^R$ 为旋转瞬轴和旋转方向，θ 为转过的角度。

(2) 四元数可确定出 b 系至 R 系的坐标变换矩阵。将式(9.2.31)代入式(9.2.30b)，得

$$
\boldsymbol{C}_b^R=\begin{bmatrix}1-2(q_2^2+q_3^2)&2(q_1q_2-q_0q_3)&2(q_1q_3+q_0q_2)\\2(q_1q_2+q_0q_3)&1-2(q_1^2+q_3^2)&2(q_2q_3-q_0q_1)\\2(q_1q_3-q_0q_2)&2(q_2q_3+q_0q_1)&1-2(q_1^2+q_2^2)\end{bmatrix}\tag{9.2.33}
$$

由于 $\|\boldsymbol{Q}\|=q_0^2+q_1^2+q_2^2+q_3^2=\cos^2\dfrac{\theta}{2}+(l^2+m^2+n^2)\sin^2\dfrac{\theta}{2}=1$，所以可进一步推得如下结论：

(1) 描述刚体旋转的四元数是规范化四元数。

(2) 式(9.2.33)可写成：

$$C_b^R = \begin{bmatrix} q_0^2+q_1^2-q_2^2-q_3^2 & 2(q_1q_2-q_0q_3) & 2(q_1q_3+q_0q_2) \\ 2(q_1q_2+q_0q_3) & q_0^2-q_1^2+q_2^2-q_3^2 & 2(q_2q_3-q_0q_1) \\ 2(q_1q_3-q_0q_2) & 2(q_2q_3+q_0q_1) & q_0^2-q_1^2-q_2^2+q_3^2 \end{bmatrix} \tag{9.2.34}$$

(3) 如果将向量 $\boldsymbol{r}^R$ 和 $\boldsymbol{r}^b$ 看作零标量的四元数，则 $\boldsymbol{r}^R$ 和 $\boldsymbol{r}^b$ 间的变换关系可采用四元数乘法表示：

$$\boldsymbol{r}^R = \boldsymbol{Q} \otimes \boldsymbol{r}^b \otimes \boldsymbol{Q}^* \tag{9.2.35}$$

该式称为坐标变换的四元数乘表示法，其中，$\boldsymbol{Q}$ 为 R 系至 b 系的旋转四元数。证明如下：

$$\begin{aligned} \boldsymbol{Q} \otimes \boldsymbol{r}^b \otimes \boldsymbol{Q}^* &= \boldsymbol{M}(\boldsymbol{Q})\boldsymbol{M}'(\boldsymbol{Q}^*)\begin{bmatrix} 0 \\ \boldsymbol{r}^b \end{bmatrix} \\ &= \begin{bmatrix} q_0 & -q_1 & -q_2 & -q_3 \\ q_1 & q_0 & -q_3 & q_2 \\ q_2 & q_3 & q_0 & -q_1 \\ q_3 & -q_2 & q_1 & q_0 \end{bmatrix} \begin{bmatrix} q_0 & q_1 & q_2 & q_3 \\ -q_1 & q_0 & -q_3 & q_2 \\ -q_2 & q_3 & q_0 & -q_1 \\ -q_3 & -q_2 & q_1 & q_0 \end{bmatrix} \begin{bmatrix} 0 \\ r_x^b \\ r_y^b \\ r_z^b \end{bmatrix} \\ &= \begin{bmatrix} \times & 0 & 0 & 0 \\ \times & q_1^2+q_0^2-q_3^2-q_2^2 & 2(q_1q_2-q_0q_3) & 2(q_1q_3+q_0q_2) \\ \times & 2(q_1q_2+q_0q_3) & q_2^2-q_3^2+q_0^2-q_1^2 & 2(q_2q_3-q_0q_1) \\ \times & 2(q_1q_3-q_0q_2) & 2(q_2q_3+q_0q_1) & q_3^2-q_2^2-q_1^2+q_0^2 \end{bmatrix} \begin{bmatrix} 0 \\ r_x^b \\ r_y^b \\ r_z^b \end{bmatrix} \end{aligned}$$

对比式(9.2.34)，知上式矩阵中右下角的 3×3 方块即为 C_b^R，所以式(9.2.35)可写成：

$$\begin{bmatrix} 0 \\ \boldsymbol{r}^R \end{bmatrix} = \begin{bmatrix} \times & 0 & 0 & 0 \\ \times & & & \\ \times & & C_b^R & \\ \times & & & \end{bmatrix} \begin{bmatrix} 0 \\ \boldsymbol{r}^b \end{bmatrix}$$

即

$$\boldsymbol{r}^R = C_b^R \boldsymbol{r}^b \tag{9.2.36}$$

该式称为坐标变换的矩阵表示法。所以式(9.2.35)与式(9.2.36)所示坐标变换的四元数乘表示法和矩阵表示法是等价的。

如果参考坐标系 R 是导航坐标系 n，刚体固联坐标系 b 为机体坐标系，则坐标变换阵 C_b^R 就是姿态矩阵 C_b^n，而由姿态矩阵可计算出航向角和姿态角。

设运载体的航向角为 Ψ(习惯上以北偏东为正)，俯仰角为 θ，横滚角为 γ，取地理坐标系 g 为导航坐标系，并规定 x_g、y_g、z_g 的指向依次为东、北、天，则机体坐标系 b 与导航坐标系 n(即地理坐标系 g)的关系如图 1.2.3 所示。

由该图可得三次基本旋转对应的坐标变换阵为

$$C_n^1 = C_g^1 = \begin{bmatrix} \cos\Psi & -\sin\Psi & 0 \\ \sin\Psi & \cos\Psi & 0 \\ 0 & 0 & 1 \end{bmatrix} \tag{9.2.37}$$

$$C_1^b = C_2^b C_1^2 = \begin{bmatrix} \cos\gamma & 0 & -\sin\gamma \\ 0 & 1 & 0 \\ \sin\gamma & 0 & \cos\gamma \end{bmatrix} \begin{bmatrix} 1 & 0 & 0 \\ 0 & \cos\theta & \sin\theta \\ 0 & -\sin\theta & \cos\theta \end{bmatrix}$$

$$
=\begin{bmatrix} \cos\gamma & \sin\theta\sin\gamma & -\cos\theta\sin\gamma \\ 0 & \cos\theta & \sin\theta \\ \sin\gamma & -\sin\theta\cos\gamma & \cos\theta\cos\gamma \end{bmatrix} \tag{9.2.38}
$$

$$
\boldsymbol{C}_n^b=\boldsymbol{C}_1^b\cdot\boldsymbol{C}_n^1=\begin{bmatrix} \cos\gamma\cos\Psi+\sin\gamma\sin\Psi\sin\theta & -\cos\gamma\sin\Psi+\sin\gamma\cos\Psi\sin\theta & -\sin\gamma\cos\theta \\ \sin\Psi\cos\theta & \cos\Psi\cos\theta & \sin\theta \\ \sin\gamma\cos\Psi-\cos\gamma\sin\Psi\sin\theta & -\sin\gamma\sin\Psi-\cos\gamma\cos\Psi\sin\theta & \cos\gamma\cos\theta \end{bmatrix} \tag{9.2.39}
$$

记 $\boldsymbol{C}_b^n=\begin{bmatrix} T_{11} & T_{12} & T_{13} \\ T_{21} & T_{22} & T_{23} \\ T_{31} & T_{32} & T_{33} \end{bmatrix}$，由于 n 系至 b 系的旋转过程中坐标系始终保持直角坐标系，所以 $\boldsymbol{C}_b^n$ 为正交矩阵

$$
\boldsymbol{C}_n^b=(\boldsymbol{C}_b^n)^{\mathrm{T}}=\begin{bmatrix} T_{11} & T_{21} & T_{31} \\ T_{12} & T_{22} & T_{32} \\ T_{13} & T_{23} & T_{33} \end{bmatrix} \tag{9.2.40}
$$

比较式(9.2.39)和式(9.2.40)，得

$$
\begin{cases} \theta=\arcsin(T_{32}) \\ \gamma_{主}=\arctan\left(-\dfrac{T_{31}}{T_{33}}\right) \\ \Psi_{主}=\arctan\left(\dfrac{T_{12}}{T_{22}}\right) \end{cases} \tag{9.2.41}
$$

航向角和横滚角的真值按表 9.2.1 和表 9.2.2 确定。

表 9.2.1 航向角 Ψ 真值表

T_{22}	T_{12}	Ψ
→0	+	90°
→0	−	−90°
+	+	$\Psi_{主}$
+	−	$\Psi_{主}$
−	+	$\Psi_{主}+180°$
−	−	$\Psi_{主}-180°$

表 9.2.2 横滚角 γ 真值表

$\gamma_{主}$	T_{33}	γ
+	+	$\gamma_{主}$
−		
+	−	$\gamma_{主}-180°$
−	−	$\gamma_{主}+180°$

上述分析说明：如果表征 n 系至 b 系的旋转四元数 $\boldsymbol{Q}$ 已确定，则按式(9.2.33)或式(9.2.34)可计算出姿态阵 $\boldsymbol{C}_b^n$，再按式(9.2.41)和表 9.2.1 及表 9.2.2 可确定出运载体的航向角、俯仰角和横滚角，因此，四元数 $\boldsymbol{Q}$ 包含了所有的姿态信息，捷联惯导中的姿态更新实质上是如何计算四元数 $\boldsymbol{Q}$。

为使式(9.2.30a)在 9.6 节的速度算法推导中便于应用，此处给出该式用等效旋转矢量叉乘的斜对称矩阵表示形式。

将 t_k 和 t_{k+1} 时刻的机体坐标系记为 $b(k)$ 和 $b(k+1)$，当取 $b(k)$ 为参考坐标系时，根据式(9.2.30a)

$$
\boldsymbol{C}_{b(k+1)}^{b(k)}=\boldsymbol{I}+\sin\Phi\boldsymbol{U}+(1-\cos\Phi)\boldsymbol{U}\cdot\boldsymbol{U}
$$

式中

$$\boldsymbol{U}=\begin{bmatrix}0 & -n & m\\ n & 0 & -l\\ -m & l & 0\end{bmatrix}$$

即为由等效旋转单位矢量

$$\frac{\boldsymbol{\Phi}}{\Phi}=\begin{bmatrix}l\\ m\\ n\end{bmatrix}$$

构造的叉乘反对称矩阵，式中，$\Phi=|\boldsymbol{\Phi}|$。记

$$\boldsymbol{U}=\left(\frac{\boldsymbol{\Phi}}{\Phi}\times\right)$$

则

$$\boldsymbol{C}_{b(k+1)}^{b(k)}=\boldsymbol{I}+\frac{\sin\Phi}{\Phi}(\boldsymbol{\Phi}\times)+\frac{1-\cos\Phi}{\Phi^2}(\boldsymbol{\Phi}\times)(\boldsymbol{\Phi}\times)\tag{9.2.42}$$

9.2.3　四元数微分方程

记 t 和 $t+\Delta t$ 时刻的机体坐标系分别为 $b(t)$ 和 $b(t+\Delta t)$，参考坐标系取导航坐标系。由于导航坐标系旋转十分缓慢，在姿态更新周期（毫秒级）内可视为无旋转，与时间无关，记导航坐标系为 n。则 t 时刻和 $t+\Delta t$ 时刻的姿态四元数可写成

$$\boldsymbol{Q}_n^b(t)=\boldsymbol{Q}_n^{b(t)}\tag{9.2.43}$$

$$\boldsymbol{Q}_n^b(t+\Delta t)=\boldsymbol{Q}_n^{b(t+\Delta t)}\tag{9.2.44}$$

此处，$\boldsymbol{Q}_n^b$ 是描述 n 系至 b 系等效旋转的四元数。

向量 $\boldsymbol{r}$ 在机体坐标系 $b(t+\Delta t)$ 和导航坐标系 n 内的变换关系为

$$\boldsymbol{r}^n=\boldsymbol{C}_{b(t)}^n\boldsymbol{C}_{b(t+\Delta t)}^{b(t)}\boldsymbol{r}^{b(t+\Delta t)}$$

根据式(9.2.35)，上式可写成

$$\boldsymbol{r}^n=\boldsymbol{Q}_n^{b(t)}\otimes\{\boldsymbol{Q}_{b(t)}^{b(t+\Delta t)}\otimes\boldsymbol{r}^{b(t+\Delta t)}\otimes\boldsymbol{Q}_{b(t)}^{b(t+\Delta t)\,*}\}\boldsymbol{Q}_n^{b(t)\,*}$$

根据四元数乘法结合律和式(9.2.21)，上式可写成

$$\boldsymbol{r}^n=[\boldsymbol{Q}_n^{b(t)}\otimes\boldsymbol{Q}_{b(t)}^{b(t+\Delta t)}]\otimes\boldsymbol{r}^{b(t+\Delta t)}\otimes[\boldsymbol{Q}_n^{b(t)}\otimes\boldsymbol{Q}_{b(t)}^{b(t+\Delta t)}]^*$$

从该式得

$$\boldsymbol{Q}_n^b(t+\Delta t)=\boldsymbol{Q}_n^{b(t)}\otimes\boldsymbol{Q}_{b(t)}^{b(t+\Delta t)}=\boldsymbol{Q}_n^b(t)\otimes\boldsymbol{Q}_{b(t)}^{b(t+\Delta t)}\tag{9.2.45}$$

设机体坐标系 b 在$[t,t+\Delta t]$内相对导航坐标系 n 的角速度为 $\omega_{nb}^b=\omega\boldsymbol{u}^b$。$b$ 系在$[t,t+\Delta t]$内产生的角增量为 $\phi=\omega\Delta t$，假设 Δt 为小量，则角增量 ϕ 也为小量，相应四元数为

$$\boldsymbol{Q}_{b(t)}^{b(t+\Delta t)}=\cos\frac{\phi}{2}+\boldsymbol{u}^b\sin\frac{\phi}{2}\doteq 1+\boldsymbol{u}^b\frac{\omega\Delta t}{2}=1+\frac{1}{2}\boldsymbol{\omega}_{nb}^b\Delta t\tag{9.2.46}$$

式中，$\doteq$表示近似等于。上式代入式(9.2.45)，得

$$\boldsymbol{Q}_n^b(t+\Delta t)=\boldsymbol{Q}_n^b(t)\otimes\left(1+\frac{1}{2}\boldsymbol{\omega}_{nb}^b\Delta t\right)=\boldsymbol{Q}_n^b(t)\otimes\left[(1+\boldsymbol{0})+\left(0+\frac{1}{2}\boldsymbol{\omega}_{nb}^b\Delta t\right)\right]$$

$$=\boldsymbol{Q}_n^b(t)+\boldsymbol{Q}_n^b(t)\otimes\left(0+\frac{1}{2}\boldsymbol{\omega}_{nb}^b\Delta t\right)$$

所以

$$\dot{\boldsymbol{Q}}_n^b(t)=\lim_{\Delta t\to 0}\frac{\boldsymbol{Q}_n^b(t+\Delta t)-\boldsymbol{Q}_n^b(t)}{\Delta t}=\boldsymbol{Q}_n^b(t)\otimes\left(0+\frac{1}{2}\boldsymbol{\omega}_{nb}^b\right)=\frac{1}{2}\boldsymbol{Q}_n^b(t)\otimes\boldsymbol{\omega}_{nb}^b\tag{9.2.47}$$

记

$$\boldsymbol{\omega}_{nb}^{b}=\begin{bmatrix}\omega_x\\ \omega_y\\ \omega_z\end{bmatrix}$$

则式(9.2.47)可以写成矩阵形式

$$\frac{\mathrm{d}\boldsymbol{Q}}{\mathrm{d}t}=\frac{1}{2}\boldsymbol{M}'(\boldsymbol{\omega}_{nb}^{b})\boldsymbol{Q} \tag{9.2.48}$$

即

$$\begin{bmatrix}\dot{q}_0\\ \dot{q}_1\\ \dot{q}_2\\ \dot{q}_3\end{bmatrix}=\frac{1}{2}\begin{bmatrix}0 & -\omega_x & -\omega_y & -\omega_z\\ \omega_x & 0 & \omega_z & -\omega_y\\ \omega_y & -\omega_z & 0 & \omega_x\\ \omega_z & \omega_y & -\omega_x & 0\end{bmatrix}\begin{bmatrix}q_0\\ q_1\\ q_2\\ q_3\end{bmatrix} \tag{9.2.49}$$

式中，$\boldsymbol{\omega}_{nb}^{b}$ 的获取按下式进行

$$\boldsymbol{\omega}_{nb}^{b}=\boldsymbol{\omega}_{ib}^{b}-\boldsymbol{C}_n^b(\boldsymbol{\omega}_{ie}^{n}+\boldsymbol{\omega}_{en}^{n}) \tag{9.2.50}$$

式中，$\boldsymbol{\omega}_{ib}^{b}$ 是捷联陀螺的输出(对机械转子陀螺必须经过动、静态误差的补偿)；$\boldsymbol{C}_n^b$ 由姿态更新的最新值确定；$\boldsymbol{\omega}_{en}^{n}$ 和$\boldsymbol{\omega}_{ie}^{n}$ 分别是位置速率和地球自转速率，对于导航坐标系取地理坐标系的情况

$$\boldsymbol{\omega}_{ie}^{n}+\boldsymbol{\omega}_{en}^{n}=\begin{bmatrix}-\dfrac{V_N}{R_M}\\ \omega_{ie}\cos L+\dfrac{V_E}{R_N}\\ \omega_{ie}\sin L+\dfrac{V_E}{R_N}\tan L\end{bmatrix}$$

式中，V_N、V_E、L 为导航计算所得的最新值。

9.2.4　四元数微分方程的毕卡求解法

捷联陀螺的输出一般情况下是采样时间间隔内的角增量，为了避免噪声的微分放大，应直接用角增量来确定四元数，而不应该将角增量换算成角速度。毕卡算法就是由角增量计算四元数的常用算法。

1. 定时采样增量法

此算法中，角增量对应的采样时间间隔是相同的。式(9.2.48)是关于 $\boldsymbol{Q}$ 的齐次线性方程，解为

$$\boldsymbol{Q}(t_{k+1})=\mathrm{e}^{\frac{1}{2}\int_{t_k}^{t_{k+1}}\boldsymbol{M}'(\boldsymbol{\omega}_{nb}^{b})\mathrm{d}t}\cdot\boldsymbol{Q}(t_k) \tag{9.2.51}$$

令

$$\Delta\boldsymbol{\Theta}=\int_{t_k}^{t_{k+1}}\boldsymbol{M}'(\boldsymbol{\omega}_{nb}^{b})\mathrm{d}t=\int_{t_k}^{t_{k+1}}\begin{bmatrix}0 & -\omega_x & -\omega_y & -\omega_z\\ \omega_x & 0 & \omega_z & -\omega_y\\ \omega_y & -\omega_z & 0 & \omega_x\\ \omega_z & \omega_y & -\omega_x & 0\end{bmatrix}\mathrm{d}t\approx\begin{bmatrix}0 & -\Delta\theta_x & -\Delta\theta_y & -\Delta\theta_z\\ \Delta\theta_x & 0 & \Delta\theta_z & -\Delta\theta_y\\ \Delta\theta_y & -\Delta\theta_z & 0 & \Delta\theta_x\\ \Delta\theta_z & \Delta\theta_y & -\Delta\theta_x & 0\end{bmatrix}$$

式中，$\Delta\theta_x$、$\Delta\theta_y$、$\Delta\theta_z$ 为 x、y、z 陀螺在$[t_k,t_{k+1}]$采样时间间隔内的角增量(已经过位置速率及地球

自转速率的补偿）。

对式(9.2.51)作泰勒级数展开

$$\boldsymbol{Q}(t_{k+1}) = \mathrm{e}^{\frac{1}{2}\Delta\boldsymbol{\Theta}} \cdot \boldsymbol{Q}(t_k) = \left[\boldsymbol{I} + \frac{\frac{1}{2}\Delta\boldsymbol{\Theta}}{1!} + \frac{\left(\frac{1}{2}\Delta\boldsymbol{\Theta}\right)^2}{2!} + \cdots\right]\boldsymbol{Q}(t_k)$$

由于

$$\Delta\boldsymbol{\Theta}^2 = \begin{bmatrix} 0 & -\Delta\theta_x & -\Delta\theta_y & -\Delta\theta_z \\ \Delta\theta_x & 0 & \Delta\theta_z & -\Delta\theta_y \\ \Delta\theta_y & -\Delta\theta_z & 0 & \Delta\theta_x \\ \Delta\theta_z & \Delta\theta_y & -\Delta\theta_x & 0 \end{bmatrix} \begin{bmatrix} 0 & -\Delta\theta_x & -\Delta\theta_y & -\Delta\theta_z \\ \Delta\theta_x & 0 & \Delta\theta_z & -\Delta\theta_y \\ \Delta\theta_y & -\Delta\theta_z & 0 & \Delta\theta_x \\ \Delta\theta_z & \Delta\theta_y & -\Delta\theta_x & 0 \end{bmatrix}$$

$$= \begin{bmatrix} -\Delta\theta^2 & 0 & 0 & 0 \\ 0 & -\Delta\theta^2 & 0 & 0 \\ 0 & 0 & -\Delta\theta^2 & 0 \\ 0 & 0 & 0 & -\Delta\theta^2 \end{bmatrix} = -\Delta\theta^2\boldsymbol{I}$$

式中，$\Delta\theta^2 = \Delta\theta_x^2 + \Delta\theta_y^2 + \Delta\theta_z^2$，所以

$$\Delta\boldsymbol{\Theta}^3 = \Delta\boldsymbol{\Theta}^2 \cdot \Delta\boldsymbol{\Theta} = -\Delta\theta^2\Delta\boldsymbol{\Theta}$$
$$\Delta\boldsymbol{\Theta}^4 = \Delta\boldsymbol{\Theta}^2 \cdot \Delta\boldsymbol{\Theta}^2 = \Delta\theta^4\boldsymbol{I}$$
$$\Delta\boldsymbol{\Theta}^5 = \Delta\boldsymbol{\Theta}^4 \cdot \Delta\boldsymbol{\Theta} = \Delta\theta^4\Delta\boldsymbol{\Theta}$$
$$\Delta\boldsymbol{\Theta}^6 = \Delta\boldsymbol{\Theta}^4 \cdot \Delta\boldsymbol{\Theta}^2 = -\Delta\theta^6\boldsymbol{I}$$
$$\cdots\cdots$$

$$\boldsymbol{Q}(t_{k+1}) = \left\{\boldsymbol{I} + \boldsymbol{I}\left[\frac{\frac{\Delta\boldsymbol{\Theta}}{2}}{1!} + \frac{-\left(\frac{\Delta\theta}{2}\right)^2}{2!} + \frac{-\left(\frac{\Delta\theta}{2}\right)^2\frac{\Delta\boldsymbol{\Theta}}{2}}{3!} + \frac{\left(\frac{\Delta\theta}{2}\right)^4}{4!}\right.\right.$$
$$\left.\left. + \frac{\left(\frac{\Delta\theta}{2}\right)^4\frac{\Delta\boldsymbol{\Theta}}{2}}{5!} + \frac{-\left(\frac{\Delta\theta}{2}\right)^6}{6!} + \cdots\right]\right\}\boldsymbol{Q}(t_k)$$

即

$$\boldsymbol{Q}(t_{k+1}) = \left\{\boldsymbol{I}\left[1 - \frac{\left(\frac{\Delta\theta}{2}\right)^2}{2!} + \frac{\left(\frac{\Delta\theta}{2}\right)^4}{4!} - \frac{\left(\frac{\Delta\theta}{2}\right)^6}{6!} + \cdots\right]\right.$$
$$\left. + \frac{\Delta\boldsymbol{\Theta}}{2}\left[\frac{\frac{\Delta\theta}{2}}{1!} - \frac{\left(\frac{\Delta\theta}{2}\right)^3}{3!} + \frac{\left(\frac{\Delta\theta}{2}\right)^5}{5!} - \cdots\right]\frac{1}{\frac{\Delta\theta}{2}}\right\}\boldsymbol{Q}(t_k)$$

$$= \left\{\boldsymbol{I}\cos\frac{\Delta\theta}{2} + \Delta\boldsymbol{\Theta}\frac{\sin\frac{\Delta\theta}{2}}{\Delta\theta}\right\}\boldsymbol{Q}(t_k) \tag{9.2.52}$$

在实际解算过程中，$\cos\dfrac{\Delta\theta}{2}$和 $\sin\dfrac{\Delta\theta}{2}$必须按级数展开的有限项计算。对式(9.2.52)取有限项，得四元数的各阶近似算法。

一阶近似算法：

$$\boldsymbol{Q}(t_{k+1})=\left(\boldsymbol{I}+\frac{\Delta\boldsymbol{\Theta}}{2}\right)\boldsymbol{Q}(t_k) \tag{9.2.53}$$

二阶近似算法：

$$\boldsymbol{Q}(t_{k+1})=\left[\boldsymbol{I}\left(1-\frac{\Delta\theta^2}{8}\right)+\frac{\Delta\boldsymbol{\Theta}}{2}\right]\boldsymbol{Q}(t_k) \tag{9.2.54}$$

三阶近似算法：

$$\boldsymbol{Q}(t_{k+1})=\left[\boldsymbol{I}\left(1-\frac{\Delta\theta^2}{8}\right)+\left(\frac{1}{2}-\frac{\Delta\theta^2}{48}\right)\Delta\boldsymbol{\Theta}\right]\boldsymbol{Q}(t_k) \tag{9.2.55}$$

四阶近似算法：

$$\boldsymbol{Q}(t_{k+1})=\left[\boldsymbol{I}\left(1-\frac{\Delta\theta^2}{8}+\frac{\Delta\theta^4}{384}\right)+\left(\frac{1}{2}-\frac{\Delta\theta^2}{48}\right)\Delta\boldsymbol{\Theta}\right]\boldsymbol{Q}(t_k) \tag{9.2.56}$$

……

2. 定量采样增量法

在定量采样增量法姿态更新计算中，只有当陀螺输出的角增量达到某一固定的增量值 $\Delta\theta_0$ 时才作四元数更新。设 x、y、z 陀螺的输出角增量达到 $\Delta\theta_0$ 的时间分别为 t_{k+1}、t_{k+2}、t_{k+3}，且假设 $t_{k+1}<t_{k+2}<t_{k+3}$，则根据式(9.2.52)得

$$\boldsymbol{Q}(t_{k+1})=\left(\boldsymbol{I}\cos\frac{\Delta\theta_0}{2}+\Delta\boldsymbol{\Theta}_x\frac{\sin\frac{\Delta\theta_0}{2}}{\Delta\theta_0}\right)\boldsymbol{Q}(t_k)$$

$$\boldsymbol{Q}(t_{k+2})=\left(\boldsymbol{I}\cos\frac{\Delta\theta_0}{2}+\Delta\boldsymbol{\Theta}_y\frac{\sin\frac{\Delta\theta_0}{2}}{\Delta\theta_0}\right)\boldsymbol{Q}(t_{k+1})$$

$$\boldsymbol{Q}(t_{k+3})=\left(\boldsymbol{I}\cos\frac{\Delta\theta_0}{2}+\Delta\boldsymbol{\Theta}_z\frac{\sin\frac{\Delta\theta_0}{2}}{\Delta\theta_0}\right)\boldsymbol{Q}(t_{k+2})$$

式中

$$\Delta\boldsymbol{\Theta}_x=\begin{bmatrix}0 & -\Delta\theta_0 & 0 & 0\\ \Delta\theta_0 & 0 & 0 & 0\\ 0 & 0 & 0 & \Delta\theta_0\\ 0 & 0 & -\Delta\theta_0 & 0\end{bmatrix} \tag{9.2.57}$$

$$\Delta\boldsymbol{\Theta}_y=\begin{bmatrix}0 & 0 & -\Delta\theta_0 & 0\\ 0 & 0 & 0 & -\Delta\theta_0\\ \Delta\theta_0 & 0 & 0 & 0\\ 0 & \Delta\theta_0 & 0 & 0\end{bmatrix} \tag{9.2.58}$$

$$\Delta\boldsymbol{\Theta}_z=\begin{bmatrix}0&0&0&-\Delta\theta_0\\0&0&\Delta\theta_0&0\\0&-\Delta\theta_0&0&0\\\Delta\theta_0&0&0&0\end{bmatrix}\tag{9.2.59}$$

记

$$\boldsymbol{U}_x=\boldsymbol{I}\cos\frac{\Delta\theta_0}{2}+\Delta\boldsymbol{\Theta}_x\frac{\sin\frac{\Delta\theta_0}{2}}{\Delta\theta_0}\tag{9.2.60}$$

$$\boldsymbol{U}_y=\boldsymbol{I}\cos\frac{\Delta\theta_0}{2}+\Delta\boldsymbol{\Theta}_y\frac{\sin\frac{\Delta\theta_0}{2}}{\Delta\theta_0}\tag{9.2.61}$$

$$\boldsymbol{U}_z=\boldsymbol{I}\cos\frac{\Delta\theta_0}{2}+\Delta\boldsymbol{\Theta}_z\frac{\sin\frac{\Delta\theta_0}{2}}{\Delta\theta_0}\tag{9.2.62}$$

由于 $\Delta\theta_0$ 是固定值，所以 $\Delta\boldsymbol{\Theta}_x$、$\Delta\boldsymbol{\Theta}_y$、$\Delta\boldsymbol{\Theta}_z$ 是固定阵，$\boldsymbol{U}_x$、$\boldsymbol{U}_y$、$\boldsymbol{U}_z$ 也是固定阵。因此定量采样增量法可归纳如下：

(1) 按式(9.2.60)、式(9.2.61)、式(9.2.62)预先计算 $\boldsymbol{U}_x$、$\boldsymbol{U}_y$、$\boldsymbol{U}_z$，并存储。

(2) 记下角增量达到 $\Delta\theta_0$ 的陀螺 j 及时间 t_{k+1}，则更新四元数为

$$\boldsymbol{Q}(t_{k+1})=\boldsymbol{U}_j\boldsymbol{Q}(t_k)\qquad(j=x,y,z;k=0,1,2,\cdots)$$

显然在定量采样增量法四元数更新中，时间更新的间隔是不相等的，且是随机的。该法适用于角运动比较缓慢的运载体，如运输机、轰炸机、舰船等。

9.2.5　四元数的初值确定和规范化处理

四元数的初值 $\boldsymbol{Q}(0)$ 由捷联惯导的初始对准确定。设初始对准确定的姿态阵为 $\boldsymbol{C}_b^n=[T_{ij}]$，根据式(9.2.34)及描述刚体旋转的四元数为规范化四元数的结论，有如下方程式成立

$$\begin{cases}q_0^2+q_1^2-q_2^2-q_3^2=T_{11}\\q_0^2-q_1^2+q_2^2-q_3^2=T_{22}\\q_0^2-q_1^2-q_2^2+q_3^2=T_{33}\\q_0^2+q_1^2+q_2^2+q_3^2=1\\2(q_1q_2-q_0q_3)=T_{12}\\2(q_1q_3+q_0q_2)=T_{13}\\2(q_1q_2+q_0q_3)=T_{21}\\2(q_2q_3-q_0q_1)=T_{23}\\2(q_1q_3-q_0q_2)=T_{31}\\2(q_2q_3+q_1q_0)=T_{32}\end{cases}$$

从上述方程可解得

$$\begin{cases} |q_1| = \dfrac{1}{2}\sqrt{1+T_{11}-T_{22}-T_{33}} \\ |q_2| = \dfrac{1}{2}\sqrt{1-T_{11}+T_{22}-T_{33}} \\ |q_3| = \dfrac{1}{2}\sqrt{1-T_{11}-T_{22}+T_{33}} \\ |q_0| = \dfrac{1}{2}\sqrt{1+T_{11}+T_{22}+T_{33}} \end{cases} \tag{9.2.63}$$

$$\begin{cases} 4q_1q_0 = T_{32}-T_{23} \\ 4q_2q_0 = T_{13}-T_{31} \\ 4q_3q_0 = T_{21}-T_{12} \end{cases}$$

所以 q_0、q_1、q_2、q_3 的符号可按下式确定：

$$\begin{cases} \mathrm{sign}(q_1) = \mathrm{sign}(q_0)[\mathrm{sign}(T_{32}-T_{23})] \\ \mathrm{sign}(q_2) = \mathrm{sign}(q_0)[\mathrm{sign}(T_{13}-T_{31})] \\ \mathrm{sign}(q_3) = \mathrm{sign}(q_0)[\mathrm{sign}(T_{21}-T_{12})] \end{cases} \tag{9.2.64}$$

上式中，$\mathrm{sign}(q_0)$可任选，原因分析如下。

设表征从角位置 A_0 至角位置 A_1 的旋转四元数为

$$\boldsymbol{Q} = \cos\frac{\theta}{2} + \boldsymbol{u}\sin\frac{\theta}{2}$$

设

$$\boldsymbol{Q}_1 = -\boldsymbol{Q}$$

则 $\boldsymbol{Q}_1$ 四个元的符号与 $\boldsymbol{Q}$ 四个元的符号相反，

$$\boldsymbol{Q}_1 = -\cos\frac{\theta}{2} - \boldsymbol{u}\sin\frac{\theta}{2} = \cos\left(\pi - \frac{\theta}{2}\right) - \boldsymbol{u}\sin\left(\pi - \frac{\theta}{2}\right) = \cos\frac{2\pi-\theta}{2} - \boldsymbol{u}\sin\frac{2\pi-\theta}{2}$$

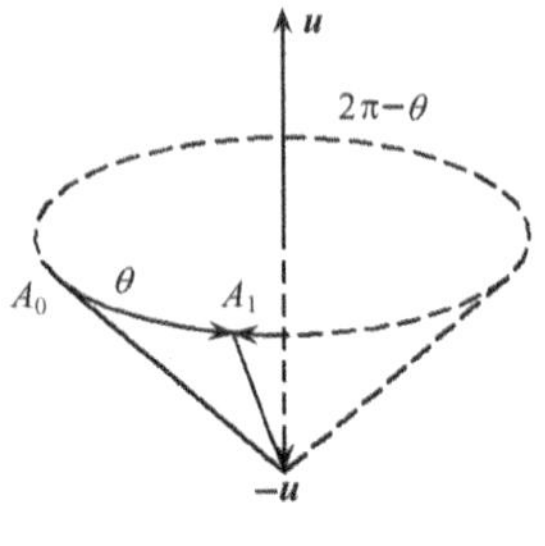

图 9.2.2　仅考虑初始和终了角位置时的等效旋转

上式说明：$\boldsymbol{Q}_1$ 表征的旋转是刚体绕 $-\boldsymbol{u}$ 旋转 $2\pi-\theta$ 角度，如图 9.2.2 所示，从图中可看出，刚体从角位置 A_0 旋转至角位置 A_1。由于四元数只表征从初始位置至终了位置的一次性等效旋转，而并不反映从初始位置至终了位置的中间过程，所以由 $\boldsymbol{Q}_1$ 和 $\boldsymbol{Q}$ 表征的旋转关系是相同的。由式(9.2.64)知，当 q_0 取反号时，q_1、q_2、q_3 也跟着取反号，相当于四元数取反号，而 $\boldsymbol{Q}$ 和 $-\boldsymbol{Q}$ 表征了相同的等效旋转，所以 q_0 的符号可任取。

表征旋转的四元数应该是规范化四元数，即 $\|\boldsymbol{Q}\|=1$，但是由于计算误差等因素，计算过程中四元数会逐渐失去规范化特性，因此若干次更新后，必须对四元数做规范化处理：

$$q_i = \frac{\hat{q}_i}{\sqrt{\hat{q}_0^2+\hat{q}_1^2+\hat{q}_2^2+\hat{q}_3^2}}, \qquad i=0,1,2,3 \tag{9.2.65}$$

式中，$\hat{q}_0$、$\hat{q}_1$、$\hat{q}_2$、$\hat{q}_3$ 是四元数更新所得的值。

9.3　姿态更新计算的等效旋转矢量算法

采用毕卡法求解四元数微分方程时使用了陀螺的角增量输出，角增量虽然微小，但不能视为无穷小，而刚体做有限转动时，刚体的空间角位置与旋转次序有关，即存在旋转的不可交换性误差。等效旋转矢量法在利用角增量计算等效旋转矢量时，对这种不可交换误差作了适当补偿，在姿态更新周期内包含的角增量子样数越多，补偿就越精确。就算法本质上来看，姿态更新计算的四元数毕卡算法实质上就是单子样旋转矢量算法。因此多子样旋转矢量算法比四元数毕卡算法的精度高。并且旋转矢量算法可获得锥运动环境下的优化算法，因此特别适用于在高动态环境下工作。

9.3.1　旋转矢量与姿态四元数间的关系

设 t_k 时刻的机体坐标系为 $b(k)$，导航坐标系为 $n(k)$，t_{k+1} 时刻的机体坐标系为 $b(k+1)$，导航坐标系为 $n(k+1)$。记 $b(k)$ 至 $b(k+1)$ 的旋转四元数为 $\boldsymbol{q}(h)$，$n(k)$ 至 $b(k)$ 的旋转四元数为 $\boldsymbol{Q}(t_k)$，$n(k+1)$ 至 $b(k+1)$ 的旋转四元数为 $\boldsymbol{Q}(t_{k+1})$，$n(k)$ 至 $n(k+1)$ 的旋转四元数为 $\boldsymbol{p}(h)$，其中 $h=t_{k+1}-t_k$。则

$$\boldsymbol{r}^{n(k+1)}=\boldsymbol{C}_{b(k+1)}^{n(k+1)}\boldsymbol{r}^{b(k+1)} \tag{9.3.1a}$$

亦即

$$\boldsymbol{r}^{n(k+1)}=\boldsymbol{C}_{n(k)}^{n(k+1)}\boldsymbol{C}_{b(k)}^{n(k)}\boldsymbol{C}_{b(k+1)}^{b(k)}\boldsymbol{r}^{b(k+1)} \tag{9.3.1b}$$

根据式(9.2.35)和式(9.2.36)所示向量坐标变换的四元数乘表示法和变换矩阵表示法间的等价关系，式(9.3.1a)等价于如下四元数乘表达式：

$$\boldsymbol{r}^{n(k+1)}=\boldsymbol{Q}(t_{k+1})\otimes\boldsymbol{r}^{b(k+1)}\otimes\boldsymbol{Q}^*(t_{k+1}) \tag{9.3.1c}$$

式(9.3.1b)等价于如下四元数乘表达式：

$$\boldsymbol{r}^{n(k+1)}=\boldsymbol{p}^*(h)\otimes\{\boldsymbol{Q}(t_k)\otimes[\boldsymbol{q}(h)\otimes\boldsymbol{r}^{b(k+1)}\otimes\boldsymbol{q}^*(h)]\otimes\boldsymbol{Q}^*(t_k)\}\otimes\boldsymbol{p}(h)$$

根据四元数乘法结合律和式(9.2.21)，上式可写成

$$\boldsymbol{r}^{n(k+1)}=[\boldsymbol{p}^*(h)\otimes\boldsymbol{Q}(t_k)\otimes\boldsymbol{q}(h)]\otimes\boldsymbol{r}^{b(k+1)}\otimes[\boldsymbol{p}^*(h)\otimes\boldsymbol{Q}(t_k)\otimes\boldsymbol{q}(h)]^* \tag{9.3.1d}$$

比较式(9.3.1c)和式(9.3.1d)，得

$$\boldsymbol{Q}(t_{k+1})=\boldsymbol{p}^*(h)\otimes\boldsymbol{Q}(t_k)\otimes\boldsymbol{q}(h) \tag{9.3.2}$$

在姿态更新周期 $h=t_{k+1}-t_k$ 内，导航坐标系的变化十分缓慢，$\boldsymbol{p}(h)\approx1+\boldsymbol{0}$，所以式(9.3.2)可写成

$$\boldsymbol{Q}(t_{k+1})=\boldsymbol{Q}(t_k)\otimes\boldsymbol{q}(h) \tag{9.3.3}$$

式中

$$\boldsymbol{q}(h)=\cos\frac{\Phi}{2}+\frac{\boldsymbol{\Phi}}{\Phi}\sin\frac{\Phi}{2} \tag{9.3.4}$$

$\boldsymbol{\Phi}$为 $b(k)$ 至 $b(k+1)$ 的等效旋转矢量，$\Phi=|\boldsymbol{\Phi}|$。为便于叙述，将 $\boldsymbol{Q}(t_{k+1})$ 和 $\boldsymbol{Q}(t_k)$ 称为 t_{k+1} 时刻和 t_k 时刻的姿态四元数，$\boldsymbol{q}(h)$ 称为 $[t_k,t_{k+1}]$ 时间段内的姿态变化四元数。

姿态四元数理应按式(9.3.2)进行更新，但由于导航坐标系的旋转十分缓慢，并且姿态更新周期又十分短，所以实际解算过程中可按式(9.3.3)作姿态更新，但若干步后需要作适当的修正，具体方法分析如下。

设对姿态计算作修正计算的周期为

$$t_{j+1} - t_j = Nh$$

式中,h 为姿态更新周期,N 为某一正整数。则根据式(9.3.3)得

$$\boldsymbol{Q}(t_{j+1}) = \boldsymbol{Q}[t_j + (N-1)h] \otimes \boldsymbol{q}(h)$$

此姿态四元数所对应的姿态阵为 $\boldsymbol{C}_{b(j+1)}^{n(j)}$,因此 t_{j+1} 时刻正确的姿态阵应为

$$\boldsymbol{C}_{b(j+1)}^{n(j+1)} = \boldsymbol{C}_{n(j)}^{n(j+1)} \boldsymbol{C}_{b(j+1)}^{n(j)} \tag{9.3.5}$$

式中,$\boldsymbol{C}_{b(j+1)}^{n(j)}$ 根据 $\boldsymbol{Q}(t_{j+1})$ 确定,$\boldsymbol{C}_{n(j)}^{n(j+1)}$ 可按下法近似确定。

设 t_j 至 t_{j+1} 时刻运载体的经纬度增量分别为 $\Delta\lambda$ 和 ΔL,并假设选取 Nh 时确保 $\Delta\lambda$ 和 ΔL 均为微小角,则 $n(j)$ 至 $n(j+1)$ 的旋转矢量为

$$\boldsymbol{\eta}^n = \begin{bmatrix} -\Delta L \\ 0 \\ 0 \end{bmatrix} + \boldsymbol{C}_e^n \begin{bmatrix} 0 \\ 0 \\ \Delta\lambda \end{bmatrix} = \begin{bmatrix} -\Delta L \\ \Delta\lambda\cos L \\ \Delta\lambda\sin L \end{bmatrix}$$

所以

$$\boldsymbol{C}_{n(j)}^{n(j+1)} = \begin{bmatrix} 1 & \Delta\lambda\sin L & -\Delta\lambda\cos L \\ -\Delta\lambda\sin L & 1 & -\Delta L \\ \Delta\lambda\cos L & \Delta L & 1 \end{bmatrix}$$

9.3.2　旋转矢量微分方程

对于 $t_k \leqslant t \leqslant t_{k+1}$,根据式(9.3.3),有

$$\boldsymbol{Q}(t) = \boldsymbol{Q}(t_k) \otimes \boldsymbol{q}(t - t_k)$$

上式两边对时间求导

$$\frac{\mathrm{d}\boldsymbol{Q}(t)}{\mathrm{d}t} = \boldsymbol{Q}(t_k) \otimes \frac{\mathrm{d}\boldsymbol{q}(t-t_k)}{\mathrm{d}t}$$

根据式(9.2.47)

$$\frac{\mathrm{d}\boldsymbol{Q}(t)}{\mathrm{d}t} = \frac{1}{2}\boldsymbol{Q}(t) \otimes \boldsymbol{\omega}_{nb}^b = \frac{1}{2}\boldsymbol{Q}(t_k) \otimes \boldsymbol{q}(t-t_k) \otimes \boldsymbol{\omega}_{nb}^b$$

比较上述两式,得

$$\boldsymbol{Q}(t_k) \otimes \frac{\mathrm{d}\boldsymbol{q}}{\mathrm{d}t} = \frac{1}{2}\boldsymbol{Q}(t_k) \otimes \boldsymbol{q} \otimes \boldsymbol{\omega}_{nb}^b$$

两边左乘 $\boldsymbol{Q}^*(t_k)$,注意到姿态四元数为规范化四元数,即 $\boldsymbol{Q}^*(t_k)\otimes\boldsymbol{Q}(t_k)=1$,所以

$$\frac{\mathrm{d}\boldsymbol{q}}{\mathrm{d}t} = \frac{1}{2}\boldsymbol{q} \otimes \boldsymbol{\omega}_{nb}^b \tag{9.3.6}$$

此即姿态变化四元数满足的微分方程。

设 $\boldsymbol{q}$ 对应的旋转矢量为 $\boldsymbol{\Phi}$,即

$$\boldsymbol{\Phi} = \Phi\boldsymbol{u}^b \tag{9.3.7}$$

则 $\boldsymbol{q}$ 可写成

$$\boldsymbol{q} = \cos\frac{\Phi}{2} + \boldsymbol{u}^b\sin\frac{\Phi}{2} = q_o + \boldsymbol{q}_{1-3} \tag{9.3.8}$$

式中,$q_o = \cos\dfrac{\Phi}{2}$,$\boldsymbol{q}_{1-3} = \boldsymbol{u}^b\sin\dfrac{\Phi}{2}$。这样,式(9.3.6)可写成

$$\frac{\mathrm{d}}{\mathrm{d}t}\begin{bmatrix} q_0 \\ \boldsymbol{q}_{1-3} \end{bmatrix} = \frac{1}{2}\boldsymbol{M}'(\boldsymbol{\omega}_{nb}^b)\boldsymbol{q} = \frac{1}{2}\begin{bmatrix} 0 & -\boldsymbol{\omega}_{nb}^{bT} \\ \boldsymbol{\omega}_{nb}^b & -(\boldsymbol{\omega}_{nb}^b\times) \end{bmatrix}\begin{bmatrix} \cos\dfrac{\Phi}{2} \\ \boldsymbol{u}^b\sin\dfrac{\Phi}{2} \end{bmatrix}$$

即

$$\dot{q}_0 = -\frac{1}{2}\sin\frac{\Phi}{2}\boldsymbol{\omega}_{nb}^{bT}\boldsymbol{u}^b \tag{9.3.9a}$$

$$\dot{\boldsymbol{q}}_{1-3} = \frac{1}{2}\cos\frac{\Phi}{2}\boldsymbol{\omega}_{nb}^b - \frac{1}{2}\sin\frac{\Phi}{2}(\boldsymbol{\omega}_{nb}^b\times)\boldsymbol{u}^b \tag{9.3.9b}$$

式(9.3.8)对时间求导，得

$$\dot{q}_0 + \dot{\boldsymbol{q}}_{1-3} = -\frac{\dot{\Phi}}{2}\sin\frac{\Phi}{2} + \dot{\boldsymbol{u}}^b\sin\frac{\Phi}{2} + \boldsymbol{u}^b\frac{\dot{\Phi}}{2}\cos\frac{\Phi}{2}$$

即

$$\dot{q}_0 = -\frac{\dot{\Phi}}{2}\sin\frac{\Phi}{2} \tag{9.3.10a}$$

$$\dot{\boldsymbol{q}}_{1-3} = \dot{\boldsymbol{u}}^b\sin\frac{\Phi}{2} + \boldsymbol{u}^b\frac{\dot{\Phi}}{2}\cos\frac{\Phi}{2} \tag{9.3.10b}$$

比较式(9.3.9)和式(9.3.10)，得

$$-\frac{\dot{\Phi}}{2}\sin\frac{\Phi}{2} = -\frac{1}{2}\sin\frac{\Phi}{2}\boldsymbol{\omega}_{nb}^{bT}\boldsymbol{u}^b \tag{9.3.11a}$$

$$\dot{\boldsymbol{u}}^b\sin\frac{\Phi}{2} + \boldsymbol{u}^b\frac{\dot{\Phi}}{2}\cos\frac{\Phi}{2} = \frac{1}{2}\cos\frac{\Phi}{2}\boldsymbol{\omega}_{nb}^b - \frac{1}{2}\sin\frac{\Phi}{2}(\boldsymbol{\omega}_{nb}^b\times)\boldsymbol{u}^b \tag{9.3.11b}$$

由式(9.3.11)得

$$\dot{\Phi} = \boldsymbol{\omega}_{nb}^{bT}\boldsymbol{u}^b \tag{9.3.12}$$

$$\dot{\boldsymbol{u}}^b\sin\frac{\Phi}{2} = -\frac{1}{2}\sin\frac{\Phi}{2}(\boldsymbol{\omega}_{nb}^b\times)\boldsymbol{u}^b + \frac{1}{2}\cos\frac{\Phi}{2}(\boldsymbol{\omega}_{nb}^b - \dot{\Phi}\boldsymbol{u}^b) \tag{9.3.13}$$

利用式(9.3.12)关系，式(9.3.13)可写成

$$\dot{\boldsymbol{u}}^b = -\frac{1}{2}(\boldsymbol{\omega}_{nb}^b\times)\boldsymbol{u}^b + \frac{1}{2}\cot\frac{\Phi}{2}[\boldsymbol{\omega}_{nb}^b - (\boldsymbol{\omega}_{nb}^{bT}\boldsymbol{u}^b)\boldsymbol{u}^b] \tag{9.3.14}$$

根据三重矢积公式

$$\boldsymbol{a}\times(\boldsymbol{b}\times\boldsymbol{c}) = (\boldsymbol{a}\cdot\boldsymbol{c})\boldsymbol{b} - (\boldsymbol{a}\cdot\boldsymbol{b})\boldsymbol{c}$$

$$\boldsymbol{u}^b\times(\boldsymbol{u}^b\times\boldsymbol{\omega}_{nb}^b) = (\boldsymbol{u}^b\cdot\boldsymbol{\omega}_{nb}^b)\boldsymbol{u}^b - (\boldsymbol{u}^b\cdot\boldsymbol{u}^b)\boldsymbol{\omega}_{nb}^b = (\boldsymbol{\omega}_{nb}^{bT}\boldsymbol{u}^b)\boldsymbol{u}^b - \boldsymbol{\omega}_{nb}^b$$

所以

$$(\boldsymbol{\omega}_{nb}^{bT}\boldsymbol{u}^b)\boldsymbol{u}^b = \boldsymbol{\omega}_{nb}^b + \boldsymbol{u}^b\times(\boldsymbol{u}^b\times\boldsymbol{\omega}_{nb}^b) \tag{9.3.15}$$

将式(9.3.15)代入式(9.3.14)，得

$$\dot{\boldsymbol{u}}^b = \frac{1}{2}\boldsymbol{u}^b\times\boldsymbol{\omega}_{nb}^b - \frac{1}{2}\cot\frac{\Phi}{2}\boldsymbol{u}^b\times(\boldsymbol{u}^b\times\boldsymbol{\omega}_{nb}^b) \tag{9.3.16}$$

式(9.3.7)两边对时间求导，得

$$\dot{\boldsymbol{\Phi}} = \dot{\Phi}\boldsymbol{u}^b + \Phi\dot{\boldsymbol{u}}^b \tag{9.3.17}$$

将式(9.3.12)和式(9.3.16)代入式(9.3.17),得

$$\dot{\boldsymbol{\Phi}}=(\boldsymbol{\omega}_{nb}^{bT}\boldsymbol{u}^b)\boldsymbol{u}^b+\frac{\Phi}{2}\boldsymbol{u}^b\times\boldsymbol{\omega}_{nb}^b-\frac{\Phi}{2}\cot\frac{\Phi}{2}\boldsymbol{u}^b\times(\boldsymbol{u}^b\times\boldsymbol{\omega}_{nb}^b) \tag{9.3.18}$$

将式(9.3.7)和式(9.3.15)代入式(9.3.18),得

$$\begin{aligned}\dot{\boldsymbol{\Phi}}&=\boldsymbol{\omega}_{nb}^b+\boldsymbol{u}^b\times(\boldsymbol{u}^b\times\boldsymbol{\omega}_{nb}^b)+\frac{\Phi}{2}\boldsymbol{u}^b\times\boldsymbol{\omega}_{nb}^b-\frac{\Phi}{2}\cot\frac{\Phi}{2}\boldsymbol{u}^b\times(\boldsymbol{u}^b\times\boldsymbol{\omega}_{nb}^b)\\&=\boldsymbol{\omega}_{nb}^b+\frac{1}{2}\boldsymbol{\Phi}\times\boldsymbol{\omega}_{nb}^b+\frac{1}{\Phi^2}\left(1-\frac{\Phi}{2}\cot\frac{\Phi}{2}\right)\times\boldsymbol{\Phi}\times(\boldsymbol{\Phi}\times\boldsymbol{\omega}_{nb}^b)\end{aligned} \tag{9.3.19}$$

式(9.3.19)即为旋转矢量微分方程,即 Bortz 方程(Bortz J E,1971;Miller R B,1983;Savage P G,1998;Esmat Bekir,2007)。对该式中的三角函数作级数展开,还可得到更为简洁的近似方程。

由于

$$\begin{aligned}\frac{\Phi}{2}\cot\frac{\Phi}{2}&=\frac{\Phi}{2}\left[\frac{2}{\Phi}-\frac{1}{3}\frac{\Phi}{2}-\frac{1}{45}\left(\frac{\Phi}{2}\right)^3-\frac{2}{945}\left(\frac{\Phi}{2}\right)^5-\frac{1}{4725}\left(\frac{\Phi}{2}\right)^7-\cdots\right]\\&=1-\frac{\Phi^2}{12}-\frac{\Phi^4}{720}-\frac{\Phi^6}{30\,240}-\frac{\Phi^8}{1209\,600}-\cdots\end{aligned}$$

上式代入式(9.3.19),由于姿态更新周期一般都很短,Φ 很小,Φ 的高次项可略去不计,得工程上常用的近似方程:

$$\dot{\boldsymbol{\Phi}}=\boldsymbol{\omega}_{nb}^b+\frac{1}{2}\boldsymbol{\Phi}\times\boldsymbol{\omega}_{nb}^b+\frac{1}{12}\boldsymbol{\Phi}\times(\boldsymbol{\Phi}\times\boldsymbol{\omega}_{nb}^b) \tag{9.3.20}$$

式中,$\boldsymbol{\Phi}$是机体坐标系从 t_k 时刻至 t_{k+1}时刻角位置变化所对应的等效旋转矢量,$\boldsymbol{\omega}_{nb}^b$ 是该时间段内的机体角速率。

9.3.3 旋转矢量的求解

直接按式(9.3.19)和式(9.3.20)求解旋转矢量有诸多不便,主要是:①激光陀螺等一般输出为角增量,如果将角增量折算成角速率,则微商运算将引起严重的噪声放大效应;②即使可获得陀螺的角速率输出,由于对上述两方程只能采用数值求解,所以对角速率必须采样,采样意味着仅采样点上的角速率得到了利用,而采样点之间的角速率信息并未利用,在姿态更新中实际上丢失了很多信息;③式(9.3.3)说明,姿态更新中只需求解从 t_k 时刻至 t_{k+1}时刻机体坐标系旋转所对应的等效旋转矢量,而不必知道 t_k 至 t_{k+1}时间段内旋转矢量的演变过程,因此可采用泰勒级数展开法求解旋转矢量。

设$\boldsymbol{\Phi}(h)$为$[t_k,t_{k+1}]$时间段内的等效旋转矢量,其中 $h=t_{k+1}-t_k$,运载体的角速度用抛物线拟合:

$$\boldsymbol{\omega}_{nb}^b(t_k+\tau)=\boldsymbol{a}+2\boldsymbol{b}\tau+3\boldsymbol{c}\tau^2,\qquad 0\leqslant\tau\leqslant h \tag{9.3.21}$$

对$\boldsymbol{\Phi}(h)$作泰勒级数展开:

$$\boldsymbol{\Phi}(h)=\boldsymbol{\Phi}(0)+h\dot{\boldsymbol{\Phi}}(0)+\frac{h^2}{2!}\ddot{\boldsymbol{\Phi}}(0)+\cdots \tag{9.3.22}$$

式中,$\boldsymbol{\Phi}(0)$是$[t_k,t_k]$时间段内的旋转矢量,由于时间间隔为 0,所以

$$\boldsymbol{\Phi}(0)=\boldsymbol{0} \tag{9.3.23}$$

记角增量为

$$\Delta\boldsymbol{\theta}(\tau)=\int_0^{\tau}\boldsymbol{\omega}_{nb}^b(t_k+\tau)\mathrm{d}\tau \tag{9.3.24}$$

则由式(9.3.21)和式(9.3.24)

$$\boldsymbol{\omega}_{nb}^b(t_k)=\boldsymbol{\omega}_{nb}^b(t_k+\tau)\big|_{\tau=0}=\boldsymbol{a} \tag{9.3.25a}$$

$$\dot{\boldsymbol{\omega}}_{nb}^b(t_k)=\dot{\boldsymbol{\omega}}_{nb}^b(t_k+\tau)\big|_{\tau=0}=2\boldsymbol{b} \tag{9.3.25b}$$

$$\ddot{\boldsymbol{\omega}}_{nb}^b(t_k)=\ddot{\boldsymbol{\omega}}_{nb}^b(t_k+\tau)\big|_{\tau=0}=6\boldsymbol{c} \tag{9.3.25c}$$

$$\boldsymbol{\omega}_{nb}^{b(i)}(t_k)=\boldsymbol{\omega}_{nb}^{b(i)}(t_k+\tau)=\boldsymbol{0},\qquad i=3,4,5,\cdots \tag{9.3.25d}$$

$$\Delta\boldsymbol{\theta}(0)=\Delta\boldsymbol{\theta}(\tau)\big|_{\tau=0}=\boldsymbol{0} \tag{9.3.26a}$$

$$\Delta\dot{\boldsymbol{\theta}}(0)=\Delta\dot{\boldsymbol{\theta}}(\tau)\big|_{\tau=0}=\boldsymbol{\omega}_{nb}^b(t_k+\tau)\big|_{\tau=0}=\boldsymbol{a} \tag{9.3.26b}$$

$$\Delta\ddot{\boldsymbol{\theta}}(0)=\Delta\ddot{\boldsymbol{\theta}}(\tau)\big|_{\tau=0}=\dot{\boldsymbol{\omega}}_{nb}^b(t_k+\tau)\big|_{\tau=0}=2\boldsymbol{b} \tag{9.3.26c}$$

$$\Delta\dddot{\boldsymbol{\theta}}(0)=\Delta\dddot{\boldsymbol{\theta}}(\tau)\big|_{\tau=0}=\ddot{\boldsymbol{\omega}}_{nb}^b(t_k+\tau)\big|_{\tau=0}=6\boldsymbol{c} \tag{9.3.26d}$$

$$\Delta\boldsymbol{\theta}^{(i)}(0)=\Delta\boldsymbol{\theta}^{(i)}(\tau)\big|_{\tau=0}=\boldsymbol{\omega}_{nb}^{b(i-1)}(t_k+\tau)=\boldsymbol{0},\quad i=4,5,6,\cdots \tag{9.3.26e}$$

又由于姿态更新周期 h 一般为毫秒级的量，Φ 也可视为小量，因此根据式(9.3.20)计算$\boldsymbol{\Phi}(\tau)$在 $\tau=0$ 时的各阶导数时，可将该式中的第三项视为 Φ 的二阶小量而略去不计，并将第二项中的 $\boldsymbol{\Phi}(\tau)$用角增量代替，即

$$\boldsymbol{\Phi}(\tau)\approx\Delta\boldsymbol{\theta}(\tau)$$

这样式(9.3.20)可写成

$$\dot{\boldsymbol{\Phi}}(\tau)=\boldsymbol{\omega}_{nb}^b(t_k+\tau)+\frac{1}{2}\Delta\boldsymbol{\theta}(\tau)\times\boldsymbol{\omega}_{nb}^b(t_k+\tau),\qquad 0\leqslant\tau\leqslant h$$

对上式求各阶导数，并考虑到式(9.3.25d)和式(9.3.26e)

$$\ddot{\boldsymbol{\Phi}}(\tau)=\dot{\boldsymbol{\omega}}_{nb}^b(t_k+\tau)+\frac{1}{2}\Delta\dot{\boldsymbol{\theta}}(\tau)\times\boldsymbol{\omega}_{nb}^b(t_k+\tau)+\frac{1}{2}\Delta\boldsymbol{\theta}(\tau)\times\dot{\boldsymbol{\omega}}_{nb}^b(t_k+\tau)$$

$$\begin{aligned}\dddot{\boldsymbol{\Phi}}(\tau)=&\ddot{\boldsymbol{\omega}}_{nb}^b(t_k+\tau)+\frac{1}{2}\Delta\ddot{\boldsymbol{\theta}}(\tau)\times\boldsymbol{\omega}_{nb}^b(t_k+\tau)+\frac{1}{2}\Delta\dot{\boldsymbol{\theta}}(\tau)\times\dot{\boldsymbol{\omega}}_{nb}^b(t_k+\tau)\\&+\frac{1}{2}\Delta\dot{\boldsymbol{\theta}}(\tau)\times\dot{\boldsymbol{\omega}}_{nb}^b(t_k+\tau)+\frac{1}{2}\Delta\boldsymbol{\theta}(\tau)\times\ddot{\boldsymbol{\omega}}_{nb}^b(t_k+\tau)\\=&\ddot{\boldsymbol{\omega}}_{nb}^b(t_k+\tau)+\frac{1}{2}\Delta\ddot{\boldsymbol{\theta}}(\tau)\times\boldsymbol{\omega}_{nb}^b(t_k+\tau)+\Delta\dot{\boldsymbol{\theta}}(\tau)\\&\times\dot{\boldsymbol{\omega}}_{nb}^b(t_k+\tau)+\frac{1}{2}\Delta\boldsymbol{\theta}(\tau)\times\ddot{\boldsymbol{\omega}}_{nb}^b(t_k+\tau)\end{aligned}$$

$$\begin{aligned}\boldsymbol{\Phi}^{(4)}(\tau)=&\frac{1}{2}\Delta\dddot{\boldsymbol{\theta}}(\tau)\times\boldsymbol{\omega}_{nb}^b(t_k+\tau)+\frac{1}{2}\Delta\ddot{\boldsymbol{\theta}}(\tau)\times\dot{\boldsymbol{\omega}}_{nb}^b(t_k+\tau)+\Delta\ddot{\boldsymbol{\theta}}(\tau)\times\dot{\boldsymbol{\omega}}_{nb}^b(t_k+\tau)\\&+\Delta\dot{\boldsymbol{\theta}}(\tau)\times\ddot{\boldsymbol{\omega}}_{nb}^b(t_k+\tau)+\frac{1}{2}\Delta\dot{\boldsymbol{\theta}}(\tau)\times\ddot{\boldsymbol{\omega}}_{nb}^b(t_k+\tau)\\=&\frac{1}{2}\Delta\dddot{\boldsymbol{\theta}}(\tau)\times\boldsymbol{\omega}_{nb}^b(t_k+\tau)+\frac{3}{2}\Delta\ddot{\boldsymbol{\theta}}(\tau)\times\dot{\boldsymbol{\omega}}_{nb}^b(t_k+\tau)+\frac{3}{2}\Delta\dot{\boldsymbol{\theta}}(\tau)\times\ddot{\boldsymbol{\omega}}_{nb}^b(t_k+\tau)\end{aligned}$$

$$\boldsymbol{\Phi}^{(5)}(\tau)=\frac{1}{2}\Delta\dddot{\boldsymbol{\theta}}(\tau)\times\dot{\boldsymbol{\omega}}_{nb}^{b}(t_k+\tau)+\frac{3}{2}\Delta\dddot{\boldsymbol{\theta}}(\tau)\times\dot{\boldsymbol{\omega}}_{nb}^{b}(t_k+\tau)$$

$$+\frac{3}{2}\Delta\ddot{\boldsymbol{\theta}}(\tau)\times\ddot{\boldsymbol{\omega}}_{nb}^{b}(t_k+\tau)+\frac{3}{2}\Delta\ddot{\boldsymbol{\theta}}(\tau)\times\ddot{\boldsymbol{\omega}}_{nb}^{b}(t_k+\tau)$$

$$=2\Delta\dddot{\boldsymbol{\theta}}(\tau)\times\dot{\omega}_{nb}^{b}(t_k+\tau)+3\Delta\ddot{\boldsymbol{\theta}}(\tau)\times\ddot{\boldsymbol{\omega}}_{nb}^{b}(t_k+\tau)$$

$$\boldsymbol{\Phi}^{(6)}(\tau)=2\Delta\dddot{\boldsymbol{\theta}}(\tau)\times\ddot{\boldsymbol{\omega}}_{nb}^{b}(t_k+\tau)+3\Delta\dddot{\boldsymbol{\theta}}(\tau)\times\ddot{\boldsymbol{\omega}}_{nb}^{b}(t_k+\tau)=5\Delta\dddot{\boldsymbol{\theta}}(\tau)\times\ddot{\boldsymbol{\omega}}_{nb}^{b}(t_k+\tau)$$

$$\boldsymbol{\Phi}^{(i)}(\tau)=0,\quad i=7,8,9,\cdots$$

用 $\tau=0$ 代入上述诸式,并应用式(9.3.25)和式(9.3.26),得

$$\dot{\boldsymbol{\Phi}}(0)=\boldsymbol{a}$$

$$\ddot{\boldsymbol{\Phi}}(0)=2\boldsymbol{b}+\frac{1}{2}\boldsymbol{a}\times\boldsymbol{a}=2\boldsymbol{b}$$

$$\dddot{\boldsymbol{\Phi}}(0)=6\boldsymbol{c}+\frac{1}{2}\cdot 2\boldsymbol{b}\times\boldsymbol{a}+\boldsymbol{a}\times 2\boldsymbol{b}=6\boldsymbol{c}+\boldsymbol{a}\times\boldsymbol{b}$$

$$\boldsymbol{\Phi}^{(4)}(0)=\frac{1}{2}\cdot 6\boldsymbol{c}\times\boldsymbol{a}+\frac{3}{2}\cdot 2\boldsymbol{b}\times 2\boldsymbol{b}+\frac{3}{2}\cdot\boldsymbol{a}\times 6\boldsymbol{c}=6\boldsymbol{a}\times\boldsymbol{c}$$

$$\boldsymbol{\Phi}^{(5)}(0)=2\cdot 6\boldsymbol{c}\times 2\boldsymbol{b}+3\cdot 2\boldsymbol{b}\times 6\boldsymbol{c}=12\boldsymbol{b}\times\boldsymbol{c}$$

$$\boldsymbol{\Phi}^{(6)}(0)=5\cdot 6\boldsymbol{c}\times 6\boldsymbol{c}=\mathbf{0}$$

$$\boldsymbol{\Phi}^{(i)}(0)=\mathbf{0},\quad i=7,8,9,\cdots$$

上式诸式和式(9.3.23)代入式(9.3.22),得

$$\boldsymbol{\Phi}(h)=\boldsymbol{\Phi}(0)+\dot{\boldsymbol{\Phi}}(0)h+\frac{1}{2}\ddot{\boldsymbol{\Phi}}(0)h^2+\frac{1}{6}\dddot{\boldsymbol{\Phi}}(0)h^3+\frac{1}{24}\boldsymbol{\Phi}^{(4)}(0)h^4+\frac{1}{120}\boldsymbol{\Phi}^{(5)}(0)h^5$$

$$=\boldsymbol{a}h+\boldsymbol{b}h^2+\boldsymbol{c}h^3+\frac{1}{6}\boldsymbol{a}\times\boldsymbol{b}h^3+\frac{1}{4}\boldsymbol{a}\times\boldsymbol{c}h^4+\frac{1}{10}\boldsymbol{b}\times\boldsymbol{c}h^5 \tag{9.3.27}$$

为了将上式中的参数 $\boldsymbol{a}$、$\boldsymbol{b}$ 及 $\boldsymbol{c}$ 用角增量来表示,记

$$\Delta\boldsymbol{\theta}_i=\int_{\frac{i-1}{3}h}^{\frac{i}{3}h}\boldsymbol{\omega}_{nb}^{b}(t_k+\tau)\mathrm{d}\tau,\qquad i=1,2,3$$

即

$$\Delta\boldsymbol{\theta}_1=\frac{1}{3}\boldsymbol{a}h+\frac{1}{9}\boldsymbol{b}h^2+\frac{1}{27}\boldsymbol{c}h^3 \tag{1}$$

$$\Delta\boldsymbol{\theta}_2=\frac{1}{3}\boldsymbol{a}h+\frac{3}{9}\boldsymbol{b}h^2+\frac{7}{27}\boldsymbol{c}h^3 \tag{2}$$

$$\Delta\boldsymbol{\theta}_3=\frac{1}{3}\boldsymbol{a}h+\frac{5}{9}\boldsymbol{b}h^2+\frac{19}{27}\boldsymbol{c}h^3 \tag{3}$$

由式(1)+式(2)+式(3),得

$$\boldsymbol{a}h+\boldsymbol{b}h^2+\boldsymbol{c}h^3=\Delta\boldsymbol{\theta}_1+\Delta\boldsymbol{\theta}_2+\Delta\boldsymbol{\theta}_3 \tag{4}$$

式(3)−式(2)×2+式(1),得

$$\boldsymbol{c}h^3=\frac{9}{2}(\Delta\boldsymbol{\theta}_3-2\Delta\boldsymbol{\theta}_2+\Delta\boldsymbol{\theta}_1) \tag{5}$$

式(2)−式(1),并以式(5)代入之,得

$$\boldsymbol{b}h^2 = \frac{9}{2}(-\Delta\theta_3 + 3\Delta\theta_2 - 2\Delta\theta_1) \tag{6}$$

式(5)、式(6)代入式(1)，得

$$\boldsymbol{a}h = \Delta\boldsymbol{\theta}_3 - \frac{7}{2}\Delta\boldsymbol{\theta}_2 + \frac{11}{2}\Delta\boldsymbol{\theta}_1 \tag{7}$$

所以

$$\begin{aligned}\boldsymbol{a}\times\boldsymbol{b}h^3 &= \frac{9}{2}\left(\Delta\boldsymbol{\theta}_3 - \frac{7}{2}\Delta\boldsymbol{\theta}_2 + \frac{11}{2}\Delta\boldsymbol{\theta}_1\right)\times(-\Delta\boldsymbol{\theta}_3 + 3\Delta\boldsymbol{\theta}_2 - 2\Delta\boldsymbol{\theta}_1)\\ &= \frac{9}{4}(19\Delta\boldsymbol{\theta}_1\times\Delta\boldsymbol{\theta}_2 - 7\Delta\boldsymbol{\theta}_1\times\Delta\boldsymbol{\theta}_3 + \Delta\boldsymbol{\theta}_2\times\Delta\boldsymbol{\theta}_3)\end{aligned} \tag{8}$$

$$\begin{aligned}\boldsymbol{a}\times\boldsymbol{c}h^4 &= \frac{9}{2}\left(\Delta\boldsymbol{\theta}_3 - \frac{7}{2}\Delta\boldsymbol{\theta}_2 + \frac{11}{2}\Delta\boldsymbol{\theta}_1\right)\times(\Delta\boldsymbol{\theta}_3 - 2\Delta\boldsymbol{\theta}_2 + \Delta\boldsymbol{\theta}_1)\\ &= \frac{9}{4}(-15\Delta\boldsymbol{\theta}_1\times\Delta\boldsymbol{\theta}_2 + 9\Delta\boldsymbol{\theta}_1\times\Delta\boldsymbol{\theta}_3 - 3\Delta\boldsymbol{\theta}_2\times\Delta\boldsymbol{\theta}_3)\end{aligned} \tag{9}$$

$$\begin{aligned}\boldsymbol{b}\times\boldsymbol{c}h^5 &= \frac{81}{4}(-\Delta\boldsymbol{\theta}_3 + 3\Delta\boldsymbol{\theta}_2 - 2\Delta\boldsymbol{\theta}_1)\times(\Delta\boldsymbol{\theta}_3 - 2\Delta\boldsymbol{\theta}_2 + \Delta\boldsymbol{\theta}_1)\\ &= \frac{81}{4}(\Delta\boldsymbol{\theta}_1\times\Delta\boldsymbol{\theta}_2 - \Delta\boldsymbol{\theta}_1\times\Delta\boldsymbol{\theta}_3 + \Delta\boldsymbol{\theta}_2\times\Delta\boldsymbol{\theta}_3)\end{aligned} \tag{10}$$

式(4)～式(10)代入式(9.3.27)，得

$$\begin{aligned}\boldsymbol{\Phi}(h) &= \Delta\boldsymbol{\theta}_1 + \Delta\theta_2 + \Delta\boldsymbol{\theta}_3 + \frac{3}{8}(19\Delta\boldsymbol{\theta}_1\times\Delta\boldsymbol{\theta}_2 - 7\Delta\boldsymbol{\theta}_1\times\Delta\boldsymbol{\theta}_3 + \Delta\boldsymbol{\theta}_2\times\Delta\boldsymbol{\theta}_3)\\ &\quad + \frac{9}{16}(-15\Delta\boldsymbol{\theta}_1\times\Delta\boldsymbol{\theta}_2 + 9\Delta\boldsymbol{\theta}_1\times\Delta\boldsymbol{\theta}_3 - 3\Delta\boldsymbol{\theta}_2\times\Delta\boldsymbol{\theta}_3)\\ &\quad + \frac{81}{40}(\Delta\boldsymbol{\theta}_1\times\Delta\boldsymbol{\theta}_2 - \Delta\boldsymbol{\theta}_1\times\Delta\boldsymbol{\theta}_3 + \Delta\boldsymbol{\theta}_2\times\Delta\boldsymbol{\theta}_3)\\ &= \Delta\boldsymbol{\theta}_1 + \Delta\boldsymbol{\theta}_2 + \Delta\boldsymbol{\theta}_3 + \frac{33}{80}\Delta\boldsymbol{\theta}_1\times\Delta\boldsymbol{\theta}_3 + \frac{57}{80}\Delta\boldsymbol{\theta}_2\times(\Delta\boldsymbol{\theta}_3 - \Delta\boldsymbol{\theta}_1)\end{aligned} \tag{9.3.28}$$

按式(9.3.28)求解旋转矢量时，用到了$\left[t_k, t_k+\frac{h}{3}\right]$、$\left[t_k+\frac{h}{3}, t_k+\frac{2h}{3}\right]$、$\left[t_k+\frac{2h}{3}, t_{k+1}\right]$三个时间段内的角增量$\Delta\boldsymbol{\theta}_1$、$\Delta\boldsymbol{\theta}_2$、$\Delta\boldsymbol{\theta}_3$，因此称此式为旋转矢量的三子样算法。三子样算法是在对$[t_k, t_{k+1}]$时间段内的运载体角速度作抛物线假设条件下推导得的。事实上，对运载体角速度作不同的拟合假设，决定了旋转矢量计算中所采用的子样数。如果角速度用常数拟合，则对应于单子样算法；如果用直线拟合，则对应于双子样算法；如果用抛物线拟合，则对应于三子样算法；如果用三次抛物线拟合，则对应于四子样算法。以此类推。此处列出角速度不同拟合假设下的旋转矢量各子样算法，推导方法同三子样推导。

当采用常数拟合角速度时，即

$$\boldsymbol{\omega}_{nb}^b(t_k+\tau) = \boldsymbol{a}, \qquad 0\leqslant\tau\leqslant h$$

$$\boldsymbol{\Phi}(h) = \Delta\boldsymbol{\theta} \tag{9.3.29}$$

式中，$\Delta\boldsymbol{\theta}$是$[t_k, t_{k+1}]$时间段内的角增量。

当采用直线拟合角速度时，即

$$\boldsymbol{\omega}_{nb}^{b}(t_k+\tau)=\boldsymbol{a}+2\boldsymbol{b}\tau,\qquad 0\leqslant\tau\leqslant h$$

$$\boldsymbol{\Phi}(h)=\Delta\boldsymbol{\theta}_1+\Delta\boldsymbol{\theta}_2+\frac{2}{3}\Delta\boldsymbol{\theta}_1\times\Delta\boldsymbol{\theta}_2 \tag{9.3.30}$$

式中，$\Delta\boldsymbol{\theta}_1$、$\Delta\boldsymbol{\theta}_2$ 分别为$\left[t_k,t_k+\frac{h}{2}\right]$、$\left[t_k+\frac{h}{2},t_{k+1}\right]$时间段内的角增量。

当采用抛物线拟合角速度时，即

$$\boldsymbol{\omega}_{nb}^{b}(t_k+\tau)=\boldsymbol{a}+2\boldsymbol{b}\tau+3\boldsymbol{c}\tau^2,\quad 0\leqslant\tau\leqslant h$$

$$\boldsymbol{\Phi}(h)=\Delta\boldsymbol{\theta}_1+\Delta\boldsymbol{\theta}_2+\Delta\boldsymbol{\theta}_3+\frac{33}{80}\Delta\boldsymbol{\theta}_1\times\Delta\boldsymbol{\theta}_3+\frac{57}{80}\Delta\boldsymbol{\theta}_2\times(\Delta\boldsymbol{\theta}_3-\Delta\boldsymbol{\theta}_1)$$

式中，$\Delta\boldsymbol{\theta}_1$、$\Delta\boldsymbol{\theta}_2$、$\Delta\boldsymbol{\theta}_3$ 分别为$\left[t_k,t_k+\frac{h}{3}\right]$、$\left[t_k+\frac{h}{3},t_k+\frac{2h}{3}\right]$、$\left[t_k+\frac{2h}{3},t_{k+1}\right]$时间段内的角增量。

当采用三次抛物线拟合角速度时，即

$$\boldsymbol{\omega}_{nb}^{b}(t_k+\tau)=\boldsymbol{a}+2\boldsymbol{b}\tau+3\boldsymbol{c}\tau^2+4\boldsymbol{d}\tau^3,\qquad 0\leqslant\tau\leqslant h$$

$$\begin{aligned}\boldsymbol{\Phi}(h)=&\Delta\boldsymbol{\theta}_1+\Delta\boldsymbol{\theta}_2+\Delta\boldsymbol{\theta}_3+\Delta\boldsymbol{\theta}_4+\frac{736}{945}(\Delta\boldsymbol{\theta}_1\times\Delta\boldsymbol{\theta}_2+\Delta\boldsymbol{\theta}_3\times\Delta\boldsymbol{\theta}_4)\\&+\frac{334}{945}(\Delta\boldsymbol{\theta}_1\times\Delta\boldsymbol{\theta}_3+\Delta\boldsymbol{\theta}_2\times\Delta\boldsymbol{\theta}_4)+\frac{526}{945}\Delta\boldsymbol{\theta}_1\times\Delta\boldsymbol{\theta}_4+\frac{654}{945}\Delta\boldsymbol{\theta}_2\times\Delta\boldsymbol{\theta}_3\end{aligned} \tag{9.3.31}$$

由于运载体的角运动具有很大的任意性，角速度的变化是十分复杂的，在姿态更新周期内用某一曲线来拟合角速度，这种方法本身就是近似的。运载体的角运动机动越激烈，用于拟合的曲线的阶次应该越高，这样才能较真实地反映运载体的角运动。因此，高子样算法的精度优于低子样算法的精度，但高子样算法的计算量比低子样算法的计算量大。在选择子样数时，应权衡利弊，综合考虑精度要求和计算量之间的兼顾。

事实上，四元数的毕卡算法实质上就是旋转矢量的单子样算法，原因分析如下。

记 t_{k+1} 和 t_k 时刻的姿态四元数分别为

$$\boldsymbol{Q}(t_{k+1})=\begin{bmatrix}q_0(t_{k+1})\\q_1(t_{k+1})\\q_2(t_{k+1})\\q_3(t_{k+1})\end{bmatrix},\qquad \boldsymbol{Q}(t_k)=\begin{bmatrix}q_0(t_k)\\q_1(t_k)\\q_2(t_k)\\q_3(t_k)\end{bmatrix}$$

根据式(9.2.52)，四元数更新的毕卡算法为

$$\boldsymbol{Q}(t_{k+1})=\left(\boldsymbol{I}\cos\frac{\Delta\theta}{2}+\Delta\boldsymbol{\Theta}\frac{\sin\frac{\Delta\theta}{2}}{\Delta\theta}\right)\boldsymbol{Q}(t_k)$$

即

$$
\begin{bmatrix} q_0(t_{k+1}) \\ q_1(t_{k+1}) \\ q_2(t_{k+1}) \\ q_3(t_{k+1}) \end{bmatrix} = \begin{bmatrix} \cos\frac{\Delta\theta}{2} & -\frac{\Delta\theta_x}{\Delta\theta}\sin\frac{\Delta\theta}{2} & -\frac{\Delta\theta_y}{\Delta\theta}\sin\frac{\Delta\theta}{2} & -\frac{\Delta\theta_z}{\Delta\theta}\sin\frac{\Delta\theta}{2} \\ \frac{\Delta\theta_x}{\Delta\theta}\sin\frac{\Delta\theta}{2} & \cos\frac{\Delta\theta}{2} & \frac{\Delta\theta_z}{\Delta\theta}\sin\frac{\Delta\theta}{2} & -\frac{\Delta\theta_y}{\Delta\theta}\sin\frac{\Delta\theta}{2} \\ \frac{\Delta\theta_y}{\Delta\theta}\sin\frac{\Delta\theta}{2} & -\frac{\Delta\theta_z}{\Delta\theta}\sin\frac{\Delta\theta}{2} & \cos\frac{\Delta\theta}{2} & \frac{\Delta\theta_x}{\Delta\theta}\sin\frac{\Delta\theta}{2} \\ \frac{\Delta\theta_z}{\Delta\theta}\sin\frac{\Delta\theta}{2} & \frac{\Delta\theta_y}{\Delta\theta}\sin\frac{\Delta\theta}{2} & -\frac{\Delta\theta_x}{\Delta\theta}\sin\frac{\Delta\theta}{2} & \cos\frac{\Delta\theta}{2} \end{bmatrix} \begin{bmatrix} q_0(t_k) \\ q_1(t_k) \\ q_2(t_k) \\ q_3(t_k) \end{bmatrix} \tag{9.3.32}
$$

式中，$\Delta\theta_x$、$\Delta\theta_y$、$\Delta\theta_z$是x、y、z陀螺在$[t_k,t_{k+1}]$时间段内的角增量输出

$$
\Delta\theta = \sqrt{\Delta\theta_x^2 + \Delta\theta_y^2 + \Delta\theta_z^2}
$$

根据式(9.3.29)，单子样旋转矢量为

$$
\boldsymbol{\Phi}(h) = \Delta\boldsymbol{\theta}
$$

式中，$\Delta\boldsymbol{\theta}$是$[t_k,t_{k+1}]$时间段内的角增量向量。记$x$、$y$、$z$陀螺在$[t_k,t_{k+1}]$时间段内的角增量输出为$\Delta\theta_x$、$\Delta\theta_y$、$\Delta\theta_z$，则

$$
\boldsymbol{\Phi}(h) = \Delta\boldsymbol{\theta} = \begin{bmatrix} \Delta\theta_x \\ \Delta\theta_y \\ \Delta\theta_z \end{bmatrix}
$$

记$\Delta\theta=\sqrt{\Delta\theta_x^2+\Delta\theta_y^2+\Delta\theta_z^2}$，则$\Phi=|\boldsymbol{\Phi}(h)|=\Delta\theta$，由旋转矢量$\boldsymbol{\Phi}(h)$构造的姿态变化四元数为

$$
\boldsymbol{q}(h) = \cos\frac{\Phi}{2} + \frac{\boldsymbol{\Phi}(h)}{\Phi}\sin\frac{\Phi}{2}
$$

即

$$
\boldsymbol{q}(h) = \begin{bmatrix} \cos\frac{\Delta\theta}{2} \\ \frac{\Delta\theta_x}{\Delta\theta}\sin\frac{\Delta\theta}{2} \\ \frac{\Delta\theta_y}{\Delta\theta}\sin\frac{\Delta\theta}{2} \\ \frac{\Delta\theta_z}{\Delta\theta}\sin\frac{\Delta\theta}{2} \end{bmatrix}
$$

根据式(9.3.3)

$$
\boldsymbol{Q}(t_{k+1}) = \boldsymbol{Q}(t_k) \otimes \boldsymbol{q}(h) = \boldsymbol{M}'[\boldsymbol{q}(h)]\boldsymbol{Q}(t_k)
$$

即

$$
\begin{bmatrix} q_0(t_{k+1}) \\ q_1(t_{k+1}) \\ q_2(t_{k+1}) \\ q_3(t_{k+1}) \end{bmatrix} = \begin{bmatrix} \cos\frac{\Delta\theta}{2} & -\frac{\Delta\theta_x}{\Delta\theta}\sin\frac{\Delta\theta}{2} & -\frac{\Delta\theta_y}{\Delta\theta}\sin\frac{\Delta\theta}{2} & -\frac{\Delta\theta_z}{\Delta\theta}\sin\frac{\Delta\theta}{2} \\ \frac{\Delta\theta_x}{\Delta\theta}\sin\frac{\Delta\theta}{2} & \cos\frac{\Delta\theta}{2} & \frac{\Delta\theta_z}{\Delta\theta}\sin\frac{\Delta\theta}{2} & -\frac{\Delta\theta_y}{\Delta\theta}\sin\frac{\Delta\theta}{2} \\ \frac{\Delta\theta_y}{\Delta\theta}\sin\frac{\Delta\theta}{2} & -\frac{\Delta\theta_z}{\Delta\theta}\sin\frac{\Delta\theta}{2} & \cos\frac{\Delta\theta}{2} & \frac{\Delta\theta_x}{\Delta\theta}\sin\frac{\Delta\theta}{2} \\ \frac{\Delta\theta_z}{\Delta\theta}\sin\frac{\Delta\theta}{2} & \frac{\Delta\theta_y}{\Delta\theta}\sin\frac{\Delta\theta}{2} & -\frac{\Delta\theta_x}{\Delta\theta}\sin\frac{\Delta\theta}{2} & \cos\frac{\Delta\theta}{2} \end{bmatrix} \begin{bmatrix} q_0(t_k) \\ q_1(t_k) \\ q_2(t_k) \\ q_3(t_k) \end{bmatrix} \tag{9.3.33}
$$

比较式(9.3.32)和式(9.3.33),可见四元数更新的毕卡算法实质上就是旋转矢量的单子样算法。而旋转矢量算法的子样数越少,高动态角运动条件下的姿态计算精度就越差,因此,四元数更新的毕卡算法只适用于角运动接近不变的低动态工作环境,而对高动态角运动环境并不适用。

9.4 锥运动环境下旋转矢量算法的优化

式(9.3.29)、式(9.3.30)、式(9.3.28)及式(9.3.31)是将运载体角速度分别假设为常值、直线、抛物线及三次抛物线的前提下相应旋转矢量的计算公式,而运载体角速度并非真如假设的那样,各公式中所确定出的系数并不能确保算法漂移最小。对捷联惯导姿态更新来说,锥运动是最恶劣的工作环境条件,它会诱发数学平台的严重漂移,所以对旋转矢量算法作优化处理时常以锥运动作为环境条件(Savage P G,1998;Musoff H et al.;1995;Jian Y E et al.,1992;Lee J G et al.,1990;Miller R B,1983)。这就是说,如果能确保锥运动环境条件下的算法漂移最小,就一定能确保在其余环境条件下的算法漂移最小。

9.4.1 锥运动及四元数描述

设运载体绕其平衡位置做微幅角振动。记 $o\text{-}xyz$ 为运载体的瞬时机体坐标系 b,$o\text{-}XYZ$ 为参考坐标系 R,即运载体处于平衡位置时刻的机体坐标系。oL 为 YoZ 平面内的一条射线,假想在 oL 的 o 点焊上一个轴套后形成一个手柄,假设初始时刻 b 系与 R 系重合,轴套空套在 ox 轴上。如果该手柄绕 oL 轴转过 a 角,并且 oL 在 YoZ 平面内以 ω 角速度旋转,则 $o\text{-}xyz$ 坐标系偏离开 $o\text{-}XYZ$ 坐标系,且 ox 轴位于顶点为 o 半锥角为 a 的圆锥面上,oy 轴和 oz 轴分别在其平衡位置 oY 轴和 oZ 轴附近做微幅摆动。由于 ox 轴的轨迹是圆锥,所以将运载体的这种角运动称为圆锥运动,简称锥运动。

根据欧拉原理,$o\text{-}xyz$ 坐标系可以看作由 $o\text{-}XYZ$ 坐标系经过绕 oL 轴旋转 a 角形成,该等效旋转的旋转方向沿 oL 方向,转过角度为 a。根据式(9.2.32)关于等效旋转四元数的定义,表征 $o\text{-}XYZ$ 坐标系至 $o\text{-}xyz$ 坐标系的旋转四元数为

$$\boldsymbol{Q}(t)=\cos\frac{a}{2}+\boldsymbol{u}_L^R(t)\sin\frac{a}{2}$$

式中,$\boldsymbol{u}_L(t)$ 为 oL 方向的单位向量,由图 9.4.1 得

$$\boldsymbol{u}_L^R(t)=\begin{bmatrix}0\\ \cos\omega t\\ \sin\omega t\end{bmatrix}$$

所以

$$\boldsymbol{Q}(t)=\begin{bmatrix}\cos\dfrac{a}{2}\\ 0\\ \sin\dfrac{a}{2}\cos\omega t\\ \sin\dfrac{a}{2}\sin\omega t\end{bmatrix}\tag{9.4.1}$$

显然 $\boldsymbol{Q}(t)$ 是规范化四元数。

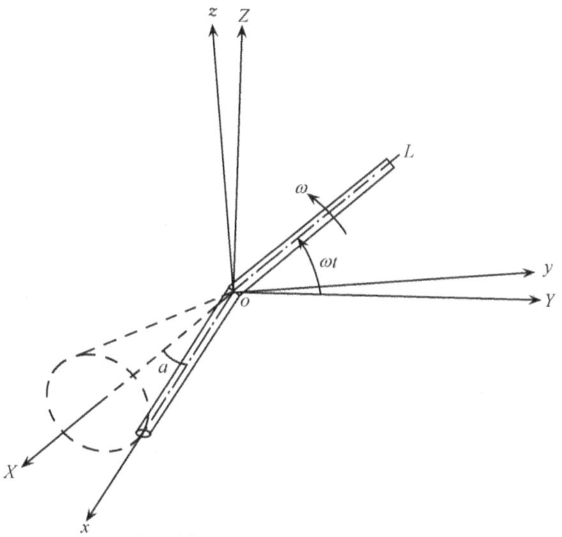

图 9.4.1　锥运动

设由 t 时刻至 $t+h$ 时刻对应于 $o\text{-}xyz$ 坐标系旋转的四元数为 $\boldsymbol{q}(h)$，根据式(9.3.3)，t 时刻和 $t+h$ 时刻 $o\text{-}XYZ$ 坐标系至 $o\text{-}xyz$ 坐标系的旋转四元数之间有如下关系：

$$\boldsymbol{Q}(t+h)=\boldsymbol{Q}(t)\otimes\boldsymbol{q}(h)$$

即

$$\boldsymbol{q}(h)=\boldsymbol{Q}(t)^{*}\otimes\boldsymbol{Q}(t+h)=\boldsymbol{M}[\boldsymbol{Q}(t)^{*}]\boldsymbol{Q}(t+h)$$

$$\boldsymbol{q}(h)=\begin{bmatrix}q_0\\q_1\\q_2\\q_3\end{bmatrix}=\begin{bmatrix}\cos\frac{a}{2} & 0 & \sin\frac{a}{2}\cos\omega t & \sin\frac{a}{2}\sin\omega t\\ 0 & \cos\frac{a}{2} & \sin\frac{a}{2}\sin\omega t & -\sin\frac{a}{2}\cos\omega t\\ -\sin\frac{a}{2}\cos\omega t & -\sin\frac{a}{2}\sin\omega t & \cos\frac{a}{2} & 0\\ -\sin\frac{a}{2}\sin\omega t & \sin\frac{a}{2}\cos\omega t & 0 & \cos\frac{a}{2}\end{bmatrix}$$

$$\times\begin{bmatrix}\cos\frac{a}{2}\\0\\\sin\frac{a}{2}\cos\omega(t+h)\\\sin\frac{a}{2}\sin\omega(t+h)\end{bmatrix}$$

$$
=\begin{bmatrix}
\cos^2\frac{a}{2}+\sin^2\frac{a}{2}\cos\omega t\cos\omega(t+h)+\sin^2\frac{a}{2}\sin\omega t\sin\omega(t+h) \\
\sin^2\frac{a}{2}\sin\omega t\cos\omega(t+h)-\sin^2\frac{a}{2}\cos\omega t\sin\omega(t+h) \\
-\sin\frac{a}{2}\cos\frac{a}{2}\cos\omega t+\cos\frac{a}{2}\sin\frac{a}{2}\cos\omega(t+h) \\
-\sin\frac{a}{2}\cos\frac{a}{2}\sin\omega t+\sin\frac{a}{2}\cos\frac{a}{2}\sin\omega(t+h)
\end{bmatrix}
$$

$$
=\begin{bmatrix}
\cos^2\frac{a}{2}+\sin^2\frac{a}{2}\cos\omega h \\
-\sin^2\frac{a}{2}\sin\omega h \\
\frac{1}{2}\sin a[\cos\omega(t+h)-\cos\omega t] \\
\frac{1}{2}\sin a[\sin\omega(t+h)-\sin\omega t]
\end{bmatrix}=\begin{bmatrix}
1-2\left(\sin\frac{a}{2}\sin\frac{\omega h}{2}\right)^2 \\
-\sin^2\frac{a}{2}\sin\omega h \\
-\sin a\sin\omega\left(t+\frac{h}{2}\right)\sin\frac{\omega h}{2} \\
\sin a\cos\omega\left(t+\frac{h}{2}\right)\sin\frac{\omega h}{2}
\end{bmatrix}\tag{9.4.2}
$$

上式推导中应用了三角函数的和差化积公式。

9.4.2 锥运动对应的角速度

根据四元数微分方程式(9.2.47)

$$
\dot{\boldsymbol{Q}}(t)=\frac{1}{2}\boldsymbol{Q}(t)\otimes\boldsymbol{\omega}(t)\tag{9.4.3}
$$

式中，$\boldsymbol{\omega}(t)$是$\boldsymbol{\omega}^b(t)$构造的零标量四元数，记

$$
\boldsymbol{\omega}(t)=\begin{bmatrix}0\\ \omega_x\\ \omega_y\\ \omega_z\end{bmatrix}
$$

用$\boldsymbol{Q}^*(t)$对式(9.4.3)两边作四元数左乘

$$
\boldsymbol{\omega}(t)=2\boldsymbol{Q}^*(t)\otimes\dot{\boldsymbol{Q}}(t)=2\boldsymbol{M}[\boldsymbol{Q}^*(t)]\dot{\boldsymbol{Q}}(t)
$$

即

$$
\begin{bmatrix}0\\ \omega_x\\ \omega_y\\ \omega_z\end{bmatrix}=2\begin{bmatrix}
\cos\frac{a}{2} & 0 & \sin\frac{a}{2}\cos\omega t & \sin\frac{a}{2}\sin\omega t \\
0 & \cos\frac{a}{2} & \sin\frac{a}{2}\sin\omega t & -\sin\frac{a}{2}\cos\omega t \\
-\sin\frac{a}{2}\cos\omega t & -\sin\frac{a}{2}\sin\omega t & \cos\frac{a}{2} & 0 \\
-\sin\frac{a}{2}\sin\omega t & \sin\frac{a}{2}\cos\omega t & 0 & \cos\frac{a}{2}
\end{bmatrix}
$$

$$\times\begin{bmatrix}0\\0\\-\omega\sin\dfrac{a}{2}\sin\omega t\\ \omega\sin\dfrac{a}{2}\cos\omega t\end{bmatrix}=\begin{bmatrix}0\\-2\omega\sin^2\dfrac{a}{2}\\-\omega\sin a\sin\omega t\\ \omega\sin a\cos\omega t\end{bmatrix}$$

所以,在图 9.4.1 所示锥运动情况下,机体坐标系 b 相对参考坐标系 R 的角速度为

$$\boldsymbol{\omega}^b(t)=\begin{bmatrix}-2\omega\sin^2\dfrac{a}{2}\\-\omega\sin a\sin\omega t\\ \omega\sin a\cos\omega t\end{bmatrix} \tag{9.4.4}$$

9.4.3　锥运动环境下等效旋转矢量的三子样解

设 $\Delta\boldsymbol{\theta}_1$、$\Delta\boldsymbol{\theta}_2$、$\Delta\boldsymbol{\theta}_3$ 为姿态更新周期 h 的三等分时间间隔内陀螺的角增量输出:

$$\Delta\boldsymbol{\theta}_i=\int_{t+\frac{i-1}{3}h}^{t+\frac{i}{3}h}\boldsymbol{\omega}^b(\tau)\mathrm{d}\tau,\qquad i=1,2,3$$

根据式(9.4.4)

$$\Delta\boldsymbol{\theta}_i=\begin{bmatrix}-\dfrac{2}{3}\omega h\sin^2\dfrac{a}{2}\\-2\sin a\sin\dfrac{\omega h}{6}\sin\omega\left(t+\dfrac{2i-1}{6}h\right)\\2\sin a\sin\dfrac{\omega h}{6}\cos\omega\left(t+\dfrac{2i-1}{6}h\right)\end{bmatrix},\qquad i=1,2,3 \tag{9.4.5}$$

记

$$E=\frac{2}{3}\omega h\sin^2\frac{a}{2} \tag{9.4.6a}$$

$$F=2\sin a\sin\frac{\omega h}{6} \tag{9.4.6b}$$

则由式(9.4.5),得

$$\begin{cases}\Delta\theta_{1x}=-E\\ \Delta\theta_{1y}=-F\sin\omega\left(t+\dfrac{h}{6}\right)\\ \Delta\theta_{1z}=F\cos\omega\left(t+\dfrac{h}{6}\right)\end{cases} \tag{9.4.7a}$$

$$\begin{cases}\Delta\theta_{2x}=-E\\ \Delta\theta_{2y}=-F\sin\omega\left(t+\dfrac{h}{2}\right)\\ \Delta\theta_{2z}=F\cos\omega\left(t+\dfrac{h}{2}\right)\end{cases} \tag{9.4.7b}$$

$$\begin{cases}\Delta\theta_{3x}=-E\\ \Delta\theta_{3y}=-F\sin\omega\left(t+\dfrac{5h}{6}\right)\\ \Delta\theta_{3z}=F\cos\omega\left(t+\dfrac{5h}{6}\right)\end{cases} \tag{9.4.7c}$$

根据式(9.3.28)

$$\boldsymbol{\Phi}(h)=\Delta\boldsymbol{\theta}_1+\Delta\boldsymbol{\theta}_2+\Delta\boldsymbol{\theta}_3+k_1\Delta\boldsymbol{\theta}_1\times\Delta\boldsymbol{\theta}_3+k_2\Delta\boldsymbol{\theta}_2\times(\Delta\boldsymbol{\theta}_3-\Delta\boldsymbol{\theta}_1) \tag{9.4.8}$$

式中,k_1 和 k_2 为待定的优化系数,优化的标准是锥运动环境下的算法漂移为最小。显然 k_1 和 k_2 有别于式(9.3.28)所取的系数。

对式(9.4.8)按分量形式展开

$$\begin{bmatrix}\Phi_x\\ \Phi_y\\ \Phi_z\end{bmatrix}=\begin{bmatrix}\Delta\theta_{1x}+\Delta\theta_{2x}+\Delta\theta_{3x}\\ \Delta\theta_{1y}+\Delta\theta_{2y}+\Delta\theta_{3y}\\ \Delta\theta_{1z}+\Delta\theta_{2z}+\Delta\theta_{3z}\end{bmatrix}+k_1\begin{bmatrix}0&-\Delta\theta_{1z}&\Delta\theta_{1y}\\ \Delta\theta_{1z}&0&-\Delta\theta_{1x}\\ -\Delta\theta_{1y}&\Delta\theta_{1x}&0\end{bmatrix}\begin{bmatrix}\Delta\theta_{3x}\\ \Delta\theta_{3y}\\ \Delta\theta_{3z}\end{bmatrix}$$
$$+k_2\begin{bmatrix}0&-\Delta\theta_{2z}&\Delta\theta_{2y}\\ \Delta\theta_{2z}&0&-\Delta\theta_{2x}\\ -\Delta\theta_{2y}&\Delta\theta_{2x}&0\end{bmatrix}\begin{bmatrix}\Delta\theta_{3x}-\Delta\theta_{1x}\\ \Delta\theta_{3y}-\Delta\theta_{1y}\\ \Delta\theta_{3z}-\Delta\theta_{1z}\end{bmatrix}$$

将式(9.4.7)代入上式,得

$$\begin{aligned}\Phi_x=&-3E+k_1\left[F^2\cos\omega\left(t+\frac{h}{6}\right)\sin\omega\left(t+\frac{5h}{6}\right)-F^2\sin\omega\left(t+\frac{h}{6}\right)\cos\omega\left(t+\frac{5h}{6}\right)\right]\\&+k_2\left\{-F\sin\omega\left(t+\frac{h}{2}\right)\left[F\cos\omega\left(t+\frac{5h}{6}\right)-F\cos\omega\left(t+\frac{h}{6}\right)\right]\right.\\&\left.-F\cos\omega\left(t+\frac{h}{2}\right)\left[-F\sin\omega\left(t+\frac{5h}{6}\right)+F\sin\omega\left(t+\frac{h}{6}\right)\right]\right\}\\=&-3E+k_1F^2\sin\frac{2\omega h}{3}-k_2F^2\left\{\sin\omega\left(t+\frac{h}{2}\right)\left[-2\sin\omega\left(t+\frac{h}{2}\right)\sin\frac{\omega h}{3}\right]\right.\\&\left.-\cos\omega\left(t+\frac{h}{2}\right)\cdot 2\cos\omega\left(t+\frac{h}{2}\right)\sin\frac{\omega h}{3}\right\}\\=&-3E+k_1F^2\sin\frac{2\omega h}{3}+2k_2F^2\sin\frac{\omega h}{3}\end{aligned} \tag{9.4.9a}$$

$$\begin{aligned}\Phi_y=&-F\left[\sin\omega\left(t+\frac{h}{6}\right)+\sin\omega\left(t+\frac{h}{2}\right)+\sin\omega\left(t+\frac{5h}{6}\right)\right]\\&+k_1\left[F\cos\omega\left(t+\frac{h}{6}\right)\cdot(-E)+EF\cos\omega\left(t+\frac{5h}{6}\right)\right]\\&+k_2\left\{-F\cos\omega\left(t+\frac{h}{2}\right)[-E-(-E)]\right.\\&\left.-(-E)\times\left[F\cos\omega\left(t+\frac{5h}{6}\right)-F\cos\omega\left(t+\frac{h}{6}\right)\right]\right\}\\=&-F\left[\left(\cos\frac{\omega h}{6}+\cos\frac{\omega h}{2}+\cos\frac{5\omega h}{6}\right)\sin\omega t+\left(\sin\frac{\omega h}{6}+\sin\frac{\omega h}{2}+\sin\frac{5\omega h}{6}\right)\cos\omega t\right]\\&+k_1EF\left[\cos\omega\left(t+\frac{5h}{6}\right)-\cos\omega\left(t+\frac{h}{6}\right)\right]+k_2EF\left[\cos\omega\left(t+\frac{5h}{6}\right)-\cos\omega\left(t+\frac{h}{6}\right)\right]\\=&-F\left[\left(\cos\frac{\omega h}{6}+\cos\frac{\omega h}{2}+\cos\frac{5\omega h}{6}\right)\sin\omega t+\left(\sin\frac{\omega h}{6}+\sin\frac{\omega h}{2}+\sin\frac{5\omega h}{6}\right)\cos\omega t\right]\\&-2EF(k_1+k_2)\sin\frac{\omega h}{3}\sin\omega\left(t+\frac{h}{2}\right)\end{aligned} \tag{9.4.9b}$$

$$
\begin{aligned}
\Phi_z &= F\left[\cos\omega\left(t+\frac{h}{6}\right)+\cos\omega\left(t+\frac{h}{2}\right)+\cos\omega\left(t+\frac{5h}{6}\right)\right]+k_1\left[EF\sin\omega\left(t+\frac{5h}{6}\right)\right.\\
&\quad\left.-EF\sin\omega\left(t+\frac{h}{6}\right)\right]+k_2\left\{-E\left[F\sin\omega\left(t+\frac{h}{6}\right)-F\sin\omega\left(t+\frac{5h}{6}\right)\right]\right.\\
&\quad\left.+F\sin\omega\left(t+\frac{h}{2}\right)[-E-(-E)]\right\}\\
&= F\left[\left(\cos\frac{\omega h}{6}+\cos\frac{\omega h}{2}+\cos\frac{5\omega h}{6}\right)\cos\omega t-\left(\sin\frac{\omega h}{6}+\sin\frac{\omega h}{2}+\sin\frac{5\omega h}{6}\right)\sin\omega t\right]\\
&\quad+k_1EF\left[2\cos\omega\left(t+\frac{h}{2}\right)\sin\frac{\omega h}{3}\right]+k_2EF\left[2\cos\omega\left(t+\frac{h}{2}\right)\sin\frac{\omega h}{3}\right]\\
&= F\left(\cos\frac{\omega h}{6}+\cos\frac{\omega h}{2}+\cos\frac{5\omega h}{6}\right)\cos\omega t-F\left(\sin\frac{\omega h}{6}+\sin\frac{\omega h}{2}+\sin\frac{5\omega h}{6}\right)\sin\omega t\\
&\quad+2EF(k_1+k_2)\sin\frac{\omega h}{3}\cos\omega\left(t+\frac{h}{2}\right)
\end{aligned}
\tag{9.4.9c}
$$

9.4.4　锥运动环境下等效旋转矢量三子样解的算法漂移及优化算法

设 t 时刻至 $t+h$ 时刻的机体坐标系分别为 $b(t)$ 和 $b(t+h)$，表征 $b(t)$ 至 $b(t+h)$ 的旋转四元数为 $\boldsymbol{q}(h)$，它由式(9.4.2)所示解析解关系正确确定。而实际计算得的旋转四元数为 $\hat{\boldsymbol{q}}(h)$，它由式(9.4.8)确定出旋转矢量 $\boldsymbol{\Phi}(h)$ 后，按下式确定

$$
\hat{\boldsymbol{q}}(h)=\cos\frac{\Phi}{2}+\frac{\boldsymbol{\Phi}}{\Phi}\sin\frac{\Phi}{2}
$$

式中，$\Phi=|\boldsymbol{\Phi}|$。由于算法误差，$\hat{\boldsymbol{q}}(h)$ 和 $\boldsymbol{q}(h)$ 并不完全一样。

记由 $\hat{\boldsymbol{q}}(h)$ 确定的 $t+h$ 时刻的机体坐标系为 $b'(t+h)$，显然 $b'(t+h)$ 和 $b(t+h)$ 两坐标系不一定会重合。假设 $b(t+h)$ 坐标系至 $b'(t+h)$ 坐标系的旋转四元数为 $\tilde{\boldsymbol{q}}(h)$，显然 $\tilde{\boldsymbol{q}}(h)$ 就是误差四元数。根据式(9.3.3)及其解释，自 $b(t)$ 至 $b(t+h)$，再自 $b(t+h)$ 至 $b'(t+h)$ 的两次等效旋转与 $b(t)$ 至 $b'(t+h)$ 的一次等效旋转等效，且

$$
\hat{\boldsymbol{q}}(h)=\boldsymbol{q}(h)\otimes\tilde{\boldsymbol{q}}(h)
$$

所以有

$$
\tilde{\boldsymbol{q}}(h)=\boldsymbol{q}^*(h)\otimes\hat{\boldsymbol{q}}(h)=\boldsymbol{M}[\boldsymbol{q}^*(h)]\hat{\boldsymbol{q}}(h)
$$

即

$$
\begin{bmatrix}\tilde{q}_0\\ \tilde{q}_1\\ \tilde{q}_2\\ \tilde{q}_3\end{bmatrix}=
\begin{bmatrix}q_0 & q_1 & q_2 & q_3\\ -q_1 & q_0 & q_3 & -q_2\\ -q_2 & -q_3 & q_0 & q_1\\ -q_3 & q_2 & -q_1 & q_0\end{bmatrix}
\begin{bmatrix}\cos\dfrac{\Phi}{2}\\ \dfrac{\Phi_x}{\Phi}\sin\dfrac{\Phi}{2}\\ \dfrac{\Phi_y}{\Phi}\sin\dfrac{\Phi}{2}\\ \dfrac{\Phi_z}{\Phi}\sin\dfrac{\Phi}{2}\end{bmatrix}
$$

为了尽量减小不可交换误差，姿态更新周期 h 一般都取得很小，以确保 Φ 为微小角，所以 $\cos\frac{\Phi}{2}\approx1$，$\sin\frac{\Phi}{2}\approx\frac{\Phi}{2}$。这样，上式可写成

$$
\begin{bmatrix} \tilde{q}_0 \\ \tilde{q}_1 \\ \tilde{q}_2 \\ \tilde{q}_3 \end{bmatrix} = \begin{bmatrix} q_0 + \frac{1}{2}(q_1\Phi_x + q_2\Phi_y + q_3\Phi_z) \\ -q_1 + \frac{1}{2}(q_0\Phi_x + q_3\Phi_y - q_2\Phi_z) \\ -q_2 + \frac{1}{2}(-q_3\Phi_x + q_0\Phi_y + q_1\Phi_z) \\ -q_3 + \frac{1}{2}(q_2\Phi_x - q_1\Phi_y + q_0\Phi_z) \end{bmatrix} \tag{9.4.10}
$$

观察式(9.4.2)和式(9.4.9)知$\tilde{q}_2$ 和$\tilde{q}_3$ 都是与锥运动同频率的交变量，仅$\tilde{q}_0$ 和$\tilde{q}_1$ 存在直流量

$$
\bar{q}_0 = q_0 = 1 - 2\left(\sin\frac{a}{2}\sin\frac{\omega h}{2}\right)^2, \quad \bar{q}_1 = -q_1 + \frac{1}{2}q_0\Phi_x
$$

考察 $q_0 = 1 - 2\left(\sin\frac{a}{2}\sin\frac{\omega h}{2}\right)^2$，其中第二项是远小于 1 的高阶小量，与 1 相比可以略去不计，所以

$$
\begin{aligned} \bar{q}_0 &= 1 \\ \bar{q}_1 &= -q_1 + \frac{1}{2}\Phi_x \end{aligned} \tag{9.4.11}
$$

设误差四元数$\tilde{\boldsymbol{q}}(h)$对应的误差旋转矢量为$\boldsymbol{\Phi}_e$，则$\tilde{\boldsymbol{q}}(h)$又可表达成

$$
\tilde{\boldsymbol{q}}(h) = \cos\frac{\Phi_e}{2} + \frac{\boldsymbol{\Phi}_e}{\Phi_e}\sin\frac{\Phi_e}{2} \tag{9.4.12}
$$

比较式(9.4.10)和式(9.4.12)的矢量部分，得

$$
\frac{\boldsymbol{\Phi}_e}{\Phi_e}\sin\frac{\Phi_e}{2} = \tilde{q}_1\boldsymbol{i} + \tilde{q}_2\boldsymbol{j} + \tilde{q}_3\boldsymbol{k}
$$

而 $\Phi_e = |\boldsymbol{\Phi}_e|$ 为小量，上式又可写成

$$
\frac{1}{2}\boldsymbol{\Phi}_e = \tilde{q}_1\boldsymbol{i} + \tilde{q}_2\boldsymbol{j} + \tilde{q}_3\boldsymbol{k}
$$

对上式求模

$$
\Phi_e = |\boldsymbol{\Phi}_e| = 2\sqrt{\tilde{q}_1^2 + \tilde{q}_2^2 + \tilde{q}_3^2}
$$

仅考虑上式中的直流分量时，由式(9.4.11)，得

$$
\bar{\Phi}_e = 2|\bar{q}_1| = |2q_1 - \Phi_x| \tag{9.4.13}
$$

式(9.4.9a)和式(9.4.2)代入上式，得

$$
\bar{\Phi}_e = \left|-2\sin^2\frac{a}{2}\sin\omega h + 3E - k_1F^2\sin\frac{2\omega h}{3} - 2k_2F^2\sin\frac{\omega h}{3}\right|
$$

式中，E 和 F 由式(9.4.6)给定。由于半锥角 a 为小角，$\sin a \approx a$，$\sin\frac{a}{2} \approx \frac{a}{2}$，所以

$$
\begin{aligned} \bar{\Phi}_e &= \left|-2\sin^2\frac{a}{2}\sin\omega h + 2\omega h\sin^2\frac{a}{2} - 4k_1\sin^2 a\sin^2\frac{\omega h}{6}\sin\frac{2\omega h}{3} - 8k_2\sin^2 a\sin^2\frac{\omega h}{6}\sin\frac{\omega h}{3}\right| \\ &= \left|-\frac{a^2}{2}\sin\omega h + \frac{a^2}{2}\omega h - 2k_1a^2\sin\frac{2\omega h}{3}\left(1 - \cos\frac{\omega h}{3}\right) - 4k_2a^2\sin\frac{\omega h}{3}\left(1 - \cos\frac{\omega h}{3}\right)\right| \end{aligned}
$$

$$= a^2\left|-\frac{1}{2}\sin\omega h+\frac{1}{2}\omega h-2k_1\sin\frac{2\omega h}{3}+2k_1\cdot\frac{1}{2}\left(\sin\omega h+\sin\frac{\omega h}{3}\right)-4k_2\sin\frac{\omega h}{3}+2k_2\sin\frac{2\omega h}{3}\right|$$

$$= a^2\left|\frac{1}{2}\omega h+\left(k_1-\frac{1}{2}\right)\sin\omega h+(k_1-4k_2)\sin\frac{\omega h}{3}+2(k_2-k_1)\sin\frac{2\omega h}{3}\right|$$

对上式中的三角函数作泰勒级数展开，并作同类项合并

$$\begin{aligned}\overline{\Phi}_e=a^2\bigg|&\omega h\left[\frac{1}{2}+\left(k_1-\frac{1}{2}\right)+(k_1-4k_2)\cdot\frac{1}{3}+2(k_2-k_1)\cdot\frac{2}{3}\right]\\&-(\omega h)^3\left[\left(k_1-\frac{1}{2}\right)\left(-\frac{1}{3!}\right)+(k_1-4k_2)\left(-\frac{1}{3!}\right)\right.\\&\left.\times\frac{1}{27}+2(k_2-k_1)\left(-\frac{1}{3!}\right)\cdot\frac{8}{27}\right]+(\omega h)^5\left[\left(k_1-\frac{1}{2}\right)\frac{1}{5!}+(k_1-4k_2)\frac{1}{5!}\cdot\frac{1}{243}\right.\\&\left.+2(k_2-k_1)\frac{1}{5!}\cdot\frac{32}{243}\right]+(\omega h)^7\left[\left(k_1-\frac{1}{2}\right)\left(-\frac{1}{7!}\right)+(k_1-4k_2)\left(-\frac{1}{7!}\right)\cdot\frac{1}{2187}\right.\\&\left.+2(k_2-k_1)\left(-\frac{1}{7!}\right)\cdot\frac{128}{2187}\right]+\cdots\bigg|\\=a^2\bigg|&(\omega h)^3\left(-\frac{1}{3!}\right)\left(\frac{4k_1}{9}+\frac{4k_2}{9}-\frac{1}{2}\right)+(\omega h)^5\frac{1}{5!}\left(\frac{20k_1}{27}+\frac{20k_2}{81}-\frac{1}{2}\right)\\&+(\omega h)^7\left(-\frac{1}{7!}\right)\left(\frac{644k_1}{729}+\frac{28k_2}{243}-\frac{1}{2}\right)+\cdots\bigg|\end{aligned}\tag{9.4.14}$$

由于 $\omega h\ll 1$，所以为了尽量减小$\overline{\Phi}_e$，应该确保 ωh 的低幂次项为零，为此取

$$\begin{cases}\dfrac{4k_1}{9}+\dfrac{4k_2}{9}-\dfrac{1}{2}=0\\[2ex]\dfrac{20k_1}{27}+\dfrac{20k_2}{81}-\dfrac{1}{2}=0\end{cases}$$

从中解得

$$\begin{cases}k_1=\dfrac{9}{20}\\[2ex]k_2=\dfrac{27}{40}\end{cases}$$

将 k_1 和 k_2 代入式(9.4.8)，得旋转矢量的三子样优化算法

$$\boldsymbol{\Phi}(h)=\Delta\boldsymbol{\theta}_1+\Delta\boldsymbol{\theta}_2+\Delta\boldsymbol{\theta}_3+\frac{9}{20}\Delta\boldsymbol{\theta}_1\times\Delta\boldsymbol{\theta}_3+\frac{27}{40}\Delta\boldsymbol{\theta}_2\times(\Delta\boldsymbol{\theta}_3-\Delta\boldsymbol{\theta}_1)\tag{9.4.15}$$

由式(9.4.14)，残留的直流误差为

$$\begin{aligned}|\overline{\Phi}_{er}|&=a^2(\omega h)^7\frac{1}{7!}\left|\frac{644k_1}{729}+\frac{28k_2}{243}-\frac{1}{2}\right|\\&=a^2(\omega h)^7\frac{1}{5040}\left|\frac{644}{729}\cdot\frac{9}{20}+\frac{28}{243}\cdot\frac{27}{40}-\frac{1}{2}\right|=\frac{a^2(\omega h)^7}{204\,120}\end{aligned}$$

这是在一个姿态更新周期 h 内产生的算法误差，所以该算法误差在 h 内的平均值即可用来估算算法漂移

$$|\dot{\overline{\Phi}}_{er}|=\frac{a^2\omega}{204\,120}(\omega h)^6\tag{9.4.16}$$

用相同的分析方法可得到旋转矢量的双子样、四子样及更多子样的优化算法，其中双子样优化算法与式(9.3.37)相同。表 9.4.1 列出了单子样算法及双子样、三子样、四子样优化算法及相应的算法漂移。表 9.4.2 列出了在不同锥运动频率下单子样算法和三种优化算法的漂移比较，其中姿态更新周期 $h=10\text{ms}$，锥运动半锥角 $a=1°$。

表 9.4.1 单子样算法及双子样、三子样、四子样优化算法及相应的算法漂移

算法	旋转矢量$\boldsymbol{\Phi}$	算法漂移$\lvert\dot{\Phi}_{er}\rvert$
单子样	$\Delta\boldsymbol{\theta}$	$\frac{a^2\omega}{12}(\omega h)^2$
优化双子样	$\Delta\boldsymbol{\theta}_1+\Delta\boldsymbol{\theta}_2+\frac{2}{3}\Delta\boldsymbol{\theta}_1\times\Delta\boldsymbol{\theta}_2$	$\frac{a^2\omega}{960}(\omega h)^4$
优化三子样	$\Delta\boldsymbol{\theta}_1+\Delta\boldsymbol{\theta}_2+\Delta\boldsymbol{\theta}_3+\frac{9}{20}\Delta\boldsymbol{\theta}_1\times\Delta\boldsymbol{\theta}_3+\frac{27}{40}\Delta\boldsymbol{\theta}_2\times(\Delta\boldsymbol{\theta}_3-\Delta\boldsymbol{\theta}_1)$	$\frac{a^2\omega}{204\ 120}(\omega h)^6$
优化四子样	$\Delta\boldsymbol{\theta}_1+\Delta\boldsymbol{\theta}_2+\Delta\boldsymbol{\theta}_3+\Delta\boldsymbol{\theta}_4+\frac{214}{315}(\Delta\boldsymbol{\theta}_1\times\Delta\boldsymbol{\theta}_2+\Delta\boldsymbol{\theta}_3\times\Delta\boldsymbol{\theta}_4)$ $+\frac{46}{105}(\Delta\boldsymbol{\theta}_1\times\Delta\boldsymbol{\theta}_3+\Delta\boldsymbol{\theta}_2\times\Delta\boldsymbol{\theta}_4)+\frac{54}{105}\Delta\boldsymbol{\theta}_1\times\Delta\boldsymbol{\theta}_4+\frac{214}{315}\Delta\boldsymbol{\theta}_2\times\Delta\boldsymbol{\theta}_3$	$\frac{a^2\omega}{82\ 575\ 360}(\omega h)^8$

表 9.4.2 算法漂移比较($h=10\text{ms}, a=1°$)

锥运动频率/Hz	单子样/(°/h)	优化双子样/(°/h)	优化三子样/(°/h)	优化四子样/(°/h)
2	1.0390	2.0510×10^{-4}	1.5232×10^{-8}	5.9459×10^{-13}
4	8.3122	6.5631×10^{-3}	1.9497×10^{-6}	3.0443×10^{-10}
8	66.4979	0.2100	2.4956×10^{-4}	1.5587×10^{-7}
15	438.3409	4.8670	2.0333×10^{-2}	4.4645×10^{-5}
30	3506.7272	155.7450	2.6026	2.2858×10^{-2}
50	16 234.8485	2002.8942	92.9701	2.2682

为了比较在角增量采样周期相同情况下单子样算法与多子样算法的算法漂移，表 9.4.3 列出了当姿态更新周期 $h=2.5\text{ms}$，锥运动半锥角 $a=1°$时不同锥运动频率下单子样算法漂移。

表 9.4.3 单子样算法漂移($h=2.5\text{ms}, a=1°$)

锥运动频率/Hz	2	4	8	15	30	50
算法漂移/(°/h)	0.2598	2.0780	16.6245	109.5852	867.1868	4058.7121

比较表 9.4.3 和表 9.4.2 的最后一列可看出：即使使用完全相同的角增量，优化四子样算法也远比单子样算法的精度高，其原因是四子样算法使用了四个相邻的角增量作了不可交换误差的补偿，而单子样算法根本未考虑不可交换误差的补偿。因此在高动态环境下，采用多子样旋转矢量算法作姿态更新远比采用四元数毕卡算法作姿态更新的精度高，且子样数越多，精度也越高，但计算量也越大。在设计系统选择算法时，应全面权衡实时要求和精度要求，做折中考虑。

9.5 姿态更新的其他算法及各种算法的比较

9.5.1 欧拉角法

力学中常用欧拉角确定动坐标系相对参考坐标的角位置关系，运载体的航向角 Ψ，俯仰角 θ 及横滚角 γ 实质上是一组欧拉角，这组欧拉角描述了机体坐标系相对地理坐标系的角位置关系，如图 1.2.3 所示。

取导航坐标系 n 为地理坐标系 g，设姿态速率为$\boldsymbol{\omega}_{nb}$(机体坐标系 b 相对导航坐标系 n 的角速度)，则由图 1.2.3 和式(9.2.38)，$\boldsymbol{\omega}_{nb}$ 在机体坐标系 b 内的分量为

$$\begin{bmatrix}\omega_{nbx}^b\\\omega_{nby}^b\\\omega_{nbz}^b\end{bmatrix}=\boldsymbol{C}_1^b\begin{bmatrix}\dot{\theta}\\0\\-\dot{\Psi}\end{bmatrix}+\begin{bmatrix}0\\\dot{\gamma}\\0\end{bmatrix}=\begin{bmatrix}\cos\gamma & \sin\theta\sin\gamma & -\cos\theta\sin\gamma\\0 & \cos\theta & \sin\theta\\\sin\gamma & -\sin\theta\cos\gamma & \cos\theta\cos\gamma\end{bmatrix}\begin{bmatrix}\dot{\theta}\\0\\-\dot{\Psi}\end{bmatrix}+\begin{bmatrix}0\\\dot{\gamma}\\0\end{bmatrix}$$

$$=\begin{bmatrix}\dot{\theta}\cos\gamma+\dot{\Psi}\cos\theta\sin\gamma\\-\dot{\Psi}\sin\theta+\dot{\gamma}\\\dot{\theta}\sin\gamma-\dot{\Psi}\cos\gamma\cos\theta\end{bmatrix}=\begin{bmatrix}\cos\theta\sin\gamma & \cos\gamma & 0\\-\sin\theta & 0 & 1\\-\cos\theta\cos\gamma & \sin\gamma & 0\end{bmatrix}\begin{bmatrix}\dot{\Psi}\\\dot{\theta}\\\dot{\gamma}\end{bmatrix}$$

所以

$$\begin{bmatrix}\dot{\Psi}\\\dot{\theta}\\\dot{\gamma}\end{bmatrix}=\begin{bmatrix}\cos\theta\sin\gamma & \cos\gamma & 0\\-\sin\theta & 0 & 1\\-\cos\theta\cos\gamma & \sin\gamma & 0\end{bmatrix}^{-1}\begin{bmatrix}\omega_{nbx}^b\\\omega_{nby}^b\\\omega_{nbz}^b\end{bmatrix}=\begin{bmatrix}\dfrac{\sin\gamma}{\cos\theta} & 0 & -\dfrac{\cos\gamma}{\cos\theta}\\\cos\gamma & 0 & \sin\gamma\\\sin\gamma\tan\theta & 1 & -\cos\gamma\tan\theta\end{bmatrix}\begin{bmatrix}\omega_{nbx}^b\\\omega_{nby}^b\\\omega_{nbz}^b\end{bmatrix}$$

即得欧拉角微分方程：

$$\dot{\Psi}=\frac{\sin\gamma}{\cos\theta}\omega_{nbx}^b-\frac{\cos\gamma}{\cos\theta}\omega_{nbz}^b \tag{9.5.1a}$$

$$\dot{\theta}=\cos\gamma\omega_{nbx}^b+\sin\gamma\omega_{nbz}^b \tag{9.5.1b}$$

$$\dot{\gamma}=\sin\gamma\tan\theta\omega_{nbx}^b+\omega_{nby}^b-\cos\gamma\tan\theta\omega_{nbz}^b \tag{9.5.1c}$$

其中姿态速率按下式确定：

$$\hat{\boldsymbol{\omega}}_{nb}^b=\tilde{\boldsymbol{\omega}}_{ib}^b-\boldsymbol{\omega}\hat{\boldsymbol{\omega}}_{in}^b$$

式中，$\tilde{\boldsymbol{\omega}}_{ib}^b$ 为陀螺组合对运载体角速度的测量值，$\hat{\boldsymbol{\omega}}_{in}^b$ 根据运载体所在位置的纬度和速度解算出。

9.5.2　方向余弦法

姿态更新的方向余弦法实质上就是直接求解姿态矩阵微分方程。

设 $\boldsymbol{r}$ 为某一空间向量，b 为机体坐标系，导航坐标系 n 取地理坐标系 g，则根据哥氏定理，

$$\left.\frac{\mathrm{d}\boldsymbol{r}}{\mathrm{d}t}\right|_n=\left.\frac{\mathrm{d}\boldsymbol{r}}{\mathrm{d}t}\right|_b+\boldsymbol{\omega}_{nb}\times\boldsymbol{r} \tag{9.5.2}$$

上式两边诸向量向 b 坐标系投影，

$$\left.\frac{\mathrm{d}\boldsymbol{r}}{\mathrm{d}t}\right|_n^b=\left.\frac{\mathrm{d}\boldsymbol{r}}{\mathrm{d}t}\right|_b^b+(\boldsymbol{\omega}_{nb}\times\boldsymbol{r})^b \tag{9.5.3}$$

由于

$$\left.\frac{\mathrm{d}\boldsymbol{r}}{\mathrm{d}t}\right|_b^b=\dot{\boldsymbol{r}}^b$$

$$(\boldsymbol{\omega}_{nb}\times\boldsymbol{r})^b=\boldsymbol{\omega}_{nb}^b\times\boldsymbol{r}^b$$

所以式(9.5.3)可写成

$$\dot{\boldsymbol{r}}^b=\left.\frac{\mathrm{d}\boldsymbol{r}}{\mathrm{d}t}\right|_n^b-\boldsymbol{\omega}_{nb}^b\times\boldsymbol{r}^b \tag{9.5.4}$$

另外，根据向量在不同坐标系间的变换关系，有

$$\boldsymbol{r}^b = \boldsymbol{C}_n^b \boldsymbol{r}^n$$

上式两边对时间求导

$$\dot{\boldsymbol{r}}^b = \dot{\boldsymbol{C}}_n^b \boldsymbol{r}^n + \boldsymbol{C}_n^b \dot{\boldsymbol{r}}^n = \dot{\boldsymbol{C}}_n^b \boldsymbol{r}^n + \boldsymbol{C}_n^b \left.\frac{\mathrm{d}\boldsymbol{r}}{\mathrm{d}t}\right|_n^n$$

上式中，$\left.\frac{\mathrm{d}\boldsymbol{r}}{\mathrm{d}t}\right|_n^n$ 是$\left.\frac{\mathrm{d}\boldsymbol{r}}{\mathrm{d}t}\right|_n$ 在 n 坐标系中的投影，经 $\boldsymbol{C}_n^b$ 左乘后即为在 b 坐标系中的投影，所以

$$\dot{\boldsymbol{r}}^b = \dot{\boldsymbol{C}}_n^b \boldsymbol{r}^n + \left.\frac{\mathrm{d}\boldsymbol{r}}{\mathrm{d}t}\right|_n^b \tag{9.5.5}$$

比较式(9.5.4)和式(9.5.5)，得

$$\dot{\boldsymbol{C}}_n^b \boldsymbol{r}^n = -\boldsymbol{\omega}_{nb}^b \times \boldsymbol{r}^b = -\boldsymbol{\omega}_{nb}^b \times \boldsymbol{C}_n^b \boldsymbol{r}^n = -\boldsymbol{\omega}_{nb}^{bk} \boldsymbol{C}_n^b \boldsymbol{r}^n$$

所以

$$\dot{\boldsymbol{C}}_n^b = -\boldsymbol{\omega}_{nb}^{bk} \boldsymbol{C}_n^b \tag{9.5.6}$$

式中，$\boldsymbol{\omega}_{nb}^{bk}$ 是由 $\boldsymbol{\omega}_{nb}^b$ 构造的反对称矩阵，即若

$$\boldsymbol{\omega}_{nb}^b = [\omega_{nbx}^b \quad \omega_{nby}^b \quad \omega_{nbz}^b]^{\mathrm{T}}$$

则

$$\boldsymbol{\omega}_{nb}^{bk} = \begin{bmatrix} 0 & -\omega_{nbz}^b & \omega_{nby}^b \\ \omega_{nbz}^b & 0 & -\omega_{nbx}^b \\ -\omega_{nby}^b & \omega_{nbx}^b & 0 \end{bmatrix} \tag{9.5.7}$$

式(9.5.6)是姿态矩阵微分方程的一种形式，根据计算方便，姿态矩阵微分方程还可以改写成其他形式。

若式(9.5.2)两边诸向量向导航坐标系 n 投影，则有

$$\dot{\boldsymbol{r}}^n = \left.\frac{\mathrm{d}\boldsymbol{r}}{\mathrm{d}t}\right|_b^n + \boldsymbol{\omega}_{nb}^n \times \boldsymbol{r}^n \tag{9.5.8}$$

根据向量的坐标系变换关系：

$$\boldsymbol{r}^n = \boldsymbol{C}_b^n \boldsymbol{r}^b$$

对上式两边求时间导数，得

$$\dot{\boldsymbol{r}}^n = \dot{\boldsymbol{C}}_b^n \boldsymbol{r}^b + \boldsymbol{C}_b^n \dot{\boldsymbol{r}}^b = \dot{\boldsymbol{C}}_b^n \boldsymbol{r}^b + \boldsymbol{C}_b^n \left.\frac{\mathrm{d}\boldsymbol{r}}{\mathrm{d}t}\right|_b^b = \dot{\boldsymbol{C}}_b^n \boldsymbol{r}^b + \left.\frac{\mathrm{d}\boldsymbol{r}}{\mathrm{d}t}\right|_b^n \tag{9.5.9}$$

比较式(9.5.8)和式(9.5.9)，得

$$\dot{\boldsymbol{C}}_b^n \boldsymbol{r}^b = \boldsymbol{\omega}_{nb}^n \times \boldsymbol{r}^n = \boldsymbol{\omega}_{nb}^{nk} \boldsymbol{C}_b^n \boldsymbol{r}^b$$

所以

$$\dot{\boldsymbol{C}}_b^n = \boldsymbol{\omega}_{nb}^{nk} \boldsymbol{C}_b^n \tag{9.5.10}$$

式中

$$\boldsymbol{\omega}_{nb}^{nk} = \begin{bmatrix} 0 & -\omega_{nbz}^n & \omega_{nby}^n \\ \omega_{nbz}^n & 0 & -\omega_{nbx}^n \\ -\omega_{nby}^n & \omega_{nbx}^n & 0 \end{bmatrix} \tag{9.5.11}$$

$$\boldsymbol{\omega}_{nb}^n = [\omega_{nbx}^n \quad \omega_{nby}^n \quad \omega_{nbz}^n]^{\mathrm{T}}$$

若分别对式(9.5.6)和式(9.5.10)两边求转置，则得姿态矩阵微分方程的另外两种形式：

$$\dot{\boldsymbol{C}}_b^n = \boldsymbol{C}_b^n \boldsymbol{\omega}_{nb}^{bk} \tag{9.5.12}$$

$$\dot{\boldsymbol{C}}_n^b = -\boldsymbol{C}_n^b \boldsymbol{\omega}_{nb}^{nk} \tag{9.5.13}$$

在上两式推导中应用了如下关系式：

$$[\boldsymbol{C}_n^b]^{\mathrm{T}} = \boldsymbol{C}_b^n, \quad [\boldsymbol{\omega}_{nb}^{bk}]^{\mathrm{T}} = -\boldsymbol{\omega}_{nb}^{bk}, \quad [\boldsymbol{\omega}_{nb}^{nk}]^{\mathrm{T}} = -\boldsymbol{\omega}_{nb}^{nk}$$

式(9.5.6)、式(9.5.10)、式(9.5.12)和式(9.5.13)为姿态矩阵微分方程的四种形式，在实际应用中，采用式(9.5.6)或式(9.5.12)较方便，下面分析原因。

计算中所需姿态速率由下式确定：

$$\boldsymbol{\omega}_{nb} = \boldsymbol{\omega}_{ib} - \boldsymbol{\omega}_{in}$$

式中，$\boldsymbol{\omega}_{ib}$ 由捷联陀螺测量，$\boldsymbol{\omega}_{in}$ 为数学平台施矩量，一般在导航坐标系内计算得。应用角速度反对称矩阵的相似变换关系：

$$\boldsymbol{\omega}_{in}^{bk} = \boldsymbol{C}_n^b \boldsymbol{\omega}_{in}^{nk} \boldsymbol{C}_b^n$$

得

$$\boldsymbol{\omega}_{nb}^{bk} = \boldsymbol{\omega}_{ib}^{bk} - \boldsymbol{C}_n^b \boldsymbol{\omega}_{in}^{nk} \boldsymbol{C}_b^n \tag{9.5.14}$$

上式分别代入式(9.5.6)和式(9.5.12)

$$\dot{\boldsymbol{C}}_n^b = -(\boldsymbol{\omega}_{ib}^{bk} - \boldsymbol{C}_n^b \boldsymbol{\omega}_{in}^{nk} \boldsymbol{C}_b^n)\boldsymbol{C}_n^b = -\boldsymbol{\omega}_{ib}^{bk}\boldsymbol{C}_n^b + \boldsymbol{C}_n^b \boldsymbol{\omega}_{in}^{nk} \tag{9.5.15}$$

$$\dot{\boldsymbol{C}}_b^n = \boldsymbol{C}_b^n(\boldsymbol{\omega}_{ib}^{bk} - \boldsymbol{C}_n^b \boldsymbol{\omega}_{in}^{nk} \boldsymbol{C}_b^n) = \boldsymbol{C}_b^n \boldsymbol{\omega}_{ib}^{bk} - \boldsymbol{\omega}_{in}^{nk}\boldsymbol{C}_b^n \tag{9.5.16}$$

由于机体坐标系的变化十分剧烈，而导航坐标系的变化十分缓慢，所以求解式(9.5.15)和式(9.5.16)时，可先以较快的更新速率计算仅由 $\boldsymbol{\omega}_{ib}^b$ 确定的姿态矩阵，更新若干步后再计算仅由 $\boldsymbol{\omega}_{in}^n$ 确定的姿态矩阵的补偿量并作修正。

9.5.3 罗德利格参数(Schaub H，et al.，1996)

1. 四元数在超平面上的投影

四元数 $\boldsymbol{Q}=\cos\dfrac{\phi}{2}+\boldsymbol{u}\sin\dfrac{\phi}{2}$ 描述了刚体等效旋转的方向和转过的角度，其中 $\boldsymbol{u}$ 为等效旋转的方向，ϕ 为转角。四元数也可用矩阵形式表示：

$$\boldsymbol{Q}=\begin{bmatrix} q_0 \\ q_1 \\ q_2 \\ q_3 \end{bmatrix}=\begin{bmatrix} \cos\dfrac{\phi}{2} \\ l\sin\dfrac{\phi}{2} \\ m\sin\dfrac{\phi}{2} \\ n\sin\dfrac{\phi}{2} \end{bmatrix}$$

式中，l、m、n 是 $\boldsymbol{u}$ 的方向余弦，所以

$$q_0^2+q_1^2+q_2^2+q_3^2=1$$

显然 $\boldsymbol{Q}$ 的四个元并不独立，它们位于四维单位球面上，而三维空间内的角位置确定只需三个独立的欧拉角，因此四元数具有一个冗余度，这意味着采用四元数解算姿态增加了额外的负担。

若将四元数向某三维超平面上投影，则四维的四元数降低为三维的超平面投影参数。超平面选择得不同对应的超平面投影参数也不同。

2. 对称型投影参数和罗德利格参数

1）对称型投影参数的一般形式

设四维空间的轴分别为 q_0、q_1、q_2、q_3，作三维超平面与 q_0 轴垂直，取投影点位于 q_0 轴，为便于说明和分析，用平面图上的圆表示四维超球，用直线表示三维超平面。设投影点的坐标为 $(a,0)$，其中 $a<0$，投影点至超平面的距离为 1，如图 9.5.1 所示。

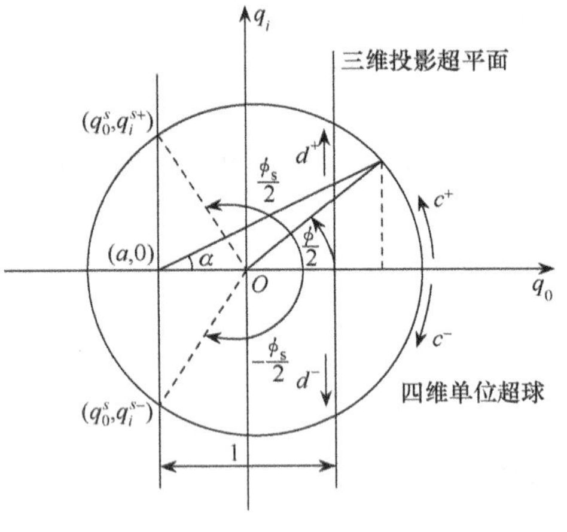

图 9.5.1　对称型投影参数

记单位超球上的点 (q_0,q_i) 在超平面上的投影参数为 ζ_i，则由图 9.5.1 得

$$\zeta_i=\tan\alpha=\frac{q_i}{q_0-a}\quad i=1,2,3 \tag{9.5.17}$$

若 (q_0,q_i) 自 $(1,0)$ 分别沿单位超球的 c^+ 方向和 c^- 方向移动，则超平面上的投影点分别自 $\zeta_i=0$ 向 d^+ 方向和 d^- 方向移动。当 (q_0,q_i) 分别移至 (q_0^s,q_i^{s+}) 和 (q_0^s,q_i^{s-})，即

$$q_0^s=a \tag{9.5.18}$$

时，投影点分别移至 $+\infty$ 和 $-\infty$ 处，投影点出现奇异值，所对应的刚体旋转角由下式确定：

$$\cos\frac{\phi_s}{2}=q_0^s$$

即

$$\phi_s=2\arccos q_0^s=2\arccos a \tag{9.5.19}$$

所以用投影参数描述刚体的等效旋转时，最大旋转角范围为 $(-\phi_s,\phi_s)$。式(9.5.19)还说明 a 必须满足：

$$|a|\leqslant 1$$

由式(9.5.17)，

$$q_1=\zeta_1(q_0-a) \tag{9.5.20a}$$

$$q_2=\zeta_2(q_0-a) \tag{9.5.20b}$$

$$q_3=\zeta_3(q_0-a) \tag{9.5.20c}$$

而姿态四元数为规范化四元数，即有

$$q_0^2+q_1^2+q_2^2+q_3^2=1 \tag{9.5.21}$$

联立求解式(9.5.20)和式(9.5.21)，即可获得投影参数至四元数的转换关系。

记 $\boldsymbol{\zeta}=[\zeta_1\quad\zeta_2\quad\zeta_3]^{\mathrm T}$，则由式(9.5.20)，

$$q_1^2+q_2^2+q_3^2=(\zeta_1^2+\zeta_2^2+\zeta_3^2)(q_0-a)^2=\boldsymbol{\zeta}^{\mathrm T}\boldsymbol{\zeta}(q_0-a)^2$$

将上式代入式(9.5.21)，

$$q_0^2(1+\boldsymbol{\zeta}^{\mathrm T}\boldsymbol{\zeta})-2a\,\boldsymbol{\zeta}^{\mathrm T}\boldsymbol{\zeta}q_0+a^2\,\boldsymbol{\zeta}^{\mathrm T}\boldsymbol{\zeta}-1=0$$

解上述方程并取正根，

$$\begin{aligned}q_0&=\frac{2a\,\boldsymbol{\zeta}^{\mathrm T}\boldsymbol{\zeta}+\sqrt{4a^2\,(\boldsymbol{\zeta}^{\mathrm T}\boldsymbol{\zeta})^2-4(1+\boldsymbol{\zeta}^{\mathrm T}\boldsymbol{\zeta})(a^2\,\boldsymbol{\zeta}^{\mathrm T}\boldsymbol{\zeta}-1)}}{2(1+\boldsymbol{\zeta}^{\mathrm T}\boldsymbol{\zeta})}\\&=\frac{a\,\boldsymbol{\zeta}^{\mathrm T}\boldsymbol{\zeta}+\sqrt{1+\boldsymbol{\zeta}^{\mathrm T}\boldsymbol{\zeta}(1-a^2)}}{1+\boldsymbol{\zeta}^{\mathrm T}\boldsymbol{\zeta}}\end{aligned} \tag{9.5.22a}$$

上式代入式(9.5.20),得

$$\begin{aligned} q_i &= \zeta_i(q_0 - a) = \frac{a\boldsymbol{\zeta}^{\mathrm{T}}\boldsymbol{\zeta} + \sqrt{1+\boldsymbol{\zeta}^{\mathrm{T}}\boldsymbol{\zeta}(1-a^2)} - a - a\boldsymbol{\zeta}^{\mathrm{T}}\boldsymbol{\zeta}}{1+\boldsymbol{\zeta}^{\mathrm{T}}\boldsymbol{\zeta}}\zeta_i \\ &= \frac{\sqrt{1+\boldsymbol{\zeta}^{\mathrm{T}}\boldsymbol{\zeta}(1-a^2)} - a}{1+\boldsymbol{\zeta}^{\mathrm{T}}\boldsymbol{\zeta}}\zeta_i \qquad i=1,2,3 \end{aligned} \tag{9.5.22b}$$

式(9.5.22)说明由投影参数可恢复出四元数,两者所包含的姿态信息是相同的,唯一的不同点是:四元数无奇异值,而投影参数存在奇异值。

$-\boldsymbol{Q}$ 的投影参数称为 $\boldsymbol{Q}$ 投影参数的影像。设 $\boldsymbol{\zeta}$ 的影像为 $\boldsymbol{\zeta}^*$,则

$$\zeta_i^* = \frac{-q_i}{-q_0 - a} = \frac{q_i}{q_0 + a} \tag{9.5.23}$$

式(9.5.22)代入上式,得

$$\zeta_i^* = \frac{-a + \sqrt{1+\boldsymbol{\zeta}^{\mathrm{T}}\boldsymbol{\zeta}(1-a^2)}}{a + 2a\boldsymbol{\zeta}^{\mathrm{T}}\boldsymbol{\zeta} + \sqrt{1+\boldsymbol{\zeta}^{\mathrm{T}}\boldsymbol{\zeta}(1-a^2)}}\zeta_i \qquad i=1,2,3 \tag{9.5.24}$$

式(9.5.24)为投影参数至影像的转换关系。由于 $-\boldsymbol{Q}$ 和 $\boldsymbol{Q}$ 所描述的刚体角位置是相同的,所以 $\boldsymbol{\zeta}^*$ 与 $\boldsymbol{\zeta}$ 描述的角位置关系也是相同的。

2) 经典罗德利格参数

当取投影点位于原点,即 $a=0$,投影超平面通过 $q_0=1$ 且与 q_0 轴垂直时,相应的投影参数称为经典罗德利格参数,在有些文献中称之为吉布斯向量(Gibbs vector)。此时,奇异点位于 $(0,-q_i)$ 和 $(0,q_i)$,等效旋转的最大旋转角范围为 $(-180°,180°)$。由于 $a=0$,所以根据式(9.5.17),经典罗德利格参数为:

$$\xi_i = \frac{q_i}{q_0} \quad i=1,2,3 \tag{9.5.25a}$$

上式也可写成:

$$\xi_i = \frac{u_i \sin\dfrac{\phi}{2}}{\cos\dfrac{\phi}{2}} = u_i \tan\frac{\phi}{2} \qquad i=1,2,3 \tag{9.5.25b}$$

式中,$u_1=l, u_2=m, u_3=n$。或

$$\boldsymbol{\xi} = \boldsymbol{u}\tan\frac{\phi}{2} \tag{9.5.25c}$$

由式(9.5.22)得

$$q_0 = \frac{1}{\sqrt{1+\boldsymbol{\xi}^{\mathrm{T}}\boldsymbol{\xi}}} \tag{9.5.26a}$$

$$q_i = \frac{\xi_i}{\sqrt{1+\boldsymbol{\xi}^{\mathrm{T}}\boldsymbol{\xi}}} \qquad i=1,2,3 \tag{9.5.26b}$$

根据式(9.5.25a),

$$\dot{\xi}_i = \frac{\dot{q}_i q_0 - \dot{q}_0 q_i}{q_0^2}$$

即

$$
\begin{bmatrix}\dot{\xi}_1\\ \dot{\xi}_2\\ \dot{\xi}_3\end{bmatrix}=\begin{bmatrix}-\dfrac{q_1}{q_0^2} & \dfrac{1}{q_0} & 0 & 0\\ -\dfrac{q_2}{q_0^2} & 0 & \dfrac{1}{q_0} & 0\\ -\dfrac{q_3}{q_0^2} & 0 & 0 & \dfrac{1}{q_0}\end{bmatrix}\begin{bmatrix}\dot{q}_0\\ \dot{q}_1\\ \dot{q}_2\\ \dot{q}_3\end{bmatrix}
$$

将式(9.2.47)和式(9.5.25a)代入上式,得

$$
\begin{aligned}
\begin{bmatrix}\dot{\xi}_1\\ \dot{\xi}_2\\ \dot{\xi}_3\end{bmatrix}&=\frac{1}{2q_0}\begin{bmatrix}-\xi_1 & 1 & 0 & 0\\ -\xi_2 & 0 & 1 & 0\\ -\xi_3 & 0 & 0 & 1\end{bmatrix}\begin{bmatrix}q_0 & -q_1 & -q_2 & -q_3\\ q_1 & q_0 & -q_3 & q_2\\ q_2 & q_3 & q_0 & -q_1\\ q_3 & -q_2 & q_1 & q_0\end{bmatrix}\begin{bmatrix}0\\ \omega_x\\ \omega_y\\ \omega_z\end{bmatrix}\\
&=\frac{1}{2}\begin{bmatrix}-\xi_1 & 1 & 0 & 0\\ -\xi_2 & 0 & 1 & 0\\ -\xi_3 & 0 & 0 & 1\end{bmatrix}\begin{bmatrix}1 & -\xi_1 & -\xi_2 & -\xi_3\\ \xi_1 & 1 & -\xi_3 & \xi_2\\ \xi_2 & \xi_3 & 1 & -\xi_1\\ \xi_3 & -\xi_2 & \xi_1 & 1\end{bmatrix}\begin{bmatrix}0\\ \omega_x\\ \omega_y\\ \omega_z\end{bmatrix}\\
&=\frac{1}{2}\begin{bmatrix}1+\xi_1^2 & \xi_1\xi_2-\xi_3 & \xi_1\xi_3+\xi_2\\ \xi_1\xi_2+\xi_3 & 1+\xi_2^2 & \xi_2\xi_3-\xi_1\\ \xi_1\xi_3-\xi_2 & \xi_1+\xi_2\xi_3 & 1+\xi_3^2\end{bmatrix}\begin{bmatrix}\omega_x\\ \omega_y\\ \omega_z\end{bmatrix}
\end{aligned}
\tag{9.5.27}
$$

经典罗德利格参数与姿态阵间的关系分析如下。根据式(9.2.34),

$$
\boldsymbol{C}_b^n=\begin{bmatrix}q_0^2+q_1^2-q_2^2-q_3^2 & 2(q_1q_2-q_0q_3) & 2(q_1q_3+q_0q_2)\\ 2(q_1q_2+q_0q_3) & q_0^2+q_2^2-q_1^2-q_3^2 & 2(q_2q_3-q_0q_1)\\ 2(q_1q_3-q_0q_2) & 2(q_2q_3+q_0q_1) & q_0^2+q_3^2-q_1^2-q_2^2\end{bmatrix}
$$

将式(9.5.26)代入上式,

$$
\boldsymbol{C}_b^n=\frac{1}{1+\xi_1^2+\xi_2^2+\xi_3^2}\begin{bmatrix}1+\xi_1^2-\xi_2^2-\xi_3^2 & 2(\xi_1\xi_2-\xi_3) & 2(\xi_1\xi_3+\xi_2)\\ 2(\xi_1\xi_2+\xi_3) & 1+\xi_2^2-\xi_1^2-\xi_3^2 & 2(\xi_2\xi_3-\xi_1)\\ 2(\xi_1\xi_3-\xi_2) & 2(\xi_2\xi_3+\xi_1) & 1+\xi_3^2-\xi_1^2-\xi_2^2\end{bmatrix}
\tag{9.5.28}
$$

根据式(9.5.25a),经典罗德利格参数的影像为

$$
\xi_i^{\ *}=\frac{-q_i}{-q_0}=\xi_i \qquad i=1,2,3 \tag{9.5.29}
$$

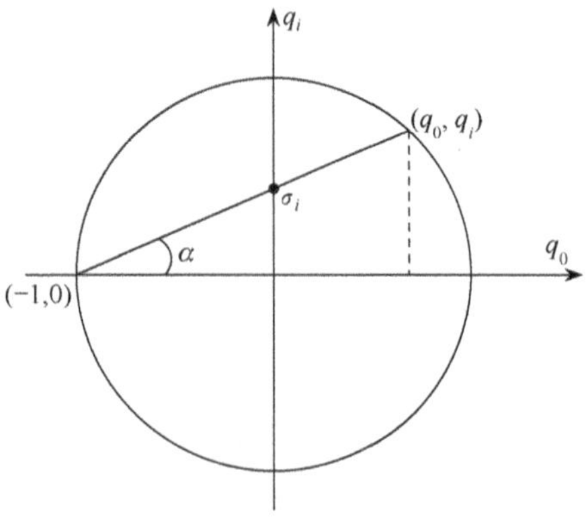

图 9.5.2 改进型罗德利格参数

3) 改进型罗德利格参数

若取投影点位于$(-1,0,0,0)$,即$a=-1$,投影超平面通过超球球心,法线沿 q_0 轴,如图 9.5.2 所示,则所得投影参数称为改进型罗德利格参数。

由图 9.5.2,对应于(q_0,q_i)的改进型罗德利格参数 σ_i 为

$$
\sigma_i=\tan\alpha=\frac{q_i}{1+q_0} \qquad i=1,2,3 \tag{9.5.30a}
$$

亦即

$$\sigma_i=\frac{u_i\sin\dfrac{\phi}{2}}{1+\cos\dfrac{\phi}{2}}=u_i\tan\frac{\phi}{4} \tag{9.5.30b}$$

或

$$\boldsymbol{\sigma}=\boldsymbol{u}\tan\frac{\phi}{4} \tag{9.5.30c}$$

由式(9.5.30)可看出,对应于 $\phi=360°$,即 $q_0=-1,q_1=q_2=q_3=0$,改进型罗德利格参数出现奇异值,所以用此参数描述刚体等效旋转的最大旋转角范围为$(-360°,360°)$。

对照式(9.5.17)知式(9.5.30)即为对称型投影参数当 $a=-1$ 时得到的特例,所以根据式(9.5.22)可得 $\boldsymbol{\sigma}$ 至 Q 的换算关系:

$$q_0=\frac{1-\boldsymbol{\sigma}^{\mathrm{T}}\boldsymbol{\sigma}}{1+\boldsymbol{\sigma}^{\mathrm{T}}\boldsymbol{\sigma}} \tag{9.5.31a}$$

$$q_i=\frac{2\sigma_i}{1+\boldsymbol{\sigma}^{\mathrm{T}}\boldsymbol{\sigma}}\qquad i=1,2,3 \tag{9.5.31b}$$

由式(9.5.30a),得:

$$\dot{\sigma}_1=\frac{\dot{q}_1(1+q_0)-\dot{q}_0q_1}{(1+q_0)^2}$$

$$\dot{\sigma}_2=\frac{\dot{q}_2(1+q_0)-\dot{q}_0q_2}{(1+q_0)^2}$$

$$\dot{\sigma}_3=\frac{\dot{q}_3(1+q_0)-\dot{q}_0q_3}{(1+q_0)^2}$$

考虑到式(9.2.47),上述诸式可写成:

$$\begin{bmatrix}\dot{\sigma}_1\\\dot{\sigma}_2\\\dot{\sigma}_3\end{bmatrix}=\frac{1}{(1+q_0)^2}\begin{bmatrix}-q_1 & 1+q_0 & 0 & 0\\-q_2 & 0 & 1+q_0 & 0\\-q_3 & 0 & 0 & 1+q_0\end{bmatrix}\begin{bmatrix}\dot{q}_0\\\dot{q}_1\\\dot{q}_2\\\dot{q}_3\end{bmatrix}$$

$$=\frac{1}{2(1+q_0)^2}\begin{bmatrix}-q_1 & 1+q_0 & 0 & 0\\-q_2 & 0 & 1+q_0 & 0\\-q_3 & 0 & 0 & 1+q_0\end{bmatrix}\begin{bmatrix}q_0 & -q_1 & -q_2 & -q_3\\q_1 & q_0 & -q_3 & q_2\\q_2 & q_3 & q_0 & -q_1\\q_3 & -q_2 & q_1 & q_0\end{bmatrix}\begin{bmatrix}0\\\omega_x\\\omega_y\\\omega_z\end{bmatrix}$$

$$=\frac{1}{2(1+q_0)^2}\begin{bmatrix}\times & q_1^2+q_0(1+q_0) & q_1q_2-q_3(1+q_0) & q_1q_3+q_2(1+q_0)\\\times & q_1q_2+q_3(1+q_0) & q_2^2+q_0(1+q_0) & q_2q_3-q_1(1+q_0)\\\times & q_1q_3-q_2(1+q_0) & q_2q_3+q_1(1+q_0) & q_3^2+q_0(1+q_0)\end{bmatrix}\begin{bmatrix}0\\\omega_x\\\omega_y\\\omega_z\end{bmatrix}$$

$$=\frac{1}{2}\begin{bmatrix}\sigma_1^2+\dfrac{q_0}{1+q_0} & \sigma_1\sigma_2-\sigma_3 & \sigma_1\sigma_3+\sigma_2\\\sigma_1\sigma_2+\sigma_3 & \sigma_2^2+\dfrac{q_0}{1+q_0} & \sigma_2\sigma_3-\sigma_1\\\sigma_1\sigma_3-\sigma_2 & \sigma_2\sigma_3+\sigma_1 & \sigma_3^2+\dfrac{q_0}{1+q_0}\end{bmatrix}\begin{bmatrix}\omega_x\\\omega_y\\\omega_z\end{bmatrix}$$

由于

$$\frac{q_0}{1+q_0}=\frac{\dfrac{1-\boldsymbol{\sigma}^{\mathrm{T}}\boldsymbol{\sigma}}{1+\boldsymbol{\sigma}^{\mathrm{T}}\boldsymbol{\sigma}}}{1+\dfrac{1-\boldsymbol{\sigma}^{\mathrm{T}}\boldsymbol{\sigma}}{1+\boldsymbol{\sigma}^{\mathrm{T}}\boldsymbol{\sigma}}}=\frac{1-\boldsymbol{\sigma}^{\mathrm{T}}\boldsymbol{\sigma}}{2}=\frac{1-(\sigma_1^2+\sigma_2^2+\sigma_3^2)}{2}$$

所以上式可写成：

$$\begin{bmatrix}\dot{\sigma}_1\\ \dot{\sigma}_2\\ \dot{\sigma}_3\end{bmatrix}=\frac{1}{4}\begin{bmatrix}1+\sigma_1^2-\sigma_2^2-\sigma_3^2 & 2(\sigma_1\sigma_2-\sigma_3) & 2(\sigma_1\sigma_3+\sigma_2)\\ 2(\sigma_1\sigma_2+\sigma_3) & 1-\sigma_1^2+\sigma_2^2-\sigma_3^2 & 2(\sigma_2\sigma_3-\sigma_1)\\ 2(\sigma_1\sigma_3-\sigma_2) & 2(\sigma_2\sigma_3+\sigma_1) & 1-\sigma_1^2-\sigma_2^2+\sigma_3^2\end{bmatrix}\begin{bmatrix}\omega_x\\ \omega_y\\ \omega_z\end{bmatrix} \tag{9.5.32}$$

根据式(9.2.34)和式(9.5.31)，得改进型罗德利格参数与姿态阵的关系为

$$\boldsymbol{C}_b^n=\frac{1}{(1+\sigma_1^2+\sigma_2^2+\sigma_3^2)^2}\begin{bmatrix}\Sigma^2+4(\sigma_1^2-\sigma_2^2-\sigma_3^2) & 8\sigma_1\sigma_2-4\Sigma\sigma_3 & 8\sigma_1\sigma_3+4\Sigma\sigma_2\\ 8\sigma_1\sigma_2+4\Sigma\sigma_3 & \Sigma^2+4(\sigma_2^2-\sigma_1^2-\sigma_3^2) & 8\sigma_2\sigma_3-4\Sigma\sigma_1\\ 8\sigma_1\sigma_3-4\Sigma\sigma_2 & 8\sigma_2\sigma_3+4\Sigma\sigma_1 & \Sigma^2+4(\sigma_3^2-\sigma_1^2-\sigma_2^2)\end{bmatrix} \tag{9.5.33}$$

式中

$$\Sigma=1-(\sigma_1^2+\sigma_2^2+\sigma_3^2)$$

若将式(9.5.31)代入式(9.5.25a)，则可得改进型罗德利格参数至经典罗德利格参数的换算关系：

$$\xi_i=\frac{q_i}{q_0}=\frac{2\sigma_i}{1-\boldsymbol{\sigma}^{\mathrm{T}}\boldsymbol{\sigma}}\qquad i=1,2,3 \tag{9.5.34a}$$

即

$$\boldsymbol{\xi}=\frac{2}{1-\boldsymbol{\sigma}^{\mathrm{T}}\boldsymbol{\sigma}}\boldsymbol{\sigma} \tag{9.5.34b}$$

根据式(9.5.25c)和式(9.5.30c)，可得如下关系：

$$\boldsymbol{\xi}\cot\frac{\phi}{2}=\boldsymbol{\sigma}\cot\frac{\phi}{4}$$

所以两种参数的换算关系还可写成：

$$\boldsymbol{\xi}=\frac{\tan\dfrac{\phi}{2}}{\tan\dfrac{\phi}{4}}\boldsymbol{\sigma} \tag{9.5.34c}$$

根据式(9.5.30a)和式(9.5.31)，改进型罗德利格参数的影像为

$$\sigma_i^*=\frac{-q_i}{1-q_0}=\frac{-2\sigma_i}{1+\boldsymbol{\sigma}^{\mathrm{T}}\boldsymbol{\sigma}-(1-\boldsymbol{\sigma}^{\mathrm{T}}\boldsymbol{\sigma})}=-\frac{\sigma_i}{\boldsymbol{\sigma}^{\mathrm{T}}\boldsymbol{\sigma}} \tag{9.5.35a}$$

根据式(9.5.30b)和式(9.5.30c)，上式也可写成：

$$\sigma_i^*=\frac{-u_i\sin\dfrac{\phi}{2}}{1-\cos\dfrac{\phi}{2}}=-u_i\cot\frac{\phi}{4}\qquad i=1,2,3 \tag{9.5.35b}$$

式(9.5.35b)说明当 $\phi=0°$ 时，σ_i^* 出现奇异值，而当 $\phi=\pm360°$ 时 $\boldsymbol{\sigma}^*=\mathbf{0}$。因此将 $\boldsymbol{\sigma}$ 和 $\boldsymbol{\sigma}^*$ 结

合起来使用可以描述任意等效旋转而不会出现奇异值，具体方法是：当等效旋转角接近$+360^\circ$或-360°时，$\boldsymbol{\sigma}$ 切换至$\boldsymbol{\sigma}^*$。

当采用改进型罗德利格参数解算姿态阵时，$\boldsymbol{\sigma}^*$ 与 $\boldsymbol{\sigma}$ 具有同等的重要性，所以对$\boldsymbol{\sigma}^*$ 作详细分析如下。

(1) 当$\boldsymbol{\sigma}^{\mathrm{T}}\boldsymbol{\sigma}=1$，即 $\boldsymbol{\sigma}$ 位于单位球面上时，由式(9.5.35a)得

$$\sigma_i^* = -\sigma_i \qquad i=1,2,3 \tag{9.5.36}$$

即

$$\boldsymbol{\sigma}^* = -\boldsymbol{\sigma}, \quad \boldsymbol{\sigma}^{*\mathrm{T}}\boldsymbol{\sigma}^* = \boldsymbol{\sigma}^{\mathrm{T}}\boldsymbol{\sigma}=1$$

又由式(9.5.31)知，此时 $q_0=0$，即等效旋转角 $\phi=\pm 180^\circ$。

上述分析说明，当 $\phi=\pm180^\circ$时，$\boldsymbol{\sigma}^*$ 和 $\boldsymbol{\sigma}$ 都位于单位球上，且两者相对球心中心对称。

(2) 当$\boldsymbol{\sigma}^{\mathrm{T}}\boldsymbol{\sigma}<1$，即 $\boldsymbol{\sigma}$ 位于单位球内时，

由式(9.5.31a)和式(9.5.35a)知 $q_0>0$，$\boldsymbol{\sigma}^*$ 的模

$$|\boldsymbol{\sigma}^*| = \frac{1}{\boldsymbol{\sigma}^{\mathrm{T}}\boldsymbol{\sigma}}|\boldsymbol{\sigma}| = \frac{1}{\sqrt{\boldsymbol{\sigma}^{\mathrm{T}}\boldsymbol{\sigma}}} > 1$$

上式说明当 $\boldsymbol{\sigma}$ 位于单位球内时，$\boldsymbol{\sigma}^*$ 位于单位球外。

(3) 当$\boldsymbol{\sigma}^{\mathrm{T}}\boldsymbol{\sigma}>1$，即 $\boldsymbol{\sigma}$ 位于单位球外时，

$$|\boldsymbol{\sigma}^*| = \frac{1}{\sqrt{\boldsymbol{\sigma}^{\mathrm{T}}\boldsymbol{\sigma}}} < 1$$

即当 $\boldsymbol{\sigma}$ 位于单位球外时，$\boldsymbol{\sigma}^*$ 位于单位球内。

根据上述分析可画出$\boldsymbol{\sigma}^*$ 和 $\boldsymbol{\sigma}$ 的空间位置示意图，如图 9.5.3 所示，图中单股线表示 $\boldsymbol{\sigma}$ 的变化轨迹，双股线表示$\boldsymbol{\sigma}^*$ 的变化轨迹，箭头表示对应的变化方向，虚线表示在单位球内的轨迹，实线表示在单位球外的轨迹。在球心 O 处，$\boldsymbol{\sigma}=\boldsymbol{0}$ 对应于 $\phi=0^\circ$，$\boldsymbol{\sigma}^*=\boldsymbol{0}$ 对应于 $\phi=\pm360^\circ$。当 $\boldsymbol{\sigma}$ 自球心向外运动时，相对应的$\boldsymbol{\sigma}^*$ 自无穷远处向单位球运动；当 $\boldsymbol{\sigma}$ 穿出单位球时，$\boldsymbol{\sigma}^*$ 进入单位球，在球面穿越点，$\boldsymbol{\sigma}^*=-\boldsymbol{\sigma}$，即两者相对球心中心对称；当 $\boldsymbol{\sigma}$ 运动至无穷远时，$\boldsymbol{\sigma}^*$ 运动至球心。

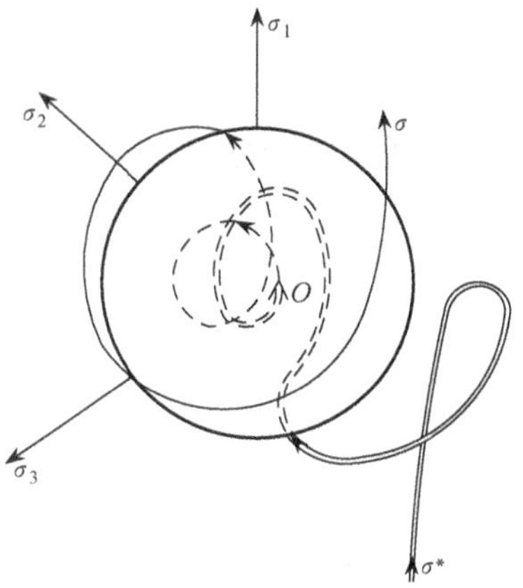

图 9.5.3　改进型罗德利格参数及其影像参数的变化关系

综上所述，$\boldsymbol{\sigma}$ 和 $\boldsymbol{\sigma}^*$ 的切换点可选择在单位球面上，即：当$\boldsymbol{\sigma}^{\mathrm{T}}\boldsymbol{\sigma}\leqslant1$ 时，姿态解算采用 $\boldsymbol{\sigma}$；当$\boldsymbol{\sigma}^{\mathrm{T}}\boldsymbol{\sigma}>1$时，姿态解算采用$\boldsymbol{\sigma}^*$。

$\boldsymbol{\sigma}^*$ 的微分方程推导如下。

由式(9.5.35a)，

$$\sigma_i^* = \frac{q_i}{q_0-1} \qquad i=1,2,3 \tag{9.5.37}$$

上式对时间求导，得：

$$\dot{\sigma}_1^* = \frac{\dot{q}_1(q_0-1)-\dot{q}_0 q_1}{(q_0-1)^2}, \quad \dot{\sigma}_2^* = \frac{\dot{q}_2(q_0-1)-\dot{q}_0 q_2}{(q_0-1)^2}, \quad \dot{\sigma}_3^* = \frac{\dot{q}_3(q_0-1)-\dot{q}_0 q_3}{(q_0-1)^2}$$

即

$$\begin{bmatrix}\dot{\sigma}_1^*\\ \dot{\sigma}_2^*\\ \dot{\sigma}_3^*\end{bmatrix}=\frac{1}{(q_0-1)^2}\begin{bmatrix}-q_1 & q_0-1 & 0 & 0\\ -q_2 & 0 & q_0-1 & 0\\ -q_3 & 0 & 0 & q_0-1\end{bmatrix}\begin{bmatrix}\dot{q}_0\\ \dot{q}_1\\ \dot{q}_2\\ \dot{q}_3\end{bmatrix}$$

$$=\frac{1}{2\,(q_0-1)^2}\begin{bmatrix}-q_1 & q_0-1 & 0 & 0\\ -q_2 & 0 & q_0-1 & 0\\ -q_3 & 0 & 0 & q_0-1\end{bmatrix}\begin{bmatrix}q_0 & -q_1 & -q_2 & -q_3\\ q_1 & q_0 & -q_3 & q_2\\ q_2 & q_3 & q_0 & -q_1\\ q_3 & -q_2 & q_1 & q_0\end{bmatrix}\begin{bmatrix}0\\ \omega_x\\ \omega_y\\ \omega_z\end{bmatrix}$$

$$=\frac{1}{2\,(q_0-1)^2}\begin{bmatrix}\times & q_1^2+q_0(q_0-1) & q_1q_2-q_3(q_0-1) & q_1q_3+q_2(q_0-1)\\ \times & q_1q_2+q_3(q_0-1) & q_2^2+q_0(q_0-1) & q_2q_3-q_1(q_0-1)\\ \times & q_1q_3-q_2(q_0-1) & q_2q_3+q_1(q_0-1) & q_3^2+q_0(q_0-1)\end{bmatrix}\begin{bmatrix}0\\ \omega_x\\ \omega_y\\ \omega_z\end{bmatrix}$$

$$=\frac{1}{2}\begin{bmatrix}\sigma_1^{*2}+\dfrac{q_0}{q_0-1} & \sigma_1^*\sigma_2^*-\sigma_3^* & \sigma_1^*\sigma_3^*+\sigma_2^*\\ \sigma_1^*\sigma_2^*+\sigma_3^* & \sigma_2^{*2}+\dfrac{q_0}{q_0-1} & \sigma_2^*\sigma_3^*-\sigma_1^*\\ \sigma_1^*\sigma_3^*-\sigma_2^* & \sigma_2^*\sigma_3^*+\sigma_1^* & \sigma_3^{*2}+\dfrac{q_0}{q_0-1}\end{bmatrix}\begin{bmatrix}\omega_x\\ \omega_y\\ \omega_z\end{bmatrix}$$

上式推导利用了式(9.5.37)。

根据(9.5.37)式和四元数的归一化特性，有

$$q_i=(q_0-1)\sigma_i^* \quad i=1,2,3 \tag{a}$$

$$q_0^2+q_1^2+q_2^2+q_3^2=1 \tag{b}$$

将式(a)代入式(b)，

$$q_0^2+(q_0-1)^2(\sigma_1^{*2}+\sigma_2^{*2}+\sigma_3^{*2})=1$$

即

$$q_0+1+(q_0-1)\boldsymbol{\sigma}^{*\mathrm{T}}\boldsymbol{\sigma}^*=0$$

所以

$$q_0=\frac{\boldsymbol{\sigma}^{*\mathrm{T}}\boldsymbol{\sigma}^*-1}{\boldsymbol{\sigma}^{*\mathrm{T}}\boldsymbol{\sigma}^*+1} \tag{9.5.38a}$$

代入式(a)得

$$q_i=-\frac{2}{\boldsymbol{\sigma}^{*\mathrm{T}}\boldsymbol{\sigma}^*+1}\sigma_i^* \tag{9.5.38b}$$

$$\frac{q_0}{q_0-1}=\frac{\boldsymbol{\sigma}^{*\mathrm{T}}\boldsymbol{\sigma}^*-1}{\boldsymbol{\sigma}^{*\mathrm{T}}\boldsymbol{\sigma}^*-1-\boldsymbol{\sigma}^{*\mathrm{T}}\boldsymbol{\sigma}^*-1}=\frac{1}{2}-\frac{1}{2}\boldsymbol{\sigma}^{*\mathrm{T}}\boldsymbol{\sigma}^*$$

因此

$$\begin{bmatrix}\dot{\sigma}_1^*\\ \dot{\sigma}_2^*\\ \dot{\sigma}_3^*\end{bmatrix}=\frac{1}{4}\begin{bmatrix}1+\sigma_1^{*2}-\sigma_2^{*2}-\sigma_3^{*2} & \sigma_1^*\sigma_2^*-\sigma_3^* & \sigma_1^*\sigma_3^*+\sigma_2^*\\ \sigma_1^*\sigma_2^*+\sigma_3^* & 1-\sigma_1^{*2}+\sigma_2^{*2}-\sigma_3^{*2} & \sigma_2^*\sigma_3^*-\sigma_1^*\\ \sigma_1^*\sigma_3^*-\sigma_2^* & \sigma_2^*\sigma_3^*+\sigma_1^* & 1-\sigma_1^{*2}-\sigma_2^{*2}+\sigma_3^{*2}\end{bmatrix}\begin{bmatrix}\omega_x\\ \omega_y\\ \omega_z\end{bmatrix} \tag{9.5.39}$$

根据式(9.2.34)和式(9.5.38)，可得由改进型罗德利格参数的影像求取姿态阵的公式：

$$C_b^n = \frac{1}{(1+\sigma_1^{*2}+\sigma_2^{*2}+\sigma_3^{*2})^2}\begin{bmatrix} \Sigma^{*2}+4(\sigma_1^{*2}-\sigma_2^{*2}-\sigma_3^{*2}) & 8\sigma_1^*\sigma_2^*-4\Sigma^*\sigma_3^* & 8\sigma_1^*\sigma_3^*+4\Sigma^*\sigma_2^* \\ 8\sigma_1^*\sigma_2^*+4\Sigma^*\sigma_3^* & \Sigma^{*2}+4(\sigma_2^{*2}-\sigma_1^{*2}-\sigma_3^{*2}) & 8\sigma_2^*\sigma_3^*-4\Sigma^*\sigma_1^* \\ 8\sigma_1^*\sigma_3^*-4\Sigma^*\sigma_2^* & 8\sigma_2^*\sigma_3^*+4\Sigma^*\sigma_1^* & \Sigma^{*2}+4(\sigma_3^{*2}-\sigma_1^{*2}-\sigma_2^{*2}) \end{bmatrix} \tag{9.5.40}$$

式中

$$\Sigma^* = 1-\boldsymbol{\sigma}^{*\mathrm{T}}\boldsymbol{\sigma}^* \tag{9.5.41}$$

3. 非对称型投影参数

如果取投影超平面通过超球球心，且超平面法线与 q_1 轴平行，投影点取(0,−1,0,0)，如图 9.5.4 所示，其中 $i=0,2,3$，则所得投影参数为非对称型投影参数。由图得投影参数为

$$\eta=\tan\alpha=\frac{q_i}{q_1+1} \quad i=0,2,3$$

即

$$\eta_1=\frac{q_0}{q_1+1} \tag{9.5.42a}$$

$$\eta_2=\frac{q_2}{q_1+1} \tag{9.5.42b}$$

$$\eta_3=\frac{q_3}{q_1+1} \tag{9.5.42c}$$

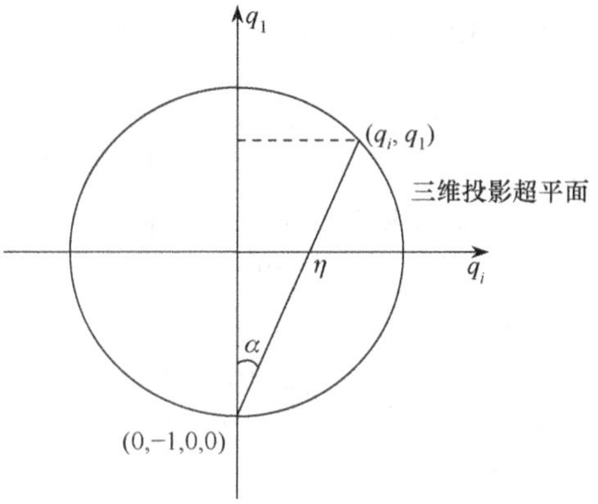

图 9.5.4　非对称型投影参数

显然，当四元数在超球面上越靠近投影点(0,−1,0,0)，在投影超平面上的投影参数就越远离超球球心，对于四元数 $\boldsymbol{Q}=[0,-1,0,0]^{\mathrm{T}}$，投影参数为∞，即投影参数出现奇异值。由于

$$\boldsymbol{Q}=\begin{bmatrix}0\\-1\\0\\0\end{bmatrix}=\begin{bmatrix}\cos\frac{\phi}{2}\\ l\sin\frac{\phi}{2}\\ m\sin\frac{\phi}{2}\\ n\sin\frac{\phi}{2}\end{bmatrix}$$

所描述的刚体等效旋转为：旋转方向为 $\boldsymbol{u}=[1\quad 0\quad 0]^{\mathrm{T}}$，旋转角为 $\phi_{s1}=-180°$，即绕 x 轴的负方向旋转过180°。根据 9.2.5 节所述，这一角位置也可用旋转角 $\phi_{s2}=360°-\phi_{s1}=540°$ 来表示。因此用此非对称型投影参数描述刚体的等效旋转时，确保投影参数非奇异的最大转角范围为(−180°,540°)，可见此范围是不对称的，因此称投影参数为非对称型投影参数。

与对称型投影参数的推导相仿，可得非对称型投影参数的微分方程：

$$\dot{\boldsymbol{\eta}}=\frac{1}{4}\begin{bmatrix}-1-\eta_1^2+\eta_2^2+\eta_3^2 & 2(\eta_1\eta_3-\eta_2) & -2(\eta_1\eta_2+\eta_3)\\ -2(\eta_1\eta_2-\eta_3) & 2(\eta_2\eta_3+\eta_1) & -1+\eta_1^2-\eta_2^2+\eta_3^2\\ -2(\eta_1\eta_3+\eta_2) & 1-\eta_1^2-\eta_2^2+\eta_3^2 & -2(\eta_2\eta_3-\eta_1)\end{bmatrix}\begin{bmatrix}\omega_x\\ \omega_y\\ \omega_z\end{bmatrix} \tag{9.5.43}$$

由非对称型投影参数确定的姿态阵为

$$\boldsymbol{C}_b^n=\frac{1}{(1+\boldsymbol{\eta}^{\mathrm{T}}\boldsymbol{\eta})^2}\begin{bmatrix}4(\eta_1^2-\eta_2^2-\eta_3^2)+H^2 & 8\eta_1\eta_2+4\eta_2 H & 8\eta_1\eta_2+4\eta_3 H\\ -8\eta_1\eta_3+4\eta_2 H & 4(\eta_1^2+\eta_2^2-\eta_3^2)-H^2 & 8\eta_2\eta_3+4\eta_1 H\\ 8\eta_1\eta_2+4\eta_3 H & 8\eta_2\eta_3-4\eta_1 H & 4(\eta_1^2-\eta_2^2+\eta_3^2)-H^2\end{bmatrix} \tag{9.5.44}$$

式中

$$H=1-\boldsymbol{\eta}^{\mathrm{T}}\boldsymbol{\eta} \tag{9.5.45}$$

投影超平面的法线还可以选择 q_2 轴或 q_3 轴，也可选择除 q_0 轴之外的任意方向上的轴，都可得到不同的非对称型投影参数，这些参数具有相似的特性，读者可根据需要选择投影超平面。

9.5.4　姿态更新各种算法的比较

欧拉角算法通过求解欧拉角微分方程直接计算航向角、俯仰角和横滚角。欧拉角微分方程关系简单明了，概念直观，容易理解，解算过程中无需作正交化处理，但方程中包含有三角运算，这给实时计算带来一定困难。而且当俯仰角接近 90°时方程出现退化现象，这相当于平台惯导中惯性平台的锁定，所以这种方法只适用于水平姿态变化不大的情况，而不适用于全姿态运载体的姿态确定。

方向余弦法对姿态矩阵微分方程作求解，避免了欧拉角法中方程的退化问题，可全姿态工作。但姿态矩阵微分方程实质上是包含九个未知量的线性微分方程组，与四元数法相比，计算量大，实时计算困难，所以工程上并不实用。

四元数法只需求解四个未知量的线性微分方程组，计算量比方向余弦法小，且算法简单，易于操作，是较实用的工程方法。但四元数法实质上是旋转矢量法中的单子样算法，对有限转动引起的不可交换误差的补偿程度不够，所以只适用于低动态运载体（如运输机等）的姿态解算。而对高动态运载体，姿态解算中的算法漂移会十分严重。

旋转矢量法可采用多子样算法实现对不可交换误差作有效补偿，算法关系简单，易于操作，并且通过对系数的优化处理使算法漂移在相同子样算法中达到最小，因此特别适用于角机动频繁激烈或存在严重角振动的运载体的姿态更新。

四元数法和旋转矢量法都通过计算姿态四元数实现姿态更新，但前者直接求解姿态四元数微分方程，而后者通过求解姿态变化四元数再求解姿态四元数，两者的算法思路并不相同。

对于诸如人造卫星等角运动比较规则的运载体，常采用罗德里格参数实现姿态确定和控制。罗德里格参数实质上是四元数在三维超平面上的投影，它去除了四元数的一个冗余度，降低了计算量。

9.6　捷联惯导系统的速度算法

在捷联惯导系统中，陀螺和加速度计的输出经计算机按一定的算法作处理后，获得离散时间点上的航向、姿态、速度及位置导航解。所以捷联惯导系统实质上是一种数字信号处理系统，系统的输入和输出是离散时间点上的数字信号。为了实现对陀螺和加速度计的输出信号在时间上的无遗漏采样和利用，系统采集的是在确定时间间隔内陀螺的角增量输出和加速度计的速度增量输出，而不是离散时间点上的角速度输出和比力输出。在工程上，常对挠性陀螺及加速度计再平衡回路中的力反馈电流作 $I-F$ 变换，转换成脉冲输出(激光陀螺输出本身就是脉冲)，采用可逆计数器对脉冲在确定的时间段内作计数，所得脉冲计数乘以相应的脉冲当量即得角增量和速度增量。同时为了避免噪声放大效应，角增量和速度增量不应该也无必要折算成角速度和比力。

当运载体同时存在线运动和角运动时，采用速度增量解算速度时必须考虑速度的旋转效应和划桨效应补偿。本节将详细分析旋转效应和划桨效应的产生机理和相应的补偿算法。

9.6.1　速度计算中的旋转效应和划桨效应分析

取地理坐标系为导航坐标系，根据式(7.4.7)，速度方程为

$$\dot{\boldsymbol{V}}^n = \boldsymbol{C}_b^n \boldsymbol{f}^b - (2\boldsymbol{\omega}_{ie}^n + \boldsymbol{\omega}_{en}^n) \times \boldsymbol{V}^n + \boldsymbol{g}^n \tag{9.6.1}$$

设速度的更新周期为 T，在每一个更新周期内对角增量和速度增量作 N 次采样。对上式作积分，得 t_m 时刻运载体在导航坐标系内的速度：

$$\boldsymbol{V}_m^n = \boldsymbol{V}_{m-1}^n + \boldsymbol{C}_{b(m-1)}^{n(m-1)} \int_{t_{m-1}}^{t_m} \boldsymbol{C}_{b(t)}^{b(m-1)} \boldsymbol{f}^b \mathrm{d}t + \int_{t_{m-1}}^{t_m} [\boldsymbol{g}^n - (2\boldsymbol{\omega}_{ie}^n + \boldsymbol{\omega}_{en}^n) \times \boldsymbol{V}^n] \mathrm{d}t \tag{9.6.2}$$

式中，$\boldsymbol{V}_m$ 和 $\boldsymbol{V}_{m-1}$ 分别为 t_m 和 t_{m-1} 时刻运载体的速度；$\boldsymbol{C}_{b(m-1)}^{n(m-1)}$ 是 t_{m-1} 时刻的姿态矩阵，为书写方便，简记为 $\boldsymbol{C}_{m-1}$；将 $n(m)$ 与 $n(m-1)$ 视为重合。

根据式(9.2.42)，对于 $t_{m-1} \leqslant t \leqslant t_m$，

$$\boldsymbol{C}_{b(t)}^{b(m-1)} = \boldsymbol{I} + \frac{\sin\Phi}{\Phi}(\boldsymbol{\Phi}\times) + \frac{1-\cos\Phi}{\Phi^2}(\boldsymbol{\Phi}\times)(\boldsymbol{\Phi}\times) \tag{9.6.3}$$

式中，$\boldsymbol{\Phi}$ 是 $b(m-1)$ 坐标系至 $b(t)$ 坐标系的等效旋转矢量，$\Phi = |\boldsymbol{\Phi}|$，$(\boldsymbol{\Phi}\times)$ 表示 $\boldsymbol{\Phi}$ 的各分量构造成的叉乘斜对称矩阵。旋转矢量 $\boldsymbol{\Phi}$ 应根据 Bortz 方程确定。但对于速度更新周期 $T = t_m - t_{m-1}$ 较短，Φ 非常微小的情况，可以有如下近似：

$$\frac{\sin\Phi}{\Phi} \approx 1$$

$$\frac{1-\cos\Phi}{\Phi^2} \approx \frac{1}{2}$$

$$\boldsymbol{\Phi} \approx \Delta\boldsymbol{\theta}$$

式中

$$\Delta\boldsymbol{\theta} = \int_{t_{m-1}}^{t} \boldsymbol{\omega}(\tau)\mathrm{d}\tau \qquad (t_{m-1} \leqslant t \leqslant t_m) \tag{9.6.4}$$

并且 $(\boldsymbol{\Phi}\times)(\boldsymbol{\Phi}\times)$ 可视为二阶小量。这样式(9.6.3)可近似为

$$\boldsymbol{C}_{b(t)}^{b(m-1)} \approx \boldsymbol{I} + (\Delta\boldsymbol{\theta}\times) \tag{9.6.5}$$

将式(9.6.5)代入式(9.6.2)，为书写简洁，略去表示投影坐标系的上标，得

$$\boldsymbol{V}_m = \boldsymbol{V}_{m-1} + \boldsymbol{C}_{m-1} \int_{t_{m-1}}^{t_m} (\boldsymbol{f} + \Delta\boldsymbol{\theta} \times \boldsymbol{f}) \mathrm{d}t + \int_{t_{m-1}}^{t_m} [\boldsymbol{g} - (2\boldsymbol{\omega}_{ie} + \boldsymbol{\omega}_{en}) \times \boldsymbol{V}_{m-1}] \mathrm{d}t \tag{9.6.6}$$

记

$$\Delta\boldsymbol{V}_{sfm} = \int_{t_{m-1}}^{t_m} (\boldsymbol{f} + \Delta\boldsymbol{\theta} \times \boldsymbol{f}) \mathrm{d}t \tag{9.6.7}$$

$$\Delta\boldsymbol{V}_{g/\mathrm{corm}} = \int_{t_{m-1}}^{t_m} [\boldsymbol{g} - (2\boldsymbol{\omega}_{ie} + \boldsymbol{\omega}_{en}) \times \boldsymbol{V}_{m-1}] \mathrm{d}t \tag{9.6.8}$$

则式(9.6.6)可写成

$$\boldsymbol{V}_m = \boldsymbol{V}_{m-1} + \boldsymbol{C}_{m-1}\Delta \boldsymbol{V}_{sfm} + \Delta \boldsymbol{V}_{g/\text{corm}} \tag{9.6.9}$$

式中，$\boldsymbol{V}_{m-1}$和$\boldsymbol{C}_{m-1}$分别是前一速度更新时间点上的运载体速度和姿态阵，$\Delta\boldsymbol{V}_{g/\text{corm}}$是在$[t_{m-1},t_m]$时间段内由有害加速度引起的速度补偿量，$\Delta\boldsymbol{V}_{sfm}$是由比力引起的速度补偿量，下面对此项作详细分析。

由式(9.6.7)得

$$\Delta \boldsymbol{V}_{sfm} = \Delta \boldsymbol{V}_m + \int_{t_{m-1}}^{t_m} \Delta\boldsymbol{\theta}(t) \times \boldsymbol{f}(t)\mathrm{d}t \tag{9.6.10}$$

式中

$$\Delta \boldsymbol{V}_m = \int_{t_{m-1}}^{t_m} \boldsymbol{f}(t)\mathrm{d}t \tag{9.6.11}$$

是加速度计在$[t_{m-1},t_m]$时间段内输出的速度增量。记

$$\Delta \boldsymbol{V}(t) = \int_{t_{m-1}}^{t} \boldsymbol{f}(\tau)\mathrm{d}\tau \tag{9.6.12}$$

则由式(9.6.4)和式(9.6.12)，有

$$\Delta\dot{\boldsymbol{\theta}}(t) = \boldsymbol{\omega}(t) \tag{9.6.13}$$

$$\Delta\dot{\boldsymbol{V}}(t) = \boldsymbol{f}(t) \tag{9.6.14}$$

由于

$$\frac{\mathrm{d}}{\mathrm{d}t}[\Delta\boldsymbol{\theta}(t)\times\Delta\boldsymbol{V}(t)] = \Delta\boldsymbol{\theta}\times\Delta\dot{\boldsymbol{V}}(t) - \Delta\boldsymbol{V}(t)\times\Delta\dot{\boldsymbol{\theta}}(t)$$

所以

$$\begin{aligned}
\Delta\boldsymbol{\theta}(t)\times\boldsymbol{f}(t) &= \Delta\boldsymbol{\theta}(t)\times\Delta\dot{\boldsymbol{V}}(t) = \frac{\mathrm{d}}{\mathrm{d}t}[\Delta\boldsymbol{\theta}(t)\times\Delta\boldsymbol{V}(t)] + \Delta\boldsymbol{V}(t)\times\Delta\dot{\boldsymbol{\theta}}(t) \\
&= \frac{1}{2}\frac{\mathrm{d}}{\mathrm{d}t}[\Delta\boldsymbol{\theta}(t)\times\Delta\boldsymbol{V}(t)] + \frac{1}{2}[\Delta\boldsymbol{\theta}(t)\times\Delta\dot{\boldsymbol{V}}(t) \\
&\quad - \Delta\boldsymbol{V}(t)\times\Delta\dot{\boldsymbol{\theta}}(t)] + \Delta\boldsymbol{V}(t)\times\Delta\dot{\boldsymbol{\theta}}(t) \\
&= \frac{1}{2}\frac{\mathrm{d}}{\mathrm{d}t}[\Delta\boldsymbol{\theta}(t)\times\Delta\boldsymbol{V}(t)] + \frac{1}{2}[\Delta\boldsymbol{\theta}(t)\times\boldsymbol{f}(t) + \Delta\boldsymbol{V}(t)\times\boldsymbol{\omega}(t)]
\end{aligned} \tag{9.6.15}$$

将式(9.6.15)代入式(9.6.10)。并考虑到式(9.6.4)和式(9.6.12)所列关系：当$t=t_m$时，$\Delta\boldsymbol{V}(t_m)=\Delta\boldsymbol{V}_m$，$\Delta\boldsymbol{\theta}(t_m)=\Delta\boldsymbol{\theta}_m$，即为$[t_{m-1},t_m]$时间段内的速度增量和角增量；当$t=t_{m-1}$时，$\Delta\boldsymbol{V}(t_{m-1})=\boldsymbol{0}$，$\Delta\boldsymbol{\theta}(t_{m-1})=\boldsymbol{0}$。所以有：

$$\Delta\boldsymbol{V}_{sfm} = \Delta\boldsymbol{V}_m + \frac{1}{2}\Delta\boldsymbol{\theta}_m\times\Delta\boldsymbol{V}_m + \frac{1}{2}\int_{t_{m-1}}^{t_m}[\Delta\boldsymbol{\theta}(t)\times\boldsymbol{f}(t) + \Delta\boldsymbol{V}(t)\times\boldsymbol{\omega}(t)]\mathrm{d}t \tag{9.6.16}$$

式(9.6.16)右端的第二项

$$\Delta\boldsymbol{V}_{\text{rotm}} = \frac{1}{2}\Delta\boldsymbol{\theta}_m\times\Delta\boldsymbol{V}_m \tag{9.6.17}$$

称为速度的旋转效应补偿项，之所以如此称谓是由于它由运载体的线运动方向在空间旋转引起。

式(9.6.16)右端的第三项

$$\Delta\boldsymbol{V}_{\text{sculm}} = \frac{1}{2}\int_{t_{m-1}}^{t_m}[\Delta\boldsymbol{\theta}(t)\times\boldsymbol{f}(t) + \Delta\boldsymbol{V}(t)\times\boldsymbol{\omega}(t)]\mathrm{d}t \tag{9.6.18}$$

称为速度的划桨效应补偿项，之所以如此命名解释如下。

假设飞机存在同频且同相的角振动和线振动，沿机体x轴的角振动和y轴的线振动分别为

$$\theta_x(t) = A_\theta \cos\Omega t,\quad P_y(t) = A_P \cos\Omega t$$

则

$$\begin{aligned}
&\omega_x(t) = \dot{\theta}_x(t) = -A_\theta \Omega \sin\Omega t \\
&V_y(t) = \dot{P}_y(t) = -A_P \Omega \sin\Omega t \\
&f_y(t) = \dot{V}_y(t) = -A_P \Omega^2 \cos\Omega t \\
&\Delta\theta_x(t) = \theta_x(t) - \theta_x(t_{m-1}) = A_\theta(\cos\Omega t - \cos\Omega t_{m-1}) \\
&\Delta V_y(t) = V_y(t) - V_y(t_{m-1}) = A_P \Omega(\sin\Omega t_{m-1} - \sin\Omega t)
\end{aligned}$$

根据式(9.6.18)

$$\begin{aligned}
\Delta \boldsymbol{V}_{\text{scul}}(t_m) =& \frac{1}{2}\int_{t_{m-1}}^{t_m} \left(\begin{bmatrix} 0 & 0 & 0 \\ 0 & 0 & -A_\theta(\cos\Omega t - \cos\Omega t_{m-1}) \\ 0 & A_\theta(\cos\Omega t - \cos\Omega t_{m-1}) & 0 \end{bmatrix} \begin{bmatrix} 0 \\ -A_P\Omega^2\cos\Omega t \\ 0 \end{bmatrix} \right. \\
&\left. + \begin{bmatrix} 0 & 0 & -A_P\Omega(\sin\Omega t - \sin\Omega t_{m-1}) \\ 0 & 0 & 0 \\ A_P\Omega(\sin\Omega t - \sin\Omega t_{m-1}) & 0 & 0 \end{bmatrix} \begin{bmatrix} -A_\theta\Omega\sin\Omega t \\ 0 \\ 0 \end{bmatrix} \right) \mathrm{d}t \\
=& \frac{1}{2}\int_{t_{m-1}}^{t_m} \begin{bmatrix} 0 \\ 0 \\ -A_\theta A_P \Omega^2 + A_\theta A_P \Omega^2 \cos\Omega(t - t_{m-1}) \end{bmatrix} \mathrm{d}t = \begin{bmatrix} 0 \\ 0 \\ -\frac{1}{2}A_\theta A_P \Omega^2 T + \frac{1}{2}A_\theta A_P \Omega \sin\Omega T \end{bmatrix}
\end{aligned}$$

上式表明：当飞机沿纵轴做线振动的同时又沿横轴做同频同相的角振动时，在飞机的立轴方向存在速度整流量$-\frac{1}{2}A_\theta A_P \Omega^2 T + \frac{1}{2}A_\theta A_P \Omega \sin\Omega T$。飞机的上述线振动和角振动形式与划艇运动类似：一方面桨绕艇的侧向轴做周期摇动，另一方面艇沿纵轴做间歇性前进。所以将式(9.6.18)称为划桨效应补偿项。此处补偿的含意是：按式(9.6.9)做速度更新时，由加速度引起的速度增量必须同时考虑由式(9.6.17)确定的旋转效应补偿项和由式(9.6.18)确定的划桨效应补偿项：

$$\Delta \boldsymbol{V}_{sfm} = \Delta \boldsymbol{V}_m + \Delta \boldsymbol{V}_{\text{rot}m} + \Delta \boldsymbol{V}_{\text{scul}m} \tag{9.6.19}$$

否则速度计算将存在划桨误差和旋转误差。

如果飞机不存在线振动和角振动，假设只存在常值线加速度和常值角速度，则根据式(9.6.4)和式(9.6.12)

$$\Delta \boldsymbol{\theta}(t) = (t - t_{m-1})\boldsymbol{\omega},\ \Delta \boldsymbol{V}(t) = (t - t_{m-1})\boldsymbol{f}$$

代入式(9.6.18)，得

$$\Delta \boldsymbol{V}_{\text{scul}}(t) = \frac{1}{2}\int_{t_{m-1}}^{t} [(t - t_{m-1})\boldsymbol{\omega} \times \boldsymbol{f} + (t - t_{m-1})\boldsymbol{f} \times \boldsymbol{\omega}]\mathrm{d}t = \boldsymbol{0}$$

即飞机不做线振动和角振动时，速度计算中的划桨效应补偿量为零。

9.6.2 划桨效应补偿算法

由于陀螺和加速度计输出的是角增量信号和速度增量信号，所以无法直接按式(9.6.18)计算划桨效应补偿项。运载体的角速度和加速度的变化十分复杂，因为运载体的运动状态往往带有任意性和随机性，所以不可能用某一确定的函数精确描述之，但可以用一简单曲线分段拟合近似描述之。而拟合曲线是可以用陀螺和加速度计测量的角增量和速度增量来表示的，一旦拟合曲线确定，式(9.6.18)便可作解析求解。为便于说明，此处用直线拟合运载体的角速度和比力，从而推导出用角增量和速度增量表示的划桨效应补偿项求解公式。

设在$[t_{m-1}, t_m]$时间段内，对运载体的角速度和比力采用线性函数作拟合：

$$\boldsymbol{\omega}(t) = \boldsymbol{a} + 2\boldsymbol{b}(t - t_{m-1})$$

$$\boldsymbol{f}(t) = \boldsymbol{A} + 2\boldsymbol{B}(t - t_{m-1})$$

则对于 $t_{m-1} \leqslant t \leqslant t_m$，

$$\Delta\boldsymbol{\theta}(t) = \int_{t_{m-1}}^{t} \boldsymbol{\omega}(\tau)\mathrm{d}\tau = \boldsymbol{a}(t - t_{m-1}) + \boldsymbol{b}(t - t_{m-1})^2$$

$$\Delta\boldsymbol{V}(t) = \int_{t_{m-1}}^{t} \boldsymbol{f}(\tau)\mathrm{d}\tau = \boldsymbol{A}(t - t_{m-1}) + \boldsymbol{B}(t - t_{m-1})^2$$

在速度更新周期 $T = t_m - t_{m-1}$ 内，对角增量和速度增量采样两次，令 $\Delta T = \dfrac{T}{2}$，由于

$$\Delta\boldsymbol{\theta}(t_{m-1} + \Delta T) = \Delta T\boldsymbol{a} + \Delta T^2\boldsymbol{b}$$

$$\Delta\boldsymbol{\theta}(t_{m-1} + 2\Delta T) = 2\Delta T\boldsymbol{a} + 4\Delta T^2\boldsymbol{b}$$

所以在$[t_{m-1}, t_{m-1} + \Delta T]$内的角增量采样值为

$$\Delta\boldsymbol{\theta}_m(1) = \Delta\boldsymbol{\theta}(t_{m-1} + \Delta T) = \Delta T\boldsymbol{a} + \Delta T^2\boldsymbol{b} \tag{9.6.20}$$

在$[t_{m-1} + \Delta T, t_m]$内的角增量采样值为

$$\Delta\boldsymbol{\theta}_m(2) = \Delta\boldsymbol{\theta}(t_{m-1} + 2\Delta T) - \Delta\boldsymbol{\theta}(t_{m-1} + \Delta T) = \Delta T\boldsymbol{a} + 3\Delta T^2\boldsymbol{b} \tag{9.6.21}$$

同理

$$\Delta\boldsymbol{V}_m(1) = \Delta T\boldsymbol{A} + \Delta T^2\boldsymbol{B} \tag{9.6.22}$$

$$\Delta\boldsymbol{V}_m(2) = \Delta T\boldsymbol{A} + 3\Delta T^2\boldsymbol{B} \tag{9.6.23}$$

分别联列求解式(9.6.20)与式(9.6.21)，式(9.6.22)与式(9.6.23)，得

$$\boldsymbol{a} = \frac{1}{2\Delta T}[3\Delta\boldsymbol{\theta}_m(1) - \Delta\boldsymbol{\theta}_m(2)] \tag{9.6.24a}$$

$$\boldsymbol{b} = \frac{1}{2\Delta T^2}[\Delta\boldsymbol{\theta}_m(2) - \Delta\boldsymbol{\theta}_m(1)] \tag{9.6.24b}$$

$$\boldsymbol{A} = \frac{1}{2\Delta T}[3\Delta\boldsymbol{V}_m(1) - \Delta\boldsymbol{V}_m(2)] \tag{9.6.24c}$$

$$\boldsymbol{B} = \frac{1}{2\Delta T^2}[\Delta\boldsymbol{V}_m(2) - \Delta\boldsymbol{V}_m(1)] \tag{9.6.24d}$$

所以

$$\begin{aligned}
&\Delta\boldsymbol{\theta}(t) \times \boldsymbol{f}(t) + \Delta\boldsymbol{V}(t) \times \boldsymbol{\omega}(t) \\
&= [\boldsymbol{a}(t - t_{m-1}) + \boldsymbol{b}(t - t_{m-1})^2] \times [\boldsymbol{A} + 2\boldsymbol{B}(t - t_{m-1})] \\
&\quad + [\boldsymbol{A}(t - t_{m-1}) + \boldsymbol{B}(t - t_{m-1})^2] \times [\boldsymbol{a} + 2\boldsymbol{b}(t - t_{m-1})] \\
&= (t - t_{m-1})^2(\boldsymbol{a} \times \boldsymbol{B} + \boldsymbol{A} \times \boldsymbol{b})
\end{aligned}$$

$$\Delta\boldsymbol{V}_{\mathrm{sculm}} = \frac{1}{2}(\boldsymbol{a} \times \boldsymbol{B} + \boldsymbol{A} \times \boldsymbol{b})\int_{t_{m-1}}^{t_m}(t - t_{m-1})^2\mathrm{d}t = \frac{T^3}{6}(\boldsymbol{a} \times \boldsymbol{B} + \boldsymbol{A} \times \boldsymbol{b})$$

将式(9.6.24)代入上式，并考虑到 $T = 2\Delta T$，得

$$\begin{aligned}
\Delta\boldsymbol{V}_{\mathrm{sculm}} = \frac{8\Delta T^3}{6}\Big\{&\frac{1}{2\Delta T}[3\Delta\boldsymbol{\theta}_m(1) - \Delta\boldsymbol{\theta}_m(2)] \times \frac{1}{2\Delta T^2}[\Delta\boldsymbol{V}_m(2) - \Delta\boldsymbol{V}_m(1)] \\
&+ \frac{1}{2\Delta T}[3\Delta\boldsymbol{V}_m(1) - \Delta\boldsymbol{V}_m(2)] \times \frac{1}{2\Delta T^2}[\Delta\boldsymbol{\theta}_m(2) - \Delta\boldsymbol{\theta}_m(1)]\Big\}
\end{aligned}$$

$$=\frac{2}{3}[\Delta\boldsymbol{V}_m(1)\times\Delta\boldsymbol{\theta}_m(2)-\Delta\boldsymbol{V}_m(2)\times\Delta\boldsymbol{\theta}_m(1)] \tag{9.6.25}$$

上式中，$\Delta\boldsymbol{\theta}_m(1)$ 和 $\Delta\boldsymbol{\theta}_m(2)$ 是 $[t_{m-1},t_m]$ 内角增量的两个等间隔采样值，$\Delta\boldsymbol{V}_m(1)$ 和 $\Delta\boldsymbol{V}_m(2)$ 是 $[t_{m-1},t_m]$ 内速度增量的两个等间隔采样值，所以称该式为划桨效应补偿项的双子样算法。双子样算法是在对角速度和比力作直线拟合的条件下得出的，如果拟合时分别采用抛物线和三次抛物线，则分别可得划桨效应补偿项的三子样算法和四子样算法。三子样和四子样算法的推导思路与双子样算法的推导思路完全相同，只不过繁杂冗长些罢了，此处只给出相应算法，而不作推导。

划桨效应补偿项的三子样算法：

$$\begin{aligned}\Delta\boldsymbol{V}_{sculm}&=k_1[\Delta\boldsymbol{\theta}_m(1)\times\Delta\boldsymbol{V}_m(3)+\Delta\boldsymbol{V}_m(1)\times\Delta\boldsymbol{\theta}_m(3)]+k_2[\Delta\boldsymbol{\theta}_m(1)\times\Delta\boldsymbol{V}_m(2)\\&\quad+\Delta\boldsymbol{\theta}_m(2)\times\Delta\boldsymbol{V}_m(3)+\Delta\boldsymbol{V}_m(1)\times\Delta\boldsymbol{\theta}_m(2)+\Delta\boldsymbol{V}_m(2)\times\Delta\boldsymbol{\theta}_m(3)]\end{aligned} \tag{9.6.26}$$

式中，$k_1=\frac{33}{80}$，$k_2=\frac{57}{80}$，$\Delta\boldsymbol{\theta}_m(1)$、$\Delta\boldsymbol{\theta}_m(2)$、$\Delta\boldsymbol{\theta}_m(3)$ 是 $[t_{m-1},t_m]$ 内角增量的三个等间隔采样值，$\Delta\boldsymbol{V}_m(1)$、$\Delta\boldsymbol{V}_m(2)$、$\Delta\boldsymbol{V}_m(3)$ 是 $[t_{m-1},t_m]$ 内速度增量的三个等间隔采样值。

划桨效应补偿项的四子样算法：

$$\begin{aligned}\Delta\boldsymbol{V}_{sculm}=&k_1[\Delta\boldsymbol{\theta}_m(1)\times\Delta\boldsymbol{V}_m(2)+\Delta\boldsymbol{\theta}_m(3)\times\Delta\boldsymbol{V}_m(4)\\&+\Delta\boldsymbol{V}_m(1)\times\Delta\boldsymbol{\theta}_m(2)+\Delta\boldsymbol{V}_m(3)\times\Delta\boldsymbol{\theta}_m(4)]\\&+k_2[\Delta\boldsymbol{\theta}_m(1)\times\Delta\boldsymbol{V}_m(3)+\Delta\boldsymbol{\theta}_m(2)\times\Delta\boldsymbol{V}_m(4)\\&+\Delta\boldsymbol{V}_m(1)\times\Delta\boldsymbol{\theta}_m(3)+\Delta\boldsymbol{V}_m(2)\times\Delta\boldsymbol{\theta}_m(4)]\\&+k_3[\Delta\boldsymbol{\theta}_m(1)\times\Delta\boldsymbol{V}_m(4)+\Delta\boldsymbol{V}_m(1)\times\Delta\boldsymbol{\theta}_m(4)]\\&+k_4[\Delta\boldsymbol{\theta}_m(2)\times\Delta\boldsymbol{V}_m(3)+\Delta\boldsymbol{V}_m(2)\times\Delta\boldsymbol{\theta}_m(3)]\end{aligned} \tag{9.6.27}$$

式中，$k_1=\frac{736}{945}$，$k_2=\frac{334}{945}$，$k_3=\frac{526}{945}$，$k_4=\frac{654}{945}$，各增量的说明同上。

从上述诸式可归纳出划桨效应补偿项的一般算法：

$$\Delta\boldsymbol{V}_{sculm}=\sum_{i=1}^{N-1}\sum_{j=i+1}^{N}k_{ij}[\Delta\boldsymbol{\theta}_m(i)\times\Delta\boldsymbol{V}_m(j)+\Delta\boldsymbol{V}_m(i)\times\Delta\boldsymbol{\theta}_m(j)] \tag{9.6.28}$$

式中，N 为角增量和速度增量的子样数。

9.6.3 划桨效应补偿项的优化算法

式(9.6.26)和式(9.6.27)所给出的三子样和四子样划桨效应补偿算法中，系数是在角速度和比力拟合成抛物线和三次抛物线的条件下获得的，而实际的角速度和比力与抛物线和三次抛物线相差甚远，所以这些系数并不能保证算法误差达到最小。与圆锥运动条件下推导旋转矢量优化算法的思路类似，此处以划桨运动为环境条件，推导出划桨效应补偿项的优化算法。

假设运载体做划桨运动，角速度和比力分别为

$$\boldsymbol{\omega}(t)=\boldsymbol{i}B\Omega\cos\Omega t \tag{9.6.29a}$$

$$\boldsymbol{f}(t)=\boldsymbol{j}C\sin\Omega t \tag{9.6.29b}$$

式中，$\boldsymbol{i}$ 和 $\boldsymbol{j}$ 为沿机体坐标系相应轴的单位向量。

记 $\Delta\boldsymbol{V}_m(k)$ 和 $\Delta\boldsymbol{\theta}_m(k+l)$ 是速度更新周期 $[t_{m-1},t_m]$ 内的第 k 个速度增量采样值和第 $k+l$ 个角增量采样值，则

$$\Delta\boldsymbol{V}_m(k)=\int_{t_{m-1}+(k-1)\Delta T}^{t_{m-1}+k\Delta T}\boldsymbol{f}(t)\mathrm{d}t=\boldsymbol{j}\frac{C}{\Omega}\{\cos\Omega[t_{m-1}+(k-1)\Delta T]-\cos\Omega(t_{m-1}+k\Delta T)\}$$

为书写方便，记

$$\tau_{k-1}=t_{m-1}+(k-1)\Delta T,\quad \lambda=\Omega\Delta T,\quad \alpha=\sin\lambda,\quad \beta=1-\cos\lambda$$

则

$$\Delta \boldsymbol{V}_m(k)=\boldsymbol{j}\frac{C}{\Omega}[\cos\Omega\tau_{k-1}-\cos(\Omega\tau_{k-1}+\lambda)]=\boldsymbol{j}\frac{C}{\Omega}(\alpha\sin\Omega\tau_{k-1}+\beta\cos\Omega\tau_{k-1})$$

$$\begin{aligned}\Delta\boldsymbol{\theta}_m(k+l)&=\boldsymbol{i}\int_{t_{m-1}+(k+l-1)\Delta T}^{t_{m-1}+(k+l)\Delta T}\boldsymbol{\omega}(t)\mathrm{d}t\\&=\boldsymbol{i}B\{\sin\Omega[t_{m-1}+(k+l)\Delta T]-\sin\Omega[t_{m-1}+(k+l-1)\Delta T]\}\\&=\boldsymbol{i}B\{\sin[\Omega\tau_{k-1}+l\lambda+\lambda]-\sin(\Omega\tau_{k-1}+l\lambda)\}\\&=\boldsymbol{i}B[\alpha\cos(\Omega\tau_{k-1}+l\lambda)-\beta\sin(\Omega\tau_{k-1}+l\lambda)]\\&=\boldsymbol{i}B[\cos\Omega\tau_{k-1}(\alpha\cos l\lambda-\beta\sin l\lambda)-\sin\Omega\tau_{k-1}(\alpha\sin l\lambda+\beta\cos l\lambda)]\end{aligned}$$

所以

$$\begin{aligned}&\Delta\boldsymbol{V}_m(k)\times\Delta\boldsymbol{\theta}_m(k+l)\\=&-\boldsymbol{k}\frac{BC}{\Omega}(\alpha\sin\Omega\tau_{k-1}+\beta\cos\Omega\tau_{k-1})[\cos\Omega\tau_{k-1}(\alpha\cos l\lambda-\beta\sin l\lambda)-\sin\Omega\tau_{k-1}(\alpha\sin l\lambda+\beta\cos l\lambda)]\end{aligned}$$

仅考虑上式中的直流分量：

$$\begin{aligned}[\Delta\boldsymbol{V}_m(k)\times\Delta\boldsymbol{\theta}_m(k+l)]_{\mathrm{rect}}&=-\boldsymbol{k}\frac{BC}{2\Omega}[\beta(\alpha\cos l\lambda-\beta\sin l\lambda)-\alpha(\alpha\sin l\lambda+\beta\cos l\lambda)]\\&=\boldsymbol{k}\frac{BC}{2\Omega}(\alpha^2+\beta^2)\sin l\lambda\\&=\boldsymbol{k}\frac{BC}{2\Omega}[\sin^2\lambda+(1-\cos\lambda)^2]\sin l\lambda\\&=\boldsymbol{k}\frac{BC}{\Omega}(\sin l\lambda-\sin l\lambda\cos\lambda)\\&=\boldsymbol{k}\frac{BC}{\Omega}\left[\sin l\lambda-\frac{1}{2}\sin(l+1)\lambda-\frac{1}{2}\sin(l-1)\lambda\right]\end{aligned}\tag{9.6.30}$$

再考虑另一种情况：

$$\Delta\boldsymbol{\theta}_m(k)=\int_{t_{m-1}+(k-1)\Delta T}^{t_{m-1}+k\Delta T}\boldsymbol{\omega}(t)\mathrm{d}t=\boldsymbol{i}B[\sin(\Omega\tau_{k-1}+\lambda)-\sin\Omega\tau_{k-1}]=\boldsymbol{i}B(\alpha\cos\Omega\tau_{k-1}-\beta\sin\Omega\tau_{k-1})$$

$$\begin{aligned}\Delta\boldsymbol{V}_m(k+l)&=\int_{t_{m-1}+(k+l-1)\Delta T}^{t_{m-1}+(k+l)\Delta T}\boldsymbol{f}(t)\mathrm{d}t\\&=\boldsymbol{j}\frac{C}{\Omega}[\cos(\Omega\tau_{k-1}+l\lambda)-\cos(\Omega\tau_{k-1}+l\lambda+\lambda)]\\&=\boldsymbol{j}\frac{C}{\Omega}[\alpha\sin(\Omega\tau_{k-1}+l\lambda)+\beta\cos(\Omega\tau_{k-1}+l\lambda)]\\&=\boldsymbol{j}\frac{C}{\Omega}[\cos\Omega\tau_{k-1}(\alpha\sin l\lambda+\beta\cos l\lambda)+\sin\Omega\tau_{k-1}(\alpha\cos l\lambda-\beta\sin l\lambda)]\end{aligned}$$

$$\begin{aligned}\Delta\boldsymbol{\theta}_m(k)\times\Delta\boldsymbol{V}_m(k+l)=&\ \boldsymbol{k}\frac{BC}{\Omega}(\alpha\cos\Omega\tau_{k-1}-\beta\sin\Omega\tau_{k-1})\\&\times[\cos\Omega\tau_{k-1}(\alpha\sin l\lambda+\beta\cos l\lambda)+\sin\Omega\tau_{k-1}(\alpha\cos l\lambda-\beta\sin l\lambda)]\end{aligned}$$

仅考虑上式中的直流分量：

$$[\Delta\boldsymbol{\theta}_m(k)\times\Delta\boldsymbol{V}_m(k+l)]_{\text{rect}}=\boldsymbol{k}\frac{BC}{2\Omega}[\alpha(\alpha\sin l\lambda+\beta\cos l\lambda)-\beta(\alpha\cos l\lambda-\beta\sin l\lambda)]$$

$$=\boldsymbol{k}\frac{BC}{2\Omega}(\alpha^2+\beta^2)\sin l\lambda$$

$$=\boldsymbol{k}\frac{BC}{\Omega}\left[\sin l\lambda-\frac{1}{2}\sin(l+1)\lambda-\frac{1}{2}\sin(l-1)\lambda\right] \tag{9.6.31}$$

比较式(9.6.30)和式(9.6.31)，得

$$[\Delta\boldsymbol{V}_m(k)\times\Delta\boldsymbol{\theta}_m(k+l)]_{\text{rect}}=[\Delta\boldsymbol{\theta}_m(k)\times\Delta\boldsymbol{V}_m(k+l)]_{\text{rect}}$$
$$=\boldsymbol{k}\frac{BC}{\Omega}\left[\sin l\lambda-\frac{1}{2}\sin(l+1)\lambda-\frac{1}{2}\sin(l-1)\lambda\right] \tag{9.6.32}$$

有了式(9.6.32)所述关系，可以方便地确定出划桨效应补偿项中的最佳系数。此处以三子样算法为例说明之。

由式(9.6.26)，划桨效应补偿项的三子样算法为

$$\Delta\hat{\boldsymbol{V}}_{\text{sculm}}=k_1[\Delta\boldsymbol{\theta}_m(1)\times\Delta\boldsymbol{V}_m(3)+\Delta\boldsymbol{V}_m(1)\times\Delta\boldsymbol{\theta}_m(3)]+k_2[\Delta\boldsymbol{\theta}_m(1)\times\Delta\boldsymbol{V}_m(2)$$
$$+\Delta\boldsymbol{\theta}_m(2)\times\Delta\boldsymbol{V}_m(3)+\Delta\boldsymbol{V}_m(1)\times\Delta\boldsymbol{\theta}_m(2)+\Delta\boldsymbol{V}_m(2)\times\Delta\boldsymbol{\theta}_m(3)]$$

式中，k_1 和 k_2 是需要确定的最优系数。

根据式(9.6.32)，上式可写成

$$\Delta\hat{\boldsymbol{V}}_{\text{sculm}}=\boldsymbol{k}\frac{BC}{\Omega}\left[k_1\left(\sin2\lambda-\frac{1}{2}\sin3\lambda-\frac{1}{2}\sin\lambda\right)\cdot2+k_2\left(\sin\lambda-\frac{1}{2}\sin2\lambda\right)\cdot4\right]$$
$$=\boldsymbol{k}\frac{BC}{\Omega}[\sin\lambda(4k_2-k_1)+\sin2\lambda(2k_1-2k_2)-k_1\sin3\lambda]$$

而根据式(9.6.29)所示划桨运动，得

$$\Delta\boldsymbol{\theta}(t)=\int_{t_{m-1}}^{t}\boldsymbol{\omega}(\tau)\mathrm{d}\tau=\boldsymbol{i}B(\sin\Omega t-\sin\Omega t_{m-1})$$

$$\Delta\boldsymbol{V}(t)=\int_{t_{m-1}}^{t}\boldsymbol{f}(\tau)\mathrm{d}\tau=-\boldsymbol{j}\frac{C}{\Omega}(\cos\Omega t-\cos\Omega t_{m-1})$$

将上述两式和式(9.6.29)代入式(9.6.18)，得在划桨运动条件下划桨效应补偿项的精确计算值为

$$\Delta\boldsymbol{V}_{\text{sculm}}=\frac{1}{2}\int_{t_{m-1}}^{t_m}\left[\boldsymbol{i}B(\sin\Omega t-\sin\Omega t_{m-1})\times\boldsymbol{j}C\sin\Omega t-\boldsymbol{j}\frac{C}{\Omega}(\cos\Omega t-\cos\Omega t_{m-1})\times\boldsymbol{i}B\Omega\cos\Omega t\right]\mathrm{d}t$$
$$=\boldsymbol{k}\frac{BC}{2}\int_{t_{m-1}}^{t_m}[(\sin\Omega t-\sin\Omega t_{m-1})\sin\Omega t+\cos\Omega t(\cos\Omega t-\cos\Omega t_{m-1})]\mathrm{d}t$$
$$=\boldsymbol{k}\frac{BC}{2}\int_{t_{m-1}}^{t_m}[1-\cos\Omega(t-t_{m-1})]\mathrm{d}t=\boldsymbol{k}\frac{BC}{2}\left(T-\frac{1}{\Omega}\sin\Omega T\right)$$

对于三子样算法，$T=3\Delta T$，所以

$$\Delta\boldsymbol{V}_{\text{sculm}}=\boldsymbol{k}\frac{BC}{2}\left(3\Delta T-\frac{1}{\Omega}\sin3\Omega\Delta T\right)=\boldsymbol{k}\frac{BC}{2\Omega}(3\lambda-\sin3\lambda)$$

因此三子样引起的算法误差为

$$\Delta\tilde{\boldsymbol{V}}_{\text{sculm}}=\Delta\hat{\boldsymbol{V}}_{\text{sculm}}-\Delta\boldsymbol{V}_{\text{sculm}}$$
$$=\boldsymbol{k}\frac{BC}{\Omega}\left[2k_1\left(\sin2\lambda-\frac{1}{2}\sin3\lambda-\frac{1}{2}\sin\lambda\right)+4k_2\left(\sin\lambda-\frac{1}{2}\sin2\lambda\right)-\left(\frac{3}{2}\lambda-\frac{1}{2}\sin3\lambda\right)\right]$$

$$=\boldsymbol{k}\frac{BC}{\Omega}\left[-\frac{3}{2}\lambda+(4k_2-k_1)\sin\lambda+(2k_1-2k_2)\sin2\lambda+\left(\frac{1}{2}-k_1\right)\sin3\lambda\right]$$

$$=\boldsymbol{k}\frac{BC}{\Omega}\left\{\lambda\left[-\frac{3}{2}+4k_2-k_1+(2k_1-2k_2)\cdot 2+\left(\frac{1}{2}-k_1\right)\cdot 3\right]\right.$$

$$+\frac{\lambda^3}{3!}\left[-(4k_2-k_1)-(2k_1-2k_2)\cdot 2^3-\left(\frac{1}{2}-k_1\right)\cdot 3^3\right]$$

$$\left.+\frac{\lambda^5}{5!}\left[(4k_2-k_1)+(2k_1-2k_2)\cdot 2^5+\left(\frac{1}{2}-k_1\right)\cdot 3^5\right]+\cdots\right\}$$

$$=\boldsymbol{k}\frac{BC}{\Omega}\left[-\frac{\lambda^3}{3!}\left(12k_1+12k_2-\frac{27}{2}\right)+\frac{\lambda^5}{5!}\left(-180k_1-60k_2+\frac{243}{2}\right)+\cdots\right]$$

由于$\lambda=\Omega\cdot\Delta T$，运载体振动为机械振动，频率并不高，$\Delta T$为增量子样的采样周期，量级为毫秒级，所以一般情况下是满足$\lambda<1$的条件的，可见λ的幂次越低对误差的影响越大，因此选择系数k_1和k_2时应使三次幂及五次幂的系数为零，即有

$$\begin{cases}12k_1+12k_2-\dfrac{27}{2}=0\\[2ex]-180k_1-60k_2+\dfrac{243}{2}=0\end{cases}$$

联立求解上述方程组，得

$$k_1=\frac{9}{20},k_2=\frac{27}{40}$$

此即为式(9.6.26)三子样算法中的优化系数，采用此系数将使三子样算法产生的划桨误差达到最小。

采用相同的分析方法，可得双子样和四子样算法的优化系数。现将双子样、三子样、四子样算法的优化系一并列出如下：

双子样算法：$k_1=\dfrac{2}{3}$；

三子样算法：$k_1=\dfrac{9}{20},k_2=\dfrac{27}{40}$；

四子样算法：$k_1=\dfrac{54}{105},k_2=\dfrac{46}{105},k_3=\dfrac{214}{315}$。

9.7　捷联惯导系统的位置算法

惯性器件均以增量形式输出测量信息，在这种情况下，速度和姿态只在各自的更新时间点上才有输出，所以位置解也只能根据离散时间点上的速度和角增量和速度增量求取。而运载体的运动是复杂空间角运动和线运动的复合，在采用增量形式求解差分方程确定位置解时，必须对角运动和线运动的耦合作补偿。本节介绍惯性器件的输出是角增量和速度增量情况下的位置解算算法，位置解算中的旋转效应及涡卷效应分析，以及相应的补偿算法和补偿算法的优化。

9.7.1　位置矩阵的确定

对于工作在非极区的捷联惯导，导航坐标系一般选用地理坐标系，相应的位置速率为

$$\boldsymbol{\omega}_{en}^{n}=\begin{bmatrix}-\dfrac{V_N}{R_M+h}\\ \dfrac{V_E}{R_N+h}\\ \dfrac{V_E}{R_N+h}\tan L\end{bmatrix}=\begin{bmatrix}0 & -\dfrac{1}{R_M+h} & 0\\ \dfrac{1}{R_N+h} & 0 & 0\\ \dfrac{\tan L}{R_N+h} & 0 & 0\end{bmatrix}\begin{bmatrix}V_E\\ V_N\\ V_U\end{bmatrix}=\boldsymbol{F}(t)\boldsymbol{V}^n(t) \tag{9.7.1}$$

式中

$$\boldsymbol{F}(t)=\begin{bmatrix}0 & -\dfrac{1}{R_M+h} & 0\\ \dfrac{1}{R_N+h} & 0 & 0\\ \dfrac{\tan L}{R_N+h} & 0 & 0\end{bmatrix} \tag{9.7.2}$$

V_E、V_N、V_U分别为运载体沿东、北、天方向的速度。R_M 和 R_N 分别为运载体所在点子午圈和卯酉圈的曲率半径，L 为运载体所在点的纬度，h 为运载体所在点的高度。

设位置更新周期为 $T_l=t_l-t_{l-1}$，$n(l)$ 和 $n(l-1)$ 分别为 t_l 时刻和 t_{l-1} 时刻的导航坐标系。由于位置速率$\boldsymbol{\omega}_{en}$十分微小，而且由于 T_l 很小，在$[t_{l-1},t_l]$时间段内运载体的速度可近似看作不变，所以 $n(l-1)$ 坐标系至 $n(l)$ 坐标系的旋转矢量可写成：

$$\boldsymbol{\xi}_l\approx\int_{t_{l-1}}^{t_l}\boldsymbol{\omega}_{en}^{n}(t)\mathrm{d}t\approx\hat{\boldsymbol{F}}_{(l-1,l)/2}\Delta\boldsymbol{R}_l^n \tag{9.7.3}$$

其中，在计算$\hat{\boldsymbol{F}}_{(l-1,l)/2}$时，所用纬度为

$$\hat{L}_{(l-1,l)/2}=\hat{L}_{l-1}+\frac{1}{2}(\hat{L}_{l-1}-\hat{L}_{l-2})=\frac{3}{2}\hat{L}_{l-1}-\frac{1}{2}\hat{L}_{l-2}$$

即为在 $t=\dfrac{1}{2}(t_{l-1}+t_l)$时间点上纬度的线性外推值

$$\Delta\boldsymbol{R}_l^n=\int_{t_{l-1}}^{t_l}\boldsymbol{V}^n(t)\mathrm{d}t$$

设 $T_l=MT_m$，即经过 M 次速度更新后作一次位置更新，则

$$\Delta\boldsymbol{R}_l^n=\sum_{m=1}^{M}\Delta\boldsymbol{R}_m^n \tag{9.7.4}$$

式中

$$\boldsymbol{R}_m^n=\int_{t_{l-1}+(m-1)T_m}^{t_{l-1}+mT_m}\boldsymbol{V}^n(t)\mathrm{d}t$$

记 $t_{m-1}=t_{l-1}+(m-1)T_m$，$t_m=t_{l-1}+mT_m$，则

$$\Delta\boldsymbol{R}_m^n=\int_{t_{m-1}}^{t_m}\boldsymbol{V}^n(t)\mathrm{d}t$$

若已求得$\boldsymbol{\xi}_l$，则根据式(9.2.42)

$$\boldsymbol{C}_{n(l)}^{n(l-1)}=\boldsymbol{I}+\frac{\sin\xi_l}{\xi_l}(\boldsymbol{\xi}_l\times)+\frac{1-\cos\xi_l}{\xi_l^2}(\boldsymbol{\xi}_l\times)^2 \tag{9.7.5}$$

由于 $\xi_l=|\boldsymbol{\xi}_l|$很小，所以上式可取一阶近似：

$$\boldsymbol{C}_{n(l)}^{n(l-1)}=\boldsymbol{I}+(\boldsymbol{\xi}_l\times) \tag{9.7.6a}$$

亦即

$$C_{n(l-1)}^{n(l)} = I - (\xi_l \times) \tag{9.7.6b}$$

上述诸式中，$(\xi_l \times)$是由ξ_l的各分量构成的向量叉乘斜对称矩阵，即

$$(\xi_l \times) = \begin{bmatrix} 0 & -\xi_{lz} & \xi_{ly} \\ \xi_{lz} & 0 & -\xi_{lx} \\ -\xi_{ly} & \xi_{lx} & 0 \end{bmatrix} \tag{9.7.7}$$

t_l时刻的位置矩阵可按下式确定：

$$C_e^{n(l)} = C_{n(l-1)}^{n(l)} C_e^{n(l-1)} \tag{9.7.8}$$

式中，$C_e^{n(l-1)}$为上一位置更新时间点上确定的位置矩阵。

根据式(8.1.10)，经度和纬度与位置矩阵间存在如下关系：

$$C_e^n = \begin{bmatrix} -\sin\lambda & \cos\lambda & 0 \\ -\sin L\cos\lambda & -\sin L\sin\lambda & \cos L \\ \cos L\cos\lambda & \cos L\sin\lambda & \sin L \end{bmatrix}$$

所以，如果已求得位置矩阵

$$C_e^n = \begin{bmatrix} P_{11} & P_{12} & P_{13} \\ P_{21} & P_{22} & P_{23} \\ P_{31} & P_{32} & P_{33} \end{bmatrix}$$

则

$$L = \arcsin P_{33} \tag{9.7.9}$$

$$\lambda_{主} = \arctan\frac{P_{32}}{P_{31}} \tag{9.7.10}$$

λ的真值根据表9.7.1判别求取。

高度求取如下：

$$h_l = h_{l-1} + \Delta R_{zl}^n \tag{9.7.11}$$

式中，ΔR_{zl}^n是ΔR_l^n沿导航坐标系z轴的分量。

上述分析说明，只要确定出$\Delta R_m^n(m=1,2,\cdots,M)$，就可以确定出运载体在$t_l$时刻的高度和位置矩阵，从位置矩阵又可确定出经度和纬度。

表 9.7.1 经度真值的求取

P_{31} \ $\lambda_{主}$	−	+
−	$\lambda=\lambda_{主}+180°$	$\lambda=\lambda_{主}-180°$
+	$\lambda=\lambda_{主}$	

9.7.2 位置解算中的旋转效应和涡卷效应分析

ΔR_m^n可采用梯形积分近似确定：

$$\Delta R_m^n = \frac{T_m}{2}(V_m^n + V_{m-1}^n) \tag{9.7.12}$$

式中，V_m^n和V_{m-1}^n分别是t_m和t_{m-1}时刻运载体的速度，由速度更新算法确定。但梯形积分引起的误差太大，只能在精度要求不高的场合使用，对于精度要求高的使用场合，应该采用高分辨率算法。

由于$[t_{m-1}, t_m]$时间段很短，重力加速度和有害加速度补偿项在该时间段内变化十分缓慢，

可近似看作常值，所以其积分值可近似看作时间的线性函数，根据式(9.6.9)

$$\boldsymbol{V}^n(t)=\boldsymbol{V}^n_{m-1}+\Delta\boldsymbol{V}^n_{sf}(t)+(\Delta\boldsymbol{V}^n_{gm}+\Delta\boldsymbol{V}^n_{\text{corm}})\frac{t-t_{m-1}}{T_m}\qquad(t_{m-1}\leqslant t\leqslant t_m)\tag{9.7.13}$$

式中

$$\Delta\boldsymbol{V}^n_{sf}(t)=\int_{t_{m-1}}^{t}\boldsymbol{C}^{n(l-1)}_{b(\tau)}\boldsymbol{f}^b(\tau)\mathrm{d}\tau\tag{9.7.14}$$

对式(9.7.13)两边在$[t_{m-1},t_m]$时间段内积分，得

$$\Delta\boldsymbol{R}^n_m=\left[\boldsymbol{V}^n_{m-1}+\frac{1}{2}(\Delta\boldsymbol{V}^n_{gm}+\Delta\boldsymbol{V}^n_{\text{corm}})\right]T_m+\Delta\boldsymbol{R}^n_{sfm}\tag{9.7.15}$$

式中

$$\Delta\boldsymbol{R}^n_{sfm}=\int_{t_{m-1}}^{t_m}\Delta\boldsymbol{V}^n_{sf}(t)\mathrm{d}t\tag{9.7.16}$$

$$\begin{aligned}\Delta\boldsymbol{V}^n_{sf}(t)&=\boldsymbol{C}^{n(t)}_{n(l-1)}\Delta\boldsymbol{V}^{n(l-1)}_{sf}(t)=\boldsymbol{C}^{n(t)}_{n(m-1)}\boldsymbol{C}^{n(m-1)}_{n(l-1)}\Delta\boldsymbol{V}^{n(l-1)}_{sf}(t)\\&=\left(\boldsymbol{C}^{n(t)}_{n(m-1)}-\boldsymbol{I}\right)\boldsymbol{C}^{n(m-1)}_{n(l-1)}\Delta\boldsymbol{V}^{n(l-1)}_{sf}(t)+\boldsymbol{C}^{n(m-1)}_{n(l-1)}\Delta\boldsymbol{V}^{n(l-1)}_{sf}(t)\end{aligned}\tag{9.7.17}$$

设在$[t_{m-1},t_m]$时间段内，导航坐标系的旋转矢量为$\boldsymbol{\xi}_m$，加速度计的速度增量为 $\Delta\boldsymbol{V}^b_m$，t_m 时刻的姿态阵为$\boldsymbol{C}^{n(l-1)}_{b(m)}$，则

$$\Delta\boldsymbol{V}^{n(l-1)}_{sfm}=\boldsymbol{C}^{n(l-1)}_{b(m)}\Delta\boldsymbol{V}^b_m$$

而速度更新周期 $T_m=t_m-t_{m-1}$很短，在该时刻段内导航坐标系的旋转可近似看作匀速的，加速度也可近似看作不变，所以对 $t_{m-1}\leqslant t\leqslant t_m$

$$\boldsymbol{\xi}(t)=\frac{t-t_{m-1}}{T_m}\boldsymbol{\xi}_m\tag{9.7.18}$$

$$\Delta\boldsymbol{V}^{n(l-1)}_{sf}(t)=\frac{t-t_{m-1}}{T_m}\Delta\boldsymbol{V}^{n(l-1)}_{sfm}\tag{9.7.19}$$

由式(9.7.18)

$$\boldsymbol{C}^{n(t)}_{n(m-1)}-\boldsymbol{I}=\begin{bmatrix}0&\xi_{mz}&-\xi_{my}\\-\xi_{mz}&0&\xi_{mx}\\\xi_{my}&-\xi_{mx}&0\end{bmatrix}\cdot\frac{t-t_{m-1}}{T_m}=\frac{t-t_{m-1}}{T_m}[\boldsymbol{C}^{n(m)}_{n(m-1)}-\boldsymbol{I}]\tag{9.7.20}$$

将式(9.7.18)、式(9.7.19)和式(9.7.20)代入式(9.7.17)

$$\begin{aligned}\Delta\boldsymbol{V}^n_{sf}(t)&=[\boldsymbol{C}^{n(m)}_{n(m-1)}-\boldsymbol{I}]\boldsymbol{C}^{n(m-1)}_{n(l-1)}\Delta\boldsymbol{V}^{n(l-1)}_{sfm}\frac{(t-t_{m-1})^2}{T_m^2}+\boldsymbol{C}^{n(m-1)}_{n(l-1)}\boldsymbol{C}^{n(l-1)}_{b(m-1)}\Delta\boldsymbol{V}^{b(m-1)}_{sf}(t)\\&=[\boldsymbol{C}^{n(m)}_{n(l-1)}-\boldsymbol{C}^{n(m-1)}_{n(l-1)}]\Delta\boldsymbol{V}^{n(l-1)}_{sfm}\frac{(t-t_{m-1})^2}{T_m^2}+\boldsymbol{C}^{n(m-1)}_{n(l-1)}\boldsymbol{C}^{n(l-1)}_{b(m-1)}\Delta\boldsymbol{V}^{b(m-1)}_{sf}(t)\end{aligned}\tag{9.7.21}$$

根据式(9.6.16)

$$\Delta\boldsymbol{V}^{b(m-1)}_{sf}(t)=\Delta\boldsymbol{V}^b(t)+\frac{1}{2}\Delta\boldsymbol{\theta}^b(t)\times\Delta\boldsymbol{V}^b(t)+\Delta\boldsymbol{V}^b_{\text{scul}}(t)\tag{9.7.22}$$

式中，划桨补偿量为

$$\Delta\boldsymbol{V}^b_{\text{scul}}(t)=\frac{1}{2}\int_{t_{m-1}}^{t}[\Delta\boldsymbol{\theta}^b(\tau)\times\boldsymbol{f}^b(\tau)+\Delta\boldsymbol{V}^b(\tau)\times\boldsymbol{\omega}^b(\tau)]\mathrm{d}\tau\tag{9.7.23}$$

$\Delta\boldsymbol{\theta}^b(\tau)$和 $\Delta\boldsymbol{V}^b(\tau)$分别为$[t_{m-1},\tau]$时间段内陀螺的角增量输出和加速度计的速度增量输出。

根据式(9.7.6b)

$$\boldsymbol{C}_{n(l-1)}^{n(m)}-\boldsymbol{C}_{n(l-1)}^{n(m-1)}=\boldsymbol{I}-(\boldsymbol{\xi}_{l-1,m}\times)-[\boldsymbol{I}-(\boldsymbol{\xi}_{l-1,m-1}\times)]$$
$$=[(\boldsymbol{\xi}_{l-1,m-1}-\boldsymbol{\xi}_{l-1,m})\times] \tag{9.7.24}$$

将式(9.7.24)代入式(9.7.21)后积分，得

$$\Delta\boldsymbol{R}_{sfm}^{n}=\frac{T_m}{3}[(\boldsymbol{\xi}_{l-1,m-1}-\boldsymbol{\xi}_{l-1,m})\times]\Delta\boldsymbol{V}_{sfm}^{n(l-1)}+\boldsymbol{C}_{n(l-1)}^{n(m-1)}\boldsymbol{C}_{b(m-1)}^{n(l-1)}\Delta\boldsymbol{R}_{sfm}^{b(m-1)}$$

式中，$\boldsymbol{\xi}_{l-1,m-1}$ 和 $\boldsymbol{\xi}_{l-1,m}$ 为导航坐标系分别在 $[t_{l-1},t_{m-1}]$ 和 $[t_{l-1},t_m]$ 时间段内的旋转矢量，按式(9.7.3)

$$\boldsymbol{\xi}_{l-1,m-1}\approx\hat{\boldsymbol{F}}_{(l-1,m-1)/2}\sum_{j=1}^{m-1}\Delta\boldsymbol{R}_j$$

$$\boldsymbol{\xi}_{l-1,m}\approx\hat{\boldsymbol{F}}_{(l-1,m)/2}\sum_{j=1}^{m}\Delta\boldsymbol{R}_j$$

计算中所用的纬度为

$$\hat{L}_{(l-1,m-1)/2}=\hat{L}_{l-1}+\frac{t_{m-1}-t_{l-1}}{2T_l}(\hat{L}_{l-1}-\hat{L}_{l-2})$$

$$\hat{L}_{(l-1,m)/2}=\hat{L}_{l-1}+\frac{t_m-t_{l-1}}{2T_l}(\hat{L}_{l-1}-\hat{L}_{l-2})$$

由式(9.7.22)

$$\Delta\boldsymbol{R}_{sfm}^{b(m-1)}=\int_{t_{m-1}}^{t_m}\Delta\boldsymbol{V}_{sf}^{b(m-1)}(t)\mathrm{d}t$$
$$=\int_{t_{m-1}}^{t_m}\left[\Delta\boldsymbol{V}^b(t)+\frac{1}{2}\Delta\boldsymbol{\theta}^b(t)\times\Delta\boldsymbol{V}^b(t)+\Delta\boldsymbol{V}_{\mathrm{scul}}^b(t)\right]\mathrm{d}t \tag{9.7.25}$$

记

$$\boldsymbol{\gamma}_1=\frac{1}{2}\int_{t_{m-1}}^{t_m}\Delta\boldsymbol{\theta}^b(t)\times\Delta\boldsymbol{V}^b(t)\mathrm{d}t$$

对上述积分采用分步积分法求取，并记

$$\boldsymbol{\gamma}_2=\frac{1}{2}\int_{t_{m-1}}^{t_m}\Delta\boldsymbol{\theta}^b(t)\times\Delta\boldsymbol{V}^b(t)\mathrm{d}t=\frac{1}{2}\boldsymbol{S}_{\Delta\theta m}^b\times\Delta\boldsymbol{V}_m^b-\frac{1}{2}\int_{t_{m-1}}^{t_m}\boldsymbol{S}_{\Delta\theta}^b(t)\times\boldsymbol{f}^b(t)\mathrm{d}t$$

$$\boldsymbol{\gamma}_3=\frac{1}{2}\int_{t_{m-1}}^{t_m}\Delta\boldsymbol{\theta}^b(t)\times\Delta\boldsymbol{V}^b(t)\mathrm{d}t=\frac{1}{2}\Delta\boldsymbol{\theta}_m^b\times\boldsymbol{S}_{\Delta vm}^b+\frac{1}{2}\int_{t_{m-1}}^{t_m}\boldsymbol{S}_{\Delta v}^b(t)\times\boldsymbol{\omega}^b(t)\mathrm{d}t$$

则

$$\frac{1}{2}\int_{t_{m-1}}^{t_m}\Delta\boldsymbol{\theta}^b(t)\times\Delta\boldsymbol{V}^b(t)\mathrm{d}t=\frac{1}{3}(\boldsymbol{\gamma}_1+\boldsymbol{\gamma}_2+\boldsymbol{\gamma}_3)$$
$$=\frac{1}{6}(\boldsymbol{S}_{\Delta\theta m}^b\times\Delta\boldsymbol{V}_m^b+\Delta\boldsymbol{\theta}_m^b\times\boldsymbol{S}_{\Delta vm}^b)+\frac{1}{6}\int_{t_{m-1}}^{t_m}[\boldsymbol{S}_{\Delta v}^b(t)\times\boldsymbol{\omega}^b(t)$$
$$-\boldsymbol{S}_{\Delta\theta}^b(t)\times\boldsymbol{f}^b(t)+\Delta\boldsymbol{\theta}^b(t)\times\Delta\boldsymbol{V}^b(t)]\mathrm{d}t \tag{9.7.26}$$

上式代入式(9.7.25)

$$\Delta\boldsymbol{R}_{sfm}^{b(m-1)}=\boldsymbol{S}_{\Delta vm}^b+\Delta\boldsymbol{R}_{\mathrm{rotm}}^b+\Delta\boldsymbol{R}_{\mathrm{scrlm}}^b \tag{9.7.27}$$

式中

$$\boldsymbol{S}_{\Delta vm}^b=\int_{t_{m-1}}^{t_m}\Delta\boldsymbol{V}^b(t)\mathrm{d}t=\int_{t_{m-1}}^{t_m}\int_{t_{m-1}}^{t}\boldsymbol{f}^b(\tau)\mathrm{d}\tau\mathrm{d}t \tag{9.7.28}$$

为比力的二次积分增量。

$$\Delta\boldsymbol{R}^b_{\text{rot}m} = \frac{1}{6}(\boldsymbol{S}^b_{\Delta\theta m} \times \Delta\boldsymbol{V}^b_m + \Delta\boldsymbol{\theta}^b_m \times \boldsymbol{S}^b_{\Delta v m}) \tag{9.7.29}$$

称为位置计算中的旋转效应补偿量。

$$\Delta\boldsymbol{R}^b_{scrlm} = \frac{1}{6}\int_{t_{m-1}}^{t_m} [\boldsymbol{S}^b_{\Delta v}(t) \times \boldsymbol{\omega}^b(t) - \boldsymbol{S}^b_{\Delta\theta}(t) \times \boldsymbol{f}^b(t) + \Delta\boldsymbol{\theta}^b(t) \times \Delta\boldsymbol{V}^b(t) + 6\Delta\boldsymbol{V}_{\text{scul}}(t)]\mathrm{d}t \tag{9.7.30}$$

称为位置计算中的涡卷效应补偿量。

式(9.7.30)说明，影响涡卷效应的因素有划桨效应和运载体角运动和线运动之间的耦合效应。

假设运载体的角速度和加速度均为常值，即$\boldsymbol{\omega}(t)=\boldsymbol{\omega}$，$\boldsymbol{f}(t)=\boldsymbol{f}$，则对 $t_{m-1}\leqslant t\leqslant t_m$，

$$\Delta\boldsymbol{\theta}(t) = (t-t_{m-1})\boldsymbol{\omega},\quad \Delta\boldsymbol{V}(t) = (t-t_{m-1})\boldsymbol{f}$$

$$\boldsymbol{S}_{\Delta\theta}(t) = \frac{1}{2}(t-t_{m-1})^2\boldsymbol{\omega},\quad \boldsymbol{S}_{\Delta v}(t) = \frac{1}{2}(t-t_{m-1})^2\boldsymbol{f}$$

根据式(9.7.23)

$$\Delta\boldsymbol{V}_{\text{scul}}(t) = \frac{1}{2}\int_{t_{m-1}}^{t}[(\tau-t_{m-1})\boldsymbol{\omega}\times\boldsymbol{f} + (\tau-t_{m-1})\boldsymbol{f}\times\boldsymbol{\omega}]\mathrm{d}\tau = \boldsymbol{0}$$

上述诸式代入式(9.7.30)

$$\Delta\boldsymbol{R}_{\text{scrl}m}(t) = \frac{1}{6}\int_{t_{m-1}}^{t_m}\left[\frac{1}{2}(t-t_{m-1})^2(\boldsymbol{f}\times\boldsymbol{\omega} - \boldsymbol{\omega}\times\boldsymbol{f}) + (t-t_{m-1})^2\boldsymbol{\omega}\times\boldsymbol{f} + \boldsymbol{0}\right]\mathrm{d}t = \boldsymbol{0}$$

上述分析说明，当运载体的角速度和加速度均为常值时，涡卷效应补偿量为零。但应注意旋转效应补偿量不为零。

如果运载体的角速度和加速度虽然随时间而变，但始终保持共线，则涡卷效应补偿量和旋转效应补偿量均为零，读者可自行分析之。

9.7.3　旋转效应和涡卷效应补偿算法

由式(9.7.29)和式(9.7.30)给出的旋转效应和涡卷效应补偿计算公式中具有积分形式，而相应量的时间函数是不知道的，所以公式并不实用。与速度解算类似，应该将公式转换成只含角增量和速度增量的表达式才适用于工程。为此，可将运载体在$[t_{m-1}, t_m]$时间段内的角速度和比力拟合成直线、抛物线或三次抛物线等有规律函数，这样做的好处是：一方面拟合曲线可以用角增量和速度增量来表示，另一方面可以根据拟合曲线求取相应积分。此处以角速度和比力都采用直线拟合为例，说明旋转效应和涡卷效应实用补偿算法的具体推导方法。对于角速度和比力采用高次曲线拟合的情况，算法的推导方法与此完全相同，只不过繁杂冗长些罢了。

假设在速度更新周期$[t_{m-1}, t_m]$内采用直线拟合角速度和比力，即对于 $t_{m-1}\leqslant t\leqslant t_m$

$$\boldsymbol{\omega}(t) = \boldsymbol{a} + \boldsymbol{b}(t-t_{m-1}) \tag{9.7.31}$$

$$\boldsymbol{f}(t) = \boldsymbol{A} + \boldsymbol{B}(t-t_{m-1}) \tag{9.7.32}$$

此处，为书写简便，角速度和比力均省去了表示在机体坐标系 b 内投影的上标，下同。

根据式(9.7.31)和式(9.7.32)，得

$$\Delta\boldsymbol{\theta}(t) = \int_{t_{m-1}}^{t}\boldsymbol{\omega}(\tau)\mathrm{d}\tau = \boldsymbol{a}(t-t_{m-1}) + \frac{\boldsymbol{b}}{2}(t-t_{m-1})^2 \tag{9.7.33a}$$

$$\Delta\boldsymbol{V}(t) = \int_{t_{m-1}}^{t}\boldsymbol{f}(\tau)\mathrm{d}\tau = \boldsymbol{A}(t-t_{m-1}) + \frac{\boldsymbol{B}}{2}(t-t_{m-1})^2 \tag{9.7.33b}$$

$$S_{\Delta\theta}(t)=\int_{t_{m-1}}^{t}\int_{t_{m-1}}^{\tau}\boldsymbol{\omega}(\mu)\mathrm{d}\mu\mathrm{d}\tau=\frac{\boldsymbol{a}}{2}(t-t_{m-1})^2+\frac{\boldsymbol{b}}{6}(t-t_{m-1})^3 \tag{9.7.33c}$$

$$S_{\Delta v}(t)=\int_{t_{m-1}}^{t}\int_{t_{m-1}}^{\tau}\boldsymbol{f}(\mu)\mathrm{d}\mu\mathrm{d}\tau=\frac{\boldsymbol{A}}{2}(t-t_{m-1})^2+\frac{\boldsymbol{B}}{6}(t-t_{m-1})^3 \tag{9.7.33d}$$

由式(9.7.31)、式(9.7.32)和式(9.7.33),得

$$\Delta\boldsymbol{\theta}_m=\int_{t_{m-1}}^{t_m}\boldsymbol{\omega}(t)\mathrm{d}t=T_m\boldsymbol{a}+\frac{T_m^2}{2}\boldsymbol{b} \tag{9.7.34a}$$

$$\Delta\boldsymbol{V}_m=\int_{t_{m-1}}^{t_m}\boldsymbol{f}(t)\mathrm{d}t=T_m\boldsymbol{A}+\frac{T_m^2}{2}\boldsymbol{B} \tag{9.7.34b}$$

$$S_{\Delta\theta m}=\int_{t_{m-1}}^{t_m}\int_{t_{m-1}}^{\tau}\boldsymbol{\omega}(\mu)\mathrm{d}\mu\mathrm{d}\tau=\frac{T_m^2}{2}\boldsymbol{a}+\frac{T_m^3}{6}\boldsymbol{b} \tag{9.7.34c}$$

$$S_{\Delta vm}=\int_{t_{m-1}}^{t_m}\int_{t_{m-1}}^{\tau}\boldsymbol{f}(\mu)\mathrm{d}\mu\mathrm{d}\tau=\frac{T_m^2}{2}\boldsymbol{A}+\frac{T_m^3}{6}\boldsymbol{B} \tag{9.7.34d}$$

$$\begin{aligned}
\Delta\boldsymbol{V}_{\mathrm{scul}}(t)&=\frac{1}{2}\int_{t_{m-1}}^{t}[\Delta\boldsymbol{\theta}(\tau)\times\boldsymbol{f}(\tau)+\Delta\boldsymbol{V}(\tau)\times\boldsymbol{\omega}(\tau)]\mathrm{d}\tau\\
&=\frac{1}{2}\int_{t_{m-1}}^{t}\left\{\left[\boldsymbol{a}(\tau-t_{m-1})+\frac{\boldsymbol{b}}{2}(\tau-t_{m-1})^2\right]\times[\boldsymbol{A}+\boldsymbol{B}(\tau-t_{m-1})]\right.\\
&\quad\left.+\left[\boldsymbol{A}(\tau-t_{m-1})+\frac{\boldsymbol{B}}{2}(\tau-t_{m-1})^2\right]\times[\boldsymbol{a}+\boldsymbol{b}(\tau-t_{m-1})]\right\}\mathrm{d}\tau\\
&=\frac{1}{2}\int_{t_{m-1}}^{t}\left[(\tau-t_{m-1})\boldsymbol{a}\times\boldsymbol{A}+(\tau-t_{m-1})^2\boldsymbol{a}\times\boldsymbol{B}+\frac{1}{2}(\tau-t_{m-1})^2\boldsymbol{b}\times\boldsymbol{A}\right.\\
&\quad+\frac{1}{2}(\tau-t_{m-1})^3\boldsymbol{b}\times\boldsymbol{B}+(\tau-t_{m-1})\boldsymbol{A}\times\boldsymbol{a}+(\tau-t_{m-1})^2\boldsymbol{A}\times\boldsymbol{b}\\
&\quad\left.+\frac{1}{2}(\tau-t_{m-1})^2\boldsymbol{B}\times\boldsymbol{a}+\frac{1}{2}(\tau-t_{m-1})^3\boldsymbol{B}\times\boldsymbol{b}\right]\mathrm{d}\tau\\
&=\frac{1}{12}(t-t_{m-1})^3(\boldsymbol{A}\times\boldsymbol{b}+\boldsymbol{a}\times\boldsymbol{B})
\end{aligned} \tag{9.7.35}$$

若将$[t_{m-1},t_m]$时间段作两等分,则在每个等分段内的角增量和速度增量为

$$\Delta\boldsymbol{\theta}_m(1)=\int_{t_{m-1}}^{t_{m-1}+\frac{T_m}{2}}[\boldsymbol{a}+\boldsymbol{b}(t-t_{m-1})]\mathrm{d}t=\frac{T_m}{2}\boldsymbol{a}+\frac{T_m^2}{8}\boldsymbol{b} \tag{9.7.36a}$$

$$\Delta\boldsymbol{\theta}_m(2)=\int_{t_{m-1}+\frac{T_m}{2}}^{t_{m-1}+T_m}[\boldsymbol{a}+\boldsymbol{b}(t-t_{m-1})]\mathrm{d}t=\frac{T_m}{2}\boldsymbol{a}+\frac{3T_m^2}{8}\boldsymbol{b} \tag{9.7.36b}$$

$$\Delta\boldsymbol{V}_m(1)=\int_{t_{m-1}}^{t_{m-1}+\frac{T_m}{2}}[\boldsymbol{A}+\boldsymbol{B}(t-t_{m-1})]\mathrm{d}t=\frac{T_m}{2}\boldsymbol{A}+\frac{T_m^2}{8}\boldsymbol{B} \tag{9.7.37a}$$

$$\Delta\boldsymbol{V}_m(2)=\int_{t_{m-1}+\frac{T_m}{2}}^{t_{m-1}+T_m}[\boldsymbol{A}+\boldsymbol{B}(t-t_{m-1})]\mathrm{d}t=\frac{T_m}{2}\boldsymbol{A}+\frac{3T_m^2}{8}\boldsymbol{B} \tag{9.7.37b}$$

求解式(9.7.36),得

$$\boldsymbol{a}=\frac{1}{T_m}[3\Delta\boldsymbol{\theta}_m(1)-\Delta\boldsymbol{\theta}_m(2)] \tag{9.7.38a}$$

$$\boldsymbol{b}=\frac{4}{T_m^2}[\Delta\boldsymbol{\theta}_m(2)-\Delta\boldsymbol{\theta}_m(1)] \tag{9.7.38b}$$

求解式(9.7.37),得

$$\boldsymbol{A}=\frac{1}{T_m}[3\Delta\boldsymbol{V}_m(1)-\Delta\boldsymbol{V}_m(2)] \tag{9.7.38c}$$

$$\boldsymbol{B}=\frac{4}{T_m^2}[\Delta\boldsymbol{V}_m(2)-\Delta\boldsymbol{V}_m(1)] \tag{9.7.38d}$$

将式(9.7.34)代入式(9.7.29),得

$$\begin{aligned}
\Delta\boldsymbol{R}_{\mathrm{rot}m}&=\frac{1}{6}(\boldsymbol{S}_{\Delta\theta m}\times\Delta\boldsymbol{V}_m+\Delta\boldsymbol{\theta}_m\times\boldsymbol{S}_{\Delta vm})\\
&=\frac{1}{6}\left[\left(\frac{T_m^2}{2}\boldsymbol{a}+\frac{T_m^3}{6}\boldsymbol{b}\right)\times\left(T_m\boldsymbol{A}+\frac{T_m^2}{2}\boldsymbol{B}\right)+\left(T_m\boldsymbol{a}+\frac{T_m^2}{2}\boldsymbol{b}\right)\times\left(\frac{T_m^2}{2}\boldsymbol{A}+\frac{T_m^3}{6}\boldsymbol{B}\right)\right]\\
&=\frac{T_m^3}{36}\left[(3\boldsymbol{a}+T_m\boldsymbol{b})\times\left(\boldsymbol{A}+\frac{T_m}{2}\boldsymbol{B}\right)+\left(\boldsymbol{a}+\frac{T_m}{2}\boldsymbol{b}\right)\times(3\boldsymbol{A}+T_m\boldsymbol{B})\right]\\
&=\frac{T_m^3}{36}\left\{\frac{3}{T_m}[3\Delta\boldsymbol{\theta}_m(1)-\Delta\boldsymbol{\theta}_m(2)]+T_m\cdot\frac{4}{T_m^2}[\Delta\boldsymbol{\theta}_m(2)-\Delta\boldsymbol{\theta}_m(1)]\right\}\\
&\quad\times\left\{\frac{1}{T_m}[3\Delta\boldsymbol{V}_m(1)-\Delta\boldsymbol{V}_m(2)]+\frac{T_m}{2}\cdot\frac{4}{T_m^2}[\Delta\boldsymbol{V}_m(2)-\Delta\boldsymbol{V}_m(1)]\right\}\\
&\quad+\frac{T_m^3}{36}\left\{\frac{1}{T_m}[3\Delta\boldsymbol{\theta}_m(1)-\Delta\boldsymbol{\theta}_m(2)]+\frac{T_m}{2}\cdot\frac{4}{T_m^2}[\Delta\boldsymbol{\theta}_m(2)-\Delta\boldsymbol{\theta}_m(1)]\right\}\\
&\quad\times\left\{\frac{3}{T_m}[3\Delta\boldsymbol{V}_m(1)-\Delta\boldsymbol{V}_m(2)]+T_m\cdot\frac{4}{T_m^2}[\Delta\boldsymbol{V}_m(2)-\Delta\boldsymbol{V}_m(1)]\right\}\\
&=\frac{T_m}{36}\{[5\Delta\boldsymbol{\theta}_m(1)+\Delta\boldsymbol{\theta}_m(2)]\times[\Delta\boldsymbol{V}_m(1)+\Delta\boldsymbol{V}_m(2)]\\
&\quad+[\Delta\boldsymbol{\theta}_m(1)+\Delta\boldsymbol{\theta}_m(2)]\times[5\Delta\boldsymbol{V}_m(1)+\Delta\boldsymbol{V}_m(2)]\}\\
&=T_m\left[\frac{5}{18}\Delta\boldsymbol{\theta}_m(1)\times\Delta\boldsymbol{V}_m(1)+\frac{1}{6}\Delta\boldsymbol{\theta}_m(1)\times\Delta\boldsymbol{V}_m(2)\right.\\
&\quad\left.+\frac{1}{6}\Delta\boldsymbol{\theta}_m(2)\times\Delta\boldsymbol{V}_m(1)+\frac{1}{18}\Delta\boldsymbol{\theta}_m(2)\times\Delta\boldsymbol{V}_m(2)\right]\\
&=T_m\left\{\Delta\boldsymbol{\theta}_m(1)\times\left[\frac{5}{18}\Delta\boldsymbol{V}_m(1)+\frac{1}{6}\Delta\boldsymbol{V}_m(2)\right]\right.\\
&\quad\left.+\Delta\boldsymbol{\theta}_m(2)\times\left[\frac{1}{6}\Delta\boldsymbol{V}_m(1)+\frac{1}{18}\Delta\boldsymbol{V}_m(2)\right]\right\}
\end{aligned} \tag{9.7.39}$$

将式(9.7.33)和式(9.7.35)代入式(9.7.30),得

$$\begin{aligned}
\Delta\boldsymbol{R}_{\mathrm{scrl}m}&=\frac{1}{6}\int_{t_{m-1}}^{t_m}[\boldsymbol{S}_{\Delta v}(t)\times\boldsymbol{\omega}(t)-\boldsymbol{S}_{\Delta\theta}(t)\times\boldsymbol{f}(t)+\Delta\boldsymbol{\theta}(t)\times\Delta\boldsymbol{V}(t)+6\Delta\boldsymbol{V}_{\mathrm{scul}}(t)]\mathrm{d}t\\
&=\frac{1}{6}\int_{t_{m-1}}^{t_m}\left\{\left[\frac{\boldsymbol{A}}{2}(t-t_{m-1})^2+\frac{\boldsymbol{B}}{6}(t-t_{m-1})^3\right]\times[\boldsymbol{a}+\boldsymbol{b}(t-t_{m-1})]\right.\\
&\quad-\left[\frac{\boldsymbol{a}}{2}(t-t_{m-1})^2+\frac{\boldsymbol{b}}{6}(t-t_{m-1})^3\right]\times[\boldsymbol{A}+\boldsymbol{B}(t-t_{m-1})]\\
&\quad+\left[\boldsymbol{a}(t-t_{m-1})+\frac{\boldsymbol{b}}{2}(t-t_{m-1})^2\right]\times\left[\boldsymbol{A}(t-t_{m-1})+\frac{\boldsymbol{B}}{2}(t-t_{m-1})^2\right]
\end{aligned}$$

$$
\begin{aligned}
&+6\cdot\frac{1}{12}(\boldsymbol{A}\times\boldsymbol{b}+\boldsymbol{a}\times\boldsymbol{B})(t-t_{m-1})^3\Big\}\mathrm{d}t\\
=&\frac{1}{6}\int_{t_{m-1}}^{t_m}\Big\{(t-t_{m-1})^2\left(\frac{1}{2}\boldsymbol{A}\times\boldsymbol{a}-\frac{1}{2}\boldsymbol{a}\times\boldsymbol{A}+\boldsymbol{a}\times\boldsymbol{A}\right)+(t-t_{m-1})^3\Big[\frac{1}{2}\boldsymbol{A}\times\boldsymbol{b}\\
&+\frac{1}{6}\boldsymbol{B}\times\boldsymbol{a}-\frac{1}{2}\boldsymbol{a}\times\boldsymbol{B}-\frac{1}{6}\boldsymbol{b}\times\boldsymbol{A}+\frac{1}{2}\boldsymbol{a}\times\boldsymbol{B}+\frac{1}{2}\boldsymbol{b}\times\boldsymbol{A}+\frac{1}{2}(\boldsymbol{A}\times\boldsymbol{b}+\boldsymbol{a}\times\boldsymbol{B})\Big]\\
&+(t-t_{m-1})^4\left(\frac{1}{6}\boldsymbol{B}\times\boldsymbol{b}-\frac{1}{6}\boldsymbol{b}\times\boldsymbol{B}+\frac{1}{4}\boldsymbol{b}\times\boldsymbol{B}\right)\Big\}\mathrm{d}t\\
=&\frac{1}{6}\int_{t_{m-1}}^{t_m}\left[(t-t_{m-1})^3\left(\frac{2}{3}\boldsymbol{A}\times\boldsymbol{b}+\frac{1}{3}\boldsymbol{a}\times\boldsymbol{B}\right)-\frac{1}{12}(t-t_{m-1})^4\boldsymbol{b}\times\boldsymbol{B}\right]\mathrm{d}t\\
=&\frac{1}{6}\left[\frac{T_m^4}{4}\left(\frac{2}{3}\boldsymbol{A}\times\boldsymbol{b}+\frac{1}{3}\boldsymbol{a}\times\boldsymbol{B}\right)-\frac{T_m^5}{60}\boldsymbol{b}\times\boldsymbol{B}\right]\\
=&\frac{T_m^4}{360}[(10\boldsymbol{A}\times\boldsymbol{b}+5\boldsymbol{a}\times\boldsymbol{B})-T_m\boldsymbol{b}\times\boldsymbol{B}]\\
=&\frac{T_m^4}{360}\Big\{10\cdot\frac{1}{T_m}[3\Delta\boldsymbol{V}_m(1)-\Delta\boldsymbol{V}_m(2)]\times\frac{4}{T_m^2}[\Delta\boldsymbol{\theta}_m(2)-\Delta\boldsymbol{\theta}_m(1)]\\
&+5\cdot\frac{1}{T_m}[3\Delta\boldsymbol{\theta}_m(1)-\Delta\theta_m(2)]\times\frac{4}{T_m^2}[\Delta\boldsymbol{V}_m(2)-\Delta\boldsymbol{V}_m(1)]\\
&-T_m\cdot\frac{4}{T_m^2}[\Delta\boldsymbol{\theta}_m(2)-\Delta\boldsymbol{\theta}_m(1)]\times\frac{4}{T_m^2}[\Delta\boldsymbol{V}_m(2)-\Delta\boldsymbol{V}_m(1)]\Big\}\\
=&\frac{T_m}{360}\{40[3\Delta\boldsymbol{V}_m(1)-\Delta\boldsymbol{V}_m(2)]\times[\Delta\boldsymbol{\theta}_m(2)-\Delta\boldsymbol{\theta}_m(1)]\\
&+20[3\Delta\boldsymbol{\theta}_m(1)-\Delta\boldsymbol{\theta}_m(2)]\times[\Delta\boldsymbol{V}_m(2)-\Delta\boldsymbol{V}_m(1)]\\
&-16[\Delta\boldsymbol{\theta}_m(2)-\Delta\boldsymbol{\theta}_m(1)]\times[\Delta\boldsymbol{V}_m(2)-\Delta\boldsymbol{V}_m(1)]\}\\
=&\frac{T_m}{360}[44\Delta\boldsymbol{\theta}_m(1)\times\Delta\boldsymbol{V}_m(1)+36\Delta\boldsymbol{\theta}_m(1)\times\Delta\boldsymbol{V}_m(2)\\
&-84\Delta\boldsymbol{\theta}_m(2)\times\Delta\boldsymbol{V}_m(1)+4\Delta\boldsymbol{\theta}_m(2)\times\Delta\boldsymbol{V}_m(2)]\\
=&T_m\Big[\frac{11}{90}\Delta\boldsymbol{\theta}_m(1)\times\Delta\boldsymbol{V}_m(1)+\frac{1}{10}\Delta\boldsymbol{\theta}_m(1)\times\Delta\boldsymbol{V}_m(2)\\
&-\frac{7}{30}\Delta\boldsymbol{\theta}_m(2)\times\Delta\boldsymbol{V}_m(1)+\frac{1}{90}\Delta\boldsymbol{\theta}_m(2)\times\Delta\boldsymbol{V}_m(2)\Big]\\
=&T_m\Big\{\Delta\boldsymbol{\theta}_m(1)\times\left[\frac{11}{90}\Delta\boldsymbol{V}_m(1)+\frac{1}{10}\Delta\boldsymbol{V}_m(2)\right]\\
&+\Delta\boldsymbol{\theta}_m(2)\times\left[\frac{1}{90}\Delta\boldsymbol{V}_m(2)-\frac{7}{30}\Delta\boldsymbol{V}_m(1)\right]\Big\}
\end{aligned}\tag{9.7.40}
$$

式(9.7.39)和式(9.7.40)分别是旋转效应补偿量和涡卷效应补偿量的双子样算法，它们是在角速度和比力采用直线拟合的条件下获得的。如果角速度和比力采用二次抛物线拟合，则可得旋转效应补偿量和涡卷效应补偿量的三子样算法。同样，如果用三次抛物线拟合时，则可得四子样算法，以此类推。算法的推导思路与双子样算法完全相同。此处给出涡卷效应补偿量的三子样算法和四子样算法，以及旋转效应补偿量的三子样算法和四子样算法。

涡卷效应补偿量的三子样算法：

$$
\begin{aligned}
\Delta\boldsymbol{R}_{\text{scrlm}}=T_m\Big\{&\Delta\boldsymbol{\theta}_m(1)\times\left[\frac{17}{140}\Delta\boldsymbol{V}_m(1)+\frac{16}{35}\Delta\boldsymbol{V}_m(2)-\frac{51}{560}\Delta\boldsymbol{V}_m(3)\right]\\
&+\Delta\boldsymbol{\theta}_m(2)\times\left[-\frac{227}{560}\Delta\boldsymbol{V}_m(1)+\frac{69}{560}\Delta\boldsymbol{V}_m(2)+\frac{2}{35}\Delta\boldsymbol{V}_m(3)\right]\\
&+\Delta\boldsymbol{\theta}_m(3)\times\left[-\frac{9}{70}\Delta\boldsymbol{V}_m(1)-\frac{73}{560}\Delta\boldsymbol{V}_m(2)-\frac{1}{280}\Delta\boldsymbol{V}_m(3)\right]\Big\}
\end{aligned}
\tag{9.7.41}
$$

涡卷效应补偿量的四子样算法：

$$
\begin{aligned}
\Delta\boldsymbol{R}_{\text{scrlm}}=T_m\Big\{&\Delta\boldsymbol{\theta}_m(1)\times\left[\frac{797}{5670}\Delta\boldsymbol{V}_m(1)+\frac{1103}{1890}\Delta\boldsymbol{V}_m(2)+\frac{47}{630}\Delta\boldsymbol{V}_m(3)-\frac{47}{810}\Delta\boldsymbol{V}_m(4)\right]\\
&+\Delta\boldsymbol{\theta}_m(2)\times\left[-\frac{307}{630}\Delta\boldsymbol{V}_m(1)+\frac{43}{378}\Delta\boldsymbol{V}_m(2)+\frac{629}{1890}\Delta\boldsymbol{V}_m(3)-\frac{13}{270}\Delta\boldsymbol{V}_m(4)\right]\\
&+\Delta\boldsymbol{\theta}_m(3)\times\left[-\frac{37}{3780}\Delta\boldsymbol{V}_m(1)-\frac{79}{270}\Delta\boldsymbol{V}_m(2)+\frac{173}{1890}\Delta\boldsymbol{V}_m(3)+\frac{61}{1890}\Delta\boldsymbol{V}_m(4)\right]\\
&+\Delta\boldsymbol{\theta}_m(4)\times\left[-\frac{1091}{5670}\Delta\boldsymbol{V}_m(1)-\frac{59}{630}\Delta\boldsymbol{V}_m(2)-\frac{187}{1890}\Delta\boldsymbol{V}_m(3)-\frac{1}{5670}\Delta\boldsymbol{V}_m(4)\right]\Big\}
\end{aligned}
\tag{9.7.42}
$$

旋转效应补偿量的三子样算法：

$$
\begin{aligned}
\Delta\boldsymbol{R}_{\text{rotm}}=T_m\Big\{&\Delta\boldsymbol{\theta}_m(1)\times\left[\frac{7}{24}\Delta\boldsymbol{V}_m(1)+\frac{11}{48}\Delta\boldsymbol{V}_m(2)+\frac{1}{6}\Delta\boldsymbol{V}_m(3)\right]\\
&+\Delta\boldsymbol{\theta}_m(2)\times\left[\frac{11}{48}\Delta\boldsymbol{V}_m(1)+\frac{1}{6}\Delta\boldsymbol{V}_m(2)+\frac{5}{48}\Delta\boldsymbol{V}_m(3)\right]\\
&+\Delta\boldsymbol{\theta}_m(3)\times\left[\frac{1}{6}\Delta\boldsymbol{V}_m(1)+\frac{5}{48}\Delta\boldsymbol{V}_m(2)+\frac{1}{24}\Delta\boldsymbol{V}_m(3)\right]\Big\}
\end{aligned}
\tag{9.7.43}
$$

旋转效应补偿量的四子样算法：

$$
\begin{aligned}
\Delta\boldsymbol{R}_{\text{rotm}}=T_m\Big\{&\Delta\boldsymbol{\theta}_m(1)\times\left[\frac{83}{270}\Delta\boldsymbol{V}_m(1)+\frac{67}{270}\Delta\boldsymbol{V}_m(2)+\frac{61}{270}\Delta\boldsymbol{V}_m(3)+\frac{1}{6}\Delta\boldsymbol{V}_m(4)\right]\\
&+\Delta\boldsymbol{\theta}_m(2)\times\left[\frac{67}{270}\Delta\boldsymbol{V}_m(1)+\frac{17}{90}\Delta\boldsymbol{V}_m(2)+\frac{1}{6}\Delta\boldsymbol{V}_m(3)+\frac{29}{270}\Delta\boldsymbol{V}_m(4)\right]\\
&+\Delta\boldsymbol{\theta}_m(3)\times\left[\frac{61}{270}\Delta\boldsymbol{V}_m(1)+\frac{1}{6}\Delta\boldsymbol{V}_m(2)+\frac{13}{90}\Delta\boldsymbol{V}_m(3)+\frac{23}{270}\Delta\boldsymbol{V}_m(4)\right]\\
&+\Delta\boldsymbol{\theta}_m(4)\times\left[\frac{1}{6}\Delta\boldsymbol{V}_m(1)+\frac{29}{270}\Delta\boldsymbol{V}_m(2)+\frac{23}{270}\Delta\boldsymbol{V}_m(3)+\frac{7}{270}\Delta\boldsymbol{V}_m(4)\right]\Big\}
\end{aligned}
\tag{9.7.44}
$$

9.7.4 涡卷效应补偿算法的优化

在 9.7.2 节中曾分析过当运载体的角速度和比力都为常值时，涡卷效应补偿量为零。此时，若采用双子样算法计算涡卷效应补偿量，则

$$
\begin{aligned}
\Delta\boldsymbol{R}_{\text{scrlm}}&=T_m\left[\frac{T_m}{2}\boldsymbol{\omega}\times\left(\frac{11}{90}\cdot\frac{T_m}{2}\boldsymbol{f}+\frac{1}{10}\cdot\frac{T_m}{2}\boldsymbol{f}\right)+\frac{T_m}{2}\boldsymbol{\omega}\times\left(-\frac{7}{30}\cdot\frac{T_m}{2}\boldsymbol{f}+\frac{1}{90}\cdot\frac{T_m}{2}\boldsymbol{f}\right)\right]\\
&=\frac{T_m^3}{4}\boldsymbol{\omega}\times\boldsymbol{f}\left(\frac{11}{90}+\frac{1}{10}-\frac{7}{30}+\frac{1}{90}\right)=\boldsymbol{0}
\end{aligned}
$$

而运载体的角速度和比力保持不变可理解成角运动和线运动的频率为零，即仅存在直流分

量。可见在零频率运动状态下,即使采用子样数较低的双子样算法也不会产生算法误差。由此可推断涡卷效应补偿量的算法误差与运载体的运动状态有关,运载体机动运动越激烈,即频率越高,线运动和角运动之间的耦合越强烈,则算法误差也就越大。划桨运动反映了运载体线运动和角运动之间的强烈耦合,同时也体现了运载体的高频运动。所以应该以划桨运动为条件推导出涡卷效应补偿算法中的优化系数。与圆锥误差的优化补偿算法类似,在划桨运动这种极端运动状态下推导出的优化算法,在其他机动运动状态下算法也是最优的。

假设运载体沿 x_b 轴存在角振动,沿 y_b 轴存在线振动,相应的角速度和比力分别为:

$$\boldsymbol{\omega}(t) = \boldsymbol{i}B\Omega\cos\Omega t \tag{9.7.45a}$$

$$\boldsymbol{f}(t) = \boldsymbol{j}C\sin(\Omega t + \varphi) \tag{9.7.45b}$$

由上两式,对于 $t_{m-1}\leqslant t\leqslant t_m$,

$$\Delta\boldsymbol{\theta}(t) = \int_{t_{m-1}}^{t}\boldsymbol{\omega}(\tau)\mathrm{d}\tau = \boldsymbol{i}B(\sin\Omega t - \sin\Omega t_{m-1}) \tag{9.7.46a}$$

$$\Delta\boldsymbol{V}(t) = \int_{t_{m-1}}^{t}\boldsymbol{f}(\tau)\mathrm{d}\tau = -\boldsymbol{j}\frac{C}{\Omega}[\cos(\Omega t + \varphi) - \cos(\Omega t_{m-1} + \varphi)] \tag{9.7.46b}$$

$$\boldsymbol{S}_{\Delta\theta}(t) = \int_{t_{m-1}}^{t}\int_{t_{m-1}}^{\mu}\boldsymbol{\omega}(\tau)\mathrm{d}\tau\mathrm{d}\mu = -\boldsymbol{i}\frac{B}{\Omega}[\cos\Omega t - \cos\Omega t_{m-1} + \Omega(t - t_{m-1})\sin\Omega t_{m-1}] \tag{9.7.46c}$$

$$\begin{aligned}\boldsymbol{S}_{\Delta v}(t) &= \int_{t_{m-1}}^{t}\int_{t_{m-1}}^{\mu}\boldsymbol{f}(\tau)\mathrm{d}\tau\mathrm{d}\mu \\ &= -\boldsymbol{j}\frac{C}{\Omega^2}[\sin(\Omega t + \varphi) - \sin(\Omega t_{m-1} + \varphi) - \Omega(t - t_{m-1})\cos(\Omega t_{m-1} + \varphi)]\end{aligned} \tag{9.7.46d}$$

$$\begin{aligned}\Delta\boldsymbol{V}_{\mathrm{scul}}(t) &= \frac{1}{2}\int_{t_{m-1}}^{t}[\Delta\boldsymbol{\theta}(\tau)\times\boldsymbol{f}(\tau) + \Delta\boldsymbol{V}(\tau)\times\boldsymbol{\omega}(\tau)]\mathrm{d}\tau \\ &= \boldsymbol{k}\cdot\frac{BC}{2}\int_{t_{m-1}}^{t}\{(\sin\Omega\tau - \sin\Omega t_{m-1})\sin(\Omega\tau + \varphi) \\ &\quad + [\cos(\Omega\tau + \varphi) - \cos(\Omega t_{m-1} + \varphi)]\cos\Omega\tau\}\mathrm{d}\tau \\ &= \boldsymbol{k}\frac{BC}{2}\int_{t_{m-1}}^{t}\left\{\frac{1}{2}[\cos\varphi - \cos(2\Omega\tau + \varphi)] - \sin\Omega t_{m-1}\sin(\Omega\tau + \varphi)\right. \\ &\quad \left. + \frac{1}{2}[\cos(2\Omega\tau + \varphi) + \cos\varphi] - \cos(\Omega t_{m-1} + \varphi)\cos\Omega\tau\right\}\mathrm{d}\tau\end{aligned} \tag{9.7.46e}$$

将式(9.7.45)和式(9.7.46)代入式(9.7.30),经整理并略去交流分量,则划桨运动条件下涡卷效应补偿量直流分量的真实值为

$$\begin{aligned}[\Delta\boldsymbol{R}_{\mathrm{scrl}m}]_{\mathrm{rect}} &= \boldsymbol{k}\left\{\frac{BC}{4\Omega^2}[(\Omega T_m)^2 + 2\cos\Omega T_m - 2]\cos\varphi\right. \\ &\quad \left. + \frac{BC}{2\Omega^2}\left(\frac{2}{3}\Omega T_m + \frac{1}{3}\Omega T_m\cos\Omega T_m - \sin\Omega T_m\right)\sin\varphi\right\}\end{aligned} \tag{9.7.47}$$

对上式作泰勒级数展开,并记 $\lambda=\Omega T_m$,则

$$\begin{aligned}[\Delta\boldsymbol{R}_{\mathrm{scrl}m}]_{\mathrm{rect}} &= \boldsymbol{k}\frac{BC}{4\Omega^2}\left\{\left[\lambda^2 + 2\left(1 - \frac{\lambda^2}{2!} + \frac{\lambda^4}{4!} - \frac{\lambda^6}{6!} + \cdots\right) - 2\right]\cos\varphi\right. \\ &\quad \left. + 2\left[\frac{2}{3}\lambda + \frac{\lambda}{3}\left(1 - \frac{\lambda^2}{2!} + \frac{\lambda^4}{4!} - \frac{\lambda^6}{6!} + \cdots\right) - \left(\lambda - \frac{\lambda^3}{3!} + \frac{\lambda^5}{5!} - \cdots\right)\right]\sin\varphi\right\}\end{aligned}$$

$$=\boldsymbol{k}\frac{BCT_m}{\Omega}\left[\left(\frac{\lambda^3}{48}-\frac{\lambda^5}{1440}+\cdots\right)\cos\varphi+\left(\frac{\lambda^4}{360}-\frac{\lambda^6}{7560}+\cdots\right)\sin\varphi\right] \tag{9.7.48}$$

而在实际计算过程中，涡卷效应补偿量是根据角增量和速度增量确定的，在式(9.7.45)所假设的划桨运动条件下，对子样数为 N 的情况

$$\Delta\boldsymbol{V}_m(\nu)=\int_{t_{m-1}+\frac{\nu-1}{N}T_m}^{t_{m-1}+\frac{\nu}{N}T_m}\boldsymbol{f}(t)\mathrm{d}t=\boldsymbol{j}\frac{C}{\Omega}\left\{\cos\left[\Omega\left(t_{m-1}+\frac{\nu-1}{N}T_m\right)+\varphi\right]\right.$$
$$\left.-\cos\left[\Omega\left(t_{m-1}+\frac{\nu}{N}T_m\right)+\varphi\right]\right\},\quad \nu=1,2,3,\cdots,N$$

$$\Delta\boldsymbol{\theta}_m(\mu)=\boldsymbol{i}\int_{t_{m-1}+\frac{\mu-1}{N}T_m}^{t_{m-1}+\frac{\mu}{N}T_m}\boldsymbol{\omega}(t)\mathrm{d}t=\boldsymbol{i}B\left[\sin\Omega\left(t_{m-1}+\frac{\mu}{N}T_m\right)\right.$$
$$\left.-\sin\Omega\left(t_{m-1}+\frac{\mu-1}{N}T_m\right)\right],\qquad \mu=1,2,3,\cdots,N$$

$$\begin{aligned}\Delta\boldsymbol{\theta}_m(\mu)\times\Delta\boldsymbol{V}_m(\nu)=&\boldsymbol{k}\frac{BC}{\Omega}\left[\sin\Omega\left(t_{m-1}+\frac{\mu}{N}T_m\right)-\sin\Omega\left(t_{m-1}+\frac{\mu-1}{N}T_m\right)\right]\\&\times\left\{\cos\left[\Omega\left(t_{m-1}+\frac{\nu-1}{N}T_m\right)+\varphi\right]-\cos\left[\Omega\left(t_{m-1}+\frac{\nu}{N}T_m\right)+\varphi\right]\right\}\\=&\boldsymbol{k}\frac{4BC}{\Omega}\left(\sin\frac{\Omega T_m}{2N}\right)^2\cos\Omega\left(t_{m-1}+\frac{2\mu-1}{2N}T_m\right)\times\sin\left[\Omega\left(t_{m-1}+\frac{2\nu-1}{2N}T_m\right)+\varphi\right]\\=&\boldsymbol{k}\frac{BC}{\Omega}\left(1-\cos\frac{\Omega T_m}{N}\right)\left[\sin\left(2\Omega t_{m-1}+\frac{\mu+\nu-1}{N}\Omega T_m+\varphi\right)+\sin\left(\frac{\nu-\mu}{N}\Omega T_m+\varphi\right)\right]\end{aligned}$$

略去交流分量，并记 $\lambda=\Omega T_m$，则直流分量为

$$[\Delta\boldsymbol{\theta}_m(\mu)\times\Delta\boldsymbol{V}_m(\nu)]_{\mathrm{rect}}=\boldsymbol{k}\frac{BC}{\Omega}\left(1-\cos\frac{\lambda}{N}\right)\sin\left(\frac{\nu-\mu}{N}\lambda+\varphi\right)$$
$$=\boldsymbol{k}\frac{BC}{\Omega}\left(1-\cos\frac{\lambda}{N}\right)\left(\sin\frac{\nu-\mu}{N}\lambda\cos\varphi+\cos\frac{\nu-\mu}{N}\lambda\sin\varphi\right),\quad \nu,\mu=1,2,3,\cdots,N \tag{9.7.49}$$

对于双子样算法，$N=2$，根据式(9.7.49)

$$[\Delta\boldsymbol{\theta}_m(1)\times\Delta\boldsymbol{V}_m(1)]_{\mathrm{rect}}=\boldsymbol{k}\frac{BC}{\Omega}\left(1-\cos\frac{\lambda}{2}\right)\sin\varphi$$

$$[\Delta\boldsymbol{\theta}_m(1)\times\Delta\boldsymbol{V}_m(2)]_{\mathrm{rect}}=\boldsymbol{k}\frac{BC}{\Omega}\left(1-\cos\frac{\lambda}{2}\right)\left(\sin\frac{\lambda}{2}\cos\varphi+\cos\frac{\lambda}{2}\sin\varphi\right)$$

$$[\Delta\boldsymbol{\theta}_m(2)\times\Delta\boldsymbol{V}_m(1)]_{\mathrm{rect}}=\boldsymbol{k}\frac{BC}{\Omega}\left(1-\cos\frac{\lambda}{2}\right)\left(-\sin\frac{\lambda}{2}\cos\varphi+\cos\frac{\lambda}{2}\sin\varphi\right)$$

$$[\Delta\boldsymbol{\theta}_m(2)\times\Delta\boldsymbol{V}_m(2)]_{\mathrm{rect}}=\boldsymbol{k}\frac{BC}{\Omega}\left(1-\cos\frac{\lambda}{2}\right)\sin\varphi$$

将上述诸式代入式(9.7.40)，并将相应系数换成待求系数，注意到 $[\Delta\theta_m(1)\times\Delta\boldsymbol{V}_m(1)]_{\mathrm{rect}}=[\Delta\boldsymbol{\theta}_m(2)\times\Delta\boldsymbol{V}_m(2)]_{\mathrm{rect}}$，对该两项的利用系数可取成相同，则

$$\begin{aligned}[\Delta\hat{\boldsymbol{R}}_{\mathrm{scrlm}}]_{\mathrm{rect}}=&T_m\{k_1[\Delta\boldsymbol{\theta}_m(1)\times\Delta\boldsymbol{V}_m(1)+\Delta\boldsymbol{\theta}_m(2)\times\Delta\boldsymbol{V}_m(2)]_{\mathrm{rect}}\\&+k_2[\Delta\boldsymbol{\theta}_m(1)\times\Delta\boldsymbol{V}_m(2)]_{\mathrm{rect}}+k_3[\Delta\boldsymbol{\theta}_m(2)\times\Delta\boldsymbol{V}_m(1)]_{\mathrm{rect}}\}\\=&\boldsymbol{k}\frac{BCT_m}{\Omega}\left(1-\cos\frac{\lambda}{2}\right)\left[2k_1\sin\varphi+k_2\left(\sin\frac{\lambda}{2}\cos\varphi+\cos\frac{\lambda}{2}\sin\varphi\right)\right.\end{aligned}$$

$$
\begin{aligned}
&+k_3\left(\cos\frac{\lambda}{2}\sin\varphi-\sin\frac{\lambda}{2}\cos\varphi\right)\Big]\\
=&\boldsymbol{k}\frac{BCT_m}{\Omega}\left(1-\cos\frac{\lambda}{2}\right)\left\{\left[2k_1+(k_2+k_3)\cos\frac{\lambda}{2}\right]\sin\varphi+(k_2-k_3)\sin\frac{\lambda}{2}\cos\varphi\right\}\\
=&\boldsymbol{k}\frac{BCT_m}{\Omega}\left\{\left[2k_1-\frac{1}{2}(k_2+k_3)+(k_2+k_3-2k_1)\cos\frac{\lambda}{2}-\frac{1}{2}(k_2+k_3)\cos\lambda\right]\sin\varphi\right.\\
&\left.+(k_2-k_3)\left(\sin\frac{\lambda}{2}-\frac{1}{2}\sin\lambda\right)\cos\varphi\right\}\\
=&\boldsymbol{k}\frac{BCT_m}{\Omega}\left\{\left[2k_1-\frac{1}{2}(k_2+k_3)+(k_2+k_3-2k_1)\left(1-\frac{\frac{\lambda^2}{4}}{2!}+\frac{\frac{\lambda^4}{16}}{4!}-\frac{\frac{\lambda^6}{64}}{6!}+\cdots\right)\right.\right.\\
&\left.-\frac{1}{2}(k_2+k_3)\left(1-\frac{\lambda^2}{2!}+\frac{\lambda^4}{4!}-\frac{\lambda^6}{6!}+\cdots\right)\right]\sin\varphi\\
&\left.+(k_2-k_3)\left[\frac{\lambda}{2}-\frac{\frac{\lambda^3}{8}}{3!}+\frac{\frac{\lambda^5}{32}}{5!}-\frac{\frac{\lambda^7}{128}}{7!}+\cdots-\frac{1}{2}\left(\lambda-\frac{\lambda^3}{3!}+\frac{\lambda^5}{5!}-\frac{\lambda^7}{7!}+\cdots\right)\right]\cos\varphi\right\}\\
=&\boldsymbol{k}\frac{BCT_m}{\Omega}\left\{\left[\lambda^2\left(\frac{k_1}{4}+\frac{k_2}{8}+\frac{k_3}{8}\right)+\lambda^4\left(-\frac{k_1}{192}-\frac{7k_2}{384}-\frac{7k_3}{384}\right)\right.\right.\\
&\left.+\lambda^6\left(\frac{k_1}{23040}+\frac{63k_2}{46080}+\frac{63k_3}{46080}\right)+\cdots\right]\sin\varphi\\
&\left.+\left[\lambda^3\frac{k_2-k_3}{16}-\lambda^5\frac{k_2-k_3}{256}+\lambda^7\frac{63(k_2-k_3)}{645120}+\cdots\right]\cos\varphi\right\}
\end{aligned}
\tag{9.7.50}
$$

由式(9.7.48)和式(9.7.50),引起的算法误差为

$$
\begin{aligned}
[\Delta\tilde{\boldsymbol{R}}_{\mathrm{scrl}m}]_{\mathrm{rect}}=&[\Delta\hat{\boldsymbol{R}}_{\mathrm{scrl}m}]_{\mathrm{rect}}-[\Delta\boldsymbol{R}_{\mathrm{scrl}m}]_{\mathrm{rect}}\\
=&\boldsymbol{k}\frac{BCT_m}{\Omega}\left\{\left[\lambda^2\left(\frac{k_1}{4}+\frac{k_2}{8}+\frac{k_3}{8}\right)+\lambda^4\left(-\frac{k_1}{192}-\frac{7k_2}{384}-\frac{7k_3}{384}-\frac{1}{360}\right)\right.\right.\\
&\left.+\lambda^6\left(\frac{k_1}{23040}+\frac{63k_2}{46080}+\frac{63k_3}{46080}+\frac{1}{7560}\right)+\cdots\right]\sin\varphi\\
&\left.+\left[\lambda^3\left(\frac{k_2-k_3}{16}-\frac{1}{48}\right)-\lambda^5\left(\frac{k_2-k_3}{256}-\frac{1}{1440}\right)+\cdots\right]\cos\varphi\right\}
\end{aligned}
\tag{9.7.51}
$$

由于飞机的划桨频率较低,速度更新周期具有毫秒量级,所以 $\lambda=\Omega T_m<1$。要使算法误差达到最小,应该使 λ 的低幂次项等于零,因此应使下述诸式成立

$$
\begin{cases}
\dfrac{k_1}{4}+\dfrac{k_2}{8}+\dfrac{k_3}{8}=0\\
-\dfrac{k_1}{192}-\dfrac{7k_2}{384}-\dfrac{7k_3}{384}-\dfrac{1}{360}=0\\
\dfrac{k_2-k_3}{16}-\dfrac{1}{48}=0
\end{cases}
$$

即

$$\begin{cases} 2k_1 + k_2 + k_3 = 0 \\ 2k_1 + 7k_2 + 7k_3 = -\dfrac{16}{15} \\ k_2 - k_3 = \dfrac{1}{3} \end{cases}$$

从上式可解得算法的优化系数

$$\begin{cases} k_1 = \dfrac{4}{45} \\ k_2 = \dfrac{7}{90} \\ k_3 = -\dfrac{23}{90} \end{cases}$$

上述诸系数代入式(9.7.51)，算法误差为

$$\begin{aligned}[\Delta \tilde{\boldsymbol{R}}_{scrlm}]_{rect} &\approx \boldsymbol{k}\frac{BCT_m}{\Omega}\Big[\lambda^6\Big(\frac{k_1}{23040}+\frac{63k_2}{46080}+\frac{63k_3}{46080}+\frac{1}{7560}\Big)\sin\varphi \\ &\quad -\lambda^5\Big(\frac{k_2-k_3}{256}-\frac{1}{1440}\Big)\cos\varphi\Big] \\ &=\boldsymbol{k}\frac{BCT_m}{\Omega}\Big(-\frac{7}{11520}\lambda^5\cos\varphi+\frac{97}{907200}\lambda^6\sin\varphi\Big)\end{aligned}$$

相应的算法漂移为

$$[\Delta \dot{\tilde{\boldsymbol{R}}}_{scrlm}]_{rect} = \frac{1}{T_m}[\Delta \tilde{\boldsymbol{R}}_{scrlm}]_{rect} = \boldsymbol{k}BCT_m\Big(-\frac{7}{11520}\lambda^4\cos\varphi+\frac{97}{907200}\lambda^5\sin\varphi\Big)$$

9.8　捷联惯导系统的误差模型

捷联惯导系统与平台惯导系统的主要区别在于对平台的构造方式上，前者采用数学方式，后者采用物理方式，但在本质上两类系统是相同的。对于工作在非极区的捷联惯导系统，为了简化计算，导航坐标系一般选取地理坐标系，这样，捷联惯导完全等效于指北方位系统。但是由于陀螺在平台系统中起控制器件作用，而在捷联系统中起测量器件作用，所以陀螺漂移及刻度系数误差对系统的影响方式并不相同。在平台惯导系统中，陀螺漂移引起的平台漂移率与陀螺漂移的方向相同，刻度系数误差通过对平台的指令角速度引入系统；而在捷联惯导系统中，陀螺漂移引起的数学平台漂移率与陀螺漂移的方向相反，刻度系数误差引起对运载体角速度的测量误差，经姿态更新计算引入系统。

9.8.1　速度误差和位置误差方程

根据比力方程式(7.4.7)，当不考虑任何误差时，速度的理想值由下式确定：

$$\dot{\boldsymbol{V}}^n = \boldsymbol{C}_b^n\boldsymbol{f}^b - (2\boldsymbol{\omega}_{ie}^n + \boldsymbol{\omega}_{en}^n)\times\boldsymbol{V}^n + \boldsymbol{g}^n \tag{9.8.1}$$

而实际系统中总存在各种误差，所以实际的速度计算值应由下述方程确定：

$$\dot{\boldsymbol{V}}^c = \hat{\boldsymbol{C}}_b^n\tilde{\boldsymbol{f}}^b - (2\boldsymbol{\omega}_{ie}^c + \boldsymbol{\omega}_{en}^c)\times\boldsymbol{V}^c + \boldsymbol{g}^c \tag{9.8.2}$$

式中

$$\boldsymbol{V}^c=\boldsymbol{V}^n+\delta\boldsymbol{V}^n,\boldsymbol{\omega}_{ie}^c=\boldsymbol{\omega}_{ie}^n+\delta\boldsymbol{\omega}_{ie}^n,\boldsymbol{\omega}_{en}^c=\boldsymbol{\omega}_{en}^n+\delta\boldsymbol{\omega}_{en}^n,\boldsymbol{g}^c=\boldsymbol{g}^n+\delta\boldsymbol{g}$$

$$\hat{\boldsymbol{C}}_b^n=\boldsymbol{C}_n^{n'}\boldsymbol{C}_b^n=(\boldsymbol{I}-\boldsymbol{\varphi}^n\ \times)\boldsymbol{C}_b^n,\tilde{\boldsymbol{f}}^b=(\boldsymbol{I}+[\delta K_A])(\boldsymbol{I}+[\delta A])\boldsymbol{f}^b+\boldsymbol{\nabla}^b$$

$$\boldsymbol{\varphi}^n\times=\begin{bmatrix}0 & -\phi_U & \phi_N\\ \phi_U & 0 & -\phi_E\\ -\phi_N & \phi_E & 0\end{bmatrix},\quad [\delta K_A]=\mathrm{diag}[\delta K_{Ax}\quad \delta K_{Ay}\quad \delta K_{Az}]$$

$$[\delta A]=\begin{bmatrix}0 & \delta A_z & -\delta A_y\\ -\delta A_z & 0 & \delta A_x\\ \delta A_y & -\delta A_x & 0\end{bmatrix}$$

式中，ϕ_E、ϕ_N、ϕ_U 为姿态误差角，δK_{Ai} 和 $\delta A_i(i=x,y,z)$ 分别为加速度计的刻度系数误差和安装误差角。

用式(9.8.2)减去式(9.8.1)，忽略 $\delta\boldsymbol{g}$ 的影响，并略去二阶小量，得

$$\begin{aligned}\delta\dot{\boldsymbol{V}}^n=&-\boldsymbol{\phi}^n\times\boldsymbol{f}^n+\boldsymbol{C}_b^n([\delta K_A]+[\delta A])\boldsymbol{f}^b+\delta\boldsymbol{V}^n\times(2\boldsymbol{\omega}_{ie}^n+\boldsymbol{\omega}_{en}^n)\\&+\boldsymbol{V}^n\times(2\delta\boldsymbol{\omega}_{ie}^n+\delta\boldsymbol{\omega}_{en}^n)+\boldsymbol{\nabla}^n\end{aligned}\tag{9.8.3}$$

当取地理坐标系为导航坐标系时，

$$\boldsymbol{\omega}_{ie}^n=\begin{bmatrix}0\\ \omega_{ie}\cos L\\ \omega_{ie}\sin L\end{bmatrix},\qquad \delta\boldsymbol{\omega}_{ie}^n=\begin{bmatrix}0\\ -\delta L\omega_{ie}\sin L\\ \delta L\omega_{ie}\cos L\end{bmatrix},\qquad \boldsymbol{\omega}_{en}^n=\begin{bmatrix}-\dfrac{V_N}{R_M+h}\\ \dfrac{V_E}{R_N+h}\\ \dfrac{V_E}{R_N+h}\tan L\end{bmatrix}$$

$$\delta\boldsymbol{\omega}_{en}^n=\begin{bmatrix}-\dfrac{\delta V_N}{R_M+h}+\delta h\dfrac{V_N}{(R_M+h)^2}\\ \dfrac{\delta V_E}{R_N+h}-\delta h\dfrac{V_E}{(R_N+h)^2}\\ \dfrac{\delta V_E}{R_N+h}\tan L+\delta L\dfrac{V_E}{R_N+h}\sec^2 L-\delta h\dfrac{V_E\tan L}{(R_N+h)^2}\end{bmatrix}$$

记

$$\boldsymbol{C}_b^n=\begin{bmatrix}T_{11} & T_{12} & T_{13}\\ T_{21} & T_{22} & T_{23}\\ T_{31} & T_{32} & T_{33}\end{bmatrix}$$

上述诸式代入式(9.8.3)，可得以分量形式表示的速度误差方程：

$$\begin{aligned}\begin{bmatrix}\delta\dot{V}_E\\ \delta\dot{V}_N\\ \delta\dot{V}_U\end{bmatrix}=&\begin{bmatrix}0 & \phi_U & -\phi_N\\ -\phi_U & 0 & \phi_E\\ \phi_N & -\phi_E & 0\end{bmatrix}\begin{bmatrix}f_E\\ f_N\\ f_U\end{bmatrix}+\begin{bmatrix}T_{11} & T_{12} & T_{13}\\ T_{21} & T_{22} & T_{23}\\ T_{31} & T_{32} & T_{33}\end{bmatrix}\\&\times\begin{bmatrix}\delta K_{Ax} & \delta A_z & -\delta A_y\\ -\delta A_z & \delta K_{Ay} & \delta A_x\\ \delta A_y & -\delta A_x & \delta K_{Az}\end{bmatrix}\begin{bmatrix}f_x^b\\ f_y^b\\ f_z^b\end{bmatrix}+\begin{bmatrix}0 & -\delta V_U & \delta V_N\\ \delta V_U & 0 & -\delta V_E\\ -\delta V_N & \delta V_E & 0\end{bmatrix}\end{aligned}$$

$$
\times\begin{bmatrix} -\dfrac{V_N}{R_M+h} \\ 2\omega_{ie}\cos L+\dfrac{V_E}{R_N+h} \\ 2\omega_{ie}\sin L+\dfrac{V_E}{R_N+h}\tan L \end{bmatrix}+\begin{bmatrix} 0 & -V_U & V_N \\ V_U & 0 & -V_E \\ -V_N & V_E & 0 \end{bmatrix}
$$

$$
\times\begin{bmatrix} -\dfrac{\delta V_N}{R_M+h}+\delta h\dfrac{V_N}{(R_M+h)^2} \\ -2\delta L\omega_{ie}\sin L+\dfrac{\delta V_E}{R_N+h}-\delta h\dfrac{V_E}{(R_N+h)^2} \\ 2\delta L\omega_{ie}\cos L+\dfrac{\delta V_E}{R_N+h}\tan L+\delta L\dfrac{V_E}{R_N+h}\sec^2 L-\delta h\dfrac{V_E\tan L}{(R_N+h)^2} \end{bmatrix}+\begin{bmatrix} \nabla_E \\ \nabla_N \\ \nabla_U \end{bmatrix}
$$

$$
\begin{aligned}
\delta\dot{V}_E = {} & \phi_U f_N-\phi_N f_U+T_{11}(\delta K_{Ax}f_x^b+\delta A_z f_y^b-\delta A_y f_z^b) \\
& +T_{12}(\delta K_{Ay}f_y^b-\delta A_z f_x^b+\delta A_x f_z^b)+T_{13}(\delta K_{Az}f_z^b+\delta A_y f_x^b-\delta A_x f_y^b) \\
& +\delta V_E\frac{V_N\tan L-V_U}{R_N+h}+\delta V_N\left(2\omega_{ie}\sin L+\frac{V_E}{R_N+h}\tan L\right) \\
& -\delta V_U\left(2\omega_{ie}\cos L+\frac{V_E}{R_N+h}\right)+\delta L\left[2\omega_{ie}(V_U\sin L+V_N\cos L)\right. \\
& \left.+\frac{V_E V_N}{R_N+h}\sec^2 L\right]+\delta h\frac{V_E V_U-V_E V_N\tan L}{(R_N+h)^2}+\nabla_E
\end{aligned}\tag{9.8.4a}
$$

$$
\begin{aligned}
\delta\dot{V}_N = {} & -\phi_U f_E+\phi_E f_U+T_{21}(\delta K_{Ax}f_x^b+\delta A_z f_y^b-\delta A_y f_z^b)+T_{22}(\delta K_{Ay}f_y^b-\delta A_z f_x^b+\delta A_x f_z^b) \\
& +T_{23}(\delta K_{Az}f_z^b+\delta A_y f_x^b-\delta A_x f_y^b)-\delta V_E\cdot 2\left(\omega_{ie}\sin L+\frac{V_E}{R_N+h}\tan L\right) \\
& -\delta V_N\frac{V_U}{R_M+h}-\delta V_U\frac{V_N}{R_M+h}-\delta L\left(2V_E\omega_{ie}\cos L+\frac{V_E^2}{R_N+h}\sec^2 L\right) \\
& +\delta h\left[\frac{V_N V_U}{(R_M+h)^2}+\frac{V_E^2\tan L}{(R_N+h)^2}\right]+\nabla_N
\end{aligned}\tag{9.8.4b}
$$

$$
\begin{aligned}
\delta\dot{V}_U = {} & \phi_N f_E-\phi_E f_N+T_{31}(\delta K_{Ax}f_x^b+\delta A_z f_y^b-\delta A_y f_z^b)+T_{32}(\delta K_{Ay}f_y^b-\delta A_z f_x^b+\delta A_x f_z^b) \\
& +T_{33}(\delta K_{Az}f_z^b+\delta A_y f_x^b-\delta A_x f_y^b) \\
& +\delta V_E\cdot 2\left(\omega_{ie}\cos L+\frac{V_E}{R_N+h}\right)+\delta V_N\frac{2V_N}{R_M+h} \\
& -\delta L\cdot 2V_E\omega_{ie}\sin L-\delta h\left[\frac{V_N^2}{(R_M+h)^2}+\frac{V_E^2}{(R_N+h)^2}\right]+\nabla_U
\end{aligned}\tag{9.8.4c}
$$

式中

$$
\begin{aligned}
\nabla_E &= T_{11}\nabla_x^b+T_{12}\nabla_y^b+T_{13}\nabla_z^b \\
\nabla_N &= T_{21}\nabla_x^b+T_{22}\nabla_y^b+T_{23}\nabla_z^b \\
\nabla_U &= T_{31}\nabla_x^b+T_{32}\nabla_y^b+T_{33}\nabla_z^b
\end{aligned}
$$

定位误差方程为

$$
\delta\dot{L}=\frac{\delta V_N}{R_M+h}-\delta h\frac{V_N}{(R_M+h)^2}\tag{9.8.5a}
$$

$$\delta\dot{\lambda}=\frac{\delta V_E}{R_N+h}\sec L+\delta L\frac{V_E}{R_N+h}\tan L\sec L-\delta h\frac{V_E\sec L}{(R_N+h)^2}\tag{9.8.5b}$$

$$\delta\dot{h}=\delta V_U\tag{9.8.5c}$$

9.8.2 姿态误差方程

根据式(9.2.47)，姿态四元数满足如下微分方程：

$$\dot{\boldsymbol{Q}}=\frac{1}{2}\boldsymbol{Q}\otimes\boldsymbol{\omega}_{nb}^b$$

式中，姿态速率$\boldsymbol{\omega}_{nb}^b$视为零标量四元数。

如果求取的姿态速率不含任何误差，即

$$\boldsymbol{\omega}_{nb}^b=\boldsymbol{\omega}_{ib}^b-\boldsymbol{\omega}_{in}^b$$

则无误差的理想姿态四元数由下式确定：

$$\dot{\boldsymbol{Q}}=\frac{1}{2}\boldsymbol{Q}\otimes(\boldsymbol{\omega}_{ib}^b-\boldsymbol{\omega}_{in}^b)\tag{9.8.6}$$

但实际系统中，姿态速率由陀螺的输出角速度$\tilde{\boldsymbol{\omega}}_{ib}^b$和对数学平台的指令角速度$\hat{\boldsymbol{\omega}}_{in}^b$确定

$$\hat{\boldsymbol{\omega}}_{nb}^b=\tilde{\boldsymbol{\omega}}_{ib}^b-\hat{\boldsymbol{\omega}}_{in}^b$$

其中，指令角速度$\hat{\boldsymbol{\omega}}_{in}^b$根据系统解算出的导航解确定，带有一定的误差。所以实际解算的四元数由下式确定：

$$\dot{\hat{\boldsymbol{Q}}}=\frac{1}{2}\hat{\boldsymbol{Q}}\otimes(\tilde{\boldsymbol{\omega}}_{ib}^b-\hat{\boldsymbol{\omega}}_{in}^b)\tag{9.8.7}$$

设与$\hat{\boldsymbol{Q}}$相对应的姿态阵为$\boldsymbol{C}_b^{n'}$，根据式(9.2.35)和(9.2.36)所述姿态阵与姿态四元数之间的等价关系，与$\boldsymbol{C}_b^{n'}=\boldsymbol{C}_n^{n'}\boldsymbol{C}_b^n$相对应的四元数为

$$\hat{\boldsymbol{Q}}=\delta\boldsymbol{Q}^*\otimes\boldsymbol{Q}$$

即

$$\delta\boldsymbol{Q}=\boldsymbol{Q}\otimes\hat{\boldsymbol{Q}}^*\tag{9.8.8}$$

式中，$\delta\boldsymbol{Q}$为$\hat{\boldsymbol{Q}}$引起的误差四元数。

对式(9.8.8)两边对时间求导数，用式(9.8.6)和式(9.8.7)代入之，并考虑到式(9.2.21)关系，得

$$\begin{aligned}\delta\dot{\boldsymbol{Q}}&=\dot{\boldsymbol{Q}}\otimes\hat{\boldsymbol{Q}}^*+\boldsymbol{Q}\otimes\dot{\hat{\boldsymbol{Q}}}^*=\frac{1}{2}\boldsymbol{Q}\otimes(\boldsymbol{\omega}_{ib}^b-\boldsymbol{\omega}_{in}^b)\otimes\hat{\boldsymbol{Q}}^*+\frac{1}{2}\boldsymbol{Q}\otimes(-\tilde{\boldsymbol{\omega}}_{ib}^b+\hat{\boldsymbol{\omega}}_{in}^b)\otimes\hat{\boldsymbol{Q}}^*\\&=-\frac{1}{2}\boldsymbol{Q}\otimes(\tilde{\boldsymbol{\omega}}_{ib}^b-\boldsymbol{\omega}_{ib}^b)\otimes\hat{\boldsymbol{Q}}^*-\frac{1}{2}\boldsymbol{Q}\otimes\boldsymbol{\omega}_{in}^b\otimes\hat{\boldsymbol{Q}}^*+\frac{1}{2}\boldsymbol{Q}\otimes\hat{\boldsymbol{\omega}}_{in}^b\otimes\hat{\boldsymbol{Q}}^*\\&=-\frac{1}{2}\boldsymbol{Q}\otimes\delta\tilde{\boldsymbol{\omega}}_{ib}^b\otimes\boldsymbol{Q}^*\otimes\boldsymbol{Q}\otimes\hat{\boldsymbol{Q}}^*-\frac{1}{2}\boldsymbol{Q}\otimes\boldsymbol{\omega}_{in}^b\otimes\boldsymbol{Q}^*\otimes\boldsymbol{Q}\otimes\hat{\boldsymbol{Q}}^*\\&\quad+\frac{1}{2}\boldsymbol{Q}\otimes\hat{\boldsymbol{Q}}^*\otimes\hat{\boldsymbol{Q}}\otimes\hat{\boldsymbol{\omega}}_{in}^b\otimes\hat{\boldsymbol{Q}}^*\end{aligned}$$

式中

$$\delta\tilde{\boldsymbol{\omega}}_{ib}^b=\tilde{\boldsymbol{\omega}}_{ib}^b-\boldsymbol{\omega}_{ib}^b$$

根据式(9.2.35)

$$\delta\tilde{\boldsymbol{\omega}}_{ib}^{n}=\boldsymbol{Q}\otimes\delta\tilde{\boldsymbol{\omega}}_{ib}^{b}\otimes\boldsymbol{Q}^{*},\quad \boldsymbol{\omega}_{in}^{n}=\boldsymbol{Q}\otimes\boldsymbol{\omega}_{in}^{b}\otimes\boldsymbol{Q}^{*},\quad \hat{\boldsymbol{\omega}}_{in}^{n}=\hat{\boldsymbol{Q}}\otimes\hat{\boldsymbol{\omega}}_{in}^{b}\otimes\hat{\boldsymbol{Q}}^{*}$$

所以

$$\delta\dot{\boldsymbol{Q}}=-\frac{1}{2}\delta\tilde{\boldsymbol{\omega}}_{ib}^{n}\otimes\boldsymbol{Q}\otimes\hat{\boldsymbol{Q}}^{*}-\frac{1}{2}\boldsymbol{\omega}_{in}^{n}\otimes\boldsymbol{Q}\otimes\hat{\boldsymbol{Q}}^{*}+\frac{1}{2}\boldsymbol{Q}\otimes\hat{\boldsymbol{Q}}^{*}\otimes\hat{\boldsymbol{\omega}}_{in}^{n}$$

将式(9.8.8)代入上式，得

$$\delta\dot{\boldsymbol{Q}}=-\frac{1}{2}\delta\tilde{\boldsymbol{\omega}}_{ib}^{n}\otimes\delta\boldsymbol{Q}-\frac{1}{2}\boldsymbol{\omega}_{in}^{n}\otimes\delta\boldsymbol{Q}+\frac{1}{2}\delta\boldsymbol{Q}\otimes(\boldsymbol{\omega}_{in}^{n}+\delta\boldsymbol{\omega}_{in}^{n})\tag{9.8.9}$$

将 $\delta\boldsymbol{Q}$ 写成三角形式

$$\delta\boldsymbol{Q}=\cos\frac{\phi}{2}+\frac{\boldsymbol{\phi}}{\phi}\sin\frac{\phi}{2}$$

式中，$\phi=|\boldsymbol{\phi}|$，$\boldsymbol{\phi}$是由$\hat{\boldsymbol{Q}}$确定的导航坐标系n'相对由$\boldsymbol{Q}$确定的导航坐标系n的偏差角矢量，即姿态误差角矢量。由于$\boldsymbol{\phi}$是小角，所以$\delta\boldsymbol{Q}$可写成

$$\delta\boldsymbol{Q}=1+\frac{\boldsymbol{\phi}}{2}\tag{9.8.10}$$

上式两边对 t 求导后得

$$\delta\dot{\boldsymbol{Q}}=\frac{\dot{\boldsymbol{\phi}}}{2}\tag{9.8.11}$$

将式(9.8.10)和式(9.8.11)代入式(9.8.9)，略去二阶小量后

$$\dot{\boldsymbol{\phi}}=-\delta\tilde{\boldsymbol{\omega}}_{ib}^{n}+\delta\boldsymbol{\omega}_{in}^{n}+\boldsymbol{\phi}\times\boldsymbol{\omega}_{in}^{n}\tag{9.8.12}$$

式中

$$\delta\tilde{\boldsymbol{\omega}}_{ib}^{n}=\boldsymbol{C}_b^n([\delta K_G]+[\delta G])\boldsymbol{\omega}_{ib}^{b}+\boldsymbol{\varepsilon}^{n}$$

$$[\delta K_G]=\mathrm{diag}[\delta K_{Gx}\quad\delta K_{Gy}\quad\delta K_{Gz}]$$

$$[\delta G]=\begin{bmatrix}0&\delta G_z&-\delta G_y\\-\delta G_z&0&\delta G_x\\\delta G_y&-\delta G_x&0\end{bmatrix}$$

δK_{Gi}、$\delta G_i(i=x,y,z)$分别为陀螺的刻度系数误差和安装误差角。所以式(9.8.12)可写成

$$\dot{\boldsymbol{\phi}}=\boldsymbol{\phi}\times\boldsymbol{\omega}_{in}^{n}+\delta\boldsymbol{\omega}_{in}^{n}-\boldsymbol{C}_b^n([\delta K_G]+[\delta G])\boldsymbol{\omega}_{ib}^{b}-\boldsymbol{\varepsilon}^{n}\tag{9.8.13}$$

上式即为捷联惯导的姿态误差方程的矢量形式。

比较式(9.8.13)和式(8.2.19)，可看出捷联惯导的姿态误差角受指令角速度和陀螺漂移的影响，这一点和平台式惯导类似。除此之外，捷联惯导的姿态误差角还受运载体的角速度影响，并且陀螺漂移引起姿态误差角向与陀螺漂移相反的方向增长，这一点和平台惯导不同。

当取地理坐标系为导航坐标系时，式(9.8.13)可写成

$$\begin{bmatrix}\dot{\phi}_E\\\dot{\phi}_N\\\dot{\phi}_U\end{bmatrix}=\begin{bmatrix}0&-\varphi_U&\phi_N\\\phi_U&0&-\phi_E\\-\phi_N&\phi_E&0\end{bmatrix}\begin{bmatrix}-\dfrac{V_N}{R_M+h}\\\omega_{ie}\cos L+\dfrac{V_E}{R_N+h}\\\omega_{ie}\sin L+\dfrac{V_E}{R_N+h}\tan L\end{bmatrix}$$

$$
+\begin{bmatrix} -\dfrac{\delta V_N}{R_M+h}+\delta h\dfrac{V_N}{(R_M+h)^2} \\ -\delta L\omega_{ie}\sin L+\dfrac{\delta V_E}{R_N+h}-\delta h\dfrac{V_E}{(R_N+h)^2} \\ \delta L\omega_{ie}\cos L+\dfrac{\delta V_E}{R_N+h}\tan L+\delta L\dfrac{V_E}{R_N+h}\sec^2 L-\delta h\dfrac{V_E\tan L}{(R_N+h)^2} \end{bmatrix}
$$

$$
-\begin{bmatrix} T_{11} & T_{12} & T_{13} \\ T_{21} & T_{22} & T_{23} \\ T_{31} & T_{32} & T_{33} \end{bmatrix}\begin{bmatrix} \delta K_{Gx} & \delta G_z & -\delta G_y \\ -\delta G_z & \delta K_{Gy} & \delta G_x \\ \delta G_y & -\delta G_x & \delta K_{Gz} \end{bmatrix}\begin{bmatrix} \omega_{ibx}^b \\ \omega_{iby}^b \\ \omega_{ibz}^b \end{bmatrix}-\begin{bmatrix} \varepsilon_E \\ \varepsilon_N \\ \varepsilon_U \end{bmatrix}
$$

展开后得

$$
\begin{aligned}
\dot{\phi}_E =& \phi_N\left(\omega_{ie}\sin L+\frac{V_E}{R_N+h}\tan L\right)-\phi_U\left(\omega_{ie}\cos L+\frac{V_E}{R_N+h}\right)-\frac{\delta V_N}{R_M+h}+\delta h\frac{V_N}{(R_M+h)^2} \\
&-T_{11}(\delta K_{Gx}\omega_{ibx}^b+\delta G_z\omega_{iby}^b-\delta G_y\omega_{ibz}^b)-T_{12}(\delta K_{Gy}\omega_{iby}^b-\delta G_z\omega_{ibx}^b+\delta G_x\omega_{ibz}^b) \\
&-T_{13}(\delta K_{Gz}\omega_{ibz}^b+\delta G_y\omega_{ibx}^b-\delta G_x\omega_{iby}^b)-\varepsilon_E
\end{aligned} \tag{9.8.14a}
$$

$$
\begin{aligned}
\dot{\phi}_N =& -\phi_E\left(\omega_{ie}\sin L+\frac{V_E}{R_N+h}\tan L\right)-\phi_U\frac{V_N}{R_M+h}-\delta L\omega_{ie}\sin L+\frac{\delta V_E}{R_N+h}-\delta h\frac{V_E}{(R_N+h)^2} \\
&-T_{21}(\delta K_{Gx}\omega_{ibx}^b+\delta G_z\omega_{iby}^b-\delta G_y\omega_{ibz}^b)-T_{22}(\delta K_{Gy}\omega_{iby}^b-\delta G_z\omega_{ibx}^b+\delta G_x\omega_{ibz}^b) \\
&-T_{23}(\delta K_{Gz}\omega_{ibz}^b+\delta G_y\omega_{ibx}^b-\delta G_x\omega_{iby}^b)-\varepsilon_N
\end{aligned} \tag{9.8.14b}
$$

$$
\begin{aligned}
\dot{\phi}_U =& \phi_E\left(\omega_{ie}\cos L+\frac{V_E}{R_N+h}\right)+\phi_N\frac{V_N}{R_M+h}+\delta L\left(\omega_{ie}\cos L+\frac{V_E}{R_N+h}\sec^2 L\right)+\frac{\delta V_E}{R_N+h}\tan L \\
&-\delta h\frac{V_E\tan L}{(R_N+h)^2}-T_{31}(\delta K_{Gx}\omega_{ibx}^b+\delta G_z\omega_{iby}^b-\delta G_y\omega_{ibz}^b)-T_{32}(\delta K_{Gy}\omega_{iby}^b-\delta G_z\omega_{ibx}^b+\delta G_x\omega_{ibz}^b) \\
&-T_{33}(\delta K_{Gz}\omega_{ibz}^b+\delta G_y\omega_{ibx}^b-\delta G_x\omega_{iby}^b)-\varepsilon_U
\end{aligned} \tag{9.8.14c}
$$

式中

$$
\begin{aligned}
\varepsilon_E &= T_{11}\varepsilon_x^b+T_{12}\varepsilon_y^b+T_{13}\varepsilon_z^b \\
\varepsilon_N &= T_{21}\varepsilon_x^b+T_{22}\varepsilon_y^b+T_{23}\varepsilon_z^b \\
\varepsilon_U &= T_{31}\varepsilon_x^b+T_{32}\varepsilon_y^b+T_{33}\varepsilon_z^b
\end{aligned}
$$

9.9 捷联惯导系统抗干扰自对准

平台式惯导系统的初始对准利用水平加速度计的输出作为修正信息，经过适当加权和滤波后加至陀螺，通过陀螺控制平台旋转消除失准角。捷联惯导没有实体平台，运载体的晃动干扰直接加给陀螺和加速度计。计算机对陀螺和加速度计的测量输出值作处理，解算出姿态阵和速度误差，并从速度误差中估计出失准角。待失准角估计达到稳态后，用失准角估计值对姿态阵作校正，初始对准也就完成了。与平台式惯导的初始对准类似，捷联式惯导的自对准也分粗对准和精对准两个过程。

对于基座做微幅晃动的情况，如飞机停在停机坪上受风扰动引起的晃动，粗对准过程中，根据陀螺和加速度计的输出直接解算出姿态阵。这样处理实际上忽略了晃动干扰的影响，将陀螺和加速度计的输出近似看作对地球旋转角速度和重力加速度的测量值。所以粗对准误差主要取决于晃动干扰的剧烈程度。对于基座做较大幅度摇摆运动的情况，如舰船在系泊状态下受风浪作用引起船体摇摆晃荡，摇摆角速度远大于地球自转角速度，无法直接根据陀螺和加速度计的输出计算姿态阵。由于地球做自转运动，对准所在地的重力加速度随地球旋转形成圆锥轨迹，圆锥顶点位于地心，使重力加速度相对惯性空间的指向发生改变。若在两个不同时刻计算出重力加速度在惯性空间内的数学矢量，根据双矢量定姿原理就可确定出北向。基于重力信息的抗摇摆自对准算法正是根据这一思路提出的。精对准在粗对准完成后进行。此过程中，系统一方面根据粗对准确定的姿态阵和陀螺的实时输出解算出姿态阵，另一方面根据加速度计的输出解算出速度输出，由于运载体无移动，所以此速度输出实际上是速度误差，它包含有姿态误差角信息，从中可估计出姿态误差角，待估计达到稳态后，用此估计值对姿态阵作修正，并以此修正后的姿态阵作为导航解算的初始姿态阵，初始对准即告结束。可见捷联惯导对准也使用了地球旋转角速度和重力加速度作为参考基准量，这与平台式惯导自对准本质上是相同的。

捷联惯导精对准方案有多种，此处分别介绍采用参数辨识法实现的开环精对准方案和卡尔曼滤波精对准方案。所介绍方案概念直观，易于理解，并具有很好的工程实用性。

9.9.1　粗对准

1. 抗晃动粗对准

设 b 为机体坐标系，规定 x_b、y_b、z_b 分别指向飞机的右、前、上，导航坐标系 n 取地理坐标系 g，规定 $n_x(g_x)$、$n_y(g_y)$、$n_z(g_z)$分别指向东、北、天。则重力加速度和地球自转角速度在 n 系和 b 系内的分量有如下关系：

$$\boldsymbol{g}^b = \boldsymbol{C}_n^b \boldsymbol{g}^n, \qquad \boldsymbol{\omega}_{ie}^b = \boldsymbol{C}_n^b \boldsymbol{\omega}_{ie}^n$$

各式两边同时作转置

$$(\boldsymbol{g}^b)^{\mathrm{T}} = (\boldsymbol{g}^n)^{\mathrm{T}} \boldsymbol{C}_b^n, \qquad (\boldsymbol{\omega}_{ie}^b)^{\mathrm{T}} = (\boldsymbol{\omega}_{ie}^n)^{\mathrm{T}} \boldsymbol{C}_b^n$$

即

$$\begin{bmatrix} (\boldsymbol{g}^b)^{\mathrm{T}} \\ (\boldsymbol{\omega}_{ie}^b)^{\mathrm{T}} \end{bmatrix} = \begin{bmatrix} (\boldsymbol{g}^n)^{\mathrm{T}} \\ (\boldsymbol{\omega}_{ie}^n)^{\mathrm{T}} \end{bmatrix} \cdot \boldsymbol{C}_b^n \tag{9.9.1}$$

自主式初始对准过程中，飞机停在地面上，忽略飞机的晃动影响和陀螺及加速度计的测量误差，并根据地速为零时的比力方程式(7.4.7)，有

$$\tilde{\boldsymbol{\omega}}_{ib}^b \approx \boldsymbol{\omega}_{ie}^b, \qquad \tilde{\boldsymbol{f}}^b \approx -\boldsymbol{g}^b$$

式中，$\tilde{\boldsymbol{\omega}}_{ib}^b$ 和 $\tilde{\boldsymbol{f}}^b$ 分别为陀螺和加速度计的输出。

上述关系代入式(9.9.1)，得

$$\begin{bmatrix} -(\tilde{\boldsymbol{f}}^b)^{\mathrm{T}} \\ (\tilde{\boldsymbol{\omega}}_{ib}^b)^{\mathrm{T}} \end{bmatrix} = \begin{bmatrix} (\boldsymbol{g}^n)^{\mathrm{T}} \\ (\boldsymbol{\omega}_{ie}^n)^{\mathrm{T}} \end{bmatrix} \cdot \boldsymbol{C}_b^n \tag{9.9.2}$$

设对准时刻飞机所在地纬度 L 准确已知，则

$$\boldsymbol{g}^n = \begin{bmatrix} 0 \\ 0 \\ -g \end{bmatrix}, \qquad \boldsymbol{\omega}_{ie}^n = \begin{bmatrix} 0 \\ \omega_{ie}\cos L \\ \omega_{ie}\sin L \end{bmatrix}$$

记

$$\boldsymbol{C}_b^n = \begin{bmatrix} T_{11} & T_{12} & T_{13} \\ T_{21} & T_{22} & T_{23} \\ T_{31} & T_{32} & T_{33} \end{bmatrix}, \qquad \tilde{\boldsymbol{f}}^b = \begin{bmatrix} \tilde{f}_x^b \\ \tilde{f}_y^b \\ \tilde{f}_z^b \end{bmatrix}, \qquad \tilde{\boldsymbol{\omega}}_{ib}^b = \begin{bmatrix} \tilde{\omega}_{ibx}^b \\ \tilde{\omega}_{iby}^b \\ \tilde{\omega}_{ibz}^b \end{bmatrix}$$

则式(9.9.2)可写成：

$$\begin{bmatrix} -\tilde{f}_x^b & -\tilde{f}_y^b & -\tilde{f}_z^b \\ \tilde{\omega}_{ibx}^b & \tilde{\omega}_{iby}^b & \tilde{\omega}_{ibz}^b \end{bmatrix} \approx \begin{bmatrix} 0 & 0 & -g \\ 0 & \omega_{ie}\cos L & \omega_{ie}\sin L \end{bmatrix} \begin{bmatrix} T_{11} & T_{12} & T_{13} \\ T_{21} & T_{22} & T_{23} \\ T_{31} & T_{32} & T_{33} \end{bmatrix}$$

展开上式，可解得

$$T_{31} \approx \frac{\tilde{f}_x^b}{g} \tag{9.9.3a}$$

$$T_{32} \approx \frac{\tilde{f}_y^b}{g} \tag{9.9.3b}$$

$$T_{33} \approx \frac{\tilde{f}_z^b}{g} \tag{9.9.3c}$$

$$T_{21} \approx \frac{1}{\omega_{ie}\cos L}(\tilde{\omega}_{ibx}^b - T_{31}\omega_{ie}\sin L) \tag{9.9.3d}$$

$$T_{22} \approx \frac{1}{\omega_{ie}\cos L}(\tilde{\omega}_{iby}^b - T_{32}\omega_{ie}\sin L) \tag{9.9.3e}$$

$$T_{23} \approx \frac{1}{\omega_{ie}\cos L}(\tilde{\omega}_{ibz}^b - T_{33}\omega_{ie}\sin L) \tag{9.9.3f}$$

由于姿态阵为单位正交阵，逆和转置相等：

$$\begin{bmatrix} T_{11} & T_{12} & T_{13} \\ T_{21} & T_{22} & T_{23} \\ T_{31} & T_{32} & T_{33} \end{bmatrix}^{-1} = \begin{bmatrix} T_{11} & T_{21} & T_{31} \\ T_{12} & T_{22} & T_{32} \\ T_{13} & T_{23} & T_{33} \end{bmatrix}$$

对上式左端求逆，第一列诸元有如下关系：

$$T_{11} = T_{22}T_{33} - T_{23}T_{32} \tag{9.9.4a}$$

$$T_{12} = T_{23}T_{31} - T_{21}T_{33} \tag{9.9.4b}$$

$$T_{13} = T_{21}T_{32} - T_{22}T_{31} \tag{9.9.4c}$$

在实际系统中，惯性器件输出的是角增量和速度增量。设在 $T_m = t_m - t_{m-1}$ 时间段内陀螺输出的角增量为 $\Delta\theta_x(m)$，$\Delta\theta_y(m)$，$\Delta\theta_z(m)$，加速度计输出的速度增量为 $\Delta V_x(m)$，$\Delta V_y(m)$，$\Delta V_z(m)$，则式(9.9.3)可改写成：

$$T_{31} \approx \frac{\Delta V_x(m)}{gT_m} \tag{9.9.5a}$$

$$T_{32} \approx \frac{\Delta V_y(m)}{gT_m} \tag{9.9.5b}$$

$$T_{33} \approx \frac{\Delta V_z(m)}{gT_m} \tag{9.9.5c}$$

$$T_{21} \approx \frac{1}{T_m\omega_{ie}\cos L}[\Delta\theta_x(m) - T_mT_{31}\omega_{ie}\sin L] \tag{9.9.5d}$$

$$T_{22} \approx \frac{1}{T_m\omega_{ie}\cos L}[\Delta\theta_y(m) - T_mT_{32}\omega_{ie}\sin L] \tag{9.9.5e}$$

$$T_{23} \approx \frac{1}{T_m\omega_{ie}\cos L}[\Delta\theta_z(m) - T_mT_{33}\omega_{ie}\sin L] \tag{9.9.5f}$$

粗对准的精度并不高，原因是忽略了晃动及惯性器件的测量误差影响，失准角一般在数角分至数十角分范围内，视晃动剧烈程度而定。

2. 抗摇摆粗对准(秦永元等，2005)

对于诸如舰船在风浪作用下做较大幅度摇摆运动的对准环境，由于摇摆引起的干扰角速度远大于地球自转角速度，陀螺输出中的信噪比十分低，且干扰角速度具有很宽的频带，已无法从陀螺输出中将地球自转角速度这一有用信息提取出来。然而地球自转角速度是一个已知的恒定值，只要时间测准，重力加速度在惯性空间内旋转过的角度可精确计算出，重力加速度在惯性空间内的方向改变包含了地球北向信息，抗摇摆粗对准方法正是利用了这一基本原理。

1）粗对准中的坐标系规定

(1) 地心地球坐标系 e：原点位于地心，z_e 轴沿地球自转方向，x_e 轴位于赤道平面内，从地心指向舰船所在点的子午线，y_e 轴与 x_e、z_e 轴构成右手坐标系。

(2) 地心惯性坐标系 i：在粗对准起始时刻 t_0 将 $o\text{-}x_ey_ez_e$ 惯性凝固后形成的坐标系。

(3) 导航坐标系 n：即地理坐标系，原点位于舰船重心，x_n 轴指向东，y_n 轴指向北，z_n 轴指向天。

(4) 舰体坐标系 b：原点位于舰船重心，x_b、y_b、z_b 轴分别沿舰体横轴指向右、沿纵轴指向前、沿立轴指向上。

(5) 基座惯性坐标系 i_{b_0}：在 t_0 时刻将舰体坐标系 b 经惯性凝固后的坐标系。

2）粗对准算法原理

设对准点的纬度为 L，则姿态矩阵可由下式确定：

$$\boldsymbol{C}_b^n=\boldsymbol{C}_e^n\boldsymbol{C}_i^e\boldsymbol{C}_{i_{b_0}}^i\boldsymbol{C}_b^{i_{b_0}} \tag{9.9.6}$$

式中

$$\boldsymbol{C}_e^n=\begin{bmatrix}0 & 1 & 0\\ -\sin L & 0 & \cos L\\ \cos L & 0 & \sin L\end{bmatrix} \tag{9.9.7a}$$

$$\boldsymbol{C}_i^e=\begin{bmatrix}\cos\omega_{ie}(t-t_0) & \sin\omega_{ie}(t-t_0) & 0\\ -\sin\omega_{ie}(t-t_0) & \cos\omega_{ie}(t-t_0) & 0\\ 0 & 0 & 1\end{bmatrix} \tag{9.9.7b}$$

$\boldsymbol{C}_b^{i_{b_0}}(t_0)=\boldsymbol{I}$，$\boldsymbol{C}_b^{i_{b_0}}(t)$ 根据陀螺输出通过旋转矢量求解获得。所以 $\boldsymbol{C}_b^n$ 的确定关键在于 $\boldsymbol{C}_{i_{b_0}}^i$ 的确定。

在摇摆基座上，加速度计的输出在 i_{b_0} 坐标系内的投影为：

$$\begin{aligned}\boldsymbol{C}_b^{i_{b_0}}\tilde{\boldsymbol{f}}^b &=\boldsymbol{C}_b^{i_{b_0}}[(\boldsymbol{I}+\delta\boldsymbol{K}_A)(\boldsymbol{I}+\delta\boldsymbol{A})(-\boldsymbol{g}^b+\boldsymbol{a}_{LA}^b+\boldsymbol{a}_D^b)+\boldsymbol{\nabla}^b]\\ &=-\boldsymbol{C}_b^{i_{b_0}}\boldsymbol{g}^b+\boldsymbol{C}_b^{i_{b_0}}\boldsymbol{a}_{LA}^b+\delta\boldsymbol{a}^{i_{b_0}}=-\boldsymbol{C}_b^{i_{b_0}}\boldsymbol{g}^b+\boldsymbol{a}_{LA}^{i_{b_0}}+\delta\boldsymbol{a}^{i_{b_0}}\end{aligned} \tag{9.9.8}$$

式中

$$\boldsymbol{\nabla}^b=[\nabla_x \quad \nabla_y \quad \nabla_z]^{\mathrm{T}},\quad \delta\boldsymbol{K}_A=\mathrm{diag}[\delta K_{Ax} \quad \delta K_{Ay} \quad \delta K_{Az}]$$

$$\delta\boldsymbol{A}=\begin{bmatrix}0 & \delta A_z & -\delta A_y\\ -\delta A_z & 0 & \delta A_x\\ \delta A_y & -\delta A_x & 0\end{bmatrix}$$

$\boldsymbol{a}_{LA}^b$ 为捷联惯导质心相对舰体浮心存在杆臂 $\boldsymbol{r}$ 所产生的杆臂干扰加速度，$\boldsymbol{a}_D^b$ 为舰体垂荡、纵荡、

横荡及振动产生的干扰角速度，

$$\delta \boldsymbol{a}^{i_{b_0}} = \boldsymbol{C}_{b}^{i_{b_0}} [\boldsymbol{a}_D^b + (\delta \boldsymbol{K}_A + \delta \boldsymbol{A})(-\boldsymbol{g}^b + \boldsymbol{a}_{LA}^b + \boldsymbol{a}_D^b) + \boldsymbol{\nabla}^b]$$

对式(9.9.8)在$[t_0, t_k]$内积分并记：

$$\tilde{\boldsymbol{V}}^{i_{b_0}} = \int_{t_0}^{t_k} \boldsymbol{C}_{b}^{i_{b_0}} \tilde{\boldsymbol{f}}^b \mathrm{d}t \tag{9.9.9}$$

则

$$\tilde{\boldsymbol{V}}^{i_{b_0}} = -\boldsymbol{C}_{i}^{i_{b_0}} \int_{t_0}^{t_k} \boldsymbol{g}^i \mathrm{d}t + \boldsymbol{V}_{LA}^{i_{b_0}} + \delta \boldsymbol{V}^{i_{b_0}} \tag{9.9.10}$$

式中

$$\boldsymbol{V}_{LA}^{i_{b_0}} = -\boldsymbol{C}_{b}^{i_{b_0}} (\boldsymbol{\omega}_{ie}^b \times \mathbf{r}^b) \tag{9.9.11}$$

$$\delta \boldsymbol{V}^{i_{b_0}} = \int_{t_0}^{t_k} \delta \boldsymbol{a}^{i_{b_0}} \mathrm{d}t$$

记

$$\boldsymbol{V}^{i_{b_0}} = -\boldsymbol{C}_{i}^{i_{b_0}} \int_{t_0}^{t_k} \boldsymbol{g}^i \mathrm{d}t = \boldsymbol{C}_{i}^{i_{b_0}} \boldsymbol{V}^i(t_k) \tag{9.9.12}$$

$$\bar{\boldsymbol{V}}^{i_{b_0}} = \tilde{\boldsymbol{V}}^{i_{b_0}} - \boldsymbol{V}_{LA}^{i_{b_0}} \tag{9.9.13}$$

式中

$$\boldsymbol{V}^i(t_k) = \int_{t_0}^{t_k} (-\boldsymbol{g}^i) \mathrm{d}t \tag{9.9.14}$$

则式(9.9.10)可近似写成$\boldsymbol{V}^{i_{b_0}} \approx \tilde{\boldsymbol{V}}^{i_{b_0}} - \boldsymbol{V}_{LA}^{i_{b_0}}$，即

$$\boldsymbol{C}_{i}^{i_{b_0}} \boldsymbol{V}^i \approx \bar{\boldsymbol{V}}^{i_{b_0}} \tag{9.9.15}$$

由于

$$\boldsymbol{g}^i = \boldsymbol{C}_e^i \boldsymbol{C}_n^e \boldsymbol{g}^n = \begin{bmatrix} -g\cos L\cos\omega_{ie}(t-t_0) \\ -g\cos L\sin\omega_{ie}(t-t_0) \\ -g\sin L \end{bmatrix} \tag{9.9.16}$$

所以

$$\boldsymbol{V}^i(t_k) = \begin{bmatrix} \dfrac{g\cos L}{\omega_{ie}}\sin\omega_{ie}\Delta t_k \\ \dfrac{g\cos L}{\omega_{ie}}(1-\cos\omega_{ie}\Delta t_k) \\ \Delta t_k g\sin L \end{bmatrix} \tag{9.9.17}$$

式中，$\Delta t_k = t_k - t_0$。

根据式(9.9.15)，在t_{k_1}和t_{k_2}时刻($t_0 < t_{k_1} < t_{k_2}$)，有：

$$\bar{\boldsymbol{V}}^{i_{b_0}}(t_{k_1}) = \boldsymbol{C}_{i}^{i_{b_0}} \boldsymbol{V}^i(t_{k_1}) \tag{9.9.18a}$$

$$\bar{\boldsymbol{V}}^{i_{b_0}}(t_{k_2}) = \boldsymbol{C}_{i}^{i_{b_0}} \boldsymbol{V}^i(t_{k_2}) \tag{9.9.18b}$$

由式(9.9.18)，可得

$$\hat{\boldsymbol{C}}_{i_{b_0}}^{i} = \begin{bmatrix} \boldsymbol{V}^{i\,\mathrm{T}}(t_{k_1}) \\ \boldsymbol{V}^{i\,\mathrm{T}}(t_{k_2}) \\ [\boldsymbol{V}^i(t_{k_1}) \times \boldsymbol{V}^i(t_{k_2})]^{\mathrm{T}} \end{bmatrix}^{-1} \begin{bmatrix} \bar{\boldsymbol{V}}^{i_{b_0}\,\mathrm{T}}(t_{k_1}) \\ \bar{\boldsymbol{V}}^{i_{b_0}\,\mathrm{T}}(t_{k_2}) \\ [\bar{\boldsymbol{V}}^{i_{b_0}}(t_{k_1}) \times \bar{\boldsymbol{V}}^{i_{b_0}}(t_{k_2})]^{\mathrm{T}} \end{bmatrix} \tag{9.9.19}$$

式中，$\boldsymbol{V}^i(t_{k_j})(j=1,2)$按式(9.9.17)计算，$\bar{\boldsymbol{V}}^{i_{b_0}}(t_{k_j})\ (j=1,2)$按式(9.9.9)、式(9.9.11)和式(9.9.13)计算。

获得$\hat{\boldsymbol{C}}^i_{i_{b_0}}$后，代入式(9.9.6)，即可计算出粗对准确定的姿态阵。

3) 仿真环境假设

(1) 假设在风浪影响下，舰体的航向角ψ、俯仰角θ、横滚角γ作周期变化：

$$\psi=30^\circ+5^\circ\cos\left(\frac{2\pi}{7}t+\frac{\pi}{3}\right) \tag{9.9.20a}$$

$$\theta=7^\circ\cos\left(\frac{2\pi}{5}t+\frac{\pi}{4}\right) \tag{9.9.20b}$$

$$\gamma=10^\circ\cos\left(\frac{2\pi}{6}t+\frac{\pi}{7}\right) \tag{9.9.20c}$$

(2) 存在横荡、纵荡和垂荡引起的线速度：

$$V_{D_i}=A_{D_i}\omega_{D_i}\cos(\omega_{D_i}t+\varphi_{D_i}),\quad i=x,y,z \tag{9.9.21}$$

式中，$A_{D_x}=0.02\text{m}$，$A_{D_y}=0.03\text{m}$，$A_{D_z}=0.3\text{m}$；$\omega_{D_i}=\dfrac{2\pi}{T_{D_i}}$，$T_{D_x}=7\text{s}$，$T_{D_y}=6\text{s}$，$T_{D_z}=8\text{s}$；$\varphi_{D_i}$为$[0,2\pi]$上服从均匀分布的随机相位。

(3) 存在高频振动引起的线速度：

$$V_{DH_i}=\frac{A_{DH_i}}{2\pi f_{DH_i}}\cos(2\pi f_{DH_i}+\varphi_{DH_i}),\quad i=x,y,z \tag{9.9.22}$$

式中，$A_{DH_x}=4.2g$，$A_{DH_y}=3.8g$，$A_{DH_z}=4g$；$f_{DH_x}=300\text{Hz}$，$f_{DH_y}=250\text{Hz}$，$f_{DH_z}=400\text{Hz}$；φ_{DH_i}为$[0,2\pi]$上服从均匀分布的随机相位。

(4) 假设陀螺的随机常值漂移为$\varepsilon_{bi}=0.01^\circ/h(i=x,y,z)$，随机游走系数为$\sigma_{\varepsilon_{wi}}=0.001^\circ/\sqrt{\text{h}}$ $(i=x,y,z)$，加速度计的随机常值偏置为$\nabla_{bi}=1\times10^{-4}g(i=x,y,z)$。

4) 仿真结果和分析

姿态矩阵的理想值$\boldsymbol{C}^n_b$由仿真环境假设的ψ、θ、γ确定，以粗对准结束时刻的姿态误差角$\boldsymbol{\phi}^n$作为衡量粗对准精度的指标。共进行 50 个样本的粗对准仿真，每次粗对准仿真时间为 120s，且取$t_{k_1}=50\text{s}$，$t_{k_2}=120\text{s}$。仿真结果如图 9.9.1～图 9.9.3 所示。由图可看出：

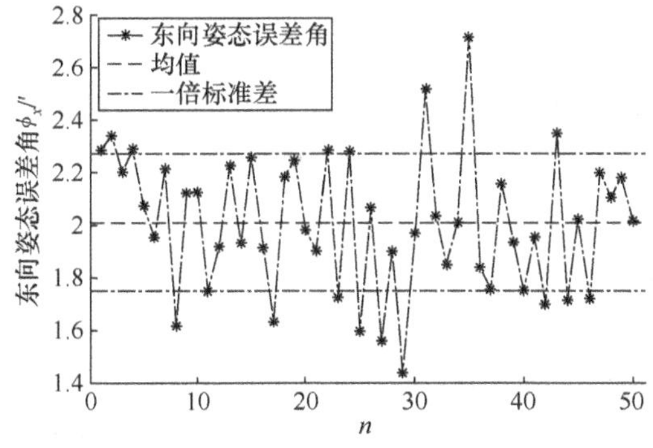

图 9.9.1　东向水平失准角

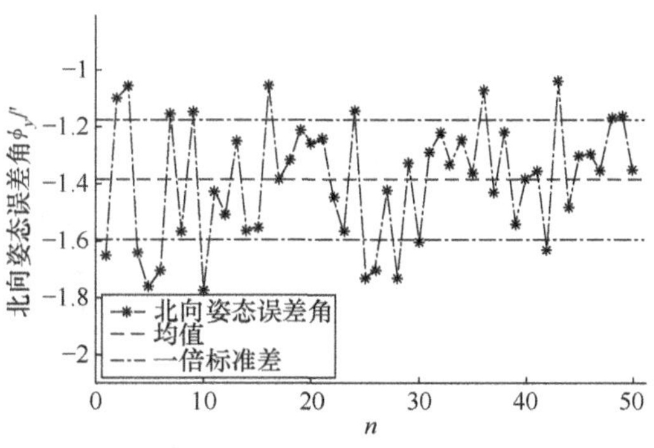

图 9.9.2　北向水平失准角

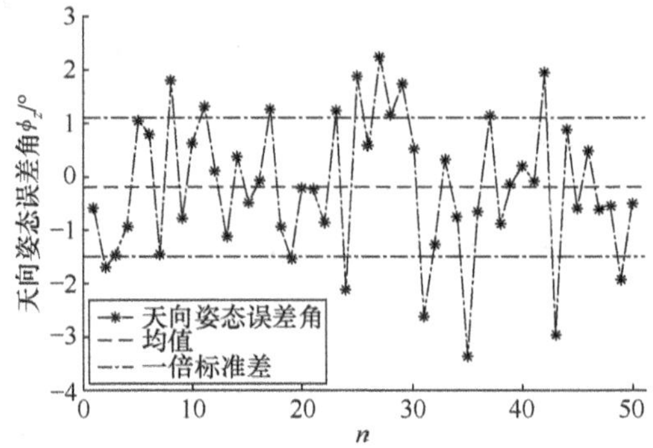

图 9.9.3　天向方位失准角

由 50 个样本的东向、北向、天向姿态误差角的均值分别为 2.01′，−1.38′和−0.20°，东向、北向、天向姿态误差角的标准差分别为 0.26′，0.21′和 1.3°。因此上述粗对准算法能有效计算出舰船姿态阵的粗略值，姿态误差角可视为小角，在此基础上可对舰船姿态阵作精确估计，即对捷联惯导的精对准。

5）结论

（1）较大幅度摇摆基座上的捷联惯导粗对准方法与微幅晃动基座上的粗对准方法有着明显的不同，后者根据陀螺和加速度计对地球旋转角速度和重力加速度的直接测量值计算出姿态阵的粗略值，而前者根据式(9.9.6)求取姿态阵的粗略值，其最大特点是基于重力加速度信息在惯性坐标系内解算有关变换矩阵。

（2）式(9.9.6)将姿态矩阵的求取分散成四个矩阵的求取：$\boldsymbol{C}_{b}^{i_{b0}}$ 反映了摇摆基座的姿态变化，由于初值为单位阵，所以可根据陀螺输出，通过旋转矢量法求解；$\boldsymbol{C}_{i}^{e}$ 反映了地球的旋转信息，只要准确计时，就能准确计算该矩阵；$\boldsymbol{C}_{e}^{n}$ 利用了对准点的地理信息；$\boldsymbol{C}_{i_{b_0}}^{i}$ 是常阵，它根据重力加速度在地心惯性坐标系 i 和舰体惯性坐标系 i_{b_0} 中的积分通过式(9.9.19)求取。由于计算重力加速度在 i_{b_0} 坐标系内的积分值时未对垂荡、纵荡和横荡干扰速度作补偿，所以解算$\boldsymbol{C}_{i_{b_0}}^{i}$ 时会产生较大误差。因此本文所提对准算法只适用于粗对准。而精对准解算可在粗对准基础上采用最小二乘法或卡尔曼滤波法完成。

9.9.2　参数辨识法精对准(秦永元，1990)

粗对准确定的姿态阵是紧接着进行的姿态更新的初值。姿态更新常采用旋转矢量法，在各更新时间点上所确定的姿态阵实际上建立起了数学平台。由于粗对准确定的姿态阵误差较大，所以与数学平台相对应的实际建立的导航坐标系 n' 与要求建立的理想导航坐标系 n 存在偏差角。此偏差角即为对准失准角。精对准所要做的工作就是估计出失准角，待失准角估计值达到稳态后，用此失准角估计值对最新得到的姿态阵作一次性修正，整个初始对准过程也就结束了。

对失准角作实时估计的方法有多种，其中采用参数辨识法实现的估计是行之有效的方法。

1. 姿态误差角分析

设实际建立的导航坐标系 n' 偏离理想导航坐标系 n 的失准角为 ϕ_E、ϕ_N、ϕ_U，经过粗对准它们都是小角，所以 $\boldsymbol{\phi}=[\phi_E \quad \phi_N \quad \phi_U]^{\mathrm{T}}$ 可看做 n 系至 n' 系的等效旋转矢量。根据式(9.2.42)，对于 ϕ_E、ϕ_N、ϕ_U 均为小角的情况，略去高阶小量后

$$\boldsymbol{C}_{n'}^{n}=\boldsymbol{I}+(\boldsymbol{\phi}\times) \tag{9.9.23}$$

式中

$$(\boldsymbol{\phi}\times)=\begin{bmatrix} 0 & -\phi_U & \phi_N \\ \phi_U & 0 & -\phi_E \\ -\phi_N & \phi_E & 0 \end{bmatrix} \tag{9.9.24}$$

所以

$$C_b^n = C_{n'}^n C_b^{n'} = [I + (\boldsymbol{\phi} \times)] C_b^{n'} \tag{9.9.25}$$

式(9.9.25)说明，计算出姿态阵 $C_b^{n'}$ 后，若能准确确定出失准角 ϕ_E、ϕ_N、ϕ_U，则可用来对 $C_b^{n'}$ 作修正从而获得精确的姿态阵。因此精对准实质上就是精确确定出失准角 ϕ_E、ϕ_N、ϕ_U。

自对准中，对准地纬度准确已知，运载体无移动，所以 $\boldsymbol{\omega}_{in} = \boldsymbol{\omega}_{ie}$，$\delta\boldsymbol{\omega}_{in} = 0$，根据式(9.8.13)，此情况下，捷联惯导的姿态误差方程为

$$\dot{\boldsymbol{\phi}} = \boldsymbol{\phi} \times \boldsymbol{\omega}_{ie}^n - C_b^n([\delta K_G] + [\delta G]) \boldsymbol{\omega}_{ib}^b - C_b^n \boldsymbol{\varepsilon}^b \tag{9.9.26}$$

式中

$$[\delta K_G] = \mathrm{diag}[\delta K_{Gx} \quad \delta K_{Gy} \quad \delta K_{Gz}], \quad [\delta G] = \begin{bmatrix} 0 & \delta G_z & -\delta G_y \\ -\delta G_z & 0 & \delta G_x \\ \delta G_y & -\delta G_x & 0 \end{bmatrix}$$

δK_{Gx}、δK_{Gy}、δK_{Gz} 为陀螺的刻度系数误差，δG_x、δG_y、δG_z 为陀螺的安装误差角，$\boldsymbol{\varepsilon}^b$ 为陀螺漂移，对准过程中近似看作随机常值向量。

当运载体晃动幅度不大时，C_b^n 可近似看作常阵，所以式(9.9.26)右端最后一项 $C_b^n \boldsymbol{\varepsilon}^b$ 可近似看作常值向量，并称之为陀螺在导航坐标系内的等效常值漂移，记为

$$\boldsymbol{\varepsilon}^n = [\varepsilon_E \quad \varepsilon_N \quad \varepsilon_U]^{\mathrm{T}}$$

又由于晃动角速度 $\boldsymbol{\omega}_d$ 远大于地球自转角速度，即有 $\boldsymbol{\omega}_{ib} \approx \boldsymbol{\omega}_{\mathrm{d}}$，所以式(9.9.26)右端第二项可写成：

$$C_b^n([\delta K_G] + [\delta G]) \boldsymbol{\omega}_{ib}^b \approx C_b^n \begin{bmatrix} \delta K_{Gx} & \delta G_z & -\delta G_y \\ -\delta G_z & \delta K_{Gy} & \delta G_x \\ \delta G_y & -\delta G_x & \delta K_{Gz} \end{bmatrix} \begin{bmatrix} \omega_{dx} \\ \omega_{dy} \\ \omega_{dz} \end{bmatrix} = \begin{bmatrix} \delta_{11} & \delta_{12} & \delta_{13} \\ \delta_{21} & \delta_{22} & \delta_{23} \\ \delta_{31} & \delta_{32} & \delta_{33} \end{bmatrix} \begin{bmatrix} \omega_{dx} \\ \omega_{dy} \\ \omega_{dz} \end{bmatrix}$$

记

$$\begin{aligned} w_E &= \delta_{11}\omega_{dx} + \delta_{12}\omega_{dy} + \delta_{13}\omega_{dz} \\ w_N &= \delta_{21}\omega_{dx} + \delta_{22}\omega_{dy} + \delta_{23}\omega_{dz} \\ w_U &= \delta_{31}\omega_{dx} + \delta_{32}\omega_{dy} + \delta_{33}\omega_{dz} \end{aligned}$$

并将

$$\boldsymbol{w}^n(t) = [w_E \quad w_N \quad w_U]^{\mathrm{T}}$$

称之为陀螺的等效时变漂移。

所以式(9.9.26)可写成

$$\dot{\boldsymbol{\phi}} = -\boldsymbol{\omega}_{ie}^n \times \boldsymbol{\phi} - \boldsymbol{\varepsilon}^n - \boldsymbol{w}^n$$

上式写成分量形式：

$$\begin{bmatrix} \dot{\phi}_E \\ \dot{\phi}_N \\ \dot{\phi}_U \end{bmatrix} = \begin{bmatrix} 0 & \omega_{ie}\sin L & -\omega_{ie}\cos L \\ -\omega_{ie}\sin L & 0 & 0 \\ \omega_{ie}\cos L & 0 & 0 \end{bmatrix} \begin{bmatrix} \phi_E \\ \phi_N \\ \phi_U \end{bmatrix} - \begin{bmatrix} \varepsilon_E \\ \varepsilon_N \\ \varepsilon_U \end{bmatrix} - \begin{bmatrix} w_E \\ w_N \\ w_U \end{bmatrix} \tag{9.9.27}$$

为便于求解上式，记

$$\boldsymbol{A} = \begin{bmatrix} 0 & \omega_{ie}\sin L & -\omega_{ie}\cos L \\ -\omega_{ie}\sin L & 0 & 0 \\ \omega_{ie}\cos L & 0 & 0 \end{bmatrix}, \quad \boldsymbol{x} = \begin{bmatrix} \phi_E - \phi_{E0} \\ \phi_N - \phi_{N0} \\ \phi_U - \phi_{U0} \end{bmatrix}$$

式中，$\boldsymbol{\phi}_0 = [\phi_{E0} \quad \phi_{N0} \quad \phi_{U0}]^{\mathrm{T}}$ 为姿态误差角初值。则式(9.9.27)可写成

$$\dot{\boldsymbol{x}}(t)=\boldsymbol{A}\boldsymbol{x}(t)+\boldsymbol{A}\boldsymbol{\phi}_0-\boldsymbol{\varepsilon}^n-\boldsymbol{w}^n \tag{9.9.28}$$

记

$$\boldsymbol{u}=\boldsymbol{A}\boldsymbol{\phi}_0-\boldsymbol{\varepsilon}^n$$

即

$$u_E=\phi_{N0}\omega_{ie}\sin L-\phi_{U0}\omega_{ie}\cos L-\varepsilon_E \tag{9.9.29a}$$

$$u_N=-\phi_{E0}\omega_{ie}\sin L-\varepsilon_N \tag{9.9.29b}$$

$$u_U=\phi_{E0}\omega_{ie}\cos L-\varepsilon_U \tag{9.9.29c}$$

则式(9.9.28)可写成

$$\dot{\boldsymbol{x}}(t)=\boldsymbol{A}\boldsymbol{x}(t)+\boldsymbol{u}-\boldsymbol{w}(t) \tag{9.9.30}$$

这是具有零初始状态和常激励和变激励的线性定常系统,可用拉氏变换求解。

对式(9.9.30)作拉氏变换

$$\boldsymbol{X}(s)=(s\boldsymbol{I}-\boldsymbol{A})^{-1}\left[\frac{\boldsymbol{U}}{s}-\boldsymbol{W}(s)\right] \tag{9.9.31}$$

记$(s\boldsymbol{I}-\boldsymbol{A})^{-1}=\boldsymbol{C}$,通过运算可解得

$$C_{11}=\frac{s}{s^2+\omega_{ie}^2},\quad C_{12}=\frac{\omega_{ie}\sin L}{s^2+\omega_{ie}^2},\quad C_{13}=-\frac{\omega_{ie}\cos L}{s^2+\omega_{ie}^2}$$

$$C_{21}=-\frac{\omega_{ie}\sin L}{s^2+\omega_{ie}^2},\quad C_{22}=\frac{s^2+\omega_{ie}^2\cos^2 L}{s(s^2+\omega_{ie}^2)},\quad C_{23}=\frac{\omega_{ie}^2\sin L\cos L}{s(s^2+\omega_{ie}^2)}$$

$$C_{31}=\frac{\omega_{ie}\cos L}{s^2+\omega_{ie}^2},\quad C_{32}=\frac{\omega_{ie}^2\sin L\cos L}{s(s^2+\omega_{ie}^2)},\quad C_{33}=\frac{s^2+\omega_{ie}^2\sin^2 L}{s(s^2+\omega_{ie}^2)}$$

对$\boldsymbol{C}$作拉氏反变换,记$\boldsymbol{B}=\mathscr{L}^{-1}\{\boldsymbol{C}\}$,得

$$B_{11}=\cos\omega_{ie}t,\quad B_{12}=\sin L\sin\omega_{ie}t,\quad B_{13}=-\cos L\sin\omega_{ie}t$$

$$B_{21}=-\sin L\sin\omega_{ie}t,\quad B_{22}=\cos^2 L+\sin^2 L\cos\omega_{ie}t,\quad B_{23}=\sin L\cos L(1-\cos\omega_{ie}t)$$

$$B_{31}=\cos L\sin\omega_{ie}t,\quad B_{32}=\sin L\cos L(1-\cos\omega_{ie}t),\quad B_{33}=\sin^2 L+\cos^2 L\cos\omega_{ie}t$$

由于对准时间一般不超过 20 min,$\omega_{ie}t$ 约为 5°,可作如下近似:

$$\cos\omega_{ie}t\approx 1,\qquad \sin\omega_{ie}t\approx\omega_{ie}t$$

所以

$$\boldsymbol{B}(t)=\begin{bmatrix}1 & t\omega_{ie}\sin L & -t\omega_{ie}\cos L\\ -t\omega_{ie}\sin L & 1 & 0\\ t\omega_{ie}\cos L & 0 & 1\end{bmatrix}$$

式(9.9.31)的拉氏反变换为

$$\boldsymbol{x}(t)=\boldsymbol{B}(t)*\boldsymbol{u}-\boldsymbol{B}(t)*\boldsymbol{w}(t)$$

式中

$$\boldsymbol{B}(t)*\boldsymbol{w}(t)=\begin{bmatrix}w_E*1+\omega_{ie}\sin L w_N*t-\omega_{ie}\cos L w_U*t\\ w_N*1-\omega_{ie}\sin L w_E*t\\ w_U*1+\omega_{ie}\cos L w_E*t\end{bmatrix}$$

通过求解上述卷积可以证明,当机体接近水平,陀螺安装误差为 10″,刻度系数误差为 50×10^{-6} 时,陀螺的等效时变漂移引起姿态误差的常值偏置量不超过 0.04″,漂移量不超过 5×10^{-6} °/h,所以其影响完全可以忽略。

作上述近似后,式(9.9.31)的拉氏反变换为

$$x(t)=B(t)*u=\int_0^t B(\tau)u\mathrm{d}\tau=\begin{bmatrix}\int_0^t(u_E+\tau u_N\omega_{ie}\sin L-\tau u_U\omega_{ie}\cos L)\mathrm{d}\tau\\ \int_0^t(-\tau u_E\omega_{ie}\sin L+u_N)\mathrm{d}\tau\\ \int_0^t(\tau u_E\omega_{ie}\cos L+u_U)\mathrm{d}\tau\end{bmatrix}$$

$$=\begin{bmatrix}u_Et+\frac{t^2}{2}u_N\omega_{ie}\sin L-\frac{t^2}{2}u_U\omega_{ie}\cos L\\ u_Nt-\frac{t^2}{2}u_E\omega_{ie}\sin L\\ u_Ut+\frac{t^2}{2}u_E\omega_{ie}\cos L\end{bmatrix}$$

即

$$\phi_E=\phi_{E0}+u_Et+\frac{t^2}{2}\omega_{ie}(u_N\sin L-u_U\cos L) \tag{9.9.32a}$$

$$\phi_N=\phi_{N0}+u_Nt-\frac{t^2}{2}\omega_{ie}u_E\sin L \tag{9.9.32b}$$

$$\phi_U=\phi_{U0}+u_Ut+\frac{t^2}{2}\omega_{ie}u_E\cos L \tag{9.9.32c}$$

2. 姿态误差角的参数辨识法求解

晃动基座条件下，加速度计感测两种加速度成分，一种是重力加速度，另一种是晃动引起的干扰加速度。由加速度计组合输出的比力向量经姿态更新确定的姿态阵变换后，可得加速度计的等效水平比力分量输出，由于存在姿态误差角，这些等效水平比力分量中耦合进了重力加速度，即等效水平比力分量含有姿态误差角信息。为了消除由晃动引起的比力中的交变干扰，应选择等效水平比力分量的积分即速度误差作为观测量。

设加速度计的安装误差角为 δA_x、δA_y、δA_z，刻度系数误差为 δK_{Ax}、δK_{Ay}、δK_{Az}，偏置量为 ∇_x^b、∇_y^b、∇_z^b，则加速度计的输出为

$$\tilde{\boldsymbol{f}}^b=(\boldsymbol{I}+[\delta K_A])(\boldsymbol{I}+[\delta A])(-\boldsymbol{g}^b+\boldsymbol{f}_d^b)+\boldsymbol{\nabla}^b$$

略去二阶小量后

$$\tilde{\boldsymbol{f}}^b=-\boldsymbol{g}^b+\boldsymbol{f}_d^b+([\delta K_A]+[\delta A])(-\boldsymbol{g}^b+\boldsymbol{f}_d^b)+\boldsymbol{\nabla}^b$$

式中

$$[\delta K_A]=\mathrm{diag}[\delta K_{Ax}\quad \delta K_{Ay}\quad \delta K_{Az}]$$

$$[\delta A]=\begin{bmatrix}0 & \delta A_z & -\delta A_y\\ -\delta A_z & 0 & \delta A_x\\ \delta A_y & -\delta A_x & 0\end{bmatrix}$$

$$\boldsymbol{\nabla}^b=[\nabla_x^b\quad \nabla_y^b\quad \nabla_z^b]^{\mathrm{T}}$$

根据姿态更新确定的姿态阵，可得加速度计在导航坐标系内的等效比力输出：

$$\boldsymbol{f}^{n'}=\boldsymbol{C}_b^{n'}\tilde{\boldsymbol{f}}^b=\boldsymbol{C}_n^{n'}[-\boldsymbol{g}^n+\boldsymbol{f}_d^n+\boldsymbol{\nabla}^n+\boldsymbol{C}_b^n([\delta K_A]+[\delta A])(-\boldsymbol{g}^b+\boldsymbol{f}_d^b)]$$

$$
=\begin{bmatrix} 1 & \phi_U & -\phi_N \\ -\phi_U & 1 & \phi_E \\ \phi_N & -\phi_E & 1 \end{bmatrix}\begin{bmatrix} f_{dE}+\nabla_E+\delta f_E \\ f_{dN}+\nabla_N+\delta f_N \\ f_{dU}+\nabla_U+\delta f_U+g \end{bmatrix}
$$

略去二阶小量,得

$$f_E^{n'}=-g\phi_N+f_{dE}+\nabla_E+\delta f_E \tag{9.9.33a}$$

$$f_N^{n'}=g\phi_E+f_{dN}+\nabla_N+\delta f_N \tag{9.9.33b}$$

$$f_U^{n'}=g+f_{dU}+\nabla_U+\delta f_U \tag{9.9.33c}$$

式中

$$[\delta f_E \quad \delta f_N \quad \delta f_U]^{\mathrm{T}}=\boldsymbol{C}_b^n([\delta K_A]+[\delta A])\boldsymbol{f}_d^b$$

为对干扰加速度的测量误差;

$$[\nabla_E \quad \nabla_N \quad \nabla_U]^{\mathrm{T}}=\boldsymbol{C}_b^n\{\boldsymbol{\nabla}^b+([\delta K_A]+[\delta A])(-\boldsymbol{g}^b)\}$$

为加速度计在导航坐标系内的等效偏置。

为方便起见,定义

$$[f_{DE} \quad f_{DN} \quad f_{DU}]^{\mathrm{T}}=[f_{dE} \quad f_{dN} \quad f_{dU}]^{\mathrm{T}}+[\delta f_E \quad \delta f_N \quad \delta f_U]^{\mathrm{T}}$$

为加速度计输出中的等效干扰加速度,显然它与 $\boldsymbol{f}_d$ 同频率且做简谐波动。

这样,式(9.9.33)中的等效水平比力分量可写成

$$f_E^{n'}=-g\phi_N+f_{DE}+\nabla_E,\quad f_N^{n'}=g\phi_E+f_{DN}+\nabla_N$$

将式(9.9.32)代入上式,并在[0,t]内积分,得在[0,t]时间段内积累的速度误差为

$$\Delta V_E(t)=(\nabla_E-g\phi_{N0})t-\frac{t^2}{2}gu_N+\frac{t^3}{6}g\omega_{ie}u_E\sin L+V_{DE} \tag{9.9.34a}$$

$$\Delta V_N(t)=(\nabla_N+g\phi_{E0})t+\frac{t^2}{2}gu_E+\frac{t^3}{6}g\omega_{ie}(u_N\sin L-u_U\cos L)+V_{DN} \tag{9.9.34b}$$

从上述两式和式(9.9.29)可以看出:①在[0,t]内积累的速度误差中,水平姿态误差初值构成时间的一次方项,包含陀螺等效北向漂移信息的 u_N 及包含方位误差初值信息的 u_E 构成时间的二次方项,而包含陀螺等效方位漂移信息的 u_U 构成时间的三次方项。由于三次曲线在短时间内只呈现线性特性,所以水平姿态误差初值最先辨识出,而辨识等效北向漂移和方位误差初值所需时间比辨识水平姿态误差初值的时间长,辨识等效方位漂移时间更长。这说明缩短对准时间与提高对准和测漂精度的要求是矛盾的,对准精度必须要有一定的时间长度来保证。② V_{DE} 和 V_{DN} 是对做简谐波动的等效干扰加速度的积分,没有随时间增长的趋势,而速度误差以时间 t 的三次函数积累,所以信噪比随对准时间的增加而加速增大,这对提高辨识精度十分有益。

将式(9.9.34)改写成:

$$\Delta V_E(k)=a_{1E}(kT_s)+a_{2E}(kT_s)^2+a_{3E}(kT_s)^3+V_{DE} \tag{9.9.35a}$$

$$\Delta V_N(k)=a_{1N}(kT_s)+a_{2N}(kT_s)^2+a_{3N}(kT_s)^3+V_{DN} \tag{9.9.35b}$$

式中,T_s 为采样周期

$$a_{1E}=\nabla_E-g\phi_{N0} \tag{9.9.36a}$$

$$a_{2E}=-\frac{1}{2}gu_N \tag{9.9.36b}$$

$$a_{3E}=\frac{1}{6}g\omega_{ie}u_E\sin L \tag{9.9.36c}$$

$$a_{1N}=\nabla_N+g\phi_{E0} \tag{9.9.36d}$$

$$a_{2N} = \frac{1}{2} g u_E \tag{9.9.36e}$$

$$a_{3N} = \frac{1}{6} g \omega_{ie} (u_N \sin L - u_U \cos L) \tag{9.9.36f}$$

它们都可看作常参数，式(9.9.35)为这些常参数的量测方程，根据量测值 $\Delta V_E(k)$ 和 $\Delta V_N(k)$ 可辨识出这些常参数。

定义

$$\boldsymbol{\Theta}_E = \begin{bmatrix} a_{1E} \\ a_{2E} \\ a_{3E} \end{bmatrix}, \qquad \boldsymbol{\Theta}_N = \begin{bmatrix} a_{1N} \\ a_{2N} \\ a_{3N} \end{bmatrix}$$

则 $\boldsymbol{\Theta}_E$ 和 $\boldsymbol{\Theta}_N$ 的系统方程和量测方程为(秦永元等，1998；Hung J C et al.，1975)：

$$\begin{cases} \boldsymbol{\Theta}_E(k+1) = \boldsymbol{\Theta}_E(k) \\ \Delta V_E(k) = \boldsymbol{H}(k)\boldsymbol{\Theta}_E(k) + V_{DE}(k) \end{cases} \tag{9.9.37}$$

$$\begin{cases} \boldsymbol{\Theta}_N(k+1) = \boldsymbol{\Theta}_N(k) \\ \Delta V_N(k) = \boldsymbol{H}(k)\boldsymbol{\Theta}_N(k) + V_{DN}(k) \end{cases} \tag{9.9.38}$$

其中

$$\boldsymbol{H}(k) = [kT_s \quad (kT_s)^2 \quad (kT_s)^3] \tag{9.9.39}$$

$\boldsymbol{\Theta}_i$ 的估计值可按递推最小二乘算法作递推计算：

$$\begin{cases} \hat{\boldsymbol{\Theta}}_i(k+1) = \hat{\boldsymbol{\Theta}}_i(k) + \Gamma_i(k+1)\boldsymbol{P}_i(k)\boldsymbol{H}^{\mathrm{T}}(k+1) \times [\Delta V_i(k+1) - \boldsymbol{H}(k+1)\hat{\boldsymbol{\Theta}}_i(k)] \\ \boldsymbol{P}_i(k+1) = \boldsymbol{P}_i(k) - \Gamma_i(k+1)\boldsymbol{P}_i(k)\boldsymbol{H}^{\mathrm{T}}(k+1)\boldsymbol{H}(k+1)\boldsymbol{P}_i(k) \\ \Gamma_i(k+1) = [1 + \boldsymbol{H}(k+1)\boldsymbol{P}_i(k)\boldsymbol{H}^{\mathrm{T}}(k+1)]^{-1} \end{cases}$$

$$i = E, N \qquad k = 0, 1, 2, \cdots \tag{9.9.40}$$

上述递推算法中，$\hat{\boldsymbol{\Theta}}_i(0)$ 可任选，一般可选零向量，$\boldsymbol{P}_i(0) = \boldsymbol{I}\alpha_i$，$\boldsymbol{I}$ 为单位向量，α_i 为非常大的任选正标量。

按式(9.9.40)递推计算得的估计值是逐渐向真实值收敛的，这一过程可看做从量测信息中提炼估计值的浓缩过程，浓缩程度随着递推步数的增加而增加，估计值逐渐向真实值逼近。这一特点正好与量测值的三次曲线特性相一致，在递推的起始阶段，量测值仅仅反映了三次曲线的线性部分，从量测值中不能估计出所有参数，而这段时间正好是递推算法的启动阶段，所以递推算法与量测信息在时间上配合得十分默契。

对 $\boldsymbol{\Theta}_i$ 作估计的另一种实用算法是改良卡尔曼滤波法(Panuska V，1980)，对应于式(9.9.37)和式(9.9.38)，算法如下：

$$\begin{cases} \hat{\boldsymbol{\Theta}}_i(k+1) = \hat{\boldsymbol{\Theta}}_i(k) + \boldsymbol{K}_i(k)[\Delta V_i(k) - \boldsymbol{H}(k)\hat{\boldsymbol{\Theta}}_i(k)] \\ \boldsymbol{K}_i(k) = \boldsymbol{P}_i(k)\boldsymbol{H}^{\mathrm{T}}(k)[\boldsymbol{H}(k)\boldsymbol{P}_i(k)\boldsymbol{H}^{\mathrm{T}}(k) + \hat{\Lambda}_i(k+1)]^{-1} \\ \boldsymbol{P}_i(k+1) = \boldsymbol{P}_i(k) - \boldsymbol{K}_i(k)[\boldsymbol{H}(k)\boldsymbol{P}_i(k)\boldsymbol{H}^{\mathrm{T}}(k) + \hat{\Lambda}_i(k+1)]\boldsymbol{K}_i^{\mathrm{T}}(k) \\ \hat{\Lambda}_i(k+1) = \hat{\Lambda}_i(k) + [e_i^2(k) - \hat{\Lambda}_i(k)]/(k+1) \\ e_i(k) = \Delta V_i(k) - \boldsymbol{H}(k)\hat{\boldsymbol{\Theta}}_i(k) \end{cases}$$

$$i = E, N \qquad k = 0, 1, 2, \cdots \tag{9.9.41}$$

式中，$\boldsymbol{\Theta}_i(0)$、$\boldsymbol{P}_i(0)$、$\Lambda_i(0)$ 均可任选。一般可选 $\hat{\boldsymbol{\Theta}}_i(0) = \boldsymbol{0}$，$\boldsymbol{P}_i(0) = \boldsymbol{I}\alpha_i$，$\alpha_i$ 为很大的正标量，$\Lambda_i(0)$

推荐值为 0.1（秦永元，1990）。

上述算法中，计算滤波增益时使用了新息 $e_i(k)$，带来的好处是：不必知道晃动引起速度干扰的统计特性，增益根据每一滤波时刻的新息作自适应加权确定，有利于算法的加速收敛。

由递推算法估计出 $a_{ji}(j=1,2,3;i=E,N)$ 后，根据式（9.9.36）可确定出 u_E，u_N，u_D 及对准失准角初值：

$$u_E = \frac{2a_{2N}}{g} \tag{9.9.42a}$$

$$u_N = -\frac{2a_{2E}}{g} \tag{9.9.42b}$$

$$u_U = -\frac{6a_{3N}}{g\omega_{ie}\cos L} - \frac{2a_{2E}}{g}\tan L \tag{9.9.42c}$$

$$\phi_{E0} = \frac{a_{1N}}{g} \tag{9.9.43a}$$

$$\phi_{N0} = -\frac{a_{1E}}{g} \tag{9.9.43b}$$

$$\phi_{U0} = \phi_{N0}\tan L - \frac{u_E + \varepsilon_E}{\omega_{ie}\cos L} \tag{9.9.43c}$$

对于东向等效漂移还未测出的情况

$$\phi_{U0} \approx \phi_{N0}\tan L - \frac{u_E}{\omega_{ie}\cos L} \tag{9.9.43d}$$

失准角初值的计算误差为

$$\delta\phi_{E0} = \frac{\nabla_N}{g}, \quad \delta\phi_{N0} = -\frac{\nabla_E}{g}, \quad \delta\phi_{U0} = \frac{\varepsilon_E}{\omega_{ie}\cos L}$$

这与指北方位惯导系统的对准精度是相同的。

求得上述诸参数后，代入式（9.9.32）可计算出对准失准角，按式（9.9.25）对姿态更新获得的姿态阵作一次性修正，精对准即告结束。

3. 双位置对准及测漂计算

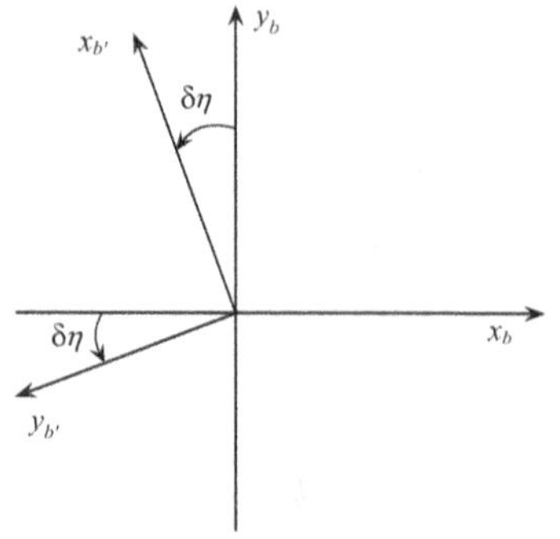

图 9.9.4　双位置对准中的第一位置和第二位置

由式（9.9.43c）知，如果已知陀螺的等效东向漂移 ε_E，则计算方位失准角初值时可计入 ε_E，从而可提高方位对准精度。采用双位置对准可测出 ε_E，具体方法是：将捷联惯性测量组合（IMU）安装在可绕机体轴 z_b 转动的转盘上，相对 IMU 的正常工作位置转盘转过 90°作为第一位置，记作 b'，在该位置上完成精对准，以求出等效北向漂移。再将转盘转回到正常工作位置，作为第二位置，记作 b，在该位置上完成精对准和所有陀螺的测漂。显然第二位置是基准位置，第一位置相对第二位置的转角为 $90°+\delta\eta$，其中 $\delta\eta$ 是由于旋转定位不准引起的转角误差，如图 9.9.4 所示。

由图得

$$\boldsymbol{C}_b^{b'} = \begin{bmatrix} -\sin\delta\eta & \cos\delta\eta & 0 \\ -\cos\delta\eta & -\sin\delta\eta & 0 \\ 0 & 0 & 1 \end{bmatrix} \tag{9.9.44}$$

由于陀螺组合固定在转盘上，所以陀螺漂移在 b' 系和 b 系内的分量相同，

$$\boldsymbol{\varepsilon}^{b'} = \boldsymbol{\varepsilon}^b = [\varepsilon_x \quad \varepsilon_y \quad \varepsilon_z]^{\mathrm{T}}$$

在第一位置上，陀螺在导航坐标系 n 内的等效漂移为

$$\boldsymbol{\varepsilon}_{\mathrm{I}}^n = \boldsymbol{C}_b^n \boldsymbol{C}_{b'}^b \boldsymbol{\varepsilon}^{b'} = \boldsymbol{C}_b^n \begin{bmatrix} -\sin\delta\eta & -\cos\delta\eta & 0 \\ \cos\delta\eta & -\sin\delta\eta & 0 \\ 0 & 0 & 1 \end{bmatrix} \begin{bmatrix} \varepsilon_x \\ \varepsilon_y \\ \varepsilon_z \end{bmatrix}$$

由于 $\delta\eta$ 一般控制在 1°左右，$\delta\eta$ 和陀螺漂移均可看做小量，略去二阶小量后

$$\boldsymbol{\varepsilon}_{\mathrm{I}}^n = \boldsymbol{C}_b^n \begin{bmatrix} -\varepsilon_y \\ \varepsilon_x \\ \varepsilon_z \end{bmatrix} \tag{9.9.45}$$

在第二位置上，陀螺在导航坐标系 n 内的等效漂移为

$$\boldsymbol{\varepsilon}_{\mathrm{II}}^n = \boldsymbol{C}_b^n \begin{bmatrix} \varepsilon_x \\ \varepsilon_y \\ \varepsilon_z \end{bmatrix} \tag{9.9.46}$$

初始对准时飞机停在外场接近水平，根据式(9.2.39)

$$\boldsymbol{C}_b^n \approx \begin{bmatrix} \cos\Psi & \sin\Psi & 0 \\ -\sin\Psi & \cos\Psi & 0 \\ 0 & 0 & 1 \end{bmatrix}$$

上式代入式(9.9.45)和式(9.9.46)，得

$$\boldsymbol{\varepsilon}_{\mathrm{I}}^n = \begin{bmatrix} \varepsilon_x \sin\Psi - \varepsilon_y \cos\Psi \\ \varepsilon_x \cos\Psi + \varepsilon_y \sin\Psi \\ \varepsilon_z \end{bmatrix} \tag{9.9.47}$$

$$\boldsymbol{\varepsilon}_{\mathrm{II}}^n = \begin{bmatrix} \varepsilon_x \cos\Psi + \varepsilon_y \sin\Psi \\ -\varepsilon_x \sin\Psi + \varepsilon_y \cos\Psi \\ \varepsilon_z \end{bmatrix} \tag{9.9.48}$$

比较式(9.9.47)和式(9.9.48)，得

$$\varepsilon_{\mathrm{II}E} = \varepsilon_{\mathrm{I}N} \tag{9.9.49}$$

上式说明：第二位置上的等效东向漂移即为第一位置上的等效北向漂移。根据式(9.9.29b)、式(9.9.36b)和式(9.9.36d)，

$$\varepsilon_{\mathrm{I}N} = -(u_N^{\mathrm{I}} + \phi_{E0}^{\mathrm{I}} \omega_{ie} \sin L) = \frac{2a_{2E}^{\mathrm{I}}}{g} - \frac{a_{1N}^{\mathrm{I}}}{g} \omega_{ie} \sin L \tag{9.9.50}$$

式中，上标 I 表示第一位置时的相应参数。

在第一位置上测出第二位置上的等效东向漂移 $\varepsilon_{\mathrm{II}E}$ 后，在第二位置的精对准中可按式(9.9.43c)计算方位失准角的初值，从而提高了方位对准的精度。

对陀螺漂移的测漂计算在第二位置对准结束时进行，根据式(9.9.46)，测漂公式为

$$\begin{bmatrix} \hat{\varepsilon}_x \\ \hat{\varepsilon}_y \\ \hat{\varepsilon}_z \end{bmatrix} = \hat{C}_n^b \begin{bmatrix} \varepsilon_{\mathrm{I}N} \\ \varepsilon_{\mathrm{II}N} \\ \varepsilon_{\mathrm{II}U} \end{bmatrix} \tag{9.9.51}$$

式中，$\hat{C}_n^b$ 是按式(9.9.25)修正后的姿态阵。

按式(9.9.51)作测漂计算的前提是第二位置对准时间足够长，$\varepsilon_{\mathrm{II}U}$被较准确地测出。如果对准要求在较短时间内完成，等效方位陀螺漂移还来不及测出来，则只要飞机接近水平，ε_x 和 ε_y 可按下述方法近似计算出。

由式(9.2.39)知，当飞机接近水平时，姿态阵

$$C_n^b = \begin{bmatrix} C_n^b(1,1) & C_n^b(1,2) & 0 \\ C_n^b(2,1) & C_n^b(2,2) & 0 \\ 0 & 0 & 1 \end{bmatrix}$$

所以根据式(9.9.51)

$$\hat{\varepsilon}_x = \hat{C}_n^b(1,1)\varepsilon_{\mathrm{I}N} + \hat{C}_n^b(1,2)\varepsilon_{\mathrm{II}N} \tag{9.9.52a}$$

$$\hat{\varepsilon}_y = \hat{C}_n^b(2,1)\varepsilon_{\mathrm{I}N} + \hat{C}_n^b(2,2)\varepsilon_{\mathrm{II}N} \tag{9.9.53b}$$

参数辨识法对准中，只有当姿态误差角的估计精度达到要求后，才能对姿态更新获得的姿态阵作修正。修正前，姿态误差角以粗对准确定的姿态误差角为初值进行传播，而并未受到任何抑制，所以这种对准方法是开环对准法。初始对准以速度为量测量，而此速度实质上是由姿态误差耦合进来的重力加速度分量的积分，积分的时间越长，速度输出中关于姿态误差的信息浓度就越大，估计精度也就越高，所以在对准过程中不应该破坏信息浓度的积累，也就是说对准应该采用开环法，而不应该采用闭环法。

9.9.3 卡尔曼滤波法精对准

自主式初始对准中，运载体无移动，即有

$$V_E = V_N = V_U = 0, \quad f_E = f_N = 0, \quad f_U = g$$

略去惯性器件的刻度系数误差和安装误差，则根据式(9.8.4)和(9.8.14)，速度误差方程和姿态误差方程为

$$\delta\dot{V}_E = -g\phi_N + \delta V_N \cdot 2\omega_{ie}\sin L - \delta V_U \cdot 2\omega_{ie}\cos L + T_{11}\nabla_x^b + T_{12}\nabla_y^b + T_{13}\nabla_z^b \tag{9.9.53a}$$

$$\delta\dot{V}_N = g\phi_E - \delta V_E \cdot 2\omega_{ie}\sin L + T_{21}\nabla_x^b + T_{22}\nabla_y^b + T_{23}\nabla_z^b \tag{9.9.53b}$$

$$\delta\dot{V}_U = \delta V_E \cdot 2\omega_{ie}\cos L + T_{31}\nabla_x^b + T_{32}\nabla_y^b + T_{33}\nabla_z^b \tag{9.9.53c}$$

$$\dot{\phi}_E = -\phi_U\omega_{ie}\cos L + \phi_N\omega_{ie}\sin L - T_{11}\varepsilon_{Bx}^b - T_{12}\varepsilon_{By}^b - T_{13}\varepsilon_{Bz}^b \tag{9.9.54a}$$

$$\dot{\phi}_N = -\phi_E\omega_{ie}\sin L - T_{21}\varepsilon_{Bx}^b - T_{22}\varepsilon_{By}^b - T_{23}\varepsilon_{Bz}^b \tag{9.9.54b}$$

$$\dot{\phi}_U = \phi_E\omega_{ie}\cos L - T_{31}\varepsilon_{Bx}^b - T_{32}\varepsilon_{By}^b - T_{33}\varepsilon_{Bz}^b \tag{9.9.54c}$$

由于惯性器件偏置量的重复性误差对系统精度的影响最大，所以对准中仅将陀螺漂移和加速度计零偏的随机常数部分列入状态：

$$\dot{\varepsilon}_{Bi}^b = 0 \qquad (i = x, y, z) \tag{9.9.55}$$

$$\dot{\nabla}_i^b = 0 \qquad (i = x, y, z) \tag{9.9.56}$$

取状态变量

$$X = [\delta V_E \quad \delta V_N \quad \delta V_U \quad \phi_E \quad \phi_N \quad \varphi_U \quad \varepsilon_{Bx}^b \quad \varepsilon_{By}^b \quad \varepsilon_{Bz}^b \quad \nabla_x^b \quad \nabla_y^b \quad \nabla_z^b]^{\mathrm{T}}$$

则根据上述诸式可列出状态方程：

$$\dot{X}(t) = FX(t) + w(t) \tag{9.9.57}$$

其中，F 的非零元为

$$F(1,2) = 2\omega_{ie}\sin L \quad F(1,3) = -2\omega_{ie}\cos L \quad F(1,5) = -g$$
$$F(1,10) = T_{11} \quad F(1,11) = T_{12} \quad F(1,12) = T_{13}$$
$$F(2,1) = -2\omega_{ie}\sin L \quad F(2,4) = g \quad F(2,10) = T_{21}$$
$$F(2,11) = T_{22} \quad F(2,12) = T_{23} \quad F(3,1) = 2\omega_{ie}\cos L$$
$$F(3,10) = T_{31} \quad F(3,11) = T_{32} \quad F(3,12) = T_{33}$$
$$F(4,5) = \omega_{ie}\sin L \quad F(4,6) = -\omega_{ie}\cos L \quad F(4,7) = -T_{11}$$
$$F(4,8) = -T_{12} \quad F(4,9) = -T_{13} \quad F(5,4) = -\omega_{ie}\sin L$$
$$F(5,7) = -T_{21} \quad F(5,8) = -T_{22} \quad F(5,9) = -T_{23}$$
$$F(6,4) = \omega_{ie}\cos L \quad F(6,7) = -T_{31} \quad F(6,8) = -T_{32}$$
$$F(6,9) = -T_{33}$$

$w(t)$的非零元为

$$w(4) = w_{GE} = T_{11}w_{Gx} + T_{12}w_{Gy} + T_{13}w_{Gz}$$
$$w(5) = w_{GN} = T_{21}w_{Gx} + T_{22}w_{Gy} + T_{23}w_{Gz}$$
$$w(6) = w_{GU} = T_{31}w_{Gx} + T_{32}w_{Gy} + T_{33}w_{Gz}$$

假设陀螺的游走系数分别为 C_x、C_y、C_z，则 w 的方差强度阵 q 的非零元为

$$q(4,4) = E[w_{GE}^2] = T_{11}^2C_x^2 + T_{12}^2C_y^2 + T_{13}^2C_z^2$$
$$q(4,5) = E[w_{GE} \cdot w_{GN}] = T_{11}T_{21}C_x^2 + T_{12}T_{22}C_y^2 + T_{13}T_{23}C_z^2$$
$$q(4,6) = E[w_{GE} \cdot w_{GU}] = T_{11}T_{31}C_x^2 + T_{12}T_{32}C_y^2 + T_{13}T_{33}C_z^2$$
$$q(5,4) = q(4,5)$$
$$q(5,5) = E[w_{GN}^2] = T_{21}^2C_x^2 + T_{22}^2C_y^2 + T_{23}^2C_z^2$$
$$q(5,6) = E[w_{GN} \cdot w_{GU}] = T_{21}T_{31}C_x^2 + T_{22}T_{32}C_y^2 + T_{23}T_{33}C_z^2$$
$$q(6,4) = q(4,6)$$
$$q(6,5) = q(5,6)$$
$$q(6,6) = E[w_{GU}^2] = T_{31}^2C_x^2 + T_{32}^2C_y^2 + T_{33}^2C_z^2$$

除列出的元之外，F、w 和 q 的其余元均为零。

对准过程中以系统的速度输出作为量测量，而非移动基座条件下的速度输出即为速度误差，所以量测方程为

$$Z(1) = \delta V_E + V(1), \quad Z(2) = \delta V_N + V(2), \quad Z(3) = \delta V_U + V(3)$$

在卡尔曼滤波的更新时间点 t_k 上，上式可写成(秦永元等，1998)

$$Z_k = HX_k + V_k \tag{9.9.58}$$

式中，H 的非零元为

$$H(1,1) = 1, \quad H(2,2) = 1, \quad H(3,3) = 1$$

H 的其余元均为零。V_k 是晃动引起的干扰速度，假设已由带阻数字滤波器对其作了适当抑制，滤波过程中近似看作白噪声序列，并假设其方差阵为 R_k。

对式(9.9.57)作离散化处理，离散化后的状态方程(秦永元等，1998)为

$$X_k = \Phi X_{k-1} + W_{k-1} \tag{9.9.59}$$

其中一步转移阵为定常阵：

$$\Phi = I + TF + \frac{T^2}{2!}F^2 + \frac{T^3}{3!}F^3 + \cdots \tag{9.9.60}$$

等效系统噪声方差阵按下述三式计算：

$$Q_k = TM_1 + \frac{T^2}{2!}M_2 + \frac{T^3}{3!}M_3 + \cdots \tag{9.9.61a}$$

$$M_{i+1} = FM_i + (FM_i)^{\mathrm{T}} \qquad i = 1,2,3,\cdots \tag{9.9.61b}$$

$$M_1 = q \tag{9.9.61c}$$

对于式(9.9.58)～式(9.9.61)所示对象，可采用离散型卡尔曼滤波基本方程对误差作最优估计：

$$\hat{X}_k = \Phi\hat{X}_{k-1} + K_k(Z_k - H\Phi\hat{X}_{k-1}) \tag{9.9.62a}$$

$$K_k = P_{k/k-1}H^{\mathrm{T}}(HP_{k/k-1}H^{\mathrm{T}} + R_k)^{-1} \tag{9.9.62b}$$

$$P_{k/k-1} = \Phi P_{k-1}\Phi^{\mathrm{T}} + Q_{k-1} \tag{9.9.62c}$$

$$P_k = (I - K_kH)P_{k/k-1}(I - K_kH)^{\mathrm{T}} + K_kR_kK_k^{\mathrm{T}} \quad k = 1,2,3\cdots \tag{9.9.62d}$$

9.10 捷联惯导系统的动基座传递对准

空基精确制导武器一般采用惯性中制导和光、电末制导，机载超视距导弹发射前，弹载捷联惯导的初始化采用传递对准完成。与自对准类似，传递对准也分为粗对准和精对准两个过程。粗对准过程中，火控系统用机载主惯导提供的姿态阵和速度、位置对子惯导装订，子惯导以此装订值作为姿态阵的初始值并开始姿态解算和导航解算。由于导弹悬挂在机翼下、机腹下或机腹内，子惯导距主惯导有一定距离，机翼和飞机结构的挠曲变形及子惯导的安装误差使装订值与子惯导的真实姿态阵不一致，所引起的子惯导的失准角可达 1°左右，失准角以此误差角为初值按误差方程确定的规律变化。精对准的任务是采用卡尔曼滤波算法估计出失准角的实时值，待估计值达到要求的精度后对实时计算的姿态阵作一次性修正。

卡尔曼滤波器的量测量由主、子惯导的同类输出量作比较后形成。根据所用量测信息的不同可得传递对准的不同匹配方案，如果用主、子惯导的速度输出构造量测量，则称传递对准采用速度匹配方案；如果由主、子惯导的角速度输出构造量测信息，则称传递对准采用角速度匹配方案。根据主惯导是平台式还是捷联式，可选择的匹配方案有：位置、速度、姿态、角速度和加速度匹配对准方案。不同的匹配方案对传递对准的精度和收敛速度的影响不同。由于失准角需经过一定时间才能反映到速度误差上，反映到位置误差上的时间更长，所以位置匹配对准时间比速度匹配对准时间长，不适用于快速传递对准。在加速度匹配方案中，杆臂效应难以精确补偿，残余误差被直接引入量测量，直接影响对准精度。此外，对准过程中还需产生加速度激励，对飞机发动机推力提出了一定的额外要求。匹配量选取还取决于主惯导的类型。如果主惯导为平台式惯导，则宜采用速度匹配方案；如果主惯导为捷联式惯导，则可采用比平台式惯导更多的匹配量。此处仅介绍速度、角速度和姿态信息匹配方案。

9.10.1 主、子惯导误差及机翼挠曲变形的模型化

主惯导精度比子惯导精度高，特别是主惯导与 GPS 组合后精度更高(传递对准过程中 GPS

应断开)。在主、子惯导误差悬殊较大的情况下,卡尔曼滤波器对子惯导的误差有较好的估计效果,而对主惯导误差的估计效果不明显,所以为降低卡尔曼滤波器的维数,减轻计算负担,提高计算速度,在卡尔曼滤波器设计中主惯导的误差不列入状态,而归并入量测误差中考虑。由于主惯导的误差是复杂的有色噪声,所以应对系统噪声阵和量测噪声阵作适当的调谐处理。

子惯导的导航坐标系选定后,相应的误差方程可根据式(9.8.3)和(9.8.13)确定。如果选择地理坐标系为导航坐标系,则子惯导的误差方程如式(9.8.4)和(9.8.14)所示,但需作适当简化。由于子惯导的失准角对定位误差的影响很慢,子惯导的纬度输出仍较好地保持着装订时的精度;此外,惯性器件在构成系统前应作适当测试和标定,刻度系数误差及安装误差远比失准角的影响小,所以误差方程中可忽略上述误差的影响。同时为了简化计算,忽略地球的椭圆度。简化后的姿态误差方程和速度误差方程为

$$\dot{\phi}_E = \phi_N\left(\omega_{ie}\sin L + \frac{V_E}{R+h}\tan L\right) - \phi_U\left(\omega_{ie}\cos L + \frac{V_E}{R+h}\right) - \frac{\delta V_N}{R+h} - \varepsilon_{BE} - \varepsilon_{WE} \tag{9.10.1a}$$

$$\dot{\phi}_N = -\phi_E\left(\omega_{ie}\sin L + \frac{V_E}{R+h}\tan L\right) - \phi_U\frac{V_N}{R+h} + \frac{\delta V_E}{R+h} - \varepsilon_{BN} - \varepsilon_{WN} \tag{9.10.1b}$$

$$\dot{\phi}_U = \phi_E\left(\omega_{ie}\cos L + \frac{V_E}{R+h}\right) + \phi_N\frac{V_N}{R+h} + \frac{\delta V_E}{R+h}\tan L - \varepsilon_{BU} - \varepsilon_{WU} \tag{9.10.1c}$$

$$\begin{aligned}\delta\dot{V}_E = &-\phi_N f_U + \phi_U f_N + \delta V_E\frac{V_N\tan L - V_U}{R+h} + \delta V_N\left(2\omega_{ie}\sin L + \frac{V_E}{R+h}\tan L\right)\\&-\delta V_U\left(2\omega_{ie}\cos L + \frac{V_E}{R+h}\right) + \nabla_E\end{aligned} \tag{9.10.2a}$$

$$\begin{aligned}\delta\dot{V}_N = &\ \phi_E f_U - \phi_U f_E - \delta V_E\cdot 2\left(\omega_{ie}\sin L + \frac{V_E}{R+h}\tan L\right)\\&-\delta V_N\frac{V_U}{R+h} - \delta V_U\frac{V_N}{R+h} + \nabla_N\end{aligned} \tag{9.10.2b}$$

$$\begin{aligned}\delta\dot{V}_U = &-\phi_E f_N + \phi_N f_E + \delta V_E\cdot 2\left(\omega_{ie}\cos L + \frac{V_E}{R+h}\right)\\&+\delta V_N\frac{2V_N}{R+h} + \nabla_U\end{aligned} \tag{9.10.2c}$$

上述诸式中,纬度 L,速度 V_E、V_N、V_U 及比力 f_E、f_N、f_U 均可由主惯导经火控系统提供;ε_{Bi} 和 $\nabla_i(i=E,N,U)$为在地理坐标系内陀螺的等效漂移和加速度计的等效偏置,由于对准时间较短,这些等效量可近似看作随机常值;$\varepsilon_{Wi}(i=E,N,U)$为陀螺角增量输出的随机游走,即有

$$\dot{\varepsilon}_{Bi} = 0 \qquad (i=E,N,U) \tag{9.10.3}$$

$$\dot{\nabla}_i = 0 \qquad (i=E,N,U) \tag{9.10.4}$$

机载导弹一般悬挂在机翼下,由于空气动力及结构变形的影响,机翼相对机体产生角运动,描述这种挠曲角运动的模型至少为二阶,为了尽量降低卡尔曼滤波器的阶数,可近似取二阶模型。

设挠曲变形引起的弹体坐标系相对机体坐标系沿坐标轴的角变形为 λ_i,相应的变形角速度为 $\omega_{\lambda i}$,则二阶模型(俞济祥,1988)为

$$\begin{cases}\dot{\lambda}_i = \omega_{\lambda i}\\ \dot{\omega}_{\lambda i} = -\beta^2\lambda_i - 2\beta\omega_{\lambda i} + W_{\lambda i}\end{cases} \qquad (i=x,y,z) \tag{9.10.5}$$

9.10.2 传递对准中的匹配量

传递对准中的匹配量即为卡尔曼滤波器中的量测量。

1. 速度匹配量

设主惯导的速度输出为 V_{mE}^C、V_{mN}^C、V_{mU}^C，子惯导的速度输出为 V_E^C、V_N^C、V_U^C，则速度匹配量为

$$Z_1 = V_E^C - V_{mE}^C = \delta V_E - \delta V_{mE} + V_1 \tag{9.10.6a}$$

$$Z_2 = V_N^C - V_{mN}^C = \delta V_N - \delta V_{mN} + V_2 \tag{9.10.6b}$$

$$Z_3 = V_U^C - V_{mU}^C = \delta V_U - \delta V_{mU} + V_3 \tag{9.10.6c}$$

2. 角速度匹配量

假设设计中确保弹体坐标系 b' 与载机的机体坐标系 b 一致，由机翼的挠曲变形引起的 b' 相对 b 的角运动向量为

$$\boldsymbol{\lambda}^{b'} = \boldsymbol{\lambda}^b = [\lambda_x \quad \lambda_y \quad \lambda_z]^{\mathrm{T}}$$

设飞机的角速度为 $\boldsymbol{\omega}^b = [\omega_x \quad \omega_y \quad \omega_z]^{\mathrm{T}}$，捷联式主惯导陀螺组合测量得的角速度为 ω_m^b，假设主惯导陀螺的安装误差、刻度系数误差等都已得到很好校正，并且由于角速度匹配中载机必须做姿态机动，陀螺漂移在角速度输出中所占的比例完全可以忽略，所以

$$\boldsymbol{\omega}_{in}^b = \boldsymbol{\omega}^b$$

设子惯导陀螺组合的角速度输出为 $\boldsymbol{\omega}_s^{b'}$，显然

$$\boldsymbol{\omega}_s^{b'} = \boldsymbol{\omega}^{b'} + \boldsymbol{\omega}_\lambda^{b'} + \boldsymbol{\varepsilon}^{b'}$$

匹配量是主、子惯导陀螺组合角速度输出量之间的差值，即

$$\boldsymbol{Z} = \boldsymbol{\omega}_s^{b'} - \boldsymbol{\omega}_m^b = \boldsymbol{C}_b^{b'} \boldsymbol{\omega}^b + \boldsymbol{\omega}_\lambda^{b'} + \boldsymbol{\varepsilon}^{b'} - \boldsymbol{\omega}^b = -(\boldsymbol{\lambda}\times)\boldsymbol{\omega}^b + \boldsymbol{\omega}_\lambda^{b'} + \boldsymbol{\varepsilon}^{b'}$$

式中

$$(\boldsymbol{\lambda}\times) = \begin{bmatrix} 0 & -\lambda_z & \lambda_y \\ \lambda_z & 0 & -\lambda_x \\ -\lambda_y & \lambda_x & 0 \end{bmatrix} \tag{9.10.7}$$

展开上式，得角速度匹配量与误差量间的关系：

$$Z_1 = \omega_y\lambda_z - \omega_z\lambda_y + \omega_{\lambda x} + \varepsilon_x + V_1 \tag{9.10.8a}$$

$$Z_2 = -\omega_x\lambda_z + \omega_z\lambda_x + \omega_{\lambda y} + \varepsilon_y + V_2 \tag{9.10.8b}$$

$$Z_3 = \omega_x\lambda_y - \omega_y\lambda_x + \omega_{\lambda z} + \varepsilon_z + V_3 \tag{9.10.8c}$$

卡尔曼滤波器估计出 $\hat{\lambda}_x$，$\hat{\lambda}_y$，$\hat{\lambda}_z$ 后，子惯导的姿态阵按下式确定：

$$\boldsymbol{C}_{b'}^n = \boldsymbol{C}_b^n \boldsymbol{C}_{b'}^b = \boldsymbol{C}_b^n[\boldsymbol{I} + (\boldsymbol{\lambda}\times)] \tag{9.10.9}$$

式中，$\boldsymbol{C}_b^n$ 为主惯导确定的姿态阵。

3. 姿态角匹配量

设子惯导和主惯导确定的姿态阵分别为 $\boldsymbol{C}_{b'}^{n'}$ 和 $\boldsymbol{C}_b^n$，记

$$\boldsymbol{C}_{b'}^{n'} = \begin{bmatrix} T'_{11} & T'_{12} & T'_{13} \\ T'_{21} & T'_{22} & T'_{23} \\ T'_{31} & T'_{32} & T'_{33} \end{bmatrix}$$

由子惯导姿态阵确定的航向角、俯仰角及横滚角分别为

$$\Psi_s = \Psi + \delta\Psi,\quad \theta_s = \theta + \delta\theta,\quad \gamma_s = \gamma + \delta\gamma$$

式中，$\delta\Psi$、$\delta\theta$ 和 $\delta\gamma$ 为相应误差。而

$$C_{b'}^{n'} = C_n^{n'} C_b^n C_{b'}^b = [I - (\phi\times)]C_b^n[I + (\lambda\times)] \approx C_b^n - (\phi\times)C_b^n + C_b^n(\lambda\times) \tag{9.10.10}$$

展开上式，得

$$\begin{aligned}
T'_{12} &= T_{12} + T_{22}\,\phi_U - T_{32}\,\phi_N - T_{11}\lambda_z + T_{13}\lambda_x \\
T'_{22} &= T_{22} - T_{12}\,\phi_U + T_{32}\,\phi_E - T_{21}\lambda_z + T_{23}\lambda_x \\
T'_{31} &= T_{31} + T_{11}\,\phi_N - T_{21}\,\phi_E + T_{32}\lambda_z - T_{33}\lambda_y \\
T'_{33} &= T_{33} + T_{13}\,\phi_N - T_{23}\,\phi_E + T_{31}\lambda_y - T_{32}\lambda_x \\
T'_{32} &= T_{32} + T_{12}\,\phi_N - T_{22}\,\phi_E - T_{31}\lambda_z + T_{33}\lambda_x
\end{aligned}$$

根据式(9.2.39)

$$\tan(\Psi + \delta\Psi) = \frac{T'_{12}}{T'_{22}} = \frac{T_{12} + T_{22}\,\phi_U - T_{32}\,\phi_N - T_{11}\lambda_z + T_{13}\lambda_x}{T_{22} - T_{12}\,\phi_U + T_{32}\,\phi_E - T_{21}\lambda_z + T_{23}\lambda_x} \tag{9.10.11}$$

$$\tan(\gamma + \delta\gamma) = -\frac{T'_{31}}{T'_{33}} = -\frac{T_{31} + T_{11}\,\phi_N - T_{21}\,\phi_E + T_{32}\lambda_z - T_{33}\lambda_y}{T_{33} + T_{13}\,\phi_N - T_{23}\,\phi_E + T_{31}\lambda_y - T_{32}\lambda_x} \tag{9.10.12}$$

$$\sin(\theta + \delta\theta) = T'_{32} = T_{32} + T_{12}\,\phi_N - T_{22}\,\phi_E - T_{31}\lambda_z + T_{33}\lambda_x \tag{9.10.13}$$

先讨论式(9.10.11)的右端项。按泰勒级数展开下式：

$$\begin{aligned}
&(T_{22} - T_{12}\,\phi_U + T_{32}\,\phi_E - T_{21}\lambda_z + T_{23}\lambda_x)^{-1} \\
&= \frac{1}{T_{22}} - \frac{1}{T_{22}^2}(T_{32}\,\phi_E - T_{12}\,\phi_U - T_{21}\lambda_z + T_{23}\lambda_x) + \cdots
\end{aligned}$$

上式代入式(9.10.11)，并取关于姿态误差角和挠曲变形角的一次项，得

$$\begin{aligned}
&\tan\Psi + (1 + \tan^2\Psi)\delta\Psi \\
&= \frac{T_{12}}{T_{22}} + \left(1 + \frac{T_{12}^2}{T_{22}^2}\right)\phi_U - \frac{T_{32}}{T_{22}}\,\phi_N - \frac{T_{12}T_{32}}{T_{22}^2}\,\phi_E + \left(\frac{T_{13}}{T_{22}} - \frac{T_{23}T_{12}}{T_{22}^2}\right)\lambda_x + \left(\frac{T_{12}T_{21}}{T_{22}^2} - \frac{T_{11}}{T_{22}}\right)\lambda_z
\end{aligned}$$

由于 $\tan\Psi = \dfrac{T_{12}}{T_{22}}$，$1 + \tan^2\Psi = \dfrac{T_{12}^2 + T_{22}^2}{T_{22}^2}$，所以

$$\delta\Psi = \phi_U - \frac{T_{32}T_{22}}{T_{12}^2 + T_{22}^2}\,\phi_N - \frac{T_{12}T_{32}}{T_{12}^2 + T_{22}^2}\,\phi_E + \frac{T_{13}T_{22} + T_{23}T_{12}}{T_{12}^2 + T_{22}^2}\lambda_x - \frac{T_{11}T_{21} - T_{11}T_{22}}{T_{12}^2 + T_{22}^2}\lambda_z \tag{9.10.14}$$

同理可得

$$\delta\gamma = \frac{T_{21}T_{33} - T_{23}T_{31}}{T_{31}^2 + T_{33}^2}\,\phi_E + \frac{T_{13}T_{31} - T_{11}T_{33}}{T_{31}^2 + T_{33}^2}\,\phi_N + \frac{T_{32}T_{31}}{T_{31}^2 + T_{33}^2}\lambda_x + \lambda_y - \frac{T_{32}T_{33}}{T_{31}^2 + T_{33}^2}\lambda_z \tag{9.10.15}$$

$$\delta\theta = \frac{T_{12}}{\sqrt{1 - T_{32}^2}}\,\phi_N - \frac{T_{22}}{\sqrt{1 - T_{32}^2}}\,\phi_E - \frac{T_{31}}{\sqrt{1 - T_{32}^2}}\,\lambda_z + \frac{T_{33}}{\sqrt{1 - T_{32}^2}}\,\lambda_x \tag{9.10.16}$$

将主惯导的航向及姿态误差归并入量测误差中，则姿态角匹配量为

$$\begin{aligned}
Z_1 = \Psi_s - \Psi_m &= \phi_U - \frac{T_{32}T_{22}}{T_{12}^2 + T_{22}^2}\,\phi_N - \frac{T_{12}T_{32}}{T_{12}^2 + T_{22}^2}\,\phi_E + \frac{T_{13}T_{22} + T_{23}T_{12}}{T_{12}^2 + T_{22}^2}\lambda_x \\
&\quad - \frac{T_{11}T_{22} + T_{12}^2}{T_{12}^2 + T_{22}^2}\lambda_z + V_1
\end{aligned} \tag{9.10.17a}$$

$$Z_2=\gamma_s-\gamma_m=\frac{T_{21}T_{33}-T_{23}T_{31}}{T_{31}^2+T_{33}^2}\phi_E+\frac{T_{13}T_{31}-T_{11}T_{33}}{T_{31}^2+T_{33}^2}\phi_N+\frac{T_{32}T_{31}}{T_{31}^2+T_{33}^2}\lambda_x$$
$$+\lambda_y-\frac{T_{32}T_{33}}{T_{31}^2+T_{33}^2}\lambda_z+V_2 \tag{9.10.17b}$$
$$Z_3=\theta_s-\theta_m=\frac{T_{12}}{\sqrt{1-T_{32}^2}}\phi_N-\frac{T_{22}}{\sqrt{1-T_{32}^2}}\phi_E-\frac{T_{31}}{\sqrt{1-T_{32}^2}}\lambda_z$$
$$+\frac{T_{33}}{\sqrt{1-T_{32}^2}}\lambda_x+V_3 \tag{9.10.17c}$$

4. 姿态阵匹配量

设主、子惯导选用相同的导航坐标系 n，输出的姿态阵分别为$\hat{\boldsymbol{C}}_{b_m}^n$ 和$\hat{\boldsymbol{C}}_{b_s}^n$，其中 b_m 为机载主惯导的测量坐标系，b_s 为弹载子惯导的测量坐标系，主、子惯导的设计安装方式为平行安装，b_s 相对 b_m 存在偏差角 $\boldsymbol{\mu}$ 和 $\boldsymbol{\lambda}$，$\boldsymbol{\mu}$ 由导弹相对机体的安装误差和子惯导 IMU 相对弹体的安装误差引起，$\boldsymbol{\lambda}$ 由挠曲变形和高频颤振引起。

构造矩阵

$$\boldsymbol{M}=\hat{\boldsymbol{C}}_{b_m}^n(\hat{\boldsymbol{C}}_{b_s}^n)^{\mathrm{T}} \tag{9.10.18}$$

记主、子惯导建立的数学平台分别为 n' 和 n''，姿态误差角分别为 $\boldsymbol{\phi}_m$ 和 $\boldsymbol{\phi}$，则

$$\boldsymbol{M}=\boldsymbol{C}_n^{n'}\boldsymbol{C}_{b_m}^n(\boldsymbol{C}_n^{n''}\boldsymbol{C}_{b_s}^n)^{\mathrm{T}}=\boldsymbol{C}_n^{n}\boldsymbol{C}_{b_m}^n\boldsymbol{C}_n^{b_s}\boldsymbol{C}_{n''}^{n}=(\boldsymbol{I}-\boldsymbol{\phi}_m\times)\boldsymbol{C}_{b_m}^n\boldsymbol{C}_{b_m}^{b_s}\boldsymbol{C}_n^{b_m}(\boldsymbol{I}+\boldsymbol{\phi}\times)$$
$$=(\boldsymbol{I}-\boldsymbol{\phi}_m\times)\boldsymbol{C}_{b_m}^n[\boldsymbol{I}-(\boldsymbol{\mu}+\boldsymbol{\lambda})\times]\boldsymbol{C}_n^{b_m}(\boldsymbol{I}+\boldsymbol{\phi}\times) \tag{9.10.19}$$

式中，$\boldsymbol{\mu}$ 为子惯导相对主惯导的静态安装误差，$\boldsymbol{\lambda}$ 为机翼的挠曲变形角，与 $\boldsymbol{\phi}_m$、$\boldsymbol{\phi}$ 类似，均为小角，矩阵乘展开过程中，略去了关于这些小角的二阶小量。

对式(9.10.19)右侧第二项做如下化简处理。记

$$\boldsymbol{C}_{b_m}^n=\begin{bmatrix}C_{11}&C_{12}&C_{13}\\C_{21}&C_{22}&C_{23}\\C_{31}&C_{32}&C_{33}\end{bmatrix},\quad \boldsymbol{\mu}+\boldsymbol{\lambda}=\boldsymbol{r}^b=\begin{bmatrix}r_x^b\\r_y^b\\r_z^b\end{bmatrix}$$

则有：$\boldsymbol{r}^n=\boldsymbol{C}_{b_m}^n\boldsymbol{r}^b$，即

$$\begin{bmatrix}r_x^n\\r_y^n\\r_z^n\end{bmatrix}=\begin{bmatrix}C_{11}&C_{12}&C_{13}\\C_{21}&C_{22}&C_{23}\\C_{31}&C_{32}&C_{33}\end{bmatrix}\begin{bmatrix}r_x^b\\r_y^b\\r_z^b\end{bmatrix}=\begin{bmatrix}C_{11}r_x^b+C_{12}r_y^b+C_{13}r_z^b\\C_{21}r_x^b+C_{22}r_y^b+C_{23}r_z^b\\C_{31}r_x^b+C_{32}r_y^b+C_{33}r_z^b\end{bmatrix} \tag{9.10.20}$$

$$(\boldsymbol{r}^b\times)=\boldsymbol{R}-\boldsymbol{R}^{\mathrm{T}}$$

式中

$$\boldsymbol{R}=\begin{bmatrix}0&0&0\\r_z^b&0&0\\-r_y^b&r_x^b&0\end{bmatrix}$$

$$\boldsymbol{C}_{b_m}^n(\boldsymbol{r}^b\times)\boldsymbol{C}_n^{b_m}=\boldsymbol{C}_{b_m}^n\boldsymbol{R}\boldsymbol{C}_n^{b_m}-\boldsymbol{C}_{b_m}^n\boldsymbol{R}^{\mathrm{T}}\boldsymbol{C}_n^{b_m}=\boldsymbol{C}_{b_m}^n\boldsymbol{R}\boldsymbol{C}_n^{b_m}-(\boldsymbol{C}_{bm}^n\boldsymbol{R}\boldsymbol{C}_n^{bm})^{\mathrm{T}}$$

记

$$\boldsymbol{N}=\boldsymbol{C}_{b_m}^n\boldsymbol{R}\boldsymbol{C}_n^{b_m},\quad \boldsymbol{L}=\boldsymbol{C}_{b_m}^n(\boldsymbol{r}^b\times)\boldsymbol{C}_n^{b_m}$$

则有

$$\boldsymbol{L}=\boldsymbol{N}-\boldsymbol{N}^{\mathrm{T}} \tag{9.10.21}$$

式中

$$
\boldsymbol{N}=\begin{bmatrix} C_{11} & C_{12} & C_{13} \\ C_{21} & C_{22} & C_{23} \\ C_{31} & C_{32} & C_{33} \end{bmatrix}\begin{bmatrix} 0 & 0 & 0 \\ r_z^b & 0 & 0 \\ -r_y^b & r_x^b & 0 \end{bmatrix}\begin{bmatrix} C_{11} & C_{21} & C_{31} \\ C_{12} & C_{22} & C_{32} \\ C_{13} & C_{23} & C_{33} \end{bmatrix}
$$

$$
=\begin{bmatrix} C_{12}r_z^b-C_{13}r_y^b & C_{13}r_x^b & 0 \\ C_{22}r_z^b-C_{23}r_y^b & C_{23}r_x^b & 0 \\ C_{32}r_z^b-C_{33}r_y^b & C_{33}r_x^b & 0 \end{bmatrix}\begin{bmatrix} C_{11} & C_{21} & C_{31} \\ C_{12} & C_{22} & C_{32} \\ C_{13} & C_{23} & C_{33} \end{bmatrix}
$$

$$
=\begin{bmatrix} C_{11}(C_{12}r_z^b-C_{13}r_y^b)+C_{12}C_{13}r_x^b & C_{21}(C_{12}r_z^b-C_{13}r_y^b)+C_{13}C_{22}r_x^b & C_{31}(C_{12}r_z^b-C_{13}r_y^b)+C_{13}C_{32}r_x^b \\ C_{11}(C_{22}r_z^b-C_{23}r_y^b)+C_{12}C_{23}r_x^b & C_{21}(C_{22}r_z^b-C_{23}r_y^b)+C_{23}C_{22}r_x^b & C_{31}(C_{22}r_z^b-C_{23}r_y^b)+C_{23}C_{32}r_x^b \\ C_{11}(C_{32}r_z^b-C_{33}r_y^b)+C_{12}C_{33}r_x^b & C_{21}(C_{32}r_z^b-C_{33}r_y^b)+C_{33}C_{22}r_x^b & C_{31}(C_{32}r_z^b-C_{33}r_y^b)+C_{33}C_{32}r_x^b \end{bmatrix} \tag{9.10.22}
$$

式(9.10.22)代入式(9.10.21),得

$$
L(1,1)=0,\quad L(2,2)=0,\quad L(3,3)=0
$$

$$
\begin{aligned} L(2,1)&=N(2,1)-N(1,2) \\ &=(C_{12}C_{23}-C_{13}C_{22})r_x^b+(C_{21}C_{13}-C_{11}C_{23})r_y^b+(C_{11}C_{22}-C_{21}C_{12})r_z^b \end{aligned} \tag{9.10.23a}
$$

$$
\begin{aligned} L(3,1)&=N(3,1)-N(1,3) \\ &=(C_{12}C_{33}-C_{13}C_{32})r_x^b+(C_{31}C_{13}-C_{11}C_{33})r_y^b+(C_{11}C_{32}-C_{31}C_{12})r_z^b \end{aligned} \tag{9.10.23b}
$$

$$
\begin{aligned} L(3,2)&=N(3,2)-N(2,3) \\ &=(C_{22}C_{33}-C_{23}C_{32})r_x^b+(C_{31}C_{23}-C_{21}C_{33})r_y^b+(C_{21}C_{32}-C_{31}C_{22})r_z^b \end{aligned} \tag{9.10.23c}
$$

$$
L(1,2)=N(1,2)-N(2,1)=-L(2,1)
$$

$$
L(1,3)=N(1,3)-N(3,1)=-L(3,1)
$$

$$
L(2,3)=N(2,3)-N(3,2)=-L(3,2)
$$

由于姿态阵 $\boldsymbol{C}_{b_m}^n$ 为单位正交阵,有

$$
(\boldsymbol{C}_{b_m}^n)^{-1}=(\boldsymbol{C}_{b_m}^n)^{\mathrm{T}}
$$

即

$$
\left(\begin{bmatrix} C_{11} & C_{12} & C_{13} \\ C_{21} & C_{22} & C_{23} \\ C_{31} & C_{32} & C_{33} \end{bmatrix}\right)^{-1}=\begin{bmatrix} C_{11} & C_{21} & C_{31} \\ C_{12} & C_{22} & C_{32} \\ C_{13} & C_{23} & C_{33} \end{bmatrix}
$$

所以

$$
\begin{aligned} &C_{11}=C_{22}C_{33}-C_{23}C_{32}, \quad C_{12}=C_{23}C_{31}-C_{21}C_{33}, \quad C_{13}=C_{21}C_{32}-C_{22}C_{31} \\ &C_{21}=C_{13}C_{32}-C_{12}C_{33}, \quad C_{22}=C_{11}C_{33}-C_{13}C_{31}, \quad C_{23}=C_{12}C_{31}-C_{11}C_{32} \\ &C_{31}=C_{12}C_{23}-C_{13}C_{22}, \quad C_{32}=C_{13}C_{21}-C_{11}C_{23}, \quad C_{33}=C_{11}C_{22}-C_{12}C_{21} \end{aligned}
$$

上述关系式代入式(9.10.23),并根据式(9.10.20),得

$$
L(2,1)=C_{31}r_x^b+C_{32}r_y^b+C_{33}r_z^b=r_z^n
$$

$$
L(3,1)=-(C_{21}r_x^b+C_{22}r_y^b+C_{23}r_z^b)=-r_y^n
$$

$$
L(3,2)=C_{11}r_x^b+C_{12}r_y^b+C_{13}r_z^b=r_x^n
$$

所以

$$
\boldsymbol{L}=\begin{bmatrix} 0 & -r_z^n & r_y^n \\ r_z^n & 0 & -r_x^n \\ -r_y^n & r_x^n & 0 \end{bmatrix}=(\boldsymbol{r}^n\times)=[(\boldsymbol{C}_{b_m}^n\boldsymbol{r}^b)\times]
$$

即

$$\boldsymbol{C}_{b_m}^{n}[(\boldsymbol{\mu}+\boldsymbol{\lambda})\times]\boldsymbol{C}_{n}^{b_m}=\{[\boldsymbol{C}_{b_m}^{n}(\boldsymbol{\mu}+\boldsymbol{\lambda})]\times\} \tag{9.10.24}$$

式(9.10.24)代入式(9.10.19),略去二阶小量,得

$$\boldsymbol{M}=\boldsymbol{I}+\{[\boldsymbol{\phi}-\boldsymbol{C}_{b_m}^{n}(\boldsymbol{\mu}+\boldsymbol{\lambda})-\boldsymbol{\phi}_m]\times\} \tag{9.10.25}$$

可见,$\boldsymbol{M}$ 是反对称矩阵,可写成如下形式:

$$\boldsymbol{M}=\begin{bmatrix}1 & -Z_z & Z_y\\ Z_z & 1 & -Z_x\\ -Z_y & Z_x & 1\end{bmatrix}=\boldsymbol{I}+(\boldsymbol{Z}_{DCM}\times) \tag{9.10.26}$$

式中,$\boldsymbol{Z}_{DCM}=[Z_x\quad Z_y\quad Z_z]^{\mathrm{T}}$,且有

$$Z_z=M(2,1),\quad Z_y=M(1,3),\quad Z_x=M(3,2)$$

$$-Z_z=M(1,2),\quad -Z_y=M(3,1),\quad -Z_x=M(2,3)$$

由此得

$$Z_x=\frac{1}{2}[M(3,2)-M(2,3)] \tag{9.10.27a}$$

$$Z_y=\frac{1}{2}[M(1,3)-M(3,1)] \tag{9.10.27b}$$

$$Z_z=\frac{1}{2}[M(2,1)-M(1,2)] \tag{9.10.27c}$$

比较式(9.10.26)和式(9.10.25),可得量测量 $\boldsymbol{Z}_{DCM}$ 与误差量之间的函数关系式:

$$\boldsymbol{Z}_{DCM}=\boldsymbol{\phi}-\boldsymbol{C}_{b_m}^{n}(\boldsymbol{\mu}+\boldsymbol{\lambda})-\boldsymbol{\phi}_m \tag{9.10.28}$$

式(9.10.28)即为姿态阵匹配量测方程,其中量测量 $\boldsymbol{Z}_{DCM}$ 按式(9.10.27)确定,矩阵 $\boldsymbol{M}$ 按式(9.10.18)确定。

5. 姿态四元数匹配量

设主、子惯导选用相同的导航坐标系 n,输出的姿态四元数分别为 $\hat{\boldsymbol{Q}}_m$ 和 $\hat{\boldsymbol{Q}}_s$。b_m 和 b_s 坐标系的定义和 $\boldsymbol{\mu}$、$\boldsymbol{\lambda}$ 等物理量的定义同前所述。根据姿态阵与姿态四元数间的等价关系,与 $\hat{\boldsymbol{C}}_{b_m}^{n}=\boldsymbol{C}_{b_m}^{n'}=\boldsymbol{C}_{n}^{n'}\boldsymbol{C}_{b_m}^{n}$ 对应的四元数为

$$\hat{\boldsymbol{Q}}_m=\hat{\boldsymbol{Q}}_{n}^{b_m}=\boldsymbol{Q}_{n'}^{n}\otimes\boldsymbol{Q}_{n}^{b_m}$$

与 $\hat{\boldsymbol{C}}_{b_s}^{n}=\boldsymbol{C}_{b_s}^{n''}=\boldsymbol{C}_{n}^{n''}\boldsymbol{C}_{b_s}^{n}$ 对应的四元数为

$$\hat{\boldsymbol{Q}}_s=\hat{\boldsymbol{Q}}_{n}^{b_s}=\boldsymbol{Q}_{n''}^{n}\otimes\boldsymbol{Q}_{n}^{b_s}$$

其中,n' 和 n'' 分别为主、子惯导建立的数学平台。四元数 $\boldsymbol{Q}_{n}^{b_m}$ 描述了坐标系 n 至坐标系 b_m 的等效旋转,其余用上下标表示的四元数说明与之类似。

用 $\hat{\boldsymbol{Q}}_m$ 和 $\hat{\boldsymbol{Q}}_s$ 构建四元数:

$$\boldsymbol{Q}=\hat{\boldsymbol{Q}}_s^{*}\otimes\hat{\boldsymbol{Q}}_m \tag{9.10.29}$$

则

$$\boldsymbol{Q}=[(\boldsymbol{Q}_{n}^{b_s})^{*}\otimes(\boldsymbol{Q}_{n''}^{n})^{*}]\otimes(\boldsymbol{Q}_{n'}^{n}\otimes\boldsymbol{Q}_{n}^{b_m})=\boldsymbol{Q}_{b_s}^{n}\otimes\begin{bmatrix}1\\ \dfrac{\boldsymbol{\phi}}{2}\end{bmatrix}\otimes\begin{bmatrix}1\\ -\dfrac{\boldsymbol{\phi}_m}{2}\end{bmatrix}\otimes\boldsymbol{Q}_{n}^{b_m}$$

式中，$\boldsymbol{\phi}$ 和 $\boldsymbol{\phi}_m$ 分别为子惯导和主惯导的姿态误差角，是在导航坐标系内的数学矢量。并且

$$\begin{bmatrix}1\\ \dfrac{\boldsymbol{\phi}}{2}\end{bmatrix}\otimes\begin{bmatrix}1\\ -\dfrac{\boldsymbol{\phi}_m}{2}\end{bmatrix}=\left(1+\frac{\boldsymbol{\phi}}{2}\right)\otimes\left(1-\frac{\boldsymbol{\phi}_m}{2}\right)=1+\frac{\boldsymbol{\phi}}{2}-\frac{\boldsymbol{\phi}_m}{2}=\begin{bmatrix}1\\ \dfrac{\boldsymbol{\phi}-\boldsymbol{\phi}_m}{2}\end{bmatrix}$$

上式中，略去了向量叉乘引起的二阶小量。所以

$$\begin{aligned}\boldsymbol{Q}&=\boldsymbol{Q}_{b_s}^{b_m}\otimes\boldsymbol{Q}_{b_m}^{n}\otimes\begin{bmatrix}1\\ \dfrac{\boldsymbol{\phi}-\boldsymbol{\phi}_m}{2}\end{bmatrix}\otimes\boldsymbol{Q}_{n}^{b_m}\\&=\begin{bmatrix}1\\ -\dfrac{\boldsymbol{\mu}+\boldsymbol{\lambda}}{2}\end{bmatrix}\otimes\begin{bmatrix}1\\ \boldsymbol{Q}_{b_m}^{n}\otimes\dfrac{\boldsymbol{\phi}-\boldsymbol{\phi}_m}{2}\otimes\boldsymbol{Q}_{n}^{b_m}\end{bmatrix}=\begin{bmatrix}1\\ -\dfrac{\boldsymbol{\mu}+\boldsymbol{\lambda}}{2}\end{bmatrix}\otimes\begin{bmatrix}1\\ \boldsymbol{C}_{n}^{b_m}\dfrac{\boldsymbol{\phi}-\boldsymbol{\phi}_m}{2}\end{bmatrix}\end{aligned}$$

略去向量叉乘引起的二阶小量，

$$\boldsymbol{Q}=\begin{bmatrix}1\\ -\dfrac{\boldsymbol{\mu}+\boldsymbol{\lambda}}{2}+\boldsymbol{C}_{n}^{b_m}\dfrac{\boldsymbol{\phi}-\boldsymbol{\phi}_m}{2}\end{bmatrix}$$

记 $\boldsymbol{Q}=\begin{bmatrix}1\\ Q_1\\ Q_2\\ Q_3\end{bmatrix}$，并取量测量

$$\boldsymbol{Z}_Q=\begin{bmatrix}2Q_1\\ 2Q_2\\ 2Q_3\end{bmatrix}\tag{9.10.30}$$

则量测量与误差量间的函数关系为

$$\boldsymbol{Z}_Q=\boldsymbol{C}_{n}^{b_m}\boldsymbol{\phi}-\boldsymbol{C}_{n}^{b_m}\boldsymbol{\phi}_m-\boldsymbol{\mu}-\boldsymbol{\lambda}_f-\boldsymbol{\lambda}_\nu\tag{9.10.31}$$

由于主惯导的姿态误差远小于子惯导的姿态误差，为简化传递对准算法，将主惯导的姿态误差近似视为白噪声，与高频颤振归并入量测噪声。

$$\boldsymbol{V}_Q=-\boldsymbol{C}_{n}^{b_m}\boldsymbol{\phi}_m-\boldsymbol{\lambda}_\nu\tag{9.10.32}$$

所以由四元数构造的匹配量可写成：

$$\boldsymbol{Z}_Q=\boldsymbol{C}_{n}^{b_m}\boldsymbol{\phi}-\boldsymbol{\mu}-\boldsymbol{\lambda}_f+\boldsymbol{V}_Q\tag{9.10.33}$$

式中

$$\boldsymbol{R}_Q=E[\boldsymbol{V}_Q\cdot\boldsymbol{V}_Q^T]=\boldsymbol{C}_{n}^{b_m}\boldsymbol{R}_{\phi_m}\boldsymbol{C}_{b_m}^{n}+\boldsymbol{R}_{\lambda_\nu}\tag{9.10.34}$$

$\boldsymbol{R}_{\phi_m}$ 为主惯导姿态误差的方差阵，$\boldsymbol{R}_{\lambda_\nu}$ 为高频颤振的方差阵。

匹配量的选取与主、子惯导的类型有关。由于成本和重量、体积的关系，子惯导一般都采用捷联惯导，而主惯导有可能是平台式惯导，也可能是捷联式惯导。如果主惯导是平台式惯导，由于平台式惯导不能给出姿态角速度信息，且测量平台环架角的同步器测角精度不高，所以当主惯导为平台式惯导时，一般采用速度匹配，也可采用速度和方位同时匹配（Hepburn J S A et al.，1990）。如果主惯导也是捷联式惯导，则以上介绍的匹配方案都可采用。

表 9.10.1 列出了各种匹配方案的特点。对于超视距空-空导弹，载机雷达捕获目标后必须

锁定目标,与此同时必须完成对弹载子惯导的传递对准,对准过程中载机应尽量避免角机动,如盘旋和俯仰运动,以避免雷达丢失目标。因而在这种应用场合,同时用姿态角和速度作为匹配量的对准方案是很合适的,一方面提高了对准精度,另一方面缩短了对准时间。

表 9.10.1　各种匹配方案的特点

匹配方案	辅助机动	滤波计算量	速度估计效果	对准收敛速度
速度	盘旋或 直线加速	小	好	慢
角速度	摇翼	小	差	快
姿态角	不需要	小	差	快
姿态阵	不需要	大	差	快
姿态角和速度	不需要	较大	好	快

匹配方案选定后,可根据匹配量列写出量测方程,根据式(9.10.1)～式(9.10.5)可列写出状态方程,从而可设计出用于传递对准的卡尔曼滤波器。在传递对准过程中,当卡尔曼滤波器达到稳态后,根据估计得的失准角按式(9.9.25)对姿态更新获得的姿态阵作一次性修正,传递对准即告结束。

关于传递对准的详细介绍,读者可参阅文献(俞济祥,1998;Shortelle,1998;Kain,1989;Rogers,1991;Ross,1994;Spalding,1992;Reiner,1996;Graham,1995;Lim,2002;Fang,1996;顾冬晴,2004;Gu,2005)。

9.11　捷联惯性器件的余度技术

在平台式惯导系统中,惯性器件的测量轴互相正交,若有一个惯性器件失效,系统就不能正常工作,为此,安全要求特别高的运载体一般安装两套甚至多套惯导,以提高可靠性。而捷联惯导系统中捷联陀螺直接敏感运载体的角运动,因此可斜置安装陀螺。合理地配置陀螺,以获得运载体角速度 ω_x、ω_y、ω_z 的多个重复测量值,并从测量值中检测、识别和隔离故障陀螺的方法称为捷联惯导系统的余度技术。余度技术可使系统使用较少的陀螺而获得很高的可靠性,这是捷联惯导系统的又一个优点。

构造捷联惯导系统,有采用单自由度和双自由度陀螺的两种方案,下面将分别介绍这两类系统的余度配置方案。至于加速度计的余度配置方案也可用类似的方法讨论。

9.11.1　单自由度陀螺的配置方案

要获得运载体的全姿态信息,必须采用三个单自由度陀螺。若要构成余度系统,则至少需要四个单自由度陀螺。一般来说,陀螺个数增加,冗余的量测就增加,系统的可靠性就提高。惯性器件的配置大致分为两种:测量轴的正交配置和斜置配置。只从可靠性方面考虑,后者比前者好。例如四个陀螺斜置,任一个陀螺失效仍能测量得运载体的全姿态信息。但正交配置时,要获得全姿态信息,失效陀螺不能是任意的,因为有的轴只装一个陀螺,恰好这个陀螺失效时,运载体沿这个轴的角速度就无法测量。

余度系统中陀螺个数可以有四个、五个、六个等,一定的陀螺个数对应着一定的最佳配置方案，此处仅介绍四陀螺和六陀螺的配置方案。

1. 四陀螺配置方案

记图 9.11.1 中四个陀螺的序号分别为①、②、③、④，其中①、②和③分别沿 x_b、y_b 和 z_b 轴安装，④斜置。四个陀螺的测量轴方向及测量结果列于表 9.11.1。

表 9.11.1

陀螺	测量轴方向	测量结果
①	沿 x_b 方向	$m_1=\omega_x$
②	沿 y_b 方向	$m_2=\omega_y$
③	沿 z_b 方向	$m_3=\omega_z$
④	沿对角线方向	$m_4=\frac{\sqrt{2}}{2}\omega_x\sin\alpha+\frac{\sqrt{2}}{2}\omega_y\sin\alpha+\omega_z\cos\alpha$

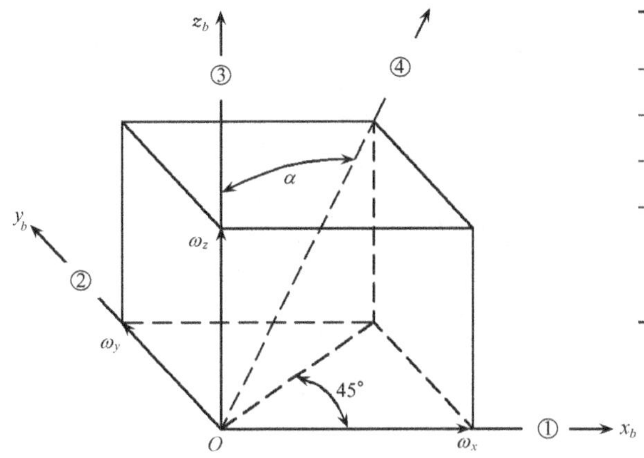

图 9.11.1　四陀螺配置方案

根据表 9.11.1 可写出测量方程：

$$\boldsymbol{m}=\boldsymbol{H\omega} \tag{9.11.1}$$

式中

$$\boldsymbol{m}=\begin{bmatrix} m_1\\ m_2\\ m_3\\ m_4 \end{bmatrix},\quad \boldsymbol{H}=\begin{bmatrix} 1 & 0 & 0\\ 0 & 1 & 0\\ 0 & 0 & 1\\ \frac{\sqrt{2}}{2}\sin\alpha & \frac{\sqrt{2}}{2}\sin\alpha & \cos\alpha \end{bmatrix},\quad \boldsymbol{\omega}=\begin{bmatrix} \omega_x\\ \omega_y\\ \omega_z \end{bmatrix}$$

从式(9.11.1)可看出，不管哪个陀螺失效，即缺少该陀螺的测量值，仍有三个测量值，从对应的三个方程中可解出$\boldsymbol{\omega}$，系统仍可正常工作。

2. 六陀螺配置方案

由六个单自由度陀螺组成的余度配置方案是目前较理想的方案，图 9.11.2 为一种配置模型。

六个陀螺的测量轴分别沿正十二面体六个平面的法线方向，每一对测量轴位于机体坐标系 $O\text{-}x_by_bz_b$的一个坐标平面内，与坐标轴的夹角 $\alpha=31.7°$。

设六个陀螺的序号分别为①、②、…、⑥，对应的测量值为 m_1、m_2、…、m_6，运载体的角速度为 ω_x、ω_y、ω_z。将图 9.11.2 改画成图 9.11.3。

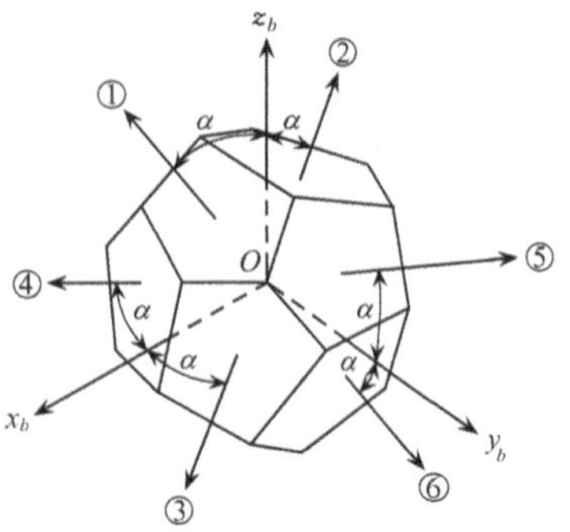

图 9.11.2　六陀螺配置方案

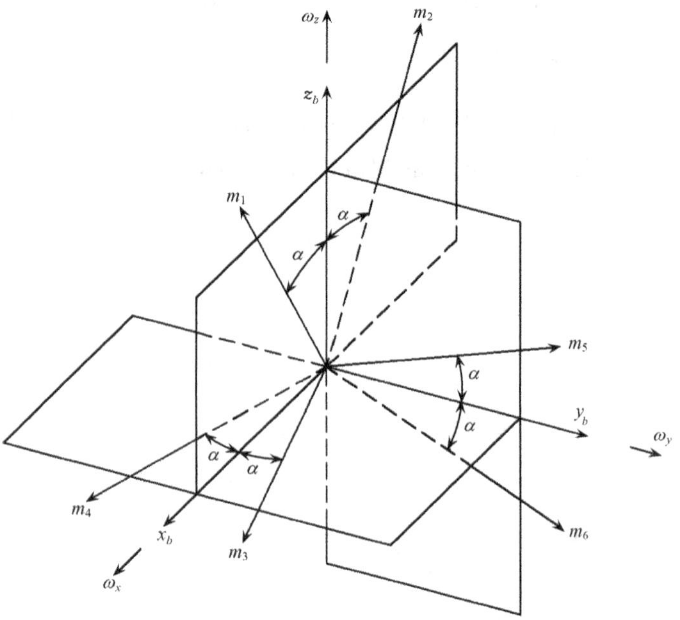

图 9.11.3　六陀螺测量轴与 b 系的关系

由图得六个陀螺测量值的代数方程：

$$
\begin{cases}
m_1 = \omega_x \sin\alpha + \omega_z \cos\alpha \\
m_2 = -\omega_x \sin\alpha + \omega_z \cos\alpha \\
m_3 = \omega_x \cos\alpha + \omega_y \sin\alpha \\
m_4 = \omega_x \cos\alpha - \omega_y \sin\alpha \\
m_5 = \omega_y \cos\alpha + \omega_z \sin\alpha \\
m_6 = \omega_y \cos\alpha - \omega_z \sin\alpha
\end{cases}
\tag{9.11.2}
$$

上式可写成

$$
\boldsymbol{m} = \boldsymbol{H}\boldsymbol{\omega} \tag{9.11.3}
$$

式中

$$
\boldsymbol{m} = \begin{bmatrix} m_1 \\ m_2 \\ m_3 \\ m_4 \\ m_5 \\ m_6 \end{bmatrix}, \quad
\boldsymbol{H} = \begin{bmatrix} \sin\alpha & 0 & \cos\alpha \\ -\sin\alpha & 0 & \cos\alpha \\ \cos\alpha & \sin\alpha & 0 \\ \cos\alpha & -\sin\alpha & 0 \\ 0 & \cos\alpha & \sin\alpha \\ 0 & \cos\alpha & -\sin\alpha \end{bmatrix}, \quad
\boldsymbol{\omega} = \begin{bmatrix} \omega_x \\ \omega_y \\ \omega_z \end{bmatrix}
$$

从式(9.11.2)可看出，三个未知量对应着六个独立方程，任意三个方程都可解出 ω_x、ω_y、ω_z，因此任意三个陀螺失效仍可获得全姿态信息。

9.11.2　双自由度陀螺仪的配置方案

四个双自由度陀螺的一种配置方案如图 9.11.4 所示，图中①、②、③、④为四个陀螺的序号，①1 和①2 分别表示①号陀螺的两个测量轴，其余类推。除④号陀螺的测量轴 2 位于 y_bOz_b 平面内且与 y_b 轴夹角为 45°外，其余各测量轴均沿运载体坐标轴。

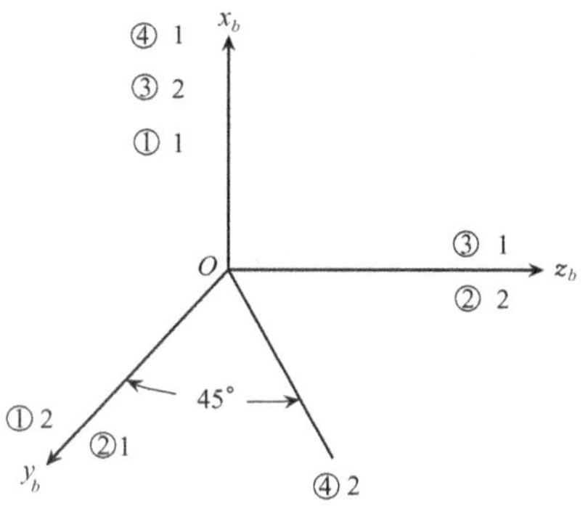

图 9.11.4　四个双自由度陀螺的一种配置方案

表 9.11.2 列出了各陀螺的测量轴方向及测量结果。

表 9.11.2

陀螺	测量轴方向	测量结果
①	①1 沿 x_b 方向	$m_1=\omega_x$
	①2 沿 y_b 方向	$m_2=\omega_y$
②	②1 沿 y_b 方向	$m_3=\omega_y$
	②2 沿 z_b 方向	$m_4=\omega_z$
③	③1 沿 z_b 方向	$m_5=\omega_z$
	③2 沿 x_b 方向	$m_6=\omega_x$
④	④1 沿 x_b 方向	$m_7=\omega_x$
	④2 在 y_bOz_b 平面内，$\alpha=45°$	$m_8=0.707\omega_y+0.707\omega_z$

根据表 9.11.2，可写出四个双自由度陀螺的测量方程：

$$\begin{bmatrix} m_1 \\ m_2 \\ m_3 \\ m_4 \\ m_5 \\ m_6 \\ m_7 \\ m_8 \end{bmatrix} = \begin{bmatrix} 1 & 0 & 0 \\ 0 & 1 & 0 \\ 0 & 1 & 0 \\ 0 & 0 & 1 \\ 0 & 0 & 1 \\ 1 & 0 & 0 \\ 1 & 0 & 0 \\ 0 & 0.707 & 0.707 \end{bmatrix} \begin{bmatrix} \omega_x \\ \omega_y \\ \omega_z \end{bmatrix}$$

即

$$\boldsymbol{m} = \boldsymbol{H\omega} \tag{9.11.4}$$

观察式(9.11.4)可看出，任意两个陀螺失效，即失去该两陀螺的测量值，都能唯一地确定出 ω_x、ω_y、ω_z。

9.11.3　陀螺余度配置的评价

在陀螺个数确定的条件下，选择配置方案时应考虑以下三点：

1) 具有高的可靠性

可靠性是考虑余度配置方案的首要条件。如果四个双自由度陀螺的测量轴全部沿运载体轴，如图 9.11.5 所示，则当①和③号陀螺同时失效时，就得不到 ω_x，所以图 9.11.4 所示配置比这种配置合理和优越。

2）提高测量数据的精度

在惯性器件精度一定的情况下，采用不同的配置方案会引起不同的测量数据相对误差。现以图 9.11.6 所示的简单例子说明之。④号陀螺的测量轴 2 对 ω_y 的测量结果为

$$m=\omega_y\cos\alpha+e$$

式中，e 为测量误差，α 为测量轴与 y_b 间的夹角。

ω_y 的准确值应为

$$\omega_y=\frac{m-e}{\cos\alpha}$$

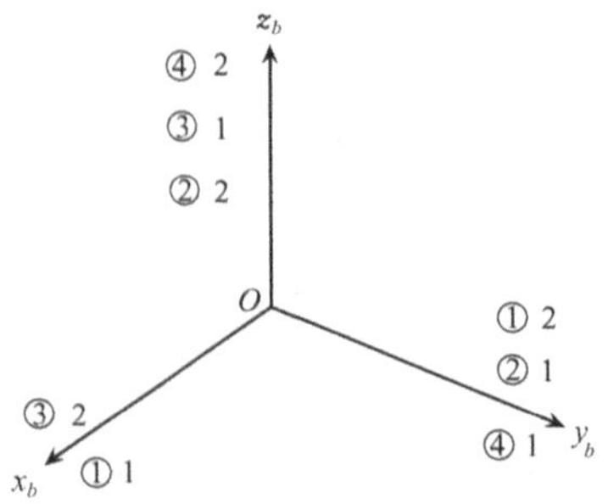

图 9.11.5　四个双自由度陀螺的正交配置

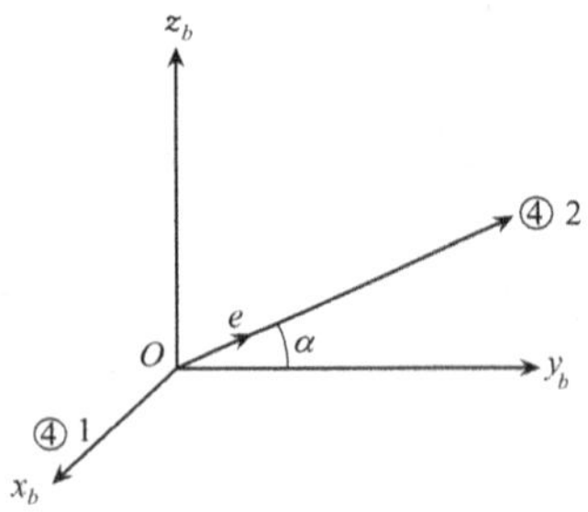

图 9.11.6　测量误差

但对某一具体陀螺，测量误差 e 是随机量，是无法精确获得的，所以 ω_y 只能根据测量值 m 确定出：

$$\hat{\omega}_y=\frac{m}{\cos\alpha}$$

由此引起对 ω_y 的测量误差为

$$\delta\omega_y=\hat{\omega}_y-\omega_y=\frac{e}{\cos\alpha}$$

可见斜置后测量误差被放大了，α 越大，误差放大越严重，$\alpha=0°$时误差最小。因此在确定配置方案时，应综合考虑可靠性要求和精度要求。

3）简单易实现

整个配置方案的软件系统可靠性要高，并且要简单易实现。

9.11.4　余度配置陀螺硬故障检测

由式(9.11.4)知，用四个双自由度陀螺测量运载体的角速度，每个分量 ω_x、ω_y、ω_z 都同时从三个陀螺测量轴上获得，究竟选用哪一个测量轴的输出，如果其中某个陀螺发生故障，如何判定有陀螺失效并准确找出这个失效的陀螺，并从正常工作的陀螺输出中获取准确的信息。以上这些问题要求多余度系统具有故障检测，故障识别，系统重构以及数据处理和元件校正等功能。所有这些功能可以用称为“惯性器件性能管理”的软件来实现。

惯性器件性能管理方案有两种：第一种方案包括故障检测、故障识别和系统重构，如图 9.11.7 所示。对多余度惯性器件，这是必须具备的最起码的性能管理。第二种方案除了具备第一种方案的功能外，还包括确定故障是否是软故障(通过对测量结果的比较来检测器件的性能是否下降，偏差是否过大(相当正常偏差的 10 倍))，以及在软故障条件下重新校正元件的能力，如图 9.11.8 所示。后者管理功能比前者完善，但计算量也相应增加。

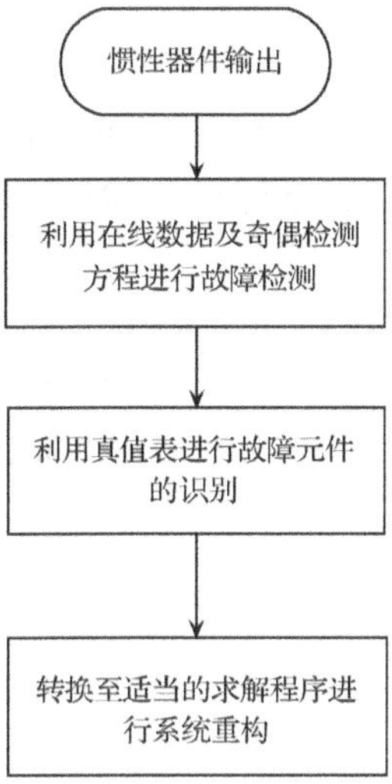

图 9.11.7　第一种惯性器件性能管理方案图

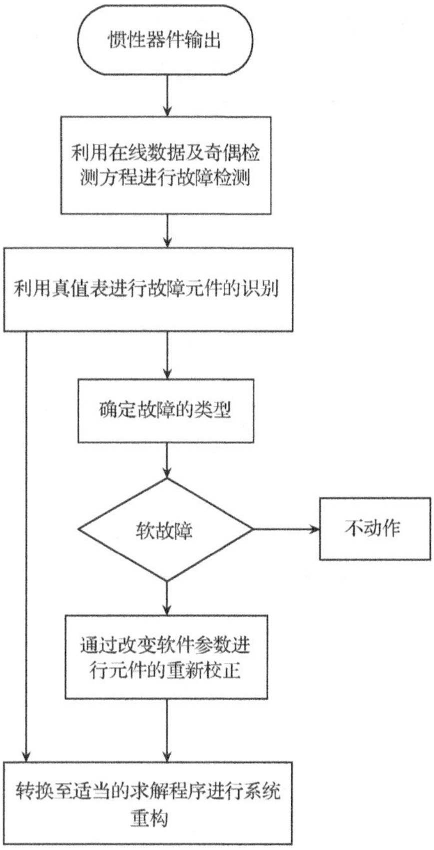

图 9.11.8　第二种惯性器件性能管理方案

以下结合四个双自由度陀螺多余度系统，说明性能管理的各项功能。

1）故障检测和识别

故障检测的作用在于发现系统中是否有故障，故障识别的作用在于将有故障的器件识别出来并加以隔离。现在简要说明利用四个矢量之间的线性相关性质进行故障检测的原理。

设有三个不共面的矢量 $\boldsymbol{E}_i$、$\boldsymbol{E}_j$、$\boldsymbol{E}_k$，任何一个矢量 $\boldsymbol{E}_e$ 都可以看作由平行于这三个矢量所构成的平行六面体的对角线，如图 9.11.9 所示，即

$$\boldsymbol{E}_e = m\boldsymbol{E}_i + n\boldsymbol{E}_j + p\boldsymbol{E}_k$$

式中，m、n、p 为比例系数。一般情况下，任何四个矢量存在如下关系：

$$a\boldsymbol{E}_i + b\boldsymbol{E}_j + c\boldsymbol{E}_k + d\boldsymbol{E}_e = \boldsymbol{0} \tag{9.11.5}$$

上式表示了四个空间矢量的线性相关关系。

设四个陀螺的测量值为 $\boldsymbol{m}_1$、$\boldsymbol{m}_2$、$\boldsymbol{m}_3$、$\boldsymbol{m}_4$，则必然存在以下线性相关方程：

$$\alpha\boldsymbol{m}_1 + \beta\boldsymbol{m}_2 + \gamma\boldsymbol{m}_3 + \delta\boldsymbol{m}_4 = \boldsymbol{0} \tag{9.11.6}$$

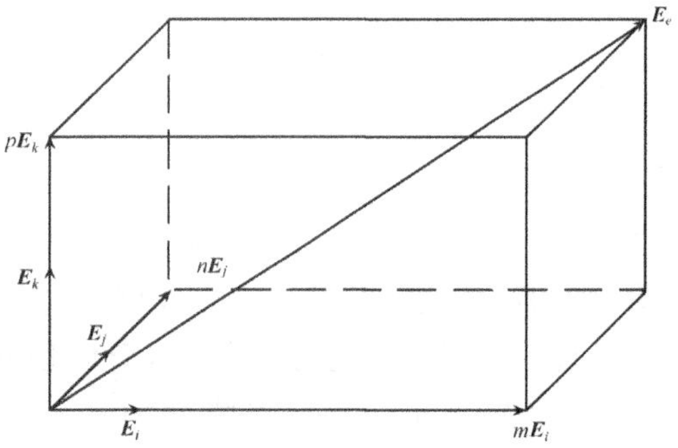

图 9.11.9　四个矢量的线性相关性

如果四个陀螺的测量结果（矢量）满足上式，则说明四个陀螺工作都正常。若不满足上

式，则说明四个陀螺中至少有一个出了故障。这样，故障检测问题就转化为对线性相关方程的逻辑判断问题。在故障检测与识别中，常把线性相关方程称为奇偶方程。

讨论图 9.11.5 所示的配置情况。式(9.11.6)向机体坐标轴投影，对照式(9.11.4)量测方程，可得以下 6 个奇偶方程：

$$\begin{cases} m_6 - m_7 = 0 \\ m_8 - 0.707m_3 - 0.707m_4 = 0 \\ m_4 - m_5 = 0 \\ m_7 - m_1 = 0 \\ m_6 - m_1 = 0 \\ m_2 - m_3 = 0 \end{cases} \tag{9.11.7}$$

将上式中第 i 个奇偶方程成立与否用一个二进制数 $K_i(i=1,2,\cdots,6)$来表示，当第 i 个奇偶方程成立时，记 $K_i=0$；不成立时记 $K_i=1$。按照这一规定，可建立起进行故障检测和识别的真值表，如表 9.11.3 所示。

表 9.11.3

<table>
<tr><th rowspan="2">失效陀螺</th><th colspan="6">奇偶检测值</th><th rowspan="2">系统重构的
解算程序元</th><th rowspan="2">元件性能管理条件</th></tr>
<tr><th>K_1</th><th>K_2</th><th>K_3</th><th>K_4</th><th>K_5</th><th>K_6</th></tr>
<tr><td>无</td><td>0</td><td>0</td><td>0</td><td>0</td><td>0</td><td>0</td><td>P_0</td><td rowspan="11">可进行故障陀螺的检测和失效陀螺的识别</td></tr>
<tr><td>①</td><td>0</td><td>0</td><td>0</td><td>1</td><td>1</td><td>1</td><td>P_1</td></tr>
<tr><td>②</td><td>0</td><td>1</td><td>1</td><td>0</td><td>0</td><td>1</td><td>P_2</td></tr>
<tr><td>③</td><td>1</td><td>0</td><td>1</td><td>0</td><td>1</td><td>0</td><td>P_3</td></tr>
<tr><td>④</td><td>1</td><td>1</td><td>0</td><td>1</td><td>0</td><td>0</td><td>P_4</td></tr>
<tr><td>①、②</td><td>0</td><td>1</td><td>1</td><td>1</td><td>1</td><td>1</td><td>P_5</td></tr>
<tr><td>①、③</td><td>1</td><td>0</td><td>1</td><td>1</td><td>1</td><td>1</td><td>P_6</td></tr>
<tr><td>①、④</td><td>1</td><td>1</td><td>0</td><td>1</td><td>1</td><td>1</td><td>P_7</td></tr>
<tr><td>②、③</td><td>1</td><td>1</td><td>1</td><td>0</td><td>1</td><td>1</td><td>P_8</td></tr>
<tr><td>②、④</td><td>1</td><td>1</td><td>1</td><td>1</td><td>0</td><td>1</td><td>P_9</td></tr>
<tr><td>③、④</td><td>1</td><td>1</td><td>1</td><td>1</td><td>1</td><td>0</td><td>P_{10}</td></tr>
<tr><td>①、②、③</td><td rowspan="5">1</td><td rowspan="5">1</td><td rowspan="5">1</td><td rowspan="5">1</td><td rowspan="5">1</td><td rowspan="5">1</td><td rowspan="5">P_{11}
系统失效，
报告出故障</td><td rowspan="5">仅能检测故障</td></tr>
<tr><td>①、②、④</td></tr>
<tr><td>①、③、④</td></tr>
<tr><td>②、③、④</td></tr>
<tr><td>①、②、③、④</td></tr>
</table>

从真值表可看出，当有一个或两个陀螺失效时，奇偶检测值与失效陀螺有一一对应的关系，根据奇偶检测值可识别 12 种系统工作状态，即可准确无误地确定出哪些陀螺失效，哪些陀螺工作正常。当有三个或四个陀螺失效时，奇偶检测值都为1 1 1 1 1 1，无法分辨出失效陀螺，此时只能进行故障检测而不能进行故障识别。其实，当三个或四个陀螺失效时，系统已无法正常工作，识别的功能也失去了实际意义。

2) 数据处理与系统重构

采用余度技术除了能提高系统的可靠性外，还能提供重复的测量数据，并借助于数据处理技术来减小单个陀螺误差的影响。

根据最小二乘法，有

$$\hat{\boldsymbol{\omega}} = [\boldsymbol{H}^{\mathrm{T}}\boldsymbol{H}]^{-1}\boldsymbol{H}^{\mathrm{T}}\boldsymbol{m} \tag{9.11.8}$$

从表 9.11.3 可看出，对前 11 种情况（可获得全姿态信息的情况），对应于陀螺的每一种失效情况，都有一个奇偶检测值与之对应，因此根据奇偶检测值可以确定出式(9.11.8)中的 H_i 和 m_i。比如当①号陀螺失效时，应将式(9.11.4)中的 m_1 和 m_2 取为零，将 $\boldsymbol{H}$ 阵中的第一行和第二行取为零，即

$$\boldsymbol{m} = \begin{bmatrix} 0 \\ 0 \\ m_3 \\ m_4 \\ m_5 \\ m_6 \\ m_7 \\ m_8 \end{bmatrix}, \quad \boldsymbol{H} = \begin{bmatrix} 0 & 0 & 0 \\ 0 & 0 & 0 \\ 0 & 1 & 0 \\ 0 & 0 & 1 \\ 0 & 0 & 1 \\ 1 & 0 & 0 \\ 1 & 0 & 0 \\ 0 & 0.707 & 0.707 \end{bmatrix}$$

对 $\boldsymbol{H}$ 和 $\boldsymbol{m}$ 作上述修改称为系统重构。显然这种重构是通过软件实现的，对应于表 9.11.3 中陀螺失效的各种情况，都有唯一的一种重构方式。为了区分这种重构，对每一种重构都给定标号 P_i 与之对应。这样，当某个陀螺失效时，通过奇偶检测计算得到与之对应的奇偶检测值并确定出重构解算程序元 P_i 后，根据 P_i 即可确定出对 $\boldsymbol{H}$ 和 $\boldsymbol{m}$ 的修改，即实现系统重构。从表 9.11.3 可看出，对 P_0、P_1、…、P_{10}，系统均可重构，对 P_{11}，系统无法重构而只能报告系统出故障。

3）惯性器件的重新校正

如果陀螺仪存在软故障，如零偏误差、刻度系数等发生变化，或在平均值附近的指示不稳定等均可重新校正。通过系统重构可将故障陀螺隔离并转入故障分类状态。将陀螺的输出与正常工作时的输出进行比较，以确定出所发生故障的类型和需要校正的量。利用改变软件的某些参数，使性能恶化的器件恢复其功能。

以上讨论了四个双由度陀螺组成的余度系统，陀螺个数不同的系统及单自由度陀螺组成的余度系统，读者可采用类似方法进行分析。

9.11.5　余度配置陀螺软故障检测

1. 余度配置陀螺组合软故障的 χ^2 检测法

1）奇偶向量

设 IMU 配置有 $m(m>3)$ 个不共线惯性器件（陀螺或加速度计），无故障条件下惯性器件的输出为

$$\boldsymbol{Z}=\boldsymbol{H}\boldsymbol{X}+\boldsymbol{\varepsilon}$$

式中，$\boldsymbol{X}$ 为运载体的角速度或加速度，为三维向量。此处以陀螺为研究对象，量测方程为

$$\boldsymbol{Z}=\boldsymbol{H}\boldsymbol{\omega}+\boldsymbol{\varepsilon} \tag{9.11.9}$$

式中，$\boldsymbol{Z}$ 为 m 个陀螺输出构成的 m 维列向量；$\boldsymbol{\varepsilon}$ 为陀螺漂移构成的 m 维列向量；$\boldsymbol{\omega}$ 为运载体的角速度，为 3 维列向量；$\boldsymbol{H}$ 为 $m\times3$ 矩阵，由陀螺的安装角位置确定。

显然，若忽略陀螺漂移，则式(9.11.9)中只有 3 个方程互相独立，而其余 $m-3$ 个方程是线性相关的，对式(9.11.9)作线性变换

$$\boldsymbol{UZ}=\boldsymbol{UH\omega}+\boldsymbol{U\varepsilon}$$

所选取的变换矩阵 $\boldsymbol{U}$ 使下述关系成立

$$\boldsymbol{U}=\begin{bmatrix}\boldsymbol{u}\\ \boldsymbol{V}\end{bmatrix}$$

$$\begin{aligned}\boldsymbol{uH}&\neq\boldsymbol{0}\\ \boldsymbol{VH}&=\boldsymbol{0}\end{aligned}\tag{9.11.10}$$

则

$$\begin{aligned}\boldsymbol{uZ}&=\boldsymbol{uH\omega}+\boldsymbol{u\varepsilon}\\ \boldsymbol{VZ}&=\boldsymbol{VH\omega}+\boldsymbol{V\varepsilon}=\boldsymbol{V\varepsilon}\end{aligned}\tag{9.11.11}$$

式中，$\boldsymbol{u}$ 为 $3\times m$ 矩阵，$\boldsymbol{V}$ 为 $(m-3)\times m$ 矩阵，根据式(9.11.10)求取 $\boldsymbol{V}$ 时仅有 $3(m-3)$ 个代数方程，而 $\boldsymbol{V}$ 中的未知元有 m^2-3m 个，未知数个数比方程个数多

$$m^2-3m-3(m-3)=m^2-6m+9=(m-3)^2$$

这说明在确定 $\boldsymbol{V}$ 矩阵时，有 $(m-3)^2$ 个自由度，若额外增添 $(m-3)^2$ 个约束方程，就可确定出 $\boldsymbol{V}$ 矩阵。

为使用方便，选择如下约束方程

$$\boldsymbol{VV}^{\mathrm{T}}=\boldsymbol{I}_{(m-3)\times(m-3)}\tag{9.11.12}$$

式中，$\boldsymbol{I}_{(m-3)\times(m-3)}$ 为 $(m-3)\times(m-3)$ 的单位阵，所以式(9.11.12)中包含有 $(m-3)^2$ 个代数方程。

式(9.11.12)的左右两边分别左乘 $\boldsymbol{V}^{\mathrm{T}}$ 和右乘 $\boldsymbol{V}$

$$\boldsymbol{V}^{\mathrm{T}}\boldsymbol{VV}^{\mathrm{T}}\boldsymbol{V}=\boldsymbol{V}^{\mathrm{T}}\boldsymbol{V}$$

即

$$(\boldsymbol{V}^{\mathrm{T}}\boldsymbol{V})(\boldsymbol{V}^{\mathrm{T}}\boldsymbol{V})=\boldsymbol{V}^{\mathrm{T}}\boldsymbol{V}$$

上式左右两边各左乘 $(\boldsymbol{V}^{\mathrm{T}}\boldsymbol{V})^{-1}$，得

$$\boldsymbol{V}^{\mathrm{T}}\boldsymbol{V}=\boldsymbol{I}_{m\times m}\tag{9.11.13}$$

由于 $\boldsymbol{V}$ 为 $(m-3)\times m$ 矩阵，所以 $\boldsymbol{I}_{m\times m}$ 为 m 维单位阵。

式(9.11.12)和式(9.11.13)说明：若 $\boldsymbol{V}$ 矩阵的行向量为单位正交行向量，则 $\boldsymbol{V}$ 矩阵的列向量为单位正交列向量。这是选择 $\boldsymbol{V}$ 时应满足的约束条件。Potter J E 给出了求解 $\boldsymbol{V}$ 矩阵的具体算法(Potter J E, Suman M C, 1977)。

记

$$\boldsymbol{V}=[v(i,j)]\quad i=1,2,\cdots,m-3;j=1,2,\cdots,m$$

则

$$\boldsymbol{W}=\boldsymbol{I}-\boldsymbol{H}(\boldsymbol{H}^{\mathrm{T}}\boldsymbol{H})^{-1}\boldsymbol{H}^{\mathrm{T}}=[w(i,j)]\quad i=1,2,\cdots,m;j=1,2,\cdots,m$$

$$v^2(1,1)=w(1,1)$$

$$v(1,j)=w(1,j)/v(1,1)\quad j=2,3,\cdots,m$$

$$v^2(i,i)=w(i,i)-\sum_{k=1}^{i-1}v^2(k,i)\quad i=2,3,\cdots,m-3$$

$$v(i,j)=[w(i,j)-\sum_{k=1}^{i-1}v(k,i)v(k,j)/v(i,i)\quad i=2,3,\cdots,m-3;j=i+1,\cdots,m$$

$$v(i,j)=0 \quad i=2,3,\cdots,m-3;j=1,2,\cdots,i-1$$

定义

$$\boldsymbol{p}=\boldsymbol{VZ} \tag{9.11.14}$$

为奇偶向量，维数为 $m-3$，其中 $\boldsymbol{Z}$ 为余度配置陀螺组合的输出。

2）由奇偶向量构造的 χ^2 分布统计量

由式(9.11.11)知，在所有陀螺无故障条件下，奇偶向量

$$\boldsymbol{p}=\boldsymbol{V\varepsilon}$$

式中，$\boldsymbol{V}$ 为 $(m-3)\times m$ 矩阵，$\boldsymbol{\varepsilon}=[\varepsilon_1,\varepsilon_2\cdots,\varepsilon_m]^{\mathrm{T}}$。

假设 $\varepsilon_i(i=1,2,\cdots,m)$ 服从正态分布 $\varepsilon_i\sim N(0,\sigma)$，$i=1,2,\cdots,m$。用 $\boldsymbol{p}$ 构造统计量

$$DF_D=\frac{1}{\sigma^2}\boldsymbol{p}^{\mathrm{T}}\boldsymbol{p} \tag{9.11.15}$$

即

$$DF_D=\frac{1}{\sigma^2}\boldsymbol{\varepsilon}^{\mathrm{T}}\boldsymbol{V}^{\mathrm{T}}\boldsymbol{V\varepsilon}$$

由式(9.11.13)

$$DF_D=\frac{1}{\sigma^2}\boldsymbol{\varepsilon}^{\mathrm{T}}\boldsymbol{\varepsilon}=\frac{1}{\sigma^2}(\varepsilon_1^2+\varepsilon_2^2+\cdots+\varepsilon_m^2)=\left(\frac{\varepsilon_1}{\sigma}\right)^2+\left(\frac{\varepsilon_2}{\sigma}\right)^2+\cdots+\left(\frac{\varepsilon_m}{\sigma}\right)^2 \tag{9.11.16}$$

由于

$$\varepsilon_i\sim N(0,\sigma),\quad \frac{\varepsilon_i}{\sigma}\sim N(0,1),\quad i=1,2,\cdots,m。$$

所以按式(9.11.15)构建的统计量 DF_D 服从自由度为 m 的 χ^2 分布

$$DF_D\sim\chi^2(m) \tag{9.11.17}$$

3）检测发生软故障的判定准则

由式(9.11.17)知，当 m 个陀螺均正常工作，即无故障时，由奇偶向量构造出的统计量 DF_D 服从自由度为 m 的 χ^2 分布，图 9.11.10 为 DF_D 的概率密度示意图。图中，竖线阴影部分的面积为 $DF_D>T_D$ 的概率，记该概率为 P_f。

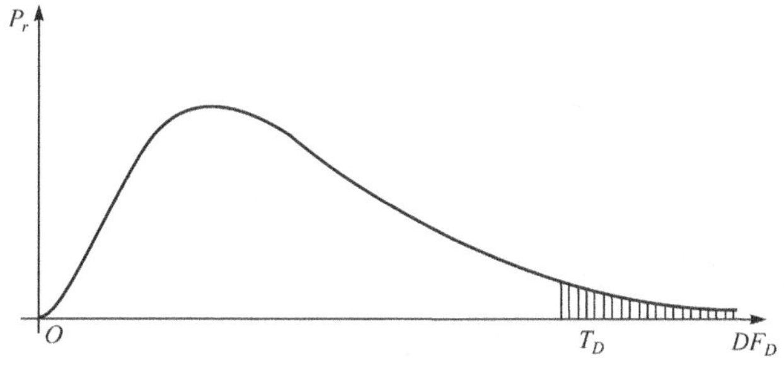

图 9.11.10　统计量 DF_D 的 χ^2 分布概率密度

将发生软故障这一事件记为 H_1，无软故障这一事件记为 H_0。设 T_D 为对应于概率 P_f 的阈值，即 H_0 条件下 $DF_D>T_D$ 的概率

$$P\{(DF_D>T_D)|H_0\}=P_f \tag{9.11.18}$$

则

$$P\{(DF_D<T_D)|H_0\}=1-P_f \tag{9.11.19}$$

如果 P_f 很小，则在无故障(H_0)条件下发生 $DF_D>T_D$ 是小概率事件，而小概率事件在一次试验中是不可能发生的，所以若根据奇偶向量 $\boldsymbol{p}$ 计算得的 $DF_D>T_D$，就可以断定这不可能是在 H_0(无故障)条件下发生的，而极有可能是在 H_1(有故障)条件下发生的。由此可按如下准则判定陀螺组合是否出现了软故障。

判定准则 1：

若 $DF_D>T_D$，则可判定至少有一个陀螺出现软故障；

若 $DF_D<T_D$，则可判定所有陀螺均无软故障。

虽然在无故障(H_0)条件下 $DF_D>T_D$ 是小概率事件，但毕竟还有 P_f 的概率，一旦 $DF_D>T_D$ 就判定为有故障，实际上潜伏着误判，存在的误判率亦即虚警率为 P_f。虚警和漏检是相互矛盾的。由图 9.11.10 可看出：T_D 设置过小，则 P_f 就大，虚警率增大，漏检率降低；T_D 设置过大，则 P_f 就小，虚警率降低，漏检率增大。所以设置阈值 T_D 必须兼顾虚警率和漏检率的合理选择。

2. 余度配置条件下软故障陀螺仅一个时的检测判定和故障量估计

假设第 i 个陀螺发生软故障，并将该事件记为 $H_1(i)$，故障量为 $f_i(i=1,2,\cdots,m)$。根据式(9.11.11)，此时奇偶向量为

$$\boldsymbol{p}=\boldsymbol{V}\boldsymbol{e}_i f_i+\boldsymbol{V}\boldsymbol{\varepsilon}$$

式中，$\boldsymbol{e}_i$ 为第 i 个元为 1，其余元均为 0 的 m 维单位向量，所以

$$\boldsymbol{p}=\boldsymbol{V}_{(i)} f_i+\boldsymbol{V}\boldsymbol{\varepsilon} \tag{9.11.20}$$

式中，$\boldsymbol{V}_{(i)}$ 为 $m-3$ 维列向量，由 $\boldsymbol{V}$ 的第 i 列构成。

式(9.11.20)中 $\boldsymbol{V}_{(i)} f_i$ 可看成 $\boldsymbol{p}$ 的偏置量，而 $\boldsymbol{\varepsilon}$ 为服从正态分布的 0 均值随机向量，所以 $\boldsymbol{p}$ 也服从正态分布，均值为 $\boldsymbol{V}_{(i)} f_i$，方差为 σ^2，在 $H_1(i)$ 条件下 $\boldsymbol{p}$ 的概率密度为

$$P_r(\boldsymbol{p}/H_1(i))=P_r(\boldsymbol{p}/f_i)=\frac{1}{\sqrt{2\pi}\sigma}\exp\left[-\frac{1}{2\sigma^2}(\boldsymbol{p}-\boldsymbol{V}_{(i)} f_i)^{\mathrm{T}}(\boldsymbol{V}\boldsymbol{V}^{\mathrm{T}})^{-1}(\boldsymbol{p}-\boldsymbol{V}_{(i)} f_i)\right]$$

根据式(9.11.12)，上式可写成

$$p_r(\boldsymbol{p}/H_1(i))=\frac{1}{\sqrt{2\pi}\sigma}\exp\left[-\frac{1}{2\sigma^2}(\boldsymbol{p}-\boldsymbol{V}_{(i)} f_i)^{\mathrm{T}}(\boldsymbol{p}-\boldsymbol{V}_{(i)} f_i)\right]$$

对应于上式的似然函数为

$$\begin{aligned}\ln P_r(\boldsymbol{p}/f_i)&=-\ln(\sqrt{2\pi}\sigma)-\frac{1}{2\sigma^2}(\boldsymbol{p}-\boldsymbol{V}_{(i)} f_i)^{\mathrm{T}}(\boldsymbol{p}-\boldsymbol{V}_{(i)} f_i)\\&=-\ln(\sqrt{2\pi}\sigma)-\frac{1}{2\sigma^2}[\boldsymbol{p}^{\mathrm{T}}\boldsymbol{p}+f_i^2\boldsymbol{V}_{(i)}^{\mathrm{T}}\boldsymbol{V}_{(i)}-\boldsymbol{p}^{\mathrm{T}}\boldsymbol{V}_{(i)} f_i-f_i\boldsymbol{V}_{(i)}^{\mathrm{T}}\boldsymbol{p}]\end{aligned} \tag{9.11.21}$$

使似然函数达到最大的 $\hat{f}_i$ 应满足似然方程

$$\frac{\partial}{\partial f_i}[\ln P_r(\boldsymbol{p}/f_i)]=0$$

由于式(9.11.21)中的各项均为标量，而标量转置后不变，所以按上式求导得

$$-\frac{1}{2\sigma^2}[2f_i\boldsymbol{V}_{(i)}^{\mathrm{T}}\boldsymbol{V}_{(i)}-2\boldsymbol{V}_{(i)}^{\mathrm{T}}\boldsymbol{p}]=0$$

由上式可解得 f_i 的极大似然估计为

$$\hat{f}_i=\frac{\boldsymbol{V}_{(i)}^{\mathrm{T}}\boldsymbol{p}}{\boldsymbol{V}_{(i)}^{\mathrm{T}}\boldsymbol{V}_{(i)}} \tag{9.11.22}$$

将式(9.11.22)式代入式(9.11.21),得

$$\ln P_r(\boldsymbol{P}/f_i)=-\ln(\sqrt{2\pi}\sigma)-\frac{1}{2\sigma^2}\boldsymbol{p}^{\mathrm{T}}\boldsymbol{p}+\frac{1}{2\sigma^2}\frac{[\boldsymbol{V}_{(i)}^{\mathrm{T}}\boldsymbol{p}]^2}{\boldsymbol{V}_{(i)}^{\mathrm{T}}\boldsymbol{V}_{(i)}} \tag{9.11.23}$$

式(9.11.23)式右侧仅第 3 项与第 i 个陀螺有关,该项越大,对应的概率密度 $P_r(\boldsymbol{P}/f_i)$ 也越大。因此可逐个计算出似然函数 $\ln P_r(\boldsymbol{P}/f_i)$, $i=1,2,\cdots,m$,对这 m 个似然函数值比较大小,若 $\ln P_r(\boldsymbol{P}/f_I)$ 为其中的最大值,则可判定第 I 个陀螺发生了软故障。这样定位故障陀螺可用如下准则来判定。

判定准则 2:

若根据判定准则 1 已判定陀螺组合出现软故障,并且

$$\ln P_r(\boldsymbol{p}/f_I)=\max[\ln P_r(\boldsymbol{p}/f_1),\ln P_r(\boldsymbol{p}/f_2),\cdots,\ln P_r(\boldsymbol{p}/f_m)]$$

则判定第 I 个陀螺出现软故障,故障量按式(9.11.22)计算。

对多个陀螺发生软故障的情况,可采用逐一检测隔离以实现软故障检测,也就是逐次检测出一个故障陀螺并隔离掉,经过若干次循环后可隔离掉所有故障陀螺,实现冗余陀螺的容错测量,图 9.11.11 为算法流程图。

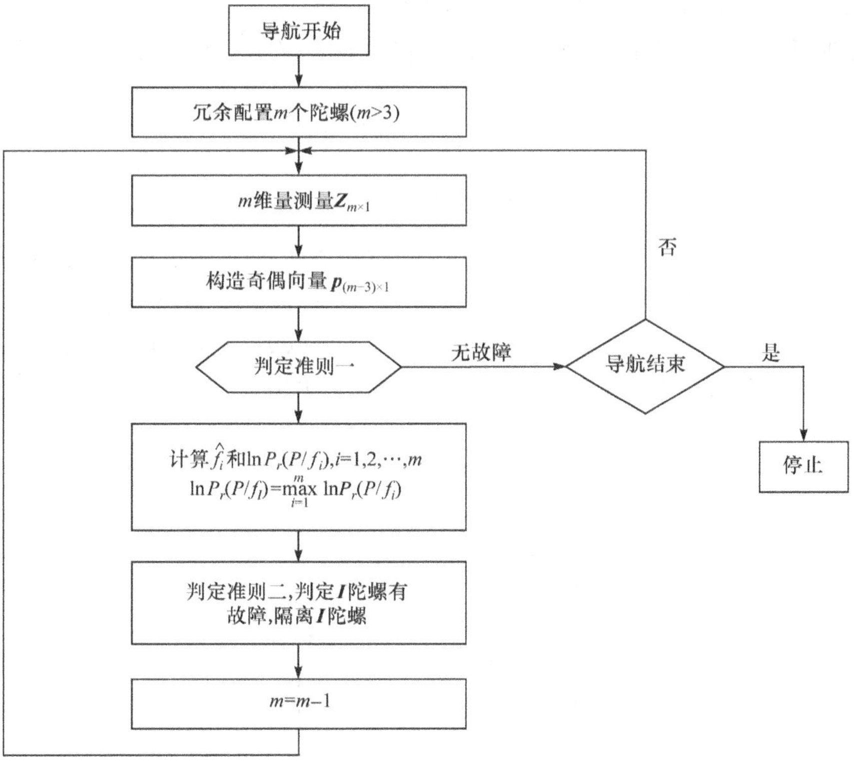

图 9.11.11　软故障陀螺检测、隔离流程图

第 10 章　极区惯性导航

飞越北极极区使我国到达北美的航线达到最短。文献(James V,2003)指出:从纽约肯尼迪国际机场到北京首都机场,飞越北极极区的航线与传统航线相比,飞行时间在夏季缩短 69 分钟,载客量增加 75 人,冬季缩短 85 分钟,载客量增加 90 人。极区是指纬度高于某一纬度值的地球两极地区。不同国家、不同地区、不同机型对极区的定义不尽相同,如美国联邦航空管理局(FAA)定义北纬 78°以北为北极地区,波音公司 737-600/700/800/900、747-400、777 进入北纬 84°以北或南纬 84°以南定义为极区飞行,进入北纬 83.5°以南或南纬 83.5°以北定义为穿出极区飞行,MD-11 以北纬 85°和南纬 85°作为进入和穿出极区的分界线。由于配备的惯导具有极区惯性导航力学编排解算功能,所以这类飞机具有全球飞行能力。而波音 757、767 只能在纬度低于 87°的范围内飞行,不具备飞越极点的能力。极区内子午线在极点汇聚成一点使航向失去参考基准,定位计算误差剧增,适用于中低纬度地区的传统力学编排不再具备导航功能。此处介绍三种适用于极区导航的惯导力学编排方案:极区平面导航、极区横向经纬度导航及极区格网导航。

10.1　极区平面惯性导航

10.1.1　极区平面导航中的导航坐标系及定位值转换

设极区的规定范围为 $L \geqslant L_{en}$。参阅图 10.1.1,飞机在 E 点进入极区,沿图中虚线航线飞行,在 S 点穿出极区,P 点为飞机的瞬时位置,E 点的经、纬度为 λ_{en}、L_{en},S 点的经、纬度为 λ_{ex}、L_{ex}。极区平面导航坐标系 n_f 的定义为:将极区近似视为平面,以 E 点为原点,过原点向极点 N 作射线得 y 轴,以 E 点的东向作为 x 轴,z 轴与 x、y 轴构成右手坐标系,此即 E 点的地理坐标系。显然坐标系 n_f 与地球固联。

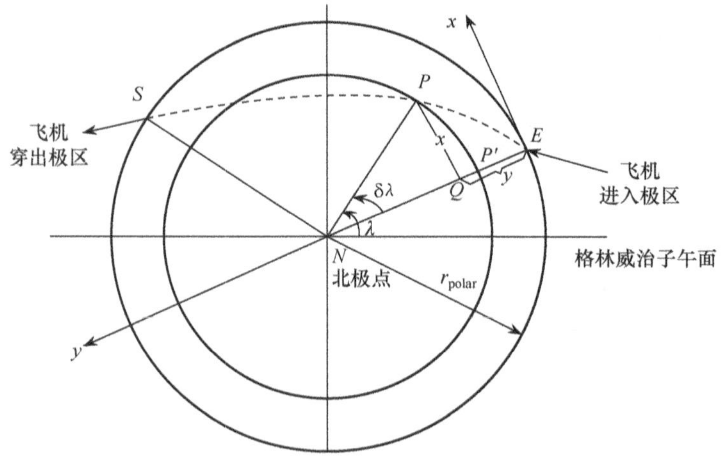

图 10.1.1　极区平面导航中的导航坐标系

设飞机瞬时位置 P 点在坐标系 n_f 内的直角坐标值为(x,y,z),飞机由 E 点飞至 P 点纬度改变量为 δL,经度改变量为 $\delta\lambda$。由图 10.1.1 得

$$\delta\lambda_{主}=\arctan\left(\frac{x}{r_{\text{polar}}-y}\right) \tag{10.1.1}$$

其中极区半径

$$r_{\text{polar}}=R_p\cos L_{en}\approx R_p\Delta L_{en} \tag{10.1.2}$$

式中

$$R_p=\sqrt{R_M\cdot R_N} \tag{10.1.3}$$

$$\Delta L_{en}=\frac{\pi}{2}-L_{en} \tag{10.1.4}$$

R_M 和 R_N 分别为 E 点处的子午圈曲率半径和卯酉圈曲率半径。

由图 10.1.1 得 $\delta\lambda$ 真值确定如表 10.1.1 所列。

表 10.1.1　$\delta\lambda$ 的真值确定

y	$<r_{\text{polar}}$	$=r_{\text{polar}}$	$>r_{\text{polar}}$
$\delta\lambda$	$\delta\lambda_{主}$	$90°$	$180°+\delta\lambda_{主}$

下面分两种情况来讨论由坐标值确定的纬度改变量 δL。

(1) 若 $y\leqslant r_{\text{polar}}$，则由图 10.1.1，$P$ 点的纬圈半径

$$r_P=\sqrt{x^2+(r_{\text{polar}}-y)^2} \tag{10.1.5}$$

记 $\Delta y=r_{\text{polar}}-r_P$，则

$$\Delta y=R_P\delta L \tag{10.1.6}$$

式(10.1.6)与式(10.1.2)对应相除

$$\frac{\Delta y}{r_{\text{polar}}}=\frac{\delta L}{\Delta L_{en}}$$

又由式(10.1.5)和式(10.1.4)，得：

$$\delta L=\frac{\Delta L_{en}}{r_{\text{polar}}}\cdot\Delta y=\frac{\frac{\pi}{2}-L_{en}}{r_{\text{polar}}}\left[r_{\text{polar}}-\sqrt{x^2+(r_{\text{polar}}-y)^2}\right] \tag{10.1.7}$$

(2) 若 $y>r_{\text{polar}}$，采用与(1)相同的分析方法，可证明由飞机位置变化引起的纬度变化量计算公式与式(10.1.7)相同。

确定出极区内飞行引起的经、纬度改变量后，就可计算飞机的瞬时经、纬度：

$$\lambda=\lambda_{en}+\delta\lambda \tag{10.1.8a}$$

$$L=L_{en}+\delta L \tag{10.1.8b}$$

10.1.2　极区平面导航力学编排

1) 极区平面导航中的姿态更新

根据 10.1.1 节中导航坐标系 n_f 的定义，姿态矩阵微分方程为：

$$\dot{\boldsymbol{C}}_b^{n_f}=\boldsymbol{C}_b^{n_f}\left[\boldsymbol{\omega}_{n_fb}^b\times\right] \tag{10.1.9}$$

式中
$$\boldsymbol{\omega}_{n_fb}^b=\boldsymbol{\omega}_{ib}^b-\boldsymbol{\omega}_{in_f}^b=\boldsymbol{\omega}_{ib}^b-\boldsymbol{C}_{n_f}^b\boldsymbol{C}_e^{n_f}\boldsymbol{\omega}_{ie}^e$$

根据式(8.1.10)，

$$\boldsymbol{C}_e^{n_f}=\begin{bmatrix}-\sin\lambda_{en} & \cos\lambda_{en} & 0\\ -\sin L_{en}\cos\lambda_{en} & -\sin L_{en}\sin\lambda_{en} & \cos L_{en}\\ \cos L_{en}\cos\lambda_{en} & \cos L_{en}\sin\lambda_{en} & \sin L_{en}\end{bmatrix} \tag{10.1.10}$$

$$\boldsymbol{\omega}_{n_fb}^b=\boldsymbol{\omega}_{ib}^b-\boldsymbol{C}_{n_f}^b\boldsymbol{\omega}_{ie}^{n_f} \tag{10.1.11}$$

式中

$$\boldsymbol{\omega}_{ie}^{n_f}=[0\quad \omega_{ie}\cos L_{en}\quad \omega_{ie}\sin L_{en}]^{\mathrm{T}}$$

姿态阵的初值为

$$\boldsymbol{C}_b^{n_f}(t_{0en})=\boldsymbol{C}_b^g(t_{en})$$

即飞机进入极区瞬时 t_{en} 的姿态阵，由非极区姿态更新算法确定。

也可采用姿态四元数实现姿态更新：

$$\boldsymbol{Q}_{k+1}=\boldsymbol{Q}_k\otimes\boldsymbol{q}(h),\quad \boldsymbol{q}(h)=\cos\frac{\Phi}{2}+\frac{\boldsymbol{\Phi}}{\Phi}\sin\frac{\Phi}{2}$$

式中，姿态更新周期 $h=t_{k+1}-t_k$，等效旋转矢量 $\boldsymbol{\Phi}$ 可采用多子样算法计算，$\Phi=|\boldsymbol{\Phi}|$。

设飞机在 t_{ex} 时刻穿出极区，穿出极区的纬度设定值为 L_{ex}。记：t_{ex} 时刻经度为 λ_{ex}，$\Delta\lambda_{ex}=\lambda_{ex}-\lambda_{en}$，$\Delta L_{en}=\frac{\pi}{2}-L_{en}$，$\Delta L_{ex}=\frac{\pi}{2}-L_{ex}$，导航坐标系 n_f 与穿出极区点地理坐标系 g_{ex} 间的变换矩阵为 $\boldsymbol{C}_{n_f}^{g_{ex}}$。则 g_{ex} 坐标系可由 n_f 坐标系经过三次基本旋转确定出，如图 10.1.2 所示。

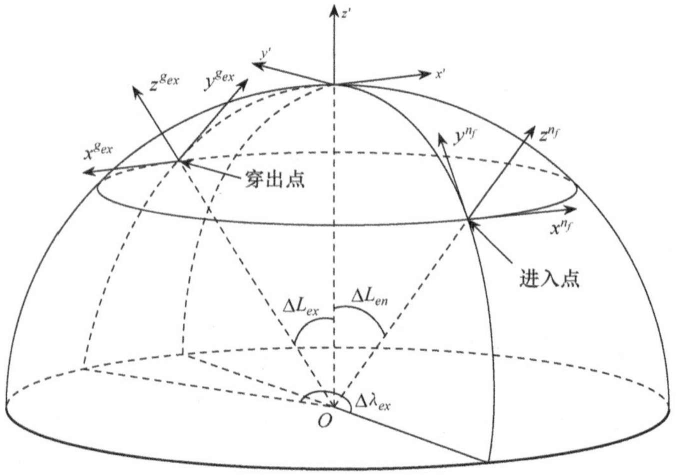

图 10.1.2　穿出点的地理坐标系与平面导航坐标系间的关系

三次基本旋转为：

导航坐标系 $n_f\xrightarrow[\text{旋转 }\Delta L_{en}]{\text{绕}-x^{n_f}\text{轴}}x'y'z'\xrightarrow[\text{旋转 }\Delta\lambda_{ex}]{\text{绕 }z'\text{轴}}x''y''z''\xrightarrow[\text{旋转 }\Delta L_{ex}]{\text{绕 }z''\text{轴}}$穿出点的地理坐标系 g_{ex}

对应于上述三次基本旋转的坐标变换矩阵为

$$\boldsymbol{C}_{n_f}^{x'y'z'}=\begin{bmatrix}1 & 0 & 0\\ 0 & \cos\Delta L_{en} & -\sin\Delta L_{en}\\ 0 & \sin\Delta L_{en} & \cos\Delta L_{en}\end{bmatrix},\quad \boldsymbol{C}_{x'y'z'}^{x''y''z''}=\begin{bmatrix}\cos\Delta\lambda_{ex} & \sin\Delta\lambda_{ex} & 0\\ -\sin\Delta\lambda_{ex} & \cos\Delta\lambda_{ex} & 0\\ 0 & 0 & 1\end{bmatrix}$$

$$C_{x''y''z''}^{g_{ex}}=\begin{bmatrix}1 & 0 & 0\\ 0 & \cos\Delta L_{ex} & \sin\Delta L_{ex}\\ 0 & -\sin\Delta L_{ex} & \cos\Delta L_{ex}\end{bmatrix}$$

所以 $C_{n_f}^{g_{ex}}=C_{x''y''z''}^{g_{ex}}C_{x'y'z'}^{x''y''z''}C_{n_f}^{x'y'z'}$

$$=\begin{bmatrix}c\Delta\lambda_{ex} & s\Delta\lambda_{ex}c\Delta L_{en} & -s\Delta\lambda_{ex}s\Delta L_{en}\\ -c\Delta L_{ex}s\Delta\lambda_{ex} & c\Delta L_{ex}c\Delta\lambda_{ex}c\Delta L_{en}+s\Delta L_{ex}s\Delta L_{en} & -c\Delta L_{ex}c\Delta\lambda_{ex}s\Delta L_{en}+s\Delta L_{ex}c\Delta L_{en}\\ s\Delta L_{ex}s\Delta\lambda_{ex} & -s\Delta L_{ex}c\Delta\lambda_{ex}c\Delta L_{en}+c\Delta L_{ex}s\Delta L_{en} & s\Delta L_{ex}c\Delta\lambda_{ex}s\Delta L_{en}+c\Delta L_{ex}c\Delta L_{en}\end{bmatrix} \tag{10.1.12}$$

式中 $c\Delta\lambda_{ex}=\cos(\Delta\lambda_{ex})$， $c\Delta L_{en}=\cos(\Delta L_{en})$ ，$c\Delta L_{ex}=\cos(\Delta L_{ex})$

$s\Delta\lambda_{ex}=\sin(\Delta\lambda_{ex})$， $s\Delta L_{en}=\sin(\Delta L_{en})$， $s\Delta L_{ex}=\sin(\Delta L_{ex})$

穿出极区后，惯导开始按常规算法作导航计算，t_{ex}时刻的姿态阵为

$$C_b^g(t_{0ex})=C_{n_f}^{g_{ex}}C_b^{n_f}(t_{ex}) \tag{10.1.13}$$

式中，$C_{n_f}^{g_{ex}}$ 由式(10.1.12)确定，$C_b^{n_f}$ 由惯导姿态更新确定。

2) 极区平面导航中的速度及位置微分方程

根据式(7.4.7)，并考虑到导航坐标系 n_f 与地球固联，所以速度微分方程为

$$\dot{V}^{n_f}=C_b^{n_f}f^b-2(C_e^{n_f}\omega_{ie}^e)\times V^{n_f}+C_g^{n_f}g^g \tag{10.1.14}$$

式中，g 为飞机瞬间位置处的地理坐标系；$g^g=[0\quad 0\quad -g]^{\mathrm T}$；$\omega_{ie}^e=[0\quad 0\quad \omega_{ie}]^{\mathrm T}$；$C_e^{n_f}$ 按式(10.1.10)计算；$C_g^{n_f}$ 分析如下。

设飞机的瞬间经纬度为 λ 和 L。根据式(8.1.10)，

$$C_g^{n_f}=C_e^{n_f}C_g^e=\begin{bmatrix}-\sin\lambda_{en} & \cos\lambda_{en} & 0\\ -\sin L_{en}\cos\lambda_{en} & -\sin L_{en}\sin\lambda_{en} & \cos L_{en}\\ \cos L_{en}\cos\lambda_{en} & \cos L_{en}\sin\lambda_{en} & \sin L_{en}\end{bmatrix}\cdot\begin{bmatrix}-\sin\lambda & -\sin L\cos\lambda & \cos L\cos\lambda\\ \cos\lambda & -\sin L\sin\lambda & \cos L\sin\lambda\\ 0 & \cos L & \sin L\end{bmatrix}$$

$$=\begin{bmatrix}\times & \times & -\sin\lambda_{en}\cos L\cos\lambda+\cos\lambda_{en}\cos L\sin\lambda\\ \times & \times & -\sin L_{en}\cos L(\cos\lambda_{en}\cos\lambda+\sin\lambda_{en}\sin\lambda)+\cos L_{en}\sin L\\ \times & \times & \cos L_{en}\cos L(\cos\lambda_{en}\cos\lambda+\sin\lambda_{en}\sin\lambda)+\sin L_{en}\sin L\end{bmatrix}$$

$$=\begin{bmatrix}\times & \times & \cos L\sin\delta\lambda\\ \times & \times & -\sin L_{en}\cos L\cos\delta\lambda+\cos L_{en}\sin L\\ \times & \times & \cos L_{en}\cos L\cos\delta\lambda+\sin L_{en}\sin L\end{bmatrix} \tag{10.1.15}$$

将式(10.1.10)和式(10.1.15)代入式(10.1.14)，即得速度求解方程。

设飞机在 n_f 坐标系内的位置数学矢量为

$$p^{n_f}=[x\quad y\quad z]^{\mathrm T}$$

则位置微分方程为

$$\dot{p}^{n_f}=V^{n_f} \tag{10.1.16}$$

10.1.3 进入和穿出极区的判别逻辑(Esmat B,2007)

假设将进入和穿出极区的极区边界纬度判定值设置成相同值，如果在进入极区的某一时刻，惯导输出纬度大于极区边界纬度判定值，惯导切换成极区导航算法。由于 GPS 在极区不能可靠工作，无法确保对惯导作校正。在进入极区后的另一时刻，若惯导存在的导航误差使惯导的输出

纬度小于该判定值，则惯导将错误地切换回极区外的常规导航算法，而导航误差是随机误差，所以在穿越极区边界纬圈时会引起惯导在极区导航算法和常规导航算法间作频繁随机切换。引起这一问题的原因是将进入和穿出极区的判定值设置成相同的值，形成对进入和穿出极区的误判。如果将穿出极区时的极区边界纬度判定值设置得比进入极区时的判定值低，两判定值的差值又远大于惯导定位误差，则可完全避免由导航误差引起的导航算法频繁切换。根据这一思路，可设计出进入和穿出极区的判别逻辑如图 10.1.3 所示，图中 L_{enT} 和 L_{exT} 分别为进入和穿出极区时的极区边界纬度判定值。

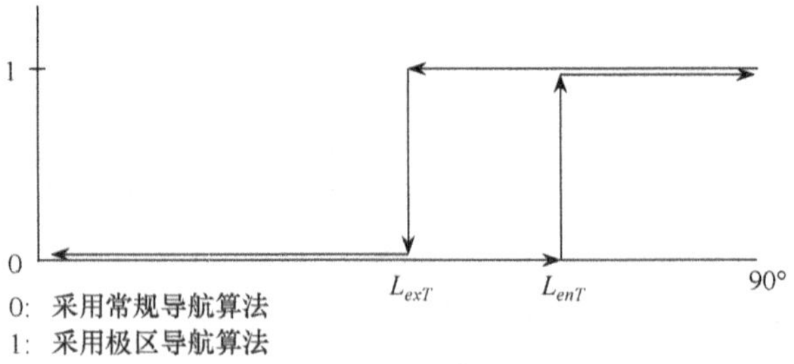

图 10.1.3　进入和穿出极区的判别逻辑

10.2　极区横向经纬度惯性导航

子午线在极点汇聚成一点是引起定向和定位困难的根本原因。而地球上的经线和纬线本不存在，是根据导航需要人为划分的。所以为适应极区导航的需要，也可对经线和纬线重新划分，最简单的方法是将传统的经、纬线横转 90°，形成横向经纬度，并称之为伪经纬度。此时，伪经线的汇聚点在地球赤道上，而极区的伪经线几乎是平行的，这就从根本上避开了极区定位定向存在的困难。

10.2.1　横向地球坐标系及定位参数的转换

假设地球为圆球，半径为 R_e。记 t 为横向地球坐标系，坐标原点位于地心，x_t 轴沿地球自转轴，y_t 轴沿东经 90°子午面与地球赤道面的交线，z_t 轴与 x_t、y_t 轴构成右手坐标系，则横向地球坐标系 t 以东经 90°和西经 90°子午圈为伪赤道，东经 180°子午线与赤道的交点为伪北极，如图 10.2.1 所示。

由图 10.2.1，可得地球坐标系 e 与横向地球坐标系 t 间的变换矩阵：

$$\boldsymbol{C}_e^t=\begin{bmatrix}0 & 0 & 1\\ 0 & 1 & 0\\ -1 & 0 & 0\end{bmatrix} \tag{10.2.1}$$

设 P 为地球表面上的一点，该点离地面的高度为 h，在地球坐标系 e 内的经、纬度为 λ、L，在横向地球坐标系内的经、纬度为 λ_t、L_t，P 点相对地球的位置矢量为 $\boldsymbol{R}$，根据式(7.2.19)，$\boldsymbol{R}$ 在 e 系内和 t 系内的数学矢量为

$$\boldsymbol{R}^e=\begin{bmatrix}(R_e+h)\cos L\cos\lambda\\ (R_e+h)\cos L\sin\lambda\\ (R_e+h)\sin L\end{bmatrix},\quad \boldsymbol{R}^t=\begin{bmatrix}(R_e+h)\cos L_t\cos\lambda_t\\ (R_e+h)\cos L_t\sin\lambda_t\\ (R_e+h)\sin L_t\end{bmatrix}$$

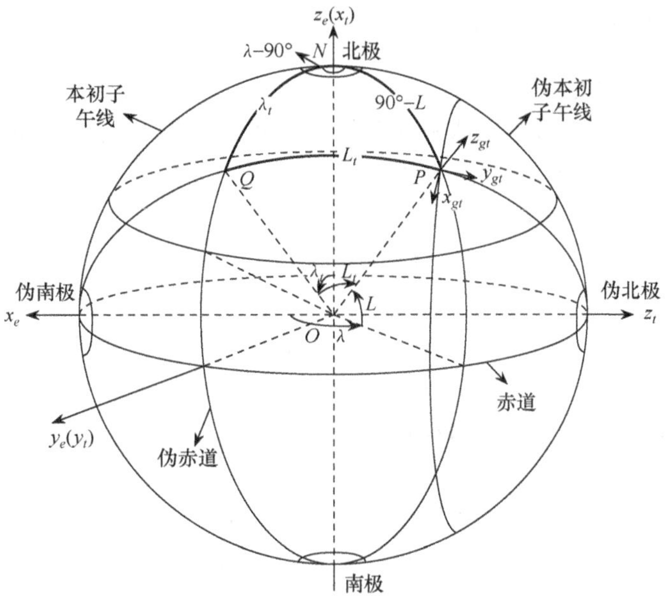

图 10.2.1　横向地球坐标系 t

根据上述两式和式(10.2.1)，则有

$$\boldsymbol{R}^t=\boldsymbol{C}_e^t\boldsymbol{R}^e$$

即

$$\begin{bmatrix}(R_e+h)\cos L_t\cos\lambda_t\\(R_e+h)\cos L_t\sin\lambda_t\\(R_e+h)\sin L_t\end{bmatrix}=\begin{bmatrix}0&0&1\\0&1&0\\-1&0&0\end{bmatrix}\begin{bmatrix}(R_e+h)\cos L\cos\lambda\\(R_e+h)\cos L\sin\lambda\\(R_e+h)\sin L\end{bmatrix}=\begin{bmatrix}(R_e+h)\sin L\\(R_e+h)\cos L\sin\lambda\\-(R_e+h)\cos L\cos\lambda\end{bmatrix}$$

从上式可得经、纬度在两坐标系间的转换关系为

$$\sin L=\cos L_t\cos\lambda_t \tag{10.2.2a}$$

$$\sin\lambda=\frac{\cos L_t\sin\lambda_t}{\cos L} \tag{10.2.2b}$$

$$\cos\lambda=-\frac{\sin L_t}{\cos L} \tag{10.2.2c}$$

式中

$$\cos L=\sqrt{1-\cos^2 L_t\cos^2\lambda_t} \tag{10.2.2d}$$

或

$$\sin L_t=-\cos L\cos\lambda \tag{10.2.3a}$$

$$\sin\lambda_t=\frac{\cos L\sin\lambda}{\cos L_t} \tag{10.2.3b}$$

$$\cos\lambda_t=\frac{\sin L}{\cos L_t} \tag{10.2.3c}$$

式中

$$\cos L_t=\sqrt{1-\cos^2 L\cos^2\lambda} \tag{10.2.3d}$$

10.2.2　横向经纬度惯性导航力学编排

1) 横向经纬度导航中的姿态更新

极区位于伪赤道上，属于横向地球坐标系的低纬度地区，所以导航坐标系可采用伪地理坐标系 g_t，即 g_t 的 x 轴指向伪东向，y 轴指向伪北向，z 轴指向天向。显然同一点处的伪地理坐标系 g_t 与地理坐标系 g 间具有如下变换关系：

$$\boldsymbol{C}_g^{g_t}=\boldsymbol{C}_t^{g_t}\boldsymbol{C}_e^t\boldsymbol{C}_g^e \tag{10.2.4}$$

式中，$\boldsymbol{C}_e^t$ 按式(10.2.1)计算

$$\boldsymbol{C}_e^g=\begin{bmatrix}-\sin\lambda & \cos\lambda & 0\\ -\sin L\cos\lambda & -\sin L\sin\lambda & \cos L\\ \cos L\cos\lambda & \cos L\sin\lambda & \sin L\end{bmatrix} \tag{10.2.5}$$

$$\boldsymbol{C}_t^{g_t}=\begin{bmatrix}-\sin\lambda_t & \cos\lambda_t & 0\\ -\sin L_t\cos\lambda_t & -\sin L_t\sin\lambda_t & \cos L_t\\ \cos L_t\cos\lambda_t & \cos L_t\sin\lambda_t & \sin L_t\end{bmatrix} \tag{10.2.6}$$

以伪地理坐标系 g_t 为导航坐标系时的姿态阵微分方程为

$$\dot{\boldsymbol{C}}_b^{g_t}=\boldsymbol{C}_b^{g_t}[\boldsymbol{\omega}_{g_tb}^b\times] \tag{10.2.7}$$

式中

$$\boldsymbol{\omega}_{g_tb}^b=\boldsymbol{\omega}_{ib}^b-\boldsymbol{C}_{g_t}^b\boldsymbol{\omega}_{ig_t}^{g_t} \tag{10.2.8}$$

$$\boldsymbol{\omega}_{ig_t}^{g_t}=\boldsymbol{\omega}_{ie}^{g_t}+\boldsymbol{\omega}_{eg_t}^{g_t} \tag{10.2.9}$$

$$\boldsymbol{\omega}_{ie}^{g_t}=\boldsymbol{C}_t^{g_t}\boldsymbol{C}_e^t\boldsymbol{\omega}_{ie}^e=\begin{bmatrix}-\omega_{ie}\sin\lambda_t\\ -\omega_{ie}\sin L_t\cos\lambda_t\\ \omega_{ie}\cos L_t\cos\lambda_t\end{bmatrix} \tag{10.2.10}$$

$$\boldsymbol{\omega}_{eg_t}^{g_t}=\boldsymbol{\omega}_{tg_t}^{g_t}=\begin{bmatrix}-\dfrac{V_{Nt}}{R_{Pt}+h}\\ \dfrac{V_{Et}}{R_{Pt}+h}\\ \dfrac{V_{Et}}{R_{Pt}+h}\tan L_t\end{bmatrix}=\begin{bmatrix}-\dot{L}_t\\ \dot{\lambda}_t\cos L_t\\ \dot{\lambda}_t\sin L_t\end{bmatrix} \tag{10.2.11}$$

式中，V_{Et}、V_{Nt} 为飞机沿伪东向和伪北向的速度分量，R_{Pt} 按下式计算：

$$R_{Pt}=\sqrt{R_{Mt}R_{Nt}} \tag{10.2.12a}$$

$$R_{Mt}=\frac{R_e(1-f^2)}{(1-f^2\sin^2L)^{\frac{3}{2}}}=\frac{R_e(1-f^2)}{(1-f^2\cos^2L_t\cos^2\lambda_t)^{\frac{3}{2}}} \tag{10.2.12b}$$

$$R_{Nt}=\frac{R_e}{(1-f^2\cos^2L_t\cos^2\lambda_t)^{\frac{1}{2}}} \tag{10.2.12c}$$

$\boldsymbol{C}_b^{g_t}$ 的初值按下式确定：

$$\boldsymbol{C}_b^{g_t}(t_{0en})=\boldsymbol{C}_g^{g_t}(t_{en})\boldsymbol{C}_b^g(t_{en})$$

式中，t_{en} 为进入极区的时间，$\boldsymbol{C}_b^g(t_{en})$ 为进入极区时由常规导航算法确定的姿态阵，$\boldsymbol{C}_g^{g_t}(t_{en})$ 根据式(10.2.4)确定，所使用的经纬度 λ 和 L 为 t_{en} 时刻在地球坐标系内的经纬度，由该经纬度根据式(10.2.3)可确定出 λ_t 和 L_t 的正、余弦值。

设飞机在 t_{ex} 时刻穿出极区，之后惯导切换成常规导航算法，切换时刻常规导航算法中的姿态阵初值为

$$\boldsymbol{C}_b^g(t_{0ex})=\boldsymbol{C}_{g_t}^g(t_{ex})\boldsymbol{C}_b^{g_t}(t_{ex}) \tag{10.2.13}$$

姿态更新也可采用旋转矢量多子样算法实现。进入和穿出极区的姿态四元数按如下两式确定：

$$\boldsymbol{Q}_b^{g_t}(t_{0en})=\boldsymbol{Q}_g^{g_t}(t_{en})\otimes\boldsymbol{Q}_b^g(t_{en}) \tag{10.2.14}$$

$$\boldsymbol{Q}_b^g(t_{0ex})=\boldsymbol{Q}_{g_t}^g(t_{ex})\otimes\boldsymbol{Q}_b^{g_t}(t_{ex}) \tag{10.2.15}$$

2）横向经纬度导航中的速度及位置微分方程

根据式(7.4.7)，横向经纬度导航中的速度微分方程为

$$\dot{\boldsymbol{V}}^{g_t}=\boldsymbol{C}_b^{g_t}\boldsymbol{f}^b-(\boldsymbol{\omega}_{tg_t}^{g_t}+2\boldsymbol{\omega}_{ie}^{g_t})\times\boldsymbol{V}^{g_t}+\boldsymbol{g}^{g_t} \tag{10.2.16}$$

式中，$\boldsymbol{\omega}_{ie}^{g_t}$ 按式(10.2.10)确定，$\boldsymbol{\omega}_{tg_t}^{g_t}$ 按式(10.2.11)确定，

$$\boldsymbol{g}^{g_t}=[0\quad 0\quad -g]^{\mathrm{T}} \tag{10.2.17}$$

进入和穿出极区时速度数学矢量具有如下换算关系：

$$\boldsymbol{V}^{g_t}(t_{0en})=\boldsymbol{C}_g^{g_t}(t_{en})\boldsymbol{V}^g(t_{en}) \tag{10.2.18}$$

$$\boldsymbol{V}^g(t_{0ex})=\boldsymbol{C}_{g_t}^g(t_{ex})\boldsymbol{V}^{g_t}(t_{ex}) \tag{10.2.19}$$

式中，坐标变换矩阵按式(10.2.4)计算，t_{en} 和 t_{ex} 分别为进入和穿出极区的相应时刻。

位置更新采用方向余弦矩阵法。设进入极区后的方向余弦矩阵为 $\boldsymbol{C}_t^{g_t}$，则根据式(8.1.20)

$$\dot{\boldsymbol{C}}_t^{g_t}=-(\boldsymbol{\omega}_{tg_t}^{g_t}\times)\boldsymbol{C}_t^{g_t} \tag{10.2.20}$$

其中方向余弦阵的初值按式(8.1.10)确定：

$$\boldsymbol{C}_t^{g_t}(t_{0en})=\begin{bmatrix}-\sin\lambda_{en} & \cos\lambda_{en} & 0\\ -\sin L_{en}\cos\lambda_{en} & -\sin L_{en}\sin\lambda_{en} & \cos L_{en}\\ \cos L_{en}\cos\lambda_{en} & \cos L_{en}\sin\lambda_{en} & \sin L_{en}\end{bmatrix} \tag{10.2.21}$$

λ_{en} 和 L_{en} 为飞机进入极区时的横向经纬度，它们的正、余弦值按式(10.2.3)确定，所用经纬度值为飞机进入极区时的经纬度；$\boldsymbol{\omega}_{tg_t}^{g_t}$ 按式(10.2.11)确定，所用到的横向经纬度变化率为

$$\dot{L}_t=\frac{V_{Nt}}{R_{Pt}+h} \tag{10.2.22a}$$

$$\dot{\lambda}_t=\frac{V_{Et}}{(R_{Pt}+h)\cos L_t} \tag{10.2.22b}$$

R_{Pt} 按式(10.2.12)确定。

当飞机穿出极区时，方向余弦矩阵微分方程为

$$\dot{\boldsymbol{C}}_e^g=-(\boldsymbol{\omega}_{eg}^g\times)\boldsymbol{C}_e^g \tag{10.2.23}$$

方向余弦矩阵初值为

$$\boldsymbol{C}_e^g(t_{0ex})=\begin{bmatrix}-\sin\lambda_{ex} & \cos\lambda_{ex} & 0\\ -\sin L_{ex}\cos\lambda_{ex} & -\sin L_{ex}\sin\lambda_{ex} & \cos L_{ex}\\ \cos L_{ex}\cos\lambda_{ex} & \cos L_{ex}\sin\lambda_{ex} & \sin L_{ex}\end{bmatrix} \tag{10.2.24}$$

λ_{ex} 和 L_{ex} 为飞机穿出极区时的经纬度，它们的正余弦值按式(10.2.2)确定，所用横向经纬度值为飞机穿出极区时的横向经纬度。

获得方向余弦矩阵后，可根据式(8.1.12a)、式(8.1.12b)及表 8.1.1 确定出经纬度值或横向经纬度值，并根据实时计算的纬度

$$L=\arcsin(\cos L_t\cos\lambda_t) \tag{10.2.25}$$

判断是否已达到穿出极区的判定值。

10.3 极区格网惯性导航(周琪等,2013)

如果在极区内规定某一方向作为航向的参考基准,则保持等航向的飞行轨迹为直线,而极区范围为数百公里,这种直线航迹可近似视为大圆航迹。选用格网北向作为航向参考基准是最简单有效的方法,格网北向轴是格网坐标系的水平轴之一。在极区格网惯性导航中,导航坐标系采用格网坐标系。

10.3.1 格网坐标系

设飞机位于极区内的 P 点。P 点处格网坐标系 G 的定义为:过 P 点分别作本初子午面的平行平面和当地水平面,以两平面的交线作为格网坐标系 G 的 G_N 轴,指向以北偏东为正向,P 点处的天向作为格网坐标系 G 的 G_U 轴,G_E 轴与 G_N 和 G_U 构成右手坐标系,如图 10.3.1 所示。显然格网坐标系为当地水平坐标系。在格网坐标系中确定方位时,以 G_N 轴作为格网北向。

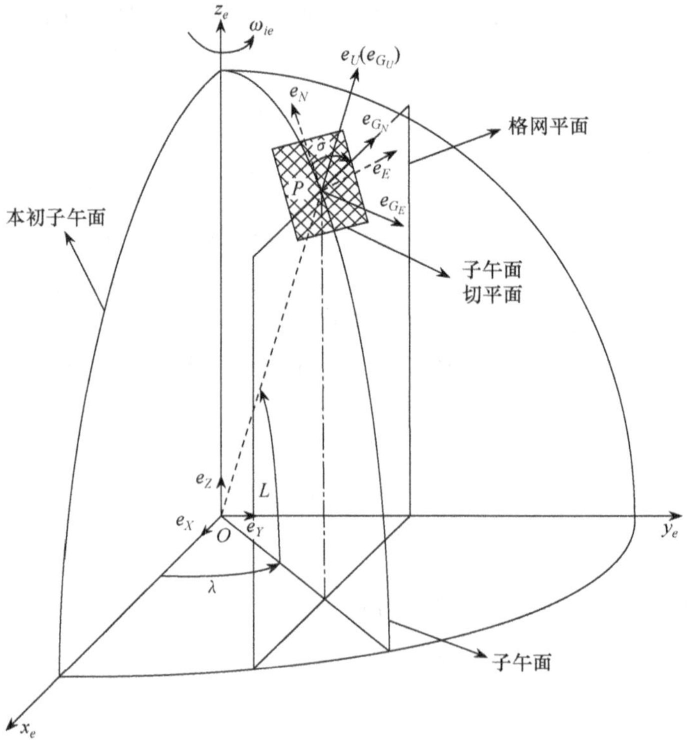

图 10.3.1 格网坐标系 G

设格网北向与真北向的夹角为 σ,并称之为格网方位角,规定 σ 北偏东为正,则当地地理坐标系 g 至格网坐标系 G 的变换矩阵为

$$C_g^G=\begin{bmatrix}\cos\sigma & -\sin\sigma & 0\\ \sin\sigma & \cos\sigma & 0\\ 0 & 0 & 1\end{bmatrix} \tag{10.3.1}$$

根据式(8.1.10)和式(10.3.1)可得地球坐标系 e 至格网坐标系 G 的变换矩阵:

$$
\boldsymbol{C}_e^G=\boldsymbol{C}_g^G\boldsymbol{C}_e^g=\begin{bmatrix}\cos\sigma & -\sin\sigma & 0\\ \sin\sigma & \cos\sigma & 0\\ 0 & 0 & 1\end{bmatrix}\begin{bmatrix}-\sin\lambda & \cos\lambda & 0\\ -\sin L\cos\lambda & -\sin L\sin\lambda & \cos L\\ \cos L\cos\lambda & \cos L\sin\lambda & \sin L\end{bmatrix}
$$

$$
=\begin{bmatrix}-\cos\sigma\sin\lambda+\sin\sigma\sin L\cos\lambda & \cos\sigma\cos\lambda+\sin\sigma\sin L\sin\lambda & -\sin\sigma\cos L\\ -\sin\sigma\sin\lambda-\cos\sigma\sin L\cos\lambda & \sin\sigma\cos\lambda-\cos\sigma\sin L\sin\lambda & \cos\sigma\cos L\\ \cos L\cos\lambda & \cos L\sin\lambda & \sin L\end{bmatrix} \tag{10.3.2}
$$

由于格网北向 G_N 位于本初子午面的平行平面内，所以 G_N 轴与地球坐标系 e 的 y_e 轴垂直。设沿 G_N 轴和 y_e 轴的单位向量分别为 $\boldsymbol{e}_{G_N}$ 和 $\boldsymbol{e}_Y$，则两向量的内积为 0，即

$$
(\boldsymbol{e}_Y^e)^{\mathrm{T}}\cdot\boldsymbol{e}_{G_N}^e=0 \tag{10.3.3}
$$

式中

$$
\boldsymbol{e}_{GN}^e=\boldsymbol{C}_G^e\boldsymbol{e}_{G_N}^G=\begin{bmatrix}\times & -\sin\sigma\sin\lambda-\cos\sigma\sin L\cos\lambda & \times\\ \times & \sin\sigma\cos\lambda-\cos\sigma\sin L\sin\lambda & \times\\ \times & \cos\sigma\cos L & \times\end{bmatrix}\begin{bmatrix}0\\1\\0\end{bmatrix}
$$

$$
=\begin{bmatrix}-\sin\sigma\sin\lambda-\cos\sigma\sin L\cos\lambda\\ \sin\sigma\cos\lambda-\cos\sigma\sin L\sin\lambda\\ \cos\sigma\cos L\end{bmatrix} \tag{10.3.4}
$$

上式推导利用了式(10.3.2)。

式(10.3.4)代入式(10.3.3)，得

$$
\begin{bmatrix}0 & 1 & 0\end{bmatrix}\begin{bmatrix}-\sin\sigma\sin\lambda-\cos\sigma\sin L\cos\lambda\\ \sin\sigma\cos\lambda-\cos\sigma\sin L\sin\lambda\\ \cos\sigma\cos L\end{bmatrix}=0
$$

即

$$
\sin\sigma\cos\lambda-\cos\sigma\sin L\sin\lambda=0 \tag{10.3.5}
$$

且

$$
\sin^2\sigma+\cos^2\sigma=1 \tag{10.3.6}
$$

根据上述两式可确定出格网方位角 σ。

由图 10.3.1 知，格网方位角 σ 在北半球的取值范围为(0°,90°)，在南半球的取值范围为(90°,180°)。根据式(10.3.5)和式(10.3.6)联立求解 $\sin\sigma$ 和 $\cos\sigma$，对北半球，得

$$
\sin\sigma=\frac{\sin L\sin\lambda}{\sqrt{1-\cos^2L\,\sin^2\lambda}} \tag{10.3.7a}
$$

$$
\cos\sigma=\frac{\cos\lambda}{\sqrt{1-\cos^2L\,\sin^2\lambda}} \tag{10.3.7b}
$$

式(10.3.7)代入式(10.3.2)得

$$
\boldsymbol{C}_e^G=\begin{bmatrix}\dfrac{-\frac{1}{2}\cos^2L\sin2\lambda}{\sqrt{1-\cos^2L\,\sin^2\lambda}} & \sqrt{1-\cos^2L\,\sin^2\lambda} & \dfrac{\frac{1}{2}\sin2L\sin\lambda}{\sqrt{1-\cos^2L\,\sin^2\lambda}}\\ \dfrac{-\sin L}{\sqrt{1-\cos^2L\,\sin^2\lambda}} & 0 & \dfrac{\cos L\cos\lambda}{\sqrt{1-\cos^2L\,\sin^2\lambda}}\\ \cos L\cos\lambda & \cos L\sin\lambda & \sin L\end{bmatrix} \tag{10.3.8}
$$

10.3.2 格网惯性导航力学编排

1）姿态更新

以格网坐标系为导航坐标系时的姿态阵微分方程为

$$\dot{\boldsymbol{C}}_b^G=\boldsymbol{C}_b^G[\boldsymbol{\omega}_{Gb}^b\times] \tag{10.3.9}$$

式中

$$\boldsymbol{\omega}_{Gb}^b=\boldsymbol{\omega}_{ib}^b-\boldsymbol{C}_G^b\boldsymbol{\omega}_{iG}^G \tag{10.3.10}$$

姿态阵初值为

$$\boldsymbol{C}_b^G(t_{0en})=\boldsymbol{C}_g^G(t_{en})\boldsymbol{C}_b^g(t_{en}) \tag{10.3.11}$$

式中，$\boldsymbol{C}_b^g(t_{en})$为进入极区时刻常规导航解算得的姿态阵，$\boldsymbol{C}_g^G(t_{en})$按式（10.3.1）和式（10.3.7）确定，所使用的经纬度为进入极区时刻常规导航解算得的值。

数学平台的指令角速度为

$$\boldsymbol{\omega}_{iG}^G=\boldsymbol{\omega}_{ie}^G+\boldsymbol{\omega}_{eG}^G \tag{10.3.12}$$

式中

$$\boldsymbol{\omega}_{ie}^G=\boldsymbol{C}_g^G\boldsymbol{\omega}_{ie}^g=\begin{bmatrix}\cos\sigma & -\sin\sigma & 0\\ \sin\sigma & \cos\sigma & 0\\ 0 & 0 & 1\end{bmatrix}\begin{bmatrix}0\\ \omega_{ie}\cos L\\ \omega_{ie}\sin L\end{bmatrix}=\begin{bmatrix}-\omega_{ie}\cos L\sin\sigma\\ \omega_{ie}\cos L\cos\sigma\\ \omega_{ie}\sin L\end{bmatrix} \tag{10.3.13}$$

$$\boldsymbol{\omega}_{eG}^G=\boldsymbol{C}_g^G\boldsymbol{\omega}_{eg}^g+\boldsymbol{\omega}_{gG}^G=\begin{bmatrix}\cos\sigma & -\sin\sigma & 0\\ \sin\sigma & \cos\sigma & 0\\ 0 & 0 & 1\end{bmatrix}\begin{bmatrix}\omega_{egx}^g\\ \omega_{egy}^g\\ \omega_{egz}^g\end{bmatrix}+\begin{bmatrix}0\\ 0\\ -\dot{\sigma}\end{bmatrix}$$

即

$$\begin{bmatrix}\omega_{eG_E}^G\\ \omega_{eG_N}^G\end{bmatrix}=\begin{bmatrix}\cos\sigma & -\sin\sigma\\ \sin\sigma & \cos\sigma\end{bmatrix}\begin{bmatrix}\omega_{egx}^g\\ \omega_{egy}^g\end{bmatrix} \tag{10.3.14}$$

$$\omega_{eG_U}^G=\omega_{egz}^g-\dot{\sigma} \tag{10.3.15}$$

由式（8.1.1b）和式（10.3.1），

$$\begin{bmatrix}\omega_{egx}^g\\ \omega_{egy}^g\end{bmatrix}=\begin{bmatrix}-\dfrac{1}{R_M+h} & 0\\ 0 & \dfrac{1}{R_N+h}\end{bmatrix}\begin{bmatrix}V_N\\ V_E\end{bmatrix}=\begin{bmatrix}-\dfrac{1}{R_M+h} & 0\\ 0 & \dfrac{1}{R_N+h}\end{bmatrix}\begin{bmatrix}-\sin\sigma & \cos\sigma\\ \cos\sigma & \sin\sigma\end{bmatrix}\begin{bmatrix}V_{G_E}\\ V_{G_N}\end{bmatrix}$$

上式代入式（10.3.14），得数学平台位置速率的水平分量为

$$\begin{bmatrix}\omega_{eG_E}^G\\ \omega_{eG_N}^G\end{bmatrix}=\begin{bmatrix}\dfrac{1}{\tau_{fG}} & -\dfrac{1}{R_{yG}}\\ \dfrac{1}{R_{xG}} & -\dfrac{1}{\tau_{fG}}\end{bmatrix}\begin{bmatrix}V_{G_E}\\ V_{G_N}\end{bmatrix} \tag{10.3.16}$$

式中

$$\begin{bmatrix}\dfrac{1}{\tau_{fG}} & -\dfrac{1}{R_{yG}}\\ \dfrac{1}{R_{xG}} & -\dfrac{1}{\tau_{fG}}\end{bmatrix}=\begin{bmatrix}\cos\sigma & -\sin\sigma\\ \sin\sigma & \cos\sigma\end{bmatrix}\begin{bmatrix}-\dfrac{1}{R_M+h} & 0\\ 0 & \dfrac{1}{R_N+h}\end{bmatrix}\begin{bmatrix}-\sin\sigma & \cos\sigma\\ \cos\sigma & \sin\sigma\end{bmatrix}$$

即

$$\frac{1}{R_{xG}}=\frac{\sin^2\sigma}{R_M+h}+\frac{\cos^2\sigma}{R_N+h} \tag{10.3.17a}$$

$$\frac{1}{R_{yG}}=\frac{\cos^2\sigma}{R_M+h}+\frac{\sin^2\sigma}{R_N+h} \tag{10.3.17b}$$

$$\frac{1}{\tau_{fG}}=\left(\frac{1}{R_M+h}-\frac{1}{R_N+h}\right)\sin\sigma\cos\sigma \tag{10.3.17c}$$

下面再分析数学平台位置速率的铅垂分量。

由于

$$\omega_{egz}^{g}=\frac{V_E}{(R_N+h)\cos L}\sin L=\dot{\lambda}\sin L \tag{10.3.18}$$

式(10.3.7b)两边对时间求导数，并根据式(10.3.7a)，得

$$-\dot{\sigma}\frac{\sin L\sin\lambda}{\sqrt{1-\cos^2 L\sin^2\lambda}}=\frac{1}{1-\cos^2 L\sin^2\lambda}\Bigg[-\dot{\lambda}\sin\lambda\sqrt{1-\cos^2 L\sin^2\lambda}$$
$$-\cos\lambda\frac{2\cos L\sin L\cdot\dot{L}\sin^2\lambda-2\sin\lambda\cos\lambda\cdot\dot{\lambda}\cos^2 L}{2\sqrt{1-\cos^2 L\sin^2\lambda}}\Bigg]$$

$$\dot{\sigma}=\frac{1}{\sin L\sin\lambda\sqrt{1-\cos^2 L\sin^2\lambda}}\Bigg[\dot{\lambda}\sin\lambda\sqrt{1-\cos^2 L\sin^2\lambda}$$
$$+\cos\lambda\frac{\dot{L}\cos L\sin L\sin^2\lambda-\dot{\lambda}\sin\lambda\cos\lambda\cos^2 L}{\sqrt{1-\cos^2 L\sin^2\lambda}}\Bigg]$$

利用式(10.3.7)，上式可写成

$$\dot{\sigma}=\frac{\dot{\lambda}}{\sin L}+\frac{\cos\sigma}{\sin L}\left[\dot{L}\cos L\frac{\sin L\sin\lambda}{\sqrt{1-\cos^2 L\sin^2\lambda}}-\dot{\lambda}\cos^2 L\frac{\cos\lambda}{\sqrt{1-\cos^2 L\sin^2\lambda}}\right]$$
$$=\frac{\dot{\lambda}}{\sin L}+\frac{\cos\sigma}{\sin L}(\dot{L}\cos L\sin\sigma-\dot{\lambda}\cos^2 L\cos\sigma) \tag{10.3.19}$$

式(10.3.18)和式(10.3.19)代入式(10.3.15)，得

$$\omega_{eG_U}^{G}=-\frac{\cos L\sin\sigma}{\sin L}(\dot{\lambda}\cos L\sin\sigma+\dot{L}\cos\sigma) \tag{10.3.20}$$

式中

$$\dot{L}=\frac{V_N}{R_M+h}=\frac{1}{R_M+h}(V_{G_N}\cos\sigma-V_{G_E}\sin\sigma) \tag{10.3.21a}$$

$$\dot{\lambda}=\frac{V_E}{(R_M+h)\cos L}=\frac{1}{(R_M+h)\cos L}(V_{G_N}\sin\sigma+V_{G_E}\cos\sigma) \tag{10.3.21b}$$

式(10.3.21)代入式(10.3.20)，并利用式(10.3.7)和式(10.3.17)关系，得

$$\omega_{eG_U}^{G}=-\frac{\cos L\sin\lambda}{\sqrt{1-\cos^2 L\sin^2\lambda}}\left[\frac{V_{G_N}\sin\sigma+V_{G_E}\cos\sigma}{(R_N+h)\cos L}\cos L\sin\sigma+\frac{V_{G_N}\cos\sigma-V_{G_E}\sin\sigma}{R_M+h}\cos\sigma\right]$$
$$=-\frac{\cos L\sin\lambda}{\sqrt{1-\cos^2 L\sin^2\lambda}}\left(V_{G_E}\sin\sigma\cos\sigma\left(\frac{1}{R_N+h}-\frac{1}{R_M+h}\right)+V_{G_N}\left(\frac{\sin^2\sigma}{R_N+h}+\frac{\cos^2\sigma}{R_M+h}\right)\right)$$
$$=-\frac{\cos L\sin\lambda}{\sqrt{1-\cos^2 L\sin^2\lambda}}\left[-\frac{V_{G_E}}{\tau_{fG}}+\frac{V_{G_N}}{R_{yG}}\right]$$

记

$$\kappa_G=\frac{\cos L\sin\lambda}{\sqrt{1-\cos^2 L\ \sin^2\lambda}} \tag{10.3.22}$$

则

$$\omega_{eG_U}^G=\frac{\kappa_G}{\tau_{fG}}V_{G_E}-\frac{\kappa_G}{R_{yG}}V_{G_N} \tag{10.3.23}$$

根据式(10.3.16)和式(10.3.23)可得位置速率在格网坐标系内的数学矢量：

$$\boldsymbol{\omega}_{eG}^G=\begin{bmatrix}\omega_{eG_E}^G\\ \omega_{eG_N}^G\\ \omega_{eG_U}^G\end{bmatrix}=\begin{bmatrix}\dfrac{1}{\tau_{fG}} & -\dfrac{1}{R_{yG}}\\ \dfrac{1}{R_{xG}} & -\dfrac{1}{\tau_{fG}}\\ \dfrac{\kappa_G}{\tau_{fG}} & -\dfrac{\kappa_G}{R_{yG}}\end{bmatrix}\begin{bmatrix}V_{G_E}\\ V_{GN}\end{bmatrix} \tag{10.3.24}$$

姿态更新也可采用四元数算法和多子样旋转矢量算法完成。求得格网坐标系内的姿态阵后，即可确定飞机的俯仰角、横滚角和格网航向角，其中格网航向 Ψ_{G_N} 与真航向 Ψ_N 间有如下关系：

$$\Psi_N=\Psi_{G_N}+\sigma \tag{10.3.25}$$

式中，σ 为格网方位角，可根据式(10.3.7)确定。

2) 格网导航中的速度及位置微分方程

根据式(7.4.7)，格网导航中的速度微分方程为

$$\dot{\boldsymbol{V}}^G=\boldsymbol{C}_b^G\boldsymbol{f}^b-(2\boldsymbol{C}_g^G\boldsymbol{\omega}_{ie}^g+\boldsymbol{\omega}_{eG}^G)\times\boldsymbol{V}^G+\boldsymbol{g}^G \tag{10.3.26}$$

式中，$\boldsymbol{g}^G=[0\quad 0\quad -g]^{\mathrm{T}}$；$\boldsymbol{C}_g^G$ 根据式(10.3.1)和式(10.3.7)确定；位置速率 $\boldsymbol{\omega}_{eG}^G$ 根据式(10.3.24)确定。

飞机的定位值用在地球坐标系 e 内的直角坐标值(x,y,z)表示。记 $\boldsymbol{R}^e=[x\quad y\quad z]^{\mathrm{T}}$，则位置微分方程为

$$\dot{\boldsymbol{R}}^e=\boldsymbol{C}_G^e\boldsymbol{V}^G \tag{10.3.27}$$

式中，$\boldsymbol{C}_G^e$ 根据式(10.3.8)确定。

根据式(7.2.19)，直角坐标和球面坐标有如下的关系：

$$x=(R_N+h)\cos L\cos\lambda \tag{10.3.28a}$$

$$y=(R_N+h)\cos L\sin\lambda \tag{10.3.28b}$$

$$z=[R_N\ (1-f)^2+h]\sin L \tag{10.3.28c}$$

由上式可得直角坐标换算成球面坐标的关系式：

$$\sin L=\pm\sqrt{1-\frac{x^2+y^2}{(R_N+h)^2}} \tag{10.3.29}$$

$$\sin\lambda=\frac{y}{\sqrt{x^2+y^2}} \tag{10.3.30a}$$

$$\cos\lambda=\frac{x}{\sqrt{x^2+y^2}} \tag{10.3.30b}$$

式(10.3.29)中的正、负号分别对应于北半球和南半球。

极区格网导航解算仅需使用经、纬度的正、余弦值，但为了判断飞机是否已穿出极区，必须实时计算飞机的纬度和高度。根据飞机在地球坐标系 e 内的坐标值(x,y,z)计算纬度和高度见式(7.2.21)。

若 t_{ex} 时刻纬度已达到穿出极区的判定值，则惯导切换回常规导航算法，姿态阵初值为：

$$\boldsymbol{C}_b^g(t_{0ex})=\boldsymbol{C}_G^g(t_{ex})\boldsymbol{C}_b^G(t_{ex}) \tag{10.3.31}$$

其中，$\boldsymbol{C}_G^g(t_{ex})$按式(10.3.1)和式(10.3.7)计算，$\boldsymbol{C}_b^G(t_{ex})$为飞机穿出极区时刻由格网导航解算的姿态阵。

极区穿出点经度按式(7.2.20a)和表 7.2.2 计算。

习　题　三

3-1　用加速度计测量升降型电梯的加速度,规定向上为正,不考虑测量误差。分别计算下述条件下加速度计的输出:(1)电梯静止时;(2)电梯以加速度 a 向上运行时;(3)电梯以加速度 b 向下运行时;(4)电梯匀速上升时;(5)电梯匀速下降时;(6)电梯坠落时。

3-2　用单摆实现休拉调谐,求摆线长度。

3-3　惯性平台具有哪两个控制回路?各自的作用是什么?

3-4　惯导中将地球模型化为什么球体?地球上某点处的主曲率半径是指什么?

3-5　惯导的误差传播中包含有哪三种误差类型?其中哪类误差对惯导精度的影响最大?它主要由什么引起?

3-6　惯导系统的自主式初始对准利用了哪两个自然物理量作为参考基准?水平对准稳态精度取决于什么?方位对准稳态精度取决于什么?

3-7　地球是不规则球体,有哪三种近似描述?惯导系统解算常采用的地球模型是什么?

3-8　纯惯性高度通道发散的含义是什么?引起发散的原因是什么?有哪些解决办法?

3-9　纯惯性高度通道由下述方程描述:

$$\dot{V}_{eTz}^{T}=f_z^T-a_z^T-g$$

$$g=g_0\left(1-\frac{2h}{R}\right)$$

式中,g_0 为重力加速度在赤道上的理论值,R 为地球半径。

(1) 分析纯惯性高度通道的稳定性;

(2) 工程上常引入外系统高度信息 h_r 抑制发散,下图为二阶阻尼回路,分析该回路抑制发散的原因。

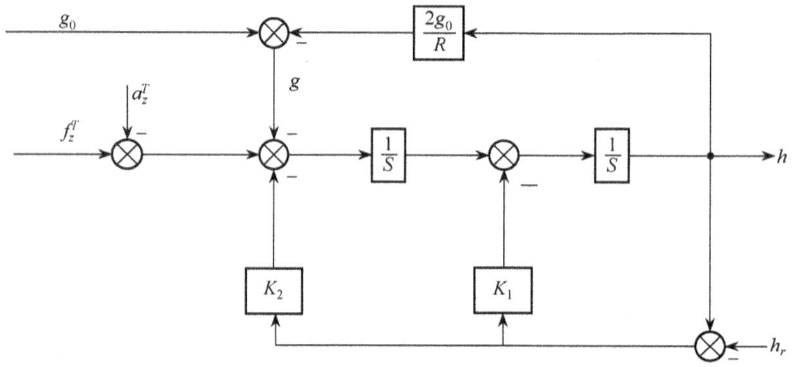

题 3-9 图　惯性高度通道的二阶阻尼回路

3-10　图示为单轴惯性平台的原理方块图。图中,K_a 为加速度计刻度系数,K_u 为积分器传递系数,K_m 为陀螺力矩器力矩系数,H 为陀螺角动量,R 为地球半径,g 为重力加速度,a_N 为加速度,α 为平台偏角。求惯性平台实现休拉调谐的条件。

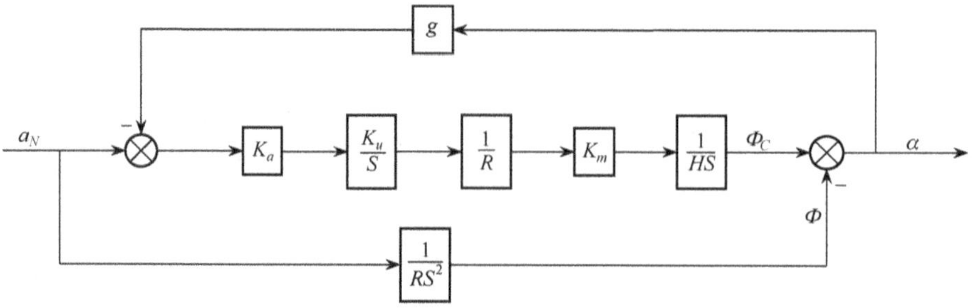

题 3-10 图　单轴惯性平台原理方块图

3-11 战术导弹配备惯性制导系统，弹载捷联惯导的导航坐标系 n 的原点位于地球上的固定点 o，o 点的位置向量为 $\boldsymbol{R}_o$，导弹在地球坐标系 e 内的位置向量为 $\boldsymbol{R}_M$，在 n 系内的位置向量为 $\boldsymbol{r}_M$，如图所示。应用哥氏定理，证明导弹相对导航坐标系 n 的速度 $\boldsymbol{V}_n$ 与相对地球的地速 $\boldsymbol{V}_e$ 之间存在如下关系：

$$\boldsymbol{V}_n=\boldsymbol{V}_e+\boldsymbol{\omega}_{ne}\times\boldsymbol{r}_M$$

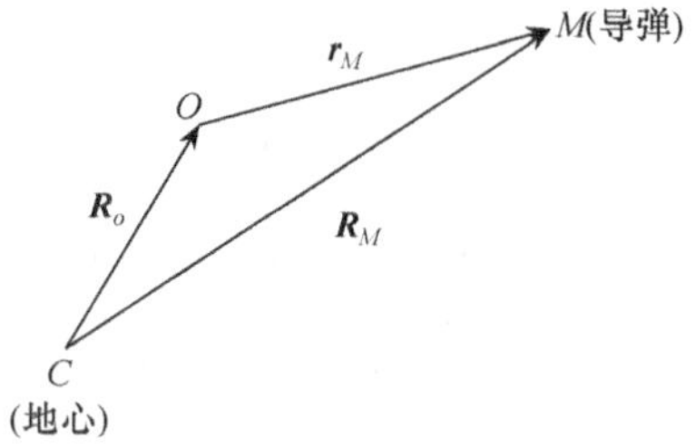

题 3-11 图 战术导弹位置向量示意图

3-12 设 e 为地球坐标系，规定地理坐标系 G 的指向为东、北、天。某瞬时飞机飞至赤道上的 P 点，P 点的经度为东经135°，此时飞机的东向和北向速度分量分别为 V_E 和 V_N。地球近似视为匀质圆球。

(1) 求 P 点处的坐标变换矩阵 $\boldsymbol{C}_e^G$；

(2) 写出地球自转角速度 $\boldsymbol{\omega}_{ie}$ 和重力加速度 $\boldsymbol{g}$ 在 P 点处地理坐标系内的各分量，其中

$$|\boldsymbol{\omega}_{ie}|=\omega_{ie},\ |\boldsymbol{g}|=g$$

(3) 若飞机上装有游移方位惯导系统，游移方位角为 α，求该瞬时对平台的指令角速度。

3-13 月球表面的重力加速度是地球表面重力加速度的$\frac{1}{6}$，直径是地球的$\frac{2160}{7963}$，旋转周期为 $27\frac{1}{3}$天。

(1) 求月球表面的休拉周期；

(2) 若惯导在月球赤道上作自主式初始对准，惯导所用加速度计的偏置量为$10^{-5}g$，其中 g 为地球上的重力加速度，陀螺漂移为 0.01 度/小时，求对准能达到的极限精度。

3-14 刚体做定点转动，设表征刚体从 A_0 位置旋转到 A_1 位置的四元数为 $\boldsymbol{Q}=\cos\frac{\theta}{2}+\boldsymbol{u}\sin\frac{\theta}{2}$，其中 θ 和 $\boldsymbol{u}$ 分别表示从 A_0 到 A_1 的等效旋转所对应的旋转角和旋转方向上的单位向量。证明 $-\boldsymbol{Q}$ 表征的旋转与 $\boldsymbol{Q}$ 表征的旋转相同。

3-15 旋转矢量满足 Bortz 方程：

$$\dot{\boldsymbol{\Phi}}=\boldsymbol{\omega}_{nb}^b+\frac{1}{2}\boldsymbol{\Phi}\times\boldsymbol{\omega}_{nb}^b+\frac{1}{\boldsymbol{\Phi}^2}\left[1-\frac{\Phi\sin\Phi}{2(1-\cos\Phi)}\right]\boldsymbol{\Phi}\times(\boldsymbol{\Phi}\times\boldsymbol{\omega}_{nb}^b)$$

式中，$\Phi=|\boldsymbol{\Phi}|$，n 为导航坐标系，b 为载体坐标系。

(1) 忽略 $\boldsymbol{\Phi}$ 的高阶项，证明 Bortz 方程可写成：

$$\dot{\boldsymbol{\Phi}}=\boldsymbol{\omega}_{nb}^b+\frac{1}{2}\boldsymbol{\Phi}\times\boldsymbol{\omega}_{nb}^b+\frac{1}{12}\boldsymbol{\Phi}\times(\boldsymbol{\Phi}\times\boldsymbol{\omega}_{nb}^b)$$

$$\left(\cot x=x^{-1}-\frac{1}{3}x-\frac{1}{45}x^3-\frac{2}{945}x^5-\cdots\right)$$

(2) 对低动态运载体，且姿态更新周期 h 很短(ms 级)，则 $\boldsymbol{\omega}_{nb}^b$ 可视为常值，记 $\boldsymbol{\omega}_{nb}^b(t_k+\tau)=\boldsymbol{a}$，其中 $\boldsymbol{a}$ 为常值矢量，$t_k\leqslant\tau\leqslant t_{k+1}$。证明在此条件下，Bortz 方程的解为 $\boldsymbol{\Phi}(h)=\Delta\boldsymbol{\theta}(h)$，即单子样算法，其中 $h=t_{k+1}-t_k$；

(3) 证明：姿态更新的旋转矢量单子样算法与毕卡算法等同，其中毕卡算法为

$$\boldsymbol{Q}(t_{k+1})=\left\{\boldsymbol{I}\cos\frac{\Delta\theta}{2}+\Delta\boldsymbol{\Theta}\frac{\sin\frac{\Delta\theta}{2}}{\Delta\theta}\right\}\boldsymbol{Q}(t_k)$$

$$\Delta\boldsymbol{\Theta}=\begin{bmatrix}0 & -\Delta\theta_x & -\Delta\theta_y & -\Delta\theta_z\\ \Delta\theta_x & 0 & \Delta\theta_z & -\Delta\theta_y\\ \Delta\theta_y & -\Delta\theta_z & 0 & \Delta\theta_x\\ \Delta\theta_z & \Delta\theta_y & -\Delta\theta_x & 0\end{bmatrix}$$

$$\Delta\theta=\sqrt{\Delta\theta_x^2+\Delta\theta_y^2+\Delta\theta_z^2}$$

式中，$\Delta\theta_x$、$\Delta\theta_y$、$\Delta\theta_z$ 分别为 X、Y、Z 陀螺在$[t_k,t_{k+1}]$时间段内的角增量输出。

3-16 经典罗德利格参数的定义为

$$\xi_i=\frac{q_i}{q_0} \quad i=1,2,3$$

式中，q_0、q_1、q_2、q_3 为四元数的四个元。根据这些参数可确定出运载体的姿态和航向，但存在奇异值，即 $\xi_i(i=1,2,3)$为无穷大。

(1) 求出使经典罗德利格参数出现奇异值的等效旋转角；

(2) 根据四元数微分方程$\dot{\boldsymbol{Q}}=\frac{1}{2}\boldsymbol{Q}\otimes\boldsymbol{\omega}$，推导出经典罗德利格参数的微分方程。

3-17 对四元数作投影时，取投影超平面通过超球球心，超平面的法线与 q_2 轴平行。

(1) 推导出投影参数的微分方程；

(2) 确定出确保投影参数非奇异的最大转角范围；

(3) 推导出由该投影参数计算姿态矩阵的公式。

3-18 以地理坐标系 g 作为导航坐标系 n，记 b 为机体坐标系。设 $\boldsymbol{\omega}_{nb}^b=[\omega_x \quad \omega_y \quad \omega_z]^{\mathrm{T}}$，$\psi$、$\theta$、$\gamma$ 分别为运载体的航向角、俯仰角及横滚角。证明：

$$\dot{\psi}=\frac{\sin\gamma}{\cos\theta}\omega_x-\frac{\cos\gamma}{\cos\theta}\omega_z, \quad \dot{\theta}=\cos\gamma\omega_x+\sin\gamma\omega_z$$

$$\dot{\gamma}=\sin\gamma\tan\theta\omega_x+\omega_y-\cos\gamma\tan\theta\omega_z$$

3-19 姿态矩阵 $\boldsymbol{C}_b^n$ 是单位正交矩阵，若已知 $\boldsymbol{C}_b^n$ 的第 2 列和第 3 列，如何确定第 1 列。

3-20 设飞机停在停机坪上，停机点纬度为 L，飞机上装有惯性级捷联惯性导航系统，取地理坐标系(东、北、天)为导航坐标系。试根据捷联陀螺和加速度计的输出近似确定出初始姿态阵。

3-21 四元数微分方程为$\dot{\boldsymbol{Q}}=\frac{1}{2}\boldsymbol{Q}\otimes\boldsymbol{\omega}_{nb}$，证明更新四元数的近似解为

$$\boldsymbol{Q}(t_{k+1})=\left\{\boldsymbol{I}\cos\frac{\Delta\theta}{2}+\Delta\boldsymbol{\Theta}\frac{\sin\frac{\Delta\theta}{2}}{\Delta\theta}\right\}\boldsymbol{Q}(t_k)$$

其中

$$\Delta\boldsymbol{\Theta}=\begin{bmatrix}0 & -\Delta\theta_x & -\Delta\theta_y & -\Delta\theta_z\\ \Delta\theta_x & 0 & \Delta\theta_z & -\Delta\theta_y\\ \Delta\theta_y & -\Delta\theta_z & 0 & \Delta\theta_x\\ \Delta\theta_z & \Delta\theta_y & -\Delta\theta_x & 0\end{bmatrix}$$

$$\Delta\theta=\sqrt{\Delta\theta_x^2+\Delta\theta_y^2+\Delta\theta_z^2}$$

式中，$\Delta\theta_x$、$\Delta\theta_y$、$\Delta\theta_z$ 分别为 x、y、z 陀螺在$[t_k,t_{k+1}]$时间段内的角增量输出。

3-22 已知姿态矩阵 $\boldsymbol{C}_b^n$ 与姿态四元数$\boldsymbol{Q}=[q_0 \quad q_1 \quad q_2 \quad q_3]^{\mathrm{T}}$ 间的关系为

$$\boldsymbol{C}_b^n=\begin{bmatrix}1-2(q_2^2+q_3^2) & 2(q_1q_2-q_0q_3) & 2(q_1q_3+q_0q_2)\\ 2(q_1q_2+q_0q_3) & 1-2(q_1^2+q_3^2) & 2(q_2q_3-q_0q_1)\\ 2(q_1q_3-q_0q_2) & 2(q_2q_3+q_0q_1) & 1-2(q_1^2+q_2^2)\end{bmatrix}$$

证明：(1) 姿态四元数$-\boldsymbol{Q}$ 与姿态四元数 $\boldsymbol{Q}$ 描述了相同的等效旋转；

(2) $\boldsymbol{\omega}^n=\boldsymbol{C}_b^n\boldsymbol{\omega}^b$ 与 $\boldsymbol{Q}\otimes\boldsymbol{\omega}^b\otimes\boldsymbol{Q}^*$ 等价，其中 $\boldsymbol{\omega}$ 为角速度，$\otimes$为四元数乘，$*$ 为四元数共轭。

3-23 空-空导弹的射程和飞行时间都较短，为简化惯性制导，弹载惯导采用捷联式，导航坐标系采用准惯性坐标系 I，该坐标系的定义为：导弹攻击决策时刻 t_0 载机所在位置点 O 的地理坐标系经惯性凝固后形成的直角坐标系，即原点位于 O 点，t_0 时刻 X_I、Y_I、Z_I 轴分别指向 O 点的北、天、东，并在之后时间内相对惯性空间指向保持不变。

(1) 列写出在准惯性坐标系 I 内的比力方程、速度解算方程和位置解算方程；

(2) 若采用双子样旋转矢量作姿态更新，列写出姿态更新方程；

(3) 列写出系统误差方程；

(4) 列写出重力偏斜角方程和重力加速度补偿方程。

3-24　设 P 为固定在地球表面上的一点，P 点纬度为北纬 $L(0°<L<90°)$，规定 P 点的地理坐标系指向为东、北、天。对 t 时刻 P 点的地理坐标系作惯性凝固形成准惯性坐标系 i，记在 $t+T$ 时刻 P 点的地理坐标系为 g，求 $\boldsymbol{C}_i^g$。

3-25　设 A 点和 B 点位于地球东半球，两点具有相同的纬度 $L(0°<L<90°)$，A 点的经度为 λ，B 点的经度为 $\lambda+\delta\lambda$，$\delta\lambda>0$，记 A、B 点处的地理坐标系分别为 g_A 和 g_B，规定地理坐标系的指向为东、北、天，求 $\boldsymbol{C}_{g_A}^{g_B}$。

3-26　采用速度匹配实现传递对准，分析主惯导速度误差对传递对准精度的影响。

3-27　设 $\boldsymbol{C}_m^n$ 为 m 坐标系至 n 坐标系的坐标变换矩阵，$\boldsymbol{r}^m$ 为 m 坐标系内的三维数学矢量。

(1) 证明 $[(\boldsymbol{C}_m^n\boldsymbol{r}^m)\times]=\boldsymbol{C}_m^n[\boldsymbol{r}^m\times](\boldsymbol{C}_m^n)^{\mathrm{T}}$，其中 $[(\boldsymbol{C}_m^n\boldsymbol{r}^m)\times]$ 和 $[\boldsymbol{r}^m\times]$ 分别表示数学矢量 $\boldsymbol{C}_m^n\boldsymbol{r}^m$ 和 $\boldsymbol{r}^m$ 构成的叉乘斜对称矩阵；

(2) 利用(1)所证结论，证明：

$$(\boldsymbol{C}_m^n\boldsymbol{r}_1^m)\times(\boldsymbol{C}_m^n\boldsymbol{r}_2^m)=\boldsymbol{C}_m^n(\boldsymbol{r}_1^m\times\boldsymbol{r}_2^m)$$

3-28　$\boldsymbol{a}$、$\boldsymbol{b}$、$\boldsymbol{c}$ 均为三维数学矢量，证明下述关系成立：

(1) $[[[\boldsymbol{a}\times]\boldsymbol{b}]\times]=[\boldsymbol{a}\times][\boldsymbol{b}\times]-[\boldsymbol{b}\times][\boldsymbol{a}\times]$

(2) $[\boldsymbol{a}\times][\boldsymbol{b}\times]=\boldsymbol{b}\boldsymbol{a}^{\mathrm{T}}-\boldsymbol{I}\boldsymbol{b}^{\mathrm{T}}\boldsymbol{a}$

(3) $\boldsymbol{a}\times(\boldsymbol{b}\times\boldsymbol{c})=[\boldsymbol{a}\times][\boldsymbol{b}\times]\boldsymbol{c}$

(4) $[\boldsymbol{a}\times][\boldsymbol{b}\times]\boldsymbol{c}=(\boldsymbol{a}^{\mathrm{T}}\boldsymbol{c})\boldsymbol{b}-(\boldsymbol{b}^{\mathrm{T}}\boldsymbol{a})\boldsymbol{c}$

(5) $\boldsymbol{a}\times\boldsymbol{b}\times\boldsymbol{c}=[[[\boldsymbol{a}\times]\boldsymbol{b}]\times]\boldsymbol{c}$

3-29　设 $\hat{\boldsymbol{C}}_m^n=\boldsymbol{C}_m^n+\delta\boldsymbol{C}_m^n$ 为单位正交矩阵，其中 $\hat{\boldsymbol{C}}_m^n$ 为与 $\boldsymbol{C}_m^n$ 对应的计算值，$\delta\boldsymbol{C}_m^n$ 为相应的计算误差，各元均为小量。证明：

(1) $\hat{\boldsymbol{C}}_m^n=(\boldsymbol{I}+\delta\boldsymbol{C}_m^n\boldsymbol{C}_n^m)\boldsymbol{C}_m^n$；

(2) $\delta\boldsymbol{C}_m^n\boldsymbol{C}_n^m$ 为斜对称矩阵。

3-30　为了使坐标变换矩阵在更新计算过程中保持单位正交特性，常对计算得的矩阵 $\hat{\boldsymbol{C}}_m^n$ 作单位正交化处理：

$$(\hat{\boldsymbol{C}}_m^n)_0=\hat{\boldsymbol{C}}_m^n[(\hat{\boldsymbol{C}}_m^n)^{\mathrm{T}}\hat{\boldsymbol{C}}_m^n]^{-\frac{1}{2}}$$

其中，$[(\hat{\boldsymbol{C}}_m^n)^{\mathrm{T}}\hat{\boldsymbol{C}}_m^n]^{-\frac{1}{2}}$ 为对应矩阵平方根的逆。证明 $(\hat{\boldsymbol{C}}_m^n)_0$ 为单位正交矩阵。

3-31　解释下式的含意：

$$\left.\frac{\mathrm{d}\boldsymbol{r}}{\mathrm{d}t}\right|_n^n=\dot{\boldsymbol{r}}^n$$

3-32　飞越北极极区使我国到达北美的航线最短，但子午线在北极汇集成一点，使航向失去参考基准，并使经度计算误差急剧增加。为解决这一问题，在极区内(纬度高于 82°的区域)导航时，采用直角坐标系平面导航力学编排，选用的导航坐标系原点位于进入极区时的子午线与 82°纬线的交点，原点向极点引的射线为 x 轴，y 轴指向原点处的东向，z 轴与 x、y 轴构成右手坐标系。地球近似视为圆球，半径为 R。

(1) 推导出平面导航坐标值与经、纬度的换算关系；

(2) 列写出极区平面导航力学编排方程；

(3) 分析重力偏斜对导航精度的影响。

3-33　直升机上装备有捷联惯导系统。假设直升机在悬停时发生坠落事故，列出此时加速度计输出和捷联惯导速度解算方程。(不计空气阻力和加速度计误差)

参考文献

陈哲，1986. 捷联惯性导航系统原理[M]. 北京：宇航出版社

崔中兴，1982. 惯性导航系统[M]. 北京：国防工业出版社

顾冬晴，秦永元，2004. 传递对准中主惯导速度匹配量的实时构造算法[J]. 西北工业大学学报，22(5)：666-669

顾冬晴，2004. 多敏感器卫星姿态确定的联邦滤波器设计[J]. 中国空间科学技术，24(3)：7-13

郭富强，于波，汪叔华，1995. 陀螺稳定装置及其应用[M]. 西安：西北工业大学出版社

郭秀中，于波，陈云相，1985. 陀螺仪理论及其应用[M]. 北京：航空工业出版社

HERVE C，LEFEVRE，2002. 光纤陀螺[M]. 张桂才，王巍，译. 北京：国防工业出版社

胡恒章，1981. 陀螺仪漂移测试原理及其试验技术[M]. 北京：国防工业出版社

胡寿松，2019. 自动控制原理[M]. 7 版. 北京：科学出版社

姜亚南，1985. 环形激光陀螺[M]. 北京：清华大学出版社

K・马格努斯，1983. 陀螺理论与应用[M]. 贾书惠，译. 北京：国防工业出版社

林士谔，1983. 动力调谐陀螺[M]. 北京：国防工业出版社

陆元九，1964. 陀螺及惯性导航原理[M]. 北京：科学出版社

陆元九，1990. 惯性器件(上)(下)册[M]. 北京：宇航出版社

梅硕基，1991. 惯性仪器测试与数据分析[M]. 西安：西北工业大学出版社

尼克莱，1956. 回转仪的理论[M]. 张燮，译. 北京：科学出版社

秦永元，牛惠芳，1999. 捷联惯导系统中确保全姿态测量的软故障检测和隔离[J]. 宇航学报，20(2)：61-67

秦永元，严恭敏，顾冬晴，等，2005. 摇摆基座上基于重力信息的捷联惯导粗对准研究[J]. 西北工业大学学报，23(5)：681-684

秦永元，张洪钺，汪叔华，2015. 卡尔曼滤波与组合导航原理[M]. 3 版. 西安：西北工业大学出版社

秦永元，1990. 捷联惯导系统初始对准的参数辨识法[J]. 中国惯性技术学报，(2)：1-16

秦永元，2001. 捷联惯导姿态更新的四子样旋转矢量优化算法研究[J]. 中国惯性技术学报，9(4)：1-7

曲忠志，1983. 惯性导航系统[M]. 北京：国防工业出版社

任思聪，1986. 实用惯导系统原理[M]. 北京：宇航出版社

瓦特・里格利，1978. 陀螺仪理论，设计和试验技术[M]. 余德星等，译. 北京：国防工业出版社

万德钧，翟羽健，1981. 陀螺仪器结构与设计[M]. 北京：国防工业出版社

王寿荣，2000. 硅微型惯性器件理论及其应用[M]. 南京：东南大学出版社

谢列金 BB，库库利耶夫 PM，1981. 激光陀螺及其应用[M]. 刘迎晖，译. 北京：航空工业出版社

许国祯，1995. 惯性技术手册[M]. 北京：宇航出版社

俞济祥，1988. 惯性导航系统各种传递对准方法[J]. 航空学报，9(5)：A211-A217

袁信，倪永锡，1988. 晃动基座上捷联式惯导系统的对准及标定[J]. 航空学报，9(8)：338-345

张汉国，张洪钺，1990. 改进的容错惯性导航系统[J]. 航空学报(A 辑)，11(1)：47-52

张宗麟，2000. 惯性导航与组合导航[M]. 北京：航空工业出版社

周安石，1983. 惯性技术文集[M]. 北京：国防工业出版社

周百令，2002. 动力调谐陀螺仪设计与制造[M]. 南京：东南大学出版社

周琪，秦永元，付强文，等. 2013. 极区飞行格网惯性导航算法原理[J]. 西北工业大学学报，31(2)：210-217

ARONOWITZ F，COLLINS R J，1970. Lock in and intensity-phase interaction in the ring laser [J]. J. Appl. Phys.，41(1)：130-141

BAZIW J，1972. In-flight alignment and calibration of inertial measurement units-part I：general formulation [J]. IEEE Trans. On AES，8(4)：439-449

BORTZ J E，1971. A new mathematical formulation for strapdown inertial navigation [J]. IEEE Transactions on Aerospace and Electronic Systems，7(1)：61-66

BOWRING B，1976. Transformation from spatial to geographical coordinates [J]. Survey Review，23(181)：323-327

BRITTING K R，PAISSON T，1970. Self alignment techniques for strapdown inertial navigations systems with aircraft applications [J]. Journal of Aircraft，7(4)：302-307

BRITTING K R，1971. Inertial Navigation Systems Analysis [M]. New York：Wiley-Interscience

BROXMEYER C, 1972. Inertial Navigation Systems [M]. New York: McGraw-Hill

BROXMEYER C, 1960. Foucault pendulum effect in a schuler-tuned system [J]. Journal of Aerospace Science, 27(5): 343-347

BRUMBACK B D, SRINATH M D, 1987. A fault-tolerant multisensor navigation system design [J]. IEEE Trans. on AES, 23(6): 738-755

BRYAN G H, 1890. On the beats in the vibrations of a revolving cylinder or bell[C]. Proceedings of the Cambridge Philosophical Society, 7: 101-111

CANNON R H, 1961. Alignment of inertial guidance systems by gyrocompassing-liner theory [J]. Journal of Aerospace Science, 28(11): 885-895, 912

CHOW W W, 1980. Multioscilator laser gyros [J]. IEEE J. of Quantum Electronics, 16 (9): 918-936

CRAIG R J G, 1972. Theory of operation of an elastically supported tuned gyroscope[J]. IEEE Trans. on AES., 8(3): 280-297

DICKINSON J, STRANDT C R, 1990. HRG strapdown navigator [C]. IEEE PLANS': 110-117

DRAPER C S, WOODBURY R B, 1956. Geometrical Stabilization Based on Servodriven Gimbals and Integrating Gyro Units [M]. Boston: Massachusetts Institute of Technology

DRAPER C S, 1960. Inertial Guidance [M]. New York: Pergamon

FANG J C, WANG D J, 1996. A fast initial alignment method for strapdown inertial navigation system on stationary base [J]. IEEE Trans. on AES, 32(4): 1501-1505

FARRELL J, BARTH M, 1999. The Global Positioning System and Inertial Navigation [M]. New York: McGraw Hill

FRIEDLAND B, 1978. Analysis strapdown navigation using quaternion [J]. IEEE Trans. On AES, 14(5): 764-768

GILMORE J P, 1980. Modular strapdown guidance unit with embeded microprocessors [J]. Journal of Guidance, Control and Dynamics, 3(1): 201-205

GOODMAN L E, ROBINSON A R, 1958. Effect of finite rotations of gyroscopic sensing devices [J]. J. Appl. Mech., 25: 210-213

GRAHAM W, SHORTELLE K, 1995. Advanced transfer alignment for inertial navigation (A-TRAIN) [C]. Proc. of the 1995 National Technical Meeting of the Institute of Navigation: 113-124

GU D Q, QIN Y Y, PENG R, et al, 2005. Rapid transfer alignment using federated kalman filter [J]. Trans. on Nanjing University of Aeronautics and Astronautics, 22 (2): 139-143

GU D Q, QIN Y Y, ZHENG J B, 2005. Fuzzy adaptive kalman filter for marine SINS initial alignment [C]. Proc. of 6th International Symposium on Test and Measurement, Dalian, 8: 7473-7476

HALL S R, 1983. In-flight parity vector compensation for FDI [J]. IEEE Trans. on AES, 19(5): 668-675

HAMMONS S W, ASHBY V J, 1982. Mechanically dithered RLG at the quantum limit [C]. IEEE Naecon: 388-392

HEPBURN J S A, DEYLE C P, 1990. Motion compensation for ASTOR long1range SAR[C]. Proc. Of IEEE PLANS90, Las-Vegas, N: 205-211.

HUNG J C, WHITE H V, 1975. Self-alignment techniques for inertial measurement unites [J]. IEEE Trans. on AES, 11(6): 1232-1247

IGNAGNI M B, 1994. On the orientation vector differential equation in strapdown inertial system [J]. IEEE Trans. on AES, 30(4): 1076-1081

IGNAGNI M B, 1998. Duality of optimal strapdown sculling and coning compensation algorithms [J]. Journal of the Institute of Navigation, 45(2): 85-95

JAMES V, 2003. Polar Operation[C]. Extended Operations Conference, Boeing (Http://www. Smartcockpit. com/data/pdfs/navigation/Polar_Operations. pdf)

JIAN Y E, LIN Y P, 1992. Improved strapdown coning algorithms [J]. IEEE Trans. on AES, 28(2): 484-489

JIANG Y F, LIN Y P, 1992. Error estimation of INS ground alignment through observability analysis [J]. IEEE Trans. on AES, 28(1): 92-96

JORDON J W, 1969. An accurate Strapdown Direction Cosine Algorithms [R]. Washington: NASA, TND-5384

KAIN J E, CLOUTIER J R, 1989. Rapid transfer alignment for tactical weapon applications [C]. AIAA Guidance, Navigation and control Conference: 1290-1300

KAULA W M, 1963. Determination of the earth's gravitation field [J]. Reviews of Geophysics, 1(4): 507-551

LAWRENCE A, 1993. Modern Inertial Technology: Navigation, Guidance and Control [M]. New York:Springer-Verlag

LEE J G,YOON Y J, 1990. Extension of strapdown attitude algorithm for high-frequency base motion [J]. Journal of Guidance, Control and Dynamics,13(4):738-743

LEVINE S A,GELD A, 1969. Effect of deflections of the vertical on the performance of terrestrial inertial navigation systems [J]. Journal of Spacecraft and Rockets, 6(9):978-984

MACEK W M, DAVIS D T M,1963. Rotation rate sensing with travelling wave ring lasers[J]. Appl . Phys. Lett,(2):67-75

MCMILLAN J C, BIRD J S,1993. Techniques for soft-failure detection in a multisensor integrated system [J]. Navigation, 40(3): 227-248

MICHELSON A H, GALE G H, 1925. The effect of the earth's rotation on the velocity of light[J]. Astrophys. J ., (61):140-147

MILLER R B, 1983. A new strapdown attitude algorithm [J]. Journal of Guidance, Control and Dynamics, 6(4):287-291

MITSUTOMI T, 1958. Characteristics and stabilization of an inertial platform [J]. IRE Trans. Aeron. Navigational Electron, 5(2): 92-105

MORTENSON R E, 1994. Strapdown guidance error analysis [J]. IEEE Trans. on AES, 10(4):451-457

MUSOFF H,MURPHY J H, 1995. Study of strapdown navigation attitude algorithms[J]. Journal of Guidance, Control and Dynamics,18(2):287-290

NORDSIECK A, 1962. Principles of the Electronic Vacuum Gyroscope[G]//Roberson R E, Farrior J S. Guidance and Control. New York:Academic Press Inc.

O'KEEFE J, ECKLES A, SQUIRES R, 1959. Vanguard measurements give pear-shaped component of earth's figure [J]. Science, 129(3348): 565-566

OHLMEYER E J,PEPITON T R,MILLER B L, 1998. Assessment of integrated GPS/INS for the EX-171 extended range guided munition [C]. AIAA Guidance, Navigation and Control Conference:1374-1389

PANUSKA V, 1980. A new form of the extended Kalman Filter for parameter estimation in linear systems with correlated noise [J]. IEEE Trans. on Automatic Control, 25(2): 229-235

PARVIN R, 1962. Inertial Navigation [M]. Princeton: Van Nostrand

PATTON R J, FRANK P M, CLARK R N, 1998. Fault Diagnosis in Dynamic Systems: Theory and Applications [M]. Englewood Cliffs:Prentice-Hall

PITMAN G R,1962. Inertial Guidance [M]. New York:John Wiley & Sons, Inc.

PORTER T R, KNICKMEYE E H, WADE R L, 1990. Pipeline geometry pigging: application of strapdown INS [C]. IEEE PLANS': 353-358

POTTER J E, SUMAN M C, 1977. Thresholdless redundancy management with arrays of skewed instrument [R]. AGARDOGR APH224, 15-1-15-25

RAY S, ILTIS R A. 1991, Decentralized linear estimation in correlated measurement noise [J]. IEEE Trans. on AES, 27(6): 939-941

REINER J,1996. In flight transfer alignment using aircraft to wing stiff angle estimation [C]. Proc. of 36th Israel Annual Conf. on Aerospace Sciences, A96-22520: 237-245

ROGERS R M, 1996. Weapon IMU transfer alignment using aircraft position from actual tests [C]. IEEE PLANS':328-335

ROGERS R M, 1991. Velocity-plus-rate matching for improved tactical weapon rapid transfer alignment [C]. AIAA Guidance, Naoigation and Control Conference: 1580-1588

ROSCOE K M, 2001. Equivalency between strapdown inertial navigation coning and sculling integrals/algorithms [J]. Journal of Guidance, Control and Dynamics, 24(2): 201-205

ROSS C C, ELBERT T F, 1994. A transfer alignment algorithm study based on actual flight test data from a tactical air-toground weapon launch [C]. Proc. of IEEE PLANS'1994, Las Vegas, NV:431-438

SAGNAC G, 1913. L'either lumineux demontre par l'effect du vent relative d'ether dans un interferometren en rotation uniforme [J]. Comptes Rendus de l'Academic des Science,(95):708-710

SAGNAC G,1913. Sur la Preuve de la realite de l'ether lumineux par l'experience de l'interferographe tournant [J]. Comptes Rendus de l'Academic des Science,(95):1410-1413

SAVAGE P G, 1998. Strapdown inertial navigation integration algorithm design part 1: attitude algorithms [J]. Journal of Guidance, Control and Dynamics,21(1):19-28

SAVAGE P G, 1998. Strapdown inertial navigation integration algorithm design part 2: velocity and position Algorithms [J]. Journal of Guidance, Control and dynamics,21(2): 208-229

SAVANT C J, 1961. Principle of Inertial Navigation [M]. New York: McGraw-Hill

SAVET P H, 1961. Gyroscopes: Theory and Design [M]. New York:McGraw-Hill

SCHAUB H, JUNKINS J L,1996. Stereographic orientation parameters for attitude dynamics: a generalization of the Rodrigues parameters [J]. Journal of Astronautical Sciences, 44(1):1-19

SHIBATA M,1986. Error analysis strapdown inertial navigation using quaternions [J]. Guidance,9(3): 374-381

SHORTELLE K J, GRAHAM W R,1998. F-16 flight test of a rapid transfer alignment procedure [C]. Proceedings of PLANS': 379-386

SLATER J M, 1964. Inertial Guidance Sensors [M]. New York:Reinhotd

SPALDING K, 1992. An efficient rapid transfer alignment filter [C]. Proc. of AIAA Guidance, Navigation and Control Conf: 1276-1286

THOMPSON E H, FARRELL J L, KNIGHT J W, 1966. Alignment methods for strapdown inertial systems [J]. AIAA JSR. 3(9): 1432-1434

TITTERTON D H,WESTON J L, 1997. Strapdown Inertial Navigation Technology [M]. London: on behalf of the Institution of Electrical Engineers

VALI V, SHORTHILL R W, 1976. Fiber ring interferometer [J]. Applied Optics, (15): 1099-1100 (SPIE MS, 8:135-136)

WHITMORE S A, FIFE M J, BRASHEAR L A, 1997. Development of a closed-loop strapdown attitude system for an ultrahigh altitude aerodynamic performance experiment [C]. Proceedings of the 35th AIAA Aerospace Science Conference, Reno, NV, January:1-28

WRIGLEN W, 1950. Schuler tuning characteristics in navigational instruments [J]. Navigation, 2(8): 282-290